2024年

国家统一法律职业资格考试

客观题
过关必刷真题

2019-2023

法律考试中心／组编

法律出版社

—— 北京 ——

图书在版编目(CIP)数据

2024年国家统一法律职业资格考试客观题过关必刷真题：2019－2023／法律考试中心组编. -- 北京：法律出版社，2024

ISBN 978－7－5197－8972－5

Ⅰ. ①2… Ⅱ. ①法… Ⅲ. ①法律工作者－资格考试－中国－习题集 Ⅳ. ①D920.4

中国国家版本馆CIP数据核字(2024)第059704号

2024年国家统一法律职业资格考试客观题过关必刷真题：2019－2023
2024 NIAN GUOJIA TONGYI FALÜ ZHIYE ZIGE KAOSHI KEGUANTI GUOGUAN BISHUA ZHENTI：2019－2023

法律考试中心 组编

策划编辑 田亚飞
责任编辑 田亚飞
装帧设计 李　瞻

出版发行 法律出版社
编辑统筹 法律考试·职业教育出版分社
责任校对 裴　黎
责任印制 胡晓雅
经　　销 新华书店

开本 787毫米×1092毫米　1/16
印张 24.75　　**字数** 792千
版本 2024年4月第1版
印次 2024年4月第1次印刷
印刷 固安华明印业有限公司

地址：北京市丰台区莲花池西里7号(100073)
网址：www.lawpress.com.cn
投稿邮箱：info@lawpress.com.cn
举报盗版邮箱：jbwq@lawpress.com.cn

销售电话：010－83938349
客服电话：010－83938350
咨询电话：010－63939796

书号：ISBN 978－7－5197－8972－5
定价：68.00元

凡购买本社图书，如有印装错误，我社负责退换。电话：010－83938349

常用法律法规简称对照表

序号	简　称	全　称
1	《保险法解释(二)》	最高人民法院《关于适用〈中华人民共和国保险法〉若干问题的解释(二)》
2	《保险法解释(三)》	最高人民法院《关于适用〈中华人民共和国保险法〉若干问题的解释(三)》
3	《保险法解释(四)》	最高人民法院《关于适用〈中华人民共和国保险法〉若干问题的解释(四)》
4	《担保制度解释》	最高人民法院《关于适用〈中华人民共和国民法典〉有关担保制度的解释》
5	《地方政府机构设置和编制条例》	《地方各级人民政府机构设置和编制管理条例》
6	《法律适用法司法解释(一)》	最高人民法院《关于适用〈中华人民共和国涉外民事关系法律适用法〉若干问题的解释(一)》
7	《高检规则》	《人民检察院刑事诉讼规则》
8	《公安部规定》	《公安机关办理刑事案件程序规定》
9	《公司法解释(二)》	最高人民法院《关于适用〈中华人民共和国公司法〉若干问题的规定(二)》
10	《公司法解释(三)》	最高人民法院《关于适用〈中华人民共和国公司法〉若干问题的规定(三)》
11	《公司法解释(四)》	最高人民法院《关于适用〈中华人民共和国公司法〉若干问题的规定(四)》
12	《环境公益诉讼》	最高人民法院《关于审理环境民事公益诉讼案件适用法律若干问题的解释》
13	《婚姻家庭编解释(一)》	最高人民法院《关于适用〈中华人民共和国民法典〉婚姻家庭编的解释(一)》
14	《检察公益诉讼解释》	最高人民法院、最高人民检察院《关于检察公益诉讼案件适用法律若干问题的解释》
15	《精神损害赔偿司法解释》	最高人民法院《关于确定民事侵权精神损害赔偿责任若干问题的解释》
16	《六机关规定》	最高人民法院、最高人民检察院、公安部、国家安全部、司法部、全国人大常委会法制工作委员会《关于实施刑事诉讼法若干问题的规定》
17	《民诉解释》	最高人民法院《关于适用〈中华人民共和国民事诉讼法〉的解释》
18	《民诉证据规定》	最高人民法院《关于民事诉讼证据的若干规定》
19	《破产法》	《企业破产法》
20	《破产法解释(二)》	最高人民法院《关于适用〈中华人民共和国企业破产法〉若干问题的规定(二)》
21	《破产法解释(三)》	最高人民法院《关于适用〈中华人民共和国企业破产法〉若干问题的规定(三)》
22	《认罪认罚指导意见》	最高人民法院、最高人民检察院、公安部、国家安全部、司法部《关于适用认罪认罚从宽制度的指导意见》

续表

序号	简　称	全　称
23	《设立国际商事法庭的规定》	最高人民法院《关于设立国际商事法庭若干问题的规定》
24	《审理独立保函的规定》	最高人民法院《关于审理独立保函纠纷案件若干问题的规定》
25	《刑诉解释》	最高人民法院《关于适用〈中华人民共和国刑事诉讼法〉的解释》
26	《行诉解释》	最高人民法院《关于适用〈中华人民共和国行政诉讼法〉的解释》
27	《严格排非规定》	最高人民法院、最高人民检察院、公安部、国家安全部、司法部《关于办理刑事案件严格排除非法证据若干问题的规定》
28	《执行和解规定》	最高人民法院《关于执行和解若干问题的规定》
29	《仲裁法解释》	最高人民法院《关于适用〈中华人民共和国仲裁法〉若干问题的解释》
30	《专利纠纷解释(二)》	最高人民法院《关于审理侵犯专利权纠纷案件应用法律若干问题的解释(二)》

注:本表按照法律法规简称的拼音首字母顺序排列。

目　录

试　卷　一

习近平法治思想

法理学

宪法

中国法律史

国际法

司法制度和法律职业道德

刑法

刑事诉讼法

行政法与行政诉讼法

试 卷 二

民法

知识产权法

商法

经济法

环境资源法

劳动与社会保障法

国际私法

国际经济法

民事诉讼法与仲裁制度

试　卷　一

习近平法治思想*

2023 年客观题试题

一、单项选择题

1. 习近平总书记指出：国家之权乃是“神器”，是个神圣的东西。公权力姓公，也必须为公。下列选项正确的是？（　　）

A. 公权力是神圣的，超越政治的

B. 公职人员在公职外不可以有个人利益

C. 公权力必须得到制约和监督

D. 公权力行使的依据仅限于“国法”

2. 习近平总书记指出，“制度的生命力在于执行”。好的制度如果没有执行或执行不力，其优越性就会成为“空中楼阁”，就不能转化为实际的治理效能。不要让它们形同虚设，成为“稻草人”，形成“破窗效应”。下列做法，最能符合这一要求的是？（　　）

A. 建设完备的法律规范体系

B. 建设有力的法治保障体系

C. 建设高效的法治实施体系

D. 建设完善的党内法规体系

二、多项选择题

1. 中共中央《关于坚持和完善中国特色社会主义制度　推进国家治理体系和治理能力现代化若干重大问题的决定》要求，构建基层社会治理新格局，完善群众参与基层社会治理的制度化渠道。对此说法正确的是？（　　）

A. 健全党组织领导的自治、法治、德治相结合的城乡基层治理体系，实现政府治理和社会调节、居民自治良性互动

B. 推动社会治理和服务重心向基层下移，把更多资源下沉到基层，发挥法律在基层治理中的重要作用，逐步限制市民公约、村规民约等社会规范的作用

C. 健全社会矛盾预防化解机制，完善调解、仲裁、行政裁决、行政复议、诉讼等有机衔接的多元化纠纷解决机制

D. 坚持新时代的“枫桥经验”，畅通和规范群众诉求表达、权益保障通道，努力将矛盾化解在基层

2. 全面依法治国，必须坚持以人民为中心，坚持人民主体地位。对此，下列说法正确的有哪些？（　　）

A. 法律既是保障人民自身权利的有力武器，也是人民必须遵守的行为规范

B. 人民依法享有广泛的权利和自由，同时也承担应尽的义务

C. 人民通过各种途径直接行使立法、执法和司法的权力

D. 人民根本权益是法治建设的出发点和落脚点，法律要为人民所掌握、遵守和运用

2023 年客观题试题
参考答案及解析

一、单项选择题

1.【参考答案】　C

【解析】　公权力是为维护和增进公益而设的权力，不能超越政治。A 项说法错误。

公职人员作为公民也存在个人利益，要正确处理个人利益与公共利益的关系。公职人员不能将自己的利益置于公共利益之上。在行使职权时，公职人员不能受到个人利益的影响。B 项说法错误。

* 本书题目系根据考生回忆整理而成。根据《2021 年国家统一法律职业资格考试公告》，2021 年客观题考试试卷一“中国特色社会主义法治理论”科目调整为“习近平法治思想”科目，故“习近平法治思想”科目收录 2021—2023 年考题。

马克思强调，社会主义国家的一切权力属于人民，一切公职人员必须“在公众监督之下进行工作”。只要公权力存在，就必须有制约和监督。C项说法正确。

党纪和国法是当代中国国家治理制度的一体两翼。党纪往往体现更高更严的要求，公职人员要以更高的标准、更严的纪律自我约束。D项说法错误。

2.【参考答案】 C

【解析】 要增强制度执行力，制度执行就要到人到事，做到用制度管权管事管人。推进法治体系建设，重点和难点在于通过严格执法、公正司法、全民守法，推进法律正确实施，把“纸上的法律”变为“行动中的法律”。C项说法正确。

二、多项选择题

1.【参考答案】 ACD

【解析】 A项、B项：中共中央《关于坚持和完善中国特色社会主义制度 推进国家治理体系和治理能力现代化若干重大问题的决定》提出，构建基层社会治理新格局。完善群众参与基层社会治理的制度化渠道，健全党组织领导的自治、法治、德治相结合的城乡基层治理体系，健全社区管理和服务机制，推行网格化管理和服务，发挥群团组织、社会组织作用，发挥行业协会商会自律功能，夯实基层社会治理基础。加快推进社会治理现代化。推动社会治理和服务重心向基层下移，把更多资源下沉到基层，更好提供精准化、精细化服务。注重发挥家庭家教家风在基层社会治理中的重要作用。A项正确，B项错误。

C项：法律有其局限性，因此我国采取调解、仲裁、行政裁决、行政复议、诉讼等有机衔接的多元化纠纷解决机制。C项说法正确。

D项：“枫桥经验”强调依靠人民群众，以法治方式在法治框架内采取多元化的纠纷解决机制，就地化解矛盾，D项正确。

2.【参考答案】 ABD

【解析】 制约国家权力、保障公民权利是法律的作用之一，与此同时公民也必须遵守法律。A项正确。权利义务具有一致性，没有无权利的义务，也没有无义务的权利，B项正确。

人民并不直接行使管理国家的权力，C项错误。

坚持以人民为中心是中国特色社会主义法治的本质要求，推进全面依法治国的根本目的是维护人民权益，D项正确。

2022年客观题试题

一、单项选择题

1. 关于党内法规和法律的关系，下列说法不正确的是？（ ）

A. 党内法规是党的中央组织以及中央纪律检查委员会制定的党内规章制度的总称

B. 党的纪律是党内规矩，党规党纪严于国家法律

C. 党内法规是管党治党的重要依据，也是建设社会主义法治国家的有力保障

D. 党章是最根本的党内法规，对所有党员都平等适用

2. 关于党的领导和依法治国的关系，下列说法不正确的是？（ ）

A. 党的领导和社会主义法治是一致的，社会主义法治必须坚持党的领导，党的领导必须依靠社会主义法治

B. 党的领导是中国特色社会主义最本质的特征，是社会主义法治最根本的保证

C. 坚持党的领导就是要善于让党组织推荐的人直接成为国家政权机关的领导人员

D. 党的主张通过法定程序成为国家意志，是党的领导的主要内容之一

3. 关于习近平法治思想的形成发展，下列说法不准确的是？（ ）

A. 习近平法治思想在全面依法治国工作中的指导地位，是全面贯彻习近平新时代中国特色社会主义思想，加快建设中国特色社会主义法治体系、建设社会主义法治国家的必然要求

B. 习近平法治思想是马克思主义法治理论中国化的最新成果，是中国特色社会主义法治理论的重大创新发展，是习近平新时代中国特色社会主义思想的重要组成部分，是新时代推进全面依法治国必须长期坚持的指导思想

C. 习近平法治思想是着眼中华民族伟大复兴战略全局和当今世界百年未有之大变局，顺应实现中华民族伟大复兴时代要求应运而生的重大战略思想

D. 习近平法治思想是引领法治中国建设实现高质量发展的思想旗帜

二、多项选择题

1. 在过去几年中，政府等部门密切联系人民群

众，通过开门评警、回访等多种形式广征民意，倾听基层呼声，为人民群众排忧解难，切身践行为人民服务的宗旨，为人民提供高质量服务。关于上述做法，下列表述适当的有？（　　）

A. 政法机关应当坚持专门机关工作和群众路线相结合

B. 信访制度会破坏司法的权威性，导致公信力下降，应终止信访制度

C. 畅通群众利益协调、权益保障法律渠道

D. 把信访纳入法治化轨道，保障合理合法诉求依照法律规定和程序就能得到合理合法的结果

2. 某地法院为方便“老、残”等行动不便人员参加诉讼，专门设置了特殊情况人员专门受理、接纳通道。以下哪些说法是正确的：（　　）

A. 法院的做法体现了司法为民、司法便民的要求

B. 保障弱势群体的权益是实现司法公正的必然要求

C. 法院的做法违背了法律面前人人平等原则，不利于实现司法公正

D. 司法公正对社会公正具有关键的引领作用，司法不公对社会公正具有致命的破坏作用

3. 某高校教授应邀担任松林小学的特聘法治宣传人员，在松林小学举办法治课堂。关于该做法，下列哪些说法是正确的：（　　）

A. 青少年思维尚不成熟，举办法治课堂有利于正确树立其法律观念

B. 法治课堂应当作为普法宣传常态化机制

C. 法治课堂是贯彻“谁执法谁普法”的具体举措

D. 对青少年进行法治宣传和教育是全社会共同的责任

4. 关于党的领导，下列说法正确的有：（　　）

A. 中国共产党的领导是中国特色社会主义最本质的特征

B. 依法执政是依法治国的关键。各级党组织和全体党员要带头尊法学法守法用法，任何组织和个人都不得有超越宪法法律的特权

C. 必须坚持党领导立法、保证执法、支持司法、带头守法，把依法治国基本方略同依法执政基本方式统一起来

D. 党的领导理论可以追溯到列宁关于无产阶级专政与社会主义法治的思想

三、不定项选择题

习近平总书记指出：“推进全面依法治国是国家治理的一场深刻变革，必须以科学理论为指导。”对此，下列哪些说法是正确的：（　　）

A. 习近平法治思想是新时代全面依法治国的根本遵循和行动指南

B. 习近平法治思想构成了系统完备、逻辑严密、内在统一的科学思想体系

C. 习近平法治思想为全球治理体系变革提供了中国方案

D. 贯彻社会主义法治理论是中国特色社会主义法治道路的核心要义之一

2022年客观题试题参考答案及解析

一、单项选择题

1.【参考答案】　A

【解析】　党内法规是党的中央组织，中央纪律检查委员会以及党中央工作机关和省、自治区、直辖市党委制定的体现党的统一意志、规范党的领导和党的建设活动、依靠党的纪律保证实施的专门规章制度。故A错误，其余均正确。

2.【参考答案】　C

【解析】　不可以让党组织推荐的人直接成为国家政权机关的领导人员，应该通过人大的选举或者提名之后由人大决定。故C错误，其余均正确。

3.【参考答案】　D

【解析】　习近平法治思想是引领法治中国建设实现高质量发展的思想旗帜，这是习近平法治思想的重大意义之一。ABC选项均正确。

二、多项选择题

1.【参考答案】　ACD

【解析】　“联系群众，为人民服务”是我国国家机关的组织和活动原则之一。故A选项正确。

信访制度必须坚持，将信访纳入法治化轨道。为确保司法权威，提升司法公信力，我们必须终结涉诉信访。涉诉信访对司法权威性具有极大的破坏性，必须终结。故B选项错误。

构建对维护群众利益具有重大作用的制度体系，建立健全社会矛盾预警机制、利益表达机制、协商沟通机制、救济救助机制，畅通群众利益协调、权益保障法律渠道。把信访纳入法治化轨道，保障合理合法诉求依照法律规定和程序就能得到合理合法的结果。故C、D选项正确。

综上所述，本题答案为ACD。

2.【参考答案】 ABD

【解析】 以人民为中心是中国特色社会主义法治的本质要求。法治建设要为了人民、依靠人民、造福人民、保护人民。法院专门设置老年人、残疾人快速通道,有助于满足老年人与残疾人的诉讼需求,体现了司法为民、司法便民的要求。故 A 选项正确。

法律面前人人平等并非形式上的平等,更不是均等,故在特定条件下,为了实现真正的平等,可以制造合理差别。法院专门设置"老、残"等行动不便人员专门受理、接纳通道属于对社会弱势群体和特殊群体的倾向性保护,并没有违背法律面前人人平等原则,是实质的平等,是合理差别限度内的平等。故 C 选项错误,B 选项正确。

社会公正要求在政治、经济、文化、法治等各个方面都必须要实现公正。司法公正要求法律面前人人平等,公平、公正对待各方诉讼参与者。司法是维护社会公平正义的最后一道屏障,司法公正对社会公正具有关键的引领作用,司法不公对社会公正具有致命的破坏作用。故 D 选项内容正确。

综上所述,本题答案为 ABD。

3.【参考答案】 ABD

【解析】 习近平法治思想要求,全民学法从青少年抓起,中小学开设法治课程,树立青少年的法律意识。故 A 选项正确。

要健全普法宣传教育机制,各级党委和政府要加强对普法工作的领导,宣传、文化、教育部门和人民团体要在普法教育中发挥职能作用。实行国家机关"谁执法,谁普法"的普法责任制,建立法官、检察官、行政执法人员、律师等以案释法制度,加强普法讲师团、普法志愿者队伍建设。把法治教育纳入精神文明创建内容,开展群众性法治文化活动,健全媒体公益普法制度,加强新媒体新技术在普法中的运用,提高普法实效。某高校与松林小学均非国家机关,因此,法治课堂并不是"谁执法,谁普法"的具体举措。故 B、D 项正确,C 选项错误。

综上所述,本题答案为 ABD。

4.【参考答案】 ABCD

【解析】 2018 年《宪法修正案》明确规定,中国共产党领导是中国特色社会主义最本质的特征。故 A 选项正确。

依法治国首先要坚持依法执政。法律面前人人平等,任何人都不得拥有超越宪法和法律的特权。故 B 选项正确。

必须坚持党对全面依法治国的领导,但是党也必须依法领导,要坚持党领导立法、保证执法、支持司法、带头守法,把依法治国基本方略同依法执政基本方式统一起来。故 C 选项正确。

马克思主义和列宁思想是社会主义法治理论的理论渊源,其中,列宁关于无产阶级专政与社会主义法治的思想是党的领导的理论源脉。故 D 选项正确。

综上所述,本题答案为 ABCD。

三、不定项选择题

【参考答案】 ABCD

【解析】 习近平法治思想是马克思主义法治理论中国化的最新成果,是全面依法治国的根本遵循和行动指南,A 选项正确。

习近平法治思想具有系统性,其科学地指出了当前和今后一个时期推进全面依法治国 11 个重要方面的要求,构成了系统完备、逻辑严密、内在统一的科学思想体系,B 选项正确。

习近平法治思想的世界意义在于,为人类政治文明进步贡献了中国智慧,为全球治理体系变革提供了中国方案,C 选项正确。

中国特色社会主义法治道路的核心要义在于坚持党的领导,坚持中国特色社会主义制度,贯彻中国特色社会主义法治理论,D 选项正确。

2021 年客观题试题

一、单项选择题

1.中共中央印发了《法治中国建设规划(2020—2025 年)》,关于坚定不移走中国特色社会主义法治道路,奋力建设良法善治的法治中国的主要原则,下列哪一选项是不正确的?(　　)

A.牢牢把握党的领导是社会主义法治最根本的保证,坚持党领导立法、保证执法、支持司法、带头守法

B.坚持法治建设为了人民、依靠人民,促进人的全面发展

C.聚焦党中央关注、人民群众反映强烈的突出问题和法治建设薄弱环节,着眼推进国家治理体系和治理能力现代化

D.汲取中华法律文化精华,应当借鉴国外法治有益经验

2.关于坚持中国特色社会主义法治道路,下列哪一选项是不正确的?(　　)

A. 坚持中国特色社会主义法治道路,本质上是中国特色社会主义道路在法治领域的具体体现

B. 坚持中国共产党的领导是中国特色社会主义法治道路最根本的保证

C. 中国特色社会主义法治道路,是社会主义法治建设成就和经验的集中体现,是建设社会主义法治国家的唯一正确道路

D. 要从中国国情和实际出发,走适合自己的法治道路,不借鉴国外法治

3. 习近平总书记在党的十八届四中全会上指出,“建设中国特色社会主义法治体系,必须坚持立法先行,发挥立法的引领和推动作用,抓住提高立法质量这个关键”,明确要求完善立法体制。下列哪一选项是不正确的?(　　)

A. 党中央向全国人大提出宪法修改建议,依照宪法规定的程序进行宪法修改。法律制定和修改的重大问题由全国人大常委会向党中央报告

B. 加强党对立法工作的领导,完善党对立法工作中重大问题决策的程序。凡立法涉及重大体制和重大政策调整的,必须报党中央讨论决定

C. 对部门间争议较大的重要立法事项,由决策机关引入第三方评估,充分听取各方意见,协调决定,不能久拖不决

D. 依法建立健全专门委员会、工作委员会立法专家顾问制度

4. 习近平总书记强调:“全面推进依法治国,建设一支德才兼备的高素质法治队伍至关重要。”下列哪一选项是不正确的?(　　)

A. 要把拥护中国共产党领导、拥护我国社会主义法治作为法律服务人员从业的基本要求

B. 推进法治专门队伍革命化、正规化、专业化、职业化

C. 全面推进依法治国,首先要把法律服务队伍建设好

D. 加强教育、管理、引导,引导法律服务工作者坚持正确的政治方向,依法依规诚信执业,认真履行社会责任

5. 关于深入推进全民守法,下列哪一选项是错误的?(　　)

A. 建立健全立法工作宣传报道常态化机制,对立法热点问题主动发声、解疑释惑

B. 深入开展法官、检察官、监察官、行政复议人员、行政执法人员、律师等以案释法活动

C. 广泛推动人民群众参与社会治理,打造共建共治共享的社会治理格局

D. 积极引导人民群众依法维权和化解矛盾纠纷,坚持和发展新时代“枫桥经验”

6. 我国正处于社会主义初级阶段,全面建成小康社会进入决定性阶段,改革进入攻坚期和深水区,国际形势复杂多变,我们党面对的改革发展稳定任务之重前所未有、矛盾风险挑战之多前所未有,依法治国在党和国家工作全局中的地位更加突出、作用更加重大。因此必须坚持依法治国的基本原则,在习近平法治思想下,关于依法治国说法正确的是?(　　)

A. 党的领导是中国特色社会主义最本质的特征,是社会主义法治最根本的保证

B. 人民是依法治国的主体和力量源泉,人民代表大会制度是保证人民当家作主的根本制度

C. 坚持法律面前人人平等就要做到一切情况下都平等对待

D. 学习西方先进经验,改革人民代表大会制度成为三权分立

二、多项选择题

1. 关于新时代深化依法治国实践的主要任务,下列哪些选项是正确的?(　　)

A. 成立中央全面依法治国领导小组,加强对法治中国建设的统一领导

B. 推进科学立法、民主立法、依法立法,以良法促进发展、保障善治

C. 加强宪法实施和监督,推进合宪性审查工作,维护宪法权威

D. 建设法治政府,推进依法行政,严格规范公正文明执法

2. 党的十九大报告提出:“中国特色社会主义进入新时代,我国社会主要矛盾已经转化为人民日益增长的美好生活需要和不平衡不充分的发展之间的矛盾。”关于社会主要矛盾变化对法治建设提出的新要求,下列哪些选项是正确的?(　　)

A. 人民美好生活需要日益广泛,不仅对物质文化生活提出了更高要求,而且在民主、法治、公平、正义、安全、环境等方面的要求日益增长

B. 发展不平衡不充分问题已经成为满足人民日益增长的美好生活需要的主要制约因素

C. 依法维护国家安全,防范和化解风险,严厉打击严重侵害人民群众生命财产安全的违法犯罪行为,不断增强人民群众的幸福感、安全感

D. 社会矛盾和问题交织叠加,全面依法治国任务依然繁重,国家治理体系和治理能力有待加强

3. 习近平总书记在不同场合一再强调“把权力

关进制度的笼子里”。将权力管好,尤其是将行政权力管好,涉及人民利益的保障,也符合宪法要求的目的,关于强化行政权力的制约和监督,下列说法正确的是?(　　)

A. 加强党内监督、人大监督、民主监督、行政监督等各种监督,努力形成科学有效的权力运行机制和监督体系,增强监督合力和实效

B. 完善省以下地方审计机关人财物统一管理

C. 完善纠错问责机制,健全责令公开道歉、停职检查、引咎辞职、责令辞职、罢免等问责方式和程序

D. 完善政府内部层级监督和专门监督,改进上级机关对下级机关的监督,建立常态化监督制度

三、不定项选择题

1. 关于习近平法治思想形成和发展的历史进程,下列说法不正确的有?(　　)

A. 党的十九大出台了《中共中央关于全面推进依法治国若干重大问题的决定》

B. 党的十八届四中全会提出到2035年基本建成法治国家、法治政府、法治社会

C. 十九届三中全会决定成立中央全面依法治国委员会,加强党对全面依法治国的集中统一领导

D. 十九届五中全会从推进国家治理体系和治理能力现代化的角度,对坚持和完善中国特色社会主义法治体系,提高党依法治国、依法执政能力作出部署

2. 习近平总书记指出:“推进全面依法治国是国家治理的一场深刻变革,必须以科学理论为指导。”对此,下列说法正确的有?(　　)

A. 要营造各种所有制主体依法平等使用资源要素、公开公平公正参与竞争、同等受到法律保护的市场环境

B. 立法要主动适应改革需要,改革也要以习近平法治思想为指导思想

C. 对实践证明已经比较成熟的改革经验和行之有效的改革举措,要尽快上升为法律,先推行改革,再修订、解释或者废止原有法律

D. 立足新发展阶段,贯彻“发展要上,法治要让”的基本原则,对不适应改革要求的现行法律法规,要及时修改或废止,不能让一些过时的法律条款成为改革的“绊马索”

2021年客观题试题
参考答案及解析

一、单项选择题

1.【参考答案】 D

【解析】 法治中国建设规划的主要原则是:(1)坚持党的集中统一领导。牢牢把握党的领导是社会主义法治最根本的保证,坚持党领导立法、保证执法、支持司法、带头守法,充分发挥党总揽全局、协调各方的领导核心作用,确保法治中国建设的正确方向。(2)坚持贯彻中国特色社会主义法治理论。深入贯彻习近平法治思想,系统总结运用新时代中国特色社会主义法治建设的鲜活经验,不断推进理论和实践创新发展。(3)坚持以人民为中心。坚持法治建设为了人民、依靠人民,促进人的全面发展,努力让人民群众在每一项法律制度、每一个执法决定、每一宗司法案件中都感受到公平正义,加强人权法治保障,非因法定事由、非经法定程序不得限制、剥夺公民、法人和其他组织的财产和权利。(4)坚持统筹推进。坚持依法治国、依法执政、依法行政共同推进,坚持法治国家、法治政府、法治社会一体建设,坚持依法治国和以德治国相结合,坚持依法治国和依规治党有机统一,全面推进科学立法、严格执法、公正司法、全民守法。(5)坚持问题导向和目标导向。聚焦党中央关注、人民群众反映强烈的突出问题和法治建设薄弱环节,着眼推进国家治理体系和治理能力现代化,固根基、扬优势、补短板、强弱项,切实增强法治中国建设的时代性、针对性、实效性。(6)坚持从中国实际出发。立足我国基本国情,统筹考虑经济社会发展状况、法治建设总体进程、人民群众需求变化等综合因素,汲取中华法律文化精华,借鉴国外法治有益经验,循序渐进、久久为功,确保各项制度设计行得通、真管用。故A、B、C项正确,D项错误。

2.【参考答案】 D

【解析】 中国特色社会主义法治道路,本质上是中国特色社会主义道路在法治领域的具体体现,是建设社会主义法治国家的唯一正确道路,必须始终坚持党的领导,坚持中国特色社会主义制度,贯彻中国特色社会主义法治理论。故A、C项说法正确。

党的领导是中国特色社会主义最本质的特征,是社会主义法治最根本的保证。坚持中国特色社会主义法治道路,最根本的是坚持中国共产党的领导。故B项正确。

我们要传承中华优秀传统法律文化，从我国革命、建设、改革的实践中探索适合自己的法治道路，同时借鉴国外法治有益成果，但绝不照抄照搬别国模式和做法。坚持依法治国和以德治国相结合，实现法治和德治相辅相成、相得益彰。故D项错误。

3.【参考答案】 A

【解析】 完善立法体制就要加强党对立法工作的领导，完善党对立法工作中重大问题决策的程序。凡立法涉及重大体制和重大政策调整的，必须报党中央讨论决定。党中央向全国人大提出宪法修改建议，依照宪法规定的程序进行宪法修改。法律制定和修改的重大问题由全国人大常委会党组向党中央报告。故A项错误，B项正确。

明确立法权力边界，从体制机制和工作程序上有效防止部门利益和地方保护主义法律化。对部门间争议较大的重要立法事项，由决策机关引入第三方评估，充分听取各方意见，协调决定，不能久拖不决。加强法律解释工作，及时明确法律规定含义和适用法律依据。明确地方立法权限和范围，依法赋予设区的市地方立法权。健全有立法权的人大主导立法工作的体制机制，发挥人大及其常委会在立法工作中的主导作用。建立由全国人大相关专门委员会、全国人大常委会法制工作委员会组织有关部门参与起草综合性、全局性、基础性等重要法律草案制度。增加有法治实践经验的专职常委比例。依法建立健全专门委员会、工作委员会立法专家顾问制度。故C、D项正确。

4.【参考答案】 C

【解析】 全面推进依法治国，首先要把专门队伍建设好。要加强理想信念教育，深入开展社会主义核心价值观和社会主义法治理念教育，推进法治专门队伍革命化、正规化、专业化、职业化，确保做到忠于党、忠于国家、忠于人民、忠于法律。对法治专门队伍的管理必须坚持更严标准、更高要求。要把拥护中国共产党领导、拥护我国社会主义法治作为法律服务人员从业的基本要求；推进法治专门队伍革命化、正规化、专业化、职业化；加强教育、管理、引导，引导法律服务工作者坚持正确的政治方向，依法依规诚信执业，认真履行社会责任。故A、B、D项正确，C项错误。

5.【参考答案】 B

【解析】 全面依法治国需要全社会共同参与，必须大力弘扬社会主义法治精神，建设社会主义法治文化，引导全体人民做社会主义法治的忠实崇尚者、自觉遵守者、坚定捍卫者。改进创新普法工作，加大全民普法力度，增强全民法治观念。建立健全立法工作宣传报道常态化机制，对立法热点问题主动发声、解疑释惑。全面落实“谁执法，谁普法”的普法责任制。深入开展法官、检察官、行政复议人员、行政执法人员、律师等以案释法活动。加强突发事件应对法治宣传教育和法律服务。故A项正确，B项错误。

广泛推动人民群众参与社会治理，打造共建共治共享的社会治理格局。完善群众参与基层社会治理的制度化渠道。健全社会治理规范体系。发挥工会、共青团、妇联等群团组织引领联系群众参与社会治理的作用。加快推进社会信用立法，完善失信惩戒机制。规范失信惩戒对象名单制度，依法依规明确制定依据、适用范围、惩治标准和救济机制，在加强失信惩戒的同时保护公民、企业合法权益。加强对产权的执法司法保护，健全涉产权错案甄别纠正机制。完善对暴力袭警行为的刑事责任追究制度。加大对暴力伤害医务人员犯罪行为打击力度。故C项正确。

积极引导人民群众依法维权和化解矛盾纠纷，坚持和发展新时代“枫桥经验”。充分发挥人民调解的第一道防线作用，完善人民调解、行政调解、司法调解联动工作体系。全面开展律师调解工作。完善调解、信访、仲裁、行政裁决、行政复议、诉讼等社会矛盾纠纷多元预防调处化解综合机制，整合基层矛盾纠纷化解资源和力量，充分发挥非诉纠纷解决机制的作用。深化法律援助制度改革，扩大法律援助覆盖面。有序推进行政裁决工作，探索扩大行政裁决适用范围。故D项正确。

6.【参考答案】 A

【解析】 党的领导是中国特色社会主义最本质的特征，是社会主义法治最根本的保证。把党的领导贯彻到依法治国全过程和各方面，是我国社会主义法治建设的一条基本经验，故A项正确。人民是依法治国的主体和力量源泉，人民代表大会制度是保证人民当家作主的根本政治制度，根本制度是社会主义制度，故B项错误。坚持法律面前人人平等不等于绝对平等，还要做到不同情况差别对待，比如对老、弱、病、残、孕的照顾等，故C项错误。中国特色社会主义道路、理论体系、制度是全面推进依法治国的根本遵循。必须从我国基本国情出发，同改革开放不断深化相适应，发展符合中国实际、具有中国特色、体现社会发展规律的社会主义法治理论，为依法治国提供理论指导和学理支撑。汲取中华法律文化精华，借鉴国外法治有益经验，但决不照搬外国法治理念和模式。人民代表大会制度是我国的根本政治制度，不能盲目照搬三权分立，故D项错误。因此，A项入选。

二、多项选择题

1.【参考答案】 ABCD

【解析】 习近平总书记在党的十九大报告中强调，要深化依法治国实践。全面依法治国是国家治理的一场深刻革命，必须坚持厉行法治，推进科学立法、严格执法、公正司法、全民守法。成立中央全面依法治国领导小组，加强对法治中国建设的统一领导。加强宪法实施和监督，推进合宪性审查工作，维护宪法权威。推进科学立法、民主立法、依法立法，以良法促进发展、保障善治。建设法治政府，推进依法行政，严格规范公正文明执法。深化司法体制综合配套改革，全面落实司法责任制，努力让人民群众在每一个司法案件中都感受到公平正义。加大全民普法力度，建设社会主义法治文化，树立宪法法律至上、法律面前人人平等的法治理念。各级党组织和全体党员要带头尊法、学法、守法、用法，任何组织和个人都不得有超越宪法法律的特权，绝不允许以言代法、以权压法、逐利违法、徇私枉法。综上所述，ABCD项正确。

2.【参考答案】 ABCD

【解析】 党的十九大报告提出："中国特色社会主义进入新时代，我国社会主要矛盾已经转化为人民日益增长的美好生活需要和不平衡不充分的发展之间的矛盾。"从"人民日益增长的物质文化需要"到"人民日益增长的美好生活需要"，这一表述转变的依据是，一方面，经过多年的艰辛奋斗，我国稳定解决了十几亿人的温饱，总体上实现了社会主义的小康，不久将全面建成小康社会，人民美好生活需要的品质更高、范围更广。不仅是对物质文化生活提出了更高的要求，而且在民主、法治、公平、正义、安全、环境等方面出现了多样化、更高层次的要求，"物质文化需要"的表述不足以囊括人民各方面丰富多样的需求。另一方面，正如党的十九大报告中所指出的，我们在经济方面所面临的困难和挑战主要是"民生领域还有不少短板，脱贫攻坚任务艰巨，城乡区域发展和收入分配差距依然较大"等。故A、B项正确。

党的十九大报告提出，"明确新时代我国社会主要矛盾是人民日益增长的美好生活需要和不平衡不充分的发展之间的矛盾，必须坚持以人民为中心的发展思想，不断促进人的全面发展、全体人民共同富裕"。坚持以人民为中心的发展理念体现了党的根本宗旨，也是新时代中国特色社会主义思想和基本方略的重要组成部分。政法机关必须坚持人民的利益高于一切，坚持党的领导、人民当家作主、依法治国有机统一，坚持法治建设为了人民、依靠人民、造福人民、保护人民，以保障人民根本利益为出发点和落脚点，保证人民依法享有广泛的权利和自由、承担应尽的义务，维护社会公平正义，促进共同富裕；要依法保障人民享有平等的就业权、医疗权、受教育权，为解决发展不平衡不充分，推动缩小收入差距、地区差距做出积极贡献；要加强社会保障体系建设，打造共建共治共享的社会治理格局，依法维护国家安全，防范和化解风险，严厉打击严重侵害人民群众生命财产安全的违法犯罪行为，不断增强人民群众的幸福感、安全感；要进一步深化执法司法改革，不断推出便民利民举措，使群众办事更方便、维权更便捷，不断增强人民群众的获得感。故C项正确。

必须认识到，新时代我国社会主要矛盾的变化是关系全局的历史性变化，对党和国家提出了许多新要求。正如党的十九大报告所指出：社会矛盾和问题交织叠加，全面依法治国任务依然繁重，国家治理体系和治理能力有待加强。故D项正确。

3.【参考答案】 ABCD

【解析】 强化对行政权力的监督和制约主要有三个方面：第一，多种监督并举，加强党内监督、人大监督、民主监督、行政监督等各种监督，努力形成科学有效的权力运行机制和监督体系，增强监督合力和实效，故A项正确；第二，加强政府内部权力的监督与制约，完善政府内部层级监督和专门监督，改进上级机关对下级机关的监督，建立常态化监督制度，完善纠错问责机制，健全责令公开道歉、停职检查、引咎辞职、责令辞职、罢免等问责方式和程序，故C、D项正确；第三，完善审计制度，完善省以下地方审计机关人财物统一管理，故B项正确。因此，A、B、C、D项入选。

三、不定项选择题

1.【参考答案】 ABD

【解析】 党的十八届四中全会专门研究全面依法治国，出台了《中共中央关于全面推进依法治国若干重大问题的决定》。党的十九大报告提出到2035年基本建成法治国家、法治政府、法治社会。A、B项错误。

十九届二中全会专题研究宪法修改，推动宪法与时俱进完善发展。十九届三中全会决定成立中央全面依法治国委员会，加强党对全面依法治国的集中统一领导。十九届四中全会从推进国家治理体系和治理能力现代化的角度，对坚持和完善中国特色社会主义法治体系，提高党依法治国、依法执政能力作出部署。十九届五中全会对立足新发展阶段、贯彻新发展理念、构建新发展格局的法治建设工作提出新要求。故C项正确，D项错误。

2.【参考答案】 AB

【解析】 厉行法治是发展社会主义市场经济的内在要求，也是社会主义市场经济良性运行的根本保障。中国特色社会主义进入新时代，党和国家通过完善市场经济法律体系，深化“放管服”改革，加强产权保护，保障公平竞争，鼓励诚实守信，营造公正、透明、可预期的法治环境，有力保障和促进了经济持续健康发展。A项正确。

习近平法治思想是马克思主义法治理论中国化的最新成果，是全面依法治国的根本遵循和行动指南，立法也好，改革也好，必须也以习近平法治思想为指导思想。B项正确。

对实践证明已经比较成熟的改革经验和行之有效的改革举措，要尽快上升为法律，先修订、解释或者废止原有法律，再推行改革。C项错误。

对不适应改革要求的现行法律法规，要及时修改或废止，不能让一些过时的法律条款成为改革的“绊马索”。立足新发展阶段，必须坚持以法治为引领，坚决纠正“发展要上，法治要让”的认识误区，杜绝立法上“放水”、执法上“放弃”的乱象，用法治更好地促进发展，实现经济高质量发展。D项错误。

法 理 学

2023 年客观题试题

一、单项选择题

1. 法谚云:“公共福利是最高的法律。”对此,以下理解正确的是:

A. 公共福利法是效力位阶最高的法律

B. 公共福利是实质法治的追求

C. 公共福利是法律实现的最高价值

D. 实现公共福利就不能限制个人权利

2. 王某,男,70 周岁,系某单位清洁工,已领取退休金。某日王某在打扫卫生时受伤,请求保险公司赔偿。保险公司以其超过退休年龄为由拒赔。王某诉至某法院。法院认为:“根据最高人民法院《关于审理劳动争议案件适用法律问题的解释(一)》第 32 条第 1 款规定,用人单位与其招用的已经依法享受养老保险待遇或者领取退休金的人员发生用工争议而提起诉讼的,人民法院应当按劳务关系处理。据此,王某不能享有工伤劳动保险待遇。但王某孤苦伶仃,无人照料,生活极度贫困。考虑到我国社会老龄化加速的实际情况,为维护老年人合法权益,保险公司应支付保险费用。”王某胜诉。该案例体现了:

A. 当然推理　　B. 反向推理

C. 历史解释　　D. 客观目的解释

3. ChatGPT 的发展给法律带来挑战。对此,国家网信办联合其他部门通过了《生成式人工智能服务管理暂行办法》(本题以下简称《办法》)。《办法》规定,国家坚持发展和安全并重、促进创新和依法治理相结合的原则,采取有效措施鼓励生成式人工智能创新发展,对生成式人工智能服务实行包容审慎和分类分级监管。对此,下列哪一说法是正确的?

A. 法律必然滞后于科技发展

B.《办法》属于规范性法律文件

C. 对科技而言,发展价值优于安全价值

D. 科技的发展将导致法系之间界限日益模糊

二、多项选择题

1. 法谚云:“一切规则皆有例外,例外也明示原则。”针对这一说法,下列选项错误的有哪些?(　　)

A. 规则为原则之例外

B. 规则有漏洞,原则无歧义

C. 规则乃共通原则,原则系特别规则

D. 规则具化原则,原则证成规则

2. 关于法的现代化,下列说法错误的有哪些?(　　)

A. 法的现代化仅要求法律制度的变革

B. 外源型法的现代化具有自发性和渐进性特征

C. 从清末开始,中国法的现代化一直是司法主导型

D. 法的现代化要求法具备形式合理性和实质合理性

三、不定项选择题

党的二十大报告明确要求:“坚持依法治国和以德治国相结合,把社会主义核心价值观融入法治建设、融入社会发展、融入日常生活。”对此,下列表述符合这一要求的是:(　　)

A. 法治和德治都是治国理政不可或缺的重要手段和基本方略

B. 法律和道德都具有调整社会关系和维护社会秩序的作用

C. 既要重视发挥法律的规范作用,又要重视发挥道德的教化作用

D. 社会主义核心价值观融入法治建设就是通过立法使之上升为法律规范

2023 年客观题试题
参考答案及解析

一、单项选择题

1.【参考答案】 B

【解析】 A 项考查法的位阶。我国《宪法》序言指出:“本宪法以法律的形式确认了中国各族人民奋斗的成果,规定了国家的根本制度和根本任务,是国家的根本法,具有最高的法律效力。”因此效力位阶最高的法律是宪法,不是公共福利法,故 A 项错误,不当选。

B 项考查对法治的理解。法治包括形式法治和实质法治。形式法治注重法治的形式合理,追求形式平等性,而实质法治则着眼于法的伦理性及法的自由、正义等价值追求,重视实质合理,强调法治不仅要符合相关的法律形式要件,而且要实现权力制约和权利保障。公共福利是国家和社会为满足全体社会成员的物质及精神生活基本需要而兴办的公益性设施和提供的相关服务,追求的是实质法治,故 B 项正确,当选。

C 项考查法的价值。公共福利(公共利益)是法的价值之一,但是法的最高价值是自由,故 C 项错误,不当选。

D 项考查公民权利的限制。实现公共福利是追求实质平等,而实质的平等认为正义不仅依靠法律的普遍性和统一性,法律还必须考虑特殊性,因个体差异而实行区别对待,注重条件平等和结果平等,为此可以限制个人权利,故 D 项错误,不当选。

2.**【参考答案】** D

【解析】 A 项,当然推理,是指由某个更广泛的法律规范的效力推导出某个不那么广泛的法律规范的效力的推理方式。换言之,是指"如果较强的规范有效,那么较弱的规范就必然更加有效"。当然推理主要包括两种形式:举轻以明重、举重以明轻。本题的推理方式并不涉及法律规范的强与弱,所以与当然推理无关,故 A 项错误,不当选。

B 项,反向推理,又叫"反面推论",是指从法律规范赋予某种事实情形以某个法律后果,推出这一后果不适用于法律规范未规定的其他事实情形的推理方式。本题的推理方式并不涉及法律规范的正向与反向推理,故 B 项错误,不当选。

C 项,历史解释,是指依据正在讨论的法律问题的历史事实对某个法律规定进行解释。本题的解释方法没有涉及本法律问题的历史事实,故 C 项错误,不当选。

D 项,客观目的解释,是指根据"理性的目的"或"在有效的法秩序的框架中客观上所指示的目的",即法的客观目的,对某个法律规定进行解释。客观目的解释可以使法律决定与特定社会的伦理与道德要求相一致,从而使法律决定具有最大可能的正当性。客观目的解释着重于社会效果的预测和社会利益的衡量,根据各种社会因素对法律规范的社会目的和社会效益进行解释。本题中,法官审判时考虑了当前社会老龄化的实际情况以及维护老年人合法权益这一社会伦理与道德的要求,属于客观目的解释,故 D 项正确,当选。

3.**【参考答案】** B

【解析】 A 项考查法律与科技的关系。在法律与科技的关系中,科技影响法律的内容,成为法律规定的重要依据,科技发展也拓宽了法律的调整领域,引起法律变化;同时法律会为科技创造良好的社会环境,为组织科技活动提供必要准则,推动科技健康发展。科技发展会产生新兴领域,导致法律无法覆盖,体现出法律的滞后性,但是法律在立法技术上又具有前瞻性。立法技术分为立法预测技术、立法规划技术和立法表达技术。立法预测技术是指对立法的发展状况、趋势和各种情况进行预计、测算的科学方法、手段和规则。因此,法律并不必然滞后于科技发展,两者相辅相成,互相推动发展、完善。故 A 项错误,不当选。

B 项考查规范性法律文件。《办法》具有法律效力,并且其调整对象是不特定的当事人,因此属于规范性法律文件,故 B 项正确,当选。

C 项考查法的价值。《办法》规定国家坚持发展和安全并重、促进创新和依法治理相结合的原则,因此发展价值与安全价值是并重的,故 C 项错误,不当选。

D 项考查法系。法系,是指根据法的历史传统和外部特征的不同,对世界各国、各民族的法所作的宏观分类。法系划分的标准,主要包括法的历史渊源、主导性的法学思想方法、法的表现形式及其解释方法、特定的法律制度等。因此,科技的发展不会导致法系之间界限日益模糊,因此 D 项错误,不当选。

二、多项选择题

1.**【参考答案】** ABC

【解析】 法律规则和法律原则都是法律规范,但二者性质不同,法律规则内容明确具体,法律原则的内容宽泛抽象,从关系上来看,原则乃规则之母,法律规则属于法律原则内容的具体化结果。A、C 项均错误。

B 项错误,宽泛抽象的原则在含义上较规则更加模糊。D 项正确,规则是原则内容的细化,原则为规则提供基础和本源,构成规则的正当化基础。

2.**【参考答案】** ABC

【解析】 法的现代化不仅要求法律制度的现代化,还要求法律文化的现代化、公民法律意识的现代化等,A 项错误。

外源型法的现代化具有被动性、反复性等特点,B 项错误。

我国法的现代化始于“清末修律”，属于外源型法的现代化，属于立法主导型，C项错误。

法的现代化要求法律必须具有形式合理性和实质合理性，D项正确。

三、不定项选择题

【参考答案】 C

【解析】 本题考查法与道德的关系。A项、B项，“坚持依法治国和以德治国相结合，把社会主义核心价值观融入法治建设、融入社会发展、融入日常生活”这句话强调的是法律和道德的结合，A项和B项都未强调法律和道德结合，因此不当选。

C项“既要重视发挥法律的规范作用，又要重视发挥道德的教化作用”，强调法律和道德相结合，依法治国和以德治国相结合，当选。

D项，社会主义核心价值观属于道德规范，而道德和法律之间是有界限和区别的，并非全部的道德规范都可以法律化，法律仅仅是最低限度的道德。因此并非社会主义核心价值观的全部内容都可以通过立法使之上升为法律规范，故D项错误，不当选。

2022年客观题试题

一、单项选择题

1. 有法谚云：“对法律最好的解释是法律本身。”对于这句名言，下列选项说法正确的是：(　　)

A. 对法律进行客观目的解释

B. 法律之外无解释

C. 立法的过程也是法律解释的过程

D. 对法律所作的解释都是最佳解释

2. 一辅警在下班途中发现甲违法停车，遂拍照上传至交管系统，后交管部门对甲进行罚款。甲不服，将交管部门起诉到人民法院。人民法院经过审理后认为，辅警在没有交警在场的情况下执法，取证程序不适当，判决撤销该罚款处罚。关于该案，下列说法正确的是：(　　)

A. 该案体现出法的滞后性特征

B. 法院的判决体现辅警执法具有合法性，但是缺乏合理性

C. 辅警发现违法停车即拍照，体现了执法效率原则

D. 该案体现出执法具有主动性特征

3. 甲乙签订了买卖合同，因甲没有履行合同义务，两人发生争执，争吵升级至打架，甲失手将乙打成重伤。公安机关侦查结束后，检察院对甲依法提起公诉，乙向法院提起刑事附带民事诉讼，要求赔偿医疗费用，庭审后判处甲有期徒刑3年，并赔偿乙所支付的所有治疗费用。关于本案的法律关系，下列说法错误的是：(　　)

A. 检察机关提起公诉是基于甲的违法行为

B. 乙向人民法院提起刑事附带民事诉讼而与甲所形成的法律关系是横向法律关系

C. 检察机关与甲之间形成的关系是保护性法律关系

D. 程序性法律关系是第一性法律关系，实体性法律关系是第二性法律关系

二、多项选择题

1. 建设中国特色社会主义法治体系，必须坚持立法先行，发挥立法的引领和推动作用，关于我国的立法体制，下列说法错误的有：(　　)

A. 全国人大及其常委会有权制定基本法律

B. 行政法规由国务院公布，向全国人大备案

C. 国务院公报刊登的行政法规文本为标准文本

D. 全国人大常委会无权撤销国务院制定的不合法的行政法规

2. 关于法律概念，下列说法正确的有：(　　)

A. 法实证主义者认为法律和道德不存在概念上的必然联系

B. 法律概念由评价性概念和论断性概念构成

C. 法实证主义者的核心观点可以被概括为恶法亦法

D. 非实证主义者的核心观点可以被概括为恶法非法

3. 甲男与乙女离婚诉讼中，对甲男在婚前给予乙女的一笔钱的分割产生了争议。甲男称该钱为婚前支付的彩礼，乙女称该钱为甲男赠予自己的钱。法院经调查当地习俗后认定该钱系甲男婚前向乙女支付的彩礼，而非赠与乙女的财产。下列说法正确的有：(　　)

A. 当地习俗是非正式的法的渊源

B. 当地习俗是法律推理的大前提

C. 法院查明风俗习惯的过程，属于法律发现

D. 法院的推理过程，采用涵摄的方法

三、不定项选择题

1. 关于法律漏洞，下列说法错误的是：(　　)

A. 只要是法律没有规定的事项都属于法律漏洞

B. 全部漏洞，即立法空白，指从整个法律体系的角度，法律应该规定却没有规定

C. 自始漏洞指立法者在制定法律时考虑到社会客观情况，有意不作规定，而是交由有关部门决定

D. 任何一种漏洞，都可以归结为明显漏洞或隐藏漏洞

2. 最高人民法院颁布典型案例，通过"以案释法"的形式向公民普法，是普及法律知识的最好方式之一。典型案例的素材全部来源于实际发生在公民身边的审判、执行案件，从观感上更靠近公民，更容易得到公民的关切，也更能为公民所接受。下列说法错误的是:(　　)

A. 典型案例有普遍约束力

B. 在我国，指导性案例是正式的法的渊源

C. 对于最高人民法院的典型案例，法院审判类似案件时必须参照适用

D. 司法具有政策实施功能

2022 年客观题试题
参考答案及解析

一、单项选择题

1.【参考答案】 A

【解析】 客观目的解释指着重于社会效果的预测和社会利益的衡量，根据各种社会因素对法律规范的社会目的和社会效益进行解释，"对法律最好的解释是法律本身"这句话表明了法律条文独立于立法者的立法目的所展现出来的独立的客观目的，即法律自身所具有的客观价值和目的，因此，A 项正确。

立法机关制定法律后，对法律有多重方式可以进行解释，有对法律本身进行的解释，当然也有对脱离法律之外的解释，这不冲突，比如立法者目的解释就需要根据参与立法的人的意志或立法资料揭示某个法律规定，或者说将对某个法律规定的解释建立在参与立法的人的意志或立法资料的基础上，因此 B 项错误。

立法是指有立法权的国家机关按照法定的职权和程序，创制、修改、补充、认可和废止法律的活动。立法过程中对草案条文的任何表述都是为了说明创制该法条的缘由，其和法律公布生效后对其进行的解释并不相同，故 C 项错误。

法律解释的方法并不是唯一的，有多种解释方法，不同的解释方法担负的功能各异，比如文义解释和主观目的解释最大限度地限制解释者的自由裁量，体系解释能够避免因孤立看待单一条文而导致法律体系内部的冲突等，同一事件中使用不同法律解释方法得出的结论可能并不相同甚至冲突，故 D 项错误。

综上所述，本题答案为 A。

2.【参考答案】 D

【解析】 执法的主体是国家行政机关及其公职人员。具有主动性和单方面性，本案中，辅警看到了有人违法停车，主动进行执法行为，体现了执法的主动性特征。甲不服进行起诉，法院撤销了该处罚，并未体现出法的滞后性特征，故 A 项错误，D 项正确。辅警主动进行执法目的正当，但是其在交警不在场的情形下进行执法，并未遵守法定执法程序，因此，辅警的执法行为合理但是不合法。故 B 项说法错误。执法效率原则是执法的基本原则，但是执法效率原则建立在合法的基础上，即不能为了效率采用不合法的手段和程序，合法是基础，因此 C 项说法错误。

综上所述，本题答案为 D。

3.【参考答案】 D

【解析】 法律行为以当事人的意志为转移，可以进一步分为合法行为与违法行为，检察机关提起公诉是基于甲的违法行为，属于法律行为的一种。故 A 选项正确。

横向法律关系指平等主体之间形成的法律关系。纵向(隶属)法律关系指不平等主体之间形成的法律关系。在刑事附带民事诉讼中，双方当事人属于平等的诉讼主体，属于横向法律关系。故 B 选项正确。

调整性法律关系和保护性法律关系是按照法律关系产生的依据、执行的职能和实现规范的内容所做的划分。调整性法律关系是基于人们的合法行为产生的，保护性法律关系是由于违法行为而产生的。本案中检察机关与甲之间因甲的违法行为形成的关系是刑事法律关系，属于保护性法律关系。故 C 选项正确。

在实体性和程序性法律关系中，实体性法律关系是第一性法律关系(主法律关系)，程序性法律关系是第二性法律关系(从法律关系)。故 D 选项错误。

二、多项选择题

1.【参考答案】 ABD

【解析】 只有全国人大有资格制定基本法律，

故A选项错误。

根据《立法法》第72条第1款规定，国务院根据宪法和法律，制定行政法规。根据《立法法》第77条第1款的规定，行政法规由总理签署国务院令公布。《立法法》第109条规定："行政法规、地方性法规、自治条例和单行条例、规章应当在公布后的三十日内依照下列规定报有关机关备案：(一)行政法规报全国人民代表大会常务委员会备案……"故B选项错误。

根据《立法法》第78条规定，行政法规签署公布后，及时在国务院公报和中国政府法制信息网以及在全国范围内发行的报纸上刊登。在国务院公报上刊登的行政法规文本为标准文本。故C选项正确。

全国人大常委会有权撤销国务院制定的不合法的行政法规、下级人大及其常委会的决定和命令。故D选项错误。

2.【参考答案】 ACD

【解析】 以是否承认法律和道德之间存在概念上(非内容上)的必然(非偶然)联系为标准，可以将人们关于法律概念的争论划分为法律实证主义和非实证主义两个阵营，法实证主义者认为法律和道德不存在概念上的必然联系，而非实证主义者则认为法律和道德存在概念上的必然联系。A选项正确。

根据概念的功能不同，将法律概念分为描述性概念、评价性概念和论断性概念。故B选项错误。

法实证主义者侧重于研究实际存在的法律(实然法)，认为法律的存在与法律在道德上的好坏是两个不能混同的议题，因此其核心观点可以被概括为恶法亦法，即道德上邪恶的法律也是法律。故C选项正确。

非实证主义者侧重于研究法律在道德上应当是什么的问题(应然法)，认为法律的要求不能同道德的要求相抵触，法律的效力依附于道德，因此其核心观点可以被概括为恶法非法，即道德上邪恶的法律就不再是法律了。故D选项正确。

3.【参考答案】 AD

【解析】 法的渊源包括正式的法的渊源与非正式的法的渊源。正式的法的渊源是指具有明文规定的法律效力，如宪法、法律、法规等，主要为制定法。非正式的法的渊源则指不具有明文规定的法律效力，但具有法律说服力，如正义标准、理性原则、公共政策、道德信念、社会思潮、习惯、乡规民约、社团规章、权威性法学著作、外国法等。习惯属于非正式的法的渊源。故A选项正确。

司法的形式过程体现为司法三段论，大、小前提和结论对应的内容是固定的，法律规范只能充当大前提，案件事实只能充当小前提，结论只能在第三步。本案中法院调查当地习俗并非作为法律推理的大前提，而是通过当地习俗确定了该笔钱款性质是彩礼，只是在确定法律推理的小前提案件事实。故B选项错误。

法律发现是指法律人获得法律决定或判断的事实过程，这一过程受到心理因素和社会因素等法外因素的主导。所谓心理因素与社会因素主要是指法律人的直觉、偏见、情感、利益立场、社会阶层、价值偏好等。法律论证要求法律人必须要对其所得的决定或判断提供尽可能充足的理由支持，换言之，要保证作为结论命题的决定或判断是推理或论证的结果。本案中，法院查明风俗习惯的过程是一个理性的过程，因此，属于法的证成，故C选项错误。

涵摄是指从大前提和小前提中必然地推导出结论或结论必然地蕴含在前提之中的推论。结合本案，甲男称该钱为婚前支付的彩礼，乙女称该钱为甲男赠予自己的钱。结合案件事实，首先要先对这笔钱款的性质作出认定，确认其性质之后，方可以找到与之匹配的大前提，并综合推导出结论。因此，D选项正确。

三、不定项选择题

1.【参考答案】 AC

【解析】 法律漏洞是指某事项应当由法律规定但法律却未作规定的情形。法律作为底线并非所有的事项都应当由法律来调整。法外之空间法律未作规定的，不属于法律漏洞。故A选项错误。

全部漏洞是指法律对某一应当规定的事项完全没有作出规定。故B选项正确。

自始漏洞可以分为明知漏洞和不明知漏洞，前者指立法者在立法时已认识到对该问题的规定存在漏洞，而故意将这一问题保留给其他部门或机关来具体规定，典型如法律规则中的委任性规则。明知漏洞属于立法策略中的立法者的有意沉默，又被称为"法政策漏洞"。不明知漏洞是指立法者在立法时因疏忽或认知能力的局限而没有意识到法律规定有欠缺的情形。故C选项错误。

根据漏洞的表现形态不同，可以将漏洞分为明显漏洞和隐藏漏洞。明显漏洞是指基于立法计划，立法者应当积极对某一问题作出规定，却未作规定的情形。隐藏漏洞是指基于立法计划，立法者虽对某一问题作出规定，但应当规定例外情形却未规定。无论是全部漏洞还是部分漏洞、自始漏洞还是嗣后漏洞，最终都可以划分为明显漏洞或者隐藏漏洞。故D选项正确。

2.【参考答案】 ABD

【解析】 典型案例并不具有普遍约束力，故A项说法错误。指导性案例在我国并没有明文规定的法律效力，属于非正式渊源，故B项说法错误。根据最高人民法院发布的《关于案例指导工作的规定》第7条规定，最高人民法院发布的指导性案例，各级人民法院审判类似案例时应当参照，故C项说法正确。司法具有公共政策形成功能，故D项说法错误。

2021年客观题试题

一、单项选择题

关于法的概念与本质，下列说法正确的是？(　　)

A. 是否承认"法律是最低限度的道德"，是区分实证主义与非实证主义的主要标准

B."法律的生命不在于逻辑，而在于经验"，这种观点应属于社会法学派的基本观点

C. 按照马克思主义法学派的观点，法律是社会共同体意志的体现

D. 是否承认社会实效是法的构成要素，是区分分析法学派与社会法学派的主要标准

二、多项选择题

1. 关于内部证成和外部证成的表述，下列哪些选项是正确的？(　　)

A. 内部证成和外部证成共同保证了法律决定的合理性

B. 内部证成由于采用演绎推理而可以保证法律决定的合法性，外部证成由于采取归纳推理而可以保证法律决定的合理性

C. 外部证成是法官在审判中根据法条直接推导出判决结论的过程

D. 外部证成的过程必然涉及内部证成，对法律决定所依赖的前提的证成本身也是一个推理过程，也有一个内部证成的问题

2. 后西村民委员会在开展"争创精神文明户"活动中，将子女是否孝敬老人作为一项重要的指标。张老汉的儿子张三书面承诺，每月至少给父亲500元的赡养费。之后，张三家被评为"精神文明户"。但是张三始终没有履行过承诺。村民委员会撤销了张三家"精神文明户"的称号，并支持张老汉向法院起诉。法院审理后，判令张三每月向张老汉支付赡养费500元，并支付张老汉看病的费用。几个月后，张老汉再次找到原审法官，请求撤销原判决。理由是判决生效后，虽然张三履行了判决，但是他的孙子和孙女从此再也不喊他"爷爷"了，他为此非常伤心。对此事件，下列说法哪些是正确的？(　　)

A. 在农村地区，应当优先适用风俗习惯

B. 风俗习惯与国家法律之间存在紧张关系

C. 建设法治国家，必须综合运用法律、道德等手段

D. 该案法官应当按照张老汉的要求，撤销原判决

3. 新婚夫妇张某与李某到某影楼拍摄婚纱照。由于影楼工作人员的疏忽，导致新拍的婚纱照的底片报废，这对新婚夫妇遂将影楼诉至法院，有关法律关系的说法，下列哪些选项是正确的？(　　)

A. 新婚夫妇与影楼之间形成的是平权型法律关系

B. 新婚夫妇与影楼之间形成的法律关系体现了双方的意志

C. 新婚夫妇与影楼之间形成的诉讼法律关系为相对法律关系

D. 如果底片没有报废，新婚夫妇与影楼之间形成的法律关系的客体是照片

2021年客观题试题
参考答案及解析

一、单项选择题

【参考答案】 B

【解析】 A项，区分实证主义与非实证主义的主要标准是：是否认为法与道德之间有本质、必然的联系。

B项，"经验"即习惯、社会实效。社会法学派以社会实效作为法的首要因素，即只要某种规则在社会中实际有效，这种规则就是法。

C项，按照马克思主义法学派的观点，法律是统治阶级意志的体现。

D项，区分分析法学派与社会法学派的主要标准是：是否承认社会实效是法的首要构成要素。

二、多项选择题

1.【参考答案】 AD

【解析】 内部证成指法律决定必须按照一定的推理规则从相关前提中逻辑地推导出来。内部证成能够保证从前提到结论的逻辑推导真实有效,但对于前提的真实性无法保证。而外部证成则恰恰是对于内部证成的前提的真实性的证成。内部证成就是推导出法律决定的演绎推理的三段论过程,而外部证成则同样是通过演绎推理的三段论过程证成内部证成前提的真实性。

法律决定的合理性在于:(1)法律决定是按照一定的推理规则从前提中推导出来的,这是内部证成的问题;(2)推导法律决定所依赖的前提是真实的,这是外部证成的问题。内部证成与外部证成共同保证法律决定的合理性。AD 选项正确。

内部证成和外部证成都是通过演绎推理的方式进行。B 选项错误。

内部证成是推导出法律决定的过程。C 选项错误。

2.【参考答案】 BC

【解析】 法律具有普遍性,在国家权力范围内普遍适用,不允许存在不受法律控制的地域,A 项错误。风俗习惯属于法的非正式渊源,属于道德的范畴,与法律规定不是完全一致的,特定情况下甚至存在冲突,B 项正确。法律具有局限性,因此必须要综合运用法律、道德等手段,C 项正确。司法行为具有公定力,一旦作出,非因法定事由、法定程序,任何人不得单方任意撤销,D 项错误。

3.【参考答案】 ABC

【解析】 按照主体在法律关系中的地位不同,法律关系可以分为纵向(隶属)法律关系和横向(平权)法律关系。横向法律关系是指平权法律主体之间的权利义务关系。其特点在于:法律主体的地位是平等的,权利和义务的内容具有一定程度的任意性,如民事财产关系,民事诉讼之原被告关系等。故 A 项正确。

法律关系是体现意志性的特种社会关系。法律关系是根据法律规范有目的、有意识建立的,所以法律关系必然体现国家的意志。但法律关系不同于法律规范,它是现实的、特定的法律主体所参与的具体社会关系。因此,特定法律主体的意志对于法律关系的建立与实现也有一定的作用。有些法律关系的产生,不仅要通过法律规范所体现的国家意志,而且要通过法律关系参加者个人意志的表示一致,如多数民事法律关系。故 B 项正确。

按法律关系主体是否完全特定化,法律关系分为绝对法律关系与相对法律关系。绝对法律关系指的是权利主体特定而义务主体不特定的法律关系。相对法律关系是存在于特定的权利主体和特定的义务主体之间的法律关系。故 C 项正确。

法律关系客体的种类包括物、人身、精神产品和行为结果等。作为法律关系客体的行为结果是特定的,即义务人完成其行为所产生的能够满足权利人利益要求的结果。行为结果一般分为两种:一种是物化结果,即义务人的行为凝结于一定的物体,产生一定的物化产品或营建物(如房屋、道路、桥梁等);另一种是非物化结果,即义务人的行为没有转化为物化实体,而仅表现为一定的行为过程,最后产生权利人所期望的结果。例如,权利人在义务人完成一定行为后,得到了某种精神享受或物质享受,增长了知识和能力等。本题中,新婚夫妇与影楼之间形成的法律关系的客体之一是拍摄婚纱照行为(包括完成照片的冲洗)。故 D 项错误。

2020 年客观题试题

一、单项选择题

1. 法谚云:“习惯在于自觉遵守,而法律在于强制服从。”关于法律和习惯的说法,下列选项正确的是:(　　)

A. 法律不被施行则不具有实效性

B. 法律不被遵守则不具有强制力

C. 习惯不具有强制力

D. 习惯具有成文性

2.《外国人来华登山管理办法》1991 年 7 月 13 日由国务院批准,1991 年 8 月 29 日由国家体育运动委员会发布实施,该办法属于下列哪一性质的文件?(　　)

A. 部委制定的其他规范性文件

B. 行政法规

C. 国务院发布的决定和命令

D. 部门规章

3. 法谚云:“法官是会说话的法律”,对于这一表述,下列理解正确的是:(　　)

A. 法律不经裁判,则不产生义务

B. 法律不经转化,则无法解释

C. 法律不经适用,则不发生效力

D. 法律不经解释,则无法适用

4. 关于法的现代化,说法正确的是:(　　)

A. 法的现代化仅要求法律制度的变革

B. 外源型法的现代化具有自发性和渐进性特征

C. 从清末开始，中国法的现代化一直是司法主导型

D. 法的现代化要求法具备形式合理性（合法性）

二、多项选择题

1. 2015年，法院在审理某案件时发现，法律对恶意取得人和善意取得人返还财物的范围无具体规定，认为存在法律漏洞，遂援引《物权法》中对占有返还财物范围的规定，对善意取得人返还财物范围作出判决。下列说法正确的有：（　　）

A. 只要是法律没有规定的内容都是法律漏洞

B. 判断法律漏洞不需要进行价值评价

C. 该法律漏洞是隐藏漏洞

D. 法官运用了类比推理

2.《民法典》是新中国第一部以法典命名的法律，开创了我国法典编纂的先河，具有里程碑意义。对《民法典》的意义和举措，下列说法正确的有：（　　）

A. 婚姻家庭编凸显了中国社会治理经验，传承了中华文化精神气质

B. 弘扬社会主义核心价值观为重要立法目的，具有鲜明中国特色

C. 人格权独立成编，扩大到网络社会对人格权的保护，彰显了信息网络时代社会对人格权保护的特殊价值

D. 其颁布和实施一劳永逸地解决了新时代中国的民事法治建设问题

3."居有其所"是每个人最基本的生存需求。随着我国经济社会发展，居住权益保障问题日益成为人们普遍关注的社会热点问题，在这一背景下，《民法典》新增了居住权的规定。对此，下列表述正确的有：（　　）

A. 居住权作为一项人权，其产生先于《民法典》的规定

B. 居住权的设置有利于弱势群体的权益保障

C. 居住权既是道德权利，也是一项法律权利

D. 凡是道德需求的，都应当纳入法律的调整范围之内

2020年客观题试题参考答案及解析

一、单项选择题

1.【参考答案】 A

【解析】 A项，法律的施行等同于法律的实施。法律的实施包括遵行（守法）、执行（执法）和适用（司法）；而法律的实效，就是指人们实际上按照法律规定的行为模式去行为，法律被人们实际遵行、执行或适用。因此没有被施行的法律自然不具有实效性。A项说法正确。

B项，《列宁全集》中提道："法与国家存在着不可分割的联系。没有能够强制人们遵守法律规范的机关，法就等于零。"任何社会规范都具有强制性，作为一种以国家强制力为后盾，通过法律程序保证实现的社会规范，法律自生效那一刻起就具有强制力，而法律是否被遵守，都不影响法的强制性。恰恰由于法律的强制性，如果不遵守法律，可能会因此承受一定的法律后果。因此B项说法错误。

C项，容易误导考生。任何社会规范都具有强制力，强制力并非法律的独特属性，法律的强制力和其他社会规范不同的地方在于，法律是以国家强制力为后盾，通过法律程序保证实现的社会规范。因此，法律拥有不同于其他社会规范的最强的强制力。习惯作为一种社会规范，和法律一样都具有强制力。C项说法错误。

D项，成文性是成文法的特征之一。一个社会规范具有成文性，那么这个规范就应以规范性条文的形式表述并于生效前公布。习惯独立于国家制定法之外，通常是在一定社会时期和地区，因长期而普遍地为人所遵从，而逐渐形成的具有一定强制性的行为规范，如古罗马法学家赫尔莫杰尼安所言，"那些由长期习惯确认了的并且被长年遵守的东西，同写成文字的法一样，被作为公民间的默认协议"。因此不能说习惯具有成文性。因此D项说法错误。

2.【参考答案】 B

【解析】 本题主要考查规范性文件的性质，做这一类题的方法，就是根据文件的名称和制定、修改、发布机关等来判断其性质。规范性文件，从广义上讲一般是指属于法律范畴（宪法、法律、行政法规、地方性法规、自治条例、单行条例、国务院部门规章和地方政府规章）的立法性文件和除此以外的由国家机关和其他团体、组织制定的具有约束力的非立法性文件的总和。

本题的A和D两个选项考查部委制定的规范性文件,B和C两个选项考查国务院制定的规范性文件。部委制定的规范性文件可以分为部门规章和部门规章以外的规范性文件。对于部门规章,《立法法》第91条第1款规定:“国务院各部、委员会、中国人民银行、审计署和具有行政管理职能的直属机构以及法律规定的机构,可以根据法律和国务院的行政法规、决定、命令,在本部门的权限范围内,制定规章。”《立法法》第96条第1款规定:“部门规章由部门首长签署命令予以公布。”部委制定的其他规范性文件,通常以部委名义或部委办公厅名义发布,均不需要国务院批准。本题中,《外国人来华登山管理办法》于1991年7月13日由国务院批准,因此首先排除部委制定的文件。AD项不当选。

国务院制定、发布的规范性文件可以分为行政法规和行政法规以外的规范性文件(包括国务院发布的决定和命令等)。根据《立法法》第72条第1款的规定,国务院根据宪法和法律,制定行政法规。根据《立法法》第77条规定,行政法规由总理签署国务院令公布。有关国防建设的行政法规,可以由国务院总理、中共中央军事委员会主席共同签署国务院、中共中央军事委员会令公布。

国务院发布的决定和命令不是立法法所规定的,但《宪法》第89条第1项规定国务院可以“根据宪法和法律,规定行政措施,制定行政法规,发布决定和命令”。由于宪法中将决定和命令与行政法规并列,因此国务院发布的决定和命令在很大程度事实上取得了和行政法规同样的效力。

区分行政法规和国务院发布的决定和命令,可以从文件的名称、内容与产生几方面着手。行政法规一般称为“条例”“规定”“办法”,而决定和命令的文件名称一般为“通知”“决定”等。行政法规通常为“由国务院制定”“由……签署国务院令公布”,而命令与决定通常只会表述为“由……发布”。行政法规是指国务院为领导和管理国家各项行政工作,根据宪法和法律,按照行政法规规定的程序制定的与政治、经济、教育、科技、文化、外事等有关的各类法规。由于法律关于行政权力的规定常常比较原则、抽象,因而还需要行政机关进一步具体化。行政法规就是对法律内容具体化的一种主要形式,而决定与命令一般为程序性文件或任命性文件。从本题来看,《外国人来华登山管理办法》是对外国人来华登山这一活动的具体规定,因此是行政法规,故B项正确。

3.【参考答案】 D

【解析】 “法官是会说话的法律,而法律则是沉默的法官。”这是爱德华·S.考文的名言。本题考查了这句法谚的前半句,可以解读为,法官应该严格依法办事,但不等于简单而机械地直接依照法律进行判决。由于制定法的高度抽象性与概括性,当其面临具体的案件事实时,必须经由解释,才能使法律规范与案件事实彼此契合。因此司法者适用法律时,要在一定法律规则下,运用自己的知识与判断力,对法律进行解释,然后再根据查明的案件事实,进行判决与裁量。法律不经解释,则无法适用。D项说法正确。

A项考查法律义务的来源和性质。法律义务是设定或隐含在法律规范中、实现于法律关系中的,是法律关系主体以作为或不作为的方式所必须履行的责任。因此法律义务是法定的,即使不经裁判,也是客观存在的。当负有义务的主体不履行或不适当履行自己的义务时,要受到国家强制力的制裁,承担相应的责任。因此A项说法错误。

B项考查法律解释。法律解释是指一定的解释主体根据法定权限和程序,按照一定的标准和原则,对法律的含义以及法律所使用的概念、术语等进行进一步说明的活动。根据主体和效力,法律解释分为正式解释(包括立法解释、行政解释、司法解释)和非正式解释(包括学理解释和任意解释)。不论哪种解释,都是解释主体针对法律规范本身所为,而无须转化的过程。因此不存在“法律不经转化,则无法解释”的情况。B项说法错误。

C项考查法律的效力。法律效力,是指法律所具有或者赋予的约束力。一部法律经由法定程序制定并通过,符合生效条件,自然地就具有法律效力,而不需要通过个案适用,才能产生效力。C项说法错误。

4.【参考答案】 D

【解析】 法的现代化,是指法与社会的政治、经济、文化等方面的现代化需要相适应的一个变化过程。依据法的现代化动力来源,可将法的现代化分为以下两类。

内发型现代化,指由社会内部自发产生的力量促使法进行的现代化,这是一种自发的、缓慢的现代化过程,社会内部的矛盾和斗争比较和缓。西方国家法的现代化大多属于内发型的。

外源型现代化,指由外部环境的影响而引发的现代化,外来因素是最初的推动力,在此过程中,社会内部的矛盾和斗争比较尖锐。法的外源型现代化有以下特点:(1)具有被动性,即在法的外源型现代化中,现代化最初是迫于某种外来压力而进行的。(2)具有依附性,即在外源型现代化国家中,法的现代化本身往往不具有价值,而是国家图强的一种工具,服务于国家政治、经济的变革。(3)具有反复性,即在法的外源型现代化中,由于外来因素是最初的推动力,与固有的传统习惯之间存在激烈斗争,双方互有进退,因而表现为过程的反复性。

中国法的现代化进程有如下特点:(1)从被动接受到主动选择;(2)从模仿民法法系到建立中国特色社会主义法律制度;(3)自上而下的立法活动是中国法治现代化的主要形式;(4)法律意识的建立落后于法律制度,思想领域斗争激烈。

A项,法的现代化不仅需要法律制度的变革,还需要法律观念的更新,法律文化的革新等,因此A项说法错误。值得注意的是,像“仅”和“一定”等这类过于绝对的用词出现在选项中,极大概率都是错误的。

B项,由上述可知,内发型现代化是一种自发的、缓慢的现代化过程,而外源型现代化具有被动性和反复性,因此自发性和渐进性是内发型现代化的特征,而不是外源型现代化的特征。因此B项错误。

C项,中国法的现代化在制度层面的正式启动,是清政府下诏,派沈家本和伍廷芳主持修律。因此,中国法的现代化启动形式是立法主导型,并非“一直”是司法主导型,因此题目中说“从清末开始,中国法的现代化一直是司法主导型”,是错误的。因此C项错误。

D项,法现代化的标志之一就是法律具有一致性、普遍性、公开性等形式理性,具备形式合理性。法与道德相互分离,经过一定的法定程序具有合法性。因此D项正确。

二、多项选择题

1.**【参考答案】** CD

【解析】 A项,法学家拉伦茨将“法律漏洞”定义为违反计划的不圆满性,这里的计划实际上是立法的人所显现的规整意向。如果这种欠缺是立法者有意识的决定,就不能归为法的漏洞,这被他称为“有意义的沉默”。事实上,法律是调整社会关系、解决社会矛盾的一种工具,却并非唯一工具,并非所有的社会关系都需要通过法律进行调整。因此法外空间是必然存在的,而不是只要是法律没有规定的内容都是法律漏洞。A项的说法是错误的。

B项,价值评价是主体对客体可能具有的价值和实践改造客体后的意义、成果等进行的评价,它根据主体的利益、主体的价值需求来评判客体。我们判断是否存在法律漏洞的前提和依据就是立法计划(目的),显然立法计划具有立法者的价值取向,而判断法律未作规定的事项是否违反立法计划,又不可避免带有立法者对于法律的价值评价,因此可以说,判断法律漏洞一定需要价值评价。B项错误。

C项,以法律对待决的具体个案是否有明确的规定为标准,可以将法律漏洞分为明显漏洞与隐藏漏洞。明显漏洞,是指针对特定的事实和问题,法律依据立法计划应规定而没有规定。隐藏漏洞,是指法律对某一问题虽然有所规定,但规定不充分或对于应当规定的例外情况没有规定。题干中说“法律对恶意取得人和善意取得人返还财物的范围无具体规定”,法律中对于何种情形下要返还财产有明确规定,但没有规定具体范围,因此是一种隐藏漏洞。C项正确。

D项,类比推理亦称“类推”,是根据两个对象在某些属性上相同或相似,通过比较而推断出它们在其他属性上也相同,是一种或然的法律推理方法。在法律中,占有返还和善意、恶意取得的返还具有许多相同属性,都属于物权法的调整范围,都是占有人及物权人之间的权利义务关系,都是占有人对物权人的返还等。法官因为以上相同属性,类推适用了物权的占有中对返还财物范围的规定,是一种类比推理。D项正确。

2.**【参考答案】** ABC

【解析】 A、B、C、D项考查《民法典》的特色。《民法典》婚姻家庭编总结了此前原《婚姻法》《收养法》等立法经验,重新对婚姻家庭规范进行立法,凸显了中国社会治理经验,在“送养”问题上又体现了对中国传统社会习俗的充分尊重,故A选项正确。

弘扬社会主义核心价值观是宪法规定的公民思想道德领域的基本要求,作为社会生活百科全书的《民法典》当然应当对其有所反映。故B选项正确。

根据《民法典》第1034条规定,自然人的个人信息受法律保护。个人信息是以电子或者其他方式记录的能够单独或者与其他信息结合识别特定自然人的各种信息。这体现了在信息社会发展的趋势下,民事立法对人格权保护的新回应。故C选项正确。

D项考查法的局限性。法律的作用具有局限

性，理性的有限性使得立法者无法设计出完美的法典，社会的发展也会使应当保持稳定的法律不可避免地具有滞后性，故D选项错误。

3.【参考答案】 ABC

【解析】 A、B项考查法的价值。人权是指每个人作为人应该享有的权利，是一种应然权利，具有自然法的属性，也就是属于道德层面上的权利；而居住权作为人权的一种，其产生先于《民法典》的规定。故A选项正确。

我国法律体系中，居住权首先出现于原最高人民法院《关于适用〈中华人民共和国婚姻法〉若干问题的解释(一)》，其中第27条第3款规定："离婚时，一方以个人财产中的住房对生活困难者进行帮助的形式，可以是房屋的居住权或者房屋的所有权。"此款体现了居住权对离婚后无房可居者的保护。《民法典》承继该精神，扩张了居住权的适用范围。故B选项正确。

C项考查权利。居住权作为人权的一种，首先是一项道德权利。《民法典》第366条对居住权作出规定，意味着居住权从道德权利上升为法律权利。故C选项正确。

D项考查法与道德。法律是有局限性的，法律规定的权利只是人权中最普遍享有的权利，或者是最容易受到侵犯的权利，因而有必要通过法律严肃申明。因此，即使是人的基本需求，也无法都由法律作出规定。故D选项错误。

2019年客观题试题

一、单项选择题

1. 最高人民检察院检察长在十三届全国人大二次会议上作报告指出，2018年全国各级检察机关加强对刑事立案、侦查、审判活动的监督，督促侦查机关撤案近2万件，同比上升32%，对不构成犯罪或证据不足的决定不批捕16万余人，不起诉3万余人，对此，下列哪一说法是错误的？(　　)

A. 检察监督能够减少逮捕率，有利于贯彻宪法精神，尊重和保障人权

B. 检察机关与侦查机关对于实现个案正义的目标并不相同

C. 检察监督制度减少了不必要的逮捕、起诉，从而节约了司法审判资源

D. 检察机关通过督促侦查机关撤案的方式行使监督的权力

2. 陈某与前妻林某离婚后，婚生子陈某宝(7岁)由林某抚养，林某与王某再婚后擅自将陈某宝改为王某宝，陈某诉至法院，法院认为："陈某宝系无民事行为能力人，更换姓名应由父母共同协商，故判决林某恢复其子原姓名。"关于本案，下列正确的是：(　　)

A. 法院判决是规范性法律文件

B. 法院判决体现了法的评价作用

C. 姓名权是相对权

D. 由于陈某宝是无民事行为能力人，故不享有任何民事权利

3. 有一名危重病人被送往医院，但因其拒绝在手术同意书上签字。根据法律和医院的相关规定，如果没有征得病人同意，手术不能进行，医生未对其进行手术抢救。最终该病人因病情贻误不治身亡。关于本案，下列哪一说法是正确的？(　　)

A. 医生应当严格遵守法律，哪怕危及患者生命，这是法律实证主义的要求

B. 患者同意权在任何情况下都不应该被侵犯，这体现了个案中的比例原则

C. 危重病人应该排除在同意权规定的适用范围之外，这是方法论上的目的论的扩张

D. 立法者应当允许不经患者同意采取必要的医疗措施，这体现了伤害原则

4. 截至2018年10月，认罪认罚从宽制度试点地区适用认罪认罚从宽制度起诉的案件数，占同期起诉刑事案件总数的50%左右，其中绝大部分是检察机关建议适用，审查起诉平均用时缩短至26天；适用速裁程序审结的占70%左右，其中当庭宣判率达95%；适用简易程序审结的占25%左右，当庭宣判率为79.8%。下列关于认罪认罚制度的价值说法正确的是：(　　)

A. 认罪认罚制度的前提是犯罪嫌疑人的主动认罪的主观态度，体现了法的强制作用

B. 认罪认罚制度可以减少诉讼的时间，体现了法的效率价值优先于公正价值

C. 认罪认罚制度的立法目的是追求"繁简分流"，目的是实现秩序价值

D. 认罪认罚制度在实施过程中需要其他制度的配合，说明徒法不足以自行

5. 张某与王某育一子。之后两人离婚。由于儿子还没有成年，法院判孩子归张某抚养。为了儿子的利益，前夫王某主张，将来不管谁与张某结婚，张某再婚后将不能再生小孩。本案中，张某和王某约定张某再婚后不能再生小孩的内容违反了哪项

法律原则？（　　）

A. 诚信原则　　B. 自愿原则

C. 平等原则　　D. 公序良俗原则

二、多项选择题

1. 杨某与丈夫赵某于1980年结婚，后赵某又在婚姻存续期间与弟媳冯某同居，1996年赵某因车祸死亡，此前赵某曾订立遗嘱并进行了公证，承诺在其死后将名下的宝马车赠与冯某，赵某去世后，冯某因车辆所有权争议纠纷诉至法院。法院认为，协议内容虽然真实，但因赵某与冯某行为有违公序良俗，故协议无效。对此，下列哪些说法是正确的？（　　）

A. 法院对遗赠扶养协议的有关法律规则创设例外是基于公序良俗原则

B. 法院审理案件时运用的公序良俗原则属于公理性原则

C. 法官在审理案件时进行了事实判断和价值判断

D. 法院选择适用公序良俗原则的目的是实现个案正义，属于内部证成

2. 2017年11月22日，国务院常务会议通过《行政区划管理条例》，该条例自2018年10月10日公布，并于2019年1月1日起实施。关于《行政区划管理条例》，下列哪些选项是正确的？（　　）

A. 省、自治区、直辖市的行政区域界线的变更，报全国人民代表大会批准

B. 由国务院总理签署，以国务院令形式公布

C. 全国人大常委会有权撤销该条例

D. 应在2018年10月10日后的30日内，报全国人大常委会备案

3. 古代有一个"白马非马"的典故，一位隐士骑着白马想要进入城门，但律法规定"马入城门需交税"，这位隐士辩解称"白马非马"，但守城官吏并未被说服，最后这位隐士仍交了税费。这个故事背后的法理，下面说法正确的有：（　　）

A. 官吏按法律收税行使的是国家权力，具有国家强制性

B. "马入城门需交税"中的"马"是否包含白马不是事实问题，而是法律问题

C. "白马非马"的争论点为概念的外延问题，即白马是否是马的范畴

D. "白马非马"的说法如果成立，其背后是属于文义解释，也属于缩小解释

4. 某学校组织初一的学生开展撕名牌的活动。活动中，学生彭某将谢某推倒致其受伤。谢某花费医药费近2万元。谢某将学校、彭某及其父母诉至法院。法院判决彭某的行为直接导致谢某受伤，学校在活动前未向学生说明安全须知，未尽到教育管理义务，遂判决彭某和学校各承担70%和30%的赔偿义务。关于本案，说法正确的有：（　　）

A. 法院的判决体现了法律的评价作用

B. 若彭某系限制民事行为能力人，其赔偿能力不足而让其父母承担赔偿责任则违背了责任自负的原则

C. 学校的教育管理义务为相对义务

D. 若彭某与谢某达成谅解协议而不追究赔偿，则构成时效免责

三、不定项选择题

1. 甲乙两人分食两个苹果，甲先拿走大的，乙责怪甲自私，甲问乙若你先拿又如何，乙称会选小的，甲说道："既然如此，我拿大的岂非正合你意，你又何必怪我？"根据该故事，结合对法治和德治观念的理解，下列说法正确的有：（　　）

A. 道德缺乏强制力，不能保障人在同样的情形下作出一致的选择

B. 法律可以从外部约束人的行为，但对道德领域难题的解决并无帮助

C. 适用不同的程序可能对同样的结果赋予不同的意义

D. 提前约定好事情的处理方案，对于解决矛盾、避免纠纷起到至关重要的作用

2. 开发商建衡公司与小红因为未能在合同的规定期限内办理房产证而产生纠纷，小红将建衡公司诉至某人民法院，请求解除双方签订的商品房买卖合同。法院在审理该案件时认为，对于因延迟办证而形成的解除权的合理期限，现行法律并未作出规定。但为维护商品经济秩序和平衡买卖合同双方利益需要对该期限进行合理限制。对此，法官援引了相关司法解释中与延迟办证具有一定相似性的因迟延交房形成的解除权的合理期限规定，从而作出相应的判决。下列说法正确的有：（　　）

A. 对于该判决法官运用了类比推理

B. 平衡买卖双方的利益和维护交易秩序稳定，体现了法的价值

C. 本案中存在的法律漏洞属于嗣后漏洞

D. 若需要认定法律漏洞，则需要探究立法目的

2019年客观题试题
参考答案及解析

一、单项选择题

1.【参考答案】 B

【解析】 检察院是我国法定的法律监督机关，对刑事案件的立案、侦查、审判活动进行监督是检察院的法定职责，通过加强检察监督，能够有效地督促公安机关和法院妥善行使职权，减少逮捕率、错判率，保障当事人人权，节约司法资源。因此对其作出正面评价的A、C、D选项均为正确选项。B选项显然错误，实现案件的公正处理是公检法机关的共同追求，也是我国政法机关的法定职责，因此检察机关与侦查机关在实现个案正义的目标上并无不同。本题答案为B。

2.【参考答案】 B

【解析】 规范性法律文件与非规范性法律文件的核心差异在于其效力对象是否特定，其中规范性法律文件针对不特定的一般主体，而非规范性法律文件则针对特定的对象生效。显然法院的判决书只针对案件当事人发生效力，案外人则不需受其约束，因此属于典型的非规范性法律文件，据此A选项错误。B选项正确，评价作用是指以法律为标准对他人已经做出的行动作出合法或违法的判定，法院通过依法裁判对当事人的行为进行判定直接体现了法律的评价作用（也可以说判决本身就是一个评价）。根据义务主体是否特定，可以将法律权利划分为绝对权和相对权，绝对权的义务主体不特定（如物权、人格权），相对权的义务主体则为特定的对象（如债权），作为人格权的一种，姓名权是典型的绝对权，权利人以外的一般主体都应尊重并负有不侵犯义务，因此C选项错误。无民事行为能力人是指其从事民事法律行为的范围受限，并不意味着其不享有任何民事权利，这是完全不同的两个概念，如果无民事行为能力人不享有任何权利的话，那么为保障其合法权利的监护人的设置将毫无意义，因此D选项错误。本题答案为B。

3.【参考答案】 A

【解析】 A项正确，法律实证主义强调法律本身的权威性，主张社会公众应当严格遵守法律规定，无论其内容是否符合我们一般的道德观念。因此，医生严守法律，避免对法律内容是否恰当进行个人评判，这体现了实证主义的立场。B项错误，患者的同意权在任何情况下都应当绝对保护，体现了对同意权至高无上地位的强调，并未考量其代价是否实现最小化的要求，显然与强调最小伤害的比例原则无关。C项错误，目的论扩张是指结合立法目的，将本该包含但未被规定的情形纳入法律规范的调整范围，而目的论限缩则是结合立法目的，将法律已规定但本不应当规定的情形排除在外，显然危重病人应该排除在同意权规定的适用范围之外的做法，体现的是目的论限缩而非扩张。D项错误，立法中的伤害原则是指除非行为人的行为伤害（侵犯）他人的合法权益，否则就不应对其进行限制。本题中该病人的行为并不构成对他人的伤害，而是一种自我伤害的行为，显然与伤害原则的内涵不符。立法者应当允许不经患者同意采取必要的医疗措施的做法更多体现了家长主义原则，即立法者应当对行为人的可能导致其自身利益受损的不理智行为进行必要的限制。本题答案为A。

4.【参考答案】 D

【解析】 A项中，犯罪嫌疑人的主动认罪，体现的是法的指引作用，而不是法的强制作用。故A项说法错误。B项中，认罪认罚制度设计的初衷确实是为了提升司法效率，但是，在法的价值排序上，“公正优先，兼顾效率”，故B项说法错误。C项中，认罪认罚制度追求的是“繁简分流”的制度目的，背后是法的效率和公正价值，而不是秩序价值，故C项说法错误。D项中，法的作用具有局限性，徒法不足以自行，认罪认罚制度在实施过程中需要其他制度的配合说法正确。答案为D。

5.【参考答案】 D

【解析】 本题中，王某作为前夫，以保护孩子的利益的名义，与前妻王某约定限制王某的生育权，该约定违法。妇女的生育权属于妇女的绝对权利，不能受到非法侵害，否则违背一般道德和公共秩序。所以D项正确。A项中，本案不涉及欺诈，故不违反诚信原则。B项中，本案双方的协议是符合自愿原则的。C项中，双方在法律地位上属于平等主体。故答案为D。

二、多项选择题

1.【参考答案】 ABC

【解析】 法院基于公序良俗原则认定协议内容无效，显然是为遗嘱继承应当优先于法定继承的规定创设了例外情形，故A项正确。B项正确，尊重善良风俗是具有普遍性的人类共同要求，因此属于世界各国普遍承认的公理性原则（与只在特定国家或地区存在的政策性原则相对应）。C项正确，法院在裁判案件的过程中查清案件事实的做法，体现了事实判断,坚守法律和人伦底线否定赵某的遗嘱效力,体现了价值判断。D项错误,法院选择适用公序良俗原则裁判案件,需要对大前提法律规范作出充分的论证说理,而对前提的论证属于外部证成。本题答案为ABC。

2.【参考答案】 BCD

【解析】 根据我国法律的规定,省、自治区、直辖市的建置和特别行政区的设立,应由全国人大批准,需要提醒大家的是,建置问题属于行政区划的整体变动,即设立、撤销和更名三种情形,并不包含具体区域界线的变动,因此A选项错误。省、自治区、直辖市的行政区域界线的变更由国务院审批即可。B选项正确,行政法规由国务院制定,并由国务院总理签署国务院令公布(法律由国家主席签署主席令公布,但国务院总理签署的发布令并非总理令,因为个人是不可能公布法律的,国家主席的主席令在性质上也并非个人令,而是机关令,因为国家主席本身就是一个国家机关的概念)。C选项正确,全国人大常委会和国务院之间是监督关系,因此可以撤销违反上位法的行政法规。D选项正确,根据我国《立法法》的规定,行政法规应当在公布之日起的30日内向全国人大常委会报备(事实上所有的备案都是要求在公布之日起的30日内完成的,即备案都是30日)。本题答案为BCD。

3.【参考答案】 ACD

【解析】 A项中,交税属于法定义务,背后是国家强制力进行保障,故A项说法正确。B项中,马是否包含"白马"是一个客观现实,是可以用证据证明的范畴,不仅是一个事实问题,也是一个法律问题,故B项说法错误。C项中,"白马非马"争论不是概念的内涵,而是概念的外延,故C项说法正确。D项中,如果"白马非马"说法成立,则运用了"字面"的文义解释方法。同时,白马排除在马的范围,属于缩小解释,故D项说法正确。本题答案ACD。

4.【参考答案】 AC

【解析】 A项中,法院根据法律规定对此案件作出了一定的价值评价,故属于法律的评价作用。A项说法正确。B项中,限制行为能力人由监护人进行赔付,并不违背责任自负原则。B项说法错误。C项中,学校教育管理的对象是学生,属于特定对象,教育管理义务是相对义务。故C项说法正确。D项中,彭某与谢某达成一致,不追究责任属于协议免责而不是时效免责。故D项说法错误。本题答案为AC。

三、不定项选择题

1.【参考答案】 CD

【解析】 任何社会规范都具有强制力,即保证自己不被随意违反的力量,道德规范也不例外,只不过道德规范往往通过内心强制、舆论强制等非正式的强制力量来实现其要求,因此A选项错误。法律作为一种行为规范,可以从外部对人的行为进行直接约束,但往往无法直接调整人们的思想。道德规范虽关乎一心,主要通过帮助人们树立道德观念进而实现对人们行动的调整,但因道德规范本身的模糊性,在实践中往往会出现因观念纷争而导致行动上的冲突和矛盾,此时我们就可以通过将一定限度的道德要求转化为法律规定,以相对清晰的行为标准来规制统一人们的行动,进而化解一定范围内的道德难题(不是也不可能是所有),因此B选项的说法过于绝对,错误。C选项正确,程序正义和结果正义构成正义的完整内涵,作为实现结果正义的过程和方法的程序选择当然会对最终的结果产生影响,方法不同,程序不同,结果自然也各异。D选项正确,约定方案并严格履行,本就是避免行动纷争的重要方法。本题答案为CD。

2.【参考答案】 ABD

【解析】 类比推理是指基于两种情形的相似性而作出相似处理的推理方式,法官基于延迟交房和延迟办证的相似性而作出相应判决的做法,正是类比推理的直接应用,据此A选项正确。平衡买卖双方的利益和维护交易秩序稳定体现了法律对于正义的追求和对秩序的维护,当然体现了法的价值,B选项正确。本案中涉及的延迟办证能否导致合同解除的问题,在法律中未有明确规定,显然属于法律漏洞,但这一漏洞在立法之时就已存在(只不过之前因没有相关纠纷的出现而没有显现出来),应理解为自始漏洞,并不属于因法律滞后于社会经济发展而导致的嗣后漏洞,据此C选项错误。D选项正确,当出现法律漏洞时,我们需要结合立法目的进行扩张或限缩以期实现法律创设本应实现的目的。本题答案为ABD。

宪　法

2023年客观题试题

一、单项选择题

1. 关于我国宪法基本原则的理解，下列选项错误的是？(　　)

A. 2004年将"国家尊重和保障人权"写入《宪法》，成为国家的基本价值观

B. 2018年《宪法修正案》将序言中的"健全社会主义法制"修改为"健全社会主义法治"，这是依法治国理念的新发展

C. 我国宪法规定了人民对国家权力进行监督

D. 宪法对公民基本权利和义务的规定是基本人权原则的具体体现

2. 宪法是国家的根本法。关于我国《宪法》的说法，下列表述错误的是？(　　)

A. 宪法正文明确规定宪法的根本法地位和最高的法律效力

B. 宪法以根本法的形式确认了人民当家作主，规定了社会制度和国家制度、公民与国家的关系、国家机构、国家标志等内容

C. 宪法是母法，其他法律都必须以宪法为依据

D. 我国宪法规定国家生活中的根本问题，对政治、经济、文化、教育等方面作了原则性规定

3. 根据宪法和法律的规定，下列关于我国各级人大代表的行为，表述正确的是？(　　)

A. 人大代表郑某在某次人大会议上抨击正在实行的政策，言辞激烈，应当追究其法律责任

B. 公安局欲逮捕涉嫌犯罪的甲乡人大代表王某，立即通知了甲乡人民代表大会

C. 人大代表周某因打架斗殴被行政拘留，暂时停止其代表职务

D. 人大代表小吴被判处有期徒刑3年，其代表资格终止

4. 关于中华人民共和国的国家标志，下列选项正确的是？(　　)

A. 出境入境口岸的适当场所应当悬挂国徽

B. 1999年《宪法修正案》将国歌写入宪法

C. 国家机构应当每日升挂国旗，中国人民政治协商会议应当在工作日升挂国旗

D. 升挂或者使用破损、污损、褪色或者不合规格的国旗的，应依法追究其刑事责任

5. 为保障农村村民实行自治，根据相关法律的规定，某乡政府结合当地实际作出了一系列决定，其中做法正确的是？(　　)

A. 为监督某村村委会的工作，该乡政府派人加入村务监督委员会

B. 某村村委会的组成人员由该乡政府任命

C. 为解决某村村民纠纷，由该乡政府安排村民的土地承包经营

D. 要求村民会议制定的村民自治章程和村规民约，报乡政府备案

二、多项选择题

1. 2023年国务院进行机构改革，组建国家数据局。负责协调推进数据基础制度建设，统筹数据资源整合共享和开发利用，统筹推进数字中国、数字经济、数字社会规划和建设等，由国家发展和改革委员会管理。关于国务院的职权，下列说法正确的是？(　　)

A. 国务院可以向全国人大常委会提出授予国家勋章和国家荣誉称号的议案

B. 国务院依照法律规定决定省、自治区、直辖市的范围内部分地区进入紧急状态

C. 有权制定有关行政拘留的规范性文件

D. 编制和执行国民经济和社会发展计划和国家预算

2. 某县监察委员会主任黄某在任期内离职，李某接任，以下符合《宪法》规定的程序的是：(　　)

A. 县人大常委会须报上一级监察委员会和人大常委会备案

B. 县人大常委会决定李某代理监察委员会主任

C. 由黄某提名李某

D. 县人大常委会主任会议提名，李某代理主任

三、不定项选择题

1. 下列关于全国人大专门委员会的表述，错误的是：(　　)

A. 专门委员会是全国人大的专门性工作机构

B. 专门委员会委员由全国人大主席团在代表中提名，全国人大会议通过

C. 全国人大专门委员会可以对报送备案的规范性法律文件进行主动审查和专项审查

D. 第十三届全国人大设有宪法和法律委员会、特定问题调查委员会等专门委员会

2. 人权作为法的主要价值之一，法律要保障人权。下列关于人权的说法错误的是：（　　）

A. "中华人民共和国公民在法律面前一律平等"，《宪法》中规定的平等权是免予国家干预的权利

B. "国家尊重和保障人权"，《宪法》中此条规定的人权指的是生存权和发展权

C. 公民权是人权的法律化和具体化，而人权是公民权的政治基础

D. "退休人员的生活受到国家和社会的保障"，《宪法》中关于此权利的规定属于公民社会经济权利的范畴

2023 年客观题试题参考答案及解析

一、单项选择题

1.【参考答案】 D

【解析】 本题考查的是宪法的基本原则和宪法修正案的内容。大家在记忆宪法修正案时，可以着重从修宪的时代背景角度去理解把握宪法修正案的内容，因为任何法律的制定和修改都会有明显的时代烙印，结合自己熟悉的修宪的时代背景，就不难回忆推导出宪法修正案的相关内容。2004 年人权入宪，2018 年国家提出推进全面依法治国，建设中国特色社会主义法治体系。A、B 项说法正确。

宪法的基本原则主要有人民主权原则、基本人权原则、法治原则和权力制约原则。权力制约既包括公民权利对国家权力的制约，也包括国家权力相互之间的制约。我国宪法规定"全国人民代表大会和地方各级人民代表大会都由民主选举产生，对人民负责，受人民监督"等，是权力制约原则在我国宪法中的体现。C 项说法正确。

宪法对公民基本权利和义务的规定是人民主权原则的具体体现。D 项说法错误。

2.【参考答案】 A

【解析】 我国《宪法》序言的最后一段规定了宪法的根本法地位和最高法律效力。A 项说法错误。

宪法具有根本性、最高性、原则性、纲领性、稳定性。B、C、D 项说法正确。

3.【参考答案】 B

【解析】 根据《全国人民代表大会和地方各级人民代表大会代表法》第 31 条的规定，代表在人民代表大会各种会议上的发言和表决，不受法律追究。A 项说法错误。

根据《全国人民代表大会和地方各级人民代表大会代表法》第 32 条第 4 款的规定，乡、民族乡、镇的人民代表大会代表，如果被逮捕、受刑事审判或者被采取法律规定的其他限制人身自由的措施，执行机关应当立即报告乡、民族乡、镇的人民代表大会。B 项说法正确。

根据《全国人民代表大会和地方各级人民代表大会代表法》第 48 条第 1 款的规定，代表有下列情形之一的，暂时停止执行代表职务，由代表资格审查委员会向本级人民代表大会常务委员会或者乡、民族乡、镇的人民代表大会报告：(1) 因刑事案件被羁押正在受侦查、起诉、审判的；(2) 被依法判处管制、拘役或者有期徒刑而没有附加剥夺政治权利，正在服刑的。周某被行政拘留，无须暂时停止其代表职务。小吴被判处有期徒刑 3 年，没有附加剥夺政治权利，应暂时停止其代表职务。C、D 项说法错误。

4.【参考答案】 A

【解析】 《国徽法》第 5 条规定，下列场所应当悬挂国徽：(1) 北京天安门城楼、人民大会堂；(2) 县级以上各级人民代表大会及其常务委员会会议厅，乡、民族乡、镇的人民代表大会会场；(3) 各级人民法院和专门人民法院的审判庭；(4) 宪法宣誓场所；(5) 出境入境口岸的适当场所。A 项说法正确。

2004 年《宪法修正案》规定"中华人民共和国国歌是《义勇军进行曲》"，将国歌写入宪法。B 项说法错误。

《国旗法》第 5 条规定，下列场所或者机构所在地，应当每日升挂国旗：(1) 北京天安门广场、新华门；(2) 中国共产党中央委员会，全国人民代表大会常务委员会，国务院，中央军事委员会，中国共产党中央纪律检查委员会、国家监察委员会，最高人民法院，最高人民检察院；中国人民政治协商会议全国委员会；(3) 外交部；(4) 出境入境的机场、港口、火车站和其他边境口岸，边防海防哨所。《国旗法》第 6 条第 1 款规定，下列机构所在地应当在工作日升挂国旗：(1) 中国共产党中央各部门和地方各级委员会；(2) 国务院各部门；(3) 地方各级人民代表大

会常务委员会;(4)地方各级人民政府;(5)中国共产党地方各级纪律检查委员会、地方各级监察委员会;(6)地方各级人民法院和专门人民法院;(7)地方各级人民检察院和专门人民检察院;(8)中国人民政治协商会议地方各级委员会;(9)各民主党派、各人民团体;(10)中央人民政府驻香港特别行政区有关机构、中央人民政府驻澳门特别行政区有关机构。C 项说法错误。

《国旗法》第 19 条规定,不得升挂或者使用破损、污损、褪色或者不合规格的国旗,不得倒挂、倒插或者以其他有损国旗尊严的方式升挂、使用国旗。该规定是禁止性规定,没有规定追究其刑事责任。D 项说法错误。

5.**【参考答案】** D

【解析】 根据《村民委员会组织法》第 32 条的规定,村应当建立村务监督委员会或者其他形式的村务监督机构,负责村民民主理财,监督村务公开等制度的落实,其成员由村民会议或者村民代表会议在村民中推选产生,其中应有具备财会、管理知识的人员。村民委员会成员及其近亲属不得担任村务监督机构成员。村务监督机构成员向村民会议和村民代表会议负责,可以列席村民委员会会议。A 项说法错误。

根据《村民委员会组织法》第 11 条第 1 款的规定,村民委员会主任、副主任和委员,由村民直接选举产生。任何组织或者个人不得指定、委派或者撤换村民委员会成员。B 项说法错误。

根据《村民委员会组织法》第 8 条第 3 款的规定,村民委员会应当尊重并支持集体经济组织依法独立进行经济活动的自主权,维护以家庭承包经营为基础、统分结合的双层经营体制,保障集体经济组织和村民、承包经营户、联户或者合伙的合法财产权和其他合法权益。根据《村民委员会组织法》第 5 条第 1 款的规定,乡、民族乡、镇的人民政府对村民委员会的工作给予指导、支持和帮助,但是不得干预依法属于村民自治范围内的事项。土地承包经营方案属于村民自治范围内的事项,该乡政府不得干预。C 项说法错误。

根据《村民委员会组织法》第 27 条第 1 款的规定,村民会议可以制定和修改村民自治章程、村规民约,并报乡、民族乡、镇的人民政府备案。D 项说法正确。

二、多项选择题

1.**【参考答案】** ABD

【解析】 根据《国家勋章和国家荣誉称号法》第 5 条、第 6 条的规定,国家勋章和国家荣誉称号由全国人大常委会根据国务院、中央军委、委员长会议的议案提请全国人大常委会决定授予。故 A 项正确。

根据《宪法》第 67 条、第 89 条的规定,全国人大常委会可以决定全国和部分省市进入紧急状态,而国务院可以决定省级范围内部分地区进入紧急状态。故 B 项正确。

根据我国《立法法》第 11 条的规定,犯罪与刑罚,对公民政治权利的剥夺、限制人身自由的强制措施和处罚,属于法律的绝对保留事项,因此只能由全国人大或全国人大常委会制定法律加以规定,国务院的行政法规无权规定上述事项。故 C 项错误。

根据《宪法》第 89 条、第 62 条、第 67 条的规定,国务院编制和执行国民经济和社会发展计划和国家预算,由全国人大批准。全国人大闭会期间,全国人大常委会决定计划和预算的部分调整方案。故 D 项正确。

2.**【参考答案】** BD

【解析】 根据《监察法》第 9 条第 3 款的规定,地方各级监察委员会主任每届任期同本级人民代表大会每届任期相同。县监察委员会主任黄某在任期内离职,根据《地方各级人民代表大会和地方各级人民政府组织法》第 50 条的规定,县级以上的地方各级人民代表大会常务委员会在本级人民代表大会闭会期间,在省长、自治区主席、市长、州长、县长、区长和监察委员会主任、人民法院院长、人民检察院检察长因故不能担任职务的时候,根据主任会议的提名,从本级人民政府、监察委员会、人民法院、人民检察院副职领导人员中决定代理的人选;决定代理检察长,须报上一级人民检察院和人民代表大会常务委员会备案。综上,本题答案为 BD。

三、不定项选择题

1.**【参考答案】** D

【解析】 全国人大的专门委员会是按专业分工设立的辅助性工作机构。A 项说法正确。专门委员会人选由全国人民代表大会主席团在代表中提名,全国人民代表大会会议通过。B 项说法正确。《立法法》第 111 条第 1 款规定,全国人民代表大会专门委员会、常务委员会工作机构可以对报送备案的行政法规、地方性法规、自治条例和单行条例等进行主动审查,并可以根据需要进行专项审查。C 项说法正确。特定问题调查委员会不属于专门委员会,属于临时性委员会,D 项说法错误。

2.【参考答案】 AB

【解析】 我国立法允许平等权上的合理差别，以保护弱者，实现结果上的平等。因此，平等权需要国家通过立法的形式进行一定程度的限制。故A项错误。

《宪法》规定的"国家尊重和保障人权"不单指生存权和发展权等。故B项错误。C项正确。

退休人员的生活保障权是公民的社会经济方面的权利之一。故D项正确。

2022年客观题试题

一、单项选择题

1. 根据《地方各级人民代表大会和地方各级人民政府组织法》，下列不属于衡量法治政府标准的是：(　　)

A. 权责法定　　B. 便民惠民

C. 执法严明　　D. 廉洁诚信

2. 关于宪法相关知识，下列说法错误的是：(　　)

A. 1787年《美国联邦宪法》规定了公民广泛的文化权利和国家的文化政策

B. 我国的根本政治制度是人民代表大会制度

C. 我国《宪法》规定的基本社会制度包括劳动保障制度

D. 我国现行《宪法》从总纲中的概述、公民的相关权利、国家机构的相关职权三个角度对我国的基本文化制度进行了较为完善的规定

3. 根据《宪法》和《民族区域自治法》的规定，下列选项正确的是：(　　)

A. 民族区域自治以少数民族聚居区为基础，是民族自治与区域自治的结合

B. 民族自治区的自治条例和单行条例报全国人大批准后生效

C. 上级国家机关应该在收到自治机关变通执行或者停止有关决议、决定执行的报告之日起30日内给予答复

D. 民族自治地方的国家机关既是地方国家机关，又是自治机关

4. 有关国务院的职权，下列说法错误的是：(　　)

A. 国务院可以向全国人大常委会提出授予国家勋章和国家荣誉称号的议案

B. 国务院依照法律规定决定省、自治区、直辖市的范围内部分地区进入紧急状态

C. 有权制定有关行政拘留的规范性文件

D. 编制和执行国民经济和社会发展计划和国家预算

5. 关于各级人民政府，以下说法正确的是：(　　)

A. 地方各级人民政府从属于本级国家权力机关，由国家权力机关产生，向它负责，受它领导。同时，地方各级人民政府还要服从上级人民政府的领导

B. 地方各级审计机关对本级人大常委会和上一级审计机关负责

C. 经过上一级政府批准，地方各级政府可以设立工作部门

D. 经过全国人大或全国人大常委会批准，国务院可设立工作部门

6. 关于国家监察机关，下列说法错误的是：(　　)

A. 各级监察委员会是行使国家监察职能的专责机关

B. 国家监察委对全国人大及其常委会负责并报告工作

C. 监察机关应设立内部监督机构，加强对监察人员的监督

D. 监察机关办理职务违法等犯罪案件，应与审判机关、检察机关以及执法部门互相配合，互相制约

7. 对于民族自治区域内国家机关领导人员的任职资格，哪一职位必须由实行区域自治的民族的公民担任：(　　)

A. 法院院长　　B. 检察院检察长

C. 人大常委会主任　　D. 自治州州长

二、多项选择题

1. 关于我国的宪法监督制度，下列哪些说法是正确的：(　　)

A. 宪法和法律委员会对备案的规范性文件有合法性审查权

B. 自治县的人民代表大会制定的自治条例和单行条例，由省、自治区、直辖市的人民代表大会常务委员会报全国人民代表大会常务委员会和国务院备案

C. 全国人民代表大会有权撤销自治区人民代表大会制定的自治条例与单行条例

D. 省级人大常委会有权撤销本级政府制定的不适当的规章

2. 关于我国的经济制度，下列说法错误的有：(　　)

A. 我国1999年实行社会主义市场经济

B. 我国的经济制度的基础是全民所有制经济

C. 集体经济组织实行家庭承包经营为基础、统分结合的双层经营体制

D. 土地的使用权可以依照法律的规定转让

3. 根据我国《宪法》和法律的规定，下列说法正确的有：(   )

A. 在我国，法律面前人人平等，禁止差别对待，但是允许合理差别，如对老人、儿童、残疾人等弱势群体，应当给予特殊保护

B. 在选举权领域，性别和年龄属于宪法所列举的禁止差别理由

C. 英烈的姓名、肖像、名誉、荣誉受法律保护。任何组织和个人不得将英烈的姓名、肖像用于或者变相用于商标、商业广告，损害英烈的名誉或荣誉

D. 我国《宪法》明文规定了公民的监督权，公民有对其他公民提出批评、建议、控告、检举、申诉的权利，但是不得诬告陷害

三、不定项选择题

1. 下列关于监察机关的说法中，正确的有：(   )

A. 上级监察机关必要时可以办理所辖各级监察机关管辖范围内的监察事项

B. 各级人民代表大会常务委员会听取和审议本级监察委员会的专项工作报告

C. 监察机关办理职务违法和职务犯罪案件，应当与审判机关、检察机关以及执法部门互相配合，互相制约

D. 国家监察委员会有权制定监察法规

2. 关于区域协同立法，下列说法正确的有：(   )

A. 县级以上政府可以共同建立跨行政区划的区域协同发展工作机制，加强区域合作

B. 上级政府应当对下级政府的区域合作工作进行指导、协调和监督

C. 省、自治区、直辖市、设区的市、自治州可以开展区域协同立法

D. 区域协同立法不能同宪法、法律、行政法规相抵触

2022年客观题试题参考答案及解析

一、单项选择题

1.【参考答案】 B

【解析】 《地方各级人民代表大会和地方各级人民政府组织法》第62条规定：“地方各级人民政府应当维护宪法和法律权威，坚持依法行政，建设职能科学、权责法定、执法严明、公开公正、智能高效、廉洁诚信、人民满意的法治政府。”

综上所述，本题答案为B。

2.【参考答案】 A

【解析】 1787年《美国联邦宪法》由序言和7条文本组成。该宪法的主要内容包括：立法权、行政权、司法权、授予各州的权力、宪法修正案提出和通过的程序、强调宪法和根据宪法制定的法律以及缔结的条约是“全国最高法律”、宪法本身的批准问题等，并没有对公民的权利进行规定，故A选项错误。

人民代表大会制度是我国根本政治制度。故B选项正确。

我国宪法规定的基本社会制度包括社会保障制度、劳动保障制度、医疗卫生事业、计划生育制度、人才培养制度、秩序和安全维护制度。故C选项正确。

1982年《宪法》作为我国的现行宪法，政治、经济、文化、社会、生态等各方面的基本制度规定得都较为完善，从总纲中的概述、公民的相关权利、国家机构的相关职权三个角度对我国的基本文化制度进行了较为完善的规定。故D选项正确。

综上所述，本题答案为A。

3.【参考答案】 A

【解析】 《民族区域自治法》第12条第1款规定：“少数民族聚居的地方，根据当地民族关系、经济发展等条件，并参酌历史情况，可以建立以一个或者几个少数民族聚居区为基础的自治地方。”《民族区域自治法》第12条第3款规定：“民族自治地方依据本地方的实际情况，可以包括一部分汉族或者其他民族的居民区和城镇。”可以看出，民族区域自治实际上是以少数民族聚居区为基础，是民族自治与区域自治的结合。故A选项正确。

民族自治地方的自治条例和单行条例统一实行事前批准制，自治区一级的自治条例和单行条例由全国人大常委会批准，自治州和自治县的自治条

例和单行条例由省级人大常委会批准。因此，全国人大无权审批民族自治区的自治条例和单行条例。故B选项错误。

《民族区域自治法》第20条规定："上级国家机关的决议、决定、命令和指示，如有不适合民族自治地方实际情况的，自治机关可以报经该上级国家机关批准，变通执行或者停止执行；该上级国家机关应当在收到报告之日起六十日内给予答复。"故C选项错误。

《民族区域自治法》第3条第1款规定："民族自治地方设立自治机关，自治机关是国家的一级地方政权机关。"民族自治地方的自治机关专指自治区、自治州、自治县的人民代表大会和人民政府，不包括法院和检察院。所以，在民族地方的所有国家机关中，只有人大和政府才属于自治机关，而司法机关仅属于地方国家机关，而不是自治机关。故D选项错误。

综上所述，本题答案为A。

4.**【参考答案】** C

【解析】 国家勋章和国家荣誉称号由全国人大常委会根据国务院、中央军委、委员长会议的议案提请全国人大常委会决定授予。故A选项正确。

人大常委会可以决定全国和部分省市进入紧急状态，而国务院可以决定省级范围内部分地区进入紧急状态。故B选项正确。

根据我国《立法法》第11条的规定，犯罪与刑罚，对公民政治权利的剥夺和限制人身自由的强制措施及处罚，属于法律的绝对保留事项，因此只能由全国人大或全国人大常委会制定法律加以规定，国务院的行政法规无权规定上述事项。故C选项错误。

国务院编制和执行国民经济和社会发展计划和国家预算，由全国人大批准。全国人大闭会期间，全国人大常委会决定计划和预算的部分调整方案。故D选项正确。

综上所述，本题答案为C。

5.**【参考答案】** D

【解析】 地方各级人民政府从属于本级国家权力机关，由国家权力机关产生，向它负责，受它监督。同时，地方各级人民政府还要服从上级人民政府的领导。A选项错误。

审计机关在国务院总理领导下，依照法律规定，独立行使审计监督权，不受其他行政机关、社会团体和个人的干涉。同时，审计机关采用双重领导体制，即地方各级审计机关对本级政府和上一级审计机关负责。B选项错误。

乡政府不设工作部门。县级以上地方各级政府经过上一级政府批准，可以设立工作部门。C选项错误，D选项正确。

综上所述，本题答案为D。

6.**【参考答案】** B

【解析】 《监察法》第3条规定："各级监察委员会是行使国家监察职能的专责机关，依照本法对所有行使公权力的公职人员（以下称公职人员）进行监察，调查职务违法和职务犯罪，开展廉政建设和反腐败工作，维护宪法和法律的尊严。"故A选项正确。

监察委员会对全国人民代表大会及其常务委员会负责，并接受监督。县级以上地方各级监察委员会对本级人民代表大会及其常务委员会和上一级监察委员会负责，并接受监督。故B选项错误。

《监察法》第55条规定："监察机关通过设立内部专门的监督机构等方式，加强对监察人员执行职务和遵守法律情况的监督，建设忠诚、干净、担当的监察队伍。"故C选项正确。

《宪法》第127条第2款规定："监察机关办理职务违法和职务犯罪案件，应当与审判机关、检察机关、执法部门互相配合，互相制约。"故D选项正确。

综上所述，本题答案为B。

7.**【参考答案】** D

【解析】 民族自治区域内，法院和检察院并不是自治机关，法律并未要求民族自治区域内的法院院长或者检察院检察长必须由区域自治的民族的公民担任。故A、B项错误。

《民族区域自治法》第16条第3款规定："民族自治地方的人民代表大会常务委员会中应当有实行区域自治的民族的公民担任主任或者副主任。"因此C项错误。根据《民族区域自治法》第17条的规定，自治区主席、自治州州长、自治县县长由实行区域自治的民族的公民担任。故D项正确。

综上所述，本题答案为D。

二、多项选择题

1.**【参考答案】** BCD

【解析】 《全国人民代表大会组织法》第39条第1款规定："宪法和法律委员会承担推动宪法实施、开展宪法解释、推进合宪性审查、加强宪法监督、配合宪法宣传等工作职责。"宪法和法律委员会仅推动宪法实施等相关工作，对备案法规的合法性审查权属于全国人大常委会。故A选项错误。

《立法法》第109条规定:“……(三)自治州、自治县的人民代表大会制定的自治条例和单行条例,由省、自治区、直辖市的人民代表大会常务委员会报全国人民代表大会常务委员会和国务院备案;自治条例、单行条例报送备案时,应当说明对法律、行政法规、地方性法规作出变通的情况……”故B选项正确。

《立法法》第108条规定:“……(二)全国人民代表大会常务委员会有权撤销同宪法和法律相抵触的行政法规,有权撤销同宪法、法律和行政法规相抵触的地方性法规,有权撤销省、自治区、直辖市的人民代表大会常务委员会批准的违背宪法和本法第八十五条第二款规定的自治条例和单行条例……”故C选项正确。

《立法法》第108条规定:“……(五)地方人民代表大会常务委员会有权撤销本级人民政府制定的不适当的规章……”故D选项正确。

综上所述,本题答案为BCD。

2.**【参考答案】** ABC

【解析】 我国1993年《宪法修正案》第7条规定,国家实行社会主义市场经济。故A选项错误。

《宪法》第6条第1款规定:“中华人民共和国的社会主义经济制度的基础是生产资料的社会主义公有制,即全民所有制和劳动群众集体所有制……”故B选项错误。

《宪法》第8条第1款规定,农村集体经济组织实行家庭承包经营为基础、统分结合的双层经营体制。集体经济有农村和城市两种类型,在城市的集体经济主要体现各种形式的合作经济。故C选项错误。

《宪法》第10条第4款规定:“任何组织或者个人不得侵占、买卖或者以其他形式非法转让土地。土地的使用权可以依照法律的规定转让。”故D选项正确。

综上所述,本题答案为ABC。

3.**【参考答案】** AC

【解析】 《宪法》第33条第2款规定:“中华人民共和国公民在法律面前一律平等。”我国的平等权是形式平等与实质平等的有机统一。形式平等要求禁止差别对待,但实质平等同时允许合理差别,主要是为了保障弱者的权益。故A选项正确。

《宪法》第34条规定:“中华人民共和国年满十八周岁的公民,不分民族、种族、性别、职业、家庭出身、宗教信仰、教育程度、财产状况、居住期限,都有选举权和被选举权;但是依照法律被剥夺政治权利的人除外。”选举要求18周岁才行,年龄是差别的理由,但性别不是。故B选项错误。

《英雄烈士保护法》第22条第2款规定:“英雄烈士的姓名、肖像、名誉、荣誉受法律保护。任何组织和个人不得在公共场所、互联网或者利用广播电视、电影、出版物等,以侮辱、诽谤或者其他方式侵害英雄烈士的姓名、肖像、名誉、荣誉。任何组织和个人不得将英雄烈士的姓名、肖像用于或者变相用于商标、商业广告,损害英雄烈士的名誉、荣誉。”故C选项正确。

《宪法》第41条第1款规定:“中华人民共和国公民对于任何国家机关和国家工作人员,有提出批评和建议的权利;对于任何国家机关和国家工作人员的违法失职行为,有向有关国家机关提出申诉、控告或者检举的权利,但是不得捏造或者歪曲事实进行诬告陷害。”由此可知,公民的监督权的对象是国家机关及其工作人员而不是其他公民。故D选项错误。

综上所述,本题答案为AC。

三、不定项选择题

1.**【参考答案】** ABCD

【解析】 《监察法》第16条第2款规定:“上级监察机关可以办理下一级监察机关管辖范围内的监察事项,必要时也可以办理所辖各级监察机关管辖范围内的监察事项。”故A选项正确。

监察委员会不需要向本级人大及其常委会作工作报告,但是,各级人大常委会有权听取本级监察委员会的专项工作报告。《监察法》第53条第1款和第2款规定:“各级监察委员会应当接受本级人民代表大会及其常务委员会的监督。各级人民代表大会常务委员会听取和审议本级监察委员会的专项工作报告,组织执法检查。”故B选项正确。

《监察法》第4条第1款和第2款规定:“监察委员会依照法律规定独立行使监察权,不受行政机关、社会团体和个人的干涉。监察机关办理职务违法和职务犯罪案件,应当与审判机关、检察机关、执法部门互相配合,互相制约。”故C选项正确。

根据全国人大常委会的授权,国家监察委员会有权制定监察法规(效力等级相当于行政法规)。故D选项正确。

综上所述,本题答案为ABCD。

2.**【参考答案】** ABCD

【解析】 根据《地方各级人民代表大会和地方各级人民政府组织法》第80条的规定,县级以上的地方各级人民政府根据国家区域发展战略,结合地方实际需要，可以共同建立跨行政区划的区域协同发展工作机制，加强区域合作。上级人民政府应当对下级人民政府的区域合作工作进行指导、协调和监督。因此A、B选项正确。根据《地方各级人民代表大会和地方各级人民政府组织法》第10条第3款的规定，省、自治区、直辖市以及设区的市、自治州的人民代表大会根据区域协调发展的需要，可以开展协同立法。故C项说法正确。《宪法》规定，宪法具有最高的法律效力，一切法律、行政法规和地方性法规都不得同宪法相抵触。根据《地方各级人民代表大会和地方各级人民政府组织法》第10条第1款的规定，省、自治区、直辖市的人民代表大会根据本行政区域的具体情况和实际需要，在不同宪法、法律、行政法规相抵触的前提下，可以制定和颁布地方性法规，报全国人民代表大会常务委员会和国务院备案。故D项说法正确。综上，本题答案为ABCD。

2021年客观题试题

一、单项选择题

1. 关于全面贯彻实施宪法，坚定维护宪法尊严和权威，下列哪一选项是不正确的？（　　）

A. 坚持依宪治国、依宪执政，把全面贯彻实施宪法作为首要任务

B. 党带头尊崇和执行宪法，把党领导人民制定和实施宪法法律同党坚持在宪法法律范围内活动统一起来，保障宪法法律的有效实施

C. 凡涉及宪法有关规定如何理解、实施、适用问题的，都应当依照有关规定向全国人大书面提出合宪性审查请求

D. 在备案审查工作中，应当注重审查是否存在不符合宪法规定和宪法精神的内容

2. 下列关于基本权利的表述，哪一说法是正确的？（　　）

A. 同社会经济权利一样，文化教育权利也属于公民的积极受益权

B. 劳动、受教育既是公民的基本权利，又是公民的基本义务

C. 公民有权对任何国家机关和国家工作人员提出批评、建议、申诉、控告和检举

D. 公民在年老、疾病或者身体虚弱的情况下，有从国家和社会获得物质帮助的权利

3. 关于全国人大常委会制度的表述，下列哪一选项是正确的？（　　）

A. 全国人民代表大会会议由全国人大常委会主持

B. 全国人民代表大会会议由全国人大主席团召集

C. 全国人大代表的选举由全国人大常委会主持

D. 全国人民代表大会批准省、自治区和直辖市的建置和区域划分

4. 关于我国基层群众性自治组织的表述，下列哪一选项是错误的？（　　）

A. 村民委员会是村民自我管理、自我教育、自我服务的基层群众性自治组织

B. 村民会议有权改变和撤销村民代表会议、村民委员会的不适当决定

C. 罢免村民委员会成员，须有登记参加选举的村民2/3投票，并须经投票的村民过半数通过

D. 村民委员会成员被判处刑罚的，其职务自动终止

5. 根据我国香港、澳门特别行政区基本法的规定，下列哪一选项是不正确的？（　　）

A. 香港特别行政区终审法院和高等法院的首席法官，应由在外国无居留权的香港特别行政区永久性居民中的中国公民担任

B. 香港特别行政区的法官，根据当地法官和法律界及其他方面知名人士组成的独立委员会推荐，由行政长官征得立法会同意后任命，并报全国人民代表大会常务委员会备案

C. 澳门特别行政区检察长由澳门特别行政区永久性居民中的中国公民担任，由行政长官提名，报中央人民政府任命

D. 澳门特别行政区设立行政法院。行政法院是管辖行政诉讼和税务诉讼的法院。不服行政法院裁决者，可向中级法院上诉

6. 关于宪法监督的方式，我国采取事先审查与事后审查相结合的方式。根据《立法法》的规定，关于我国宪法监督事先审查方式的说法，下列哪一选项是不正确的？（　　）

A. 自治区的自治条例和单行条例，报全国人大常委会批准后生效

B. 自治州、自治县的自治条例和单行条例，报省、自治区、直辖市的人大常委会批准后生效

C. 省、自治区、直辖市的地方性法规，报全国人大常委会批准后施行

D. 设区的市、自治州的地方性法规报省、自治

区的人大常委会批准后施行

7. 关于国家勋章和国家荣誉称号的说法，下列哪一选项是不正确的？（　　）

A. 国家荣誉称号的具体名称由全国人大常委会在决定授予时确定

B. 国务院、中央军事委员会可以向全国人民代表大会常务委员会提出授予国家勋章、国家荣誉称号的议案

C. 国家勋章包括“共和国勋章”，不包括“友谊勋章”

D. 国家主席进行国事活动，可以直接授予外国政要、国际友人等人士“友谊勋章”

8. 关于我国民族区域自治制度的表述，下列哪一选项是不正确的？（　　）

A. 民族自治地方的自治机关是自治区、自治州、自治县的人大和常委会

B. 民族自治地方人大常委会的主任或副主任，应当由实行区域自治民族的公民担任

C. 自治县人大有权制定自治条例和单行条例，报省、自治区的人大常委会批准生效

D. 自治地方可优先开发本地方的自然资源，依法确认森林和草原的归属

二、多项选择题

1. 根据《宪法》和《各级人民代表大会常务委员会监督法》的规定，关于各级人大常委会依法行使监督权，下列选项不正确的是？（　　）

A. 最高人民检察院作出的属于检察工作中具体应用法律的解释，应当在公布之日起15日内报全国人大常委会备案

B. 撤职案的表决采取无记名投票的方式，由常委会全体组成人员的2/3以上的多数通过

C. 特定问题调查委员会在调查过程中，应当公布调查的情况和材料

D. 质询案以口头答复的，由受质询机关的负责人到会答复

2. 关于《宪法》和《监察法》，下列说法中错误的是？（　　）

A. 监察委员会依照法律规定独立行使监察权，不受立法机关、司法机关、社会团体和个人的干涉

B. 监察机关在工作中需要协助的，有关机关和单位应当根据监察机关的要求依法予以协助

C. 某省监察机关可以办理下设的市级监察机关管辖范围内的监察事项，但无权办理辖区内县级监察机关管辖范围内的监察事项

D. 地方各级监察委员会对本级人民政府和上一级监察委员会负责，并接受其监督

三、不定项选择题

下列关于我国民族区域自治制度的表述，不正确的是？（　　）

A. 民族自治地方的自治机关是中央统一领导下的地方政权机关

B. 民族自治地方人大常委会的主任和副主任，应当由实行区域自治民族的人员担任

C. 民族自治地方的自治机关依照国家的军事制度和当地的实际需要，经国务院批准，可以组织本地方维护社会治安的公安部队

D. 自治州、自治县决定减税或者免税，须报省、自治区政府批准

2021年客观题试题
参考答案及解析

一、单项选择题

1.【参考答案】　C

【解析】　建设法治中国，必须高度重视宪法在治国理政中的重要地位和作用，坚持依宪治国、依宪执政，把全面贯彻实施宪法作为首要任务，健全保证宪法全面实施的体制机制，将宪法实施和监督提高到新水平。坚持把宪法作为根本活动准则。故A正确。

全国各族人民、一切国家机关和武装力量、各政党和各社会团体、各企业事业组织，都负有维护宪法尊严、保证宪法实施的职责，都不得有超越宪法法律的特权。故B正确。

加强宪法实施和监督。全国人大及其常委会要切实担负起宪法监督职责，加强宪法实施和监督，并将其作为全国人大常委会年度工作报告的重要事项。全国人大及其常委会通过的法律和作出的决定决议，应当确保符合宪法规定、宪法精神。但并非所有涉及宪法有关规定如何理解、实施、适用问题，都应当依照有关规定向全国人大书面提出合宪性审查请求，C选项说得过于绝对，错误。D正确。

2.【参考答案】　B

【解析】　A项，经济、社会、文化教育权利一般属于积极受益权，但财产权和继承权除外。经济权利中的财产权和继承权是消极防御权（私人利益受到侵害时，国家出面保护）。

B 项，既是权利又是义务的：劳动和受教育。

C 项，公民有权对任何国家机关和国家工作人员提出批评、建议。但是申诉、控告和检举权仅限于违法失职行为。

D 项，获得物质帮助的条件：年老、疾病或丧失劳动能力。

3.【参考答案】 C

【解析】 根据《宪法》第 59 条第 2 款的规定，全国人大代表的选举由全国人大常委会主持。故 C 项正确，当选。根据《宪法》第 61 条的规定，全国人大会议由全国人大常委会召集。全国人大举行会议的时候，选举主席团主持会议。故 A、B 项错误。根据《宪法》第 62 条第 13 项、第 89 条第 15 项的规定，全国人大批准省、自治区和直辖市的建置；国务院批准省、自治区、直辖市的区域划分，批准自治州、县、自治县、市的建置和区域划分。故 D 项错误。

4.【参考答案】 C

【解析】 《村民委员会组织法》第 2 条第 1 款规定："村民委员会是村民自我管理、自我教育、自我服务的基层群众性自治组织，实行民主选举、民主决策、民主管理、民主监督。"故 A 项正确。

就村委会的不适当决定：村民会议有权撤销；乡镇政府有权责令改正；受侵害的村民可以向法院提起诉讼；村民代表可以就此联名提出罢免村委会成员的要求。因此，村民会议有权改变和撤销村民代表会议以及村民委员会的不适当决定。B 项正确。

《村民委员会组织法》第 16 条规定："本村五分之一以上有选举权的村民或者三分之一以上的村民代表联名，可以提出罢免村民委员会成员的要求，并说明要求罢免的理由。被提出罢免的村民委员会成员有权提出申辩意见。罢免村民委员会成员，须有登记参加选举的村民过半数投票，并须经投票的村民过半数通过。"故 C 项错误。

《村民委员会组织法》第 18 条规定："村民委员会成员丧失行为能力或者被判处刑罚的，其职务自行终止。"故 D 正确。

5.【参考答案】 B

【解析】 《香港特别行政区基本法》第 90 条规定："香港特别行政区终审法院和高等法院的首席法官，应由在外国无居留权的香港特别行政区永久性居民中的中国公民担任……香港特别行政区终审法院的法官和高等法院首席法官的任命或免职，还须由行政长官征得立法会同意，并报全国人民代表大会常务委员会备案。"A 项正确。

《香港特别行政区基本法》第 88 条规定："香港特别行政区法院的法官，根据当地法官和法律界及其他方面知名人士组成的独立委员会推荐，由行政长官任命。"由此可见，B 项混淆了"终审法院法官和高等法院首席法官"与"普通法官"的任免程序。B 项错误。

考生需要明确香港特别行政区法官的任命程序：(1)法官均由行政长官任命；(2)终审法院的法官和高等法院的首席法官，还需要征得立法会同意，并报全国人大常委会备案。另外，澳门特别行政区法官的任命程序是：(1)法官均由行政长官任命；(2)终审法院的法官由行政长官根据澳门立法会议员组成的审议委员会的建议决定，并报全国人大常委会备案。

《澳门特别行政区基本法》第 90 条规定："澳门特别行政区检察院独立行使法律赋予的检察职能，不受任何干涉。澳门特别行政区检察长由澳门特别行政区永久性居民中的中国公民担任，由行政长官提名，报中央人民政府任命。检察官经检察长提名，由行政长官任命。检察院的组织、职权和运作由法律规定。"C 项正确。

《澳门特别行政区基本法》第 86 条规定："澳门特别行政区设立行政法院。行政法院是管辖行政诉讼和税务诉讼的法院。不服行政法院裁决者，可向中级法院上诉。"D 项正确。

6.【参考答案】 C

【解析】 《立法法》第 85 条第 1 款规定："……自治区的自治条例和单行条例，报全国人民代表大会常务委员会批准后生效。自治州、自治县的自治条例和单行条例，报省、自治区、直辖市的人民代表大会常务委员会批准后生效。"故 A、B 项表述正确。

《立法法》第 80 条规定："省、自治区、直辖市的人民代表大会及其常务委员会根据本行政区域的具体情况和实际需要，在不同宪法、法律、行政法规相抵触的前提下，可以制定地方性法规。"故 C 项表述错误。《立法法》第 81 条第 1 款、第 2 款和第 3 款规定："设区的市的人民代表大会及其常务委员会根据本市的具体情况和实际需要，在不同宪法、法律、行政法规和本省、自治区的地方性法规相抵触的前提下，可以对城乡建设与管理、生态文明建设、历史文化保护、基层治理等方面的事项制定地方性法规，法律对设区的市制定地方性法规的事项另有规定的，从其规定。设区的市的地方性法规须报省、自治区的人民代表大会常务委员会批准后施行。省、自治区的人民代表大会常务委员会对报请批准的地方性法规，应当对其合法性进行审查，认为同宪法、法律、行政法规和本省、自治区的地方性法规不抵触的，应当在四个月内予以批准。省、自治区的人民代表大会常务委员会在对报请批准的设区的市的地方性法规进行审查时，发现其同本省、自治区的人民政府的规章相抵触的，应当作出处理决定。除省、自治区的人民政府所在地的市，经济特区所在地的市和国务院已经批准的较大的市以外，其他设区的市开始制定地方性法规的具体步骤和时间，由省、自治区的人民代表大会常务委员会综合考虑本省、自治区所辖的设区的市的人口数量、地域面积、经济社会发展情况以及立法需求、立法能力等因素确定，并报全国人民代表大会常务委员会和国务院备案。”故D项表述正确。

7.【参考答案】 C

【解析】 根据《国家勋章和国家荣誉称号法》第4条第2款规定，国家荣誉称号的名称冠以“人民”，也可以使用其他名称。国家荣誉称号的具体名称由全国人民代表大会常务委员会在决定授予时确定。A项正确。

根据《国家勋章和国家荣誉称号法》第5条规定，全国人民代表大会常务委员会委员长会议根据各方面的建议，向全国人民代表大会常务委员会提出授予国家勋章、国家荣誉称号的议案。国务院、中央军事委员会可以向全国人民代表大会常务委员会提出授予国家勋章、国家荣誉称号的议案。B项正确。

根据《国家勋章和国家荣誉称号法》第3条规定，国家设立“共和国勋章”，授予在中国特色社会主义建设和保卫国家中作出巨大贡献、建立卓越功勋的杰出人士。国家设立“友谊勋章”，授予在我国社会主义现代化建设和促进中外交流合作、维护世界和平中作出杰出贡献的外国人。C项错误。

根据《国家勋章和国家荣誉称号法》第8条规定，中华人民共和国主席进行国事活动，可以直接授予外国政要、国际友人等人士“友谊勋章”。D项正确。

8.【参考答案】 A

【解析】 民族自治地方的自治机关是自治区、自治州、自治县的人大和政府，并无常委会。选项A错误。

《民族区域自治法》第16条第3款规定：“民族自治地方的人民代表大会常务委员会中应当有实行区域自治的民族的公民担任主任或者副主任。”选项B正确。

《民族区域自治法》第19条规定：“民族自治地方的人民代表大会有权依照当地民族的政治、经济和文化的特点，制定自治条例和单行条例。自治区的自治条例和单行条例，报全国人民代表大会常务委员会批准后生效。自治州、自治县的自治条例和单行条例报省、自治区、直辖市的人民代表大会常务委员会批准后生效，并报全国人民代表大会常务委员会和国务院备案。”该法第2条第2款规定：“民族自治地方分为自治区、自治州、自治县。”可见，自治县人大有权制定自治条例。选项C正确。

《民族区域自治法》第27条第1款规定：“民族自治地方的自治机关根据法律规定，确定本地方内草场和森林的所有权和使用权。”第28条规定：“民族自治地方的自治机关依照法律规定，管理和保护本地方的自然资源。民族自治地方的自治机关根据法律规定和国家的统一规划，对可以由本地方开发的自然资源，优先合理开发利用。”选项D正确。

二、多项选择题

1.【参考答案】 ABC

【解析】 《各级人民代表大会常务委员会监督法》第31条规定：“最高人民法院、最高人民检察院作出的属于审判、检察工作中具体应用法律的解释，应当自公布之日起三十日内报全国人民代表大会常务委员会备案。”A错误。

《各级人民代表大会常务委员会监督法》第46条第3款规定：“撤职案的表决采用无记名投票的方式，由常务委员会全体组成人员的过半数通过。”B错误。

《各级人民代表大会常务委员会监督法》第42条第3款规定：“调查委员会在调查过程中，可以不公布调查的情况和材料。”C错误。

《各级人民代表大会常务委员会监督法》第38条规定：“质询案以口头答复的，由受质询机关的负责人到会答复。质询案以书面答复的，由受质询机关的负责人签署。”D正确。

2.【参考答案】 ACD

【解析】 监察委员会依照法律规定独立行使监察权，不受行政机关、社会团体和个人的干涉，但是要受党的领导和立法机关的监督，故A错。

监察机关在工作中需要协助的，有关机关和单位应当根据监察机关的要求依法予以协助，B对。

上级监察机关可以办理下一级监察机关管辖范围内的监察事项，必要时也可以办理所辖各级监察机关管辖范围内的监察事项,C错。

地方各级监察委员会对本级人大及其常委会和上一级监察委员会负责,并接受其监督,D错。

三、不定项选择题

【参考答案】 B

【解析】 A项,自治机关仅指人大和政府,不包括常委会,也不包括法院、检察院。故A正确。

B项,民族自治地方人大常委会的主任或副主任,由实行区域自治的民族公民担任。故B错误。

C项,民族自治地方经国务院批准,可以开辟对外贸易口岸,开展边境贸易。民族自治地方依照国家军事制度和当地的实际需要,经国务院批准,可以组织本地方维护社会治安的公安部队。故C正确。

D项,自治州、自治县需要到省批准的事项有:(1)自治州、自治县的自治条例和单行条例需要报省、自治区的人大常委会批准生效;(2)自治州、自治县的地方各项开支标准报省政府批准;(3)自治州、自治县决定减免税的报省政府批准。故D正确。

2020年客观题试题

一、单项选择题

1."宪法惯例形成的前提是书面的宪法文件对某些宪法事项没有作出明确规定,而政治实践中又需要一定的政治原则。"关于宪法惯例,下列哪一选项是正确的?( )

A.具有规范性,其含义由权威机关加以解释确认

B.由国家的强制力来保障实施,违反宪法惯例会直接导致一定的法律后果

C.可以形成书面文件

D.是宪法法院或者专门机关可以适用的不成文规则

2.关于合宪性审查和备案审查,下列选项正确的是:( )

A.备案审查是指对规范性文件的合法性审查

B.备案审查的对象有法规、规章、司法解释三类

C.合宪性审查的主体是全国人大宪法和法律委员会

D.合宪性审查的对象是规范性文件和具体行为

3.关于县人大代表的选举,下列说法正确的是:( )

A.县人大代表的选举由县人大主席团主持

B.10个选民联名有权提出县人大代表候选人

C.县人大代表选举时,候选人的人数比应选代表人数至少应多出1/5,最多多出1/2倍

D.县人大代表的选举与罢免,均要求全体选民过半同意

4.根据《宪法》和《民族区域自治法》的规定,下列选项不正确的是:( )

A.民族区域自治以少数民族聚居区为基础,是民族自治和区域自治的结合

B.民族自治地方的国家机关既是地方国家机关,又是自治机关

C.上级国家机关应该在收到自治机关变通执行或者停止有关决议、决定执行的报告之日起60日内给予答复

D.自治机关自主地管理本地方的教育、科学、文化、卫生、体育事业、保护和整理本民族的文化遗产、发展和繁荣民族文化

二、多项选择题

1.我国现行宪法可以追溯到1949年具有临时宪法作用的《中国人民政治协商会议共同纲领》(以下本题中简称《共同纲领》)和1954年第一届全国人大第一次会议通过的《中华人民共和国宪法》。关于这两个文件,下列说法正确的有:( )

A.《共同纲领》是中华人民共和国第一部宪法性文件

B.《共同纲领》的效力高于1954年《宪法》

C.1954年《宪法》是一部刚性宪法

D.这两个文件既有规范性,又有纲领性

2.全国人大《关于建立健全香港特别行政区维护国家安全的法律制度和执行机制的决定》规定的关于香港特别行政区的宪制责任和宪制秩序,下列观点正确的是:( )

A.维护国家主权、统一和领土完整是香港特别行政区的宪制责任

B.香港特别行政区应当尽早完成香港特别行政区基本法规定的维护国家安全立法。香港特别行政区行政机关、立法机关、司法机关应当依据有关法律规定有效防范、制止和惩治危害国家安全的行为和活动

C.全国人大常委会有权力有责任维护香港特

别行政区宪制秩序

D. 国家采取必要措施建立健全香港特别行政区维护国家安全的法律制度和执行机制，依法防范、制止和惩治危害国家安全的行为和活动

3. 某村集体土地被征收，村里制定了有关征地补偿费的使用和分配方案，但遭到了部分村民反对，关于该方案，下列哪些选项是正确的？（　　）

A. 反对者可以申请乡镇政府予以撤销

B. 反对者可以申请法院予以撤销

C. 需要经过村民会议讨论决定

D. 经村民会议授权，由村民代表会议讨论决定

三、不定项选择题

根据《宪法》和法律，关于特别行政区的法律制度，下列表述正确的是：（　　）

A. 特别行政区原有法律、法令、行政法规等，除经特别行政区的立法机关作出修改外，予以保留

B.《中华人民共和国国籍法》适用于香港和澳门特别行政区

C. 基本法在特别行政区的法律体系中，处于最高法律地位

D. 特别行政区立法机关制定的法律只要符合基本法和法定程序，就可以在特别行政区生效适用

2020年客观题试题 参考答案及解析

一、单项选择题

1.【参考答案】 C

【解析】 宪法惯例是指在国家长期政治生活实践中形成的，涉及有关国家根本问题，调整相应基本社会关系，并为公民及全体社会普遍承认有约束力的习惯或传统。宪法惯例并非法律，并没有具体的法律形式，因此不借由国家强制力来保障，也不具有司法上的适用性，而主要依靠政治家的自觉和公共舆论来保证实施。

A 项，宪法惯例是一种社会规范，因此具有规范性，但宪法惯例并非法律，其是在国家长期政治生活实践中形成的，为公民及全体社会普遍承认有约束力的习惯或传统。其含义并非由权威机关解释确认。因此 A 项说法错误。

B 项，宪法惯例并非法律，没有具体的法律形式，因此不借由国家强制力来保障，违反宪法惯例并不构成违宪，也不具有司法上的适用性，不会直接导致一定的法律后果。如在我国，全国人大和全国政协往往同时举行会议。这就是一种宪法惯例，但如果某一年的两会不同时举行，也并不违宪，不会导致任何法律后果。因此 B 项说法错误。

C 项，宪法惯例没有具体的法律形式，不论是在成文法还是不成文法国家，宪法惯例都不被规定在宪法典或宪法性法律中，而是散见于政党纲领及法院判例中，因此宪法惯例可以形成书面文件。C 项说法正确。

D 项，宪法惯例并非法律，不具有司法上的适用性，主要依靠政治家的自觉和公共舆论来保证实施。因此无论是宪法法院还是专门机关都不能适用。D 项说法错误。

2.【参考答案】 D

【解析】 备案审查是指由制定主体将规范性文件报有关机关备案，由有关机关审查是否同宪法及上位法相抵触，同位阶的法律规范是否和谐统一的制度。备案审查不只是对规范性文件进行合法性审查，还要进行合宪性审查。A 项说法错误。

《立法法》第 109 条规定，行政法规、地方性法规、自治条例和单行条例、规章应当在公布后的 30 日内依照有关规定报有关机关备案。《立法法》第 119 条第 2 款规定，最高人民法院、最高人民检察院作出的属于审判、检察工作中具体应用法律的解释，应当自公布之日起 30 日内报全国人民代表大会常务委员会备案。可见，备案审查的对象是行政法规、地方性法规、自治条例和单行条例、规章以及司法解释。所以 B 项说法错误。

合宪性审查又称宪法监督，是指特定的机关依据一定的程序和方式，对法律、法规和行政命令等规范性文件和特定主体行为是否符合宪法进行审查并做出处理的制度。比如，《宪法》第 62 条规定：“全国人民代表大会行使下列职权……（二）监督宪法的实施……”《宪法》第 67 条规定：“全国人民代表大会常务委员会行使下列职权：（一）解释宪法，监督宪法的实施……（七）撤销国务院制定的同宪法、法律相抵触的行政法规、决定和命令；（八）撤销省、自治区、直辖市国家权力机关制定的同宪法、法律和行政法规相抵触的地方性法规和决议……”我国合宪性审查的主体是全国人民代表大会及其常委会，不是全国人大宪法和法律委员会。因此 C 项说法错误，D 项说法正确。

3.【参考答案】 B

【解析】 A 项考查选举主持。根据《全国人民代表大会和地方各级人民代表大会选举法》第 9 条

第2款的规定，不设区的市、市辖区、县、自治县、乡、民族乡、镇设立选举委员会，主持本级人民代表大会代表的选举。由此可以看出，县人大代表的选举由选举委员主持，而不是由县人大主席团主持。A项说法错误。

根据《全国人民代表大会和地方各级人民代表大会选举法》第30条的规定，选民或者代表，10人以上联名，也可以推荐代表候选人。B项说法正确。

根据《全国人民代表大会和地方各级人民代表大会选举法》第31条第2款的规定，由选民直接选举人民代表大会代表的，代表候选人的人数应多于应选代表名额1/3至1倍；由县级以上的地方各级人民代表大会选举上一级人民代表大会代表的，代表候选人的人数应多于应选代表名额1/5至1/2。前者指直接选举，后者指间接选举。县级人大代表的选举是直接选举，因此候选人的人数应多于应选代表名额1/3至1倍。C项说法错误。

根据《全国人民代表大会和地方各级人民代表大会选举法》第53条第1款的规定，罢免县级和乡级的人民代表大会代表，须经原选区过半数的选民通过。因此D项关于罢免的说法正确。根据《全国人民代表大会和地方各级人民代表大会选举法》第45条第1款的规定，在选民直接选举人民代表大会代表时，选区全体选民的过半数参加投票，选举有效。代表候选人获得参加投票的选民过半数的选票时，始得当选。可见并非“全体选民”过半同意，而是“参加投票的选民”过半同意。因此D项关于选举的说法错误。

4.**【参考答案】** B

【解析】 民族区域自治制度，是指在国家统一领导下，各少数民族聚居的地方实行区域自治，设立自治机关，行使自治权的制度。民族区域自治是以少数民族聚居的地区为基础。但不是单纯的民族或区域自治，而是民族自治与区域自治的结合。因此A项说法正确。

民族自治地方的自治机关是自治区、自治州、自治县的人民代表大会和人民政府。而民族自治地方的国家机关还包括各级人民法院、检察院等。因此并非所有民族自治地方的国家机关都是自治机关。B项说法错误。

根据《民族区域自治法》第20条规定，上级国家机关的决议、决定、命令和指示，如有不适合民族自治地方实际情况的，自治机关可以报经该上级国家机关批准，变通执行或者停止执行；该上级国家机关应当在收到报告之日起60日内给予答复。因此C项说法正确。

民族自治地方的自治权包括制定自治条例和单行条例、变通或停止执行命令和政策、自主管理地方财政、经济建设、科教文卫体事业权等，自治机关自主管理本地方教育、科学、文化、卫生、体育事业、保护和整理本民族的文化遗产、发展和繁荣民族文化。D项说法正确。

二、多项选择题

1.**【参考答案】** ACD

【解析】 《共同纲领》是中华人民共和国第一部宪法性文件，因此A项说法正确。《共同纲领》是宪法性文件，在1954年《宪法》问世前，起到临时宪法作用。而1954年《宪法》是中华人民共和国第一部社会主义宪法，是在《共同纲领》的基础上制定的。二者是前法和后法的关系，不应横向比较效力位阶，不能说《共同纲领》的效力高于1954年《宪法》。B项说法错误。

C项，按照有无严格的制定、修改机关和程序，宪法可以分为刚性宪法和柔性宪法。刚性宪法是制定和修改机关及程序不同于一般的法律，柔性宪法是制定和修改机关及程序与一般法律相同的法律。成文宪法的国家一般都是刚性宪法，不成文宪法的国家一般都是柔性宪法。

我国《宪法》的制定主体是人民。制宪机关是第一届全国人大第一次会议，法律的制定主体是全国人大及常委会。我国的修宪机关是全国人民代表大会，而法律的修改主体是全国人大及其常委会。修宪由全国人大全体代表的2/3通过，而法律是由全体代表过半数通过。可以看出，1954年《宪法》的制定和修改机关及程序都不同于一般法律。C项说法正确。

D项，《共同纲领》是宪法性文件，1954年《宪法》是宪法典，二者都是规范性文件，都具有规范性。纲领性是指不仅对现实社会生活有所规定，还明确表达对未来的追求，指明国家和社会发展的目标和宏伟发展思路。1954年《宪法》是在《共同纲领》的基础上制定的，《共同纲领》和1954年《宪法》都明确表达对未来的追求，指明国家和社会发展的目标和宏伟发展思路，都具有纲领性。D项说法正确。

2.**【参考答案】** ABCD

【解析】 2020年5月28日第十三届全国人民代表大会第三次会议通过了全国人大《关于建立健

全香港特别行政区维护国家安全的法律制度和执行机制的决定》该决定第3条规定:“维护国家主权、统一和领土完整是香港特别行政区的宪制责任。香港特别行政区应当尽早完成香港特别行政区基本法规定的维护国家安全立法。香港特别行政区行政机关、立法机关、司法机关应当依据有关法律规定有效防范、制止和惩治危害国家安全的行为和活动。”因此A、B项说法正确。

该决定第6条规定:“授权全国人民代表大会常务委员会就建立健全香港特别行政区维护国家安全的法律制度和执行机制制定相关法律,切实防范、制止和惩治任何分裂国家、颠覆国家政权、组织实施恐怖活动等严重危害国家安全的行为和活动以及外国和境外势力干预香港特别行政区事务的活动。全国人民代表大会常务委员会决定将上述相关法律列入《中华人民共和国香港特别行政区基本法》附件三,由香港特别行政区在当地公布实施。”故C项说法正确。

该决定第1条规定:“国家坚定不移并全面准确贯彻‘一国两制’、‘港人治港’、高度自治的方针,坚持依法治港,维护宪法和香港特别行政区基本法确定的香港特别行政区宪制秩序,采取必要措施建立健全香港特别行政区维护国家安全的法律制度和执行机制,依法防范、制止和惩治危害国家安全的行为和活动。”故D项说法正确。

3.**【参考答案】** CD

【解析】 基层群众自治制度,是依照宪法和法律,由居民(村民)选举的成员组成居民(村民)委员会,实行自我管理,自我教育,自我服务,自我监督的制度。《村民委员会组织法》第24条规定:“涉及村民利益的下列事项,经村民会议讨论决定方可办理:……(七)征地补偿费的使用、分配方案……村民会议可以授权村民代表会议讨论决定前款规定的事项……”因此,某村征地补偿费的使用和分配方案,应由村民会议讨论决定,或经村民会议授权,由村民代表会议讨论决定。C、D项说法正确。

村民会议在本村内享有重大事项的决定权。《村民委员会组织法》第27条第2、3款规定:“村民自治章程、村规民约以及村民会议或者村民代表会议的决定不得与宪法、法律、法规和国家的政策相抵触,不得有侵犯村民的人身权利、民主权利和合法财产权利的内容。村民自治章程、村规民约以及村民会议或者村民代表会议的决定违反前款规定的,由乡、民族乡、镇的人民政府责令改正。”可见,如果村民会议或者村民代表会议的决定与宪法、法律、法规和国家的政策相抵触,或侵犯村民的人身权利、民主权利和合法财产权利,由乡、民族乡、镇的人民政府责令改正,而不是由反对者申请乡镇政府或法院撤销。A、B项说法错误。

三、不定项选择题

【参考答案】 BC

【解析】 《香港特别行政区基本法》第8条规定:“香港原有法律,即普通法、衡平法、条例、附属立法和习惯法,除同本法相抵触或经香港特别行政区的立法机关作出修改者外,予以保留。”因此原有法律和基本法相抵触的,也不应予以保留。A项说法错误。

《香港特别行政区基本法》第18条第2款规定:“全国性法律除列于本法附件三者外,不在香港特别行政区实施……”《澳门特别行政区基本法》第18条第2款规定:“全国性法律除列于本法附件三者外,不在澳门特别行政区实施……”附件三中的法律包括《国籍法》。因此《国籍法》适用于香港和澳门特别行政区。B项说法正确。

《香港特别行政区基本法》由全国人民代表大会根据《宪法》制定通过,地位仅次于宪法。香港特别行政区的制度和政策,包括社会、经济制度,有关保障居民基本权利和自由的制度,行政管理、立法和司法方面的制度,以及有关政策,均以《香港特别行政区基本法》的规定为依据。《香港特别行政区基本法》在特别行政区的法律体系中,处于最高法律地位。C项说法正确。

《香港特别行政区基本法》第17条规定:“香港特别行政区享有立法权。香港特别行政区的立法机关制定的法律须报全国人民代表大会常务委员会备案。备案不影响该法律的生效。全国人民代表大会常务委员会在征询其所属的香港特别行政区基本法委员会后,如认为香港特别行政区立法机关制定的任何法律不符合本法关于中央管理的事务及中央和香港特别行政区的关系的条款,可将有关法律发回,但不作修改。经全国人民代表大会常务委员会发回的法律立即失效。该法律的失效,除香港特别行政区的法律另有规定外,无溯及力。”由此可知,特别行政区立法机关制定的法律,即使符合基本法和法定程序,如果被全国人大常委会发回,就会立即失效,因此D项说法错误。

2019年客观题试题

一、单项选择题

1. 根据《宪法》和《全国人民代表大会常务委员会关于实行宪法宣誓制度的决定》，关于我国宪法宣誓制度，下列哪一项是正确的？（　　）

A. 全国人大常委会任命或者决定任命的最高人民法院副院长的宪法宣誓仪式由全国人大常委会委员长会议组织

B. 直辖市人大常委会制定的关于本市国家工作人员的宣誓组织办法报全国人大常委会备案

C. 宪法宣誓制度规定所有国家工作人员就职时都应当进行宪法宣誓

D. 宪法宣誓制度规定宣誓仪式只可采取集体宣誓的方式

2. 国务院，即中央人民政府，是最高国家权力机关的执行机关，是最高国家行政机关。根据我国根本法《宪法》以及相关法律的规定，关于国务院，下列哪一项是正确的？（　　）

A. 有权制定有关行政拘留的规范性文件

B. 国务院司法部与教育部联合制定的规章的效力与地方政府规章的效力相同

C. 领导和管理民政、司法行政、民族事务和监察监督等工作

D. 行政法规的效力高于省级人大制定的法规，因此部门规章的效力高于市级人大制定的法规

3. 根据《全国人大常委会关于〈中华人民共和国刑法〉第九十三条第二款的解释》，村民委员会等村基层组织人员协助人民政府从事下列行政管理工作时，属于《刑法》第93条第2款规定的“其他依照法律从事公务的人员”（视为国家工作人员）。下列关于基层组织人员的说法正确的是：（　　）

A. 村委会等基层组织属于国家机构，其人员属于国家工作人员

B. 该解释是对基层组织自治制度的重大发展，跟法律具有同等效力

C. 村委会工作人员由于属于国家工作人员，因此还要受监察委的监督

D. 基层组织应当接受当地政府的领导，向当地政府汇报工作

4. 2018年，十三届全国人大一次会议表决通过了《宪法修正案》，下列不属于该《宪法修正案》的内容是：（　　）

A. 平等团结互助的社会主义民族关系更改为平等团结互助和谐的社会主义民族关系

B. 把我国建设成富强民主文明的社会主义国家改为把我国建设成为富强民主文明和谐美丽的社会主义现代化强国

C. 拥护社会主义的爱国者和拥护爱国统一战线改为拥护祖国统一和致力于中华民族伟大复兴的爱国者的广泛的爱国统一战线

D. 我国处于社会主义初级阶段改为我国将长期处于社会主义初级阶段

二、多项选择题

1. 选民王某，35岁，外出打工期间本村进行乡人大代表的选举。王某因路途遥远和工作繁忙不能回村参加选举，于是打电话嘱咐14岁的儿子帮他投本村李叔1票。根据上述情形，下列哪些说法是正确的？（　　）

A. 王某仅以电话通知受托人的方式，尚不能发生有效的委托投票授权

B. 王某必须同时以电话通知受托人和村民委员会，才能发生有效的委托投票授权

C. 王某以电话委托他人投票，必须征得选举委员会的同意

D. 王某不能电话委托儿子投票，因为儿子还没有选举权

2.《中国人民政治协商会议共同纲领》是中国共产党主持制定的一个具有临时宪法作用的文件，于1949年9月29日经中国人民政治协商会议第一届全体会议通过。关于该文件，下列哪些选项是正确的？（　　）

A. 该文件规定人民有选举权和被选举权

B. 该文件为社会主义性质的宪法文件

C. 中国人民政治协商会议的一项工作是在普选的全国人大召开之前行使全国人大的职权

D. 中华人民共和国的国家政权属于人民

3.《全国人民代表大会和地方各级人民代表大会选举法》以专章规定了对代表的监督、罢免和补选的措施。关于代表的罢免，下列哪些选项符合《全国人民代表大会和地方各级人民代表大会选举法》的规定？（　　）

A. 罢免直接选举产生的代表须经原选区过半数的选民通过

B. 罢免直接选举产生的代表，须将决议报送上一级人大常委会备案

C. 罢免间接选举产生的代表须经原选举单位过半数的代表通过

D. 罢免间接选举产生的代表，在代表大会闭会

期间,须经常委会成员2/3多数通过

三、不定项选择题

根据《地方各级人民代表大会和地方各级人民政府组织法》规定,关于地方各级人民政府工作部门的设立,下列选项正确的有:(　　)

A. 县人民政府设立审计机关

B. 县人民政府工作部门的设立、增加、减少或者合并由县人大批准,并报上一级人民政府备案

C. 县人民政府在必要时,经上级人民政府批准,可以设立若干区公所作为派出机关

D. 县人民政府的工作部门受县人民政府统一领导,并且依照法律或者行政法规的规定受上级人民政府主管部门的业务指导或者领导

2019年客观题试题参考答案及解析

一、单项选择题

1.【参考答案】 B

【解析】 A选项错误,中央两院一委(最高人民法院、最高人民检察院、国家监察委员会)中除正职由全国人大选举产生并由全国人大主席团组织宣誓外,其余所有由全国人大常委会任命的国家工作人员均由两院一委自行组织,因此最高人民法院副院长的宪法宣誓是由最高人民法院自行组织安排的。B选项正确,地方国家工作人员的宣誓具体办法由省级人大常委会具体规定,报全国人大常委会备案。C选项错误,宪法宣誓制度规定各级人民代表大会及县级以上各级人民代表大会常务委员会选举或者决定任命的国家工作人员,以及各级人民政府、监察委员会、人民法院、人民检察院任命的国家工作人员,在就职时应当公开进行宪法宣誓。因此需要进行宪法宣誓的国家工作人员并不包括在军事机关、国有公司、企业、事业单位、人民团体中从事公务的人员。D选项错误,宪法宣誓可以采用单独宣誓,也可以采取一人领誓,集体宣誓的方式。本题答案为B。

2.【参考答案】 B

【解析】 根据我国《立法法》第11条的规定,犯罪和刑罚,对公民政治权利的剥夺和限制人身自由的强制措施和处罚,属于法律的绝对保留事项,因此只能由全国人大或全国人大常委会制定法律加以规定,国务院的行政法规无权规定上述事项。据此,A选项错误。部门规章与地方政府规章没有高下之分,在发生矛盾的情况下,由国务院裁决,因此B选项正确。2018年宪法修改创设了监察委员会这一全新的国家机关,专职负责监察工作,原政府部门中的监察部门并入监察委,因此国务院不再领导和管理监察工作,C选项错误。D选项错误,行政法规与部门规章不同,前者具有高于地方性法规的效力,但部门规章与地方性法规没有上位法和下位法的关系,二者发生矛盾时,由国务院决定适用法规或由全国人大常委会决定裁决。本题答案为B。

3.【参考答案】 B

【解析】 根据《全国人大常委会关于〈中华人民共和国刑法〉第九十三条第二款的解释》的规定,村民委员会等村基层组织人员协助人民政府从事下列行政管理工作时,属于《刑法》第93条第2款规定的“其他依照法律从事公务的人员”(国家工作人员):(1)救灾、抢险、防汛、优抚、扶贫、移民、救济款物的管理;(2)社会捐助公益事业款物的管理;(3)国有土地的经营和管理;(4)土地征收、征用补偿费用的管理;(5)代征、代缴税款;(6)有关计划生育、户籍、征兵工作;(7)协助人民政府从事的其他行政管理工作。本题B项中,该解释属于立法解释,与法律具有同等效力。故B项说法正确。A项中,根据有关法律规定,村委会是村民自我管理、自我教育、自我服务的基层群众性自治组织,不是政权组织。村委会和村级党组织成员不属于国家工作人员。故A项说法错误。C项中,虽然村委会组成人员要受监察委的监督,但是不属于国家工作人员。故C项说法错误。D项中,根据法律规定,村委会虽然是农村基层群众性自治组织,但在管理本村的自治事务的同时,又要协助乡镇人民政府开展工作,执行政府指令,组织村民完成国家行政任务,行使一定的行政管理职能。但是,两者之间不是领导与被领导的关系。故D项说法错误。本题答案为B。

4.【参考答案】 D

【解析】 2018年,我国对现行《宪法》进行了第五次修改,形成了21条修正案,其中包括,将社会主义民族关系加入“和谐”,变成平等团结互助和谐的社会主义民族关系,故A项说法正确。B项中,将目标定位为富强民主文明和谐美丽的社会主义现代化强国,故B项说法正确。C项中,爱国统一战线的内涵升级,加入致力于中华民族伟大复兴的爱国者,故C项说法正确。D项中,我国将长期

处于社会主义初级阶段是1993年《宪法修正案》的内容，故D项说法错误。

二、多项选择题

1.【参考答案】 AD

【解析】 根据我国《全国人民代表大会和地方各级人民代表大会选举法》的规定，选民在选举期间外出的，经选举委员会认可，可以书面委托有选举权的亲属等其他选民代投，但每一选民接受的委托不得超过3人。由此可知，委托投票需要以书面形式进行，因此王某的电话委托无效。据此，A选项正确，B、C选项错误。D选项正确，在委托投票中，受托人必须是选民，王某儿子因属未成年人，因此不得接受委托。本题答案为AD。

2.【参考答案】 ACD

【解析】 A选项正确，《中国人民政治协商会议共同纲领》的第4条和第5条简要地规定了人民的基本权利，第4条规定中华人民共和国人民依法有选举权和被选举权，第5条规定中华人民共和国人民有思想、言论、出版、集会、结社、通讯、人身、居住、迁徙、宗教信仰及示威游行的自由权。B选项错误，新中国的建立标志着新民主主义革命的成功，在新中国成立后我国通过社会主义改造的方式走上社会主义道路，而完成社会主义改造的时间是在1956年前后，因此1949年的《中国人民政治协商会议共同纲领》在性质上只能属于新民主主义性质。C选项正确，由于我国第一届全国人民代表大会直到1954年才召开一次会议，在普选的全国人大开会之前，一直由中国人民政治协商会议全体会议代行人大职权。D选项正确，新民主主义革命的成功，意味着三座大山被推翻，也意味着人民掌握国家政权，翻身做主人。本题答案为ACD。

3.【参考答案】 AC

【解析】 A选项正确，直接选举产生的代表的罢免需要经过原选区全体选民的过半数通过。B选项错误，只有在罢免间接选举产生的代表时，才需要将该决议报送上一级人大常委会备案。C选项正确，罢免间接选举产生的代表需要经过原选举单位或者人大常委会的过半数通过。D选项错误，在人大闭会期间，常委会委员过半数即可通过对该级人大选举的上一级人大代表的罢免。本题答案为AC。

三、不定项选择题

【参考答案】 AD

【解析】 县级以上的地方各级人民政府设立审计机关。地方各级审计机关依照法律规定独立行使审计监督权，对本级人民政府和上一级审计机关负责，A项正确。各级人民政府工作部门的设立、增加、减少或者合并，按照规定程序报请批准，并报本级人民代表大会常务委员备案，B选项错误。县和自治县人民政府经省级人民政府的批准，可以设立区公所，C选项错误。D选项正确，自治州、县、自治县、市、市辖区的人民政府的各工作部门受人民政府统一领导，并且依照法律或者行政法规的规定受上级人民政府主管部门的业务指导或者领导。本题答案为AD。

中国法律史

2023年客观题试题

一、单项选择题

1. 宋朝时，有个富豪死的时候，因为儿子只有3岁，他就写了遗嘱，把7/10的遗产留给女儿女婿，3/10的遗产留给儿子，遗嘱要求姐姐把弟弟养大。儿子长大后跟姐姐、姐夫争遗产，告到县衙。县令对儿子说，“幸好你爹聪明，留了这个遗嘱，不然你就没法长大了”。然后改判遗产的7/10归儿子，3/10归女儿。对此，下列哪一选项是正确的？(　　)

A. 在宋代，遗嘱继承都优先于法定继承

B. 在宋代，在室女只能获得一份嫁资

C. 在宋代，出嫁女在任何情况下都没有财产继承权

D. 本案判决表明，中国古代司法追求天理、国法、人情相结合

2.《商君书·定分》中关于“抢兔子”的评述是：一只野兔跑在大街上，众人会争相抓它。而有人挑着一担兔子走在大街上，却无人争抢。商鞅总结为：“故名分未定，尧、舜、禹、汤且皆如鹜焉而逐之；名分已定，贪盗不取。”对此，下列哪一说法是正确的？(　　)

A. 商鞅认为只有圣人才是无私的

B. 法家和儒家不同，法家强调名分

C. 中国古代名分与现代所有权概念相同

D. 名分不定，纷争不息，定分才能止争

二、多项选择题

关于中国法律制度发展和演进，下列说法正确的有哪些？(　　)

A. 商鞅“改法为律”强调了法律规范的普遍性

B. 汉武帝顺应历史发展废除肉刑进行刑制改革，为建立封建刑罚制度奠定了重要基础

C. 唐律是我国传统法典的楷模，是中华法系形成的标志

D. 清末修律改变了中国传统上的“诸法合体”，形成了近代法律体系的雏形

三、不定项选择题

封父将女儿封芝琴嫁与张柏后，为多要彩礼，又将女儿许配给他人。封芝琴以屡卖女儿为名把封父告到了华池县抗日民主政府司法处。马锡五协助华池县司法处公开二审此案。当着上千群众的面，马锡五逐个询问当事人，而后，又征询在场群众的意见。在审明案情，听取意见之后，马锡五代表法庭当场宣判封芝琴与张柏的婚姻有效。关于马锡五审判方式，以下说法错误的是：(　　)

A. 坚持调解优先　　B. 注重调查研究

C. 便于群众诉讼　　D. 就地解决纠纷

2023年客观题试题参考答案及解析

一、单项选择题

1.【参考答案】 D

【解析】 A项，《宋刑统·户婚》规定，“准《丧葬令》：诸身丧户绝者，所有部曲、客女、奴婢、店宅、资财，并令近亲转易货卖，将营葬事及量营功德之外，余财并与女。无女，均入以次近亲；无亲戚者，官为检校。若亡人在日，自有遗嘱处分，证验分明者，不用此令”。这说明，在“户绝”家庭，遗嘱继承优先于法定继承适用。“户绝”是指家无男性继承人。对于家有男性继承人的，法律只规定了“诸应分田宅及财物者，兄弟均分”，未明文规定遗嘱优先。故A项错误。

B、C项，《宋刑统·户婚》规定：“诸应分田宅及财物者，兄弟均分。妻家所得之财，不在分限。兄弟亡者，子承父分。其未娶妻者，别与聘财。姑姊妹在室者，减男聘财之半。”这说明，在室女(未出嫁的女儿)在有兄弟时，只可以获得“聘财”。但在户绝之家，继子与户绝之女均享有财产继承权：只有在室女的，在室女享有3/4的财产继承权，继子享有1/4的财产继承权；只有出嫁女(已婚女)的，出嫁女享有1/3的财产继承权，继子享有1/3的财产继承权，另外的1/3财产收为官府所有。故，在户绝之家，在室女、出嫁女都有财产继承权。B、C项错误。

D项，由于在非户绝之家，遗产依法只能分给男性继承人(在室女可能获得一点聘财，即嫁资)，

出嫁女是无权获得父母的遗产的，法律也未明文规定在这种情况下，遗嘱继承优先。所以，考虑到姐姐养大了弟弟，县令即将7/10的遗产改判给了弟弟，给姐姐保留了3/10的遗产。这一判决兼顾了法律与人情。所以说，这个判决表明中国古代司法追求天理、国法、人情相结合，故D项正确。

2.【参考答案】 D

【解析】 本题意在说明，定分是止争的前提和基础，定分是手段，止争是目的，分定则能止争。D项正确。

二、多项选择题

【参考答案】 ACD

【解析】 商鞅的"改法为律"强调法律规范的普遍性，是古代法律观念上的一大进步。故A项正确。

汉代文帝最先废除肉刑，故B项错误，不当选。

唐律是中国传统法典的楷模，是中华法系形成的标志，在中国法制史上具有继往开来、承前启后的重要地位。唐朝承袭秦汉立法成果，吸收汉晋律学成就，使唐律表现出高度的成熟性。唐律因具有传统法律的典型性，对宋元明清产生了深刻影响。故C项正确。

在法典编纂形式上，清末修律改变了中国传统的"诸法合体"的形式，明确了实体法之间、实体法与程序法之间的差别，分别制定、颁行或起草了有关宪法、刑法、民法、商法、诉讼法、法院组织法等方面的法典或法规，形成了近代法律体系的雏形。故D项正确。

三、不定项选择题

【参考答案】 A

【解析】 在陕甘宁边区长期的司法审判实践中，形成了马锡五审判方式。马锡五审判方式是把群众路线的工作方法，创造性地运用到审判工作中去的司法民主的崭新形式，也是从一系列司法案件中总结归纳出的经验成果。其审判方式的特点有：(1)深入农村调查研究，实事求是了解案情。(2)依靠群众，教育群众，尊重群众意见。(3)方便群众诉讼；手续简便、不拘形式。该案是马锡五调查审理的典型案件，题干内容并没有体现坚持调解优先的做法。

2022年客观题试题

单项选择题

1. 关于中国古代的法律制度，下列说法错误的是：(　　)

A. 先秦的奴隶制五刑以肉刑为中心，包括墨、劓、刖、宫、大辟

B. 死刑复奏制度是在汉武帝时正式确立的

C. 大理寺在唐代属于中央审判机构

D. 明代对风俗伦理方面的犯罪较唐律处刑为轻

2. 关于中国法律制度发展和演进，下列哪一表述是错误的：(　　)

A. 商鞅"改法为律"强调了法律规范的普遍性

B. 汉武帝顺应历史发展废除肉刑进行刑制改革，为建立封建刑罚制度奠定了重要基础

C. 唐律是我国传统法典的楷模与中华法系形成的标志

D. 清末修律改变了中国传统上的"诸法合体"，形成了近代法律体系的雏形

2022年客观题试题参考答案及解析

单项选择题

1.【参考答案】 B

【解析】 先秦的奴隶制五刑以肉刑为中心，包括：墨(刺字)、劓(制鼻)、刖(断足)、宫(男性去势，女性幽闭)、大辟(死刑)。故A选项内容正确，不当选。

死刑复奏制度，是指奏请皇帝批准执行死刑判决的制度。北魏太武帝时正式确立这一制度，为唐代的死刑三复奏打下了基础。这一制度的建立既加强了皇帝对司法审判的控制，又体现了皇帝对民众生命的重视。故B选项内容错误，当选。

唐代的三法司，大理寺主审判，刑部主复核，御史台主监察。故C选项内容正确，不当选。

《大明律》强调"重其所重，轻其所轻"原则。该原则指的是贼盗及有关钱粮等事，明律较唐律处刑为重，且扩大株连范围。典礼及风俗教化等一般性犯罪，明律处罚轻于唐律。故D选项内容正确，不当选。

2.【参考答案】 B

【解析】 商鞅的"改法为律"强调法律规范的普通性,是古代法律观念上的一大进步。故A选项内容正确,不当选。

汉代文帝最先废除肉刑,故B选项内容错误,当选。

唐律是中国传统法典的楷模与中华法系形成的标志,在中国法制史上具有继往开来、承前启后的重要地位。唐朝承袭秦汉立法成果,吸收汉晋律学成就,使唐律表现出高度的成熟性。唐律因具有传统法律的典型性,对宋元明清产生了深刻影响。故C选项内容正确,不当选。

在法典编纂形式上,修律改变了中国传统的"诸法合体"的形式,明确了实体法之间、实体法与程序法之间的差别,分别制定、颁行或起草了有关宪法、刑法、民法、商法、诉讼法、法院组织法等方面的法典或法规,形成了近代法律体系的雏形。故D选项正确,不当选。

2021年客观题试题

一、单项选择题

1.关于中国古代的继承制度,下列说法哪一选项是正确的?(　　)

A.西周时期主张"以德配天、明德慎罚",强调统治者的"德"性的后果之一便是在继承问题上主张"立嫡以贤不以长"

B.西周时期的继承主要是财产的继承,此外,还包括政治身份的继承

C.宋代的继承制度比较灵活,沿袭了遗产兄弟均分制,还允许在室女享受部分财产继承权

D.宋代的继承制度规定,在存在遗腹子的情况下,亲生子享有3/4的财产继承权,遗腹子享有1/4的财产继承权

2.关于明代刑事法律原则,下列表述错误的是?(　　)

A."轻其轻罪,重其重罪"的原则,是与唐律相比。在伦理纲常以及危害封建统治犯罪上,明律加重处罚

B.祖父母、父母在,子孙别籍异财。唐律规定徒3年,明律规定处杖100

C."引律比附"原则在律令不尽事理、断罪无正条情况下适用,但须由皇帝批准。若辄引比,构成犯罪

D.根据《大明律·名例》相关规定,化外人犯罪科刑适用属地原则,一体适用明律

二、多项选择题

西周时期在中国历史上有浓墨重彩的一笔,不仅在于生产力、文化艺术,同时也体现在法律制度上,下列关于西周与法律相关的活动说法错误的有?(　　)

A.西周的法律思想体现为"德主刑辅,礼刑并用"

B.婚姻关系的成立要符合"三不去"的条件

C.公元前513年,晋国赵鞅第一次公布我国历史的成文法

D.借贷契约被称作"傅别","别"是在简札中间写字,然后一分为二

2021年客观题试题
参考答案及解析

一、单项选择题

1.【参考答案】 C

【解析】 西周时期采行的是嫡长子继承制,即"立嫡以长不以贤,立子以贵不以长"。王位的继承人必须是正妻所生的长子,不论其贤愚。所以,A项错误。就继承的内容而言,主要是政治身份的继承,土地财产的继承是其次。B项错误。宋代的继承制度比较灵活,除沿袭以往遗产兄弟均分制外,还允许在室女享受部分财产继承权,同时承认遗腹子与亲生子享有同样的继承权。因此,C项正确,D项错误。

2.【参考答案】 A

【解析】 A项中"轻其轻罪"是指明朝对于有违伦理纲常的犯罪处刑上比唐律较轻;"重其重罪"是指明律在危害皇权和封建统治的犯罪处罚上比唐律更重。

B项恰是"轻其轻罪"的体现。

二、多项选择题

【参考答案】 ABC

【解析】 西周的法律思想体现为"以德配天,明德慎罚","德主刑辅,礼刑并用"属于汉代的法律思想,故A项错误。婚姻关系成立的条件是"六礼":纳采、问名、纳吉、纳征、请期和亲迎。"三不去"与"七出"属于婚姻关系解除的问题,其中"三

不去”是婚姻关系解除的排除情形,故B项错误。我国历史上第一次公布成文法活动的是郑国执政子产铸刑书,晋国赵鞅铸刑鼎是我国历史上第二次公布成文法活动,故C项错误。借贷契约被称作“傅别”,“别”是在简札中间写字,然后一分为二,双方各执一半,札上的字为半文,故D项正确。

2020年客观题试题

一、单项选择题

1. 白居易的《井底引银屏瓶》写道:“感君松柏化为心,暗合双鬟逐君去。到君家舍五六年,君家大人频有言。聘则为妻奔是妾,不堪主祀奉蘋蘩。终知君家不可住,其奈出门无去处。”关于古代妻妾制度,下列说法正确的是:(　　)

A. 妾所生的庶长子无权享有主祭祀权

B. 妻妾均通过三书六礼的仪式进门

C. 休弃妾满足“七出”的同时,不需要满足“三不去”

D.《中华民国民法》在立法上废除了妻妾制度

2. 南宋时,寡妇阿章将田宅卖给徐荣,2年后徐荣把田宅卖给阿章丈夫的从弟徐蒙,9年后阿章以田宅系典卖为由起诉,想从徐蒙处赎田。易化县令判“交钱还业”。徐蒙上诉到临安府,并“缴徐荣厚买”阿章“赤契三道”,分明记载“出卖”二字。对于本案,下列说法正确的是:(　　)

A. 典卖田宅最长赎回期20年

B. 徐蒙对阿章田宅有优先购买权

C. “赤契”系纳税标志,与田宅所有权无关

D. 阿章与徐荣对田宅的买卖属于“活卖”

3. 1904年,都察院御史蒋某某据传闻弹劾军机大臣亲王奕劻,指其将120万元存入洋商银行,洋商银行账目不示人,仅口头表示无来往,清廷以蒋弹劾不实、污蔑亲贵,罢去其御史之职,下列说法正确的是:(　　)

A. 蒋据传闻弹劾不实,是诬告

B. 古老的监察制度已经丧失生命力,无法发挥作用

C. 洋商银行拒不出示账目是丧失司法主权的表现

D. 清末司法改革之中都察院被裁撤

二、多项选择题

很多成语来自古代法律,下列说法正确的是:(　　)

A. 作奸犯科——“科”是隋唐主要的法律形式之一,能够补充和变通律令

B. 就地正法——宋代以来死刑的主要行刑制度

C. 大逆不道——“大逆”“不道”分别是《北齐律》重罪十条的两个罪名

D. 媒妁之言——西周以来婚姻关系成立的条件之一

2020年客观题试题
参考答案及解析

一、单项选择题

1.【参考答案】 D

【解析】 A项,自西周建立宗法制,确立了嫡长子继承制,只有嫡长子才能成为宗子,享有主祭祀权。《礼记》说:“庶子不祭祖者,明其宗也。”但这一制度在后世逐渐被改变。至唐代,《官爵令》规定:“无嫡子及有罪疾,立嫡孙;无嫡孙,以次立嫡子同母弟;无母弟,立庶子;无庶子,立嫡孙同母弟;无母弟,立庶孙。”可见庶子具有成为宗子的资格,享有主祭祀权。因此A项说法错误。

B项,自西周以来,三书六礼是婚姻的主要仪式程序,“三书”指在“六礼”过程中所用的文书,包括聘书、礼书和迎书。“六礼”是指由求婚至完婚的整个结婚过程,指纳采、问名、纳吉、纳征、请期和亲迎。这一制度针对的是娶妻,对于妾并不适用,《唐律疏议》中说:“妾通买卖。”可见“纳妾”并不需要经过三书六礼这么复杂的程序。因此B项说法错误。

C项,《大戴礼记·本命》:“妇有七去:不顺父母去,无子去,淫去,妒去,有恶疾去,多言去,窃盗去。”这是封建社会休弃妻子的七种理由,对于妾室并不适用,《唐律疏议》中说:“妾通买卖。”妾可以如货物一样买卖,因此休弃妾不需要满足“七出”,更没有“三不去”的限制。C项说法错误。

D项,《中华民国民法》的亲属编规定,妾制亟待废除,虽然事实上还有妾,但不能得到法律承认,没有必要在法典和专门法律中规定其地位。可见《中华民国民法》在立法上废除了妻妾制度。D项说法正确。

2.【参考答案】 B

【解析】 宋朝的土地买卖分为“活卖”和“绝

卖”,活卖也称典卖,绝卖也称出卖。出卖是指所有权转移后永不回赎,典卖是指在一定期限内按照约定赎回土地。宋朝土地买卖属于要式法律行为,买卖双方必须订立书面契约,写明买卖双方、田地信息,买卖性质(典卖还是出卖)等。订立契约后,未加盖官府印章的契约称为白契,到官府交契税钱,加盖官府印章的契约称为赤契。赤契不仅是土地合法买卖的凭证,也是诉讼和公证的根据。

A 项,宋朝法律规定,对于典卖契约中没有回赎期限约定的,最长赎回期为 30 年。因此,A 项说法错误。

B 项,宋朝对优先购买权有明文规定:“凡典卖物业地产,先问房亲,房亲不买,次问四邻,四邻不要,他人才得交易。”也就是说,亲邻有优先购买权,本题中徐蒙是阿章丈夫的从弟,因此徐蒙对阿章田宅有优先购买权。B 项说法正确。

C 项,“赤契”不仅是纳税标志,也是说明田宅所有权的凭证。C 项说法错误。

D 项,本题中徐蒙上诉到临安府,“缴徐荣厚买”阿章“赤契三道”,分明记载“出卖”二字。徐荣与阿章所订立的赤契上面写明“出卖”,因此是出卖而非典卖。D 项说法错误。

3.**【参考答案】** C

【解析】 A 项,都察院有纠察、弹劾的职权。清初设立都察院时,皇太极下谕:“凡有政事背谬,及贝勒、大臣有骄肆侵上,贪酷不法,无礼妄行者,许都察院直言无隐。即所奏涉虚,亦不坐罪;倘知情蒙蔽,以误国论。”可见即使都察院弹劾的内容不能证实,也不会以诬告论处。因此即使蒋御史据传闻弹劾不实,也不能被看作诬告。A 项说法错误。

B 项,中国古代监察制度以官吏为治理对象,以察官治官为主要目标,在古代国家治理中一直具有重要地位。即使晚清时期皇权高度集中,机能有所减弱;但直到清末,仍发挥着监察百官、整饬纲纪的作用。这个案件中清廷以蒋某某弹劾不实、污蔑亲贵,罢去其御史之职,是对监察制度的破坏,但不能以偏概全,仅以此说明清政府对监察制度“已经丧失生命力,无法发挥作用”。因此,B 项说法是错误的。

C 项,司法主权,是一个国家对其管辖区域内的司法活动所拥有的至高无上的、排他性的政治权力。司法活动包括侦查、公诉、审判、执行等一系列行为。而调查取证是侦察活动重要的一部分,题干的案件中清政府调查官员贪腐,银行应有协助司法机关调查取证的义务。但汇丰作为洋商银行,不愿出示账目,清政府也无法约束或制裁,无法行使排他性的司法权,是丧失司法主权的表现。C 项说法正确。

D 项,清末司法改革中,清政府制定《都察院整顿变通章程》,对都察院的机构设置进行调整,并没有裁撤都察院。因此 D 项说法错误。

二、多项选择题

【参考答案】 CD

【解析】 本题考查各个朝代的法律制度,考查范围较广,考生需要全面掌握。

A 项,隋唐的主要法律形式为“律、令、格、式”四种。律是规定犯罪与刑罚的刑事法律,是定罪量刑的主要依据。令是国家规章制度的汇编。格是皇帝发布的各种敕令的汇编。式是国家机关的办事细则和公文程式。而科是规定犯罪与刑罚的一种单行禁条,也称“事条”或“科条”。如汉武帝时有《重首匿之科》,是汉朝的主要法律形式之一,不是隋唐的主要法律形式。A 项说法错误。

B 项,就地正法,指在犯罪发生的当地当时执行死刑。西汉时董仲舒继承儒家“天人合一”的思想,总结出“天人感应”的学说。其认为,“天有四时,王有四政,庆、赏、罚、刑与春、夏、秋、冬以类相应”。所以应当春夏行赏,秋冬行刑。从此,“秋冬行刑”遂被载入律令而制度化。宋律规定:从立春到秋分,除犯恶逆以上及部曲、奴婢杀主之外,其他罪均不得春决死刑。清代规定,经朝审应处决的犯人,也需在秋季处决。可以看出,我国自西汉以来的主要行刑制度是“秋冬处决”,而并非“就地正法”。就地正法并非宋代以来死刑的主要行刑制度,B 项说法错误。

C 项,《北齐律》所规定的重罪十条:“一曰反逆,二曰大逆,三曰叛,四曰降,五曰恶逆,六曰不道,七曰不敬,八曰不孝,九曰不义,十曰内乱。其犯此十者,不在八议论赎之限。”“大逆”和“不道”是《北齐律》重罪十条的两个罪名,因此 C 项说法正确。

D 项,西周的典籍《仪礼》载:“昏有六礼,纳采、问名、纳吉、纳征、请期、亲迎。”这被称为“婚姻六礼”,自西周一直延续采用这一婚姻程序。对于纳采,《仪礼 · 士昏礼》载:“昏礼。下达。纳采,用雁。”郑玄注:“将欲与彼合婚姻,必先使媒氏,下通其言,女氏许之,乃后使人纳其采择之。”这里的“必先使媒氏,下通其言可见”就是指媒妁之言。因此媒妁之言是西周以来婚姻关系成立的条件之一,D 项说法正确。

2019 年客观题试题

单项选择题

1. 关于隋唐的法律制度,下列说法错误的是:(　　)

A. 隋朝的《开皇律》确立了传统五刑:笞、杖、徒、流、死

B. 张某杀人碎尸,按唐律当定“不道”之罪

C. 官员在执行公务时不慎出现差错而犯罪,是为“公罪”

D. 唐代的刑部行使中央司法审判权

2. 清末和民国时期曾经进行频繁的立宪活动,下列关于该时期宪法文件,说法错误的是:(　　)

A.《钦定宪法大纲》为中国近代史上第一个宪法性文件,由宪政编查馆编订,于 1908 年公布

B. 1912 年《中华民国临时约法》是由孙中山主导创制的中国第一部资产阶级共和国性质的宪法文件

C. 北洋政府时期的第一部宪法草案为“天坛宪草”,采用资产阶级三权分立的宪法原则,确认民主共和制度

D.《中华民国宪法》(1947 年)是中国近代史上首部正式颁行的宪法

2019 年客观题试题参考答案及解析

单项选择题

1.【参考答案】 D

【解析】 中国古代刑罚制度有奴隶制五刑和封建制五刑之分,前者包括:墨、劓(yì)、剕、宫、大辟五种肉刑。而封建制五刑为笞、杖、徒、流、死。封建制五刑最早在隋朝的《开皇律》中确立。A 选项正确。B 选项正确,十恶中的“不道”指灭绝人道,包括杀人全家(且被害人罪不当死),或用肢解分尸的手段杀人,或用蛊毒的方法,企图使人中毒致死等行为。因此张某杀人碎尸应属不道。C 选项正确,唐律规定“缘公事致罪而无私曲者”是为“公罪”,官员在执行公务时不慎出现差错而犯罪的情形发生在履行公务过程中,且并非为求私利而犯罪,属于“公罪”。D 选项错误,唐代行使中央审判权的机关为大理寺,刑部主管复核(明清时二者职能对调)。本题答案为 D。

2.【参考答案】 D

【解析】 中国近代史上首部正式颁行的宪法是 1923 年的《贿选宪法》。据此 D 选项入选。A、B、C 选项均属史实,为正确选项。本题答案为 D。

国　际　法

2023年客观题试题

一、单项选择题

1. 中国国籍的李智和德国公民珍妮结婚后定居德国，并在定居期间取得德国国籍，但李智并未在中国申请注销其身份证与户籍。根据中国相关法律规定，下列表述中正确的是：（　　）

A. 如果中国公安机关发现李智在中国境内存在严重违法情形并决定将其驱逐出境的，李智可向人民法院提起行政诉讼

B. 如李智涉嫌从事危害中国国家安全的活动并被中国公安机关拘留审查，则其可依法申请行政复议

C. 如李智在中国境内涉及民事诉讼，则人民法院应认定其国籍国为中国

D. 如李智在中国境内有未了结的民事案件，则其不准出境

2. 甲国以护侨为由派遣军队进入乙国境内，乙国向甲国宣战，但未派出军队进行抵抗。丙国是乙国的同盟国，向甲国宣战并派遣军队入境乙国参战，并在作战行动中俘虏了一批甲国的士兵。根据国际法的相关规则，下列表述中正确的是：（　　）

A. 甲、乙两国处于国际法上的战争状态

B. 丙国经被俘士兵同意可以对其实施限制，在被俘士兵被羁押期间禁止其举行有关的宗教仪式

C. 甲国在乙国宣战后有权没收乙国在其境内的使领馆财产

D. 安理会如果为解决该项国际争端作出决议，则该决议仅对甲、乙、丙三国有拘束力

二、多项选择题

1. 甲、乙两国的公司打算从海底建天然气管道输送天然气，途经丙国的专属经济区和丁国的大陆架，最后管道口要经过丁国的领海接入陆地。下列说法正确的是：（　　）

A. 甲、乙两国的公司有权在丁国的大陆架铺设海底天然气管道，但其线路必须经过丁国的同意

B. 甲、乙两国的渔船有权在丙国的专属经济区捕鱼，而无须丙国的同意

C. 丙国对其专属经济区的权利并不取决于有效或象征的占领或任何明文公告

D. 如果甲、乙两国的公司在丙国的专属经济区所铺设的海底管道发生了泄漏，则丙国有权适用其国内的有关法律和规章调查和处理该事件

2. 布鲁斯是甲国在乙国大使馆的一名武官，根据《维也纳外交关系公约》，下列有关说法中正确的是：（　　）

A. 布鲁斯不得以维护甲国利益为由而在乙国参与反政府的游行

B. 布鲁斯如果在周末时间利用自己的特长在乙国从事专业技术活动，则属于违反其义务的行为

C. 布鲁斯如果在乙国的国内法院的民事诉讼中成为被告，则可以书面放弃管辖豁免

D. 如果布鲁斯在乙国涉及一起刑事案件，则乙国有权追究其刑事责任

三、不定项选择题

甲国是新独立的国家，独立后加入了《海洋法公约》，但未加入《联合国宪章》。乙国是《海洋法公约》和《联合国宪章》的缔约国。甲国将乙国在海上对甲国船舶所实施的武装执法活动提请安理会注意，指出这一事件可能威胁到国际和平与安全。针对《海洋法公约》的解释或适用的争端，甲国所选择的强制程序为国际法院，乙国选择了公约附件七的国际仲裁。下列说法中正确的是：（　　）

A. 由于甲国不是联合国的会员国，故该争端不能提交安理会审议

B. 如甲、乙两国就该争端的解决方式不能达成一致，本案的争端可依甲国一方的请求，由国际海洋法法庭解决

C. 如甲、乙两国就该争端的解决方式不能达成一致，则应视为双方已接受公约附件七所规定的国际仲裁

D. 如甲、乙两国就该争端的解决方式不能达成一致，则应视为双方已接受国际法院的管辖

2023年客观题试题参考答案及解析

一、单项选择题

1.【参考答案】 B

【解析】 A、C项考查中国《国籍法》关于中国人国籍自动丧失的规定及《出境入境管理法》关于驱逐出境处罚决定终局性的规定。根据中国《国籍法》第9条的规定,定居外国的中国公民,自愿加入或取得外国国籍的,即自动丧失中国国籍。本案中,中国国籍的李智定居德国并取得德国国籍,自动丧失中国国籍,其身份为外国人。即便李智并未在中国申请注销其身份证与户籍,也应认定其自动丧失了中国国籍,故C项错误。中国《出境入境管理法》第81条第2款规定:"外国人违反本法规定,情节严重,尚不构成犯罪的,公安部可以处驱逐出境。公安部的处罚决定为最终决定。"因此,对已经自动丧失中国国籍、具有外国(德国)人身份的李智驱逐出境的处罚为最终决定,其无权提起行政诉讼,A项错误。

B项考查中国《出境入境管理法》关于对外国人"继续盘问、拘留审查、限制活动范围、遣送出境措施"等处罚措施的行政救济渠道及其终局性。中国《出境入境管理法》第64条第1款规定:"外国人对依照本法规定对其实施的继续盘问、拘留审查、限制活动范围、遣送出境措施不服的,可以依法申请行政复议,该行政复议决定为最终决定。"故B项正确。

D项考查中国《出境入境管理法》关于禁止外国人出境的规定。中国《出境入境管理法》第28条规定:"外国人有下列情形之一的,不准出境:(一)被判处刑罚尚未执行完毕或者属于刑事案件被告人、犯罪嫌疑人的,但是按照中国与外国签订的有关协议,移管被判刑人的除外;(二)有未了结的民事案件,人民法院决定不准出境的;(三)拖欠劳动者的劳动报酬,经国务院有关部门或者省、自治区、直辖市人民政府决定不准出境的;(四)法律、行政法规规定不准出境的其他情形。"故外国人仅仅有未了结的民事诉讼,未经人民法院决定禁止出境的,不得禁止其出境,D项错误。

2.【参考答案】 A

【解析】 A项考查国家间进入战争状态的条件——存在交战的意思。表达交战意思的方式之一是宣战,但即便双方没有宣战,如果通过交战的规模等有关证据等能够判断双方之间存在交战的意思,也可以认定进入战争状态。因此,本题中甲国入侵乙国,乙国向甲国宣战,即便暂未实施抵抗行动,也表明甲、乙两国进入战争状态,A项正确。

B项考查战俘的待遇。交战国应给予战俘以人道主义待遇,包括尊重其宗教信仰,即便战俘同意被实施宗教信仰方面的某些限制,很难说这种同意是出自其真实意愿,故B项错误。

C项考查战争开始引起的法律后果。进入战争状态后,交战国原则上可以没收本国境内的敌国国家财产,但使领馆除外,故C项错误。

D项考查安理会的职权。根据《联合国宪章》第41条的规定,安全理事会得决定所应采武力以外之办法,以实施其决议,并得促请联合国会员国执行此项办法。《联合国宪章》第2条规定,联合国在维持国际和平及安全之必要范围内,应保证非联合国会员国遵行宪章所规定的基本原则。可见,对于安理会所作的维持国际和平与安全的决议,联合国会员国乃至非会员国都应遵守,故D项错误。

二、多项选择题

1.【参考答案】 AD

【解析】 A项考查其他国家在沿海国大陆架上铺设海底电缆和管道的自由及其限制。根据《联合国海洋法公约》第79条的规定,所有国家都有根据公约的规定在大陆架上铺设海底电缆和管道的权利,但在大陆架上铺设海底电缆和管道,其路线的划定须经沿海国同意,故A项正确。

B项考查沿海国在专属经济区内对开发活动的主权权利。根据《联合国海洋法公约》第56条的规定,沿海国在其专属经济区享有以勘探和开发、养护和管理海床上覆水域和海床及其底土的自然资源(不论为生物或非生物资源)为目的的主权权利,以及关于在该区内从事经济性开发和勘探,如利用海水、海流和风力生产能等其他活动的主权权利。因此,外国渔船在沿海国专属经济区捕鱼必须经过后者的批准或同意,故B项错误。

C项考查沿海国对专属经济区的权利是否是"自然权利"。根据《联合国海洋法公约》的规定,沿海国对大陆架的权利并不取决于有效或象征的占领或任何明文公告,但对于专属经济区并无此种规定,故C项错误。

D项考查沿海国在其专属经济区内适用其国内法律、规章的权利。根据《联合国海洋法公约》第73条的规定,沿海国行使其勘探、开发、养护和管理在专属经济区内的生物资源的主权权利时,可采取为确保其依照该公约制定的法律和规章得到遵守所必要的措施，包括登临、检查、逮捕和进行司法程序。甲、乙两国的公司铺设的海底天然气管道发生泄漏，丙国作为沿海国，在天然气的泄漏影响其主权权利时，有权适用其相关的国内有关法律和规章调查和处理该事件，故D项正确。

2.【**参考答案**】 AB

【**解析**】 A项考查外交官在接受国不干涉内政的义务。布鲁斯作为武官属于外交官员，《维也纳外交关系公约》第41条第1款规定："在不妨碍外交特权与豁免之情形下，凡享有此项特权与豁免之人员，均负有尊重接受国法律规章之义务。此等人员并负有不干涉该国内政之义务。"在接受国参加反政府的游行活动属于干涉内政的行为，故A项正确。

B项考查外交官在接受国不得为私人利益从事任何专业或商业活动的义务。《维也纳外交关系公约》第42条规定："外交代表不应在接受国内为私人利益从事任何专业或商业活动。"故B项正确。

C项考查外交官特权与豁免的放弃。《维也纳外交关系公约》第32条第1款规定："外交代表及依第三十七条享有豁免之人对管辖之豁免得由派遣国抛弃之。"因此，外交官个人无权放弃其特权与豁免，故C项错误。

D项考查外交官的刑事管辖豁免权。根据《维也纳外交关系公约》第31条的规定，外交代表对接受国之刑事管辖享有豁免。故D项错误。

三、不定项选择题

【**参考答案**】 C

【**解析**】 A项考查《联合国宪章》关于安理会职权的规定。根据《联合国宪章》第34条的规定，安全理事会得调查任何争端或可能引起国际摩擦或惹起争端之任何情势，以断定该项争端或情势之继续存在是否足以危及国际和平与安全之维持。《联合国宪章》第35条规定，非联合国会员国之国家如为任何争端之当事国时，经预先声明就该争端而言接受该宪章所规定和平解决之义务后，得将该项争端，提请大会或安全理事会注意。因此，即便甲国不是联合国的会员国，也可以就该争端提请安理会注意并由后者进行审议，故A项错误。

BCD项考查《联合国海洋法公约》关于"导致有拘束力裁判的强制程序"的规定。《联合国海洋法公约》第287条第1款规定，缔约国在签署、批准或加入公约时，或在其后任何时间，应有自由用书面声明的方式选择下列一个或一个以上方法，以解决有关该公约的解释或适用的争端，"(a)按照附件六设立的国际海洋法法庭；(b)国际法院；(c)按照附件七组成的仲裁法庭；(d)按照附件八组成的处理其中所列的一类或一类以上争端的特别仲裁法庭"，该条第3款进一步规定："缔约国如为有效声明所未包括的争端的一方，应视为已接受附件七所规定的仲裁。"因此，C项正确，BD项均错误。

2022年客观题试题

一、单项选择题

1. 甲乙两国因沿海资源开发发生争端，找丙国总统居中斡旋。甲国为解决争端，封锁了乙国的海域。根据相关国际法规则，下列说法正确的是：（　　）

A. 甲乙两国元首去丙国之前，可以通过网络进行秘密谈判

B. 丙国总统可以在谈判前设宴并提出解决方案

C. 丙国总统可以主持谈判

D. 甲国的封锁行为符合国际法的规定

2. 甲国国际法学者约翰意图参选联合国国际法院法官，乙国作为联合国安理会常任理事国坚决反对。根据相关国际法规则，下列说法正确的是：（　　）

A. 如约翰成功当选，则在涉及甲国的案件中（一般）不需要回避

B. 由于乙国的反对，约翰不可能当选为国际法院的法官

C. 国际法院法官人选可以由各国驻联合国代表团提名

D. 约翰需要在安理会和大会都经过2/3多数通过，才能当选国际法院法官

二、多项选择题

悬挂甲国国旗的飞跃号船长约翰，在公海上故意冲撞我国渔船，致使船上多人受伤。后飞跃号停靠我国海南某港口，约翰上岸接受治疗。停靠期间飞跃号被我国执法机关扣押，并对相关人员提起刑事诉讼，受害人及其家属对约翰提起刑事附带民事赔偿诉讼。甲国与我国都是《联合国海洋法公约》缔约国。以下说法正确的有：（　　）

A. 我国法院对该刑事诉讼案件有管辖权

B. 该刑事诉讼案件由海洋法法庭管辖

C. 该刑事附带民事诉讼案件应该适用我国法律

D. 该刑事附带民事诉讼案件应该适用《联合国海洋法公约》

2022 年客观题试题
参考答案及解析

一、单项选择题

1.【参考答案】 A

【解析】 选项 A 正确。争端在甲国和乙国之间发生,双方可以自行选择提前谈和,这与斡旋之间不存在冲突。

选项 B 错误。大家一定要注意区别斡旋和调停的区别,斡旋是第三方不实质介入谈判,包括不参与谈判,不提出方案。调停是第三方实质介入谈判,包括参与谈判,或者提出方案。换句话说,斡旋中第三方只负责拉人、组局,不介入争端解决的实质问题。调停则是第三方介入到争端解决的实质问题中。B 项中丙国总统的设宴行为属于斡旋,但是提出解决方案就超越了斡旋的范畴,所以是错误的。

选项 C 错误。参见 B 项解析,斡旋是不参与谈判的。

选项 D 错误。平时封锁作为争端解决方法,只能由安理会决定,当事国无权采取此类措施。

综上所述,本题答案为 A。

2.【参考答案】 A

【解析】 选项 A 正确。国际法院法官对于涉及其国籍国的案件通常不适用回避,除非就任前曾经参与该案件。本题没有说明是否参与的问题,所以不需要回避。最完整的表述是加上“一般”不需要回避,但是不加也可以认为正确。

选项 B 错误。联合国安理会常任理事国对国际法院法官的人选没有否决权,这属于安理会选举规则中的特殊规定。

选项 C 错误。这是《国际法院规约》第 4 条的规定,属于超纲内容,但由于本题是单选,基本不影响整体判断。根据上述公约,国际法院法官应该从常设公断(仲裁)法院各国团体所提名单之内选举产生。

选项 D 错误。国际法院的法官必须在大会和安理会都获得绝对多数才可以当选。也就是大会和安理会分别独立选举,都是绝对多数才可以。大家注意,这个“绝对多数”是司法部教材的用词,具体多少并没有具体明确。即使分别按照大会和安理会关于重要事项的通过规则,也不正确,因为安理会通过决议的基本票数是 9 票,不是 2/3。

综上所述,本题答案为 A。

二、多项选择题

【参考答案】 AC

【解析】 选项 A 正确。根据相关国际法关于保护性管辖的规定,外国人在我国境外损害我国国家或公民利益的,我国可以行使管辖权。保护性管辖行使的条件是被管辖对象进入我国或者被引渡到我国。本题中,约翰在公海损害了我国公民的利益,并且该船舶已经处于我国境内。我国完全可以依据保护性管辖原则行使管辖权。

选项 B 错误。国际海洋法法庭主要管辖各国就海洋划界、开发中出现的争端。自然人和法人可以成为海洋法法庭的管辖对象,但这里的自然人和法人限于和国际海底管理局签订国际海底矿产开发合同的当事人,即海洋法法庭不管辖各国发生在海上的民事纠纷。

选项 C 正确。根据我国相关法律的规定,不同国籍船舶碰撞发生在公海的,适用法院地法。本案在我国起诉,适用我国法律。

选项 D 错误。《联合国海洋法公约》处理的是各国之间的权利和义务,不涉及各国自然人和法人等发生的民事纠纷。简言之,《联合国海洋法公约》是公法,不调整各国私人之间的争端。

综上所述,本题答案为 AC。

2021 年客观题试题

一、单项选择题

1. 2005 年,甲国夫妇汤姆和玛丽收养了中国女孩樱樱,樱樱改名艾琳后随养父母去甲国定居,并取得甲国国籍。2019 年,艾琳被中国上海市某高校录取。根据中国相关法律规定,下列哪一判断是正确的?(　　)

A. 艾琳到中国学习,无须办理签证

B. 艾琳周末可以到快餐店兼职打工

C. 艾琳可以同时拥有中国国籍和甲国国籍

D. 甲国某疫情暴发,该疫情所涉病毒在中国为甲类传染病,甲国夫妇以探望艾琳的名义申请进入中国境内,但中国边防检查机关有权禁止二人入

境，且无须说明理由

2. 中国人张某和美国人莉莉喜结良缘并在美国生下一子小张。经查明根据美国法小张出生时即具有美国国籍，张某和莉莉自婚后一直定居在北京。小张出生后，张某准备通过莉莉申请美国国籍。下列说法正确的是？（　　）

A. 根据我国法律，小张出生时依旧具有中国国籍

B. 根据我国法律，小张出生时不具有中国国籍

C. 如果张某是现役军人，其依旧可以退出中国国籍

D. 如果张某是国家工作人员，其依旧可以退出中国国籍

3. 乙国民航飞机因机械故障坠毁在甲乙两国边界并引发森林火灾，甲乙两国界碑也因此损毁，乙国组织力量紧急救援，为灭火和抢救生命，救援队擅自进入甲国界数十米。尽管乙国尽力救助，火灾还是给甲国造成了财产损失。根据国际法相关规则，下列说法中正确的是哪项？（　　）

A. 乙国救援人员未经甲国同意越过边境救灾，构成国际不法行为

B. 乙国可自行修复界碑，恢复后通知甲国

C. 乙国通知甲国后，应尽快修复界碑

D. 乙国无须承担甲国因火灾致损的国际法律责任

4. 根据《联合国海洋法公约》和中国的相关法律规定，下列哪一选项是正确的？（　　）

A. 甲国军舰有权无害通过我国领海上空

B. 乙国飞机可以直接通过我国领空

C. 我国海警船从毗连区开始紧追丙国走私船，在其进入公海时紧追应终止

D. 丁国有权在我国大陆架铺设海底电缆，但线路须经我国主管机关同意

5. 甲、乙两国发生武装冲突。地区大国丙国提出停火方案，并邀请甲、乙两国代表到丙国首都和谈。三国随后以联合声明的方式发布停火协议。后因甲、乙两国就停火协议理解不同，再次发生武装冲突。以下哪一选项符合国际法的规定？（　　）

A. 甲、乙两国宣战后，甲国可以没收乙国驻甲国大使馆的财产

B. 停火协议系经丙国调停

C. 甲、乙两国宣战后，甲国A公司与乙国B公司的商业合同自动废止

D. 丙国应对停火协议产生的争议承担法律责任

6. 2019年1月，甲国的“甲优”野生公园，拟向乙国的“乙美”动物园，转让K种动物活体2只；向乙国的“乙强”生物研究机构转让L种动物标本1具和M种植物标本1株。经查，K种动物和M种植物已被列入《濒危野生动植物种国际贸易公约》附件一，L种动物被列入该公约附件二。甲乙两国均是上述公约的当事国。根据相关的国际法规则，下列哪一项是正确的？（　　）

A. “甲优”野生公园和“乙美”动物园关于K种动物的上述转让，需要同时办理甲国的出口许可证和乙国的进口许可证，才能合法进行

B. “甲优”野生公园与“乙强”生物研究机构的上述关于L种动物标本的转让，出于科学研究目的，无须甲国的出口许可证

C. “甲优”野生公园与“乙强”生物研究机构上述关于M种植物标本的转让，尚没有国际法相关规则的限制

D. 上述各类动植物，根据国际法相关规则，都已被严格禁止跨境转让活动

二、多项选择题

1. 根据《维也纳外交关系公约》和战争法的相关规则和实践，下列符合国际法规则的有哪些？（　　）

A. 甲国的外交邮袋可托交该国商业飞机机长转递

B. 甲、乙两国宣战后，甲国查封乙国大使馆的档案文件

C. 即使甲国驻乙国大使馆长期处于撤离状态，乙国也不得进入其馆舍搜查档案文件

D. 甲国驻乙国大使馆利用馆舍庇护被乙国通缉的丙国人

2. 甲、乙两国是陆上邻国，因划界纠纷爆发战争。根据相关国际法规则，下列哪些选项是正确的？（　　）

A. 甲、乙两国互助条约立即废止

B. 甲、乙两国边界条约自动废止

C. 甲国军舰在海上遇到乙国商船后，可对其拿捕没收

D. 甲国可以对其境内的乙国公民进行敌侨登记并进行强制集中居住

三、不定项选择题

我国和甲国、乙国签订了《民商事案件司法协助条约》，其中甲国对司法协助请求文件首先通过

网络提交这一条款提出了保留。我国接受该保留,乙国拒绝接受该保留。关于该条约,下列说法正确的是?(   )

A. 该条约需要经过我国全国人民代表大会的批准方能在我国生效

B. 在甲国和我国之间适用保留后的条款

C. 在甲国和乙国之间该条约视为不存在

D. 当该条约与我国国内法出现冲突时,我国国内法的规定优先适用

2021年客观题试题参考答案及解析

一、单项选择题

1.【参考答案】 D

【解析】 艾琳已定居外国且已取得外国国籍,根据《国籍法》第9条,中国国籍已自动丧失,C项错误。

作为甲国人的艾琳,入境中国需要获得签证,A项错误。

艾琳是留学生,无权在中国境内工作。即使留学生有权在校外勤工助学或实习,也需要所在学校事先同意且由相关部门在居留证件上加注相关信息,B项错误。

艾琳养父母来自有疫情暴发的国家,该疫情所涉病毒在中国为甲类传染病,入境中国有可能危害中国公共卫生安全,故中国边防检查机关有权禁止二人入境。对不准入境的,出入境边防检查机关可以不说明理由,D项正确。

2.【参考答案】 A

【解析】 根据我国法律,如果父母一方或者双方是中国人,出生时不具有中国国籍必须同时满足三个条件:第一,本人出生在外国;第二,父母定居在外国;第三,本人出生时即具有外国国籍。本题显然缺少了定居在外国这个条件。有同学会问,那这样一来小张不就同时具有中国和美国国籍了吗?这不就违反我国立法关于禁止双重国籍的规定了吗?其实是不违反的,现实中的做法是等小张具有完全民事行为能力后,自主选择保留一个国籍。故A对,B错。现役军人和国家工作人员不得退出中国国籍。故CD错误。

3.【参考答案】 D

【解析】 乙国救援人员虽然未经甲国同意越界进入甲国,但是在发生森林火灾且为灭火和抢救生命的情况下,属于危难或紧急状态下违背国际义务,其行为不当性被排除,A项错误。

界标出现任何移动、毁损的,一方应尽速通知另一方,并在双方代表在场的情况下恢复或重建,BC项错误。

本题火灾属于民航飞机机械故障所致,不归因于所属国家,故乙国无须承担国际法律责任,D项正确。

4.【参考答案】 D

【解析】 我国加入《联合国海洋法公约》时,对军舰的无害通过作出了保留,A项错误。

领海的上空属于领空,对应完全主权原则,外国飞机未经许可不得飞入、飞出或飞经我国领空,B项错误。

紧追权是指从有管辖权的海域开始紧追并持续到公海,当被追船舶进入其本国或第三国领海时终止,C项错误。

沿海国在大陆架仅享有自然资源的专属勘探开发和与此相关的管辖权,故他国有权在我国大陆架铺设海底电缆,但为了避免影响沿海国自然资源的勘探开发,海底电缆的所经路线须经沿海国同意,D项正确。

5.【参考答案】 B

【解析】 根据战争法规则,交战国可以没收敌国在本国境内的公产,但使馆财产档案等除外,A项错误。

停火协议是以甲、乙、丙三国联合声明的方式发布,说明丙国不仅促使甲、乙两国和谈,还参与了和谈,丙国的行为构成调停,B项正确。

战争开始会导致经贸往来的禁止,但已履行的契约或已结算的债务并不废止,C项错误。

参与斡旋和调停的国家不对斡旋和调停的结果承担法律责任,D项错误。

6.【参考答案】 A

【解析】 国际环境法中,生物资源和生态保护是其中的重要部分。《联合国生物多样性公约》对生物资源保护作了全面广泛的规定。还有一些公约针对某些物种、某些区域的生物环境进行保护,其中重要的一项为《濒危野生动植物种国际贸易公约》。该公约建立了濒危物种清单基础上的许可证制度。附件一所列的是受贸易影响濒于灭绝的物种,只有在极其特殊情况下才被允许贸易;附件二是如不管理可能成为濒于灭绝的物种,对该物种必须加以限制贸易。对于附件中所列物种标本的贸易,必须按照公约规定进行。附件一、附件二所列

物种出口都必须事先取得出口许可证。附件一物种的进口还应取得进口许可证。列入附件被限制贸易的物种包括动植物的活体和标本。因此,A 项判断正确。

二、多项选择题

1.【参考答案】 AC

【解析】 外交邮袋可托交预定在准予降落地点降落的商业飞机机长转递,但机长不被视为外交信差,A 项正确。

战争开始会导致交战国外交和领事关系断绝,但外交特权与豁免并不因此而终止,接受国仍有义务保证馆舍财产和档案的安全,B 项错误。

甲国驻乙国大使馆虽然长期处于撤离状态,但并不意味着两国断绝了外交关系,故使馆仍然享有馆舍绝对不得侵犯等外交特权与豁免,C 项正确。

使领馆馆舍不得用于与其职能不符的用途,如庇护外国人等,D 项错误。

2.【参考答案】 AD

【解析】 战争开始后,交战国之间友好关系的政治性条约废止,领土条约持续有效,A 项正确、B 项错误。

能没收的财产仅限敌国在本国境内除使馆财产以外的公产,C 项错误。

交战国对其境内的敌国侨民可以进行不违反人道主义原则的各种限制,如敌侨登记,强制集中居住等,D 项正确。

三、不定项选择题

【参考答案】 B

【解析】 A 项错误。司法协助条约确实需要批准,但批准的主体不是全国人大,而是全国人大常委会。

B 项正确。在提出保留国和接受保留国之间适用保留后的条款。提出保留国想更改,接受保留国同意该更改,则适用修改后的条款。

C 项错误。在提出保留国和拒绝保留国之间,保留所涉及的条款视为不存在。提出保留国想改,拒绝保留国不同意,那保留所涉及的条款显然无法形成一致的意思表示,自然就不存在了。但要注意,是"条款"不存在,而不是条约不存在。

D 项错误。当国际条约和我国国内法规定不一致时,民商事领域条约优先,知识产权领域有特别规定的除外。其余领域没有统一规定,宪法没有统一规定。题目中所涉及的条约是"民商事"司法协助条约,所以应该是条约优先适用。

2020 年客观题试题

一、单项选择题

1. 依照中国法律、司法解释和国际相关法,下列选项正确的是:(　　)

A. 联合国某专门机构在中国专属经济区开展海洋科考,无须经中国主管机关批准

B. 丙国军用飞机非经中国政府批准或接受,不得进入中国毗连区上空

C. 甲国潜艇通过中国毗连区须在海面航行,并展示其旗帜

D. 乙国渔民在中国大陆架,非法捕捞并杀害濒危海龟,依照中国刑法追究刑事责任

2. 甲国球星埃尔申请加入中国国籍。依中国《国籍法》,下列哪一选项是正确的?(　　)

A. 埃尔的申请一旦被批准,则其今后不得申请退出中国国籍

B. 埃尔加入中国国籍的申请由中国外交部审批

C. 埃尔加入中国国籍后,可以保留其甲国国籍

D. 埃尔的申请被批准前与中国女子在广州所生的儿子具有中国国籍

3. 甲乙两国为《维也纳外交关系公约》及《维也纳领事关系公约》的缔约方,依该两公约,下列哪一选项是正确的?(　　)

A. 乙国驻甲国总领事馆办公楼发生重大火灾,甲国消防部门在总领事馆反对的情况下,紧急进入办公楼灭火

B. 乙国驻甲国大使馆可对被甲国通缉的丙国人予以庇护

C. 甲国反恐部门掌握乙国驻甲国领事馆的邮袋藏有危险炸药的确凿证据,如乙国拒绝则甲国不能强行拆开

D. 乙国宣布甲国外交人员为不受欢迎的人时,必须说明理由

二、多项选择题

1. 甲国研发的气象卫星委托乙国代为发射,因天气原因该卫星在丙国境内实际发射。发射过程中火箭碎片掉落,砸伤受邀现场观看发射的某丁国国民。由于轨道偏离,该气象卫星与丁国通信卫星相撞,丁国卫星碎片跌落砸坏戊国建筑并造成戊国人员伤亡。甲乙丙丁戊都是加入《空间物体造成损害的国际责任公约》(以下本题中简称《责任公约》)的缔约国,下列哪些判断是正确的?(　　)

A. 丁国不对戊国财产和人员伤亡承担责任

B. 火箭碎片对某丁国国民造成的损害不适用《责任公约》

C. 甲乙丙丁国应对戊国的财产和人员伤亡承担绝对责任

D. 甲乙丙国应对丁国卫星损害承担过错责任

2. 甲、乙、丙、丁都是《维也纳条约法公约》的缔约方。甲、乙、丙、丁四国签订协议，约定如果对协议发生争议由国际法院管辖，甲国声明对该条款保留；乙国接受该保留；丙国反对甲国的保留，并反对该条款在两国间适用；丁国仅反对甲国的保留。据此，下列哪些说法是正确的？（　　）

A. 甲国与乙国的冲突由国际法院管辖

B. 甲国与丙国的冲突由国际法院管辖

C. 乙国与丙国的冲突由国际法院管辖

D. 乙国与丁国的冲突由国际法院管辖

2020 年客观题试题
参考答案及解析

一、单项选择题

1.【参考答案】 D

【解析】 A 项考查专属经济区法律制度。我国《专属经济区和大陆架法》第 9 条规定："任何国际组织、外国的组织或者个人在中华人民共和国的专属经济区和大陆架进行海洋科学研究，必须经中华人民共和国主管机关批准，并遵守中华人民共和国的法律、法规。"因此，联合国某专门机构在中国专属经济区开展海洋科考必须经中国主管机关批准，A 项说法错误。

B 项和 C 项考查毗连区法律制度。根据《联合国海洋法公约》，沿海国可以在领海以外毗邻领海划定一定宽度的海水带，在此区域中，沿海国对海关、财政、移民和卫生等特定事项行使某种管制权，这个区域被称为毗连区。毗连区不是国家领土，国家对毗连区不享有主权，国家对于毗连区的管制不包括其上空，因此丙国军用飞机进入中国毗连区上空不需要经中国政府批准或接受，B 项说法错误。我国《领海及毗连区法》第 7 条规定，外国潜水艇和其他潜水器通过我国领海，必须在海面航行，并展示其旗帜。这一要求不适用于毗连区，C 项说法错误。

D 项考查大陆架法律制度。大陆架是指一国领海以外依其陆地领土的全部自然延伸。最高人民法院《关于审理发生在我国管辖海域相关案件若干问题的规定（一）》第 3 条规定："中国公民或者外国人在我国管辖海域实施非法猎捕、杀害珍贵濒危野生动物或者非法捕捞水产品等犯罪的，依照我国刑法追究刑事责任。"乙国渔民在中国大陆架非法捕捞并杀害濒危海龟需依据中国刑法追究刑事责任，D 项说法正确。

2.【参考答案】 D

【解析】 A 项考查中国国籍的退出。我国《国籍法》第 10 条规定："中国公民具有下列条件之一的，可以经申请批准退出中国国籍：一、外国人的近亲属；二、定居在外国的；三、有其它正当理由。"埃尔的申请被批准后成为中国公民，今后有正当理由时可以申请退出中国国籍。A 项说法错误。

B 项考查国籍的审批机关。《国籍法》第 16 条规定："加入、退出和恢复中国国籍的申请，由中华人民共和国公安部审批。经批准的，由公安部发给证书。"因此，埃尔加入中国国籍的申请由中国公安部审批。B 项说法错误。

C 项考查双重国籍。我国不承认中国公民有双重国籍。《国籍法》第 8 条规定："申请加入中国国籍获得批准的，即取得中国国籍；被批准加入中国国籍的，不得再保留外国国籍。"因此，埃尔加入中国国籍后，不得再保留其甲国国籍。C 项说法错误。

D 项考查国籍的取得。《国籍法》第 4 条规定："父母双方或一方为中国公民，本人出生在中国，具有中国国籍。"埃尔与中国女子在中国广州所生的儿子，因本人母亲具有中国国籍，本人出生在中国，因此具有中国国籍。D 项说法正确。

3.【参考答案】 C

【解析】 A 项考查领事馆的豁免权。《维也纳领事关系公约》第 31 条第 2 款规定："接受国官吏非经领馆馆长或其指定人员或派遣国使馆馆长同意，不得进入领馆馆舍中专供领馆工作之用之部分。惟遇火灾或其他灾害须迅速采取保护行动时，得推定领馆馆长已表示同意。"本题中虽然领事馆发生火灾，但领事馆已明确反对甲国进入，推定馆长同意的理由不能成立。A 项说法错误。

B 项考查使馆义务。《维也纳外交关系公约》第 41 条第 3 款规定："使馆馆舍不得充作与本公约或一般国际法之其他规则、或派遣国与接受国间有效之特别协定所规定之使馆职务不相符合之用途。"对被甲国通缉的丙国人予以庇护不属于使馆职务范围。B 项说法错误。

C项考查通讯豁免权。《维也纳领事关系公约》第35条第3款规定:"领馆邮袋不得予以开拆或扣留。但如接受国主管当局有重大理由认为邮袋装有不在本条第四项所称公文文件及用品之列之物品时,得请派遣国授权代表一人在该当局前将邮袋开拆。如派遣国当局拒绝此项请求,邮袋应予退回至原发送地点。"对于领事馆的邮袋,如乙国拒绝则甲国不能强行拆开。C项说法正确。

D项考查不受欢迎的人。《维也纳外交关系公约》对于派遣国的使馆馆长及外交人员,接受国可以随时不加解释地宣布其为"不受欢迎的人",对于使馆的其他人员,接受国可以宣布其为"不能接受",且无须说明理由。D项说法错误。

二、多项选择题

1.【参考答案】 BCD

【解析】 根据《责任公约》,本题中的甲乙丙三国均为气象卫星的发射国,丁国为通信卫星的发射国。发射国对地面人员的损失应承担绝对责任,丁国作为发射国,理应和其他发射国一样对戊国财产和人员伤亡承担责任,故A选项错误,D选项正确。发射国对于发射活动所造成的本国国民的损害,或对于应邀请在发射现场参观或参加发射国的人的损害,不适用《责任公约》,故B选项正确。发射国的空间物体在地球表面以外的地方,对另一发射国的空间物体造成损害,前者应负绝对责任,故C选项正确。

2.【参考答案】 CD

【解析】 条约的保留,是指一国在签署、批准、接受、赞同或加入一个条约时所作的单方声明,无论措辞或名称如何,其目的在于排除或更改条约中某些规定对该国适用时的法律效果。

保留是一国单方面作出的,对于保留,其他的缔约国可以作出同意或反对。

在保留国与接受保留国之间,按保留的范围,改变该保留所涉及的一些条约规定。本题中甲、乙、丙、丁四国约定如果对协议发生争议由国际法院管辖,甲国声明对该条款的保留,乙国接受该保留,甲国为保留国,乙国为接受保留国,甲、乙两国间适用保留的规定,即甲国与乙国的冲突均不适用国际法院管辖。A项说法错误。

在保留国与反对保留国之间,则保留所涉及的规定,在保留的范围内,不适用于该两国之间。本题中丙国和丁国均反对甲国的保留,因此,甲国与丙国、丁国的冲突不适用国际法院管辖。B项说法错误。

在未提出保留的国家之间,按照原来条约的规定。本题中乙国、丙国、丁国均未提出保留,仍适用四国协议约定,乙国与丙国的冲突、乙国与丁国的冲突均由国际法院管辖。C项、D项说法正确。

2019年客观题试题

一、单项选择题

1. 清水河是甲乙两国的界河,双方对该河流的界限划定和使用权限等问题没有单独约定。根据国际法的规定,下列说法正确的是:(   )

A. 甲国国民可以在整条河上捕鱼

B. 如甲国的渔船遭遇风暴,为避险则可不经同意停靠乙国一侧河岸

C. 乙国可以不经甲国同意在该河流上建设堤坝

D. 如乙国发生旱灾,则可不经过甲国许可炸开其本国一侧堤坝灌溉农田

2. 甲国是《联合国海洋法公约》的缔约国,甲国在其专属经济区进行的下列哪项行为符合国际法的规定?(   )

A. 击落专属经济区上空的乙国无人机

B. 击落专属经济区海面上的乙国军舰

C. 在海上修建风力发电站

D. 破坏乙国铺设的海底电缆

二、多项选择题

甲国人汤姆持公务签证来我国公干,已经在北京居住了两年时间。汤姆在公干期间与中国公民王某缔结婚姻并在北京产下一子。根据我国法律的规定,下列说法正确的有:(   )

A. 只要汤姆有未了结的民事诉讼,他就不能离开我国国境

B. 汤姆的经常居所地在北京

C. 汤姆利用假期休息时间在某语言培训机构兼职代课,这种行为属于非法就业

D. 汤姆和王某的孩子具有中国国籍

2019年客观题试题
参考答案及解析

一、单项选择题

1.【参考答案】 B

【解析】 界河是流经两国之间并作为两国领

土分界线的河流。一方船舶未经允许不得在对方靠岸停泊,紧急情况除外。一般国民只能在界河本国一侧捕鱼,一方如欲在界河上建造工程设施,必须征得另一方的同意。B 项中的风暴是紧急情况。选项 A、C、D 错误。选项 B 正确。

综上所述,本题答案为 B。

2.**【参考答案】** C

【解析】 选项 A 错误。其他国家在沿海国的专属经济区内享有航行和飞越自由。所以击落无人机的做法不符合国际法的规定。

选项 B 错误。参见 A 项解析。

选项 C 正确。沿海国可以在其专属经济区内勘探、开发和养护自然资源。修建风力发电站属于开发自然资源的行为。

选项 D 错误。其他国家在沿海国的专属经济区和大陆架有权铺设海底电缆和管道,但线路的划定必须经过沿海国的同意。

综上所述,本题答案为 C。

二、多项选择题

【参考答案】 CD

【解析】 选项 A 错误。根据我国法律的规定,外国人有未了结的民事诉讼,且经人民法院决定的,不得出境。A 项中缺少了人民法院决定这一条件,所以是错误的。

选项 B 错误。涉外民事法律关系中的经常居所地必须连续居住满 1 年,且作为生活中心。但要排除就医、公务和劳务派遣。本题中明确说明汤姆来中国是公务,所以北京并不是他的经常居所地。

选项 C 正确。外国人在我国工作必须有工作类的签证和许可。题目中显然没有说明这些因素。C 项正确。

选项 D 正确。根据我国法律的规定,父母双方或一方是中国人,本人出生在中国,具有中国国籍。所以,汤姆和王某的孩子具有中国国籍是正确的。

综上所述,本题的答案是 CD。

2023 年客观题试题

一、单项选择题

1. 在过去几年中，政府部门密切联系人民群众，通过开门评警、回访等多种形式广征民意，倾听基层呼声，为人民群众排忧解难，切身践行为人民服务的宗旨，为人民提供高质量服务。关于上述做法，下列说法错误的是？（　　）

A. 政法机关应当坚持专门机关工作和群众路线相结合

B. 信访制度会破坏司法的权威性，导致公信力下降，应终止信访制度

C. 应畅通群众利益协调、权益保障法律渠道

D. 把信访纳入法治化轨道，保障合理合法诉求依照法律规定和程序就能得到合理合法的结果

2. 某地法院为方便“老、残”等行动不便人员参加诉讼专门设置了特殊情况人员专门受理、接纳通道。以下哪一说法是错误的？（　　）

A. 法院的做法体现了司法为民、司法便民的要求

B. 保障弱势群体的权益是实现司法公正的必然要求

C. 法院的做法违背了法律面前人人平等原则，不利于实现司法公正

D. 司法公正对社会公正具有关键的引领作用，司法不公对社会公正具有致命的破坏作用

3. 关于法律援助，下列哪一说法是正确的？（　　）

A. 法律援助律师在办理援助案件时，告知当事人若收取一定的办案费，可以加快案件的办理进度

B. 刑事诉讼中的法律援助，不需要考察受援助对象的经济状况

C. 盲人、聋人拒绝法律援助机构指派的律师为其辩护的，有正当理由的应当准许，同时告知其另行委托辩护人

D. 检察院审查批准逮捕时，认为公安机关对犯罪嫌疑人应当通知辩护而没有通知的，应当通知辩护

二、多项选择题

“法度者，正之至也”，建立公正高效权威的中国特色社会主义司法制度，是更好推进中国特色社会主义法治建设的重要保障。关于健全完善中国特色社会主义司法制度，下列哪些表述是正确的？（　　）

A. 中国特色社会主义司法制度是严密的法治监督体系的重要组成部分

B. 应从制度环境等方面，优先解决影响司法效率的深层次问题

C. 应坚持符合国情和遵循司法规律相结合，坚持和加强党对司法工作的绝对领导

D. 应健全检察机关、审判机关与监察机关之间相互制约的体制机制

三、不定项选择题

关于法律职业道德，下列说法正确的是？（　　）

A. 法律职业道德的基本内容可以从大众朴素的道德体系中推出

B. 与一般道德相比，法律职业道德更关注法律实务问题

C. 法律职业人员的程序性思维可能与广大群众观念价值存在差异

D. 立法本身存在的矛盾直接导致了法律职业道德与大众观念的差异

2023 年客观题试题
参考答案及解析

一、单项选择题

1.【参考答案】　B

【解析】　“联系群众，为人民服务”是我国国家机关的组织和活动原则之一。故 A 项正确。

信访制度必须坚持，将信访纳入法治化轨道。为确保司法权威，提升司法公信力，我们必须终结涉诉信访。涉诉信访对司法权威具有极大的破坏性，必须终结。故 B 项错误。

构建对维护群众利益具有重大作用的制度体系，建立健全社会矛盾预警机制、利益表达机制、协商沟通机制、救济救助机制，畅通群众利益协调、权

益保障法律渠道。把信访纳入法治化轨道,保障合理合法诉求依照法律规定和程序就能得到合理合法的结果。故 C、D 项正确。

2.【参考答案】 C

【解析】 以人民为中心是中国特色社会主义法治的本质要求。法治建设要为了人民、依靠人民、造福人民、保护人民。法院专门设置老年人、残疾人快速通道,有助于满足老年人与残疾人的诉讼需求,体现了司法为民、司法便民的要求。故 A 项正确。

法律面前人人平等并非形式上的平等,更不是均等,在特定条件下,为了实现真正的平等,可以制造合理差别。法院专门设置“老、残”等行动不便人员专门受理、接纳通道属于对社会弱势群体和特殊群体的倾向性保护,并没有违背法律面前人人平等原则,是实质的平等,是合理差别限度内的平等。C 项错误,B 项正确。

社会公正要求在政治、经济、文化、法治等各个方面都必须要实现公正。司法公正要求法律面前人人平等,公平、公正对待各方诉讼参与者。司法是维护社会公平正义的最后一道屏障,司法公正对社会公正具有关键的引领作用,司法不公对社会公正具有致命的破坏作用。故 D 项正确。

3.【参考答案】 C

【解析】 A 项:法律援助服务是完全无偿的,不存在“缓交费”及“减费”等规定,更不存在收取办案费后,可以加快办理案件的情形。A 项错误。

B 项:根据《刑事诉讼法》第 35 条的规定,刑事诉讼中的法律援助,包括依申请的法律援助与依通知的法律援助。犯罪嫌疑人、被告人因经济困难没有委托辩护人,本人及其近亲属可以书面或者口头形式向办案机关所在地法律援助机构申请法律援助。因此,刑事诉讼中的法律援助也可能需要考察受援助对象的经济状况。B 项错误。

C 项:根据《刑事诉讼法》第 35 条的规定,盲人、聋人没有能力为自己申请法律援助,也没有能力为自己辩护,属于依通知的法律援助的情形。对于依通知辩护的案件,拒绝法律援助机构指派的律师为其辩护的,公检法机关应当查明拒绝的原因,有正当理由的,应当准许,同时告知犯罪嫌疑人、被告人需另行委托辩护人。未另行委托辩护人的,公检法机关应当及时通知法律援助机构另行指派律师为其提供辩护。C 项正确。

D 项:检察院审查批准逮捕时,认为公安机关对犯罪嫌疑人应当通知辩护而没有通知的,人民检察院应当通知公安机关予以纠正,公安机关应当将纠正情况通知人民检察院。D 项错误。

二、多项选择题

【参考答案】 AC

【解析】 本题考查中国特色社会主义司法制度。A 项,“法度者,正之至也”出自《黄帝四经 · 经法 · 君正》,是指法令、制度是至公至正的存在。法治监督体系是由党内监督、人大监督、民主监督、行政监督、司法监督、审计监督、社会监督、舆论监督等构成的权力制约和监督体系。因此,中国特色社会主义司法制度是严密的法治监督体系的重要组成部分,故 A 项正确。

B 项考查司法公正和司法效率的关系。在司法过程中,在司法公正与司法效率的关系上,应当坚持“公正优先,兼顾效率”的原则。因此,应从制度环境等方面,优先解决影响司法公正的深层次问题,故 B 项错误。

C 项考查党的领导。应坚持符合国情和遵循司法规律相结合,坚持和加强党对司法工作的绝对领导,故 C 项正确。

D 项考查国家机关的关系。《宪法》第 127 条第 2 款规定:“监察机关办理职务违法和职务犯罪案件,应当与审判机关、检察机关、执法部门互相配合,互相制约。”在建设公正高效权威的中国特色社会主义司法制度中,应当健全公安机关、检察机关、审判机关、司法行政机关各司其职,侦查权、检察权、审判权、执行权相互配合、相互制约的体制机制。故 D 项错误。

三、不定项选择题

【参考答案】 BC

【解析】 无论是法律职业还是法律职业道德都是高度专业化的,因此,法律职业道德与大众朴素的道德观尽管有一定的关系,但是其内容与方法还是有区别之处。比如,法律职业道德的基本内容无法从大众朴素的道德体系中推出、法律职业人员的程序性思维可能与大众价值观念存在差异等。因此 A 项错误,C 项正确,这种差异是由于法律职业的高度专业性造成的,因此 D 项错误。法律职业道德具有实践性,法律职业就是为了解决案件而存在的,因此,与一般道德相比,法律职业道德更关注法律实务问题。故 B 项正确。

2022年客观题试题

一、单项选择题

1. 关于司法制度，下列选项错误的是：(　　)

A. 解决纠纷是司法制度的普遍性特征

B. 司法具有解决纠纷、调整社会关系的直接功能

C. 司法工作人员不得向当事人借用手机

D. 司法人员原则上只能在工作场所与当事人接触

2. 关于我国的审判机关，下列说法正确的是：(　　)

A. 在我国专门法院中，海事法院的地位相当于基层人民法院

B. 最高人民法院巡回法庭庭长、副庭长由最高人民法院院长提请全国人大常委会任免

C. 合议庭评议案件笔录由合议庭作出决定的多数人员签名

D. 审判委员会讨论案件的事实认定与法律适用，其决定合议庭应当执行

3. 小明律师是明镜律师事务所的一名专职执业律师，为了宣传本所和自身业务，小明律师经常在业余时间在某短视频平台发布自己制作的法律类视频，以法律服务中心的名义提供法律咨询、诉讼代理等一系列的法律服务，但并未说明自己的律师身份。关于小明律师的行为，下列说法正确的是：(　　)

A. 小明律师的做法错误，因为会干扰到正常的诉讼和仲裁

B. 小明律师的做法错误，因为做法属于以不正当方式招揽业务，构成不正当竞争

C. 小明律师的做法正确，因为小明律师并非以律师的身份在法律服务中心提供法律服务

D. 小明律师的做法正确，因为小明律师作为专职执业律师，即使在法律服务中心提供的也仍然是法律服务

4. 为了防止利益输送，切实维护司法廉洁和司法公正，法官和检察官应当杜绝与律师进行不正当的接触交往行为。下列行为中不违反法律职业道德的是：(　　)

A. 王法官、李检察官和张律师进行同堂培训后一起在食堂进行探讨

B. 小明律师代理一宗疑难案件，向其大学校友马法官咨询，马法官收取2万元咨询费

C. 赵检察官办理一宗未成年人犯罪的案件，向其监护人推荐一位和自己关系要好的辩护律师

D. 某法官将同事法官的家庭地址和电话告知某律师

5. 从事法律职业的人员应当强化自身职业道德观念，遵守模范道德准则，坚守职业道德底线。下列哪一情形违反了司法工作人员的职业道德规范：(　　)

A. 某检察官在退休5年后，在不保留退休待遇的情况下，去律所担任了法律顾问

B. 某法官在读大学本科的子女在其任职辖区的法律援助中心当志愿者，某法官无须任职回避

C. 某检察官被开除公职之后在其原任职辖区内的某律所担任技术研发人员

D. 某法官的同事向其多次询问某案件的审理关键信息，某法官明确表示拒绝后予以记录，但并未向有关纪检部门进行报告

二、多项选择题

关于法官的考核、保障，下列说法正确的是：(　　)

A. 省级人民法院设立法官权益保障委员会，维护法官合法权益，保障法官依法履行职责

B. 任何干涉法官办理案件的行为，法官有权拒绝并予以全面如实记录和报告

C. 职业保障、工资保险福利保障、人身和财产保障都属于法官保障的内容

D. 某法官利用业余时间写作并出版普法书籍，符合法律职业道德

三、不定项选择题

关于公职律师，下列说法错误的是：(　　)

A. 只要担任过法官、检察官或律师2年以上，经申请人所在单位同意，由申请人所在单位向司法行政机关提出申请

B. 构建社会律师、公职律师、公司律师等优势互补、结构合理的律师队伍

C. 公职律师任职期间，只能为本单位服务，接受本单位考核。公职律师任职满2年，且最后一次年度考核称职的，可转为社会律师

D. 曾被吊销律师、公证员执业证书的，不得担任公职律师

2022年客观题试题
参考答案及解析

一、单项选择题

1.【参考答案】 B

【解析】 司法权的性质是判断权，司法具有解决纠纷的直接功能，故解决纠纷是司法制度的普遍性特征。司法的直接功能是解决纠纷，间接功能是调整社会关系、人权保障、解释和补充法律、形成公共政策、秩序维持、文化支持等。故A选项正确，B选项错误。

司法人员不得向当事人、律师、特殊关系人、中介组织借款、租借房屋、借用交通工具、通讯工具或者其他物品。故C选项正确。

司法人员原则上只能在工作场所与当事人接触。必须要出去会见当事人，应当提前获得单位批准。偶然遇见当事人的，应当在3日内向单位纪检部门报备。故D选项正确。

2.【参考答案】 B

【解析】 我国专门法院包括军事法院、金融法院、海事法院和知识产权法院，海事法院的地位相当于中级人民法院。故A选项错误。

《人民法院组织法》第42条第2款规定，最高人民法院巡回法庭庭长、副庭长，由最高人民法院院长提请全国人民代表大会常务委员会任免。故B选项正确。

合议庭对其审判的案件的事实认定和法律适用负责。合议庭评议案件应当按照多数人的意见作出决定，少数人的意见应当记入笔录。评议案件笔录由合议庭全体组成人员签名。故C选项错误。

审判委员会只应当讨论决定重大、疑难、复杂案件的法律适用，审判委员会讨论案件的决定，合议庭应当执行。故D选项错误。

3.【参考答案】 B

【解析】 小明律师在短视频平台发布自己制作的法律类视频，进行的是提供法律咨询、诉讼代理等一系列的法律服务，并不会涉及正常的诉讼和仲裁程序，故A项说法错误，不选。

《律师和律师事务所违法行为处罚办法》第6条规定："有下列情形之一的，属于《律师法》第四十七条第二项规定的律师'以不正当手段承揽业务的'违法行为：……（三）以对本人及所在律师事务所进行不真实、不适当宣传或者诋毁其他律师、律师事务所声誉等方式承揽业务的……"本案中，小明律师在宣传视频中以法律服务中心的名义进行宣传，而并没有以明镜律师事务所的名义，会导致观看群体产生错误认知，属于违法行为，故B项正确，当选。

《律师执业行为规范（试行）》第12条第1款规定："律师在执业期间不得以非律师身份从事法律服务。"本案中，小明律师没有以律师身份从事法律服务的行为不当。故C项错误，不选。

专职律师违规兼职的情形有：包括专职律师在执业期间担任党政机关、人民团体、事业单位、社会团体在编工作人员（兼职律师除外）；担任企业的法定代表人、董事（不含外部独立董事）、监事（不含外部独立监事）、高级管理人员或者员工；与律师事务所以外的其他单位签订劳动合同或形成劳动关系的；在律师事务所以外的其他单位参加全日制工作的（律师事务所接受委托并指派本所律师到相关单位提供法律服务的除外）。本案中，小明律师作为专职执业律师在法律服务中心提供法律服务的做法错误，故D项错误，不选。

4.【参考答案】 A

【解析】 根据《关于建立健全禁止法官、检察官与律师不正当接触交往制度机制的意见》第3条第1款第1项和第5项的规定，禁止法官、检察官在案件办理过程中，非因办案需要且未经批准在非工作场所、非工作时间与辩护、代理律师接触。因工作需要且未经批准，擅自参加律师事务所或者律师举办的讲座、座谈、研讨、培训、论坛、学术交流、开业庆典等活动；以提供法律咨询、法律服务等名义接受律师事务所或者律师输送的相关利益。A项中并未在办案过程中接触，也并未言明是在律所或者律师举办的讲座、座谈、研讨等活动中进行，故A项做法不违反职业道德，当选。

根据《关于建立健全禁止法官、检察官与律师不正当接触交往制度机制的意见》第3条第1款第5项的规定，禁止法官、检察官与律师以提供法律咨询、法律服务等名义接受律师事务所或者律师输送的相关利益。故B项做法违反法律职业道德，不当选。

根据《关于建立健全禁止法官、检察官与律师不正当接触交往制度机制的意见》第3条第1款第3项的规定，严禁法官、检察官与律师有下列接触交往行为：为律师介绍案件；为当事人推荐、介绍律师作为诉讼代理人、辩护人；要求、建议或者暗示当事人更换符合代理条件的律师；索取或者收受案件代理费用或者其他利益。C项中赵检察官向监护人推荐自己熟悉的律师,明显违反了上述规定。因此C项违反了法律职业道德,不当选。

根据《关于建立健全禁止法官、检察官与律师不正当接触交往制度机制的意见》第3条第1款第2项的规定,禁止法官、检察官向律师泄露案情、办案工作秘密或者其他依法依规不得泄露的情况,因此某法官将同事法官的家庭住址和电话告知某律师可能会导致双方的不正当接触和交往,故D项违反法律职业道德,不当选。

综上所述,本题答案为A。

5.【参考答案】 C

【解析】 由《关于进一步规范法院、检察院离任人员从事律师职业的意见》第4条第2项的规定可知,辞去公职或者退休的人民法院、人民检察院领导班子成员,四级高级及以上法官、检察官,四级高级法官助理、检察官助理以上及相当职级层次的审判、检察辅助人员在离职3年内,其他辞去公职或退休的人民法院、人民检察院工作人员在离职2年内,不得到原任职人民法院、人民检察院管辖地区内的律师事务所从事律师职业或者担任"法律顾问"、行政人员等。又根据同法第4条第3项的规定可知,确因工作需要从事律师职业或者担任律师事务所"法律顾问"、行政人员的,应当及时根据规定将行政、工资等关系转出人民法院、人民检察院,不再保留机关的各种待遇。因此A项中,某检察官在退休5年后,并且未保留退休待遇,并未违反司法工作人员的职业道德规范,不当选。

根据《法官法》第24条的规定,法官的配偶、父母、子女有下列情形之一的,法官应当实行任职回避:(1)担任该法官所任职人民法院辖区内律师事务所的合伙人或者设立人的;(2)在该法官所任职人民法院辖区内以律师身份担任诉讼代理人、辩护人,或者为诉讼案件当事人提供其他有偿法律服务的。B项中某法官的子女在其任职辖区的法律援助中心当志愿者,不属于上述情形之一,因此B项说法并不违反司法工作人员的职业道德规范,不当选。

根据《关于进一步规范法院、检察院离任人员从事律师职业的意见》第4条第1项的规定,被开除公职的人民法院、人民检察院工作人员不得在律师事务所从事任何工作。故C项说法违反了司法工作人员的职业道德规范,当选。

由《司法机关内部人员过问案件的记录和责任追究规定》第6条的规定可知,办案人员如实记录司法机关内部人员过问案件的情况,受法律和组织保护。D项中某法官如实记录其同事向其多次询问某案件的审理关键信息,做法正确,并未向有关纪检部门进行报告的做法不违反法律规定,因此D项不当选。

综上所述,本题答案为C。

二、多项选择题

【参考答案】 BCD

【解析】 各级法院设立法官权益保障委员会,并非仅是省级人民法院设立法官权益保障委员会。根据《法官法》第52条的相关规定,人民法院设立法官权益保障委员会,维护法官合法权益,保障法官依法履行职责。故A选项错误。

根据《法官法》第54条的相关规定,任何单位或者个人不得要求法官从事超出法定职责范围的事务。对任何干涉法官办理案件的行为,法官有权拒绝并予以全面如实记录和报告;有违纪违法情形的,由有关机关根据情节轻重追究有关责任人员、行为人的责任。故B选项正确。

法官的保障主要有职业保障、工资保险福利保障、人身和财产保障等。法官的人身和财产保障,指法官依法履行职责,受法律保护;法官的人身、财产和住所安全受法律保护。故C选项正确。

《法官行为规范》第83条第1项规定,在不影响审判工作的前提下,可以利用业余时间从事写作、授课等活动。故D选项正确。

综上所述,本题答案为BCD。

三、不定项选择题

【参考答案】 AC

【解析】 从事法律事务工作2年以上,或者曾经担任法官、检察官、律师1年以上,具有公职人员身份,品行良好,所在单位同意其担任公职律师。由申请人所在单位向司法行政机关提出申请,故A选项错误。

党的十八届四中全会提出,构建社会律师、公职律师、公司律师等优势互补、结构合理的律师队伍,故B选项正确。

公职律师任职期间,只能为本单位服务,接受本单位考核。公职律师任职满3年,且最后一次年度考核称职的,可转为社会律师。公职律师经历计入社会律师执业年限,故C选项错误。D选项正确。

2021年客观题试题

一、单项选择题

1. 关于法律职业道德，下列哪一表述是错误的？（　　）

A. 法律职业道德与其他职业道德相比，具有更强的公平正义象征和社会感召作用

B. 法律职业以法官、检察官、律师为代表，法律职业之间具备同质性而无行业属性，因此多数国家规定法官、检察官、律师须通过专门培养和训练

C. 选择合适的内化途径和适当的内化方法，才能使法律职业人员将法律职业道德规范融进法律职业精神中

D. 法律职业道德教育的途径和方法，包括提高法律职业人员道德认识、陶冶法律职业人员道德情感、养成法律职业人员道德习惯等

2. 下列关于司法原理的内容，表述正确的是？（　　）

A. 与行政相比，司法具有独立性、被动性、交涉性、程序性、普遍性、终极性以及受监督性等特点

B. 司法公开要求推进审判公开、检务公开、警务公开、狱务公开，所有生效法律文书必须统一上网

C. 为办案需要，某法官经领导批准后，与当事人相约在距离当事人较近的某咖啡厅里沟通案件情况

D. 司法机关领导干部因履行职责需要对正在办理的案件提出指导意见，应当以书面形式提出

3. 下列哪一选项的事项不可以成为公证对象？（　　）

A. 张三请求公证处公证其于2021年3月15日借给李某100万元，李某予以否认，张三就此向法院起诉李某，目前尚未审结

B. 叶某于2019年10月25日10时43分在医院死亡的事实

C. 万力胜达教育科技有限公司的公司章程内容

D. 刘某设立的一份自书遗嘱，把遗产留给了第三者田某

4. 关于司法公正与司法效率的关系，下列哪一选项是错误的？（　　）

A. 司法效率大致包括时间效率、资源利用效率和成本效率三个方面

B. 司法公正是司法永恒的目标追求，提高司法效率是适应我国社会新的形势发展的要求

C. 当代社会的司法不仅要追求正义，而且还要以效率作为正义的补充

D. 公正与效率存在不可调和的矛盾，追求公平的同时难以兼顾效率

二、多项选择题

对于律师的行为的规制不能仅限于道德（律师职业道德）层面，更应该有相应的规制措施，即通过律师职业责任的方式来约束律师的行为。律师职业责任是指律师在执业活动中因违反有关律师行为、律师管理的法律、法规和执业纪律所应承担的责任，包括违纪行为的处分、行政法律责任、民事法律责任和刑事法律责任。其中主要是行政责任。下列关于律师违纪责任与行政责任处分的说法正确的是？（　　）

A. 李律师在乘坐陈某女的车辆时，进行言语挑逗，因此发生口角，进而对陈某女实施殴打，后被行政拘留7日，为此当地律协予以公开谴责

B. 曾律师为保证本方当事人胜诉，劝导证人莫某某作证说亲眼看到对方当事人接过了借款款项5万元，事后曾律师给莫某某2000元好处费，当地律协给予停止执业8个月的处罚

C. 余律师在代理陆某某案件后发现，陆某某的表弟是自己的情敌，遂在开庭时不按时出庭，于是当地律协给予余律师停止执业7个月的处罚

D. 季律师在代理一起强奸案之后，在同学聚会期间将得知的被害人的姓名和手机号透露给老同学纪某某，当地律协给予警告，并处1万元以下的罚款

三、不定项选择题

下列关于法律职业制度及法律职业道德的表述，正确的有？（　　）

A. 法律职业与一般职业不同，具有职业性、实践性、更高性和正式性等特点

B. 法律职业道德的首要原则是清正廉洁、遵纪守法

C. 法官与检察官的任职条件完全相同

D. 被开除公职的司法人员、吊销执业证书的律师和公证员，5年内禁止从事法律职业

2021年客观题试题
参考答案及解析

一、单项选择题

1.【参考答案】 B

【解析】 法律职业道德是指法官、检察官、律师、公证员等法律职业人员所应遵循的行为规范的总和，是社会道德体系的重要组成部分，是社会道德在法律职业领域中的具体体现和升华。法律职业道德和其他职业道德相比具有更强的象征意义和感召作用，作为法律的实施者、执行者、裁判者的专业法律人员应该具有的道德品行必然要高于其他职业的道德要求，其要承担更多的社会义务，这是法律职业的特殊性决定的。A项正确。

法律职业的特征：(1)政治属性。法律职业人员必然要服从于国家的政治要求，体现统治阶级的根本利益。(2)法律属性。法律职业人员要具备很高的职业道德水准，才能有效地维护和确保法律的正确实施。(3)行业属性。法律职业内部存在法官、检察官、律师、公证员等具体行业，因而不可能有完全统一的法律职业道德规范。(4)专业属性。法律职业人员都应具备一定的资格条件。B项说"具备同质性而无行业属性"，是错误的。

在实践中，只有选择合适的内化途径和适当的内化方法才能够使法律职业者将法律职业道德规范融进法律职业精神中。法律职业者作为法律执业内化的主体，应该有意识地将被动学习与主动学习结合起来。C项正确。

法律职业道德教育的途径和方法，主要包括提高法律职业人员道德认识、确立法律职业人员道德信念、陶冶法律职业人员道德情感、锻炼法律职业人员道德意志、养成法律职业人员道德习惯等。D项正确。

2.【参考答案】 C

【解析】 A项，司法、行政都有受监督性。

B项，并非所有的生效法律文书都要统一上网公开，如涉及国家秘密的不公开。

C项，司法人员在案件办理过程中，应当在工作场所、工作时间接触当事人、律师和特殊关系人。但为办案需要经批准可以在非工作场所、非工作时间接触，或有特殊原因的，需要在接触之后3日内向本单位纪检监察部门报告情况。

D项，不一定必须以书面形式提出，也可以口头提出。

3.【参考答案】 A

【解析】 公证对象是没有争议的民事法律行为、有法律意义的事实和文书。张三借给李某100万元这一行为尚存争议，未获法院确认，不能成为公证对象。

叶某死亡的事实具有法律意义，可能引发继承、债的转移等法律后果，可以成为公证对象。

某公司的公司章程、刘某设立的自书遗嘱均是具有法律意义的文书，亦可成为公证对象。

故A项当选。

4.【参考答案】 D

【解析】 司法效率强调的是司法机关在司法活动中，在正确、合法的前提下，要提高办案效率，不拖延积压案件，及时审理和结案，合理利用和节约司法资源。司法效率大致包括司法的时间效率、司法的资源利用效率和司法活动的成本效率三个方面。故A项正确。

司法公正是司法永恒的目标追求，提高司法效率是适应我国社会新的形势发展的要求。在司法过程中，宜坚持"公正优先，兼顾效率"的原则。当代社会的法律和司法不仅要追求正义，而且还要以效率作为正义的补充。故B、C项表述都正确。

D项表述错误，应选。

二、多项选择题

【参考答案】 ABD

【解析】 对于律师的违纪行为可以处以四种类型的处分：训诫、通报批评、公开谴责和取消会员资格。其中情节严重，给委托人或律所造成一定损失的行为；作出后的任何时候，再次受到处分的，应考虑已受过训诫处分的情况。语言挑逗属于有悖律师职业道德、公民道德规范的行为，可以予以公开谴责，而行政拘留并不属于行业处分，属于打人行为引起的行政处罚，故A项正确。对于律师故意提供虚假证据或者威胁、利诱他人提供虚假证据，妨碍对方当事人合法取得证据的，设区的市级、直辖市的区司法行政部门给予停止执业6个月至1年的处罚，可以处5万元以下的罚款；有违法所得的，没收；情节严重的，省级司法行政部门吊销律师执业证书；构成犯罪的，依法追究刑事责任，故B项正确。对于接受委托后，无正当理由，拒绝辩护或者代理，不按时出庭参加诉讼或者仲裁的，设区的市级、直辖市的区司法行政部门给予警告，可以处1万元以下的罚款；有违法所得的，没收；情节严重的，给予停止执业3~6个月的处罚，而不是6个月至1年，故C项错误。对于泄露商业秘密或个人隐私的，设区的市级、直辖市的区司法行政部门给予警告，可以处1万元以下的罚款；有违法所得的，没收；情节严重的，给予停止执业3～6个月的处罚，故D项正确。

三、不定项选择题

【参考答案】 AC

【解析】 B项中法律职业人员应当把忠于党、国家、人民和忠于法律作为首要原则。D项中被开除公职的司法人员、吊销执业证书的律师和公证员，终身禁止从事法律职业。

2020年客观题试题

一、单项选择题

关于律师职业道德，下列做法正确的是：( )

A. 某律师在网络讲授法律知识，宣传自己是本领域的头部大律师

B. 律所在责令停业整顿期间不可以自行解散

C. 律师担任某企业独立董事，应当吊销其律师执业证

D. 某律师为了社会利益，在未受委托的情况下以律师名义为受害人提供服务

二、多项选择题

1. 下列做法哪些体现了公检法体系的相互配合，相互制约，相互监督？( )

A. 律师在监狱为犯罪嫌疑人提供法律援助

B. 法院建议检察院作不起诉决定，后公安机关撤销案件

C. 检察院对法院抗诉

D. 省检察院可抽调下级院检察官办理案例，体现了检察一体化

2. 关于人民检察院的性质与组织体系，下列选项正确的是：( )

A. 检察院内设业务机构的负责人对本部门的办案活动进行监督管理

B. 上级检察院可以调用下级检察院的检察官办理案件并代表上级检察院出庭支持公诉，体现了检察一体化

C. 检察官在法庭审理中提交证明被告人构成坦白的证据，体现了检察一体化

D. 检察官在检察长领导下开展工作，办案事项均由检察长决定

三、不定项选择题

1. 下列说法正确的是：( )

A. 最高人民法院、最高人民检察院发布的指导性案例，可以由审判委员会、检察委员会讨论通过

B. 最高人民法院、最高人民检察院在一定期限内可将担任法官、检察官的学历放宽到高等院校本科毕业生

C. 法官、检察官员额应该考虑偏远地区和基层法院检察院的办案数量来相应增列

D. 法院院长和检察长的担任，应从办案法官、检察官和其他法官、检察官中选拔

2. 关于律师职业道德，下列做法错误的是：( )

A. 大学高校法学老师开设个人执业律师事务所，应吊销其律师执照

B. 律所在责令停业期间可解散

C. 律师去当企业高管，应吊销其律师执照

D. 律所为了社会利益，0元中标去国企当顾问

3. 公证员办理没有依据的公证，公证机构负责人和公证员应如何处理？(2020年回忆版，不定项)

A. 公证机构负责人被免职

B. 公证员被开除

C. 公证处被责令停业整顿

D. 公证员被罚款

2020年客观题试题
参考答案及解析

一、单项选择题

【参考答案】 B

【解析】 律师可以通过网络讲授法律知识，但是不可以在宣传中明示或暗示自己是某领域的专家或者权威，A项错误。根据相关法律规定，律师事务所受到停业整顿处罚期限未满的，不得自行决定解散，B项正确。专职律师不得担任企业的法定代表人、不得担任企业董事，但独立董事除外，C项错误。未经当事人委托或法律援助机构指派，律师不得以律师名义为当事人服务、介入案件、干扰依法办理案件，D项错误。

综上可知，本题答案为B。

二、多项选择题

1.【参考答案】 BC

【解析】 人民法院、人民检察院和公安机关进

行刑事诉讼,应当分工负责,互相配合,互相制约,以保证准确有效地执行法律。A 项中律师并不属于公检法体系,不当选。B 项体现了相互配合,说法正确。C 项体现了检察院对法院的监督作用,说法正确。D 项表述虽然正确,但并未体现相互配合,相互制约,相互监督,不当选。

2.**【参考答案】** AB

【解析】 《人民检察院刑事诉讼规则》第 6 条第 2 款规定:“业务机构负责人对本部门的办案活动进行监督管理。需要报请检察长决定的事项和需要向检察长报告的案件,应当先由业务机构负责人审核。业务机构负责人可以主持召开检察官联席会议进行讨论,也可以直接报请检察长决定或者向检察长报告。”A 项说法正确。

在上下级检察机关和检察官之间存在上命下从的领导关系,这是检察一体化原则的体现之一。《人民检察院刑事诉讼规则》第 9 条规定:“最高人民检察院领导地方各级人民检察院和专门人民检察院的工作,上级人民检察院领导下级人民检察院的工作。检察长统一领导人民检察院的工作。上级人民检察院可以依法统一调用辖区的检察人员办理案件,调用的决定应当以书面形式作出。被调用的检察官可以代表办理案件的人民检察院履行出庭支持公诉等各项检察职责。”B 项说法正确。

检察一体化原则与检察官独立原则是对立统一的,检察官在法庭审理中提交证明被告人构成坦白的证据,体现了检察官独立原则,C 项说法错误。

《人民检察院组织法》第 29 条规定:“检察官在检察长领导下开展工作,重大办案事项由检察长决定。检察长可以将部分职权委托检察官行使,可以授权检察官签发法律文书。”因此,只有重大办案事项是由检察长决定的,D 项说法错误。

三、不定项选择题

1.**【参考答案】** BC

【解析】 A 项考查指导性案例的审查机关。《人民法院组织法》第 37 条第 2 款规定:“最高人民法院对属于审判工作中具体应用法律的问题进行解释,应当由审判委员会全体会议讨论通过;发布指导性案例,可以由审判委员会专业委员会会议讨论通过。”《人民检察院组织法》第 31 条第 2 款规定:“最高人民检察院对属于检察工作中具体应用法律的问题进行解释、发布指导性案例,应当由检察委员会讨论通过。”由此可见,最高人民法院发布指导性案例,可以由审判委员会讨论通过,而最高人民检察院发布指导性案例,应当由检察委员会讨论通过,二者有一定差别,A 项说法错误。

B 项考查法官、检察官的学历要求。《法官法》第 12 条第 2 款规定:“适用前款第五项规定的学历条件确有困难的地方,经最高人民法院审核确定,在一定期限内,可以将担任法官的学历条件放宽为高等学校本科毕业。”《检察官法》第 12 条第 2 款规定:“适用前款第五项规定的学历条件确有困难的地方,经最高人民检察院审核确定,在一定期限内,可以将担任检察官的学历条件放宽为高等学校本科毕业。”因此,B 项说法正确。

C 项考查员额制管理。《法官法》第 25 条第 1 款规定:“法官实行员额制管理。法官员额根据案件数量、经济社会发展情况、人口数量和人民法院审级等因素确定,在省、自治区、直辖市内实行总量控制、动态管理,优先考虑基层人民法院和案件数量多的人民法院办案需要。”《检察官法》第 26 条第 1 款规定:“检察官实行员额制管理。检察官员额根据案件数量、经济社会发展情况、人口数量和人民检察院层级等因素确定,在省、自治区、直辖市内实行总量控制、动态管理,优先考虑基层人民检察院和案件数量多的人民检察院办案需要。”因此,C 项说法正确。

D 项考查法院院长和检察院检察长的资格要求。法院院长和检察长由同级人民代表大会选举产生。《人民法院组织法》第 47 条第 2 款规定:“院长应当具有法学专业知识和法律职业经历。副院长、审判委员会委员应当从法官、检察官或者其他具备法官、检察官条件的人员中产生。”《人民检察院组织法》第 42 条第 2 款规定:“检察长应当具有法学专业知识和法律职业经历。副检察长、检察委员会委员应当从检察官、法官或者其他具备检察官、法官条件的人员中产生。”因此,D 项说法错误。

2.**【参考答案】** ABCD

【解析】 《律师法》第 12 条规定:“高等院校、科研机构中从事法学教育、研究工作的人员,符合本法第五条规定条件的,经所在单位同意,依照本法第六条规定的程序,可以申请兼职律师执业。”《律师事务所管理办法》第 11 条规定:“设立个人律师事务所,除应当符合本办法第八条规定的条件外,还应当具备下列条件:(一)设立人应当是具有五年以上执业经历并能够专职执业的律师;(二)有人民币十万元以上的资产。”由此,高校老师可以作为兼职律师执业,但不能开设个人执业律师事务所。

《律师法》第 49 条规定:“律师有下列行为之一

的，由设区的市级或者直辖市的区人民政府司法行政部门给予停止执业六个月以上一年以下的处罚，可以处五万元以下的罚款；有违法所得的，没收违法所得；情节严重的，由省、自治区、直辖市人民政府司法行政部门吊销其律师执业证书；构成犯罪的，依法追究刑事责任：(一)违反规定会见法官、检察官、仲裁员以及其他有关工作人员，或者以其他不正当方式影响依法办理案件的；(二)向法官、检察官、仲裁员以及其他有关工作人员行贿，介绍贿赂或者指使、诱导当事人行贿的；(三)向司法行政部门提供虚假材料或者有其他弄虚作假行为的；(四)故意提供虚假证据或者威胁、利诱他人提供虚假证据，妨碍对方当事人合法取得证据的；(五)接受对方当事人财物或者其他利益，与对方当事人或者第三人恶意串通，侵害委托人权益的；(六)扰乱法庭、仲裁庭秩序，干扰诉讼、仲裁活动的正常进行的；(七)煽动、教唆当事人采取扰乱公共秩序、危害公共安全等非法手段解决争议的；(八)发表危害国家安全、恶意诽谤他人、严重扰乱法庭秩序的言论的；(九)泄露国家秘密的。律师因故意犯罪受到刑事处罚的，由省、自治区、直辖市人民政府司法行政部门吊销其律师执业证书。”由此可见，只有触犯了上述九种违法行为，才有可能被吊销律师执照。即使高校法学老师开设了个人执业律师事务所，也不会被处以吊销律师执照的处罚。A 项说法错误，当选。

《律师事务所管理办法》第 31 条第 3 款规定：“律师事务所在受到停业整顿处罚期限未满前，不得自行决定解散。”B 项说法错误，当选。

《律师执业管理办法》第 47 条第 2 款规定：“律师在从业期间应当专职执业，但兼职律师或者法律、行政法规另有规定的除外。”结合上述《律师法》第 12 条的规定可知：一方面，专职律师不能从事本职以外的其他兼职工作；另一方面，企业高管不属于法律规定能申请以兼职律师执业的范畴，因此，无论是专职律师还是兼职律师，从业期间都不能担任企业高管。但这并不意味着律师担任企业高管就应被吊销执照。如上所见，根据《律师法》第 49 条的规定，律师可能被吊销执照的 9 种事项并不包括“在企业担任高管”。司法部办公厅《关于在律师队伍中开展违规兼职等行为专项清理活动的通知》中虽有“属于在司法行政机关准予其律师执业后出现违规兼职或者丧失中国国籍情形的，依法收回、注销其律师执业证书”这一规定，但吊销执照属于行政处罚。《行政处罚法》第 11 条第 1 款规定：“行政法规可以设定除限制人身自由以外的行政处罚。”该通知是司法部办公厅的文件，显然也不是行政法规，在上位法无规定的情况下，没有创设行政处罚的权力。综上，律师在企业担任高管，虽然违反有关规范，但不能吊销律师执照。C 项说法错误，当选。

《律师服务收费管理办法》第 26 条规定：“各级价格主管部门应加强对律师事务所收费的监督检查。律师事务所、律师有下列价格违法行为之一的，由政府价格主管部门依照《价格法》和《价格违法行为行政处罚规定》实施行政处罚：……(五)以明显低于成本的收费进行不正当竞争的……”中华全国律师协会《律师业务推广行为规则(试行)》第 10 条规定：“律师、律师事务所进行业务推广时，不得有下列行为：……(八)不收费或者减低收费(法律援助案件除外)……”本题中律所为了社会利益，0 元中标去国企当顾问，明显低于成本价格，违反规定。D 项说法错误，当选。

3.**【参考答案】** CD

【解析】 《公证法》第 42 条第 1 款规定：“公证机构及其公证员有下列行为之一的，由省、自治区、直辖市或者设区的市人民政府司法行政部门对公证机构给予警告，并处二万元以上十万元以下罚款，并可以给予一个月以上三个月以下停业整顿的处罚；对公证员给予警告，并处二千元以上一万元以下罚款，并可以给予三个月以上十二个月以下停止执业的处罚；有违法所得的，没收违法所得；情节严重的，由省、自治区、直辖市人民政府司法行政部门吊销公证员执业证书；构成犯罪的，依法追究刑事责任：(一)私自出具公证书的；(二)为不真实、不合法的事项出具公证书的；(三)侵占、挪用公证费或者侵占、盗窃公证专用物品的；(四)毁损、篡改公证文书或者公证档案的；(五)泄露在执业活动中知悉的国家秘密、商业秘密或者个人隐私的；(六)依照法律、行政法规的规定，应当给予处罚的其他行为。”

本题中，公证员办理没有依据的公证，属于为不真实不合法的事项出具公证书，对于公证机构，可以给予一定期限的停业整顿处罚，C 项说法正确。对于公证员，可以罚款，也可以吊销执业证书，D 项说法正确，B 项开除的说法不准确。法律未就公证机构负责人的法律责任作出相关规定，A 项不正确。

2019年客观题试题

一、单项选择题

1. 下列关于法律援助的说法不正确的是:(　　)

A. 法律援助机构须对人民检察院抗诉的案件进行经济状况审查

B. 律师事务所拒绝法律援助机构的指派,不安排本所律师办理法律援助案件的,情节严重的,给予停业整顿的处罚

C. 我国的法律援助实行无偿服务

D. 检察院审查批准逮捕时,认为公安机关对犯罪嫌疑人应当通知辩护而没有通知的,应当通知公安机关予以纠正,公安机关应当将纠正情况通知检察院

2. 2019年6月,某区人民法院根据本地具体情况,结合民众的司法需求,针对本地家事案件突出、当事人情绪复杂以及传统观念与现代法治有较大冲突等情况,专门抽调有生活经验的法官,设立家事审判合议庭,对于有效解决本地家事纠纷起到重要作用。下列评论哪项是不正确的?(　　)

A. 法院要全面积极履行职责,实现以"人民为中心"的法治目标

B. 法院应积极探索司法改革的具体方式,努力做到法律效果与社会效果的统一

C. 法院应合理配置司法资源,促进矛盾高效解决

D. 我国司法的功能主要是"解决纠纷",追求形式意义上的公平正义

3. 关于法律职业道德,下列哪一表述是不正确的?(　　)

A. 基于法律和法律职业的特殊性,法律职业人员被要求承担更多的社会义务,具有高于其他职业的职业道德品行

B. 互相尊重、相互配合为法律职业道德的基本原则,这就要求检察官、律师尊重法官的领导地位,在法庭上听从法官的指挥

C. 选择合适的内化途径和适当的内化方法,才能使法律职业人员将法律职业道德规范融进法律职业精神中

D. 法律职业道德教育的途径和方法,包括提高法律职业人员道德认识、陶冶法律职业人员道德情感、养成法律职业人员道德习惯等

二、多项选择题

1. 关于我国司法制度,下列说法正确的有:(　　)

A. 两审终审、人民陪审员、审判公开都是我国的审判制度

B. 基层法院除审判案件外,还需要指导人民调解委员会的工作

C. 检察机关有权实行立案监督、侦查监督、审判监督,以实现对诉讼活动的法律监督

D. 检察官独立不同于法官独立,下级检察院要服从上级检察院的领导

2. 依据法官职业道德规范,下列说法正确的有:(　　)

A. 法官罗云在庭审时无故打断被告的发言。评论:法官的行为违反其职业道德

B. 法官罗云在开庭时,为营造轻松和谐的气氛,与一方当事人谈笑风生。评论:法官的行为违反法庭规则

C. 法官罗云以法官身份出席老同学私人投资的公司开业典礼,并在此公司入股。评论:法官的此行为违反了不得以职业、身份、声誉谋取利益的义务

D. 法官罗云正在承办一轮奸案件。该案被告向法官的儿子表示,愿将一辆玛莎拉蒂相送,条件是法官罗云在办理案件时网开一面。法官知道后未置一词。评论:法官的行为违反了应当约束家庭成员的义务

三、不定项选择题

1. 关于地区和直辖市中级人民法院,下列说法正确的是:(　　)

A. 直辖市中级人民法院院长由直辖市人大选举

B. 直辖市中级人民法院的副院长根据直辖市高级人民法院院长的提请由直辖市人大常委会任免

C. 直辖市中级人民法院的审判员根据直辖市高级人民法院院长的提请由直辖市人大常委会任免

D. 直辖市人大常委会可以根据直辖市高级人民法院院长的提请,撤换直辖市中级人民法院院长的职务

2. 下列关于《律师法》,说法正确的是:(　　)

A. 律师事务所变更名称、负责人、章程、合伙协议的,应当报原审核部门批准

B. 律师服务机构一般采用合伙形式

C. 设立个人律师事务所，设立人应当是具有5年以上执业经历的律师

D. 律师事务所采用特殊的普通合伙形式的，当个别合伙人因故意或重大过失造成对外债务时，应当承担无限责任或者无限连带责任

3. 根据我国相关法律规定，检察官不得兼任下列哪些职务？(　　)

A. 行政机关职务

B. 审判机关职务

C. 人民代表大会常务委员会委员

D. 政协委员

2019年客观题试题参考答案及解析

一、单项选择题

1. **【参考答案】** A

【解析】 选项A错误。根据《关于刑事诉讼法律援助工作的规定》第2条第2款的规定可知，有证据证明犯罪嫌疑人、被告人属于一级或者二级智力残疾的；共同犯罪案件中，其他犯罪嫌疑人、被告人已委托辩护人的；人民检察院抗诉的；案件具有重大社会影响的。上述四种情形，法律援助机构无须对其进行经济困难审查。选项B正确。《法律援助条例》第27条规定，律师事务所拒绝法律援助机构的指派，不安排本所律师办理法律援助案件的，由司法行政部门给予警告、责令改正；情节严重的，给予1个月以上3个月以下停业整顿的处罚。选项C正确。我国的法律援助是完全无偿的。选项D正确。《关于刑事诉讼法律援助工作的规定》第16条规定，人民检察院审查批准逮捕时，认为犯罪嫌疑人具有应当通知辩护的情形，公安机关未通知法律援助机构指派律师的，应当通知公安机关予以纠正，公安机关应当将纠正情况通知人民检察院。本题答案为A。

2. **【参考答案】** D

【解析】 本题根据家事法庭的设立，考查司法的基本原则和法治的构成。A项中，法院要履行职责，实现以"人民为中心"的法治目标，故A项说法正确。B项中，司法要做到法律效果与社会效果的统一，故B项说法正确。C项中，公正优先，兼顾效率，司法也要高效权威地解决纠纷和矛盾。C项说法正确。D项中，我国司法不仅追求形式意义上的公平正义，而且追求实质上的公正。不仅要解决纠纷，还要案结事了，故D项说法错误。本题选非，答案为D。

3. **【参考答案】** B

【解析】 法律职业道德是指法官、检察官、律师、公证员等法律职业人员在进行法律职业活动过程中，所应遵循的符合法律职业要求的心理意识、行为准则和行为规范的总和。它包括专门从事法律工作的法官、检察官、律师、公证员等法律职业人员，具有职业性、实践性、正式性、更高性的特征。尤其，相对于一般社会道德而言，具有更强的约束性。故A项说法正确。B项中，法院审理过程中，检察官和律师与法官属于地位平等，不存在听从指挥的关系。故B项说法错误。C项中，法律职业道德是内化于心，主要是内在限制。故C项说法正确。D项中，提升法律职业道德素养，需要教育。故D项说法正确。本题答案为B。

二、多项选择题

1. **【参考答案】** ABCD

【解析】 A选项说法正确。我国的审判制度包括两审终审、人民陪审、审判公开制度等，这些制度的实施保障和促进实现审判活动科学化、规范化。B选项说法正确。《人民调解法》第5条第2款规定，基层人民法院对人民调解委员会调解民间纠纷进行业务指导。C选项说法正确。检察机关作为法律监督机关，有权对诉讼活动进行法律监督，包括立案监督、侦查监督和审判监督等。D选项说法正确。我国的检察体制实行"检察一体化"，上级检察院领导下级检察院的工作。本题答案为ABCD。

2. **【参考答案】** ABCD

【解析】 根据《法官职业道德基本准则》第10条规定，法官应当"牢固树立程序意识，坚持实体公正与程序公正并重，严格按照法定程序执法办案，充分保障当事人和其他诉讼参与人的诉讼权利，避免执法办案中的随意行为"。因此法官罗云无故打断被告发言的行为属于庭审过程中的随意行为，也违反了保障当事人诉讼权利的理念，违反职业道德，A选项正确。《法官职业道德基本准则》第13条规定，法官应当"自觉遵守司法回避制度，审理案件保持中立公正的立场，平等对待当事人和其他诉讼参与人，不偏袒或歧视任何一方当事人，不私自单独会见当事人及其代理人、辩护人"。因此法官罗云与一方当事人谈笑风生，显然违反了平等对待当事人的职业道德要求，同时"谈笑风生"也不利于保证庭审活动的严肃性，违反职业道德，B选项正

确。根据《法官职业道德基本准则》第17条规定，法官"不从事或者参与营利性的经营活动，不在企业及其他营利性组织中兼任法律顾问等职务，不就未决案件或者再审案件给当事人及其他诉讼参与人提供咨询意见"。因此以法官身份出席私人公司开业典礼已属不当，入股该公司更是直接违反了法官职业道德的要求，C选项正确。根据《法官职业道德基本准则》第18条规定，法官应当"妥善处理个人和家庭事务，不利用法官身份寻求特殊利益。按规定如实报告个人有关事项，教育督促家庭成员不利用法官的职权、地位谋取不正当利益"。因此，罗云法官对其子应当进行批评教育，以坚决杜绝此类现象再次发生，未置一词的放任态度显然违反职业道德要求，D选项正确。本题答案为ABCD。

三、不定项选择题

1.【参考答案】 BC

【解析】 A选项错误，直辖市中院的院长应当由直辖市人大常委会（直辖市人大常委会属于省级人大常委会）根据直辖市人大常委会主任会议的提名决定任免，而非由直辖市人大选举。D选项错误，地方人大常委会的撤职案提出主体应当为：①一府两院（政府、法院、检察院）；②主任会议；③1/5以上的人大常委会委员。直辖市高院院长无权提出撤职案。另外直辖市中院院长是根据主任会议的提名，由直辖市人大常委会决定任免的，"领导"提名的人，自然也就不可能由高院院长来提出撤职案。本题答案为BC。

2.【参考答案】 ABCD

【解析】 《律师法》第21条第1款规定："律师事务所变更名称、负责人、章程、合伙协议的，应当报原审核部门批准。"所以A项是正确的。《律师法》第15条第2款规定："合伙律师事务所可以采用普通合伙或者特殊的普通合伙形式设立。合伙律师事务所的合伙人按照合伙形式对该律师事务所的债务依法承担责任。"所以B项是正确的。《律师法》第16条规定："设立个人律师事务所，除应当符合本法第十四条规定的条件外，设立人还应当是具有五年以上执业经历的律师。设立人对律师事务所的债务承担无限责任。"根据该条可以看出，C项是正确的。特殊的普通合伙律师事务所一个合伙人或者数个合伙人在执业活动中因故意或者重大过失造成律师事务所债务的，应当承担无限责任或者无限连带责任，其他合伙人以其在律师事务所中的财产份额为限承担责任；合伙人在执业活动中非因故意或者重大过失造成的律师事务所债务，由全体合伙人承担无限连带责任。因此D项的说法是正确的。本题答案为ABCD。

3.【参考答案】 ABC

【解析】 《检察官法》第23条规定："检察官不得兼任人民代表大会常务委员会的组成人员，不得兼任行政机关、监察机关、审判机关的职务，不得兼任企业或者其他营利性组织、事业单位的职务，不得兼任律师、仲裁员和公证员。"因此，A、B、C项是正确答案，D项错误，检察官兼任政协委员并不为法律所禁止。本题答案为ABC。

刑　法

2023年客观题试题

一、单项选择题

1.关于不作为犯,下列说法正确的是?(　　)

A.甲、乙在宿舍同住,宿舍着火,甲惊醒来不及叫乙,最终乙被烧死。甲不叫乙的行为构成不作为的故意杀人罪

B.甲在宾馆住宿时发现宾馆线路暴露,离开时未提醒宾馆前台,后该线路着火。甲不告知的行为构成不作为的放火罪

C.嫖客丙去女子家中嫖娼。过程中女子过度兴奋突发心脏病,嫖客丙没有救助导致其死亡。嫖客丙构成不作为的故意杀人罪

D.甲是公交车司机,发现有人在车上偷东西,司机没有提醒乘客,导致乘客钱包被盗。司机甲不成立不作为的盗窃罪

2.甲、乙二人一起吃饭,其间甲说乙是200斤的肥猪,要少吃点。身材高大的乙大怒,把甲推倒在地掐他脖子,甲身材瘦小呼吸困难,拿酒瓶打乙,乙仍不撒手。甲将酒瓶打破,用玻璃碴扎乙,致乙重伤。关于甲的行为,下列说法正确的是?(　　)

A.甲造成乙重伤,但其是出于正当防卫,仅构成过失致人重伤

B.甲虽有过错在先,但仍可进行正当防卫,并未超过明显必要限度,应认定为正当防卫

C.甲不构成正当防卫,构成故意伤害致人重伤

D.甲虽有过错在先,但仍可进行正当防卫,造成的重大损害,应认定为防卫过当

3.甲想走私国家禁止进出口的货物,骗乙说走私的是普通货物。乙听后帮甲进行运输。关于乙的行为,下列说法错误的是?(　　)

A.按照抽象符合说,乙成立走私国家禁止进出口的货物、物品罪的既遂

B.按照法定符合说,乙构成走私普通货物、物品罪的既遂

C.按照具体符合说,乙构成走私普通货物、物品罪的未遂

D.无论按照何种学说,乙都不构成走私国家禁止进出口的货物、物品罪

4.甲以故意杀人的意图将乙击倒。甲以为乙死亡,便离开现场,但事实上乙只是陷入昏迷。关于下列情形,说法错误的是?(　　)

A.甲通知兄弟丙去收尸,丙到现场后发现乙还活着,用石头将其砸死。甲构成故意杀人罪的未遂

B.甲次日回到现场,打算收尸,甲以为乙已经死亡,便将昏迷的乙扔到河中,乙被水呛死。甲构成故意杀人罪的既遂

C.乙昏迷后吸入过量沙子死亡。甲构成故意杀人罪的未遂

D.乙醒来后,因身受重伤,浑浑噩噩走到公路上,汽车躲闪不及,乙被撞死。甲构成故意杀人罪的既遂

5.关于犯罪形态,下列说法正确的是?(　　)

A.徐某在杀人案件中,要求证人张某不要出庭作证,并给了张某5万元。张某收了5万元,但因害怕承担责任,依然出庭作证。徐某构成妨害作证罪未遂

B.傅某想杀害妻子骗取保险金,把妻子带到悬崖边后,临时后悔,便没有杀害妻子。傅某构成故意杀人罪的中止和保险诈骗罪的中止

C.戴某非法运输成品油,且已运输至我国境内,在海关监管现场被查获。戴某构成走私普通货物、物品罪未遂

D.田某种植数量较大的罂粟,但观看法治频道后悔悟,将罂粟铲除。田某构成非法种植毒品原植物罪的中止

6.关于共同犯罪,下列说法正确的是?(　　)

A.帮助犯的既遂要求正犯满足全部的犯罪构成

B.帮助犯和正犯在《刑法》分则中的构成要件完全相同

C.部分犯罪共同说要求共同犯罪行为人所实施的犯罪构成同属一个分则条文

D.共同行为说不要求共同犯罪行为人所实施的犯罪构成同属一个分则条文

7.关于共同犯罪,下列说法正确的是?(　　)

A.间接正犯是正犯中的一种,与其相对的概念是单独正犯

B.承继的共犯仅存在于事前无通谋的共同犯罪中

C. 无论是任意共同犯罪还是必要共同犯罪都存在对向犯

D. 只有在任意共同犯罪中才存在共犯过限的问题

8. 关于共同犯罪，下列说法正确的是？(　　)

A. 乙明知甲拐卖妇女，还将甲和被拐卖的妇女容留在乙家住了两天。乙成立拐卖妇女罪的帮助犯

B. 甲在境外实施电信诈骗，乙在庙里为甲烧香祈福，甲对此并不知情。乙成立诈骗罪的帮助犯

C. 甲实施盗窃，乙在外面帮忙望风，甲对此并不知情，此处偏僻无人，望不望风甲都能顺利盗窃。乙成立盗窃罪的帮助犯

D. 甲实施盗窃，乙在一旁对犯罪过程进行网络直播，甲对此并不知情。乙成立帮助犯

9. 甲是出租车司机，乙是乘客。甲在乙下车前看到了乙的华为 X5 手机遗落。乙下车后，甲在原地停留了几分钟，但未开口提醒乙。随后甲试了试，打开了乙的手机，将乙银行卡里的 6 万元转到了乙的微信上，甲给自己购物花费 6 万元。之后，乙打电话来，甲佯装路人，谎称自己是捡到的手机，随后挂断电话。下列说法正确的是？(　　)

A. 乙离开时手机的占有已经转移给了司机甲，甲对手机构成侵占罪

B. 乙下车时对手机还未脱离占有，甲看到了但不提醒，甲对手机构成不作为的盗窃罪

C. 甲用乙手机将信用卡中 6 万元转移到乙微信中的行为构成信用卡诈骗罪

D. 甲佯装路人并欺骗乙是捡来的手机，甲构成诈骗罪

10. 国家工作人员甲，让私营企业的员工乙“报销”旅游费用 10 万。乙因需依赖甲的职务关系以谋取不正当利益，遂以自己的工作开支为由从私营企业将这笔费用予以报销，后将报销所得金额全部交予甲。下列说法错误的是？(　　)

A. 如果认为职务侵占罪不要求“占有”为自己占有，则乙成立职务侵占罪

B. 如果认为职务侵占罪要求“占有”为自己占有，则乙成立诈骗罪

C. 甲与乙是行贿罪的共同犯罪，不再对甲定受贿罪

D. 认定职务侵占罪，不仅仅要考虑侵占物的情况，还得考虑行为人是否利用了职务便利

11. 甲身穿林业局的工作服，在没有采伐许可证的情况下砍伐林木。其间被多名群众围观，但认为其是林业部门的工作人员，便没有制止。关于甲的行为定性，下列说法正确的是？(　　)

A. 盗窃罪　　　　B. 盗伐林木罪

C. 滥伐林木罪　　　　D. 故意毁坏财物罪

12. 王某未取得药品批准许可，私自从境外进口治疗丙型肝炎的药物，转卖给国内患者(该药物在境外是合格药品)，获利 30 余万元。患者服用药品后均有一定程度好转。关于王某的刑事责任，下列说法正确的是？(　　)

A. 非法经营罪　　　　B. 妨害药品管理罪

C. 销售假药罪　　　　D. 不构成犯罪

13. 关于危害公共安全罪，下列说法错误的是？(　　)

A. 虽然实施放火行为，但没有对公共安全造成危险的，不构成以危险方法危害公共安全罪

B. 在公共场所引爆炸药导致数人重伤，构成爆炸罪和故意伤害罪想象竞合

C. 在未发生火灾时，只要实施了损坏消防栓等防火工具的行为，就构成以危险方法危害公共安全罪

D. 刑法特别规定了高空抛物罪，即便高空抛物的行为没有危害公共安全，也构成高空抛物罪

14. 关于帮助信息网络犯罪活动罪及相关犯罪的认定，下列选项说法正确的是？(　　)

A. 甲明知张某使用银行卡要用于电信诈骗而提供银行卡，张某也用于了电信诈骗，甲的行为成立帮助信息网络犯罪活动罪

B. 乙以为张某使用银行卡要用于开设网络赌场而提供银行卡，但是无法查清张某是否用于犯罪，乙的行为成立帮助信息网络犯罪活动罪

C. 丙以为张某使用银行卡要用于网络赌场而提供银行卡，但是张某用于了电信诈骗，丙的行为成立诈骗罪的帮助犯

D. 丁以为张某使用银行卡要用于电信诈骗而提供银行卡，但是张某并未实施犯罪的，丁的行为不成立犯罪

15. 甲向国家工作人员乙行贿 100 万元(一张银行卡，户名为甲)，乙知道密码后收下。次日，甲通过网上银行，将银行卡内的 100 万元资金转为定期，只有甲携带身份证才能取出来使用。乙没有动里面分毫。下列分析正确的是？(　　)

A. 乙构成受贿罪未遂

B. 甲构成行贿罪既遂

C. 甲将给予乙的 100 万元资金转为定期存款，构成诈骗罪

D. 甲把乙控制的钱存成定期，构成盗窃罪

16. 关于贪污贿赂罪，下列说法正确的是？（　　）

A. 张某是一名律师，在东城区执业。请海淀区法院院长甲帮忙介绍东城区的案源，甲让东城区法院院长乙给张某介绍了案源，后张某分别给甲、乙一笔好处费。甲的行为属于斡旋受贿

B. 甲为谋取不正当利益，想找市长帮忙，给市长的儿子乙送礼。乙将甲的诉求转达给父亲但市长不同意帮忙。乙构成利用影响力受贿罪的既遂

C. 甲为谋取不正当利益，想找市长帮忙，给市长的儿子乙送礼。但乙还未向市长说明任何情况，市长主动为甲谋取了不正当利益。一周后，市长从乙口中得知乙收受了甲的礼物，也未反对。乙构成利用影响力受贿罪的既遂

D. 甲为谋取不正当利益，想找市长帮忙，给市长的儿子乙送礼。乙未收下礼物，但是答应为甲帮忙。乙向市长说明后，市长同意帮忙。乙构成利用影响力受贿罪的既遂

二、多项选择题

1. 关于不作为犯，下列说法正确的有哪些？（　　）

A. 民警甲下班后在自己辖区酒吧喝酒，遇到乙使用暴力强迫他人卖淫，没有制止。甲构成不作为犯

B. 甲、乙经常在乙家吸毒。某次吸毒过后，乙口吐白沫，甲没有进行救助。甲构成不作为犯

C. 甲、乙一见如故，相约一起登山，结果发生雪崩，甲能带乙逃离而没有，乙被砸死。甲构成不作为犯

D. 乙欲前往某山区探险，被村民甲告知危险，劝乙不要去。乙执意前往。次日，甲在山区偶然发现奄奄一息的乙，没有救助，最终乙死亡。甲构成不作为犯

2. 甲持剪刀攻击乙，乙为了躲避，将手中的火把丢向甲。甲躲开后，火把正好落在了旁边的草垛上，乙快速逃跑。甲见状也走了，导致几间民房被烧毁。关于甲、乙的行为性质，下列说法错误的是？（　　）

A. 甲成立不作为的放火罪

B. 甲不成立犯罪

C. 乙成立正当防卫

D. 乙成立放火罪

3. 甲、乙与丙素有仇恨，一直想伺机报复。某日，甲、乙得知丙在 KTV 唱歌，协商由甲进去打丙，乙守在门口防止丙逃脱。甲进去数分钟之后，丙从门口出来发现乙一个人在门口（丙并不知道乙欲对其进行伤害）。在乙没有发现丙之前，丙拿铁棒击打乙，乙发现后掏出随身携带的小刀反击，最后乙、丙均受轻伤。下列说法错误的是？（　　）

A. 乙构成正当防卫

B. 乙不成立正当防卫

C. 由于乙具有伤害意图，存在过错，所以成立防卫过当

D. 无论采取何种学说，丙都成立故意伤害罪

4. 关于犯罪中止，下列说法错误的有哪些？（　　）

A. 甲闯入乙房间想要强奸乙，乙苦苦哀求，于是甲停止使用暴力放弃强奸。甲成立犯罪中止

B. 甲给机场人员打电话谎称有炸弹，想制造恐慌，机场组织人员疏散。其后，甲悔悟又给机场人员打电话说了实情，机场停止了人员疏散。甲成立犯罪中止

C. 甲以拐卖故意，把乙带到山区。之后，甲觉得乙为人不错，于是放弃拐卖。甲成立犯罪中止

D. 甲敲诈勒索乙，以“不给钱就杀乙全家”相威胁，造成乙巨大心理恐惧。在乙给钱之前甲心生悔悟向乙道歉。甲成立犯罪中止

5. 关于立功，下列选项正确的是？（　　）

A. 王某因诈骗被抓，审问中揭发：徐某曾在斗殴中打死一人。经查，徐某的行为属于正当防卫。王某的行为不构成立功

B. 毒贩钱某揭发：警察曹某经常给自己通风报信，曹某构成帮助犯罪分子逃避处罚罪。钱某的行为不构成立功

C. 走私犯李某揭发：邻居钟某 3 年前曾将自己打成轻伤，构成故意伤害罪。李某的行为不构成立功

D. 抢劫犯赵某揭发：朋友李某明知赵某犯抢劫罪之后，仍为其提供住处，李某构成窝藏罪。赵某的行为不构成立功

6. 关于财产犯罪的认定，下列选项中错误的有哪些（不考虑情节或数额）？（　　）

A. 甲在肉摊小贩身后偷走小贩的剔骨刀，后甲趁乙不备，用剔骨刀割开乙挎包背带，夺走挎包后逃走。甲构成抢夺罪

B. 甲潜入乙的家中偷窃珠宝，看到乙家桌子上的现金不为所动，继续翻找珠宝。后乙回家与甲照面，甲为逃避抓捕，将乙打倒致其轻微伤后逃脱。甲构成抢劫罪的未遂

C. 甲在洗车过程中看到乙车副驾驶上及车头烟灰缸里各有一张彩票，甲偷走两张彩票后拿去兑奖，其中有一张彩票中奖。无论是哪张彩票中奖，甲均构成盗窃罪的既遂

D. 甲发现乙将电脑放置商场一层维修部维修，其趁天黑前往商场门口，并对清洁工丙说电脑是自己的，丙将电脑交给甲。甲对丙构成诈骗罪

7. 张某是胜达公司的工作人员，公司提供门面出租，张某负责收租金。张某伪造公司公章加盖于文件上，私自与商家订立租赁合同，并收取商家租金9万元。关于张某的行为，下列说法正确的是？(　　)

A. 即使认为张某构成职务侵占罪，也不影响张某诈骗罪的认定

B. 如果认为职务侵占罪的手段不包括骗取、窃取，仅包括侵吞，即使认为张某利用了职务之便，也不影响张某诈骗罪的认定

C. 即使认为张某构成表见代理，也不影响张某诈骗罪的认定

D. 即使商家再向公司重新缴纳租金，也不影响张某诈骗罪的认定

8. 甲男为强奸乙女，对其实施暴力行为。练过散打的乙女将甲男制服后，欲将其扭送至公安机关，甲男为逃跑将乙女捅成重伤。下列说法错误的有哪些？(　　)

A. 甲带着奸淫目的对乙实施了暴力行为，虽然致乙重伤，导致了加重结果，但结果加重犯不存在未遂，甲构成一般强奸罪的既遂

B. 虽然犯盗窃罪为抗拒抓捕而当场使用暴力致人重伤，应以抢劫罪致人重伤论处，但不能基于此种认识而对甲定强奸罪致人重伤

C. 根据刑法通说，强奸罪的实行行为致人重伤的，应以强奸罪致人重伤论处，因此对甲应以强奸罪致人重伤论处

D. 甲带着奸淫目的实施暴力行为，但是因意志以外的原因未得逞，以强奸罪的未遂论处，与故意伤害罪数罪并罚

9. 甲、乙两个人打算开歌舞厅，乙提议在歌舞厅中进行淫秽表演。甲的父亲认可并表示可以提供帮助，但如果以后事发，要求乙不能把甲给供出来。乙的父亲知道后表示赞同，但未提供任何帮助。后事发，乙被公安机关抓获后未供出甲，乙的父亲也未供出甲。下列说法错误的是？(　　)

A. 甲的父亲构成包庇罪

B. 甲的父亲构成妨害作证罪

C. 乙的父亲构成包庇罪

D. 乙的父亲构成伪证罪

10. 刘某因故意杀人被判处死刑立即执行，同案犯钱某因涉其他案件被另案处理。关于死刑复核程序，下列说法正确的有哪些？(　　)

A. 刘某辩护律师可将辩护意见直接寄送最高人民法院

B. 报请死刑复核的案件报告中应包括钱某处理情况

C. 如最高人民检察院经复核认为刘某可死缓并限制减刑，可直接改判

D. 如死刑复核期间最高人民检察院提出意见，最高人民法院应当面听取并制作笔录

三、不定项选择题

1. 甲教唆有辨认能力但没有控制能力的精神病人乙，让乙用剪刀刺瞎丙的双眼。结果乙用剪刀将丙杀害。关于本案，下列说法错误的是？(　　)

A. 乙有辨认能力但无控制能力，为限制责任能力人。因此，应当对丙的死亡结果承担责任

B. 甲不构成教唆犯，构成间接正犯

C. 如果认为是否构成共犯与“行为(责任)能力”无关，则仅在不能确定甲有支配意图时，才能认定甲构成教唆犯

D. 对于乙的行为，甲属于工具的过限。因此，甲成立过失致人死亡罪

2. 公司股东甲知道股东乙的儿子丙是市领导秘书，其为了申请贷款便向乙请求让丙帮忙找关系批贷款，承诺事成后给乙10%的回扣。乙便告知丙回扣事宜，请其帮忙。丙找国有银行的领导丁帮忙，丁不知其真实目的，但想到和丙有工作上的联系，便违规向甲的公司发放贷款，丁也并未收取好处。事后甲给乙400万元，乙给丙200万元。关于本案，下列说法错误的是？(　　)

A. 甲对乙的行为成立对有影响力的人行贿罪

B. 乙对丙的行为成立对有影响力的人行贿罪

C. 丙对丁的行为成立受贿罪(斡旋受贿)

D. 丙对丁的行为成立利用影响力受贿罪

3. 关于网络犯罪，下列说法正确的有？(　　)

A. 乙以为甲可能利用网络实施诈骗，为甲提供了网络接入服务。实际上，甲根本未实施犯罪。乙构成帮助信息网络犯罪活动罪

B. 乙明知甲欲利用网络实施诈骗，仍为其提供了网络接入服务。甲利用了乙的网络接入服务实施了诈骗。乙构成帮助信息网络犯罪活动罪和诈骗罪(帮助犯)想象竞合，择一重罪论处

C. 甲为了实施网络诈骗，建立了15个微信群，成员有2000人。甲准备实施诈骗时被公安机关抓捕。甲构成非法利用信息网络罪

D. 某民营公司职员甲无权登录公司的某个网络系统，但其利用技术手段偷偷登录，获取了公司采取保密措施的客户名单（十几位客户）。离职后，其联系相关客户，让客户选择与自己合作。甲构成侵犯商业秘密罪

4. 甲乙共谋运输毒品，并且约定"如果被查，就开枪拒捕"。后二人在运输毒品时遇到警察抓捕，乙见此情景，当场举手投降，甲看到乙投降，仍决定开枪，打死一名警察。下列说法正确的有？（　　）

A. 甲构成故意杀人罪既遂

B. 乙构成故意杀人罪既遂

C. 乙构成故意杀人罪预备阶段的中止

D. 乙构成故意杀人罪实行阶段的中止

2023年客观题试题参考答案及解析

一、单项选择题

1.【参考答案】 D

【解析】 A项：共同生活的成员因形成了紧密的共同体，可以产生作为义务。例如，家庭成员之间，或者婚前同居的未婚夫妻如同已结婚一般一起生活的，可以产生作为义务。但是，一般的室友关系不产生作为义务。在本案中，甲、乙只是普通的宿舍室友关系，因此，甲没有对乙的生命的保护义务。甲没有叫醒乙致乙死亡，不成立不作为犯。A项错误。

B项：不作为犯的义务来源包括自己支配的建筑物。在本案中，宾馆属于店主支配的领域。租客对宾馆内的危险不负有阻止的义务，租客不成立不作为犯。B项错误。

C项：在卖淫女的家中发生关系，该场所是卖淫女支配的场所。因此，当卖淫女突发心脏病时，嫖客丙没有救助义务，不构成不作为犯。反之，如果在嫖客丙家卖淫女突发心脏病，嫖客丙就有救助义务了，C项错误。

D项：行为人对危险发生领域具有排他性支配时，才具有作为义务。例如，出租车司机对后排拼车的男乘客强奸女乘客置若罔闻才成立不作为犯罪。本题中，公交车人员多、流动性大，这种支配力不具备排他性。故司机没有提醒的义务，D项正确。

2.【参考答案】 B

【解析】 甲的言语侮辱行为引发了乙的重大杀伤行为，通常情况下，乙最多也就是侮辱回来或者是对甲实施轻微的一般暴力，故甲的行为不属于防卫挑拨。乙将甲推倒在地掐他脖子，致使甲呼吸困难，并且甲、乙之间的身材差距较大，说明乙的不法侵害具有致甲死亡的危险，乙的行为属于杀人行为而非一般的暴力行为。甲在自己有死亡危险的情况下用酒瓶打乙，在乙仍不撒手的情况下，甲继续用碎玻璃碴扎乙，虽然致乙重伤，但没有超出防卫的必要限度。故甲成立正当防卫，B项正确。

3.【参考答案】 A

【解析】 抽象的事实认识错误，是指行为人所认识的事实与现实所发生的事实，分别属于不同的构成要件的情形。本案中，乙想走私"普通货物"，实际走私了"国家禁止进出口的货物"，应当属于抽象的认识错误中的对象错误。

A项：按照抽象符合说，在乙所认识的构成要件事实与现实发生的构成要件事实相一致的限度内，成立故意犯的既遂。本题中，乙主观上有走私普通货物的故意，实际上实施了走私国家禁止进出口的物品的行为，乙的行为可以成立走私普通货物罪而不成立走私国家禁止进出口的货物、物品罪，因为乙没有走私国家禁止进出口的货物的故意。故A项错误。

B项：根据法定符合说，不同构成要件之间的错误原则上阻却故意的成立或者仅成立故意犯罪未遂。即使构成要件不同，但如果犯罪是"同质"的，那么在重合的限度内，成立轻罪的故意既遂。本案中，乙主观上想走私普通货物，客观上走私了国家禁止进出口的货物，"普通货物"与"国家禁止进出口的货物"的重合之处即为"普通货物"，故乙的行为成立走私普通货物、物品罪既遂。因此，B项正确。

C项：根据具体符合说，行为人所认识的事实与所发生的事实"完全"一致，才能成立犯罪既遂。本题中，乙想走私普通货物，只要走私的不是普通货物，就无法成立走私普通货物罪的既遂，只能属于未遂形态。故C项正确。

D项：根据不同学说，对乙的定性会产生差异。但无论按照哪种学说，都不成立走私国家禁止进出口的货物、物品罪。故D项正确。

4.【参考答案】 C

【解析】 在因果关系的判断中，出现介入因

素，则可能中断前行为与后结果之间的因果关系。中断的前提是介入因素独立于前行为并且是异常的。

A 项：丙明知乙还活着，将丙杀害的行为属于介入因素。就甲先前击倒乙的行为来看，丙的行为是异常的，独立导致了乙死亡的结果。故该行为中断了甲的行为与乙的死亡结果之间的因果关系，甲成立故意杀人罪的未遂。A 项正确。

B 项：该情形中存在因果关系错误，理论上称之为事前的故意，第一个行为没有导致死亡结果发生，但是毁尸灭迹的行为导致了希望的结果发生，根据通说观点，甲仍旧成立故意杀人罪既遂形态。B 项正确。

C 项：乙的死法和甲预想的不一致，在刑法理论上称之为狭义的因果关系错误。甲具有杀人的故意，并且实施了杀人行为（将乙击倒），只是甲所预想的因果流程是乙被其使用暴力杀害，而乙最终是因吸入过量沙子而死，这属于狭义的因果关系认识错误，并不影响故意犯罪的成立。C 项错误。

D 项：乙因受重伤，汽车躲闪不及被撞死，这一个人因素不异常，不中断甲的杀人行为与乙的死亡结果之间的因果关系。D 项正确。

5.【参考答案】 A

【解析】 A 项：妨害作证罪不是抽象危险犯，要求行为人采取暴力、威胁、贿买等方式阻止证人作证或者指使他人作伪证，证人因此没有出庭作证或者作伪证才成立本罪既遂。本题中，徐某通过贿买方式阻止张某作证，但张某仍旧出庭作证，徐某只成立妨害作证罪（未遂）。故 A 项正确。

B 项：保险诈骗罪的着手是行为人到保险公司索赔的行为，之前的制造保险事故（杀害妻子的行为）属于保险诈骗罪的预备行为。傅某的行为最终应认定为故意杀人罪（中止）。B 项错误。

C 项、D 项：戴某和田某都成立犯罪既遂，戴某非法运输成品油，在海关监管现场被查获，已经构成了走私普通货物、物品罪既遂。故 C 项错误。田某只要种植了数量较大的罂粟就成立犯罪既遂，但是，在观看法治频道后悔悟，将罂粟铲除，根据《刑法》第 351 条（非法种植毒品原植物罪）第 3 款的规定，可以免除处罚。故 D 项错误。

6.【参考答案】 D

【解析】 A 项：共犯的成立采取限制从属性说，即只要正犯符合构成要件且具有违法性时，就认为共犯成立。因此，帮助犯可以在正犯不满足责任要件的情况下，成立犯罪既遂。故 A 项错误。

B 项：帮助犯与正犯的区别在于，正犯实施的是符合基本构成要件的行为，而帮助犯只要为正犯提供物理或者心理的帮助即可，故 B 项错误。

C 项：部分犯罪共同说认为，二人以上虽然共同实施了不同的犯罪，但当这些不同的犯罪之间具有重合的性质时，则在重合的限度内成立共同犯罪。部分犯罪共同说不要求共同犯罪行为人所实施的犯罪构成同属一个分则条文。C 项错误。

D 项：行为共同说认为，共同犯罪是指数人共同实施了行为，只要行为具有共同性就可以成立共同犯罪，部分犯罪共同说不要求共同犯罪行为人所实施的犯罪构成同属一个分则条文。D 项正确。

7.【参考答案】 B

【解析】 A 项：间接正犯，是“直接正犯”的对称，是指以自己的犯罪意图，利用无责任能力的人或无犯罪意思的人实施犯罪行为，以达到自己的犯罪目的的人。与单独正犯相对的概念是共同正犯（根据共犯人数来区分）。故 A 项错误。

B 项：承继的共犯是指先行行为人已经实施了一部分犯罪行为，在其实行行为尚未全部实行终了时，后行行为人明知这一犯罪事实而参与进来，或单独或与先行行为人一同，将剩余行为实行完毕。如果事前有通谋，则没办法中途加入，故 B 项正确。

C 项、D 项：任意的共同犯罪，是指《刑法》分则规定的一个人能单独实施的犯罪，由二人以上共同实施而形成的共同犯罪。必要共同犯罪是必须由两人以上共同故意实施的犯罪，故任意共犯不存在对向犯问题，C 项错误。在必要共犯和任意共犯中都存在共犯过剩问题，比如聚众斗殴罪中事前约定不能闹出人命，结果张三斗殴时将李四打死了，张三的行为就属于过限，即必要共犯也可以存在过限问题。故 D 项错误。

8.【参考答案】 A

【解析】 帮助犯是指为正犯实施犯罪行为提供帮助的人，这种帮助可以是物理上的帮助，也可以是心理上的帮助。提供工具、窥探被害人行踪等属于物理上的帮助。摇旗呐喊、打气助威、壮胆等属于心理上的帮助。

A 项：乙明知甲拐卖妇女，还为犯罪人及被拐卖的妇女提供住宿，对拐卖妇女罪具有物理上的促进作用，成立帮助犯。A 项正确。

B 项：烧香拜佛等祈祷行为不是刑法上评价的行为，对甲的诈骗行为不具有物理或者心理上的帮助作用，故 B 项错误。

C 项、D 项：乙在望风也好、直播也罢，对行为人甲而言都是不知情的,对甲盗窃行为没有起到物理上或者心理上的帮助,不成立帮助犯。有同学认为C项中乙属于刑法理论中评价的片面共犯,但成立片面帮助犯也要求对行为人犯罪行为起到帮助的作用,如果一点用都没有,就不成立帮助犯。故C、D项均错误。

9.**【参考答案】** A

【解析】 A项:侵占罪的犯罪对象是代为保管或占有的他人财物。出租车作为一种特定场所,具有一定的封闭性。本题中,出租车司机甲发现乘客乙遗失在出租车上的手机,非法占为己有,应当成立侵占罪。A项正确。

B项:当乙离开出租车后,手机的占有权已经转移给甲,而且转移的原因是乙自身的过失。盗窃罪的犯罪对象只能是他人占有的财物,司机甲对自己占有的财物不可能成立盗窃罪。故B项错误。

C项:甲通过微信,将乙银行卡内的6万元转移到乙的微信钱包中,直接使用的是微信的相关资料,而没有直接使用乙的信用卡卡号、密码等,因而不能认定为使用、冒用他人信用卡。故甲不成立信用卡诈骗罪。至于具体构成什么罪,在理论上存在观点冲突,有观点认为属于事后不可罚的行为,有观点认为成立盗窃罪,总之不成立信用卡诈骗罪。故C项错误。

D项:侵占罪已经既遂,之后的"欺骗"行为并没有侵犯新的法益,不成立诈骗罪,也不成立"新的"侵占罪,故D项错误。

10.**【参考答案】** C

【解析】 A项:如果认为职务侵占罪中的"占有"不要求行为人自己占有,那么即使行为人本人没有将钱据为已有,而由第三者占有,也不影响行为人非法占有目的的成立。虽然乙利用职务上的便利,采用欺诈的方式骗取单位财产后,全部给了甲,乙并未据为已有,但仍成立职务侵占罪。因此A项正确。

B项:乙虚构自己工作开支,以欺诈的手段骗取单位财产,使得单位(或者单位财务人员)基于错误认识而处分了财产,成立诈骗罪。B项正确。

C项:行贿罪是指行为人给予国家工作人员以财物,请求国家工作人员利用职务上的便利,为其谋取利益。国家工作人员甲是利用职务上的便利索取财物,而不是利用职务上的便利为他人谋取利益,应当属于受贿罪中的索贿,构成受贿罪。对于这种必要的共犯(对向犯),《刑法》对双方都规定了独立的罪名,甲成立受贿罪,就不再与乙成立行贿罪的共同犯罪。故C项错误。

D项:《刑法》第271条第1款规定,"公司、企业或者其他单位的工作人员,利用职务上的便利,将本单位财物非法占为己有,数额较大的,处三年以下有期徒刑或者拘役,并处罚金;数额巨大的,处三年以上十年以下有期徒刑,并处罚金;数额特别巨大的,处十年以上有期徒刑或者无期徒刑,并处罚金"。因此,只有行为人利用职务上的便利,才可能成立职务侵占罪。D项正确。

11.**【参考答案】** B

【解析】 盗伐林木罪保护的法益是森林资源及其合理利用以及国家、集体、他人对生长中的林木的财产所有权。无论行为人是在他人的注视下还是秘密砍伐,都应成立盗伐林木罪。故本题选择B项。

12.**【参考答案】** D

【解析】 很多考生选择了非法经营罪,在《刑法修正案(十一)》已经规定了更为具体、处罚更轻的妨害药品管理罪之后,就不宜将未经批准经营境外合法药品、严重危害人体健康的行为认定为非法经营罪,而应坚持特别法优先,成立妨害药品管理罪。故A项错误。

B项:《刑法》第142条之一规定:"违反药品管理法规,有下列情形之一,足以严重危害人体健康的,处三年以下有期徒刑或者拘役,并处或者单处罚金;对人体健康造成严重危害或者有其他严重情节的,处三年以上七年以下有期徒刑,并处罚金……"从法条可知成立妨害药品管理罪,要求达到"足以严重危害人体健康"这一危险状态。本题中,患者服用后均有一定程度好转,故B项错误。

C项:对于销售假药罪的认定,2020年《刑法修正案(十一)》将依据《药品管理法》认定假药的条款予以删除,并不会因为药品没有经过国内批准许可就定性为假药。故C项错误。

综上,王某的行为不宜认定为犯罪,故D项当选。

13.**【参考答案】** C

【解析】 A项:由于放火行为没有危害公共安全,因此不成立放火罪。A项正确。

B项:行为人仅有一个爆炸行为,可以认为既触犯了爆炸罪,也触犯了故意伤害罪,系想象竞合犯,应择一重罪处罚。故B项正确。

C项:如果损坏消防栓的行为没有危害到公共安全,那么就不能构成以危险方法危害公共安全罪。如果在火灾发生之际,行为人损坏消防栓,直接影响了火灾的扑灭,应认定为以危险方法危害公共安全罪。C 项错误。

D 项:高空抛物罪被规定在“妨害社会管理秩序罪”中,其保护的法益是“社会秩序”而非“公共安全”。即便高空抛物的行为没有危害公共安全,也能构成高空抛物罪。故 D 项正确。

14.**【参考答案】** D

【解析】 明知他人利用信息网络实施犯罪,仍为其提供银行卡的行为成立帮助信息网络犯罪活动罪。

A 项:甲明知他人利用银行卡实施诈骗而提供银行卡的行为除了成立帮助信息网络犯罪活动罪外,还成立诈骗罪,属于想象竞合,择一重罪处罚,认定为诈骗罪的帮助犯更为合适,故 A 项错误。

B 项:查不清楚对方使用银行卡实施了什么行为,则无法认定共犯。明知他人利用信息网络实施犯罪,还提供银行卡的行为才能认定为帮助信息网络犯罪活动罪,本题中张某是否犯罪无法查清,故 B 项错误。

C 项:丙明知他人要实施信息网络犯罪活动,而且他人确实实施了信息网络犯罪活动,因此,在“信息网络犯罪”这一问题上,丙的主观认识与客观是一致的,故丙的行为成立帮助信息网络犯罪活动罪。C 项错误。

D 项:张某并没有实施犯罪行为,丁不成立犯罪。只有张某实施了相应的犯罪,丁出借银行卡的行为才有处罚的必要,故 D 项正确。

15.**【参考答案】** B

【解析】 A 项、B 项:受贿罪既遂的标准是国家工作人员收了银行卡,并且知道银行卡密码,能够随时支配银行卡里面的钱。本题中,甲给乙银行卡的时候 100 万元是可以随时支配的,且乙知道密码。甲成立行贿罪既遂,乙成立受贿罪既遂。故 A 项错误,B 项正确。

C 项、D 项:甲将 100 万元转成定期致使乙无法使用 100 万元,但乙并没有因为被骗而处分自己的财产。故甲不成立诈骗罪。甲能够将卡内资金转为定期,说明甲能够支配该笔钱,是事实上财物的占有人。甲处分自己占有的财物,不成立盗窃罪。故 C、D 项均错误。

16.**【参考答案】** A

【解析】 A 项:斡旋受贿是指国家工作人员利用本人职权或者地位形成的“便利条件”,通过其他国家工作人员职务上的行为,为请托人谋取不正当利益,索取请托人财物或者收受请托人财物的行为。张某并没有利用海淀区法院院长甲的权利之便利,而是让甲利用工作关系拜托东城区法院院长乙,属于斡旋型的受贿罪。故 A 项正确。

B 项:利用影响力受贿罪保护的法益包括工作人员职务行为的公正性,以及国民对职务行为不可收买性的信赖。因此,成立利用影响力受贿罪,至少要求国家工作人员允诺为请托人谋取不正当利益。市长没有同意,即便儿子收了钱,也不成立贪污贿赂犯罪,如果儿子乙拒不退还,可能涉嫌侵占罪,B 项错误。

C 项:乙与市长构成受贿罪的共同犯罪。市长的行为构成受贿罪的既遂,系“权钱交易”。那么,市长的受贿行为的完成,得益于乙收受甲的礼物,乙与市长成立受贿罪的共犯。因此,乙的行为不构成利用影响力受贿罪的既遂。C 项错误。

D 项:受贿犯罪的既遂与未遂的区分应以是否得到了贿赂作为标准,离开了收受礼物行为,就无所谓受贿罪、利用影响力受贿罪等的既遂。本题中,乙并未收受甲的财物,因此不能成立利用影响力受贿罪的既遂。其要求市长为甲谋取不正当利益,可能成立渎职类犯罪的教唆犯。D 项错误。

二、多项选择题

1.**【参考答案】** ABC

【解析】 A 项:基于职务或业务可以产生作为义务。原则上,行为人只有在担任此职务或从事此行业的工作期间才负有相应的义务,但也有例外。例如,根据《人民警察法》第 19 条的规定,人民警察在非工作时间,遇有其职责范围内的紧急情况,应当履行职责。因此,警察在下班后,遇到职责范围内的紧急情况,依然具有作为义务。在本案中,民警甲下班后,在其辖区内遇到他人使用暴力强迫卖淫,应当负有制止义务。甲能够制止而不制止的,成立不作为犯。因此,A 项正确。

B 项:行为人只有在自己所能支配的领域中才能够产生作为义务。在本案中,乙发病是在乙的家中,因此,甲并不因空间的支配而产生救助乙的作为义务。但也有例外,共同体成员之间具有相互救助的义务。在本案中,甲、乙二人经常在一起吸毒,已经形成了特殊的危险共同体,甲、乙对于相互之间因吸毒产生的危险具有救助义务。乙吸毒后发生生命危险时,甲没有履行救助义务致其死亡的,成立不作为的故意杀人罪。B 项正确。

C 项:基于和法益的无助状态之间的特殊关系可以产生作为义务。几个人一起约定登山,如果没有特殊约定,就意味着所有人都接受了保护同伴的义务。在这种情况下，法益的保护依赖于特定人，特定人就具有保护义务。在本案中，甲与乙一起约定登山，因此二人具有互相保护对方的作为义务。甲能够保护乙而未保护的，成立不作为的故意杀人罪，C 项正确。

D 项：村民甲并没有创造风险，仅仅是看见风险，当然没有救助义务，不成立不作为的故意杀人罪。D 项错误。

2.【参考答案】 BC

【解析】 对于甲而言，甲持剪刀攻击乙与火灾之间介入了乙的行为。这种行为的介入是正常的。故甲与引发火灾之间具有因果关系，甲负有灭火的义务。故 A 项正确，B 项错误。

对于乙而言，乙为了避免甲对自己的不法侵害，向甲抛出火把，虽然没有造成甲的损害，但也属于正当防卫。但防卫过后，应该设法控制险情。乙的防卫行为创造了火灾的风险，具有消除风险的义务，乙不履行该义务的，成立不作为的放火罪。故 C 项错误，D 项正确。

3.【参考答案】 BCD

【解析】 正当防卫需要有防卫意识（包括防卫认识与防卫意志）。防卫认识，是指防卫人认识到不法侵害正在进行；防卫意志，是指防卫人出于保护国家、公共利益、本人或者他人的人身、财产和其他权利免受正在进行的不法侵害的目的。只要行为人认识到自己的行为是与正在进行的不法侵害相对抗，就应认为具有防卫意识。乙在认识到对方的不法侵害时，同时具有攻击对方的意识，也应肯定其具有防卫意识。即使乙带有伤害丙的意图，但是当丙先对乙实施严重不法侵害（拿铁棒击打乙）时，乙也能对客观上的不法侵害实施防卫行为。故 A 项正确，B 项错误，C 项错误。

D 项：丙故意伤害乙的行为属于偶然防卫。对于偶然防卫，行为无价值论认为，偶然防卫成立故意犯罪。但是，结果无价值论认为，其所造成的结果在客观上被法律所允许，即客观上制止了乙的不法侵害，因此不构成犯罪。故 D 项错误。

本题要求选择错误项，故应选 BCD。

4.【参考答案】 BC

【解析】 对于中止犯，没有造成损害的，应当免除处罚；造成损害的，应当减轻处罚。

A 项：甲已经着手实施犯罪，在使用暴力过程中因乙苦苦哀求进而放弃继续犯罪的行为成立强奸罪的中止，故 A 项正确。

B 项：甲拨打电话后机场组织人员疏散，甲的行为已经严重扰乱社会秩序，因而成立编造、故意传播虚假恐怖信息罪的既遂。之后再打电话的行为不影响既遂的成立，故 B 项错误。

C 项：以出卖为目的，实施了控制妇女、儿童的行为就成立拐卖妇女罪既遂，不以卖出为既遂要件，甲把妇女带到了山区，实际控制了该妇女构成既遂，C 项错误。

D 项：向特定个人实施诈骗或者敲诈勒索行为，使被害人受骗或者产生了恐惧心理，但后来自动放弃犯罪，不要求被害人交付财物的，不应认定为"造成损害"。使特定个人单纯受骗或者单纯产生恐惧心理，都不是刑法规范禁止的侵害结果，因而不能评价为中止犯中的"造成损害"。甲并未因敲诈勒索行为取得财物，仅造成乙的恐惧心理后就中止犯罪。因此，甲的行为属于不造成损害的犯罪中止。因此，D 项正确。

本题选择错误选项，故 BC 当选。

5.【参考答案】 AD

【解析】 立功是指犯罪分子有揭发他人犯罪行为，查证属实的，或者提供重要线索，从而得以侦破其他案件。

A 项：王某揭发的不是犯罪行为，徐某的行为属于正当防卫，因此不能评价为立功，故 A 项正确。

B 项：钱某向司法机关揭发警察曹某为自己通风报信，不是交代自己贩毒行为的共犯，即揭发的行为超出了自己毒品类犯罪的范围，应认定为立功，故 B 项错误。

C 项：犯罪分子检举、揭发他人对自己的犯罪行为，或者协助司法机关抓捕对自己实施了犯罪行为的嫌疑人的，构成立功。本题李某揭发邻居钟某 3 年前曾将自己打成轻伤，属于揭发他人对自己的犯罪行为，成立立功。故 C 项错误。

D 项：赵某揭发检举的是自己犯罪后被李某窝藏的行为。赵某的行为不应认定为立功，立功是揭发他人犯罪行为，应是与本人无关的他人犯罪行为。揭发他人窝藏自己或者揭发他人帮助自己掩饰、隐瞒犯罪所得的行为都是本人"制造"出来的犯罪行为，不能评价为立功。故 D 项正确。

6.【参考答案】 AD

【解析】 A 项：根据《刑法》第 267 条第 2 款的规定，携带凶器抢夺的，依照抢劫罪的规定定罪处罚，甲"偷走"剔骨刀，然后利用剔骨刀"夺走"挎包的行为成立抢劫罪。故 A 项错误。

B 项：《刑法》第 269 条规定了转化型抢劫："犯盗窃、诈骗、抢夺罪，为窝藏赃物、抗拒抓捕或者毁灭罪证而当场使用暴力或者以暴力相威胁的,依照本法第二百六十三条的规定定罪处罚。”本题中,甲的前行为成立盗窃罪(未遂),甲抗拒抓捕实施暴力行为,属于转化型抢劫,构成抢劫罪(未遂)。B 项正确。

C 项:被害人将车放到洗车店里洗车,不能认为被害人具有将车内财物一并交由洗车工保管的意思,被害人也并无放弃、遗忘车内财物的意思。因此,甲并不占有车内的财物,其拿走车内彩票的行为不成立侵占罪。甲在为被害人洗车过程中,秘密窃取了车内的两张彩票,应当成立盗窃罪,后续拿彩票去兑奖的行为,是盗窃行为的自然延伸,属于事后不可罚的行为,即仅成立盗窃罪一罪。故 C 项正确。

D 项:甲欺骗了有处分权的丙,丙处分了乙的财产。甲通过欺骗中间人丙而间接获取了乙的财产。但是,成立三角诈骗(诈骗罪)的前提是,处分人具有财产的处分权。在本案中,清洁工对维修部的手提电脑并没有处分权,因此不成立诈骗罪。甲的行为构成盗窃罪。故 D 项错误。

本题要求选择错误项,故 AD 当选。

7.**【参考答案】** ABCD

【解析】 A 项:职务侵占罪的方式包括利用职务上的便利窃取、骗取、侵吞公司财物的行为。在不考虑数额的情况下,盗窃罪、诈骗罪、侵占罪与职务侵占罪并不是对立关系,即盗窃型、骗取型、侵占型职务侵占罪均符合盗窃罪、诈骗罪、侵占罪的构成要件。故 A 项正确。

B 项:如果认为职务侵占罪的手段不包括骗取、窃取,仅包括侵吞,那么利用职务上的便利骗取、窃取公司财务的行为就成立诈骗罪和盗窃罪了,故 B 项正确。

C 项:商家基于错误认识,处分了自己的财产。基于代理人的欺骗行为,相对人陷入错误认识而向代理人交付财产,被代理人对相对人享有的债权因此消灭。然而,被代理人交付了财产或者发生了债务,但未获得对价,因此遭受了财产损失。故张某应当成立诈骗罪。C 项正确。

D 项:商家如果再次向公司支付租金,那么商家就是本案的被害人,张某虚构合同,商家基于错误认识,处分自己的财产,因此张某成立诈骗罪。故 D 项正确。

8.**【参考答案】** AC

【解析】 “强奸致人重伤、死亡”这一结果加重犯,是指因强奸妇女、奸淫幼女导致被害人性器官严重损伤,或者造成其他严重伤害,甚至导致被害人当场死亡或者经治疗无效死亡。强奸犯出于报复、灭口等动机,在实施强奸的过程中,杀死或伤害被害妇女、幼女的,应分别定为强奸罪、故意杀人罪或者故意伤害罪,按数罪并罚惩处。

A 项:甲是出于抗拒抓捕的目的而非出于奸淫的目的实施暴力行为,因此不能将暴力行为所导致的重伤后果认定为强奸罪的加重结果。A 项错误。

B 项:《刑法》第 269 条规定:“犯盗窃、诈骗、抢夺罪,为窝藏赃物、抗拒抓捕或者毁灭罪证而当场使用暴力或者以暴力相威胁的,依照本法第二百六十三条的规定定罪处罚。”这一条属于法律拟制规定,对于法律拟制的规定,如果没有《刑法》第 269 条这一特别规定,就应认定为盗窃罪与故意伤害罪并罚。在本案中,犯强奸罪,为抗拒抓捕实施暴力的,刑法并没有拟制为强奸致人重伤。因此,不能将甲的行为拟制认定为强奸致人重伤。因此,B 项正确。

C 项、D 项:乙的重伤结果并非由甲的强奸行为直接导致,而是甲为了逃跑的目的将乙捅伤。因此,甲的行为不成立强奸罪致人重伤,而是应当以强奸罪与故意伤害罪数罪并罚。故 C 项错误,D 项正确。

9.**【参考答案】** ABCD

【解析】 A 项:窝藏、包庇行为是在被窝藏、包庇的人犯罪后实施的,其犯罪故意也是在他人犯罪后产生的,即只有在与犯罪人(本犯)没有事前通谋的情况下(不构成共同犯罪),实施窝藏、包庇行为的,才成立窝藏、包庇罪。本题中,甲的父亲在甲、乙开展淫秽表演前就已经知道此事,并且表示可以提供帮助,属于事前通谋,应当成立共同犯罪。A 项错误。

B 项:甲的父亲与甲、乙已经成立共同犯罪。共同犯罪人本人,就其共同犯罪的事实,妨害他人作证的,系事后不可罚行为,不应以妨害作证罪论处。本案中,甲的父亲作为共犯,其劝说他人不要作证的行为不成立妨害作证罪。B 项错误。

C 项:明知发生犯罪事实或者明知犯罪人的去向,而不主动向公安、司法机关举报的行为,属于单纯的知情不举行为,不成立窝藏、包庇罪。本题中,乙的父亲知道甲与乙的犯罪事实,但是单纯未提供证言,不成立包庇罪。C 项错误。

D 项:伪证罪,是指在刑事诉讼中,证人、鉴定人、记录人、翻译人对案件有重要关系的情节,故意作虚假证明、鉴定、记录、翻译,意图陷害他人或者隐匿罪证的行为。其中，行为人必须作了虚假的证明，必须是积极的行为，单纯的知情不举，不构成伪证罪。本题中，乙的父亲仅是未供出甲，并未作虚假陈述，不构成伪证罪。D项错误。

综上，本题应选ABCD。

10.**【参考答案】** AB

【解析】 A项：最高人民法院《关于办理死刑复核案件听取辩护律师意见的办法》第3条规定，辩护律师提交委托手续、法律援助手续及辩护意见、证据等书面材料的，可以经高级人民法院同意后代收并随案移送，也可以寄送至最高人民法院承办案件的审判庭或者在当面反映意见时提交；对尚未立案的案件，辩护律师可以寄送至最高人民法院立案庭，由立案庭在立案后随案移送。A项正确。

B项：《刑诉解释》第426条规定，报请复核死刑、死刑缓期执行的报告，应当写明案由、简要案情、审理过程和判决结果。案件综合报告应当包括需要说明的问题，包括共同犯罪案件中另案处理的同案犯的处理情况，案件有无重大社会影响，以及当事人的反应等情况，B项正确。

C项：最高人民检察院行使的是控告权，法院行使的是审判权。最高人民法院《关于死刑缓期执行限制减刑案件审理程序若干问题的规定》第6条规定，最高人民法院复核死刑案件，认为对被告人可以判处死刑缓期执行并限制减刑的，应当裁定不予核准，并撤销原判，发回重新审判。故C项错误。

D项：《刑诉解释》第435条规定，死刑复核期间，最高人民检察院提出意见的，最高人民法院应当审查，并将采纳情况及理由反馈最高人民检察院。故D项错误。

三、不定项选择题

1.**【参考答案】** AD

【解析】 A项：乙是精神病人有辨认能力但没有控制能力，属于无责任能力的人，无责任能力的人对自己的行为不承担责任，故A项错误。

B项：乙虽然具有辨认能力，但是没有控制能力，其在实施犯罪时根本不能控制自己的行为，而其属于被甲支配、操纵，甲应当认定为间接正犯。B项正确。对于乙的行为而言，其属于甲的工具，乙造成丙死亡不存在过限问题，甲的行为成立故意伤害罪，并承担致人死亡的刑事责任。D项错误。

C项：在间接正犯的场合，由于利用者只是实施了利用行为，并没有直接造成法益侵害的结果，那么要使利用者对全部结果承担正犯责任的前提必须是，被利用者对构成要件的实现应当归属于利用者的行为。换言之，在利用者的支配或操纵下，被利用者实施的行为完全符合利用者要其实施的罪名规定的构成要件。此时，被利用者的行为产生的责任，才能让利用者承担。故C项正确。

2.**【参考答案】** BD

【解析】 A项：对有影响力的人行贿罪的实质在于行为人想用金钱"敲打"有影响力的人，希望通过有影响力的人去"敲打"权力，即通过金钱间接影响权力，而不是通过金钱直接影响权力。本题中，甲向乙请求让丙帮忙找关系批贷款，承诺事成后给乙10%的回扣，并不是想将回扣直接交给丙。甲应当成立对有影响力的人行贿罪。故A项正确。

B项：《刑法》第388条（斡旋受贿罪）规定，国家工作人员利用本人职权或者地位形成的便利条件，通过其他国家工作人员职务上的行为，为请托人谋取不正当利益，索取请托人财物或者收受请托人财物的，以受贿论处。本题中，丙作为国家工作人员通过影响其他国家工作人员丁（国有银行领导），为请托人谋取不正当利益，收受贿赂，丙的行为成立受贿罪（斡旋受贿）。请托人乙找丙谋取不正当利益，乙、丙当然成立受贿罪的共犯。B项错误。

C项：斡旋受贿的客观行为表现为，国家工作人员（行为人）接受他人请托，使其他国家工作人员实施职务上的行为，为请托人谋取不正当利益。本题中，丙作为国家工作人员，使其他国家工作人员丁（国有银行领导）实施职务上的行为，为请托人谋取不正当利益，并收受请托人礼物，丙成立受贿罪（斡旋受贿）。因此，C项正确、D项错误。

综上，本题应选择BD。

3.**【参考答案】** BCD

【解析】 A项：帮助信息网络犯罪活动罪的成立，应遵守共犯从属性原则，即如果实行者不构成犯罪，则帮助者不构成帮助信息网络犯罪活动罪。因此，乙不构成帮助信息网络犯罪活动罪。A项错误。

B项：甲构成诈骗罪的实行犯。乙提供帮助，一方面构成诈骗罪的帮助犯，另一方面构成帮助信息网络犯罪活动罪，二者想象竞合，应择一重罪论处。B项正确。

C项：根据《刑法》第287条之一的规定，设立用于实施诈骗犯罪的通讯群组，情节严重的，构成非法利用信息网络罪。根据相关司法解释，甲建立了15个微信群，成员有2000人，属于情节严重。因此，甲构成非法利用信息网络罪。非法利用信息网络罪是将诈骗罪的预备行为作为独立罪名来认定。C项正确。

D项:(1)公司采取保密措施的客户名单和相关信息,是公司的商业秘密。甲通过电子侵入的方式非法获取该商业秘密,构成侵犯商业秘密罪。(2)甲不构成非法侵入计算机信息系统罪,因为该罪的系统必须是国家事务、国防建设方面的系统。(3)甲不构成非法获取计算机信息系统数据罪,因为该罪要求非法获取的数据必须达到一定的数量。(4)甲不构成非法利用信息网络罪,因为该罪的行为方式包括设立网站、群组、发布消息等。甲没有实施这些行为。D项正确。

4.**【参考答案】** AC

【解析】 共同犯罪过程中,有人想中途退出,进而成立犯罪中止,条件是脱离共犯关系,具体而言要消除自己对犯罪的贡献,包括物理性、心理性的贡献。本题中,甲、乙共谋杀害警察,这种共谋行为属于预备行为。乙见到警察抓捕,便举手投降,表明此时乙的杀人行为尚未着手实行,仍处在预备阶段。乙的贡献主要是心理性贡献,即共谋所产生的贡献。此时乙要消除这种心理性贡献,只需要明确向甲表达退出意思即可,让甲意识到自己只能"单打独斗"了。乙当场在甲的面前举手投降,便向甲传达了退出意思,因此消除了心理性贡献,能够成立犯罪中止,属于预备阶段的中止。甲构成故意杀人罪既遂。故AC项正确。

2022年客观题试题

一、单项选择题

1.关于正当防卫,下列说法错误的是:(　　)

A.宋某持刀拦路抢劫武某,武某系武警退役人员,假装害怕,趁宋某放松警惕,突然攻击宋某,致其受伤。武某的行为不构成正当防卫

B.陈某骑摩托车找李某算账,找到李某,下了摩托车,拿铁棍追打李某。李某夺路而逃,逃至大路,甩掉陈某,看到陈某停在路边的摩托车,出于泄愤,将摩托车踹下河,致使价值万元的摩托车报废。李某的行为不构成正当防卫

C.甲乙基于共同伤害的故意,报复周某。甲用刀刺向周某,周某将一旁的乙强拉过来挡在前面,致使乙被刺死。周某的行为不构成正当防卫

D.许某伤害韩某,韩某奋起反抗,导致许某摔倒,头部撞到桌角,倒地昏迷,嘴角抽搐。见此情景,韩某又抡起小板凳砸向许某头部,致其死亡。韩某的行为不构成正当防卫

2.下列哪个行为构成犯罪中止:(　　)

A.高某欲杀害王某,计划投毒六次以便致王某中毒死亡,投毒4次后,由于害怕而放弃继续投毒。但前4次投毒导致王某死亡

B.丈夫甲杀害妻子乙,捅了数刀,以为乙死亡,便离开现场。后甲回到现场,发现乙未死,可怜乙,将乙送往医院抢救成功

C.李某欲制造毒品,在化学实验室制造出80克毒品,后因害怕便将毒品扔进水里

D.宋某敲诈勒索王某,要求王某给自己汇款30万元。后宋某害怕坐牢,便告知王某:"我放弃了,不用打钱了,请放心。"但是,王某基于害怕,仍旧给宋某账户汇入30万元。宋某得知后及时退还

3.关于共同犯罪与犯罪形态,下列说法错误的是:(　　)

A.甲乙合谋杀害丙,二人将丙殴打致昏迷后,以为丙已经死亡。甲先行离开,让乙打扫现场。乙在打扫现场时发现丙尚有气息,遂向丙胸口踢一脚,致丙死亡。甲构成故意杀人罪既遂

B.甲乙欲共同抢劫丙的财物,在去往丙家途中,甲忽然肚子疼,便让乙继续前往。乙进入丙家中,进行抢劫,丙哀求,乙便放弃抢劫。甲构成抢劫罪的犯罪未遂

C.甲乙合谋抢劫丙,使用暴力后,发现丙身上没带钱,甲乙便押着丙前往丙家中取钱。途中,甲因临时有事要离开,便让乙继续前往丙家。乙到了丙家,发现丙生活困难,于心不忍,遂放弃。甲构成抢劫罪的犯罪未遂

D.甲得知乙想杀仇人丙。夜里,丙尚未出现,丁出现。甲欲杀害丁,指着丁,对乙讲:"那个人就是丙,可以开枪。"乙便开枪,打死了丁。甲乙构成故意杀人罪的共同犯罪

4.甲涉嫌诈骗罪被抓获归案,在刑事拘留期间潜逃出去。在潜逃期间,无业游民乙向甲称自己有他人犯罪的线索,3万元卖给甲。甲花3万元买到该犯罪线索。甲打电话将该犯罪线索提供给公安机关。该犯罪线索是某国有公司总经理的受贿罪事实,经查证属实。然后甲自动投案,如实供述了诈骗罪和潜逃的事实。下列说法正确的是:(　　)

A.甲的潜逃行为不构成脱逃罪

B.甲提供犯罪线索的行为不构成立功

C.甲自动投案,如实供述,针对诈骗罪构成自首

D.甲自动投案,如实供述,针对脱逃罪构成自首

5. 陈某(女)到偏僻山区旅游,夜宿王某家,王某想起其堂弟万某没有媳妇,于是第二天对陈某谎称带其坐公交车去观光,将陈某带至万某家。王某对万某讲,让陈某做万某的老婆,然后收取万某10元作为车费,坐公交车离去。万某扣留陈某,要求其当自己的老婆。陈某不同意,表示愿意给2万元,称"够你买个老婆了"。万某不同意,索要3万元,否则不放其离开。陈某被迫同意并给钱。万某释放陈某。下列说法错误的是:(　　)

A. 王某将陈某骗至万某家的行为,不属于非法拘禁行为

B. 王某将陈某留至万某家的行为不构成拐卖妇女罪,万某扣押陈某的行为也不构成收买被拐卖的妇女罪

C. 陈某给万某2万元,并称"够买老婆了",属于教唆万某实施收买被拐卖的妇女罪的教唆犯

D. 万某取得陈某的3万元,构成抢劫罪

6. 甲将自己的自行车(价值5000元)出借给乙,并约定"乙如果遗失则按3倍价格赔偿"。几日后丙从乙处偷走该车。甲得知车被偷后,非常开心。丙又得知乙需要3倍价格赔付,便向乙提出"按照5000元价格将车卖给你"。乙迫于无奈便答应照办。下列说法正确的是:(　　)

A. 丙构成盗窃罪既遂

B. 丙构成盗窃罪中止

C. 丙同时构成盗窃罪和敲诈勒索罪,想象竞合,择一重罪论处

D. 丙的盗窃行为实际上不违背所有权人甲的意愿,因此不构成盗窃罪

7. 甲欲抢劫乙的财物,计划开枪打死乙,然后取财,不慎击中路人丙,致丙死亡。下列说法正确的是:(　　)

A. 甲属于打击错误,按照法定符合说,甲对丙的死亡承担过失责任

B. 甲属于对象错误,按照具体符合说,甲对丙的死亡承担过失责任

C. 甲属于偶然防卫,按照防卫认识不要说,甲构成正当防卫

D. 甲构成抢劫罪致人死亡

8. 关于转化型抢劫罪,下列说法正确的是:(　　)

A. 甲盗窃完乙的财物,离开现场,后想到还可以盗窃乙的笔记本电脑,一小时后返回,在乙家单元楼门口碰到了乙,乙抓捕甲,甲为了抗拒抓捕将乙击昏。甲构成抢劫罪

B. 甲在公交车上盗窃乙的财物,被发现,甲逃窜下车,乙也追下车。甲为了抗拒抓捕,将乙打成重伤。甲构成"在公共交通工具上抢劫"

C. 甲在乙家盗窃到珠宝,出门后便被小区保安发现,保安要抓捕甲,甲为了窝藏赃物,对保安实施暴力,但被保安控制住,并扣押了珠宝。甲构成抢劫罪既遂

D. 甲在行驶的大巴上盗窃了乙的财物。一小时后,大巴进入高速公路的服务区,乙发现财物被甲盗窃,要抓捕甲,甲为了抗拒抓捕将乙打成重伤。甲构成抢劫罪

9. 乙从国有粮库购买新稻谷若干吨,将新稻谷运送至甲个人经营的米业工厂,欲加工成大米,出米率为70%。甲收到新稻谷后,将陈年大米替代新稻谷加工的大米,交付给乙。关于本案,下列说法正确的是:(　　)

A. 就新稻谷而言,甲构成侵占罪;就交付给乙的陈年大米而言,甲不构成犯罪

B. 就新稻谷而言,甲构成侵占罪;就交付给乙的陈年大米而言,甲构成诈骗罪

C. 就新稻谷而言,甲构成盗窃罪;就交付给乙的陈年大米而言,甲不构成犯罪

D. 就新稻谷而言,甲构成盗窃罪;就交付给乙的陈年大米而言,甲构成诈骗罪

10. 关于危害公共安全犯罪,下列选项说法错误的是:(　　)

A. 马某从高空向下扔正在燃烧的蜂窝煤球,下方有人。马某构成以危险方法危害公共安全罪

B. 李某在公交车上沉迷手机游戏,坐过车站,便抢夺司机的方向盘要求停车。李某构成妨害安全驾驶罪

C. 陈某在公交车上与司机发生口角,便暴力捶打司机,导致公交车撞上对面的小轿车,致使小轿车内多人遭受轻伤。陈某构成妨害安全驾驶罪

D. 朱某记恨王某,在王某的摩托车上动手脚,致使王某在骑摩托车时发生故障,撞伤多名行人。朱某成立破坏交通工具罪

11. 张某是甲工厂的领导,指示下属梁某"想办法"从乙工厂的技术人员田某处获取乙工厂的技术秘密。梁某给田某30万元,田某拒绝提供技术秘密。梁某拿出电锯威胁田某,不答应便用电锯锯死田某。田某被迫说出技术秘密。梁某给了田某30万元,田某收下。后甲工厂利用该技术秘密制作产品,销量大增。下列说法错误的是:(　　)

A. 梁某构成侵犯商业秘密罪的直接正犯

B. 张某构成侵犯商业秘密罪的教唆犯

C. 田某是侵犯商业秘密罪的胁从犯

D. 田某构成非国家工作人员受贿罪

12. 关于食品犯罪,下列说法正确的是:(　　)

A. 钱某从山林间拾得许多蘑菇,明知是毒蘑菇还卖给他人,其行为构成销售有毒、有害食品罪

B. 李某欲杀害妻子,在鸡汤中加入毒药,妻子中毒死亡。李某除构成故意杀人罪以外,还构成生产有毒、有害食品罪

C. 有证据证明赵某在生产食品时加入了非食品原料,但检测部门未检测出有毒、有害物质。赵某仍构成生产有毒、有害食品罪

D. 孙某用工业甲醇兑水,冒充白酒出售,导致数人中毒。孙某的行为不构成生产、销售有毒、有害食品罪,而构成投放危险物质罪

13. 关于洗钱罪,下列说法正确的是:(　　)

A.《刑法》对洗钱罪的原规定是"明知是毒品犯罪……的所得及其产生的收益",《刑法修正案(十一)》删除了"明知"。这表明,洗钱罪可以由过失构成

B. 诈骗罪、盗窃罪等财产犯罪的行为人,实施自己洗钱行为,不可能构成洗钱罪

C. 洗钱罪的上游犯罪未经审判确定有罪,不得审判洗钱罪

D. 上游犯罪超过追诉时效,洗钱罪没有超过追诉时效的,可以追究洗钱罪的刑事责任

二、多项选择题

1. 关于刑法上的因果关系,下列说法正确的有:(　　)

A. 甲申请贷款时提供了伪造的材料,骗取到贷款主要是为了生产经营,具有归还意思。但是,因为经营失败,未能归还贷款,给银行造成重大损失。伪造材料行为与重大损失没有刑法上的因果关系

B. 溺水者乙抓住一个可以救命的漂浮物,该漂浮物属于甲所有,甲见状立即拿走漂浮物,导致乙溺水身亡。甲的行为与乙的死亡具有刑法上的因果关系

C. 甲乙没有意思联络,同时向丙开了一枪,均打中非要害部位。丙因两处受伤、流血过多而死亡。甲乙的行为与丙的死亡均具有刑法上的因果关系

D. 甲乙没有意思联络,均想投毒杀丙,乙到达现场时发现甲已经向丙的水中投放了毒药,乙便没有投放毒药,丙中毒死亡。根据合法则的条件说,甲的行为与丙的死亡具有因果关系,乙的行为与丙的死亡没有因果关系

2. 甲乙共谋入户抢劫一户人家。乙在进入这户人家前,又感到害怕,告知甲想放弃,但没有劝甲放弃便离去。甲独自入户后,发现主人很穷苦,心生可怜,便放弃抢劫。下列说法正确的有:(　　)

A. 甲构成犯罪中止　　B. 乙构成犯罪中止

C. 甲构成犯罪未遂　　D. 乙构成犯罪未遂

3. 甲乙共谋运输毒品,并且约定"如果被查,就开枪拒捕"。后二人在运输毒品时遇到警察抓捕,乙见此情景,当场举手投降,甲看到乙投降,仍决定开枪,打死一名警察。下列说法正确的有:(　　)

A. 甲构成故意杀人罪既遂

B. 乙构成故意杀人罪既遂

C. 乙构成故意杀人罪预备阶段的中止

D. 乙构成故意杀人罪实行阶段的中止

4. 老板甲带下属乙到 KTV 唱歌,后与 KTV 的保安发生冲突。乙叫来一伙人在 KTV 的停车场待命,其中 A、B、C、D 等人带枪,其余人未带枪。保安队长叫保安们也在 KTV 停车场集合。双方发生了斗殴,乙护送甲离开,甲离开时,对乙说:"打他们。"事后证明,甲当时不知道有人带了枪。乙便命令 A、B、C、D 四人一起开枪教训他们,四人领命,A、B、C 怕出人命,朝地上开了一枪,D 对准一个保安开枪,当场打死保安。下列说法正确的有:(　　)

A. D 构成故意杀人罪既遂

B. 甲乙构成故意伤害罪致人死亡

C. 甲乙构成聚众斗殴罪,又过失致人死亡,拟制为故意杀人罪

D. A、B、C 三人构成故意伤害罪致人死亡

5. 甲乙共同实施暴力,抢劫丙的财物,丙反抗。甲持刀想刺杀丙然后取财,慌乱中不慎刺中了乙,导致乙重伤,丙趁机逃跑。下列选项说法错误的有:(　　)

A. 甲属于打击错误,按照具体符合说,对乙的重伤应负故意责任

B. 甲对乙的重伤应负刑事责任,构成结果加重犯"抢劫罪致人重伤"

C. 因为甲乙构成抢劫罪的共同犯罪,所以乙对自己的重伤应负责,构成抢劫罪致人重伤

D. 甲属于偶然防卫,但不影响其成立抢劫罪

6. 关于财产犯罪和人身犯罪,下列说法正确的有:(　　)

A. 甲盗窃丙的财物,被发现后逃跑,丙追赶。甲逃跑途中遇见乙,告知乙真相,请乙帮助自己殴打丙、拦住丙。乙便对丙实施暴力,将丙打倒,致丙

轻伤。甲乙构成抢劫罪的共同犯罪

B. 甲欲入户抢劫丙家，进入丙家，用迷药将丙迷晕，甲欲将丙家的保险柜抬走，无奈由于太重而搬不动。甲便电话告知乙，请其来帮忙，乙答应，来到丙家，与甲共同搬走保险柜。甲乙构成抢劫罪的共同犯罪

C. 乙在水果摊位购买水果后，不付钱便离开。摊主甲追上前讨要水果钱，抓住乙的肩膀不让走，乙在挣脱中摔倒在地，导致重伤。甲构成过失致人重伤罪

D. 甲是无业游民，购买了一批假药，打算免费赠送老年人，骗取信任，以此诈骗其钱财。然而，存储假药的仓库发生火灾，假药全部被毁。甲构成诈骗罪的犯罪预备和提供假药罪的犯罪预备

7. 关于盗窃罪与诈骗罪，下列说法正确的有：( )

A. 甲公司以职工乙名义购买了房屋，与乙协议约定房屋产权归甲公司，房产证由甲公司保管。乙到房管局声称自己丢失了房产证，房管局予以补办。乙将房屋卖给不知情的丙，并予以过户。乙对甲公司构成盗窃罪

B. 快递员错将快递(洗衣机)送至甲家门口，甲发现该快递的收件人是对门邻居乙，仍拿回自己家。甲构成盗窃罪

C. 乙到朋友甲家中喝酒，二人喝醉后，乙欲盗窃甲家门外一排自行车，甲予以帮助，乙随机选中一辆自行车，然后偷走。事后发现该车是甲的车。甲构成盗窃罪既遂

D. 甲在无人售货的超市将高价价签换成低价价签，然后在自助付款机上扫描低价价签，后拿走该商品。甲构成盗窃罪

8. 关于下列情形，说法正确的有：( )

A. 甲(15周岁)实施盗窃，请乙(18周岁)为自己望风。乙答应照办。甲窃得1万元，分给乙3000元。乙构成盗窃罪的帮助犯

B. 夜晚，甲遵守交通规则，正常驾车进入地下车库，不料在下坡拐弯处轧死躺在地上的乙。乙当时睡在此处，而此处严禁睡觉。甲不构成过失致人死亡罪

C. 甲建立网络线路是为了自己实施诈骗。乙建立网络线路也是为了自己实施诈骗。二人互不知情。乙在接入线路实施诈骗时，误接入甲的线路，并成功诈骗了丙的财物。乙以为接入的是自己的线路。甲不知道乙接入了甲的线路。甲乙构成诈骗罪的共同犯罪

D. 某药厂的负责人王某明知药品已经过期，仍然作为捐献的药品捐出。王某构成提供劣药罪

三、不定项选择题

1. 关于网络犯罪，下列说法正确的有：( )

A. 乙以为甲可能利用网络实施诈骗，为甲提供了网络接入服务。实际上，甲根本未实施犯罪。乙构成帮助信息网络犯罪活动罪

B. 乙明知甲欲利用网络实施诈骗，仍为其提供了网络接入服务。甲利用了乙的网络接入服务实施了诈骗罪。乙构成帮助信息网络犯罪活动罪和诈骗罪(帮助犯)，想象竞合，择一重罪论处

C. 甲为了实施网络诈骗，建立了10个微信群，成员有2000人。甲准备实施诈骗时被公安机关抓捕。甲构成非法利用信息网络罪

D. 某民营公司职员甲无权登录公司的某个网络系统，利用技术手段偷偷登录，获取公司采取保密措施的客户名单(十几位客户)，然后离职，联系相关客户，让客户选择与自己合作。甲构成侵犯商业秘密罪

2. 某旅游公司法定代表人王某组织12人偷越国边境，王某让下属吴某将12人带至国内边境某城市，然后将人分成两组，由甲带领其中7人，由乙带领其中5人，分别偷越边境。甲带领这组人顺利偷越了边境。乙带领的这组人尚未出境便被抓。下列说法正确的有：( )

A. 甲构成犯罪既遂

B. 王某和吴某构成犯罪既遂

C. 乙构成犯罪既遂

D. 本案应按照单位犯罪处理

3. 关于运输毒品罪，下列说法正确的有：( )

A. 刘某为了自己吸食毒品，向张某购买了毒品，给张某发送了收件地址。张某顺利将毒品寄了过来。尽管刘某没有亲自运输毒品，但依然构成运输毒品罪的共犯

B. 马某携带毒品前往某地，准备交给赵某，到了该地后未能联系到赵某，又携带毒品返回原地。马某构成运输毒品罪的既遂

C. 张某发现某种电子烟中的大麻素能够使人精神成瘾，但不知道其具体成分，仍出售这种电子烟。张某构成贩卖毒品罪

D. 李某为了吸食，在外地购买毒品，携带毒品回程，中途被警方抓住。李某构成运输毒品罪

4. 甲乙是没有正式编制的辅警，23时巡逻，发现身体虚弱、嘴角流血、不能说话的丙，开车将其送往救助站，送到救助站门外，让丙自己走进救助站，

甲乙未与救助站办理交接手续便驾车离去。第二天,救助站人员发现丙倒在救助站门口,赶紧送往医院,不治身亡。经检查,丙因失血过多而死亡,如果及时得到救助则不会死亡。下列说法正确的有:(　　)

A. 甲乙没有正式编制,不是国家机关工作人员,因此不可能构成渎职犯罪

B. 甲乙的行为构成不作为犯罪

C. 甲乙的不作为与丙的死亡结果存在因果关系

D. 甲乙构成玩忽职守罪

2022 年客观题试题参考答案及解析

一、单项选择题

1.【参考答案】 A

【解析】 A 项,正当防卫是指制止正在进行的不法侵害。武某假装害怕,诱使宋某放松警惕。宋某虽然放松警惕,但是并未放弃抢劫罪的不法侵害。宋某的不法侵害仍然正在进行。面对正在进行的不法侵害,武某有权实施正当防卫。因此,武某构成正当防卫。A 项说法错误。

B 项,正当防卫的手段,既可以针对不法侵害人的身体,也可以针对不法侵害人的侵害工具或物品。毁坏其工具或物品,成立正当防卫的条件是,能够起到制止正在进行的不法侵害的效果。在本题中,李某毁坏陈某的摩托车,不构成正当防卫。理由是,李某已经甩掉陈某,该摩托车此时不是陈某的侵害工具或物品,陈某并没有使用摩托车实施不法侵害。此时,李某出于泄愤,毁坏陈某的摩托车,不构成正当防卫,而构成故意毁坏财物罪。B 项说法正确。

C 项,周某的行为对乙构成犯罪。第一,乙也在对周某实施不法侵害,周某强拉乙的行为,也是在制止乙的不法侵害,属于对乙的防卫行为。但是,这种防卫行为导致乙死亡,超出了防卫的必要限度,属于防卫过当。即周某制止乙的不法侵害,可以将乙拉倒、打倒,但不能将乙拉来垫背。将乙拉来垫背,不是制止乙的不法侵害的必要手段。第二,周某将乙拉来抵挡甲的刺杀,属于强迫乙为自己"挡子弹",属于将乙置于死亡的危险境地,类似于将乙推向火坑,属于故意杀人行为,因此构成故意杀人罪。第三,周某不构成紧急避险。为了救自己的命而牺牲他人的命,不构成紧急避险,而属于避险过当。归纳言之,周某的行为构成防卫过当、避险过当,应负刑事责任,但应从宽处罚,具体罪名是故意杀人罪。因此,C 项说法正确。

D 项,正当防卫是指制止正在进行的不法侵害。韩某看到许某已经倒地昏迷,表明韩某知道许某已经结束了不法侵害,且丧失了再次侵害的可能性,此时韩某继续防卫,属于事后防卫,而非正当防卫。韩某抡起小板凳砸向许某头部,致其死亡,构成故意杀人罪。D 项说法正确。

综上所述,本题答案为 A。

2.【参考答案】 D

【解析】 A 项,该案件属于结果的提前发生,即以为投毒 6 次才能致人死亡,实际上投毒 4 次便导致死亡。对此主要判断前面的行为是否已经着手实行,如果已经着手实行,则死亡结果属于既遂结果。高某投毒 4 次,表明其杀人已经着手,进入实行阶段,因此死亡结果属于既遂结果。高某构成故意杀人罪既遂,而非犯罪中止。A 项不入选。

B 项,甲捅了数刀,以为乙已经死亡,离开现场,此时甲的犯罪行为已经结束,犯意已经消除,表明犯罪已经呈现终局形态,具体而言是犯罪未遂,因为乙实际上未死。B 项不入选。

C 项,制造毒品罪的既遂标准是制造出来毒品。至于制造出来的毒品数量多少、纯度高低,都不影响既遂的成立。因此,李某构成制造毒品罪既遂,而非犯罪中止。C 项不入选。

D 项,当犯罪行为已经实行终了,此时要成立犯罪中止,不仅要求自动放弃犯罪,还要求采取防止措施(中止行为),防止了实害结果发生。本题中,宋某的敲诈行为已经终了,要成立犯罪中止,需要采取防止措施,即防止王某遭受财产损失。宋某采取了防止措施,向王某打电话告知。虽然王某仍然打了钱,但宋某及时退还,防止了王某遭受实际的财产损失。因此,宋某构成犯罪中止。注意,在此不能认为"宋某的账户收到钱了,因此宋某构成犯罪既遂",因为宋某此时没有收钱的意思,没有非法占有王某钱财的目的。敲诈勒索罪的既遂,要求实现非法占有他人财物的目的,非法取得他人财物。D 项入选。

综上所述,本题答案为 D。

3.【参考答案】 A

【解析】 A 项,(1)甲、乙将丙殴打致昏迷后,以为丙已经死亡,准备打扫现场。此时,甲、乙的故意杀人罪的共同犯罪便呈现终局形态,即杀人的行

为已经彻底结束，杀人的犯意也彻底消除。然后找终局形态的下位概念，具体而言是犯罪未遂，因为实际上丙未死。至此，二人的共同犯罪便已经结束了。

(2)乙发现丙未死，故意杀死丙，构成故意杀人罪既遂，与自己先前的故意杀人罪未遂没必要并罚，因为指向的是同一个被害对象，重刑吸收轻刑，以故意杀人罪既遂论处。

(3)对于乙的第二次杀人，甲不用负责，因为甲只是让乙打扫现场，并未交代“若丙未死，便杀死丙”。乙的第二次杀人属于自己个人的行为，甲对此不用负责。

(4)有人可能认为，甲一开始想杀丙，乙杀了丙，符合甲的心愿，因此甲应负责。然而，不能泛泛地根据主观心愿“算账”。甲一开始是想杀丙，但甲杀丙的行为已经在第一个阶段终局了，一旦终局(犯罪未遂)，便表明甲的故意杀人罪已经彻底结束。

(5)乙的行为不属于事前故意(结果的推迟发生)，因为事前故意的行为模型是“甲要杀乙，将乙打成重伤昏迷”(前行为)+“以为乙死亡，便将乙扔进河里，致乙死亡”(后行为)，其中后行为是过失致人死亡。而本题中，乙的后行为是故意杀人。因此，不能套用事前故意的分析结论。A项说法错误。

B项，甲、乙构成抢劫罪的共同犯罪。乙构成实行阶段的犯罪中止。在预备阶段，甲虽然未能着手实行，但是当共同正犯乙着手实行后，甲的犯罪形态便只能在实行阶段找。由于甲没有自动放弃犯罪，所以不能定犯罪中止。也就是说，乙的中止效力不能及于甲、乙的中止，对于甲而言属于甲意志以外的原因。甲因为意志以外原因而未能得逞，构成犯罪未遂。B项说法正确。

C项，甲、乙使用暴力，表明抢劫罪已经着手实行，进入实行阶段。在实行阶段，乙构成犯罪中止。乙的中止效力不能及于甲。甲没有自动放弃的意愿。乙的中止，对于甲而言属于甲意志以外的原因。甲因为意志以外原因而未能得逞，构成犯罪未遂。C项说法正确。

D项，(1)乙构成故意杀人罪的实行犯(直接正犯)。乙产生了同一犯罪构成内的对象认识错误，这种认识错误不重要，即乙看到一个人，就朝其开枪，显然构成故意杀人罪，并且既遂。(2)乙的杀害对象是特定对象，即仇人丙。甲欺骗乙，使乙产生认识错误，如果乙知道前方不是丙，则不会开枪。因此，甲的欺骗对乙形成了支配力，甲构成故意杀人罪的间接正犯。传统理论认为，间接正犯是单独犯罪的现象，与被利用人不能构成共同犯罪。这种说法过于绝对。本题中，甲和乙就故意杀人罪构成共同犯罪，甲是间接正犯，乙是直接正犯。D项说法正确。

综上所述，本题答案为A。

4.**【参考答案】** D

【解析】 A项，脱逃罪，是指依法被关押的罪犯、犯罪嫌疑人、被告人脱逃的行为。甲是依法被关押的犯罪嫌疑人，构成脱逃罪。A项说法错误。

B项，司法解释规定，犯罪分子通过贿买、暴力、胁迫等非法手段，或者被羁押后与律师、亲友会见过程中违反监管规定，获取他人犯罪线索并“检举揭发”的，不能认定为有立功表现。其中的“贿买”是指向国家工作人员行贿，从国家工作人员处购买犯罪线索。甲向乙购买，不属于贿买。甲对乙没有实施暴力、胁迫等非法手段，因此甲提供的犯罪线索，构成立功。B项说法错误。

C、D项，关于逃跑后又回来，总结如下：模型一，甲犯A罪后，被动归案，不成立自首。甲后又逃跑，构成脱逃罪。甲后又回来。甲不构成A罪的自首。甲构成脱逃罪的自首。模型二，甲犯A罪后，自动投案，如实供述，成立自首。甲后又逃跑，撤销自首，并且逃跑行为构成脱逃罪。甲后又回来。一方面恢复A罪的自首，另一方面构成脱逃罪的自首，想象竞合。本题中，甲针对诈骗罪不构成自首，但针对脱逃罪构成自首。C项说法错误，D项说法正确。

综上所述，本题答案为D。

5.**【参考答案】** C

【解析】 A项，王某将陈某骗至万某家，过程中没有现实剥夺陈某的人身自由，不属于非法拘禁行为。A项说法正确。

B项，成立拐卖妇女罪，要求有出卖目的，即将妇女作为“商品”予以出卖、收取对价的目的。如果不收取对价，则属于“赠送行为”，不属于出卖行为。王某没有收取对价，因此不构成拐卖妇女罪。王某收取的10元只是公交车费，不能被视为将妇女作为商品出卖的对价。由于王某不构成拐卖妇女罪，因此，万某也不构成收买被拐卖的妇女罪。万某属于免费接收，而非收买。根据罪刑法定原则，对王某的行为只能作无罪处理。B项说法正确。

C项，成立教唆犯，要求故意引起他人确切的、具体的犯意，而不能仅是抽象的、泛泛的犯意。本题中,陈某对万某称“够买老婆了”,不属于引起万某确切、具体的犯意,因此不构成教唆犯。C 项说法错误。

D 项,抢劫罪,是指带着非法占有他人财物的目的,对他人实施足以压制反抗的强制手段。这种强制手段包括暴力、胁迫及其他方法。其他方法包括昏醉抢劫和拘禁型抢劫。万某扣留陈某,属于拘禁行为,足以压制陈某的反抗,属于拘禁型抢劫,构成抢劫罪。D 项说法正确。

综上所述,本题答案为 C。

6.**【参考答案】** A

【解析】 A、B 项,丙从乙处偷到车,便构成盗窃罪既遂。四个犯罪形态都是终局形态,因此相互之间是排斥关系,而非并存关系。一旦成立既遂,便不可能成立中止。因此,A 项说法正确,B 项说法错误。

C 项,敲诈勒索罪的实行行为是恐吓行为,恐吓行为的模型是,以恶害相通告,使对方产生恐惧心理,对方基于恐惧心理而交付财物。丙向乙提出“按照 5000 元价格将车卖给你”,尚未达到使乙恐惧的程度,因此不属于恐吓行为,不构成敲诈勒索罪。C 项说法错误。

D 项,成立盗窃罪,要求盗窃行为违背被害人(占有人)的意愿。如果占有人同意行为人拿走财物,则行为人不构成盗窃罪。但是注意,这里的被害人是指财物的占有人。因为,盗窃罪是指将他人占有的财物非法地转移占有,不要求将他人所有且占有的财物转移占有。本题中,丙的盗窃行为的被害人是乙,因为乙是财物的占有人。丙的行为显然违背了乙的意愿,所以构成盗窃罪。虽然甲是财物的所有权人,但是甲没有占有财物,所以不是丙的盗窃行为的直接被害人,所以是否违背甲的意愿并不重要。D 项说法错误。

综上所述,本题答案为 A。

7.**【参考答案】** D

【解析】 甲的预定目标是乙,实害对象是丙,甲对丙的死亡持过失心理,因为甲是不慎击中丙。因此,甲的行为属于打击错误。甲对乙的身份并未产生认识错误,所以不是对象错误。

根据具体符合说,甲对乙构成故意杀人罪未遂;甲对丙构成过失致人死亡罪,由于甲的手段是为了抢劫,所以甲构成抢劫罪(过失)致人死亡;想象竞合,择一重罪论处,定抢劫罪(过失)致人死亡。

根据法定符合说,甲对乙构成故意杀人罪未遂;甲对丙在事实上是过失致人死亡,但拟制为故意杀人罪既遂,由于甲的手段是为了抢劫,所以甲构成抢劫罪(故意)致人死亡;想象竞合,择一重罪论处,定抢劫罪(故意)致人死亡。

A、B 项说法均错误。A 项错在,“按照法定符合说,甲对丙的死亡承担过失责任”。B 项错在,“甲属于对象错误”。

C 项,偶然防卫,是指客观上在制止不法侵害,但主观上没有认识到自己在制止不法侵害。如果丙正在实施不法侵害,则甲击中丙属于偶然防卫。但是,题中丙没有实施不法侵害,因此甲不属于偶然防卫。C 项说法错误。

D 项说法正确。具体符合说认为,甲构成抢劫罪(过失)致人死亡。法定符合说认为,甲构成抢劫罪(故意)致人死亡。但二者都同意,甲构成抢劫罪致人死亡。

综上所述,本题答案为 D。

8.**【参考答案】** C

【解析】 A 项,(1)转化型抢劫罪要求“当场”使用暴力,即前面的盗窃行为与后面的暴力行为要具有时间上的紧密联系性。题中由于相隔一个小时,相隔时间太久,不属于当场使用暴力,不能转化抢劫。(2)转化型抢劫要求盗窃、诈骗、抢夺罪进入着手实行阶段才可能转化抢劫。题中甲第二次盗窃尚处在预备阶段,因此不能转化抢劫。甲的第二次行为构成盗窃罪犯罪预备和故意伤害罪的想象竞合,择一重罪论处,定故意伤害罪,然后与第一次盗窃罪并罚。所以,A 项说法错误。

B 项,(1)转化型抢劫罪的“当场”是指时间上的当场性,而非空间上的当场性,因此,持续追捕,即使追出一段距离,此时使用暴力,也属于当场使用暴力。因此,甲转化为抢劫罪。(2)“在公共交通工具上抢劫”属于抢劫罪的法定刑升格条件,该条件要求在公共交通工具上使用暴力。由于甲是下了公交车后实施暴力,因此不构成“在公共交通工具上抢劫”。B 项说法错误。

C 项,甲犯盗窃罪后,刚出门便被发现并使用暴力,构成转化型抢劫罪。关于转化型抢劫罪的既遂标准,多数说认为,以前三罪为准,前三罪既遂了,转化型抢劫罪便既遂;前三罪未遂,则转化型抢劫罪未遂。少数说认为,只有使用暴力后最终取得财物,才构成转化型抢劫罪既遂。本题问唯一答案,应以多数说为准,甲构成转化型抢劫罪既遂。C 项说法正确。

D 项,甲的盗窃行为与暴力行为相隔 1 小时,相隔太久,不具有时间上的当场性,因此不转化抢劫。甲构成盗窃罪和故意伤害罪，并罚。D项说法错误。

综上所述，本题答案为C。

9.【参考答案】 B

【解析】 第一，侵占罪的行为结构是，将他人所有、自己占有的财物，变成自己所有。乙将新稻谷交给甲加工，新稻谷便由甲在占有，甲将新稻谷据为己有，属于将乙所有、自己占有的财物变成自己所有，构成侵占罪。

第二，甲用陈年大米冒充新大米，交付给乙，属于通过欺骗方式免除返还新大米的义务，属于诈骗财产性利益，构成诈骗罪。

由于甲的前后两个犯罪给乙只造成一份财产损失，甲也仅获得一份好处，因此对前后两个犯罪不需要并罚。根据重罪吸收轻罪的原理，以诈骗罪论处。

综上所述，本题答案为B。

10.【参考答案】 D

【解析】 A项，马某扔的是燃烧的蜂窝煤，具有危及多数人的可能性，危害了公共安全，构成以危险方法危害公共安全罪，同时马某也构成高空抛物罪，两罪想象竞合，择一重罪论处，定以危险方法危害公共安全罪。A项说法正确。

B项，妨害安全驾驶罪，是指对行驶中的公共交通工具的驾驶人员使用暴力，或者抢控方向盘，干扰公共交通工具正常行驶的行为。基于此，李某构成妨害安全驾驶罪。B项说法正确。

C项，陈某的行为构成妨害安全驾驶罪。该行为不构成交通肇事罪，因为成立交通肇事罪，要求造成一人死亡，或者三人重伤，或者一人重伤并且有严重情节。而陈某的行为仅导致多人轻伤，未导致一人重伤。C项说法正确。

D项，第一，破坏交通工具罪要求破坏的交通工具是火车、汽车、电车、船只、航空器。摩托车不属于这些交通工具。第二，成立破坏交通工具罪，要求危害公共安全，并且达到一定的严重程度，因为该罪属于重罪。破坏个人骑行的电瓶车或摩托车，危害程度不高，不成立破坏交通工具罪。所以，朱某不构成破坏交通工具罪。如果摩托车价值数额较大，则朱某构成故意毁坏财物罪。如果导致行人受到轻伤，则朱某构成故意伤害罪，属于间接故意。D项说法错误。

综上所述，本题答案为D。

11.【参考答案】 C

【解析】 A、B项，根据《刑法》第219条的规定，以盗窃、贿赂、欺诈、胁迫、电子侵入或者其他不正当手段获取权利人的商业秘密，情节严重的，构成侵犯商业秘密罪。张某是教唆犯，梁某是直接正犯。A、B项说法正确。

C项，胁从犯，是指被胁迫参加犯罪的人。如果行为人身体完全被强制或意志自由完全被剥夺，则不构成胁从犯，符合紧急避险条件的，可以成立紧急避险。梁某拿出电锯威胁田某，不答应便用电锯锯死田某。田某已经被压制了反抗，意志自由完全被剥夺，因此不构成胁从犯，并且构成紧急避险，因为田某为了保护较大法益（自己的生命），不得已损害了较小法益（乙工厂的技术秘密）。C项说法错误。

D项，梁某、张某的手段既包含贿赂，也包含胁迫，即这两种手段不是对立排斥关系，可以并存。不能因为存在胁迫，便否定贿赂手段。因此，二人构成对非国家工作人员行贿罪。田某收了钱，构成非国家工作人员受贿罪。这种受贿属于事后型受贿，即在提供了技术秘密后，田某收钱，属于收取对价（不正当报酬）。D项说法正确。

综上所述，本题答案为C。

12.【参考答案】 A

【解析】 A项，生产、销售有毒、有害食品罪中的食品包括未经加工的原始食材，例如打捞有毒的鱼并出售。因此，钱某构成销售有毒、有害食品罪。A项说法正确。

B项，生产、销售有毒、有害食品罪是选择性罪名，可以分解出生产有毒、有害食品罪。这里的"生产"要求具有销售的目的，即带着销售目的而生产。单纯为了自用或其他用途而生产有毒、有害食品，不构成生产有毒、有害食品罪。因此，李某不构成生产有毒、有害食品罪，仅构成故意杀人罪。B项说法错误。

C项，根据法条规定，生产、销售有毒、有害食品罪，是指在生产、销售的食品中掺入有毒、有害的非食品原料。虽然赵某掺入了非食品原料，但是未能检测出有毒、有害物质，因此不属于掺入有毒、有害的非食品原料，所以不构成生产、销售有毒、有害食品罪。C项说法错误。

D项，孙某用工业甲醇冒充白酒出售，构成生产、销售有毒、有害食品罪。该罪与投放危险物质罪不是对立排斥关系，而是可以想象竞合。生产、销售有毒、有害食品罪是行为犯（抽象危险犯），投放危险物质罪是具体危险犯。孙某的行为导致数人中毒，表明已经对公众产生了实害结果，因此构成投放危险物质罪。两罪想象竞合,择一重罪论处。D项说法错误。

综上所述,本题答案为A。

13.**【参考答案】** D

【解析】 A项,洗钱罪是故意犯罪,要求明知是上游犯罪的犯罪所得。删除"明知"并不能改变这一结论。实际上,大多数故意犯罪的条文中并没有"明知"的表述。A项说法错误。

B项,(1)《刑法修正案(十一)》增设规定,上游犯罪的行为人自己为自己洗钱,也构成洗钱罪。(2)虽然洗钱罪的条文在描述上游犯罪时,没有"财产犯罪"的字眼,但并不意味着财产犯罪不能成为洗钱罪的上游犯罪。例如,上游犯罪有金融诈骗罪,该罪本质上是财产犯罪。又如,上游犯罪有黑社会性质的组织犯罪,其中包括该组织实施的各种犯罪,如该组织实施的财产犯罪。这种财产犯罪也能成为洗钱罪的上游犯罪。行为人自己对这种财产犯罪的犯罪所得进行洗钱,构成洗钱罪。B项说法错误。

C项,(1)洗钱罪的成立,应当以上游犯罪的犯罪事实成立为认定前提。(2)上游犯罪的犯罪事实已经查证属实,但对上游犯罪在程序上尚未审判的,不影响对洗钱罪的审判。因此,C项说法错误。

D项,上游犯罪的追诉时效与洗钱罪的追诉时效互不干扰,"各算各的账"。D项说法正确。

综上所述,本题答案为D。

二、多项选择题

1.**【参考答案】** ABCD

【解析】 A项,甲虽然伪造了材料,但是主观上想归还贷款,只要经营状况好,就能够归还。之所以不能归还,给银行造成重大损失,是因为客观原因即经营失败。所以,伪造材料行为与重大损失没有刑法上的因果关系。A项说法正确。

B项,考查阻断救助行为。乙正在自我救助,甲阻断乙的救助行为,给乙创设了新的溺亡危险,该危险现实化为死亡结果,因此该死亡结果能够归属于甲的阻断行为,二者具有刑法上的因果关系。B项说法正确。

C项,考查重叠的因果关系。本题便属于重叠的因果关系,每一枪都不足以致命,但是两处枪伤叠加在一起导致死亡,属于二因一果。C项说法正确。

D项,刑法只讨论现实的危害结果,不讨论假设的危害结果。现实的死亡结果是由甲的毒药导致的,因此与甲的行为有因果关系。由于乙未投毒,因此死亡结果与乙没有因果关系。乙的故意杀人罪尚未着手(尚未投毒),尚处在预备阶段,便自动放弃,构成预备阶段的犯罪中止。D项说法正确。

综上所述,本题答案为ABCD。

2.**【参考答案】** AB

【解析】 (1)乙的问题。共同犯罪过程中,有人想中途退出,想成立犯罪中止,条件是:脱离共犯关系,具体而言,消除自己的贡献,包括物理性、心理性的贡献。题中,甲、乙是共同正犯,在入户前,乙想放弃,此时犯罪处于预备阶段,尚未着手实行。此时,乙只要消除物理性贡献、心理性贡献,便可以成立犯罪中止。由于乙此时尚未提供物理性贡献,例如给甲一把刀,所以不存在消除物理性贡献的问题。乙告知甲,自己想放弃,如此便消除了心理性贡献,即甲知道自己只能"单干"了。因此,乙构成预备阶段的犯罪中止。注意,乙此时成立犯罪中止,并不要求乙阻止甲的犯罪。(2)甲的问题。甲在实行阶段,自动放弃犯罪,成立实行阶段的犯罪中止。

综上所述,本题答案为AB。

3.**【参考答案】** AC

【解析】 共同犯罪过程中,有人想中途退出,想成立犯罪中止,条件是脱离共犯关系,具体而言,消除自己的贡献,包括物理性、心理性的贡献。本题中,甲、乙共谋杀害警察,这种共谋行为属于预备行为。乙见到警察抓捕,便举手投降,表明此时乙的杀人尚未着手实行,仍处在预备阶段。乙的贡献主要是心理性贡献,即共谋所产生的贡献。此时乙要消除这种心理性贡献,只需要明确向甲表达退出意思即可,让甲意识到自己只能"单打独斗"了。乙当场在甲的面前举手投降,便向甲传达了退出意思,因此消除了心理性贡献,能够成立犯罪中止,属于预备阶段的中止。甲构成故意杀人罪既遂。

综上所述,本题答案为AC。

4.**【参考答案】** ABCD

【解析】 A项,D对准保安开枪,当场打死保安,表明D有杀人的故意,构成故意杀人罪既遂。A项说法正确。

B项,甲、乙只有教训的故意,表明只有伤害的故意,没有杀人的故意,因此构成故意伤害罪,同时对死亡结果应负过失的责任,即对死亡结果存在过于自信的过失(预见到打手可能会弄出人命,但轻信能够避免),因此构成故意伤害罪致人死亡。B项说法正确。

C项，甲、乙聚集多人相互斗殴，构成聚众斗殴罪。根据《刑法》第292条第2款的规定，在聚众斗殴中，过失致人死亡的，对直接致人死亡的行为人和首要分子拟制为故意杀人罪。甲、乙是聚众斗殴的首要分子，对死亡结果应负过失责任，所以根据该法律拟制规定，对甲、乙应定故意杀人罪既遂。C项说法正确。B项说法也正确。二者是想象竞合关系，择一重罪论处，最终定故意杀人罪既遂。

D项，(1)ABC三人与D是故意伤害罪的共同正犯。D的故意杀人罪属于实行过限。ABC对D的杀人结果不负故意责任，因为没有杀人故意。但是，三人对D的杀人结果负有过失责任，即三人已经预见到同伙持枪伤害，有可能闹出人命，但轻信不会发生，存在过于自信的过失。因此，ABC三人构成故意伤害罪致人死亡。(2)ABC三人虽然参与聚众斗殴，过失致人死亡，但不能拟制为故意杀人罪，因为《刑法》第292条第2款关于拟制为故意杀人罪的规定，仅适用于直接导致人死亡的行为人和首要分子。D项说法正确。

综上所述，本题答案为ABCD。

5.**【参考答案】** AC

【解析】 A项，甲的预定目标是丙，实害对象是乙，甲对乙的重伤持过失心理，所以甲构成打击错误。

根据具体符合说，甲对丙构成故意杀人罪未遂；甲对乙构成过失致人重伤罪，由于甲的手段是为了抢劫，所以甲构成抢劫罪(过失)致人重伤；想象竞合，择一重罪论处，定抢劫罪(过失)致人重伤。所以，A项说法错误。

根据法定符合说，甲对丙构成故意杀人罪未遂；甲对乙构成故意杀人罪未遂和故意伤害罪既遂(重伤)的想象竞合，由于甲的手段是为了抢劫，所以甲构成抢劫罪(故意)致人重伤；想象竞合，择一重罪论处，定抢劫罪(故意)致人重伤。

B项，具体符合说和法定符合说都同意甲构成抢劫罪致人重伤。因此，B项说法正确。

C项，乙是被害人，对自己的重伤不负刑事责任，因此，乙构成抢劫罪，但不构成抢劫罪致人重伤。C项说法错误。

D项，偶然防卫，是指客观上在制止不法侵害，但主观上没有认识到自己在制止不法侵害。乙正在对丙实施不法侵害，甲不慎刺中乙，客观上制止了乙的不法侵害，但甲主观上没有认识到这一点，因此属于偶然防卫。根据防卫认识不要说，甲致乙重伤的行为构成正当防卫。根据防卫认识必要说，甲致乙重伤的行为不构成正当防卫，但也不构成过失致人重伤罪，因为甲制造了好结果，而成立过失致人重伤罪，要求制造坏结果。不过，关于偶然防卫的上述分析是针对甲致乙重伤的行为而言的。甲带着非法占有丙的财物的目的，对丙实施暴力，便成立了抢劫罪。因此，D项说法正确。

综上所述，本题答案为AC。

6.**【参考答案】** AB

【解析】 A项，事后转化抢劫＝前提事实(实施前罪)＋实行行为(事后使用暴力)。“前罪实施者”类似于一种身份，只有具有这种身份才能构成转化抢劫的实行犯。因此，转化抢劫类似于一种真正身份犯，可用该原理来指导转化抢劫的共犯问题。(1)从转化抢劫的角度分析。乙不是前罪实施者，没有特定身份，不能担任转化抢劫的实行犯角色。甲不能构成转化抢劫的教唆犯，因为如此的话，会缺少转化抢劫的实行犯，乙不构成转化抢劫的实行犯。为此，只能让甲成为转化抢劫的间接正犯，乙构成转化抢劫的帮助犯。二人构成转化抢劫的共同犯罪。传统观点认为，间接正犯是单独犯罪的现象，与被利用人不能构成共同犯罪。这种说法过于绝对，并不准确。(2)从故意伤害罪的角度分析，乙构成故意伤害罪的实行犯，甲构成故意伤害罪的教唆犯。(3)综合结论，乙同时构成故意伤害罪的实行犯和转化抢劫的帮助犯，想象竞合，择一重罪论处。甲同时构成故意伤害罪的教唆犯和转化抢劫的间接正犯，想象竞合，择一重罪论处。A项说法正确。

B项，抢劫罪的实行行为包括暴力等强制行为和取财行为。乙中途参与取财行为，构成甲的抢劫罪的承继的共同犯罪。B项说法正确。

C项，(1)甲抓住乙的行为是为了实现债权(财产性利益)，是一种追财行为，该行为并没有超过必要限度，因此属于合法行为，不是危害行为，在客观要件板块便直接得出无罪结论。即甲的无罪结论不需要用后面“违法阻却事由”板块中的正当防卫来论证。(2)乙摔倒在地，属于被害人自陷风险，自己负责。因此，甲不构成过失致人重伤罪。C项说法错误。

D项，(1)犯罪预备，是指为了着手实行犯罪，准备工具，制造条件，因意志以外原因未能着手。甲准备假药的行为属于准备诈骗用的工具，属于预备行为。由于意志以外原因，甲未能着手，因此，甲构成诈骗罪的犯罪预备。(2)提供假药罪的主体是特殊主体，要求是药品使用单位及其人员，例如医院或医生。甲不是药品使用单位的人员,所以不构成提供假药罪。D项说法错误。

综上所述,本题答案为AB。

7.**【参考答案】** AD

【解析】 A项,从形式上看,房屋登记在乙的名下,乙是房屋的产权人,但是在此应实质判断,根据协议约定,房屋的产权归甲公司所有,产权证也由甲公司保管,因此,房屋是甲公司的财产,甲公司是房屋的真正产权人。乙在甲公司不知情的情况下,将甲公司的房屋变卖掉,对甲公司构成盗窃罪,属于盗窃甲公司的产权。同时,乙欺骗买家丙,使丙用正常价买到一个权利有瑕疵的财物,使丙遭受了财产损失,多数观点认为乙对丙构成诈骗罪。乙的一个变卖行为同时触犯盗窃罪和诈骗罪,想象竞合,择一重罪论处。A项说法正确。

B项,一个人对财物的占有包括事实上的占有和观念上的占有。事实上的占有是指财物在自己实际控制范围内,对财物具有支配力。观念上的占有是指财物虽然不处在自己的实际控制范围内,但根据社会一般观念仍然认为自己在占有。本题中,快递员将一个快递放到甲家门口,该快递便由甲在事实上占有。一旦确定事实上的占有,便不需要考虑观念上的占有。甲明知该快递的所有权人是邻居乙,甲仍据为己有,甲属于将他人所有、自己占有的财物,变成自己所有,构成侵占罪。B项说法错误。

C项,(1)生活中的醉酒状态不能排除责任能力,不能排除刑事责任。(2)乙是实行犯,构成盗窃罪既遂。(3)甲是帮助者。第一,甲成立帮助犯,因为乙有盗窃其他人自行车的危险性、可能性,甲帮助乙的这种违法行为,成立帮助犯。第二,甲不构成帮助犯既遂。一般而言,实行犯既遂,帮助犯也跟着既遂。但是,由于所盗财物是甲的财物,甲是被害人,所以不能认为甲构成犯罪既遂。第三,乙的盗窃行为有盗窃其他人自行车的危险性,且这种危险比较紧迫,即乙盗窃其他人的自行车已经进入着手实行阶段。因此,帮助犯甲的犯罪形态也跟着在实行阶段找。由于乙最终未盗窃其他人的自行车,所以甲构成犯罪未遂。C项说法错误。

D项,(1)盗窃罪与诈骗罪的区别在于,诈骗罪中,行为人欺骗受害人,受害人基于认识错误而处分财物。自助机器不是自然人,没有意识自治能力,其扫描价签不属于有意识的行为,而属于程序在运行。刑法上的行为要求是有意识的行为。由于甲在付款过程中,不存在“欺骗受害人,受害人基于认识错误而处分财物”,因此,不能认为“甲欺骗了机器,构成诈骗罪”。接下来,甲只可能构成盗窃罪或抢夺罪。(2)盗窃罪与抢夺罪的区别在于,盗窃罪中,行为人通过平和手段转移占有,手段对人没有危险。抢夺罪中,行为人对物暴力,对人有危险,夺取财物。甲的手段是平和手段,因此构成盗窃罪。实际上,在这种无人售货超市的自助付款区上方都有摄像头监控(监控室的人在监控),甲的行为带有“堂而皇之”的特征,但仍构成盗窃罪,即带有公开盗窃的特征。D项说法正确。

综上所述,本题答案为AD。

8.**【参考答案】** AB

【解析】 A项,共同犯罪是指在客观违法阶层,二人一起制造违法事实(法益侵害事实)。即“违法是一起的,责任是独立的”。甲、乙在客观阶层构成共同犯罪,甲是实行犯,乙是帮助犯。在主观阶层,甲因为不具有责任年龄,因此最终不追究刑事责任。最终追究乙的盗窃罪帮助犯的刑事责任。A项说法正确。

B项,首先甲遵守交通规则,正常驾车。其次甲在下地库时,有无“仔细检查地面有没人躺着人”的义务?没有。相反,其他人有“不在地库下坡处躺着睡觉”的义务。根据信赖原则,甲能够信赖不会有人躺在下坡处睡觉,这是一种信赖利益。因此,甲虽然在客观上对乙制造了危险,但是在法律上没有制造法不允许的危险,不是危害行为。连危害行为都不是,便直接得出无罪的结论。B项说法正确。

C项,成立共同犯罪,要求有意思联络,即参与意识。(1)甲乙没有相互的意思联络或参与意识。(2)甲乙没有单方面的意思联络或参与意识。片面的帮助犯是指“乙以为自己在单干,甲知道在帮乙”。虽然在客观上甲帮助了乙,但是主观上甲并没有想帮助乙。因此,甲不构成片面的帮助犯。所以,甲、乙不构成共同犯罪。C项说法错误。

D项,(1)过期的药品是劣药。(2)提供劣药罪的主体是药品使用单位及其人员,例如医院或医生。药厂是药品的生产单位,不是使用单位。因此,王某不构成提供劣药罪。王某的行为也不构成销售伪劣产品罪,因为其是捐赠行为,不是销售行为。王某的行为如果造成他人轻伤或重伤,则构成故意伤害罪。D项说法错误。

综上所述,本题答案为AB。

三、不定项选择题

1.**【参考答案】** BCD

【解析】 A项,帮助信息网络犯罪活动罪的成立,应遵守共犯从属性原则。即如果实行者不构成犯罪,则帮助者不构成帮助信息网络犯罪活动罪。因此,乙不构成帮助信息网络犯罪活动罪。A 项说法错误。

B 项,甲构成诈骗罪的实行犯。乙提供帮助,一方面构成诈骗罪的帮助犯,另一方面构成帮助信息网络犯罪活动罪,想象竞合,择一重罪论处。B 项说法正确。

C 项,《刑法》第 287 条之一规定,设立用于实施诈骗犯罪的通讯群组,情节严重的,构成非法利用信息网络罪。根据司法解释,建立了 10 个微信群,成员有 2000 人,属于情节严重。因此,甲构成非法利用信息网络罪。不难看出,非法利用信息网络罪是将诈骗罪的预备行为作为独立罪名来认定。C 项说法正确。

D 项,(1)公司采取保密措施的客户名单和相关信息,是公司的商业秘密。甲通过电子侵入的方式非法获取该商业秘密,构成侵犯商业秘密罪。(2)甲不构成非法侵入计算信息系统罪,因为该罪的系统要求是国家事务、国防建设方面的系统。(3)甲不构成非法获取计算机信息系统数据罪,因为该罪的数据要求达到一定的数量。(4)甲不构成非法利用信息网络罪,因为该罪的行为方式要求设立网站、群组、发布消息等。甲没有实施这些行为。D 项说法正确。

综上所述,本题答案为 BCD。

2.**【参考答案】** AB

【解析】 A 项,组织偷越国(边)境罪的既遂标准是,被组织者非法出境或入境。甲构成该罪既遂。A 项说法正确。

B 项,王某、吴某与甲构成共同犯罪,根据“部分实行、全部负责”原则,当甲构成犯罪既遂,则王某、吴某也构成犯罪既遂。B 项说法正确。

C 项,甲、乙相互之间不构成共同犯罪。第一,甲、乙只是王某的“马仔”,只是执行者的角色,并不是领导层成员。第二,甲、乙各自分别执行,对对方的执行任务并没有提供物理性的贡献。第三,甲、乙虽然在主观上可能知道对方和自己一样,在组织偷渡,但是这种“知道”并不会给自己或对方产生实质的心理性贡献。大家都是“马仔”,各自完成好任务即可。第四,如果组织中的某个成员知道其他成员在犯罪,便让其对其他成员的犯罪负责,则与该成员的角色地位明显不符。因此,乙不用对甲的既遂结果负责,乙构成犯罪未遂。C 项说法错误。

D 项,组织偷越国(边)境罪是自然人犯罪,不是单位犯罪。即使是单位行为,也仅对主管人员和其他直接责任人追究自然人的刑事责任。D 项说法错误。

综上所述,本题答案为 AB。

3.**【参考答案】** BCD

【解析】 A 项,刑法不处罚为了自己吸食的购买毒品行为。例如,甲为了自己吸食,向乙购买毒品,乙向甲出售毒品。乙构成贩卖毒品罪,甲不构成贩卖毒品罪的共犯(教唆犯、帮助犯)。同理,本题中,张某构成贩卖、运输毒品罪,但刘某不构成贩卖、运输毒品罪的共犯。A 项说法错误。

B 项,运输毒品罪的既遂标准是,毒品离开原存放地,发生较长距离的位移。马某运输毒品,发生较长距离的位移,便构成运输毒品罪。至于未能找到接收者,不影响既遂的成立。B 项说法正确。

C 项,贩卖毒品罪的行为对象是“毒品”,毒品是指能够使人精神成瘾的精神药品。张某只要认识到大麻素是能够使人精神成瘾的物品,就认识到贩卖这种物品会产生危害社会的结果,便具有了贩卖毒品罪的犯罪故意,构成贩卖毒品罪。至于张某不知道大麻素的具体成分,不知道大麻素已经属于“毒品”,这一点并不重要。“毒品”只是对能够使人成瘾的精神药品的一种称谓、名称。这种称谓、名称不需要行为人认识到。行为人需要认识到的是物品的实质特征。C 项说法正确。

D 项,司法解释规定,为了自己吸食而运输毒品,定运输毒品罪。因此,李某构成运输毒品罪,并且已经使毒品发生较长距离的位移,构成运输毒品罪既遂。D 项说法正确。

综上所述,本题答案为 BCD。

4.**【参考答案】** BCD

【解析】 A 项,渎职犯罪是身份犯,主体是国家机关工作人员。刑法上认定国家工作人员及国家机关工作人员,不是看有无正式编制,而是看是否从事公务。甲、乙虽然没有编制,但是在从事巡逻这种公务活动,此时属于国家机关工作人员,具有渎职罪的主体身份。因此,A 项说法错误。

B 项,甲、乙作为巡逻的警察,负有救助义务。不作为包括两种方式:一是不履行作为义务;二是不正确履行作为义务。甲、乙虽然履行了作为义务,但没有正确履行作为义务,即履行作为义务不到位,没有将丙交到救助站人员手里。由此造成严重后果,因此甲、乙构成不作为犯罪。B 项说法正确。

C 项,不作为犯罪的因果关系的判断公式是,如果履行了作为义务，则结果便不会发生，那么不履行作为义务便是结果发生的原因。题中告知，如果甲、乙及时将丙交到救助站人员手里，丙得到及时救助，丙便不会死亡，因此，甲、乙的不作为与丙的死亡存在因果关系。C项说法正确。

D项，(1)客观上，甲、乙具有渎职犯罪的主体身份，甲、乙的行为是不作为，由此导致严重后果。(2)主观上，甲、乙对死亡结果存在过于自信的过失，即认为自己这样做(送到门口)能够避免死亡结果的发生，实际上没有避免。因此，甲、乙构成玩忽职守罪。D项说法正确。

综上所述，本题答案为BCD。

2021年客观题试题

一、单项选择题

1. 关于甲、乙、丙、丁不作为行为成立犯罪的情况，下列说法正确的是？(　　)

A. 甲事后发现自己销售的一批药品不合格，但并未召回，致一名患者死亡。由于销售劣药罪的行为只能是作为，且必须具有故意，故甲不构成犯罪

B. 路人乙在荒山发现一名弃婴，将弃婴抱回家，几天后打算长期抚养。由于妻子强烈反对，乙次日将弃婴放至某菜市场门口，弃婴被他人抱走，不知去向。乙构成遗弃罪

C. 成年人赵某用手抚摸丙饲养的宠物狗，不料宠物狗张嘴把他咬了。丙在一旁没有制止，导致赵某被咬成重伤。由于赵某自己制造了危险，故丙不构成不作为犯罪

D. 丁夜间在员工宿舍用电热炉煮方便面，不慎将被单碰到电热炉上燃烧，本可立即扑灭，但担心因被单被毁会被开除，便离开，最后酿成重大火灾。丁的行为不成立不作为的放火罪，而构成失火罪

2. 关于因果关系的判断，下列说法正确的是？(　　)

A. 甲系出租车司机，某晚未经乘客同意而抄近道，女乘客误以为甲欲行不轨而跳车，摔成重伤。事后查明，甲没有加害意图。甲的行为与女乘客摔伤结果之间不具有刑法上的因果关系

B. 乙放火意图烧毁张某房子，张某冲进房内试图救出妻子，不料火势猛涨，张某及妻子均被烧死。乙的放火行为与张某死亡结果之间没有因果关系

C. 丙在医院门口捡到一婴儿，旋即发现婴儿有先天性疾病，立刻将婴儿扔至垃圾箱旁，后婴儿被冻死。丙扔婴儿的行为与婴儿死亡结果之间不具有因果关系

D. 丁盗窃张三用于治疗疾病的费用，张三悲痛欲绝，最后自杀身亡。丁的盗窃行为与张三死亡之间有因果关系

3. 对于______，应当立足______在防卫时所处的情境，按照______的一般认知，依法作出合乎情理的判断，不能苛求防卫人。对于防卫人因为恐慌、紧张等心理，对不法侵害是否已经开始或者结束产生错误认识的，应当根据______，依法作出妥当处理。关于上述空格，依次填写正确的是？(　　)

A. 不法侵害是否已经开始或者结束—社会公众—防卫人—罪刑相适应原则

B. 不法侵害是否已经开始或者结束—防卫人—社会公众—主客观相统一原则

C. 是否严重危害人身—防卫人—社会公众—主客观相统一原则

D. 是否严重危害人身—社会公众—防卫人—罪刑相适应原则

4. 关于故意、过失的认定，下列说法错误的是？(　　)

A. 甲以为眼前财物是王某的遗忘物，实际是李某占有的财物，进而拿走该财物。甲没有盗窃罪的故意，只有侵占罪的故意

B. 乙误以为自己运输的是假美元，实际是假欧元。乙的认识错误属于具体的事实认识错误。乙成立运输假币罪

C. 丙雇凶手伤害李某，反复叮嘱凶手不要导致李某死亡，但凶手仍致李某死亡。丙对死亡结果有过失

D. 丁误以为赵某是不满14周岁的男童而出卖给他人，实际上赵某是15周岁的少女。由于主客观不一致，因此丁不成立犯罪

5. 关于行为人犯罪既遂、犯罪未遂的认定，下列说法错误的是(本题不考虑犯罪数额)？(　　)

A. 甲绑架了张三的儿子向其勒索赎金，并告知张三将钱用箱子装好放在闵庄路的垃圾桶里，后张三按甲的要求将箱子放在垃圾桶里，但是箱子被他人捡走，张三以为是甲的同伙所为，虽甲未实际取得赎金，但仍认定甲犯罪既遂

B. 乙在某销售平台售假冒知名品牌白酒以诈骗钱财，李四将货款支付给销售平台，李四收到货物后，发现是假冒白酒，遂申请售后并向销售平台投诉，销售平台将货款退还给李四。因李四已经将

货款支付给销售平台，即使乙未实际取得货款，也认为乙犯罪既遂

C. 丙潜入某小区偷电动车，保安王五通过监控发现了丙的盗窃行为。为了让丙的盗窃行为既遂，王五等丙盗窃得手将电动车骑出小区门口300米才骑车将其擒获，丙构成犯罪既遂

D. 丁以出卖为目的，将妇女田某骗到外省出卖；因为行情不好，加上扫黑除恶，未能将田某卖出，后来两人日久生情，在一起共同生活，因为丁未将田某卖出，故丁构成犯罪未遂

6. 甲盗窃他人银行信用卡，并于柜台取走卡内资金90万元，之后找到乙，告知其款项真实来源，让乙帮忙将90万元转移到境外。关于本案，下列哪一选项是正确的？（　　）

A. 盗窃信用卡并使用的核心是冒用他人信用卡的行为，故甲的行为只构成信用卡诈骗罪，同时构成洗钱罪的教唆犯，数罪并罚

B. 如果认为乙构成洗钱罪的正犯，则必须认定甲同时构成盗窃罪和信用卡诈骗罪且须两罪并罚，否则有违罪刑法定原则

C. 甲盗窃信用卡并使用的行为构成盗窃罪，但因甲的行为中包含了信用卡诈骗，所以甲也成立洗钱罪，应以盗窃罪与洗钱罪数罪并罚

D. 虽然盗窃信用卡并使用的行为包含了信用卡诈骗，但甲让乙帮助将诈骗款转移到境外的行为属于不可罚的事后行为，甲仅成立盗窃罪一罪

7. 甲、乙系表兄弟，长相相似，甲用乙的户口证明办理了身份证（身份证姓名为乙、号码为乙，但照片为甲）。甲得知乙的银行卡尚未绑定手机支付，遂持该身份证去银行将乙的银行卡绑定自己手机支付，后去商场购物消费3万元。乙收到了3万元的扣款短信，报案而案发。关于甲的行为性质，下列哪一选项是正确的？（　　）

A. 盗窃罪　　B. 诈骗罪

C. 信用卡诈骗罪　　D. 侵占罪

8. 甲网购了一部手机，趁快递店不注意直接拿走了手机，后联系商家谎称未收到货。商家向甲全额退款，要求快递公司赔偿所有损失。关于甲的行为，下列说法正确的是？（　　）

A. 甲仅构成对手机的盗窃罪

B. 甲仅构成对退款的诈骗罪

C. 甲对手机构成盗窃，对退款构成诈骗

D. 不论对手机还是退款，甲的行为整体构成诈骗一罪

9. 某幼儿园班主任建立了一个班级群，用于与家长们交流并收取各种费用。某日，家长甲等人依惯例将总计5000元的伙食费以“发红包”的形式发到班级群，请班主任老师接收。班主任老师未及时接收，家长乙收取了该伙食费并退群。关于乙的行为性质，下列哪一说法是正确的？（　　）

A. 抢夺罪　　B. 盗窃罪

C. 诈骗罪　　D. 侵占罪

10. 甲在驾车通过高速路收费站时，经常利用ETC将紧邻两车识别为一车的设置驶入，紧跟前车快速驶出，在挡车杆落下之前跟着前车通过，这样其ETC未被扣费。甲采用这种方式偷逃高速通行费共计1万余元。关于甲的行为定性，下列说法正确的是？（　　）

A. 盗窃罪　　B. 诈骗罪

C. 抢夺罪　　D. 不构成犯罪

11.《刑法》第17条第3款规定：“已满十二周岁不满十四周岁的人，犯故意杀人、故意伤害罪，致人死亡或者以特别残忍手段致人重伤造成严重残疾，情节恶劣，经最高人民检察院核准追诉的，应当负刑事责任。”对于本款规定的理解，下列哪一选项是错误的？（　　）

A. 本条款是《刑法修正案（十一）》新增，对发生在2021年3月1日《刑法修正案（十一）》施行前的案件不能适用

B. 根据本条款的规定，已满12周岁不满14周岁的人，在实施绑架过程中，故意杀害、故意伤害被绑架人的，不负刑事责任

C. 13周岁的甲使用菜刀砍断了10周岁乙的拇指，虽然乙构成重伤，但对甲不能适用本条款的规定追究刑事责任

D. 根据本条款的规定，最高人民检察院经审查决定，也可以不予核准追诉

二、多项选择题

1. 2021年2月28日23时，甲从三楼阳台朝楼下扔装修垃圾，正好砸在自家汽车上。如现在进行审理，关于甲的行为性质，以下说法错误的是？（　　）

A. 三楼不属于高空，即使甲的行为发生在《刑法修正案（十一）》实施之后，甲也不构成高空抛物罪

B. 甲扔的垃圾砸在自家汽车上，没有危害公共安全，即使甲的行为发生在《刑法修正案（十一）》实施之后，甲也不构成高空抛物罪

C. 甲的行为发生在《刑法修正案（十一）》实施之前，不成立以危险方法危害公共安全罪，根据从

旧兼从轻原则，甲不成立犯罪

D. 甲的行为发生在《刑法修正案（十一）》实施之前，成立以危险方法危害公共安全罪，根据从旧兼从轻原则，甲构成高空抛物罪

2. 甲绑架了乙，要求乙的妻子丙交钱赎人，否则杀死乙。丙想起乙平日经常打骂自己，遂决定借甲之手除掉乙，故拒绝支付赎金。甲气急败坏，将乙杀害。关于本案，下列说法正确的是？（　　）

A. 只有肯定片面共同犯罪，才能追究丙的刑事责任

B. 如不肯定片面共同犯罪，则丙只能构成故意杀人罪的间接正犯

C. 如肯定片面共同犯罪，则丙与甲在故意杀人罪的犯罪内构成共同犯罪

D. 如肯定承继的共同犯罪，则丙成立绑架罪“杀害被绑架人”的共同犯罪

3. 甲购买乙公司的一批车辆，支付了购车首付款。双方约定，在甲付完全款之后，才能获得车辆所有权。乙公司为保障其权利，在车辆上安装了定位系统。甲获取车辆之后，不想继续支付余款，欲变卖该批车辆，遂将计划告知好友丙，请其利用信息网络干扰定位系统，致使车辆定位系统崩溃。之后，甲顺利将车辆变卖。关于丙的行为性质，下列说法不正确的是？（　　）

A. 非法利用信息网络罪

B. 破坏计算机信息系统罪

C. 非法侵入计算机信息系统罪

D. 盗窃罪

4. 甲在自己经营的报亭和乙发生矛盾，冲突中甲用水果刀刺中乙。路人丙看见后报警，甲见丙报警后留在原地等待。经鉴定，水果刀刺中乙脖颈后方10厘米深处，伤害损伤为轻微伤。关于甲的行为，下列说法正确的是？（　　）

A. 乙受伤程度轻微，甲不构成犯罪

B. 甲严重伤害乙，构成故意伤害罪；但由于甲属于过激伤人，可从轻、减轻或者免除处罚

C. 若甲刺中乙后本可以继续刺击，但甲并未继续实施，甲构成犯罪中止

D. 甲见丙报警后留在原地等待的情节构成自首

5. 关于拐卖妇女、儿童罪，下列说法正确的是？（　　）

A. 农家女不想在农村生活，在街上大喊卖身救母，甲出价50万元买下。甲构成拐卖妇女罪

B. 乙以出卖为目的将妇女田某骗至外地，后卖不出去，无奈将其放回。乙构成拐卖妇女罪

C. 丙以出卖为目的将妇女张某带往外地，后打消出卖念头与之共同生活。丙构成拐卖妇女罪

D. 陈某系15周岁少女，丁误以为陈某是不满14周岁的男童而将其带至外地卖出。因丁欠缺拐卖妇女故意，不成立拐卖妇女罪

6. 诈骗罪中处分财物要求具有处分行为和处分意识，不考虑数额情况下，下列说法中，存在处分意识的有哪些？（　　）

A. 甲请张三吃饭，饭后对服务员表示送张三到门口再回来买单，服务员同意，但是一直看着门口，甲到门口后趁机溜走

B. 乙使用技术手段将燃气表度数调低了10,000立方米，收费员查表的时候，由于不知情，没有收取乙的燃气费

C. 丙在超市购物，把一个苹果手机放到了方便面箱子里，最后收银员以一箱方便面的价格收款

D. 丁伪造车辆所有权凭证和行驶证，以虚构的奥迪A6L作抵押，向李某借款50万元，借到钱后逃跑

7. 甲见乙不顺眼，于是故意伤害乙，在下列哪些情形中，其不构成抢劫罪？（　　）

A. 乙主动提出给甲5000元让其放过自己，甲要10,000元，乙答应

B. 甲致乙昏迷后，乙身上的钱包掉落下来，甲拿走了乙的钱包

C. 甲致乙昏迷后，乙左手搭在口袋处，甲认为乙护着钱包，挪开了乙的手拿走了钱包

D. 甲致乙重伤后，乙怕死，提出支付甲5000元送自己去医院，甲要10,000元，乙同意

三、不定项选择题

1. 李某的丈夫张某涉嫌职务类犯罪被监察委员会留置，甲对李某说：“你给我500万元，我保证将张某捞出来，这笔钱要去打点一下。”实际上，甲只想用100万元打点，剩余400万元，甲用于偿还个人债务。甲让小三乙去给监察员丙送过去，丙当场拒收，下列说法正确的有？（　　）

A. 甲构成诈骗罪既遂，数额为400万元

B. 甲和乙成立行贿罪未遂，数额为100万元

C. 李某构成行贿罪既遂，数额为500万元

D. 假如丙收到后立即上交纪委，则甲、乙构成行贿罪既遂

2. 关于侵犯财产犯罪，下列说法正确的是？（　　）

A. 甲盗窃王某手机（价值3000元），发现其微

信账号余额1万元,遂将1万元转入自己的微信账户。甲成立盗窃罪一罪,犯罪数额为1.3万元

B. 乙盗窃张某手机(价值3000元),发现其微信账号没有余额,但绑定了信用卡,遂使用该微信绑定的信用卡账号,直接用于消费,花费了1万元。乙成立盗窃罪一罪,犯罪数额为1.3万元

C. 丙盗窃李某手机(价值3000元),发现其微信账号没有余额,但绑定了储蓄卡,遂用李某的储蓄卡账户往李某的微信账户充值1万元,后再将1万元转入自己微信账户。丙成立盗窃罪一罪,犯罪数额为1.3万元

D. 丁盗窃刘某手机(价值3000元),发现其微信账户没有余额,也没有绑定信用卡,遂用该手机备忘录中记载的刘某信用卡信息绑定了该微信,后去商场使用微信扫码消费了1万元。丁成立盗窃罪一罪,犯罪数额为1.3万元

3. 关于赌博类犯罪,下列说法正确的有?( )

A. 甲以营利为目的,邀请人员加入微信群,利用微信群进行控制管理,以抢红包的方式进行赌博,应以开设赌场罪定罪处罚

B. 乙以营利为目的,邀请人员加入微信群,根据竞猜游戏网站的开奖结果进行赌博,利用微信群控制管理,应以开设赌场罪定罪处罚

C. 丙组织我国境内旅游团赴境外旅游,其间组织旅游团成员进入当地合法赌场参加赌博,丙成立开设赌场罪

D. 丁为境外赌博网站提供资金结算业务,以开设赌场罪的共同犯罪论处

2021年客观题试题参考答案及解析

一、单项选择题

1.【参考答案】 B

【解析】 本题考查不作为的认定和义务来源,该考点为常考考点。公式:应为+能为+而不为+具有等价性。对存在安全隐患的产品召回就是一种作为义务,甲对出售的不合格药品负有召回义务,其知道了是劣药还不召回,那就构成不作为的销售劣药罪。故A错误。

乙已经抱回了弃婴,有基于自愿救助行为产生的保护义务,再抱出去,放到火车站、菜市场等人流量大的地方成立遗弃罪。如果乙放到荒山老林,就涉嫌故意杀人罪。故B正确。

危险源制造了危险,丙作为管理人有监管义务,如果故意不制止,成立不作为犯罪,具体应定不作为的故意伤害罪。故C错误。

自己的先行行为要产生作为义务,前提是该先行行为对法益创设了危险,丁负有消除危险的作为义务,故意不消除危险导致火灾,丁成立不作为的放火罪。故D错误。

2.【参考答案】 A

【解析】 本题考查因果关系,即危害行为与结果之间引起与被引起的关系。最重要的就是介入因素的判断。司机没有对女乘客实施加害行为、恐吓行为。偏航行为本身不是刑法上的危害行为,因此女乘客重伤与偏航没有刑法上的因果关系。故A正确。但本案改编自"货拉拉"案,如果司机对女乘客实施了加害行为、恐吓行为,女乘客为了躲避加害而跳车,这种举动不异常,那就存在因果关系了。

B项考查的是被害人自陷风险,先找出危险的实行者、支配者。张某自行进入房子是为了救自己的妻子,如果是救普通物品,与放火者无关。救人、救贵重物品,放火者负责。2012年主观题也考过这个考点。故B错误。

C项,行为人将婴儿由救助可能性较高、风险较低的医院门口,扔到被救助可能性较低、风险较高的垃圾箱旁,丙实施的是升高风险的作为行为。该行为与婴儿死亡结果具有因果关系,C错误。

D项,盗窃行为不会导致死亡的结果,介入因素是张三自杀,这个行为独立于盗窃行为,并且是异常的。故D错误。

3.【参考答案】 B

【解析】 本题考查正当防卫的时间条件,在判断时间上,应当从行为时进行判断,并且要依据防卫人在防卫时所处的情境来判断,按照社会公众的一般认知,依法作出合乎情理的判断,不能苛求防卫人。产生错误认识的,应当根据主客观相统一原则进行定罪量刑。这道题目考查的是法理,依据是2020年8月28日最高人民法院、最高人民检察院、公安部《关于依法适用正当防卫制度的指导意见》原文。

4.【参考答案】 D

【解析】 A项,盗窃罪属于将他人占有的财物转移为自己占有。甲具有盗窃罪客观行为,但是主观上没有盗窃罪的故意。盗窃罪可以包容评价为侵占罪,甲没有盗窃罪的故意。A正确。

B 项，运输假币罪包括假的人民币和假的外币，只要是假币即可。乙的错误认识属于同一犯罪构成内的认识错误，这种错误错了等于没错。B 正确。

C 项，丙雇凶伤人，反复叮嘱不要把人弄死，这表明丙已经预见到凶手可能会导致李某死亡，但是轻信凶手会听自己的，然而凶手还是导致李某死亡。因此，丙对死亡结果存在过于自信的过失。C 正确。

D 项，拐卖妇女、儿童罪是个选择性罪名，对象是妇女、儿童。关于选择性对象之间的对象认识错误，应按照客观情况定。丁主观上想拐卖儿童，客观上拐卖妇女，按照客观定拐卖妇女罪既遂即可。故 D 错误，当选。

5.【参考答案】 D

【解析】 A 项中，甲已经构成绑架罪，控制人质就已经既遂，至于是否勒索到赎金，不是绑架罪的既遂标准。故 A 正确。

B 项中，乙卖假酒的行为触犯了以下罪名：(1)销售伪劣产品罪(以假充真)，以销售金额 5 万元以上为既遂，不以收到货款为既遂，故乙既遂。(2)销售假冒注册商标的商品罪(假冒品牌)，该罪以销售出商品为既遂，不以收到货款为既遂，故乙既遂。(3)诈骗罪，按通说“控制说”，以行为人控制财物为既遂；乙还未取得货款，应认定为未遂。在罪数上，销售伪劣产品罪中包含诈骗罪的内容，二者是整体法与部分法的法条竞合关系，以整体法销售伪劣产品罪(既遂)论处；销售假冒注册商标的商品罪与诈骗罪，也是整体法与部分法的法条竞合关系，以整体法销售假冒注册商标的商品罪(既遂)论处。乙构成销售伪劣产品罪(既遂)、销售假冒注册商标的商品罪(既遂)，系想象竞合，择一重处。无论哪个罪，乙均为犯罪既遂。

C 项中，丙成立盗窃罪。盗窃罪既遂标准是“大件扔出墙外，小件握在手中”。盗窃罪属于结果犯，行为人只有实际窃得财物的才能认定盗窃既遂。本案丙已控制住财物，当然认定为既遂。

D 项中，丁构成拐卖妇女罪。根据《刑法》第 240 条第 2 款，出卖只是主观目的要素，只要拐骗、绑架、收买、贩卖、接送、中转妇女行为之一完成，即为既遂，而不是以卖出为既遂标准。丁拐骗行为完成，构成犯罪既遂。既遂之后的共同生活，不影响既遂的认定。

6.【参考答案】 C

【解析】 本题考查信用卡诈骗罪的规定，做题技巧：盗窃/抢劫来的信用卡，不管对人使用还是对 ATM 机使用，只成立盗窃罪/抢劫罪，其余的构成信用卡诈骗罪。

基于此，甲盗窃来的信用卡，使用就定盗窃罪，AB 错误。

乙在甲盗窃行为终了之后，帮甲将赃款转移境外，不构成盗窃罪的承继的共同犯罪。乙明知是盗窃罪赃款而协助转移，触犯掩饰、隐瞒犯罪所得罪。洗钱罪的上游犯罪不包括盗窃罪，但包括信用卡诈骗罪。乙既触犯洗钱罪，也触犯掩饰、隐瞒犯罪所得罪，系特别法与一般法的法条竞合关系，应以特别法洗钱罪论处。甲是洗钱罪的教唆犯。故 C 正确，D 错误。

7.【参考答案】 C

【解析】 信用卡诈骗罪在 2021 年考查较多，由于是考生回忆版，第 6 题和第 7 题可能是分两天考查的。甲用乙的户口证明办理的身份证，姓名为乙，但照片为甲，本质上是记载虚假信息的假身份证。甲欺骗办证人员申领假身份证，构成伪造身份证件罪的间接正犯。甲在银行使用假身份证，构成使用虚假身份证件罪。甲未经乙的同意，在手机上冒用乙的银行卡账号，根据最高人民法院、最高人民检察院《关于办理妨害信用卡管理刑事案件具体应用法律若干问题的解释》第 5 条第 2 款第 3 项，“非法方式获取他人信用卡信息资料，并通过互联网、通讯终端等使用的”，系冒用他人信用卡，构成信用卡诈骗罪。罪数上，甲系牵连犯，择一重处，以信用卡诈骗罪论处。

8.【参考答案】 C

【解析】 本题与网购手机后，以旧主板换新主板后利用“7 天无理由退货”规则进行退货类似，都考查盗窃罪与诈骗罪的区分。被害人是快递公司，对象是手机并由快递公司占有；甲拿走时，原占有人快递公司并不知情，甲系秘密窃取的盗窃行为，已经构成了盗窃罪。正常情况下快递公司应该把手机交付给甲，最后损失的也是快递公司，甲盗窃的是快递公司的财物。甲隐瞒真相，向商家申请退款，属于诈骗商家的货款，构成诈骗罪。前后两个行为，针对两个对象，先偷后骗。但对两个行为不需要数罪并罚，可以重罪吸收轻罪，定一重罪即可。因为甲最终只获得了一份好处，即多了一部手机。故答案为 C。

9.【参考答案】 B

【解析】 本题考查盗窃罪与抢夺罪的区别。判断网络时代的财产型犯罪也不难，首先看被害人是谁。班主任并没有点击领取，家长发的钱仍旧是家长占有并所有。乙通过平和手段，转移为自己占有，构成盗窃罪。退不退群都已经成立盗窃罪了。故B正确。有很多同学说“抢红包、抢红包”，不应该是抢夺吗？要注意，抢夺是对物使用暴力。

10.**【参考答案】** B

【解析】 “跟车逃费”的情形，被害人是高速路收费站，损失对象是高速通行费（债权）。行为人通过跟行前车让收费站误信车辆已经交费这种诈骗手段，骗取收费站放行、放弃债权。收费站没有对ETC扣费，说明其对收费金额知情而免除，对于放弃债权具有处分意识。根据《刑法》第266条的规定，甲构成诈骗罪。

11.**【参考答案】** B

【解析】 A项正确。原来不满14周岁的人，实施任何危害社会的行为，都不负刑事责任。《刑法修正案（十一）》新增《刑法》第17条第3款，在“特定情形”下，经“特别程序”，对法定最低刑事责任年龄作个别下调。这显然不利于被告人。根据《刑法》第12条规定的“从旧兼从轻”原则，该条款不具有溯及力，对发生在2021年3月1日《刑法修正案（十一）》施行前的案件不能适用。

B项错误。本条款中的“故意杀人、故意伤害罪，致人死亡或者以特别残忍手段致人重伤造成严重残疾”包括在实施绑架、抢劫、强奸等任何其他犯罪的过程中，实施故意杀人、故意伤害行为，致人死亡或者以特别残忍手段致人重伤造成严重残疾。

C项正确。本条款中“以特别残忍手段致人重伤造成严重残疾”是指故意要造成他人严重残疾而毁人容貌、挖人眼睛、砍掉双脚等特别残忍手段伤害他人的行为，不包括一般重伤，如砍掉他人拇指。

D项正确。为了严格限制对已满12周岁不满14周岁的人追究刑事责任，最高人民检察院经审查决定，也可以不予核准追诉。

二、多项选择题

1.**【参考答案】** ABD

【解析】 本案发生在《刑法修正案（十一）》生效之前，根据“从旧兼从轻”的刑法时间效力规则：

“旧法”对该行为没有单独定罪，“新法”定罪了。那么这个行为发生在“新法”实施以后，肯定是要成立高空抛物罪的，A错误。

高空抛物罪规定从建筑物或者其他高空掷投物品，情节严重就构成犯罪，砸中人或者物，砸中自家人还是自家物与成立犯罪没关系。故B错误。

以危险方法危害公共安全罪必须要求可能危及多数人，如果该行为发生在“新法”实施之前，那么之前不能认定该行为有罪，不可能成立以危险方法危害公共安全罪，“从旧兼从轻”也定无罪。故C正确，D错误。

2.**【参考答案】** BC

【解析】 本题考查的是共同犯罪（承继共犯、片面共犯、间接正犯）与绑架罪的核心考点。甲的行为已经成立绑架罪既遂，绑架+杀人=绑架罪一罪，这是结合犯的考点。题中关键是共犯的考点，关于片面共犯，知情的一方构成犯罪。妻子丙是在甲绑架既遂后“进入”的角色，主观上没有勒索钱财的目的，但是想借刀杀人。于是其不可能成立绑架罪的承继共犯或者片面帮助犯。故D错误。但是，丙通过拒付赎金，促成了甲故意杀人，可以认定为片面的教唆，或者是间接正犯，对甲杀人的行为起到了支配作用。

如果肯定片面共犯，片面教唆可以成立教唆犯，那么丙就成立故意杀人罪的片面教唆犯，甲和丙在故意杀人罪范围内成立共同犯罪，甲成立绑架罪（结合犯），丙成立故意杀人罪。故C正确。

如果不肯定片面共犯，丙对甲的杀人行为具有支配作用，成立故意杀人罪的间接正犯。故B正确，A错误。

3.**【参考答案】** ACD

【解析】 本题考查的是侵占罪与不常考的几个罪名。甲合法占有车辆后，变占有为所有，依法成立侵占罪。甲教唆丙利用信息网络干扰定位系统，触犯了破坏计算机信息系统罪。故甲是破坏计算机信息系统罪教唆犯、侵占罪的正犯；丙是破坏计算机信息系统罪的正犯、侵占罪的帮助犯。

4.**【参考答案】** CD

【解析】 本题考查的是主客观相统一原则在故意杀人罪中的运用，并且结合了犯罪形态。甲用刀刺乙身体的部位属于致命部位，客观上有杀死乙的危险，主观上至少有放任死亡结果发生的故意，即便最后是轻微伤，也成立故意杀人罪，故AB错误。

C项中甲可以继续刺杀，但是见到报警后未继续实施，属于犯罪中止，正确。甲在原地等待警察到来的行为属于自首。D正确。

5.**【参考答案】** BC

【解析】 本题考查的是被害人承诺与拐卖妇女、儿童罪，还结合了认识错误问题。甲客观上有收买行为，但是主观上没有出卖目的，并且农家女承诺有效，不成立犯罪。故A错误。

拐卖妇女罪的既遂标准是只要拐骗行为完成就既遂，不要求卖出去，之后结果如何，与拐卖妇女罪既遂没关系，故BC正确。

拐卖妇女、儿童罪属于选择性罪名，丁客观上实施了拐卖妇女的行为，主观上系对象错误、具体错误，其仍具有拐卖妇女、儿童罪的故意；客观主观相统一，构成拐卖妇女罪。

6.【参考答案】 BD

【解析】 本题考查的是盗窃罪与诈骗罪的区分，被害人是否基于认识错误处分财物，盗窃罪缺少基于错误认识处分财物这一步。所以客观上有处分行为，主观上有处分意识的，才成立诈骗罪。

A项属于逃单行为，服务员只是同意甲去送人，没有处分餐费(债权)，服务员没有处分行为，也没有处分意识。

B项调整度数，意味着少收费，这表明收费员对燃气费进行了处分行为，存在处分意识，构成诈骗罪。

C项该行为属于“夹带”行为，收银员没有处分苹果手机的处分行为和处分意识，只是处分了方便面，这是盗窃行为。

D项虚构事实、隐瞒真相，使李某基于错误认识处分50万元，借款后丁逃跑，属于诈骗罪。

7.【参考答案】 ABCD

【解析】 甲实施伤害行为，成立故意伤害罪。后面的几个选项根据具体的情况进行分析。

本题涉及最高人民法院《关于审理抢劫、抢夺刑事案件适用法律若干问题的意见》第8条的适用及其原理的理解。该条规定：“行为人实施伤害、强奸等犯罪行为，在被害人未失去知觉，利用被害人不能反抗、不敢反抗的处境，临时起意劫取他人财物的，应以此前所实施的具体犯罪与抢劫罪实行数罪并罚；在被害人失去知觉或者没有发觉的情形下，以及实施故意杀人犯罪行为之后，临时起意拿走他人财物的，应以此前所实施的具体犯罪与盗窃罪实行数罪并罚。”

A项后半段仅是“议价”过程，仍需合为一体评价。实质上等同于：乙提出给甲1万元让甲放过自己，甲答应。被害人乙虽是为了不被继续伤害而交财，但行为人甲在对乙实施伤害时主观上并无抢劫故意，没有通过伤害手段取财的意图，不属于前述司法解释所述“利用被害人不能反抗、不敢反抗的处境，临时起意劫取他人财物的”(指为了取财而利用暴力威胁)，不构成抢劫罪。

BC项都是被害人失去知觉的情形，均成立盗窃罪。

D项甲实施不救助乙的行为时，主观上并无抢劫故意，不构成抢劫罪。如果甲对乙说，你给我10,000元，否则我不救你让你死，这才构成抢劫罪。

三、不定项选择题

1.【参考答案】 ABD

【解析】 本题考查受贿罪与行贿罪，结合诈骗罪。甲对李某的400万元具有非法占有目的，也即该400万元并不想用于打点关系，而是想据为己有，因此甲对李某的400万元构成诈骗罪。故A正确。

丙当场拒收，甲和乙的行贿罪只能是未遂，未遂的数额为100万元，因为甲只想送出去100万元，而非500万元。故B正确。

李某主观上想行贿500万元，实际上其中400万元被甲给骗走了，实际行贿数额只有100万元。李某遭受了400万元的财产损失，属于被害人。故C选项错误。

丙立马上交纪委，丙不构成受贿罪，但是，甲、乙及李某构成行贿罪既遂。故D对。

2.【参考答案】 AC

【解析】 本题考查信用卡诈骗罪与盗窃罪的区分，盗窃信用卡并使用的成立盗窃罪。

A项，盗窃手机，把微信钱包里的1万元转到自己账户。盗窃罪系连续犯，以盗窃罪一罪定罪处罚，数额累计1.3万元。故A对。

B项，属于冒用他人信用卡，盗窃罪3000元，信用卡诈骗罪1万元，数罪并罚。故B错。

C项，将信用卡诈骗罪中的信用卡解释为包括不具有透支功能的普通借记卡，属于扩大解释。丙盗窃手机后，使用微信将储蓄卡内的钱转到自己微信账户，属于盗窃，数额前后加到一起，即1.3万元。故C对。

D项，在微信上绑定信用卡账户后，在微信平台上冒用信用卡账户，构成信用卡诈骗罪。与之前所犯盗窃罪，数罪并罚。故D错误。

3.【参考答案】 ABD

【解析】 本题考查的是开设赌场罪，比较简单。在线上组织进入微信群，以营利为目的，不论是用哪种规则赌博，组织的人都成立开设赌场罪，故AB正确。

C项，考查的是《刑法修正案(十一)》增加的组织参与国(境)外赌博罪，该行为就成立此罪。故C不选。

D项，丁明知是赌博网站(包括境内赌博网站和境外赌博网站),而为其提供基数支持、资金结算等帮助,构成开设赌场罪的共犯(帮助犯)。

2020 年客观题试题

一、单项选择题

1. 甲以杀人的故意殴打乙,乙奋力反抗将屋内已经点燃的炭盆打翻。甲殴打乙致乙昏迷,此时炭盆已引起屋内起火。甲为毁灭证据且想让乙被烧死,故未灭火逃走,致使引发火灾,导致邻居房屋楼房着火,乙因昏迷吸入大量气体死亡。以下说法正确的是:(　　)

A. 甲的行为同时存在作为和不作为,而作为和不作为是相悖的,故不能对甲实行数罪并罚

B. 甲有灭火的义务而没有灭火,成立不作为的放火罪

C. 因为乙死亡的因果流程与甲的设想不一致,因而甲成立故意杀人罪未遂

D. 不论对甲的行为如何评价,甲都只成立一个罪名

2. 以下甲的行为与死亡结果之间有因果关系的是:(　　)

A. 甲系黑社会性质组织老大,命令成员乙对丙进行非法拘禁,丙趁乙不注意脱逃,乙害怕甲责怪,恼羞成怒,追丙至丙家中将其杀害

B. 乙住 14 楼,甲上门讨债。甲敲门,乙问:“是谁?”甲说:“你欠的债该还了!”乙听了非常害怕,为了逃避追债,乙试图从 14 楼跳到 13 楼阳台,失足摔死

C. 甲乙合谋杀丙,甲让乙引诱丙到甲家中将其杀死,乙驾车载丙去甲家,途中因丙语言过激,乙十分生气,在车上将丙杀死

D. 甲教唆乙非法拘禁丙,乙非法拘禁过程中把丙过失捂死了

3. 铁某在自家胡同口发现李某拎着蛇皮口袋路过,怀疑其偷狗,上前质问,李某扔下口袋就跑,铁某随后追赶,对李某拳打脚踢,在李某倒地后还对其头部踢了两脚,导致其视网膜出血当场死亡。经查,李某当时确有偷狗的嫌疑。关于铁某的行为,以下说法正确的是:(　　)

A. 假想防卫,构成过失致人死亡罪

B. 正当防卫,不构成犯罪

C. 防卫过当,不负刑事责任

D. 故意犯罪,构成故意伤害罪

4. 情形一:甲欲打电话诈骗富商丙,但不知道接电话的是并不富裕的乙,乙受骗转给甲 1 万元。根据学说 X,甲成立诈骗罪既遂。情形二:甲误以为 15 岁的女孩是不满 14 周岁的男童,实施了拐卖行为。根据学说 Y,甲成立拐卖儿童罪未遂。关于学说 X、Y 指代什么学说,下列说法正确的是:(　　)

A. 学说 X 是法定符合说,学说 Y 是抽象符合说

B. 学说 X、Y 都可以是法定符合说

C. 学说 X 是具体符合说,学说 Y 是法定符合说

D. 学说 X、Y 都可以是具体符合说

5. 甲准备杀乙,却误把丙杀了,根据__①__的观点,甲构成故意杀人罪既遂;甲准备射杀乙,由于没有瞄准,子弹打中了丙,丙死亡,根据__②__的观点,甲构成故意杀人罪既遂。关于空格的内容,下列说法正确的是:(　　)

A. ①具体符合说,②法定符合说或具体符合说

B. ①法定符合说,②具体符合说

C. 两者都是法定符合说

D. 两者都是具体符合说

6. 间歇性精神病人在不能辨认或者不能控制自己行为时,实施严重危害社会行为的,应如何处理?(　　)

A. 应当负刑事责任

B. 不负刑事责任

C. 应当负刑事责任,但可以减轻或免除处罚

D. 待治愈后再追究刑事责任

7. 宋某出于杀害故意殴打刘某,致刘某重伤昏迷,生命垂危后,又心生怜悯,欲抱刘某上车送往医院治疗。宋某在抱刘某上车过程中,不料脚底一滑,两人摔倒在地,刘某当场死亡。针对本案的分析,正确的是:(　　)

A. 宋某构成故意杀人罪既遂,其救助刘某的举动属于量刑情节

B. 因宋某未能准确预测造成刘某死亡的因果流程,故宋某构成故意杀人罪未遂

C. 宋某构成故意杀人中止,对宋某可以减轻处罚

D. 不论宋某对刘某的行为属于何种犯罪形态,宋某对刘某的死亡结果都负法律责任

8. 关于共同犯罪的认定,以下说法正确的是:(　　)

A. 甲夜间毒瘾发作,前往毒贩乙家中购买毒

品，乙因困倦不愿起床，经甲反复要求才卖给甲毒品，甲构成贩卖毒品罪的教唆犯

B. 无业人员甲使用欺骗方法使国有公司的出纳乙将30万元公款交给自己，甲利用了不知情的乙，构成贪污罪的间接正犯

C. 15周岁的甲入户盗窃，请18周岁的乙帮忙望风，甲虽未达到法定刑事责任年龄，但视情况仍构成从犯或共同正犯

D. 甲、乙共谋盗窃，甲潜入丙家行窃，乙在望风时发现丙正要回家，将丙打成重伤，甲对此不知情。甲构成盗窃罪，乙构成抢劫罪

9. 甲于2017年3月3日被A市B区以故意伤害罪（致人死亡）判处有期徒刑3年（上诉后二审维持原判）。刑满释放后于2020年6月6日又犯盗窃罪，B区法院审理盗窃罪时，A市中院发现甲的前罪仅成立过失致人重伤罪，故撤销原判发回B区法院重审。B区法院审理后认定甲构成过失致人重伤罪，判处其1年有期徒刑，盗窃罪被判处4年有期徒刑。关于本案的分析，错误的是：（　　）

A. 前罪已执行的3年有期徒刑，应折抵后判决的刑期

B. 对甲的过失致人重伤罪与盗窃罪应按数罪并罚处理

C. 甲已执行的有期徒刑是故意犯罪的刑罚，其执行完毕后又故意犯罪，故构成累犯

D. 甲前后两罪中只要有一个是过失犯罪就不成立累犯，故甲不构成累犯

10.《刑法》第125条规定了非法买卖枪支、弹药、爆炸物罪。甲通过互联网购买爆炸物，向卖家支付价款后，卖家发货时出错，寄来了价值相当的军用子弹。甲未退货。关于本案的分析，以下说法正确的是：（　　）

A. 甲虽有购买爆炸物的故意，但未能网购到爆炸物，构成非法买卖爆炸物的未遂

B. 离开了枪支，军用子弹本身无法危害公共安全，故不能以非法买卖弹药罪追究甲的刑事责任

C. 甲的主观故意和客观行为虽然不统一，但由于该罪属于选择性罪名，甲仍然构成非法买卖弹药罪既遂

D. 甲的主观故意与客观行为并不统一，故不能以《刑法》第125条追究甲犯罪既遂的刑事责任

11.《刑法》第151条第2款规定的走私对象是国家禁止出口的文物等，第151条第3款规定的走私对象是国家禁止进出口的其他货物、物品。第153条规定的走私对象是《刑法》第151条、第152条、第347条规定外的物品。根据刑法解释原理，对于行为人走私文物入境的处理正确的是：（　　）

A. 按照《刑法》第151条第2款认定为走私文物罪

B. 按照《刑法》第153条认定为走私普通货物、物品罪

C. 按照《刑法》第3条规定的罪刑法定原则，不能按照犯罪处理

D. 按照《刑法》第151条第3款认定为走私国家禁止进出口的物品罪

12. 下列哪一选项构成绑架罪中的"杀害被绑架人"？（　　）

A. 以勒索财物为目的控制被害人之后，故意伤害被害人，被害人因重伤而死亡

B. 绑架被害人之后，为防止被害人出声，用毛巾塞住其嘴后离开，被害人窒息死亡

C. 为勒索财物而着手绑架被害人，遭到被害人的激烈反抗，用绳子直接勒死被害人

D. 取得赎金后，已经释放被害人，因担心被害人报警，开车追了3公里，杀死被害人

13. 王某谎称科研需要，向众多持卡人收购真实的信用卡信息资料及密码，实则将这些信用卡资料倒卖给刘某。下列哪一选项是正确的？（　　）

A. 信用卡信息资料和密码属于公民个人信息，王某非法获取并出售该信息，构成侵犯公民个人信息罪

B. 王某谎称科研需要向他人收购信用卡信息资料和密码，构成诈骗罪

C. 王某收买信用卡信息资料和密码并提供给他人，构成收买信用卡信息罪和非法提供信用卡信息罪，对其应数罪并罚

D. 刑法中的"信用卡"包括信用卡信息资料，故王某构成妨害信用卡管理罪

14. 下列情形（不考虑前行为的定性），构成抢劫罪的是：（　　）

A. 甲出于报复动机殴打钱某，钱某倒地昏迷，甲离开时，发现钱某掉在地上的手机，将其捡走

B. 甲出于报复动机伤害李某，李某陷入昏迷不慎将手放在口袋上，甲以为李某是为了保护钱包，把李某的手挪开，把钱包拿走了

C. 甲出于报复目的重伤孙某，孙某重伤请求甲将其送往医院，甲要求孙某给其1万元，孙某便给了甲1万元

D. 甲出于报复动机伤害赵某，赵某为了避免自己受伤害，提出给甲5000元，甲要赵某给1万元，

赵某便给其1万元

二、多项选择题

1. 关于不作为犯罪，以下哪些说法是正确的？（　　）

A. 赵某眼见12岁的儿子盗窃而不制止，构成盗窃罪

B. 钱某（女）眼见成年女儿遗弃年幼外孙女而不问不管，构成遗弃罪

C. 孙某眼见成年弟弟杀害父亲而不予制止，构成故意杀人罪

D. 李某在岳母家眼见妻子伤害岳母而不予制止，构成故意伤害罪

2. 甲深夜在某路口对被害人腹部连捅20刀，待被害人倒在血泊中，甲随即取走其身上所有的财物，仓皇逃跑。后来被害人被路人及时送往医院救治，经过医生的紧急抢救，被害人最终坚强地活了下来。关于甲的行为，下列说法正确的是：（　　）

A. 甲成立抢劫罪既遂，同时适用抢劫致人死亡的加重法定刑

B. 甲成立抢劫罪既遂，适用抢劫罪的一般法定刑

C. 对甲要适用总则关于未遂犯的法定刑

D. 由于没有出现死亡结果，所以对甲不能适用抢劫致人死亡的加重法定刑

3. 关于因果关系，以下判断正确的是：（　　）

A. 甲行驶在高速公路上，同向驾驶的乙忽然强行并线，甲正常行驶，与乙车碰撞，乙重伤，甲的行为与伤害结果不具有因果关系

B. 甲在沙滩上殴打乙，致乙昏迷后离去。乙趴在地上，脸紧挨着沙子。乙因昏迷吸入沙子死亡。甲的行为与乙的死亡之间不具有因果关系

C. 甲在乙家对乙使用暴力抢劫乙的财物，乙被迫从二楼跳窗逃跑，摔成轻伤。甲的行为与乙的轻伤之间不具有因果关系

D. 甲乙相约在城市道路超速驾驶，乙驾驶速度过快造成交通事故致一个行人死亡，甲的行为与行人的死亡之间不具有因果关系

4. 关于刑事责任能力的判断，以下说法正确的是：（　　）

A. 间歇性精神病人在能够辨认但不能控制自己行为的时候造成危害结果不负刑事责任

B. 15周岁的人犯抢夺枪支、弹药、爆炸物、危险物质罪的，不负刑事责任

C. 甲被乙欺骗吸食毒品后，出现乙是魔鬼的幻觉，为了“保命”，甲打死了乙，对乙的死亡，甲不负刑事责任

D. 76岁的王某对自己的老伴不满，在某天深夜将门窗封好，致老伴煤气中毒死亡，王某虽然要负刑事责任，但不适用死刑

5. 刘某和陈某共谋入户抢劫，刘某负责望风，陈某入户抢劫。望风期间，刘某看见来来往往的人很多，他觉得今天抢劫应该是不成了，就给陈某打电话说：“今天抢不成了，咱们走吧。”陈某说：“再等会儿。”刘某挂完电话后越想越害怕，于是自己走了。陈某入户之后发现被害人家里没什么钱，于是心生怜悯，放弃抢劫。下列选项正确的是：（　　）

A. 刘某成立抢劫罪的未遂

B. 陈某是否着手不影响刘某犯罪形态的认定

C. 陈某成立抢劫罪的犯罪中止

D. 刘某提前离开不影响陈某犯罪形态的认定

6. 下列哪些选项不构成以危险方法危害公共安全罪？（　　）

A. 公交车司机在公交车正在行驶时与乘客互殴

B. 乘客抢夺正在行驶中的公交车方向盘

C. 甲盗窃公路上的窨井盖，造成在路上行驶的车辆发生交通事故，造成多人受伤

D. 甲将还在燃烧、带有火星的煤球从高空丢弃至楼下后导致火灾，造成多人受伤

7. 关于危害公共安全的认定，下列哪些说法是正确的？（　　）

A. 甲和楼上邻居有嫌隙，故在确定该邻居在楼下的车旁边无人后，从13楼往下扔重物砸中该邻居的车，无人受伤，甲的行为构成以危险方法危害公共安全罪

B. 甲想在家打开煤气罐自杀，但煤气仍扩散至隔壁的邻居家里，甲的行为构成以危险方法危害公共安全罪

C. 甲在高速公路上驾车高速逆行10公里，所幸没有造成人员伤亡和财产损失，甲的行为构成以危险方法危害公共安全罪

D. 甲故意在高速公路上泼洒废机油，致使多名过路司机束手无策，造成人员伤亡和重大经济损失，甲的行为构成破坏交通设施罪

8. 关于走私犯罪，下列哪些说法是正确的？（　　）

A. 甲从境外网站购买枪支，并且收到了枪支。甲构成走私武器罪

B. 乙以传播为目的，从境外网站大量下载淫秽视频，并传播给朋友。乙构成走私淫秽物品罪

C. 丙携带假币进入公海，但找卖家未果，便驾船驶回。丙构成走私假币罪

D. 丁不知道法律是否允许携带黄金入境，便将随身携带的黄金佛像放入行李箱内。丁构成走私贵重金属罪

9. 甲在公交车上发现钱包丢失，怀疑是旁边的乙偷盗的。为了抓住乙，甲故意把自己价值3000元的手机偷偷放到乙的包里，然后报警。警察来后，在乙的包里搜查出了甲的手机，但未发现其钱包，此时甲意识到弄错了，但担心说出来实情对自己不利，故没有跟警察解释纠正。后来乙被取保候审，并被判处管制一年，并执行完毕。以下说法正确的是：(　　)

A. 甲虽然有捏造事实的行为，但没有诬告的故意，所以不构成诬告陷害罪

B. 因为乙被判处管制，并执行完毕，故甲构成诬告陷害罪

C. 甲构成诬告陷害罪，其着手是从知道钱包不是乙偷盗的，但是并不纠正时开始的

D. 甲的行为符合诬告陷害罪的构成要件，有捏造犯罪事实诬告的故意，且造成实际的后果

10. 甲、乙相约盗窃，由乙开车将甲送至盗窃地点，乙在车上等候。甲盗窃得手后被保安丙发现，丙紧追不舍。甲殴打丙并叫乙帮忙。乙下车与甲共同殴打丙。随后甲、乙一同开车逃跑。以下说法正确的是：(　　)

A. 对于故意伤害行为，甲、乙构成共同正犯

B. 乙也对丙实施了殴打行为，所以构成抢劫罪

C. 甲盗窃了财物，又殴打了丙，所以构成抢劫罪

D. 无论如何分析，甲、乙构成的罪名都一致

三、不定项选择题

1. 以下选项中，对不作为犯的认定正确的是：(　　)

A. 甲在餐厅用餐后产生逃单的想法，看见邻桌一群客人结完账后离店，便混在其中往店外走。服务员乙怀疑地看着甲，甲不动声色地离去。甲构成不作为的诈骗罪(不考虑数额)

B. 国家工作人员甲曾经为乙牟利，乙赠甲一盒茶叶表示感谢。半年后，甲发现乙在茶叶盒里放了20万元现金。甲未将现金退还或上交。甲构成不作为的受贿罪

C. 甲(奶奶)带着自己的孙子在广场上玩耍，受一家长委托临时看护幼儿乙，乙表示要从高处跳下时，甲未制止，乙摔成重伤。甲构成不作为犯罪

D. 甲开车带女友乙外出，两人在高速公路上发生争吵，乙要求甲停车让自己回家，甲不理会，继续开车，乙遂跳车受重伤。甲构成不作为的过失致人重伤罪

2. 关于犯罪主体，以下说法正确的是：(　　)

A. 犯罪集团和聚众犯罪中的首要分子，是一种特殊身份

B. 单位分支机构或内设机构不是独立的法人单位，不能成为单位犯罪的主体

C. 已满14周岁不满16周岁的人绑架杀人的，对杀人行为负刑事责任，对绑架行为不负刑事责任

D. 单位犯罪本质上是由单位主管人员、直接负责人员构成的特殊的共同犯罪

3. 关于危害公共安全罪的判断，以下说法正确的是：(　　)

A. 作为危险物质之一的“毒害性物质”，仅限于国家明令禁止生产、销售、运输、储存的有毒物质

B. 不以牟利为目的，出于私人收藏的目的，购买枪支、弹药的，不构成非法买卖枪支、弹药罪

C. 走私各种弹药的弹头、弹壳构成犯罪的，不论弹头、弹壳可否使用，均应成立走私弹药罪

D. 丧失依法配备、配置枪支、弹药资格的人员，擅自持有枪支、弹药的构成私藏枪支弹药罪

4. 关于破坏社会主义市场经济秩序罪，以下说法正确的有：(　　)

A. 甲在新冠疫情流行期间，大量生产、销售不符合国家标准、行业标准的KN95防尘口罩，甲构成生产、销售伪劣产品罪

B. 甲明知乙实施金融诈骗行为，仍然协助乙将犯罪所得资金汇往境外，甲构成洗钱罪和掩饰、隐瞒犯罪所得罪的想象竞合

C. 甲在自己亲友和科室同事之间宣传投资机会，共吸收20余名亲友和同事的资金用于投资，并许诺给予高额回报。甲不构成非法吸收公众存款罪

D. 甲为让自己的公司成功上市，虚开增值税专用发票以虚构公司业务量，但并不抵扣税款，甲不构成虚开增值税专用发票罪

2020年客观题试题
参考答案及解析

一、单项选择题

1.【参考答案】　B

【解析】　甲以杀人故意殴打乙的行为是作为

犯罪,甲看见炭盆燃烧而不灭火的行为是不作为犯罪。

首先,虽然作为和不作为是相悖的,但也存在作为与不作为的竞合现象。例如,甲在十字路口行驶时,看见红灯不刹车,导致行人死亡。如果从应当踩刹车而不踩刹车的角度来看,这是不作为犯罪。但从不应当行驶而行驶的角度来看,这是作为犯罪。

其次,本案中甲有两个行为:故意杀人行为和不灭火行为。这是两个独立的行为。对于两个独立的行为是可以进行数罪并罚的。选项A错误。

乙打翻炭盆是为了制止甲的犯罪行为。对于甲来说,这是他的杀人行为的不异常的结果。他对此有消除危险的义务。所以他能灭火而不灭火,构成放火罪。选项B正确。

虽然乙死亡的因果流程与甲的设想不一致,但无论甲是被烧死还是被浓烟呛死,都是因为火灾而死亡。这是狭义的因果关系错误,不影响对甲故意杀人罪既遂的认定。选项C错误。

因为甲在不灭火时具有明确的烧死乙的主观故意,所以甲的不灭火行为同时构成放火罪和故意杀人罪。根据我国的司法实践,通常认定为放火罪。有人认为,甲不灭火是为了毁灭证据,而本犯毁灭证据不构成犯罪。这句话本身没错,但是甲的不灭火行为还危害了公共安全,不是仅仅妨害了司法秩序,即甲的不灭火行为侵犯了新的法益。所以,对甲的不灭火行为应当认定为放火罪,和前面的故意杀人罪数罪并罚。选项D错误。

2.**【参考答案】** D

【解析】 选项A:甲命令乙非法拘禁丙。乙杀丙是甲犯意以外的行为。甲只对自己教唆的非法拘禁行为负责。对于乙另起犯意的行为,甲无须负责。所以,甲的行为与丙的死亡没有因果关系。选项A不当选。

选项B:甲只是告诉乙"你欠的债该还了",乙即跳楼。乙的跳楼不是为了逃生而迫不得已的行为。所以,这是乙自陷风险的行为,由其自负其责。甲的行为与乙的死亡没有因果关系。选项B不当选。

选项C:虽然甲乙合谋杀丙,但是乙杀丙是由于丙语言过激,乙另起犯意导致的。刑法上的因果关系是实行行为和危害结果之间的因果关系。甲只有预备行为,乙杀丙是另起犯意,所以甲无须为乙的另起犯意的杀人行为负责。故甲的行为和丙的死亡之间不具有刑法上的因果关系。选项C不当选。

选项D:甲教唆乙非法拘禁丙,在非法拘禁中过失致人死亡是非法拘禁的结果加重犯。对于结果加重犯的加重结果,其他共犯即使没有亲自实施造成加重结果的行为,也要对加重结果负责。类似的例子还有,甲雇乙去伤害他人,虽然甲特意叮嘱乙说"别把人打死了",如果乙不小心打死了人,甲还是要对死亡结果承担刑事责任。故甲的行为和丙的死亡之间具有刑法上的因果关系。选项D当选。

3.**【参考答案】** D

【解析】 即使李某当时确有偷狗的嫌疑,其蛇皮口袋里装的是盗窃来的狗,但其已经扔下了赃物逃走,不法侵害行为已经结束。铁某此时追打李某,其行为已不具有防卫性质。既然没有防卫性质,那么既不成立正当防卫,也不成立防卫过当。假想防卫的行为对象也必须是正在进行的虚假的"不法侵害"。李某已经扔下了蛇皮口袋,无论其有无偷狗嫌疑,其行为都已结束。所以,铁某不构成假想防卫。选项A、B、C都错误。

铁某的行为是事后报复行为。这是故意伤害,构成故意伤害罪。选项D正确。

4.**【参考答案】** D

【解析】 在情形一中,甲的错误是对象错误,且是没有超出同一犯罪构成的错误(具体的事实认识错误)。无论根据法定符合说还是根据具体符合说,甲都成立诈骗罪既遂。

在情形二中,甲的行为是对选择性构成要件要素的认识错误。由于《刑法》将拐卖妇女、儿童规定在同一个犯罪中,所以这种错误也没有超出同一犯罪构成。根据法定符合说,甲将妇女误认为儿童并不影响犯罪的既遂,对甲认定为拐卖妇女罪既遂即可。根据具体符合说,甲的行为是拐卖儿童罪的未遂和过失拐卖妇女罪,由于《刑法》不惩罚过失拐卖妇女的行为,所以甲的行为只能被认定为拐卖儿童罪的未遂。

抽象符合说是指西方刑法学者关于在发生事实错误时,行为人在什么条件下应负犯罪既遂刑事责任的一种学说。该学说认为,犯罪既遂要求行为人的主观认识与现实发生的危害结果抽象地一致即可。即使行为人主观认识与客观现实分属不同犯罪的构成要件,但是抽象地看行为人主观上对自己的行为属于犯罪有认识,同时实际上又发生了犯罪事实,即属符合。在发生抽象符合的情况下,在行为人所认识的范围内成立既遂。如以毁物的故意,而发生致人伤害的结果,客观上伤人的大结果包括毁物的小结果,与行为人毁物故意相符合,则构成故意毁坏财物罪既遂和过失伤害罪。属于观念上的竞合,从一重罪处断。再如,行为人以伤人的故意,而发生了毁物的结果,则伤人的大故意包括毁物的小故意,所以在小结果符合的限度内,行为构成故意毁坏财物罪既遂和故意伤害罪的未遂。属于想象数罪,从一重罪处断。抽象符合说否认了故意与过失的原则界限,存在明显的缺陷,因此赞成这种学说的西方刑法学者并不多见。根据抽象符合说,甲的行为成立拐卖妇女罪的既遂。

因此,只有选项 D 是正确的。不过,X 代表法定符合说也是可以的,因为根据法定符合说也能得出甲诈骗罪既遂的结论。

5.【参考答案】 C

【解析】 具体符合说认为,行为人所认识的事实与实际发生的事实具体地相一致时,才成立故意的既遂犯。法定符合说认为,行为人所认识的事实与实际发生的事实,只要在犯罪构成范围内是一致的,就成立故意的既遂犯。甲准备杀乙,却误把丙杀了是对象错误;甲准备杀乙,由于没有瞄准而打死了丙,这是打击错误。在这两种情况下,行为人所认识的事实与实际发生的事实都没有具体地相一致,所以根据传统的具体符合说,都不能成立故意杀人罪既遂。但是,现在,在发生对象错误时,具体符合说也认为这种错误不重要,行为人成立故意杀人罪既遂。根据法定符合说,这两个错误都没有超出"故意杀人罪"这个犯罪构成,因此都构成故意杀人罪既遂。

所以,第一个空格填写法定符合说和具体符合说都可以,但是第二个空格只能填写法定符合说。因此,只有选项 C 正确。

6.【参考答案】 B

【解析】 行为人对自己的行为负刑事责任的前提是具有刑事责任能力。刑事责任能力是能够辨认并且控制自己的行为的能力。间歇性精神病人在不能辨认或者不能控制自己行为时,实施严重危害社会行为的,其并无刑事责任能力。所以,其对自己的行为不负刑事责任。

7.【参考答案】 D

【解析】 选项 A:刘某是被宋某脚底一滑摔死的,不是被宋某打死的,所以他的死亡与宋某的杀人行为没有因果关系,宋某不构成故意杀人罪的既遂。选项 A 错误。

选项 B:决定犯罪是中止还是未遂的是行为人是否自动停止犯罪或者自动有效地防止犯罪既遂结果的发生,而不是行为人是否准确预测了造成被害人死亡的因果流程。宋某是自行决定送刘某去医院的,是自动防止犯罪既遂结果的发生。所以,他的行为是犯罪中止行为,不是犯罪未遂。选项 B 错误。

选项 C:能否成立犯罪中止,取决于中止是否有效。刘某的死亡是由于其被摔到地上造成的,宋某的杀人行为和死亡结果的因果关系被中断。那么,宋某的杀人行为就没有造成人的死亡的后果。故意杀人罪以造成人的死亡为既遂,再根据上述对 B 项的分析,宋某成立故意杀人罪的中止。但是宋某的杀人行为仍然造成了刘某重伤,这成立犯罪中止,但是造成了损害结果的情形。根据刑法规定,对此"应当"减轻处罚,而不是"可以"减轻处罚。选项 C 错误。

选项 D:对宋某应当以故意杀人罪的中止和过失致人死亡罪数罪并罚。因为后面的过失致人死亡行为不能被评价到前面的犯罪中止行为。所以,无论认定刘某是被宋某故意杀死的还是被宋某过失致死的,宋某都要对刘某的死亡结果负责,选项 D 正确。

8.【参考答案】 D

【解析】 选项 A:教唆犯是在他人没有犯意时,教唆他人,使其产生犯意。乙本来就是贩卖毒品的人,有贩毒的故意。所以,甲不构成贩卖毒品罪的教唆犯。选项 A 错误。

选项 B:间接正犯也是正犯。如果正犯要求具有特殊身份,间接正犯也要具有特殊身份。甲是无业人员,他不具备"国家工作人员"这个身份,不能构成贪污罪。甲构成诈骗罪。乙是因为被骗而交给甲公款的,如果乙对此没有过失,则不构成犯罪。如果乙对此有过失,则可能构成国有公司、企业、事业单位人员失职罪。选项 B 错误。

选项 C:甲、乙在客观上构成共同犯罪。甲是实现符合构成要件的实行行为的人,因此甲是正犯。乙只是为甲望风,甲是对危害结果的发生具有支配作用的人,因此,甲不是从犯,是主犯。乙没有和甲共同实施实行行为,因此二人不是共同正犯。甲是实行犯,乙是帮助犯。选项 C 错误。

选项 D:乙在为盗窃行为望风中,为了防止被害人回家发现甲的犯罪行为,将被害人打成重伤,构成抢劫罪。甲对此不知情,不需要为乙的伤害行为负责。因此,甲只构成盗窃罪。选项 D 正确。

9.【参考答案】 C

【解析】 甲只有一个致人死亡的行为,对此行为已经执行了3年有期徒刑,就不能再次执行1年的有期徒刑,不然就是一个行为被处罚了两次,显然不合法。由于甲的盗窃罪还被判处4年有期徒刑,所以应当在新的数罪并罚后形成的判决中扣除已经执行的3年有期徒刑。甲的前罪与后罪无关,所以应当数罪并罚。选项A、B都正确。甲的前罪既然是过失犯罪,就不构成累犯。选项C错误,选项D正确。

10.【参考答案】 C

【解析】 《刑法》将枪支、弹药、爆炸物规定在同一犯罪内,说明《刑法》对这几种物品的评价是相同的。将弹药误以为爆炸物,属于同一犯罪构成内的错误。对此错误的处理,通说是法定符合说。根据法定符合说,甲构成非法买卖弹药罪既遂。所以选项A、D错误。

《刑法》将非法买卖枪支、弹药、爆炸物规定为抽象危险犯,即有这些行为即构成犯罪既遂,并不要求行为具有具体的危险。所以,即使离开了枪支,军用子弹没有危害公共安全的具体(现实)危险,甲仍然构成犯罪既遂。事实上,军用子弹可以被提供给非法持有枪支者使用,同样能够危害公共安全。我们说它没有具体的危险仅针对甲只拿到了子弹这个行为而言的,此时确实没有具体的危险。所以选项B错误。综上,只有选项C正确。

11.【参考答案】 B

【解析】 《刑法》只禁止出口文物,未禁止进口文物,故入境的文物并不属于国家禁止进出口的物品。进口文物的,按照普通货物、物品缴纳关税即可。我国对进口文物也确实制定了征税标准。所以,走私文物入境的行为完全符合走私普通货物、物品罪的犯罪构成,将其认定为走私普通货物、物品罪并不违反罪刑法定原则。选项B正确,选项A、C、D错误。

12.【参考答案】 C

【解析】 绑架罪中的"杀害被绑架人"是指在犯绑架罪的过程中故意杀害被绑架人的行为。

选项A:行为人是故意伤害被绑架人,致其死亡。这不是"杀害被绑架人"。选项A不当选。

选项B:行为人是为防止被害人出声,用毛巾塞住其嘴后离开,导致被害人窒息死亡。这是过失导致被害人死亡,不是"杀害被绑架人"。选项B不当选。

选项C:行为人是在实施绑架行为时,遭到被害人的激烈反抗,用绳子直接勒死被害人的。这是在绑架中"杀害被绑架人"。选项C当选。

选项D:行为人是在取得赎金后,已经释放了被害人,却因担心被害人报警,开车追了3公里,杀死被害人的。这不是在绑架中"杀害被绑架人",这是在绑架结束后"杀害被绑架人"。对此应以绑架罪和故意杀人罪数罪并罚。选项D不当选。

13.【参考答案】 A

【解析】 信用卡信息资料和密码属于公民个人信息,王某非法获取并出售该信息,构成侵犯公民个人信息罪。选项A正确。

诈骗罪的犯罪对象是财产或财产性利益。王某用欺骗方法获得的是他人的信用卡信息资料,不是财产或财产性利益,所以不构成诈骗罪。选项B错误。

《刑法》规定了窃取、收买、非法提供信用卡信息罪。王某的行为同时触犯本罪。但是,这是一个选择性罪名,同时有收买和非法提供行为的,只认定为收买、非法提供信用卡信息罪一罪。选项C错误。

"信用卡"和"信用卡信息资料"是不同的概念。《刑法》对信用卡信息进行了专门的规定,所以,《刑法》中的"信用卡"不包括"信用卡信息资料"。王某不构成妨害信用卡管理罪,本罪是指各种妨害信用卡的管理的犯罪行为,包括:明知是伪造的信用卡而持有、运输的,或者明知是伪造的空白信用卡而持有、运输,数量较大的;非法持有他人信用卡,数量较大的;使用虚假的身份证明骗领信用卡的;出售、购买、为他人提供伪造的信用卡或者以虚假的身份证明骗领的信用卡的。选项D错误。

14.【参考答案】 D

【解析】 行为人在实施故意伤害等行为后,利用被害人不敢反抗或不能反抗的境地而获得被害人财物的,应当认定为抢劫罪。行为人出于其他目的实施暴力行为,暴力行为致人昏迷或者死亡,然后产生非法占有财物的意图,进而取走财物的,不成立抢劫罪。因为行为人在实施暴力行为时并没有非法占有的目的。所以,选项A中甲只成立盗窃罪,因为钱某当时已经昏迷,甲没有利用被害人不敢反抗的境地获取其财物。选项B中甲也只成立盗窃罪。因为被害人李某当时已经昏迷,甲取财时并未对被害人实施暴力或者胁迫行为。

但是,行为人出于其他故意(不是占有财物的故意)正在实施暴力、胁迫的过程中(暴力、胁迫没有结束时)产生夺取财物的意思,并夺取财物的,则成立抢劫罪。例如,甲为了强奸乙,正在强行将乙打倒在地,排除其反抗时,忽然看见乙的手表不错,逼迫乙解下手表的,甲强取手表的行为构成抢劫罪,因为行为人以非法占有为目的对他人实施了暴力行为。该行为符合抢劫罪“以非法占有为目的,使用暴力、胁迫方法或其他手段抢劫他人财物”的构成要件。

行为人以其他故意对被害人实施暴力后,为了获得财物而实施了新的暴力、胁迫行为的,成立抢劫罪。例如,男子以强奸故意对妇女实施暴力,妇女为了避免被强奸,主动将某财物交付给男子。男子接受财物后放弃强奸念头的,仅成立强奸中止。这是因为财物是妇女主动提供给该男子的,故男子获得财物的行为无法认定为财产犯罪或其他犯罪。但是,如果男子为了获得更多的财物,以不交付更多财物便强奸妇女相威胁的,则除成立强奸罪外,另成立抢劫罪。

根据上述理论,选项 C 中甲既不构成抢劫罪,也难以认为其构成其他财产犯罪。因为这笔钱是被害人主动提供给行为人的,目的是让行为人送其去医院。行为人并没有为了获得财物而对被害人实施暴力、胁迫行为。

不能认为甲说“你不给我钱,我就不送你去医院”构成抢劫罪。因为要成立抢劫罪,行为人必须使用针对人身的暴力、胁迫手段或者其他手段排除人的反抗。甲不给钱就不送医院的行为显然不满足这一构成要件。

但是,选项 D 构成抢劫罪。被害人为了避免被伤害,愿意提供 5000 元给行为人,行为人要求 1 万元,被害人不得不给。这一行为的实质是“你如果不多给我 5000 元,我就要对你进行伤害”,这就是以非法占有为目的,以暴力相胁迫,非法占有他人财物的行为。抢劫罪的犯罪数额就是甲多要的 5000 元。因为另外 5000 元是被害人原本就打算主动提供的,根据前述理论,行为人接收这 5000 元不构成犯罪。

二、多项选择题

1.**【参考答案】** AC

【解析】 要成立不作为犯罪,行为人必须具有保证人的地位,即具有作为义务。赵某有义务制止年幼子女的法益侵害行为。所以,他眼见 12 岁的儿子盗窃而不制止,构成盗窃罪。选项 A 正确。

钱某对自己的外孙女没有法定的监护义务。她对自己的成年女儿的犯罪行为也没有法定的制止义务。所以,她看见成年女儿遗弃年幼外孙女而不闻不问,不构成遗弃罪。注意:钱某不是因为是外婆而不具有法定的制止义务,即使钱某是孩子的奶奶,她对孙子女也没有法定的监护义务。选项 B 错误。

孙某对自己成年弟弟的杀人行为虽然没有阻止义务,但他对自己的父亲有法定的救助义务。所以,孙某眼见成年弟弟杀害父亲而不予制止,构成故意杀人罪。选项 C 正确。

李某对岳母没有法定的救助义务,所以他在岳母家眼见妻子伤害岳母而不予制止,不构成故意伤害罪。需要说明的是,李某的妻子伤害岳母的行为是发生在岳母家,不是在李某家。如果是在李某家,李某对发生在自己家的犯罪行为有制止的义务,如果李某不予制止的,则构成故意伤害罪。选项 D 错误。

2.**【参考答案】** AC

【解析】 “抢劫致人死亡”是抢劫罪的结果加重犯。如果出现了抢劫致人死亡的情形,法定刑为 10 年以上有期徒刑、无期徒刑、死刑。本案中甲是以杀人的方法进行抢劫的。他取走了被害人身上所有的财物,抢劫罪已经既遂。如果认为只有确实发生加重结果的,才构成结果加重犯,则甲属于抢劫罪的基本犯,其法定刑为 3 年以上 10 年以下有期徒刑。如果甲不抢劫,单纯实施杀人行为,其法定刑为“死刑、无期徒刑、十年以上有期徒刑”,“未遂”只是一个可以从轻或者减轻处罚的量刑情节。这样就会出现抢劫且杀人的行为的量刑反而低于单纯杀人的行为的量刑。这显然是不合理的。所以,必须承认结果加重犯对于加重结果本身也存在未遂。对于本案,应当适用“抢劫致人死亡”的加重法定刑,同时适用刑法总则关于未遂犯的规定,对其可以“从轻、减轻处罚”。

3.**【参考答案】** AD

【解析】 选项 A:因果关系所讨论的是实行行为与法益侵害结果之间的因果关系。本身具有造成法益侵害结果的危险性的行为才是实行行为。因果关系中的原因只能是类型化的实行行为。因此,如果行为本身不具有法益侵害的危险,甚至减少了法益侵害的危险,就不是实行行为,其与结果之间的关系就不是刑法上的因果关系。选项 A 中甲正常行驶的行为不是刑法上的实行行为,因此甲的行为与伤害结果之间不具有因果关系。选项 A 正确。

选项 B:甲将乙打昏迷在沙滩上,乙趴在地上,吸入沙子。这是大概率会发生的行为,因此是不异常的介入因素。因此,甲的行为与乙的死亡之间具有刑法上的因果关系。选项B错误。

选项C:甲在乙家对乙使用暴力抢劫乙的财物,乙被迫从二楼跳窗逃跑,这也是不异常的介入因素。因此,甲的行为与乙的轻伤之间具有因果关系。选项C错误。

选项D:行人的死亡是由于乙驾驶速度过快导致的。甲乙相约的是飙车而不是杀人,发生行人死亡的结果是由于乙的过失行为导致的。虽然甲乙相约飙车,但甲并不需要对乙的肇事结果负责。甲的行为与行人的死亡之间并不具有因果关系。选项D正确。

4.【参考答案】 ABCD

【解析】 刑事责任能力是能够辨认并且控制自己的行为的能力。间歇性精神病人在能够辨认但是不能控制自己行为时,实施严重危害社会行为的,其并无刑事责任能力,所以不负刑事责任。选项A正确。

抢夺枪支、弹药、爆炸物、危险物质罪不属于《刑法》第17条第2款规定的8种犯罪,所以15周岁的人对此不负刑事责任。选项B正确。

甲产生幻觉不是自愿吸食毒品的结果,是被人欺骗吸食毒品的结果,所以这不是原因自由行为。甲因此而杀人的,甲既无故意,亦无过失。因此,甲不负刑事责任。选项C正确。

审判的时候已满75周岁的人,不适用死刑,但以特别残忍手段致人死亡的除外。王某用煤气毒死妻子不属于"以特别残忍手段致人死亡",所以,王某虽然要负刑事责任,但不适用死刑。选项D正确。

5.【参考答案】 ACD

【解析】 刘某作为帮助犯,他的犯罪阶段是跟着实行犯走的。如果实行犯着手实施抢劫行为了,他也跟着进入犯罪的实行阶段。此时,如果实行犯由于意志以外的原因而没有既遂,他构成犯罪未遂。如果实行犯尚未着手,则他成立犯罪预备。所以,陈某是否着手会影响刘某犯罪形态的认定,选项B错误。

刘某给陈某抢劫望风,在犯罪进行中,他试图脱离共犯,但该脱离并未成功。陈某并没有同意中止犯罪。后来,刘某悄悄离去时也未告知陈某。陈某仍然以为刘某在为自己望风,所以陈某为刘某的入户抢劫仍然提供了心理帮助。此后,陈某基于自己的主观意志放弃了犯罪,这是他个人的犯罪中止。刘某并不能因此成立犯罪中止。对于刘某来说,他并没有阻止陈某的犯罪。所以,刘某成立抢劫罪的未遂。选项A、C正确。

刘某提前离开,陈某并不知情。陈某是基于自己的意志主动放弃犯罪的。所以,刘某提前离开不影响陈某犯罪形态的认定。选项D正确。

6.【参考答案】 ABCD

【解析】 这四种行为都危害了公共安全,但是根据特别法优于普通法的原则,凡是有特别罪名可以认定的,就不认定为以危险方法危害公共安全罪。在2021年《刑法修正案(十一)》施行以后,选项A、B构成妨害安全驾驶罪;选项C构成破坏交通设施罪;选项D同时触犯放火罪和高空抛物罪,想象竞合择一重,以放火罪为重罪。所以,选项A、B、C、D均不当选。

7.【参考答案】 BCD

【解析】 选项A:要成立以危险方法危害公共安全罪,在客观上,行为人的行为必须具有危害公共安全的危险,在责任上,行为人必须具有追求或者放任对公共安全造成危害的故意。甲是在确定该邻居在楼下的车旁边无人后,才从13楼往下扔重物,砸中该邻居的车的,事实上也无人受伤。因此,甲的行为既不具有危害公共安全的特征,甲也没有危害公共安全的故意。甲的行为不构成以危险方法危害公共安全罪。甲从高空抛物,砸坏了乙的车,甲对此也有故意,因此对甲应以故意毁坏财物罪定罪处罚。选项A错误。

说明:选项A如果发生在《刑法修正案(十一)》生效后(2021年3月1日后),同时构成高空抛物罪,应择一重罪论处。

选项B:甲虽然不追求危害公共安全的结果,但其行为具有危害公共安全的危险,甲也没有采取措施防止危害公共安全结果的发生,因此,甲对其行为可能危害公共安全是放任的。甲的行为构成以危险方法危害公共安全罪。选项B正确。

选项C:在高速公路上逆行是严重危害公共安全的行为。甲虽然没有造成人员伤亡,但本罪的成立并不需要造成人员伤亡,只要行为具有造成人员伤亡的危险即可。甲的行为构成以危险方法危害公共安全罪。选项C正确。

选项D:在高速公路上泼洒废机油会使路面的摩擦力下降,导致车辆打滑,不易控制,容易发生车辆相撞事故。这是严重危害公共安全的行为。甲将废机油泼洒在路面上,使路面成为不安全的路面。所以,这是对道路的破坏。道路是交通设施,因此,甲构成破坏交通设施罪。选项D正确。

8.【参考答案】 AC

【解析】 甲从境外购买枪支,且收到了境外寄来的枪支,甲构成走私武器罪。选项A正确。

乙从境外网站上下载淫秽视频的行为并不是违反海关法规跨境走私淫秽物品的行为,所以不构成走私淫秽物品罪。根据刑法的规定,乙的行为构成传播淫秽物品罪。选项B错误。

丙携带假币进入公海,虽然又带着假币返回了,但是假币已经进出境两次,每进出境一次就构成一次走私假币罪,所以丙构成走私假币罪。选项C正确。

丁携带贵重金属入境并不构成走私贵重金属罪,因为该罪处罚的行为是将贵重金属走私出境的行为。丁携带贵重金属入境的行为属于走私普通物品的行为。如果偷逃关税额较大的构成走私普通货物、物品罪。选项D错误。

9.【参考答案】 BCD

【解析】 本题考查不作为方式的诬告陷害罪。甲在把手机偷偷放到乙的包里时虽然没有诬告陷害的故意,但是在乙被警察认定有盗窃嫌疑时,他有解释清楚,从而防止乙被错抓的义务。他没有解释,这就成立了诬告陷害罪。故选项A错误,选项B、C、D都正确。

10.【参考答案】 ABCD

【解析】 选项A:甲、乙共同殴打了丙,二人共同实施了故意伤害罪的实行行为,二人均为实行犯,实行犯是正犯。所以,对于故意伤害行为,甲、乙构成共同正犯。选项A正确。

选项B:乙和甲共谋盗窃,乙帮助甲殴打阻止甲逃跑的丙的行为符合转化型抢劫罪的犯罪构成,乙构成抢劫罪。选项B正确。

选项C:甲在实施盗窃行为后,为了抗拒抓捕,殴打抓捕人丙的行为符合转化型抢劫罪的犯罪构成,甲构成抢劫罪。选项C正确。

选项D:根据主客观相一致原则,甲、乙共谋盗窃且由甲实施后,又共同殴打抓捕甲的丙,二人均构成抢劫罪,罪名一致。所以,选项D正确。

三、不定项选择题

1.【参考答案】 C

【解析】 选项A:甲用混在邻桌客人中一起走的行为使服务员误以为他也埋过单了,所以这是作为形式的诈骗罪。选项A错误。

选项B:受贿罪的行为既不是单纯的为人牟利行为,也不是单纯的收受钱财行为,而是权钱交易行为。甲在为乙牟利后,收受乙的钱财,这是同意了权钱交易。所以,这是作为的受贿罪。选项B错误。

选项C:甲既然接受了乙的家长的委托,她就对乙产生了临时监护的义务。在乙表示要从高处跳下时,甲就具有制止的义务。由于她未制止而造成乙摔成重伤。甲的行为就是不作为的犯罪。选项C正确。

选项D:乙的跳车行为不是为了逃避追杀等不得已而为之的,是个人自陷风险的行为,应当由其本人自我答责。故甲不成立不作为犯罪。选项D错误。

2.【参考答案】 C

【解析】 选项A:特殊身份是指行为人在身份上的特殊资格以及其他与一定的犯罪行为有关的行为主体在社会关系上的特殊地位或者状态。如男女性别、亲属关系、国籍、国家工作人员、司法工作人员、证人等。特殊身份必须是在行为主体开始实施犯罪行为时,就已经具有的特殊资格或者已经形成的特殊地位或状态,因此行为主体在实施犯罪后才形成的特殊地位,不属于特殊身份。例如,在犯罪集团中起组织、策划、指挥作用的首要分子不属于特殊身份。选项A错误。

选项B:单位分支机构或内设机构虽然不是独立的法人单位,但如果确实以分支机构或者内设机构的名义实施犯罪,犯罪所得也归分支机构或者内设机构所有的,仍然能够成立单位犯罪。选项B错误。

选项C:已满14周岁不满16周岁的人需要对8种犯罪负责。这8种犯罪不包括绑架罪,但是包括故意杀人罪。那么,对于这些人在绑架中杀人的,他们对杀人行为要负刑事责任,对绑架行为则不负刑事责任。司法机关仍然应当追究他们故意杀人行为的刑事责任。选项C正确。

说明:根据《刑法修正案(十一)》的规定,已满12周岁的人也要为故意杀人且致人死亡的行为负刑事责任。

选项D:单位犯罪的本质是单位作为一个整体的犯罪,不是由单位主管人员、直接负责人员构成的特殊的共同犯罪。选项D错误。

3.【参考答案】 D

【解析】 选项A:毒害性物质的范围极为广

泛。随着社会的发展,人们会不断发现很多新的毒害性物质,也会不断制造出新的毒害性物质。一个物质是否属于“毒害性物质”不应取决于国家是否明令禁止生产、销售、运输、储存,而应取决于其是否具有危害公共安全的特征。即使是国家没有明令生产、销售、运输、储存的物质,只要其具有毒害性,就属于危险物质中的“毒害性物质”。例如,某种蘑菇具有剧毒,但国家一直不知道。事实上,即使知道,国家也不可能专门颁布文件禁止生产这种蘑菇。这种蘑菇通常都是野生的。如果某人明知这种蘑菇有毒,仍然将其和食堂的正常无毒蘑菇混杂在一起,给师生食用,其行为当然成立投放危险物质罪。选项 A 错误。

选项 B:成立非法买卖枪支弹药罪并不要求以牟利为目的。故出于私人收藏的目的,购买枪支、弹药的,同样构成非法买卖枪支、弹药罪。选项 B 错误。

选项 C:走私弹药罪的犯罪对象是能够作为弹药使用的弹头、弹壳。如果行为人走私的弹头、弹壳是报废的弹头、弹壳,不能作为弹药使用,则不能构成走私弹药罪。选项 C 错误。

最高人民法院、最高人民检察院《关于办理走私刑事案件适用法律若干问题的解释》第 4 条第 1、2 款规定:“走私各种弹药的弹头、弹壳,构成犯罪的,依照刑法第一百五十一条第一款的规定,以走私弹药罪定罪处罚。具体的定罪量刑标准,按照本解释第一条规定的数量标准的五倍执行。走私报废或者无法组装并使用的各种弹药的弹头、弹壳,构成犯罪的,依照刑法第一百五十三条的规定,以走私普通货物、物品罪定罪处罚;属于废物的,依照刑法第一百五十二条第二款的规定,以走私废物罪定罪处罚。”

选项 D:根据《刑法》和最高人民法院《关于审理非法制造、买卖、运输枪支、弹药、爆炸物等刑事案件具体应用法律若干问题的解释》的有关规定:非法储存,是指明知是他人非法制造、买卖、运输、邮寄的枪支、弹药而为其存放的行为;非法持有,是指不符合配备、配置枪支、弹药条件的人员,违反枪支管理法律、法规的规定,擅自持有枪支、弹药的行为;私藏,是指依法配备、配置枪支、弹药的人员,在配备、配置枪支、弹药的条件消除后,违反枪支管理法律、法规的规定,私自藏匿所配备、配置的枪支、弹药且拒不交出的行为。选项 D 正确。

4.【参考答案】 ABCD

【解析】 选项 A:不符合国家标准、行业标准的 KN95 防尘口罩既是不符合标准的卫生器材,也是伪劣产品。甲大量生产、销售这种伪劣产品,构成生产、销售伪劣产品罪。如果甲的行为同时足以严重危害人体健康,则甲同时构成生产、销售不符合标准的医用器材罪。二者虽然属于法条竞合,但择一重罪论处。在没有对人体健康造成严重危害而又销售额巨大的情况下,生产、销售伪劣产品罪处罚更重。选项 A 正确。

选项 B:洗钱罪的上游犯罪包括各种金融诈骗罪。甲明知乙实施金融诈骗行为,仍然协助乙将犯罪所得资金汇往境外,甲的行为构成洗钱罪。甲的行为同时是掩饰、隐瞒犯罪所得的行为,也构成掩饰、隐瞒犯罪所得罪。由于本罪被规定在“破坏金融管理秩序罪”中,因此洗钱罪的法益不仅包括“司法机关的正常活动”,而且包括“金融管理秩序”。因此,二罪的法益并不完全相同。在法条竞合时,二罪的法益是相同的。所以,此二罪之间不是法条竞合的关系,而是想象竞合的关系。选项 B 正确。

选项 C:非法吸收公众存款罪必须具备犯罪对象的公众性,即必须向社会不特定对象吸收存款。甲在自己亲友和科室同事之间宣传投资机会,并没有向社会公众吸收存款。因此,甲不构成非法吸收公众存款罪。选项 C 正确。

选项 D:甲虚开增值税专用发票的目的是让自己的公司成功上市,而不是骗取税款。他也没有用该发票抵扣税款。甲的行为没有导致国家损失税款的危险,不应当认定为虚开增值税专用发票罪。如果甲在公司上市时,向股东和社会公众提供虚假的或者隐瞒重要事实的财务会计报告,情节严重的,可能构成违规披露、不披露重要信息罪。选项 D 正确。

2019 年客观题试题

一、单项选择题

1. 关于《刑法》的解释,下列说法正确的是:(　　)

A. 按照体系解释,传播淫秽物品罪与传播性病罪的“传播”含义一致

B. 依据论理解释,倒卖文物罪中的“倒卖”是指以牟利为目的,出售或为出售而购买国家禁止经营的文物

C. 招摇撞骗罪是指冒充国家机关工作人员招

摇撞骗。将副乡长冒充市长招摇撞骗解释为“冒充”国家机关工作人员招摇撞骗，不符合文理解释

D. 虐待被监管人罪是指殴打或体罚虐待被监管人。将其中的“体罚虐待”解释为“体罚或者虐待”，不符合文理解释

2. 身材弱小的郭某与身材高大的刘某在船上发生争吵。后刘某追打郭某，郭某逃跑。刘某在追打过程中失足落水，不谙水性，向郭某求救。郭某害怕身材高大的刘某上来后继续打他，故不予施救。后刘某被经过的其他船只上的人救起。下列说法正确的是：(　　)

A. 郭某不予施救，成立不作为犯罪

B. 刘某落水属于被害人自陷风险，自己负责

C. 郭某不予施救，属于制止刘某的不法侵害，成立正当防卫

D. 郭某不予施救，属于假想防卫

3. 甲驾车不慎将行人乙撞成重伤，甲想逃离。行人丙看到这一情景，要求甲将乙送往医院，甲拒绝并欲逃离。丙便将甲打成轻伤，威胁并强迫甲将乙送往医院。甲害怕被丙继续殴打，便答应将乙送往医院。丙的行为构成：(　　)

A. 正当防卫　　　　B. 紧急避险

C. 故意伤害罪　　　D. 防卫过当

4. 下列行为，成立过失犯的是：(　　)

A. 夜里，甲在大街上欲杀害乙。乙打了几次报警电话，说有人杀自己。由于乙当时有点醉酒，口齿不是很清楚，警察以为乙是恶作剧，没有出警。乙被甲杀死。如果警察及时出警，乙不会被杀死

B. 法官甲知识储备不足，没有及时学习新理论，没有注意到理论更新，依据陈旧理论，将应判处无罪的人判处3年有期徒刑

C. 某超市没有履行好检查职责，误以为销售的食品质量没问题，将过期食品卖给顾客，导致多名顾客受到轻伤

D. 甲欲杀害妻子乙，黑暗中误把女儿丙当作乙而枪杀

5. 甲欲盗窃丙的渔网（丙为捕鱼在河里设置渔网）。渔民乙知情并为甲提供渔船。次日晚上，甲利用乙的渔船盗窃到渔网。事后甲乙发现，甲盗窃的渔网是乙的渔网。甲盗窃时丙的渔网在现场，但甲没注意到。关于本案，下列说法正确的是：(　　)

A. 甲乙均构成盗窃罪既遂

B. 甲乙均构成盗窃罪未遂

C. 甲构成盗窃罪既遂，乙构成盗窃罪未遂

D. 甲构成盗窃罪既遂，乙构成盗窃罪犯罪预备

6. 关于罪数的处理，下列说法正确的是：(　　)

A. “二人以上轮奸”只是强奸罪的法定刑升格条件，与强奸罪的关系不是特别法条与一般法条的关系

B. 甲发现自己盗窃到的是一件仿真品（价值4000元），冒充真品以2万元卖给他人。甲的变卖行为是不可罚的事后行为

C. 钱某分别实施了两次入户抢劫，一次持枪抢劫。钱某分别触犯了抢劫罪的加重犯，应数罪并罚

D. 周某抢劫了陈某的财物后，担心暴露，杀害了陈某。周某构成抢劫罪致人死亡和故意杀人罪的想象竞合

7. 乙骑自行车，甲抢夺乙车筐的提包，乙摔倒在地，导致重伤。甲抢夺到提包逃跑。路人丙见此情景，上前追捕甲。甲将丙打成轻伤，但是最终丙制服了甲。关于本案，下列说法错误的是：(　　)

A. 甲构成结果加重犯“抢夺罪致人重伤”

B. 甲构成转化型抢劫罪，属于“抢劫罪致人重伤”

C. 甲构成转化型抢劫罪，并且既遂

D. 抢夺罪与普通的抢劫罪是法条竞合关系

8. 甲冒充家电维修人员，想把王某家的冰箱骗到手。某日，甲来到王某家，开门的却是王某家保姆，甲误把保姆当成王某，谎称商家搞活动，正在以旧换新。保姆以为甲事前跟王某商量好了，就把冰箱给了甲。下列说法正确的是：(　　)

A. 甲构成狭义的因果关系错误

B. 甲构成打击错误

C. 甲构成诈骗罪既遂

D. 由于甲未认识到被骗对象是保姆，构成诈骗罪未遂

9. 某村有一片荒山，山上有30亩树木，属于村集体财产。在其他村委会成员不知情的情况下，村委会主任王某私下将这些树木卖给木材商李某。王某对李某谎称这些树木是自家的，以市场行情价予以出售。王某收到李某的货款，让李某带人砍伐了树木，自行运走。关于本案，下列说法错误的是：(　　)

A. 王某触犯职务侵占罪

B. 王某触犯盗窃罪

C. 王某触犯诈骗罪

D. 王某触犯盗伐林木罪

10. 乙在某银行领取银行卡及配套的U盾,U盾中有银行卡信息资料。银行大厅经理甲(非国家工作人员)假意指导乙如何使用U盾,偷换了乙的U盾,并欺骗乙:“只能在一周后使用U盾。”乙信以为真。后甲利用乙的U盾,在网上将乙银行卡账户内的3万元转入自己的银行卡账户。对甲的处理,下列说法正确的是:(　　)

A. 盗窃罪　　B. 职务侵占罪

C. 诈骗罪　　D. 信用卡诈骗罪

11. 王某捡到李某丢失的手机,发现李某的微信支付软件与储蓄卡绑定。王某猜出微信支付密码后,通过微信支付,在商场盗刷了李某储蓄卡中的1万元资金。下列说法正确的是:(　　)

A. 相关司法解释规定,以非法方式获取他人信用卡信息资料,并通过互联网使用的,以信用卡诈骗罪论处。基于此,对王某以信用卡诈骗罪论处

B. 相关司法解释规定,拾得他人信用卡并在ATM机上使用的,以信用卡诈骗罪论处。基于此,对王某以信用卡诈骗罪论处

C. 对王某以诈骗罪论处

D. 对王某以盗窃罪论处

12. 陈某欲得到某项市政工程,将100万元交给刘甲(普通公民),希望其交给管理工程的副市长刘乙(刘甲胞弟),予以说情。刘甲将陈某的请求告诉刘乙,将100万元交给刘乙。刘乙说:“钱你留着,工程我会帮助的”。陈某因此获得工程。关于本案,下列说法正确的是:(　　)

A. 刘甲和刘乙构成受贿罪的共同犯罪,陈某构成行贿罪

B. 刘甲构成利用影响力受贿罪,刘乙构成受贿罪,陈某构成对有影响力的人行贿罪

C. 刘甲构成利用影响力受贿罪,刘乙不构成受贿罪,陈某构成对有影响力的人行贿罪

D. 刘甲同时构成利用影响力受贿罪和受贿罪的共犯,刘乙构成受贿罪,陈某构成行贿罪

13. 甲男喝醉酒后,女友乙要求甲开车送其回家。甲男表示自己醉酒了,不能开车,但是拗不过乙的坚持,只好同意。甲男驾车十公里时,由于醉酒原因,不慎撞伤行人丙,致其重伤。下列说法错误的是:(　　)

A. 甲构成危险驾驶罪

B. 乙构成危险驾驶罪(教唆犯)

C. 甲构成交通肇事罪

D. 乙构成交通肇事罪(教唆犯)

二、多项选择题

1. 关于因果关系,下列说法正确的有:(　　)

A. 甲驾车不慎撞倒丙,丙躺在路中央不动,甲逃逸。5分钟后,乙刹车不及从丙身上压过去。后发现丙死亡,但无法查明是甲撞死的,还是乙压死的。甲与丙的死亡有因果关系

B. 甲给乙的饮料里放了毒药,乙喝后四肢乏力。仇人丙看到乙,要杀死乙,乙因为无力反抗被丙用刀杀死。甲与乙的死亡有因果关系

C. 甲冒充房东,给几位承租人群发短信,要求他们交房租到特定账户。承租人乙信以为真,将短信转发给合租人丙。丙没注意到甲的短信,但注意到乙的短信,便将款打到甲的指定账户。甲与丙的财产损失有因果关系

D. 医生甲想杀死病人乙,在针剂里放了毒药,给乙注射,乙死亡。事后查明,乙有特殊体质,注射正常针剂,不加毒药,乙也会死。甲与乙的死亡无因果关系

2. 关于因果关系,下列说法正确的有:(　　)

A. 贾某在公路上酒后驾驶。公路路面上散落几个井盖。贾某因为喝酒没有注意到井盖,车轮压过井盖,井盖飞起,砸中路边行人,导致行人重伤。贾某的酒驾行为与行人的重伤结果之间有因果关系

B. 甲乙发生口角,踢伤乙,导致乙心脏病发作死亡。甲的行为与乙的死亡结果之间有因果关系

C. 甲和乙是警察,押解犯罪嫌疑人丙的过程中,丙中途以上厕所为由而逃跑。甲、乙的失职行为与丙的脱逃之间有因果关系

D. 高某欲杀害赵某,给赵某投毒。赵某中毒后,赵某的家人开车送其去医院,途中李某为了报复社会驾车横冲直撞,与赵某的车辆发生车祸,赵某当场被撞死。高某的投毒行为与赵某的死亡存在因果关系

3. 甲杀害乙,乙被迫防卫。路过的丙看到了,以为乙在侵害甲,想起甲是自己的仇人,就过去帮乙一起伤害甲。乙以为丙是见义勇为,过来协助自己。两人共同把甲打成了重伤。以下说法正确的有:(　　)

A. 虽然乙有正当防卫的意图,但是和丙一起把甲打成了重伤,属于防卫过当

B. 丙客观上在协助正当防卫,因此无论根据防卫认识不要说还是必要说,丙都不构成犯罪

C. 乙丙二人的主观认识内容不同,因此无论根据防卫认识不要说还是必要说,都不能用丙的行为定义乙的行为的性质

D. 乙丙二人的主观认识内容不同,因此无论根据防卫认识不要说还是必要说,乙丙都不构成共同犯罪

4. 某电器公司与某物流公司是母公司与子公司的关系。两个公司共同实施吸收公众存款行为,涉嫌非法吸收公众存款罪,共吸收存款5亿元。关于单位犯罪,下列说法正确的有:(　　)

A. 如果电器公司和物流公司均构成单位犯罪,则两个单位犯罪可构成共同犯罪

B. 如果电器公司构成单位犯罪,但无法认定物流公司构成单位犯罪,那么可以追究物流公司中直接责任人员的自然人犯罪,并且该直接责任人员与电器公司可以构成共同犯罪

C. 如果物流公司构成单位犯罪,但无法认定电器公司构成单位犯罪,那么可以追究电器公司中直接责任人员的自然人犯罪,并且该直接责任人员与物流公司可以构成共同犯罪

D. 如果无法认定电器公司、物流公司构成单位犯罪,那么可以追究电器公司、物流公司中直接责任人员的自然人犯罪,并且两个公司中的直接责任人员可以构成共同犯罪

5. 关于被害人承诺理论,下列说法正确的有:(　　)

A. 乙在城市里工作生活,在乡下有个房子。乙的乡下邻居甲发短信询问乙是否可以拆除乙家的院墙。乙本想发短信回复说“不行”,不小心发成了“行”。甲便将乙家的院墙拆掉。乙的承诺有效

B. 乙误以为自己养的马患了疾病,要求兽医对其进行安乐死。兽医知道市面上已经有治疗该疾病的药物,但不告知,仍实施了安乐死。乙的承诺无效

C. 因路灯灯光反射到室内,乙误以为家里着火,因未找到钥匙,恳求甲破门灭火。甲知道真相,没有告知,按照乙的请求照办。乙的承诺有效

D. 甲组织贩卖人体器官,与乙约定以10万元的价格,将其肾脏移植给他人。乙的承诺无效

6. 关于故意、过失,下列论述正确的有:(　　)

A. 司机遵守交通规则,正常驾车行驶,行人突然横穿马路,司机刹车不及,行人被撞死,司机不存在过失

B. 在所有的故意犯罪中,不可能存在只能由间接故意构成而不能由直接故意构成的犯罪

C. 如果认为故意与过失存在位阶关系,那么在认定犯罪时,只能由故意降格为过失,而不能由过失升格为故意

D. 当根据故意的标准无法认定故意时,可以根据事实认识错误来认定故意

7. 黑社会性质的组织应当同时具备下列哪些特征?(　　)

A. 形成稳定的犯罪组织,人数较多,有明确的组织者

B. 有组织地多次进行违法犯罪

C. 通过违法犯罪获取经济利益,具有经济实力

D. 有官员提供保护,为其称霸一方提供支持

8. 关于共犯理论,下列说法正确的有:(　　)

A. 虽然自杀不构成犯罪,但教唆精神病患者自杀应构成故意杀人罪的间接正犯

B. 在共同犯罪中,可能存在部分共犯人成立既遂,部分共犯人成立中止的情形

C. 共犯人中有人产生同一犯罪构成内的认识错误,可能会影响其他共犯人的犯罪形态

D. 犯罪集团中的组织者、领导者,其他共同犯罪中的组织者、指挥者,均需对全部罪行负责

三、不定项选择题

1. 刘某在公交车到站时,抢夺了乘客陈某的提包,立即下车,刚下车,被路过的民警王某发现,王某抓捕刘某,刘某为抗拒抓捕对王某实施暴力,将王某打倒在地。刘某趁机跑向马路对面。王某起身追赶,也跑向马路对面,不幸被过往车辆撞死。下列说法正确的有:(　　)

A. 刘某构成抢夺罪未遂

B. 刘某构成转化抢劫

C. 刘某构成“在公共交通工具上抢劫”

D. 刘某构成抢劫罪致人死亡

2. 甲非法出售枪支给乙,乙把自己非法持有的毒品交换给了甲。某日警方查获乙非法持有枪支,将其抓获,尚未讯问,乙主动交代从甲处购买枪支的事实,还提供了甲的家庭住址信息。警方依此抓到甲,并在甲家中搜查出毒品(用于自己吸食)。下列说法正确的有:(　　)

A. 乙构成非法买卖枪支罪、贩卖毒品罪,属于想象竞合关系

B. 甲构成非法买卖枪支罪、非法持有毒品罪

C. 乙就非法买卖枪支罪构成自首

D. 乙交代出甲构成立功

3. 甲乙共谋,由甲负责生产假的针剂,由乙冒

充医生，欺骗患者，给多名患者注射，骗取高额药费。该针剂导致多名患者遭受重伤。下列说法正确的有：(　　)

A. 甲乙构成诈骗罪与非法行医罪的想象竞合犯

B. 甲乙构成诈骗罪与销售假药罪，应数罪并罚

C. 甲乙构成生产假药罪与销售假药罪，应数罪并罚

D. 甲乙构成销售假药罪与非法行医罪，属于想象竞合犯

4. 关于行为人的行为定性，下列说法正确的有：(　　)

A. 甲诈骗丙的钱款，丙受骗将钱款汇入甲的银行账户。甲告知乙真相，让乙拿着自己的银行卡到ATM机上取出该笔钱款现金。乙的行为构成掩饰、隐瞒犯罪所得罪

B. 乙因涉嫌受贿罪被监察委留置，在留置期间脱逃。乙的行为不构成脱逃罪

C. 甲非法吸收公众存款3亿元。乙明知该款系甲非法吸收公众存款所得，还帮助甲换汇并汇往境外。乙的行为构成洗钱罪

D. 被执行人甲，以虚假诉讼的方式将财产转移给乙，以逃避执行。甲构成虚假诉讼罪和拒不执行判决罪的想象竞合

2019年客观题试题
参考答案及解析

一、单项选择题

1.【参考答案】 B

【解析】 A项，体系解释，是指根据体系逻辑来论证解释后的含义在刑法体系中是否协调合理。传播淫秽物品罪的“传播”是指让不特定人知晓淫秽物品的内容。传播性病罪中的“传播”是指通过性器官接触传染性病。二者含义不同。A项说法错误。

B项，从文理解释的角度，“倒卖”应当是指买进后卖出，也即“二道贩子”(中间商)。但是，这种解释会导致处罚漏洞。例如，出售自己收藏的国家禁止经营的文物，就不构成倒卖文物罪。文理解释是一种解释理由。由于这种解释理由在此会导致处罚漏洞，因此这种解释理由不可取。刑法解释学认为，“论理解释”是一个笼统概念，既包含解释的理由(如当然解释、体系解释等)，也包含解释的技巧(如扩大解释、缩小解释等)。第一，从解释理由的角度看，根据目的解释，应将“倒卖文物”解释为“贩卖文物”，这种解释理由是可取的。第二，从解释技巧的角度看，将“倒卖文物”解释为“贩卖文物”属于扩大解释，而非类推解释。“倒卖”“贩卖”包括三种情形：一是买进后卖出；二是只有卖出；三是为卖出而买进。司法解释也肯定了这种解释结论。根据司法解释可知：倒卖，是指以牟利为目的，出售或者为出售而收购、运输、储存的行为。依照该解释结论，倒卖不要求“买进＋卖出”。这意味着：(1)出售自己收藏的国家禁止经营的文物，构成倒卖文物罪。(2)盗窃国家禁止经营的文物，然后出售，构成盗窃罪和倒卖文物罪，并罚。B项说法正确。

C项，招摇撞骗罪侵害的法益是特定国家机关工作人员的公众信赖感。冒充国家机关工作人员的情形包括：一是非国家机关工作人员冒充国家机关工作人员(包括离职的国家机关工作人员冒充在职的国家机关工作人员)；二是此种国家机关工作人员冒充彼种国家机关工作人员，如行政机关工作人员冒充司法机关工作人员；三是职务低的国家机关工作人员冒充职务高的国家机关工作人员，当然也包括相反情形。这些冒充行为由于均侵害了特定国家机关工作人员的公众信赖感，因此均属于招摇撞骗罪中的“冒充”。这种解释符合文理解释，即在文理、文法上是讲得通的，没有文法、语法障碍。C项说法错误。

D项，“体罚”与“虐待”不是并且关系，而是或者关系，即不限于体罚式虐待，而是指体罚或者其他虐待。归纳言之，虐待的行为方式有：第一，殴打；第二，体罚式虐待；第三，其他方式虐待，例如性虐待。这种解释符合文理解释，即在文法、语法上能够讲得通。D项说法错误。

综上所述，本题答案为B。

2.【参考答案】 B

【解析】 A项，成立不作为犯的前提条件是要有作为义务。本题中，郭某只是与刘某争吵，争吵不会给刘某的生命制造危险，不属于先行行为，不会因此产生作为义务。因此，郭某不构成不作为犯罪。A项说法错误。

B项，刘某自己失足落水，属于危险的实行者。刘某追打郭某，在追打过程中失足落水，表明在主观上，刘某对落水的危险有认识能力；在客观上，刘

某对该危险也有控制能力，即只要不追打郭某，就能够避免该危险。因此，刘某落水，应由刘某自己负责。B项说法正确。

C项，正当防卫是阻却违法性的事由，那么就需要事先存在违法性，然后再通过正当防卫将违法性阻却掉。本题中，郭某的不施救的确起到了制止刘某的不法侵害的效果，但是不能因此认为郭某的不施救就是正当防卫。郭某的不施救是否成立正当防卫的前提是，郭某的不施救在犯罪构成体系上具有违法性（法益侵害性），貌似“犯罪行为”。然而，由于郭某不存在救助义务（作为义务），郭某的不施救不构成不作为犯罪，没有违法性（法益侵害性），因此，郭某的不施救不构成正当防卫。即郭某的不施救行为的合法性，不需要通过正当防卫来论证，其本身就没有违法性。C项说法错误。

D项，讨论正当防卫、假想防卫的前提是行为存在违法性。然而，郭某的不施救行为本身不具有违法性，所以不需要论证其行为是否属于正当防卫或假想防卫。何况，郭某并没有实施积极的防卫行为。郭某的不施救行为属于消极的静止。一般而言，消极的静止难以成为防卫行为。D项说法错误。

综上所述，本题答案为B。

3.【参考答案】 A

【解析】 本题中，甲驾车导致乙受到重伤，甲的这种先行行为产生了作为义务，即救助乙的义务。甲不履行该义务就是一种不作为的不法侵害。正当防卫的防卫人不限于被害人本人。只要是面临不法侵害，无论被害人本人，还是无关第三人，都可以正当防卫，予以制止。例如，甲在路上看到乙在强奸妇女，甲对乙可以正当防卫。

本题中，行人丙作为第三人实施了防卫行为。面对甲的不作为的不法侵害，丙迫使其履行作为义务，属于制止甲的不作为的不法侵害，成立正当防卫。

综上所述，本题答案为A。

4.【参考答案】 A

【解析】 A项，警察不是故意不出警，而是因为过失而未出警，因此不构成滥用职权罪，而构成玩忽职守罪。A项应入选。

B项，法官甲因为没有及时学习新理论，导致误判，不是故意为之，也没有徇私动机，因此不构成徇私枉法罪。同时，法官的这种过失不属于犯罪过失，因此也不构成玩忽职守罪。B项不能入选。

C项，客观上，该超市将过期食品卖给顾客，导致多名顾客受到轻伤，已经满足了销售不符合安全标准的食品罪的客观要件，该罪客观上只要求造成具体危险，而该超市已经导致了实害结果。但是，主观上，该超市没有犯罪故意，而属于过失行为。而销售不符合安全标准的食品罪，要求主观上是故意为之。因此，该超市不构成销售不符合安全标准的食品罪。此外，刑法只规定了过失致人重伤罪，没有规定过失致人轻伤罪。该超市过失导致顾客轻伤，不构成过失犯罪。C项不能入选。

D项，甲欲杀害妻子乙，黑暗中误把女儿丙当作乙而枪杀，构成同一犯罪构成内的对象错误，构成故意杀人罪既遂。D项不能入选。

综上所述，本题答案为A。

5.【参考答案】 D

【解析】 本题中，(1)分析甲：第一，针对预定目标丙的渔网，甲构成盗窃罪犯罪预备。第二，针对实害对象乙的渔网，甲存在对象错误，但不影响盗窃罪既遂，因为盗窃罪只要求盗窃“他人”的财物即可。最终，甲整体上的一个行为同时触犯盗窃罪犯罪预备和盗窃罪既遂，想象竞合，择一重罪论处，定盗窃罪既遂。

(2)分析乙：实行犯存在对象错误，帮助犯便是打击错误，因为乙对实害对象及结果的心理是过失或意外事件。对于打击错误，存在具体符合说和法定符合说。但两种学说都认为：针对预定目标丙的渔网，由于实行犯甲构成盗窃罪犯罪预备，因此乙构成盗窃罪帮助犯（犯罪预备）；针对实害对象乙的渔网，乙不用负责，因为乙是被害人。在盗窃乙的渔网这一违法事实上，违法性呈现相对性，即甲有违法性，而乙没有违法性。最终，乙仅构成盗窃罪帮助犯（犯罪预备）。

综上所述，本题答案为D。

6.【参考答案】 C

【解析】 A项中，强奸罪是基本犯，“轮奸”是情节加重犯。触犯“轮奸”必然触犯强奸罪。因此二者是法条竞合关系，基本犯（强奸罪）是一般法条，情节加重犯（轮奸）是特别法条。因此，A项说法错误。

B项，虽然甲的盗窃罪存在对象认识错误，但是由于盗窃到了价值4000元的财物，因此盗窃罪构成既遂。实施财产犯罪后又销售赃物的，分两种情形。第一，拿到赃物销售渠道销售，买家知道是赃物。对这种销售行为不具有期待可能性，属于不可罚的事后行为，不再定掩饰、隐瞒犯罪所得罪。第二，伪装成是自己的财物，拿到正常渠道销售，欺骗买家，买家不知情，用正常价购买。主流观点认为，这种销售行为欺骗买家，让买家遭受财产损失。由于这种销售行为侵犯新的法益，构成诈骗罪，因此要与前面的财产犯罪数罪并罚。B 项中，甲将仿真品（价值 4000 元）冒充真品以 2 万元卖给他人，构成诈骗罪，侵犯了新的法益，因此不属于不可罚的事后行为，需要与前面的盗窃罪并罚。B 项说法错误。

C 项，“入户抢劫”“持枪抢劫”都是法条规定的抢劫罪的法定刑升格条件，都是情节加重犯。钱某分别实施了两次入户抢劫，一次持枪抢劫，都是独立的犯罪行为，应当数罪并罚。C 项说法正确。

D 项，周某的抢劫罪已经既遂，此后杀人属于独立的故意杀人罪，应与抢劫罪数罪并罚。周某不构成抢劫罪致人死亡。D 项说法错误。

综上所述，本题答案为 C。

7.**【参考答案】** B

【解析】 A 项，结果加重犯的行为结构：一个行为构成基本犯（A 罪），同时制造了加重结果（B 罪），B 罪成为 A 罪的法定刑升格条件，加重处罚。抢夺罪的法条是《刑法》第 267 条，法条中，没有将“致人重伤、死亡”规定为抢夺罪的法定刑升格条件。但是，2013 年最高人民法院、最高人民检察院《关于办理抢夺刑事案件适用法律若干问题的解释》规定：（1）抢夺致人重伤的，认定为《刑法》第 267 条（抢夺罪）中的“其他严重情节”，加重处罚；（2）抢夺致人死亡的，认定为《刑法》第 267 条（抢夺罪）中的“其他特别严重情节”，加重处罚。根据该司法解释，“致人重伤、死亡”成为抢夺罪的法定刑升格条件，加重处罚。基于此，抢夺罪致人重伤、死亡属于结果加重犯。如果没有该司法解释，本题中，甲的一个抢夺行为同时过失导致乙重伤，同时触犯抢夺罪和过失致人重伤罪，属于想象竞合，择一重罪论处。根据该司法解释，则不能按照想象竞合处理，而根据结果加重犯处理，即定抢夺罪，然后加重处罚。因此，A 项说法正确。

B 项，考查的是转化型抢劫罪。本题中，甲为了抗拒抓捕，使用暴力将丙打成轻伤，构成转化型抢劫罪，但不属于抢劫罪致人重伤。这一结果加重犯要求重伤结果是由为抗拒抓捕的暴力行为导致的。而甲为抗拒抓捕的暴力行为只是将丙打成轻伤。虽然甲的抢夺行为导致乙重伤，但这属于抢夺罪致人重伤，而非抢劫罪致人重伤。因此，B 项说法不准确。

C 项，参见 B 项解析，C 项说法正确。

D 项，考查的是法条竞合。触犯特殊法条，必然会触犯一般法条，便是判断法条竞合的关系的方法。触犯抢劫罪必然触犯抢夺罪，因此二者是法条竞合关系。D 项说法正确。

综上所述，本题答案为 B。

8.**【参考答案】** C

【解析】 A 项，诈骗罪的因果历程是五部曲：行为人实施欺骗行为，使对方产生认识错误，对方基于认识错误而处分财物，行为人因此取得财物，被害人遭受财产损失。甲预想的诈骗的因果历程是这五步，实际上也是这五步，因此甲不存在狭义的因果关系认识错误。A 项说法错误。

B 项，对象错误的特点是，行为人对实害对象（实害结果）持（直接）故意心理，并且对实害对象的身份存在认识错误。打击错误的特点是，行为人对实害对象（实害结果）持过失心理或意外事件，并且对实害对象的身份不存在认识错误。本题中，第一，甲欲实施诈骗罪，对实害对象及实害结果存在直接故意，因此不属于打击错误。第二，甲对被骗对象的身份存在认识错误，误将保姆当作王某，因此属于对象错误。B 项说法错误。

C、D 项，甲构成同一犯罪构成内的对象错误，无论根据具体符合说还是法定符合说，均认为甲构成诈骗罪既遂。

综上所述，本题答案为 C。

9.**【参考答案】** A

【解析】 A 项，本案中，王某虽然是村委会主任，但是私下卖树，而且谎称是自家的树，表明这个过程中都是私人行为，没有实质利用村委会主任的职务便利。因此，王某不构成职务侵占罪。

B 项，盗窃罪是指以非法占有为目的，将他人占有的财物通过平和手段转移为自己占有。王某在村委会不知情的情况下，将村里的财产非法转移为自己占有，构成盗窃罪。

C 项，王某对李某是否构成诈骗罪，关键看李某有无财产损失。少数观点认为：李某虽然花了钱，但取得了财物，没有财产损失，所以王某对李某不构成诈骗罪。多数观点认为：李某用正常价格买到赃物，吃亏了，有财产损失，所以王某对李某构成诈骗罪。对于观点展示，如果考唯一答案，做题时按照多数观点答。由于王某只有一个处分行为（出卖行为)，但针对了两个对象，同时触犯诈骗罪(对李某)与盗窃罪(对本村)，想象竞合，择一重罪论处，一般以盗窃罪论处。

D项，区分标准：盗窃罪＝A(侵犯他人林木财产权)。滥伐林木罪＝B(破坏生态环境)。盗伐林木罪＝A＋B。由于王某盗窃的对象是荒山上的30亩的树木，数量规模很大，破坏了生态环境，因此，构成盗伐林木罪。

综上所述，本题答案为A。

10.**【参考答案】** D

【解析】 本题中，U盾是银行推出的用于网上银行电子签名和数字认证的工具。使用U盾登录个人网上银行之后，如需办理转账、汇款等支付业务，输入U盾密码，并经银行系统验证无误，即可完成支付业务。甲盗窃了乙的U盾，就盗窃了乙的银行卡信息资料，通过网上银行，将乙账户里的资金划到自己账户。按照司法解释，对甲定信用卡诈骗罪。即甲的行为原本属于盗划他人资金，构成盗窃罪，但是应当按照司法解释，作特殊处理，定信用卡诈骗罪。

综上所述，本题答案为D。

11.**【参考答案】** D

【解析】 A项，最高人民法院、最高人民检察院《关于办理妨害信用卡管理刑事案件具体应用法律若干问题的解释》(以下在本题中简称《信用卡解释》)规定，以非法方式获取他人信用卡信息资料，并通过互联网使用的，以信用卡诈骗罪论处。然而，本题中，王某使用的是李某的微信支付密码，而非使用李某的银行卡密码。因此，王某的行为不适用该司法解释。A项说法错误。

B项，《信用卡解释》规定，拾得他人信用卡并在ATM机上使用的，以信用卡诈骗罪论处。然而，本题中，王某拾得的不是李某的信用卡，而是李某的手机，而且也没有在ATM机上使用。因此，王某的行为不适用该司法解释。B项说法错误。

C、D项，王某是在李某不知情的情况下实施盗刷行为，不构成对李某的诈骗罪，而构成盗窃罪。C项说法错误，D项说法正确。

综上所述，本题答案为D。

12.**【参考答案】** A

【解析】 本题中，陈某希望刘甲将100万元交给刘乙，表明陈某没有向刘甲行贿的意思，对刘甲不构成对有影响力的人行贿罪，刘甲也不构成利用影响力受贿罪。陈某只有向刘乙行贿的意思，构成行贿罪，数额为100万元。刘甲将100万元交给刘乙，请求刘乙办事，刘乙让刘甲将100万元自己留用，为陈某谋取不正当利益，刘乙构成受贿罪，刘甲构成受贿罪共犯。虽然刘乙没有将100万元据为己有，而是让刘甲占有，仍构成受贿罪既遂，数额为100万元。这是因为，受贿罪的收钱，既包括为自己收钱，也包括为第三人收钱。

A项，刘乙构成受贿罪，刘甲是受贿罪的共犯。A项说法正确。

B、C、D项，错误在于刘甲不构成利用影响力受贿罪，陈某也不构成对有影响力的人行贿罪。

综上所述，本题答案为A。

13.**【参考答案】** D

【解析】 (1)关于甲：本题中，甲醉酒驾车十公里，构成危险驾驶罪。危险驾驶罪是故意犯罪，乙教唆甲实施故意犯罪，乙构成教唆犯。A、B项说法正确。甲醉酒驾车，导致一个重伤结果，根据司法解释，甲构成交通肇事罪。接下来面临与第一阶段的危险驾驶罪的罪数问题，由于前后违章行为都是醉驾，根据吸收犯原理，重罪吸收轻罪，应定交通肇事罪，C项说法正确。

(2)关于乙：就甲的交通肇事罪，对乙如何处理？帮助犯、教唆犯、间接正犯，都是故意犯罪，不是过失犯罪。本题D项说法错误，只能说乙构成交通肇事罪。

综上所述，本题答案为D。

二、多项选择题

1.**【参考答案】** ABC

【解析】 A项，先找出可能的情形。第一种可能情形是甲撞死的，甲要负责，乙不用负责。第二种可能情形是乙压死的，乙要负责，甲仍要负责，因为乙的碾压(介入因素)是甲的行为引发的，具有引发关系。汇总后，让甲负责不会冤枉甲。对乙应启动存疑时有利于被告人原则，不让乙负责。A项说法正确。

B项，先前行为是投毒导致四肢乏力。介入因素是第三人的行为(丙的行为)。第一步，丙的出现比较异常。先前行为与介入因素是独立关系。第二步，介入因素对死亡的发生作用大，但是，先前行为对死亡的发生作用也大，即导致乙中毒并失去反抗能力，因此属于二因一果。B项说法正确。

C项，对财产犯罪的因果关系不需要用总论的一般因果关系理论判断，只需用该罪的行为公式判断即可。诈骗罪的行为公式是:实施欺骗行为→使对方产生认识错误→对方基于认识错误而处分财物→行为人取得财物。表面上看,甲的欺骗行为没有让丙产生认识错误,但是甲让乙产生认识错误,乙让丙产生认识错误,这个间接的因果链条是成立的,因此甲的欺骗行为与丙产生认识错误有因果关系,与丙遭受财产损失有因果关系。C 项说法正确。

D 项,条件一是甲投放的致命毒药。条件二是正常针剂和乙的特殊体质。单独看条件一,条件一与乙的死亡有因果关系。单独看条件二,条件二与乙的死亡有因果关系。在此存在双重的因果关系,竞合在一起。二者不是排斥关系,即不能因为条件二与死亡结果有因果关系,就否定了条件一与死亡结果的因果关系。在此甲不能主张"即使没有我的毒药,乙也会死,所以我的毒药不重要",因为刑法讨论的结果是指现实的结果,而非假设的结果。甲的投毒行为与死亡结果仍有因果关系,甲构成故意杀人罪既遂。D 项说法错误。

综上所述,本题答案为 ABC。

2.【参考答案】 BC

【解析】 A 项,过失犯罪的成立条件有三项:一是违反注意义务,实施了危害行为;二是造成实害结果;三是二者之间具有因果关系。但是,一项注意义务不可能防止所有实害结果,只能防止某一类实害结果。超出这个保护范围的实害结果便不是该注意义务所要、所能防止的实害结果。该结果不能归属于该危害行为。理论上将这种带有价值评价的理念称为注意义务规范的保护目的,简称为"规范保护目的理论"。禁止酒后驾驶这一注意义务规范所防止的是意识反应变慢,导致车辆失控。压飞井盖这一结果不是该注意义务规范所能防止的,超出了该注意义务规范的保护范围。因此,该结果不能归属于贾某的酒驾行为。防止压飞井盖这种危险及其结果应当是道路管理部门的责任。道路管理部门应当及时清理路面上的井盖及其障碍物。A 项说法错误。

B 项,甲踢伤乙,导致乙心脏病发作死亡。乙的心脏病是甲的伤害行为引发的,因此,甲的行为与乙的死亡结果之间有因果关系。B 项说法正确。

C 项,甲、乙作为警察,押解犯罪嫌疑人丙的过程中,疏忽大意,存在失职行为,该失职行为给了丙可乘之机,导致丙脱逃。甲、乙的失职行为与丙的脱逃之间有因果关系。甲、乙构成失职致使在押人员脱逃罪。C 项说法正确。

D 项,先前行为是高某的投毒行为。介入因素是李某的撞击行为。第一步,介入因素很异常,与先前行为是独立关系。第二步,判断先前行为和介入因素,谁对死亡的发生作用更大。赵某已经被送往医院,李某的撞击直接导致赵某死亡,对死亡的发生作用更大。死亡结果与李某的撞击行为有因果关系,与高某没有因果关系。李某构成以危险方法危害公共安全罪致人死亡。高某构成故意杀人罪未遂。D 项说法错误。

综上所述,本题答案为 BC。

3.【参考答案】 CD

【解析】 A 项,甲在杀害乙,乙的防卫行为造成甲重伤,不属于防卫过当,属于正当防卫。A 项说法错误。

B 项,本题中,丙客观上在制止甲的不法侵害,但是主观上没有认识到这一点,因此属于偶然防卫。对此,理论上存在观点展示。目前没有一种观点成为多数说。

(1)防卫认识不要说:成立正当防卫,只要求客观上制止了不法侵害,不要求主观上认识到这一点。因此,偶然防卫构成正当防卫。基于此,丙的偶然防卫构成正当防卫,不构成故意伤害罪。

(2)防卫认识必要说:成立正当防卫,要求主客观相统一,即不仅要求客观上制止了不法侵害,还要求主观上认识到这一点。因此,偶然防卫不构成正当防卫。基于此,丙没有认识到甲在杀乙,没有制止甲杀人的防卫认识,只有伤害甲的犯罪故意,丙的偶然防卫不构成正当防卫。

接下来,需要考查丙构成什么犯罪。丙成立故意伤害罪,在此基础上是否构成既遂?既遂结果有两个要求,第一,在事实判断层次,存在伤害结果;第二,在法律评价层次,该伤害结果被评价为危害结果(坏结果)。不能认为,只要是伤害结果就是既遂结果。在法律评价上,通过综合比较,丙打了甲,制止了甲的不法侵害,救了乙,整体上是个好结果,不是危害结果,因此对丙不能定故意伤害罪既遂。剩下只有两个犯罪形态:犯罪中止与未遂。由于丙没有中止行为,根据排除法,对丙只能定故意伤害罪未遂。许多同学对这个结论难以理解,还请多读两遍。

B 项认为无论根据何种学说,丙都不构成犯罪。这种说法错误。

C 项,认为不能用丙的行为定义乙的行为的性质。这是指,乙的行为的性质具有正当性还是具有违法性,不取决于丙的行为的性质,即不能根据丙的行为的性质来决定乙的行为的性质。这是因为,乙和丙的主观认识内容不同,乙有防卫认识,丙没有防卫认识,只有犯罪故意,二人既没有共同的防卫意思,也没有共同的犯罪故意。在这一点上,防卫认识不要说和必要说都是认可的。防卫认识不要说认为丙的行为具有正当性,但不会基于此认为乙的行为具有正当性,即乙的行为的正当性是由乙的行为本身所决定的,不取决于丙的行为的正当性。防卫认识必要说认为丙的行为具有违法性,但不会基于此认为乙的行为具有违法性,即乙的行为是否违法是由乙的行为本身所决定的,不取决于丙的行为的违法性。C 项说法正确。

D 项,乙和丙的主观认识内容不同,乙有防卫认识,丙没有防卫认识,只有犯罪故意。防卫认识不要说认为丙是正当防卫,不会认为乙和丙是共同犯罪。防卫认识必要说认为丙是故意伤害罪,乙是正当防卫,不会认为乙和丙是共同犯罪。D 项说法正确。

综上所述,本题答案为 CD。

4.**【参考答案】** ABCD

【解析】 第一,单位实施纯正的自然人犯罪,该如何处理?对此,全国人民代表大会常务委员会《关于〈中华人民共和国刑法〉第三十条的解释》规定:"公司、企业、事业单位、机关、团体等单位实施刑法规定的危害社会的行为,刑法分则和其他法律未规定追究单位的刑事责任的,对组织、策划、实施该危害社会行为的人依法追究刑事责任。"换言之,此时追究直接责任人的自然人犯罪。

第二,单位实施不纯正的单位犯罪,该如何处理?例如,本题题干涉及的非法吸收公众存款罪是不纯正的单位犯罪,行为主体既包括单位,还包括自然人。电器公司和物流公司作为单位实施该罪,该如何处理?根据相同原理,如果该单位的犯罪行为不符合单位犯罪的条件,但其中的直接责任人员符合自然人犯罪的条件,则追究直接责任人员的自然人犯罪。

第三,成立单位犯罪,主观要件上要求具有单位犯罪的意志。单位犯罪的犯罪意志不是内部某个成员的意志,而是单位的整体意志。因此,单位犯罪是单位本身的犯罪,不是各个成员的共同犯罪,也不是单位与成员(包括直接责任人员)的共同犯罪。但是,A 单位与 B 单位之间可以构成共同犯罪。A 单位与 A 单位外的 C 自然人之间也可以构成共同犯罪。

基于以上分析,本题中 ABCD 项说法全部正确。

5.**【参考答案】** ABC

【解析】 被害人承诺,是指如果被害人同意他人对其加害,那么他人不构成犯罪。例如,甲同意乙毁坏自己的财物,乙的毁坏行为便不构成犯罪。被害人的承诺必须是其真实意思表示。因行为人欺骗、胁迫而作出的承诺无效。

A 项,乙自己产生认识错误(意思表达错误)。甲不知道乙存在意思表达错误。乙的承诺对甲而言是有效的。注意:如果甲知道乙存在意思表达错误,故意不告知,由于甲没有告知真相义务,不存在不作为的欺骗行为,也没有实施作为的欺骗,只是单纯利用乙的错误,则乙的承诺对甲依然有效。

B 项,乙自己产生认识错误(意思形成错误)。兽医知道乙存在认识错误。兽医作为一名医生,有义务告知真相(该疾病已经有药物可以治疗),故意不告知属于不作为的欺骗,因此乙的承诺无效。兽医构成故意毁坏财物罪。

C 项,乙自己产生认识错误(意思形成错误)。甲没有告知真相的义务,也没有积极作为方式的欺骗。甲只是单纯利用乙的错误。乙的承诺有效。甲无罪。注意,如果乙询问甲:"我家里是不是着火了?"甲故意说:"的确着火了,而且火势很猛。"乙恳求甲灭火,甲照办。由于甲存在积极作为的欺骗,乙的承诺无效,甲有罪,构成非法侵入住宅罪、故意毁坏财物罪等。

D 项,本题没有交代器官的出卖者乙是未成年人或受到强迫或欺骗,表明其有承诺能力,是真实的承诺表示,那么其承诺表示是有效的。在此前提下,组织者甲不构成故意伤害罪,而构成组织出卖人体器官罪。D 项说法错误。

综上所述,本题答案为 ABC。

6.**【参考答案】** ABC

【解析】 A 项,考查行为人有无过失时,需要注意信赖原则。这是指,在行为人合理信赖被害人会采取适当行为时,如果由于被害人采取不适当的行为而造成了侵害结果,行为人对此不承担过失责任。例如,在交通领域,司机在遵守交通规则行车时,只要没有特殊情况,就可以信赖其他司机、行人也会遵守交通规则。如果其他人不遵守交通规则,造成了事故,遵守交通规则的行为人就不承担过失责任。例如,在封闭的高速公路上,甲驾车正常行驶,突然有人横穿公路,甲刹车不及,撞死对方。甲不存在过失责任。

引申总结:交通领域的情形。

例如:甲遵守交通规则驾车行驶,看到绿灯,正常向前行驶。突然有行人闯红灯,甲刹车不及,撞死对方。客观上,甲遵守交通规则驾车行驶,没有创设法律不允许的危险。主观上,甲能够信赖行人遵守交通规则,不会闯红灯,而行人突然闯红灯,是甲无法预见的,因此甲没有过失,而是意外事件。

本题中的司机属于上述例子中的情形,基于信赖原则,司机没有过失。行人属于被害人自陷风险,自己负责。A 项说法正确。

B 项,基于当然解释原理,如果一个犯罪能由间接故意构成,则一定能够由直接故意构成;不可能存在只能由间接故意构成而不能由直接故意构成的犯罪。例如,间接故意能构成故意杀人罪,那么直接故意应更能构成故意杀人罪。B 项说法正确。

C 项,多数观点认为,二者是位阶关系,即性质相同、程度不同的关系。过失处于低位阶,故意处于高位阶。因此,(1)故意可以包容评价为过失,但过失不能包容评价为故意。(2)基于当然解释原理,一个犯罪如果能够由过失构成,那么一定能够由故意构成;不存在只能由过失构成而不能由故意构成的犯罪。少数观点认为,二者是对立关系,即性质不同的关系。因此,(1)故意不能包容评价为过失。(2)存在只能由过失构成而不能由故意构成的犯罪。如果赞成多数说,认为故意与过失存在位阶关系,那么在认定犯罪时,只能由故意降格为过失,而不能由过失升格为故意,即故意可以包容评价为过失,过失不能包容评价为故意。C 项说法正确。

D 项,主流观点认为,故意与认识错误是反面关系。当主客观相一致时,犯罪故意成立;当主客观不一致时,犯罪故意不成立,出现认识错误。二者是"一回事"。判断故意的成立,就是判断有没有认识错误。认识错误不是独立于故意之外的事物,而是故意的"镜像"(相反面孔)。

少数观点认为,故意与认识错误是并列关系(独立关系),是"两码事"。认识错误是独立于故意之外的事物。如果根据故意的标准无法认定故意时,可以根据认识错误的标准来认定故意,即判断认识错误是认定故意的另一独立标准。

综上所述,本题答案为 ABC。

7.**【参考答案】** ABC

【解析】 "黑社会性质组织"的界定标准:第一,具有稳定组织;第二,具有经济实力;第三,手段具有非法性、破坏性;第四,形成非法控制。注意:不要求必须有"政治保护伞"。

综上所述,本题答案为 ABC。

8.**【参考答案】** ABC

【解析】 A 项,第一,欺骗或强迫他人自杀,他人自杀的,构成故意杀人罪(间接正犯)。例 1:甲以相约自杀为名诱骗他人自杀,然后自己逃离现场,甲构成故意杀人罪的间接正犯。例 2:甲教唆、欺骗幼儿、精神病患者,使其自杀,甲构成故意杀人罪的间接正犯。

第二,教唆、帮助他人自杀。预设前提:他人是成年人、精神正常,做出自杀举动是真实意思表示,没有受到欺骗或胁迫。在此前提下,教唆、帮助他人自杀,他人(实行者)自杀身亡,教唆者、帮助者是否有罪?对此,存在观点展示:观点一:自杀行为不具有违法性,无罪,即实行者无罪。根据共犯从属性原则,教唆者、帮助者也应无罪。观点二:自杀行为具有违法性,只是无法谴责自杀者,无法使其承担责任,即实行者在客观阶层具有违法性,是一种"犯罪"行为。根据共犯从属性原则,教唆者、帮助者也有罪。A 项说法正确。

B 项,共同犯罪过程中,如果有人想中止,只有脱离共犯关系,才有可能成立犯罪中止。脱离条件:消除违法的连带性,就是不但自己自动停止犯罪,还要消除自己的行为对共同犯罪所产生的物理上、心理上的贡献。B 项说法正确。

C 项,说法正确。例如,实行犯如果有对象错误或打击错误,教唆犯的犯罪形态会受到影响。例如(打击错误),甲教唆乙杀害丙,乙因为没有瞄准,不慎将附近的丁打死。依照具体符合说,乙对丙构成故意杀人罪未遂,对丁构成过失致人死亡罪,想象竞合,择一重罪论处,定故意杀人罪未遂。依照法定符合说,乙对丙构成故意杀人罪未遂,对丁构成故意杀人罪既遂,想象竞合,择一重罪论处,定故意杀人罪既遂。实行犯乙产生打击错误,教唆犯甲构成打击错误。依照具体符合说,甲对丙构成故意杀人罪未遂,对丁构成过失致人死亡罪,想象竞合,择一重罪论处,定故意杀人罪未遂。依照法定符合说,甲对丙构成故意杀人罪未遂,对丁构成故意杀人罪既遂,想象竞合,择一重罪论处,定故意杀人罪既遂。C 项说法正确。

D 项,第一,《刑法》第 26 条第 3 款规定:"对组织、领导犯罪集团的首要分子,按照集团所犯的全部罪行处罚。”注意，是按照“集团”所犯的全部罪行，而不是按照“全体成员”所犯的全部罪行处罚。第二，《刑法》第 26 条第 4 款规定：“对于第三款规定以外的主犯，应当按照其所参与的或者组织、指挥的全部犯罪处罚。”D 项认为，犯罪集团中的组织者、领导者，需对全部罪行负责。这种看法是正确的。但是，D 项认为，其他共同犯罪中的组织者、指挥者，需对全部罪行负责。这种说法不准确。其他共同犯罪中的组织者、指挥者，应当按照其所参与的或者组织、指挥的全部犯罪处罚，对于没有参与、组织、指挥的罪行，不用负责。

综上所述，本题答案为 ABC。

三、不定项选择题

1.【参考答案】 AB

【解析】 A 项，刘某刚取得财物就被追赶抓捕，表明取得控制尚未达到平稳状态，因此此时的抢夺罪不算既遂，属于未遂。A 项说法正确。

B 项，根据《刑法》第 269 条，刘某先实施抢夺罪，然后为了抗拒抓捕，当场对王某实施暴力，构成转化的抢劫。B 项说法正确。

C 项，刘某虽然能转化抢劫，但是没有在公交车上使用暴力，因此不能认定为“在公共交通工具上抢劫”。C 项说法错误。

D 项，刘某的抢劫罪实行行为即暴力行为已经结束，横穿马路是逃跑行为。逃跑行为（横穿马路）有危险，但属于对刘某自己有危险，不是对王某有危险。王某属于被害人自陷风险，在刑法上自己负责。因此，刘某构成抢劫罪，但不构成抢劫罪致人死亡。

综上所述，本题答案为 AB。

2.【参考答案】 BD

【解析】 A、B 项，本题中，甲用枪支，乙用毒品，进行交换，甲属于卖枪支，构成非法买卖枪支罪；甲购买毒品用于自己吸食不构成贩卖毒品罪。但是甲将毒品放在家里构成非法持有毒品罪，该罪和非法买卖枪支罪应当数罪并罚。B 项说法正确。乙属于买枪支，构成非法买卖枪支罪。乙出售毒品行为构成贩卖毒品罪。一买一卖，是两个行为，分别构成两个罪，不属于想象竞合犯，而应数罪并罚。A 项说法错误。

C 项，准自首是指甲因 A 罪行被采取强制措施后，甲如实供述司法机关尚未掌握的 B 罪行。如实供述的 B 罪行必须与司法机关已掌握的 A 罪行属于不同种罪行。本题中，乙因非法持有枪支罪被采取强制措施后，主动交代非法买卖枪支罪的犯罪事实。这两项罪名在事实上具有密切联系，属于同种罪行的范畴，因此乙不构成准自首，而属于坦白。C 项说法错误。

D 项，立功问题。“揭发他人犯罪”型的立功。乙主动交代从甲处购买枪支，揭发甲的非法买卖枪支罪，构成立功。乙只有将卖家甲供出来，才属于“如实供述”了自己的非法买卖枪支罪，才成立坦白。因此，乙整体上只干了一件事，即“将卖家供出来”，同时符合了坦白和立功，二者是竞合关系，选择一个更有利于乙的结论加以认定，最终认定为立功。因此，D 项说法正确。

综上所述，本题答案为 BD。

3.【参考答案】 AD

【解析】 （1）甲、乙生产、销售假的针剂，并且导致多名患者遭受重伤，构成生产、销售假药罪的共同犯罪。生产、销售、提供假药罪是选择性罪名，既可以拆分使用，也可以整体使用。本题中，甲、乙实施了生产、销售行为，可认定为一个整体罪名即生产、销售假药罪，不需要数罪并罚。因此，C 项说法错误。

（2）乙冒充医生给多名患者注射针剂，构成非法行医罪。该罪是甲、乙共谋的犯罪，因此甲构成共犯。

（3）甲、乙欺骗患者，骗取高额药费，构成诈骗罪。

甲、乙构成三个罪名：非法行医罪，生产、销售假药罪，诈骗罪，属于一个行为同时触犯三个罪名，构成想象竞合犯，择一重罪论处。因此，B 项说法错误。

综上所述，本题答案为 AD。

4.【参考答案】 ACD

【解析】 A 项，乙帮助甲，将甲犯罪所得的钱款取现，构成掩饰、隐瞒犯罪所得罪。

B 项，被监察机关采取留置的犯罪嫌疑人属于依法被关押的犯罪嫌疑人。因此乙在留置期间脱逃，构成脱逃罪。

C 项，洗钱罪的上游犯罪有破坏金融管理秩序犯罪。非法吸收公众存款罪属于破坏金融管理秩序犯罪中的一个罪名，乙帮助甲换取外汇，并汇往境外，属于洗钱罪的行为方式，因此构成洗钱罪。

D 项，甲一方面构成拒不执行判决罪，另一方面构成虚假诉讼罪，属于一个行为同时触犯两个罪名，想象竞合，择一重罪论处。

综上所述，本题答案为 ACD。

2023年客观题试题

一、单项选择题

1. 李某欲伤害吕某却误伤宋某并致宋某死亡，一审法院以李某犯故意伤害罪，判处李某有期徒刑15年，李某上诉。下列说法正确的是？(　　)

A. 二审期间，辩护人出示了李某患精神障碍的新材料，法院应当进行精神病鉴定

B. 如宋某父亲在二审中提起附带民事诉讼，法院可以调解

C. 二审法院可改判李某有期徒刑10年，同时宣告禁止令

D. 若二审开庭后，李某申请撤回上诉，法院应当裁定准许

2. 关于犯罪嫌疑人、被告人的程序选择权，下列说法正确的是？(　　)

A. 被告人可以在一审和二审中选择由法官和陪审员组成合议庭

B. 被告人上诉，在二审中可以选择开庭审理和不开庭审理

C. 犯罪嫌疑人、被告人认罪认罚，可以选择不适用速裁程序而适用普通程序

D. 犯罪嫌疑人、被告人可以选择在住处监视居住或者在指定居所监视居住

3. 下列哪种情形不符合刑事庭审的要求？(　　)

A. 有专门知识的人出庭发表意见后，可以在旁听席落座旁听

B. 被告人的父亲醉酒，不得旁听

C. 对于被害人人数众多的案件，法院可依职权指定其中10人旁听庭审

D. 审判未成年被告人的案件，未成年人保护组织可以派代表出庭旁听

4. 甲因犯故意伤害罪被A市B区法院判处有期徒刑8年，甲在A市监狱服刑。在服刑的第3年，甲越狱脱逃，并在C市D区持刀抢劫致一人死亡，后甲在E市长途汽车站被抓获，下列哪一法院对甲有管辖权？(　　)

A. A市B区法院　　B. C市D区法院

C. A市中院　　D. C市中院

5. 王某因涉嫌合同诈骗被追诉，法院在审理过程中，王某申请回避，下列回避申请符合法定理由的是？(　　)

A. 王某以被害人的诉讼代理人曾经是自己的法律顾问为由申请回避

B. 王某以法庭书记员是被害人的侄子为由申请回避

C. 王某以鉴定人学历造假为由申请回避

D. 王某以公诉人讯问语气严厉为由申请回避

6. 张某醉驾被交警何某查获，案件侦查终结后，某县检察院以危险驾驶罪向某县法院提起公诉，下列表述正确的是？(　　)

A. 何某出庭说明情况后，可允许其旁听审理

B. 交通事故认定书可作为证据使用

C. 张某承认指控犯罪，经张某同意后法院可以决定适用简易程序

D. 何某的执法记录仪拍摄的视频和酒精检测数据均为直接证据

7. 被告人孙某在庭前会议中申请排除在看守所形成的一份有罪供述，法院召开庭前会议，关于庭前会议中的非法证据排除，下列表述正确的是？(　　)

A. 合议庭法官可以委托法官助理主持庭前会议

B. 在庭前会议中，附带民事诉讼被告人申请调解，法官可以庭前会议只解决程序问题为由拒绝

C. 在庭前会议中，检察院决定撤回孙某申请排除的有罪供述，在庭审时再次出示

D. 必要时，法官可以通知侦查人员出庭了解情况

8. 检察院在审查起诉工作中发现一项非法证据，依法予以排除，这体现了刑事诉讼程序的何种价值？(　　)

A. 独立价值　　B. 工具价值

C. 没有价值　　D. 效率价值

9. 张某因犯诈骗罪被M市A区法院判处有期徒刑2年，张某提出上诉，M市中级法院在审理中发现，张某还因在B区实施诈骗被B区检察院向B区法院提起公诉，下列说法正确的是？(　　)

A. 裁定B区法院中止审理，待M市中级法院

作出终审裁判后，B区法院继续审理

B. M市中级法院应当裁定撤销A区法院一审判决，将张某在A区法院与B区法院的诈骗案一并提审

C. M市中级法院决定并案审理的，应当裁定发回重审，由A区法院处理

D. M市中级法院决定并案审理的，若张某不同意，法院只能分案审理

10. 关于驳回回避申请的复议，下列说法正确的是？（　　）

A. 法院驳回回避申请，需以书面形式作出

B. 针对所有驳回回避申请的决定，当事人及其法定代理人都可申请复议一次

C. 若当事人以法定事由以外的事由申请回避，法院予以驳回，当事人不得申请复议

D. 被决定回避的司法人员，对决定有异议的可以当庭申请复议一次

11. 张某强奸并杀害了同村的一名女孩（8岁），经公安机关调查发现，户籍登记及身份证明上的时间均显示张某已满14岁。但张某父亲称："当时登记时填错了时间，实际还没满14岁。"以下属于意见证据的是？（　　）

A. 户籍民警称："的确有育龄孕妇改过孩子出生日期。"

B. 同村村民称："当年出生的男孩很多，张某应该就是其中一个。"

C. 骨龄鉴定人称："骨龄鉴定确实存在两年左右的误差。"

D. 户籍登记处人员称："张某的登记表上存在涂改情况。"

二、多项选择题

1. 公安机关侦查人员左某在讯问犯罪嫌疑人李某时，因怒难遏，殴打李某致伤，检察院以刑讯逼供罪对左某立案侦查，下列表述正确的有：（　　）

A. 在讯问左某时，因左某提出不愿意全程录音录像，检察院应关闭相关设备

B. 检察院拟对左某决定逮捕，应当经上一级检察院批准

C. 检察院拟对左某作出不起诉决定，应当经上一级检察院批准

D. 检察院组织李某辨认左某的照片，混杂数量不得少于10张

2. 检察院审查起诉发现，涉嫌故意伤害罪的周某系精神病且符合强制医疗条件，遂向法院提出强制医疗申请，下列说法正确的有：（　　）

A. 检察院应作出不起诉决定

B. 法院在审理该强制医疗案件时，应当会见周某

C. 对法院作出的强制医疗决定，被害人的近亲属可向上一级法院申请复议

D. 在强制医疗一段时间后，周某申请解除强制医疗，法院可以独任审理

3. 小田（11岁）被继父于某长期殴打，邻居报警后，公安机关对本案立案侦查。经鉴定，小田头部与四肢等多处软组织挫伤，构成轻微伤。案件随后由检察院以虐待罪向法院提起公诉，下列选项错误的有：（　　）

A. 法院认为小田母亲未尽看护职责，可以向其提出司法建议

B. 因小田年幼无法提起自诉，检察院在本案中系代为告诉

C. 检察院在起诉于某时可以向法院提出适用禁止令的建议

D. 法院可以委托专业机构对小田启动心理测评

4. 王某被杀害，盲人齐某听见王某喊："杀人了，李某杀人了。"刘某称其看见李某拿着刀去了王某家并看到了带血的刀。邻居小阳看见李某杀人的全过程。下列选项正确的有：（　　）

A. 齐某提供的是直接证据、传闻证据

B. 小阳可以作为证人

C. 不能根据小阳的证言直接定罪，还需要其他证据进行补强

D. 刘某称其看见了带血的刀，其证言属于间接证据

5. 甲、乙（17周岁）殴打丙、丁并致二人轻伤，在审理阶段，甲、乙与丙、丁分别达成和解，但在准备签署和解协议时，丙因病去世，丙的母亲和弟弟参加了和解协商。下列表述正确的有：（　　）

A. 甲、乙与丙的亲属和解，需要同时征得丙的母亲和弟弟同意

B. 若甲、乙与丁达成和解协议，约定的赔偿损失内容应当在签署协议后即时履行

C. 因乙系未成年人，乙的父亲可以代乙赔偿

D. 因乙系未成年人，乙的父亲可以代乙赔礼道歉

6. 甲交通肇事致乙轻伤，检察院以故意伤害罪对甲提起公诉，乙对甲提起附带民事诉讼。法院经过审理，认为案件事实不清、证据不足，判甲无罪。下列表述正确的有：（　　）

A. 法院认为甲不构成犯罪，对乙提起的附带民

事诉讼,可以调解。若调解不成,法院应当对刑事部分与附带民事部分一并宣判

B. 法院作出一审判决后,乙可以请求检察院提起抗诉

C. 法院作出一审判决后,若没有上诉、抗诉,判决生效后,检察院发现甲成立前罪的新证据,可以对甲重新提起公诉

D. 法院作出一审判决后,若没有上诉、抗诉,判决生效后,甲向法院申请国家赔偿的,法院赔偿委员会应当有3名审判员参加

7. 王某与吴某共同实施抢劫罪,一审法院判处王某死刑立即执行,判处吴某有期徒刑10年。吴某未上诉,王某不服判决提起上诉。二审法院裁定驳回上诉,维持原判。关于本案死刑复核程序,下列哪些选项是正确的?(　　)

A. 如最高人民法院复核认为判处王某死刑无误,但引用法律条款存在瑕疵,可在纠正后核准

B. 王某与吴某的案卷材料均应移送最高人民法院

C. 如最高人民法院经复核认为原判对吴某量刑过轻可直接改判

D. 最高人民法院对王某作出复核裁定后,王某的辩护律师再提交书面辩护意见,最高人民法院不再接受

三、不定项选择题

1. 甲2000年1月出生,2017年12月因盗窃他人财物被立案侦查,2018年4月被提起公诉,经过法院审理,终审判决甲3年有期徒刑,下列说法正确的是:(　　)

A. 法院应当公开审理

B. 法院不需要通知甲的法定代理人到场

C. 法院不需要封存甲的犯罪记录

D. 法院对甲不能适用少年法庭审理

2. 李某(17岁)因犯帮助信息网络犯罪活动罪被法院判处2年有期徒刑,缓期3年执行。关于犯罪记录封存问题,下列表述正确的是:(　　)

A. 为青少年进行普法教育宣传,法院可向媒体提供李某的犯罪记录,媒体发布时应隐去李某的个人信息

B. 李某在参军入伍时应当如实报告自己的犯罪记录

C. 李某若再次犯罪被侦办,公安机关可以查询其犯罪记录

D. 李某去互联网公司应聘,公司可向公安机关查询其是否有犯罪记录

2023年客观题试题参考答案及解析

一、单项选择题

1.【参考答案】　B

【解析】　本题综合考查二审程序,难度较高。

A项,解题关键词是"二审""新材料""应当""鉴定"。在二审中,若辩护人提出新的事实和证据,法院应如何处理,目前立法及司法解释没有明确规定。从理论上讲,法院对新的证据材料应当进行审查,认为有必要的,可以对李某进行精神病鉴定。换言之,法院独立审判,是否开展鉴定由法院审查决定,并非辩护人出示了新的材料,法院即应当组织鉴定,A项错误。

B项,解题关键词是"二审""附带民事诉讼""调解"。附带民事诉讼解决民事赔偿问题,以调解为原则。因此,即便权利人在一审中没有提出附带民事诉讼,而在二审中提起,法院仍然可以组织调解,B项正确。

C项,解题关键词是"二审""禁止令"。根据上诉不加刑原则,对于只有被告人上诉的情形,二审法院不仅不得加重被告人的刑罚,也不得增加宣告禁止令,C项说"同时宣告禁止令"错误。

D项,解题关键词是"二审开庭后""应当裁定准许"。二审开庭意味着上诉期已届满,此时李某申请撤回上诉,应当经过二审法院的审查,是否准许由法院裁定。因此,D项说"法院应当裁定准许"是错误的。

综上所述,本题答案为B。

2.【参考答案】　C

【解析】　本题考查犯罪嫌疑人、被告人的程序选择权,比较简单。

A项,解题关键词是"法官和陪审员""合议庭"。被告人可以申请由法官与陪审员组成合议庭,但没有选择权,A项错误。

B项,解题关键词是"选择开庭""不开庭"。是否开庭审理由法官依法决定,被告人没有选择权,B项错误。

C项,解题关键词是"认罪认罚""不适用速裁程序""适用普通程序"。犯罪嫌疑人、被告人认罪认罚的,可以适用速裁程序审理,但若被告人不同意适用,可以适用简易程序或者普通程序审理,C项正确。

D项,解题关键词是"在住处监视居住""指定

居所监视居住”。对犯罪嫌疑人、被告人监视居住，原则上应当在其住处监视居住，若符合法定条件，公安司法机关也可以决定在指定居所监视居住，犯罪嫌疑人、被告人没有选择权，D项错误。

综上所述，本题答案为C。

3.【参考答案】 A

【解析】 A项，解题关键词是“有专门知识的人”“落座旁听”。有专门知识的人、鉴定人、证人等不得旁听庭审，A项错误。

B项，解题关键词是“醉酒”“不得旁听”。醉酒的人、精神病人不得旁听庭审，B项正确。

C项，解题关键词是“被害人”“人数众多”“依职权指定”“10人旁听”。法院有权决定旁听庭审的人员和人数，至于哪些人、多少人坐在旁听席，由法院视情况决定。C项正确。提示，《刑诉解释》第224条规定：“被害人人数众多，且案件不属于附带民事诉讼范围的，被害人可以推选若干代表人参加庭审。”这一条文不适用于本题。该条文中参加庭审的代表人，需要坐在被害人席位（公诉人旁边），而非坐在旁听人席位。

D项，解题关键词是“未成年”“保护组织”“派代表”。未成年人为被告人的刑事案件，虽然不公开审理，但其所在学校和未成年人保护组织可以派代表到场，对未成年被告人进行教育和保护，D项正确。

综上所述，本题答案为A。

4.【参考答案】 C

【解析】 （1）先考虑地区管辖。罪犯脱逃又犯罪的，适用特殊管辖，由服刑地、犯罪地法院审判。本案服刑地为A市，脱逃后的犯罪地为C市D区。但是，甲虽在C市D区又犯罪，但没有在C市D区被抓获，因此C市D区法院无权管辖，甲应当由服刑地A市的法院管辖。（2）再考虑级别管辖。本案甲在C市D区持刀抢劫致一人死亡，可能被判处无期徒刑或者死刑，应当由中级法院一审。因此，甲应当由服刑地的中级法院管辖，即A市中级法院审理，本题选C。

5.【参考答案】 B

【解析】 本题考查回避的理由，难度不大。

A项，解题关键词是“诉讼代理人”“法律顾问”。辩护人、诉讼代理人，受人之托，忠人之事，具有明显的倾向性，不是回避对象，无须回避，A项错误。

B项，解题关键词是“书记员”“被害人的侄子”。首先，法庭书记员属于回避对象。其次，“书记员是被害人的侄子”符合身份不当的法定回避理由。因此，B项正确。

C项，解题关键词是“鉴定人”“学历造假”。虽然鉴定人属于回避对象，但“学历造假”却不是法定回避理由。如果鉴定人确实学历造假，不具备鉴定人资质，根据“鉴定意见出错就作废”的证据审查规则，鉴定意见不得作为定案根据。是故，C项错误。

D项，解题关键词是“公诉人”“讯问语气严厉”。虽然公诉人属于回避对象，但“讯问语气严厉”却不是法定回避理由，D项错误。

综上所述，本题答案为B。

6.【参考答案】 B

【解析】 本题综合考查一审程序中的旁听问题、简易程序适用条件、证据种类、证据分类，难度较高。

A项，解题关键词是“何某”“旁听”。侦查人员不得旁听庭审，在说明情况后应当退出法庭。需要注意，虽然从法理上讲，交警属于行政执法人员，不属于司法人员。但在我国司法实践中，危险驾驶罪由“交警”而非“刑警”立案侦查，侦查终结后移送检察院审查起诉。因此本案中，交警何某就是侦查人员，不得旁听庭审，A项错误。

B项，解题关键词是“交通事故认定书”“作为证据”。交警对醉驾进行认定而出具的交通事故认定书，对张某定罪量刑意义重大，在刑事诉讼活动中可以作为证据使用，B项正确。

C项，解题关键词是“承认指控”“同意”“简易程序”。在我国，适用简易程序需要同时具备四个条件：基层法院审理，被告人承认指控，案件事实清楚，被告人同意适用。本案中，缺少“案件事实清楚”这一条件，法院不能适用简易程序审理，C项错误。

D项，解题关键词是“执法记录仪”“酒精监测数据”“直接证据”。直接证据可以区分为肯定性直接证据和否定性直接证据。其中，肯定性直接证据要能够证明完整的案发经过，即“有人＋有事”。本案中，执法记录仪拍摄的视频可以反映张某醉驾及被查获的经过，属于直接证据。但酒精检测数据不能完整证明危险驾驶经过，属于证明案件片段的间接证据。因此，D项错误。

综上所述，本题答案为B。

7.【参考答案】 D

【解析】 本题考查庭前会议制度，难度适中。

A项，解题关键词是“法官助理”“主持庭前会议”。庭前会议应当由合议庭中的审判员来主持，法官助理无权成为合议庭组成人员，更无权主持庭前会议，A项错误。

B项，解题关键词是“附带民事诉讼”“调解”“拒绝”。庭前会议可以对程序事项了解情况、听取意见，附带民事诉讼调解属于程序事项，法官可以在庭前会议中了解当事人意见，不应拒绝，B项错误。

C项，解题关键词是“撤回”“再次出示”。检察院在庭前会议中撤回的证据，在庭审中若没有新的理由，不得再次出示，C项错误。

D项，解题关键词是“必要时”“通知侦查人员出庭”。在庭前会议中，法官在必要时可以通知侦查人员出庭，了解情况、听取意见，但不会就是否存在非法证据作出实质调查和处置，D项正确。

综上所述，本题答案为D。

8.【参考答案】 A

【解析】 本题考查刑事诉讼法与刑法的关系，难度不高。

刑事诉讼法对刑法而言，既具有工具价值，又具有独立价值。工具价值，是指刑事诉讼法可以帮助刑法实施和落实，利于打击犯罪、查清事实和提高办案效率。独立价值，是指刑事诉讼程序本身就是正义的体现，可以不依赖于实体公正而存在。

A、C项，检察院适用刑事诉讼程序，依法排除非法证据，本身就是程序正义的体现，彰显了程序的独立价值，A项正确，C项错误。

B项，检察院依法排除非法证据，可能导致案件事实不清、证据不足，甚至对“事实有罪”的犯罪嫌疑人作出不起诉决定，如此无法有力地打击犯罪，不利于刑法实施，没有体现工具价值，B项错误。

D项，检察院排除非法证据，需要对非法证据进行审查、调查和处理，会消耗司法资源，不利于诉讼效率提高。在效率和公正面前，非法证据排除规则显然选择的是后者，是故，D项错误。

综上所述，本题答案为A。

9.【参考答案】 C

【解析】 本题考查并案管辖问题，难度不高。

A、B、C项，二审法院在审理过程中，发现被告人还有其他犯罪的，可以考虑并案审理。如果决定并案审理，为了保护被告人的审级利益，二审法院不能直接并案二审，只能将案件撤销原判、发回重审，由一审法院解决并案问题。因此，A项分别审理和B项一并提审都是错误的，C项正确。

D项，选择分案审理还是并案审理属于法院职权范围，被告人没有选择权，D项错误。

综上所述，本题答案为C。

10.【参考答案】 C

【解析】 本题考查驳回回避申请的复议，难度不高。

A项，解题关键词是“驳回”“书面”。法院驳回回避申请，可以使用口头或者书面方式作出决定，A项“需以书面形式作出”是错误的。

B、C项，B项解题关键词是“所有”“复议一次”。C项解题关键词是“法定事由以外”“不得申请复议”。当事人及其法定代理人以法定事由申请回避的，回避申请被驳回后，可以复议一次。若以法定事由以外的事由申请回避，回避申请被驳回后，没有复议权利。因此，C项正确。B项说“针对所有驳回回避申请”“都可申请复议一次”是错误的。

D项，解题关键词是“被决定回避”“复议一次”。只有被驳回回避申请的人，即当事人及其代理人（法定代理人、辩护人、诉讼代理人）有权申请复议。而被决定回避的公安司法人员，应当退出办案程序，对回避决定没有救济途径。是故，D项错误。

综上所述，本题答案为C。

11.【参考答案】 B

【解析】 本题考查意见证据规则，难度不高。

意见证据，是指证人作证时，不是客观陈述自己的感知，而是对案件事实提出推断性的臆测。意见证据应当依法排除，不得作为定案根据。

A、D项，户籍民警和户籍登记处人员属于客观陈述事实，没有主观臆测，不是意见证据，AD项错误。

B项，村民称“张某应该就是其中一个”，属于主观臆测的意见证据，B项正确。

C项，意见证据适用于证人证言，不适用于鉴定意见，骨龄鉴定人的陈述不是意见证据，C项错误。

综上所述，本题答案为B。

二、多项选择题

1.【参考答案】 CD

【解析】 本题综合考查检察院自侦案件办理过程适用强制措施、侦查行为、起诉等程序，难度适中。

A项，解题关键词是“不愿意”“检察院应当关闭”。检察院办理自侦案件，在讯问犯罪嫌疑人时，应当全程录音录像，不能因为犯罪嫌疑人左某不愿意录制而关闭相关设备，A 项错误。

B 项，解题关键词是“决定逮捕”“上一级检察院批准”。对于检察院负责侦查的部门移送本院负责捕诉的部门审查决定逮捕的案件，负责捕诉的部门只需报请本院检察长决定是否逮捕即可，无须报请上一级检察院批准，B 项错误。

C 项，解题关键词是“不起诉”“上一级检察院批准”。对于国家机关工作人员职务犯罪案件，即当检察院自侦的案件和监委会调查的案件移送检察院审查起诉时，出于慎重考虑，检察院在作出不起诉决定前需要报上一级检察院批准。需要注意，当公安机关侦查的案件移送检察院审查起诉时，检察院在作出不起诉决定前则无须报上一级检察院批准。本案为检察院自侦案件，检察院在对左某作出不起诉决定前报请上一级检察院批准是正确的，C 项正确。

D 项，解题关键词是“辨认”“照片”“10 张”。对于检察院自侦案件，被辨认人的照片不得少于 10 张，D 项正确。

综上所述，本题答案为 CD。

2.**【参考答案】** ABC

【解析】 本题考查精神病强制医疗的具体程序，难度不高。

A 项，解题关键词是“应作”“不起诉”。检察院审查起诉属于普通刑事诉讼程序，若发现周某系依法不负刑事责任的精神病人，应当作出法定不起诉决定。同时，周某符合强制医疗条件，检察院可以向法院申请强制医疗，启动特别程序。是故，A 项正确。

B 项，解题关键词是“法院”“应当会见”。检察院向法院申请对周某进行强制医疗，法院在审理时应当会见周某，便于全面了解案件事实，依法作出决定，B 项正确。

C 项，解题关键词是“被害人的近亲属”“上一级法院”“复议”。在强制医疗案件中，周某和本案被害人以及他们的法定代理人、近亲属，对法院作出的强制医疗决定不服的，都有权利向上一级法院申请复议，C 项正确。

D 项，解题关键词是“解除强制医疗”“独任审理”。在刑事审判程序中，只有简易程序和速裁程序允许法官一人独任审判。其他审判程序，不论普通程序还是特别程序，均需组成合议庭进行审理。是故，D 项错误。

综上所述，本题答案为 ABC。

3.**【参考答案】** ABD

【解析】 本题综合考查未成年人刑事诉讼程序与自诉案件，难度较高。

A 项，解题关键词是“小田母亲”“司法建议”。法院可以向有关单位提出司法建议，但不能向个人提出司法建议，A 项错误。

B 项，解题关键词是“自诉”“检察院”“代为告诉”。本案中，于某已被公安机关立案侦查，检察院提起公诉，本案属于公诉案件，不是自诉案件。检察院是代表国家提起公诉，而非代小田提起自诉，B 项错误。

C 项，解题关键词是“检察院”“禁止令”。检察院向法院提起公诉时，可以视情况向法院提出对被告人适用禁止令的建议，这属于检察院量刑建议的组成部分，C 项正确。

D 项，解题关键词是“小田”“心理测评”。法院对未成年被告人、证人、被害人均可进行心理疏导，但仅可以对未成年被告人进行心理测评。本案中，小田属于未成年被害人，法院可对其进行心理疏导，但不可对其实施心理测评，D 项错误。

综上所述，本题答案为 ABD。

4.**【参考答案】** BCD

【解析】 本题综合考查证据的种类、分类和证据规则，难度适中。

A 项，解题关键词是“齐某”“直接证据”“传闻证据”。直接证据是指能够反映完整案发经过的证据。所谓传闻证据，主要包括两种形式：一是书面传闻证据，即亲身感受了案件事实的证人在庭审期日之外所作的书面证人证言及警察、检察人员所作的（证人）询问笔录；二是言词传闻证据，即证人并非就自己亲身感知的事实作证，而是向法庭转述他从别人那里听到的情况。本案中，盲人齐某只是听到王某的呼救，无法反映李某杀害王某的过程，属于间接证据。此外，王某被害呼救属于本故意杀人案的案发组成部分，齐某虽然无法看到，但直接听到了案发经过，其证言内容直接源于案件事实本身，不是传闻证据。是故，A 项错误。

B 项，解题关键词是“小阳”“证人”。在我国，了解案件情况的当事人之外的人可以作为证人。本案中，邻居小阳并非本案当事人，小阳看到了李某杀人的全过程，了解案件事实，可以作为证人，B 项正确。

C 项，解题关键词是“小阳的证言”“直接定罪”“补强”。一方面，孤证不能定案。若本案仅有小阳的证言，不可直接认定李某有罪。另一方面，小阳的证言属于言词证据，证明力较弱，需要有其他证据进行印证和补强方可作为定案的根据。因此，C 项正确。

D 项，解题关键词是“带血的刀”“间接证据”。本案中，刘某称其看见李某拿着刀去了王某家并看到了带血的刀，但刘某并未看到李某杀害王某的全部经过。因此，刘某陈述的内容只是本案的主要片段，而并非完整的案发经过，属于间接证据，D 项正确。

综上所述，本题答案为 BCD。

5.**【参考答案】** BC

【解析】 本题考查刑事和解程序，难度适中。

A 项，解题关键词是“同时”“母亲”“弟弟”。甲、乙与丙的亲属和解，需要取得第一顺位的全体近亲属同意，本案中，母亲属于第一顺位继承人，弟弟则属于第二顺位继承人。是否和解，需要征得丙的母亲同意，无须征得丙的弟弟同意，A 项错误。

B 项，解题关键词是“和解协议”“即时履行”。和解协议中约定的赔偿损失内容，应当在签署协议后即时履行，B 项正确。

C、D 项，C 项解题关键词是“未成年人”“代乙”“赔偿”，D 项解题关键词是“代乙”“赔礼道歉”。未成年被告人的法定代理人可以代为赔偿，但不能代为赔礼道歉。赔礼道歉需要由乙亲自履行。因此，C 项正确，D 项错误。

综上所述，本题答案为 BC。

6.**【参考答案】** BC

【解析】 本题综合考查二审、附带民事诉讼、一审重新起诉、国家赔偿，难度较高。

A 项，解题关键词是“不构成犯罪”“调解不成”“应当”“一并宣判”。法院对附带民事诉讼部分调解不成的，不仅可以将刑事部分与附带民事诉讼部分一并宣判，还可以告知乙对甲另行提起民事诉讼，A 项错误。

B 项，解题关键词是“一审判决后”“请求检察院”。被害人对未生效的第一审判决，没有上诉权和抗诉权，但可以请求检察院启动二审抗诉，B 项正确。

C 项，解题关键词是“生效后”“新证据”“重新提起公诉”。法院当初裁判时，事实不清、证据不足，法院判决甲无罪是正确的。因此，即使在一审判决生效后，检察院发现了前罪新的有罪证据，也无须对之前的无罪判决启动审判监督程序。检察院只需根据新的证据向法院重新提起公诉，C 项正确。

D 项，解题关键词是“生效后”“国家赔偿”“赔偿委员会”“3 名审判员”。赔偿委员会作出赔偿决定，必须有 3 名以上审判员参加，不一定必须是 3 名，也可以是 5 名，D 项说应当 3 名是错误的。

综上所述，本题答案为 BC。

7.**【参考答案】** AB

【解析】 本题考查死刑复核程序，难度适中。

A 项，解题关键词是“瑕疵”“纠正后核准”。最高人民法院在复核死刑案件时，若发现案件引用的法律条款存在瑕疵，但判处王某死刑并无不当的，可以在纠正后作出核准的裁判，A 项正确。

B 项，解题关键词是“王某与吴某”“均应移送”。最高人民法院复核死刑案件，奉行全面审查原则，下级法院对同案审理的王某与吴某的案卷，应当全部移送最高人民法院，B 项正确。

C 项，解题关键词是“吴某”“量刑过轻”“直接改判”。吴某被判处有期徒刑 10 年，经过一审法院和二审法院两级审理，已经生效。最高人民法院在死刑复核程序中认为已经生效的吴某裁判确有错误的，不可直接改判，应当启动审判监督程序进行纠正，C 项错误。

D 项，解题关键词是“复核裁定后”“不再接受”。虽然最高人民法院已经对王某作出复核裁定，但为了最大限度保障死刑被告人的合法权益，此时辩护律师提交辩护意见及证据材料的，最高人民法院应当接收并出具接收清单，D 项错误。

综上所述，本题答案为 AB。

三、不定项选择题

1.**【参考答案】** AB

【解析】 本题考查认定未成年人的年龄节点，有一定难度。

A 项，解题关键词是“应当公开”。甲犯罪时不满 18 周岁，进入法院审理时已满 18 周岁。法院是否公开审理，看审判时的年龄而非犯罪时的年龄，A 项说法院应当公开审理是正确的。

B 项，解题关键词是“不需要通知”“法定代理人”。讯问未成年被告人，应当通知其法定代理人到场。本案中，法院在审理甲时，甲已满 18 周岁，不存在法定代理人，法院无须通知甲的法定代理人到场，B 项正确。

C 项，解题关键词是“不需要”“封存”“犯罪记录”。对于犯罪时不满 18 周岁，被判 5 年以下有期徒刑的犯罪人，法院应当封存犯罪记录。本案中，甲犯罪时不满 18 周岁，被判 3 年有期徒刑，法院应当封存甲的犯罪记录，C 项错误。

D项，解题关键词是“不能适用”“少年法庭”。对于犯罪时不满18周岁，法院立案时不满20周岁的被告人，法院应当适用未成年人案件审判组织（少年法庭）审理。本案中，甲犯罪时17周岁，进入法院立案时已满18周岁，法院应当对甲适用少年法庭审理，D项错误。

综上所述，本题答案为AB。

2.【参考答案】 C

【解析】 本题考查未成年人刑事案件诉讼程序中的犯罪记录封存问题，难度不高。

A项，解题关键词是“向媒体提供”。法院在封存李某犯罪记录后，应当保密，不得向外界披露李某的个人信息以及可能推断出李某身份的其他资料。因此，法院不应向媒体提供李某的犯罪记录，A项错误。

B项，解题关键词是“参军入伍”“应当如实报告”。李某的犯罪记录被封存后，在入伍、就业时，免除犯罪记录的报告义务，B项错误。

C项，解题关键词是“再次犯罪”“可以查询”。司法机关基于办案的需要，比如审查是否构成累犯等情形，有权查询李某的犯罪记录，C项正确。

D项，解题关键词是“公司应聘”“可向公安机关查询”。李某被封存犯罪记录，在就业时免除犯罪记录的报告义务，公司自然没有权利查询李某的犯罪记录，D项错误。

综上所述，本题答案为C。

2022年客观题试题

一、单项选择题

1. 王某担任某刑事案件一审法院合议庭中的审判员，小林是书记员。一审作出判决后，被告人上诉，二审法院经过审理认为一审法院存在严重的程序违法，裁定撤销原判，发回重审。此时，王某已成为一审法院的审判委员会委员。下列表述正确的是：（　　）

A. 一审法院重新审理的，小林不能再担任本案书记员

B. 一审法院重新审理后，若案件上审判委员会讨论，王某不能参与该案的讨论

C. 一审法院重新审理后，若案件上审判委员会讨论，王某可以参与该案的讨论，但不能参加表决

D. 一审法院重新审理的，应当开庭审理

2. 官某因绑架杀人被公安机关立案侦查，下列关于法律援助的说法正确的是：（　　）

A. 若官某没有委托辩护人，也表示不需要法律援助，公安机关可不通知司法局为其提供法律援助

B. 值班律师可应官某申请或主动为其提供法律咨询

C. 值班律师可在为官某提供法律咨询后签订合同转为辩护人

D. 如为官某提供法律援助辩护人，该辩护人需要具备3年以上相关执业经历

3. 杨某醉酒驾驶电动自行车与行人宋某发生碰撞，公安机关对杨某以危险驾驶罪立案侦查，侦查终结后移送检察院审查起诉。下列选项中，检察院可以作出存疑不起诉决定的依据是：（　　）

A. 鉴定机构承认杨某的血液样本被污染

B. 交警认定杨某对事故负主要责任，宋某负次要责任

C. 杨某辩称自己知道醉酒不能驾驶轿车，但不知道不能驾驶电动自行车

D. 杨某驾驶的电动自行车符合法律规定的非机动车的标准

4. 张某和唐某系夫妻关系，唐某和李某（已婚）以夫妻名义共同生活，张某向法院对李某以重婚罪提起自诉，法院告知张某也可以对唐某提起自诉并告知其放弃告诉的法律后果。下列表述正确的是：（　　）

A. 如果张某到公安机关报案，公安机关不予接受

B. 如果张某到公安机关报案，公安机关经过审查认为属于重婚案件，应当告知张某可以向法院起诉

C. 如果法院经过审理判决李某无罪，张某对唐某以重婚罪提起自诉的，法院应当受理

D. 若张某因客观原因无法取得唐某与李某之间的转账记录，申请法院调取的，法院应当及时调取

5. 甲涉嫌盗窃和诈骗，某县人民法院经过审理，一审判甲犯盗窃罪，处5年有期徒刑；犯诈骗罪，处5年有期徒刑，决定合并执行8年有期徒刑。甲不服上诉，某市中级人民法院经过审理认为案件事实不清、证据不足，裁定发回重审。某县人民法院经过审理，对甲以诈骗罪判处有期徒刑6年，对盗窃罪未予认定。某县人民检察院认为判决确有错误，提起抗诉，某市中级人民法院开庭进行审理，下列说法正确的是：（　　）

A. 某市中级人民法院可以改判甲犯盗窃罪和

诈骗罪，但决定合并执行的刑罚不能超过8年有期徒刑

B. 某市中级人民法院可以改判甲犯盗窃罪和诈骗罪，但决定合并执行的刑罚不能超过6年有期徒刑

C. 某县人民检察院抗诉，某市中级人民法院经过审理，若改判甲犯盗窃罪，对该罪的量刑不能超过5年

D. 某县人民检察院抗诉，某市中级人民法院经过审理，若改判甲犯诈骗罪，对该罪的量刑不能超过6年

6. 孙某与唐某因故意杀害他人被法院判处死刑立即执行，最高人民法院进行死刑复核时，唐某提出法律援助请求，法律援助机构指派王律师为其提供法律援助。孙某未提出法律援助请求。之后唐某又委托律师华某担任自己的辩护人。最高人民法院核准死刑后，执行死刑前，法院发现孙某还涉嫌其他犯罪，于是裁定停止死刑执行。下列表述正确的是：(　　)

A. 最高人民法院核准唐某死刑后，华某不能再为唐某进行辩护

B. 唐某自行委托律师后，应停止对其提供法律援助

C. 确认孙某实施了其他犯罪，最高人民法院应裁定继续执行死刑

D. 最高人民法院核准孙某死刑案件，孙某申请法律援助的，最高人民法院应当在核准死刑并签发死刑执行命令后，通知原审法院为孙某指派法律援助律师

7. 小王和小李均系未成年人，涉嫌共同抢劫犯罪。小李在审查起诉阶段被酌定不起诉，小王被提起公诉后，法院决定对其变更强制措施为取保候审。法院随后由两名审判员和一名人员陪审员组成合议庭审理。关于本案审判程序，下列哪一选项是正确的：(　　)

A. 小王的辩护人向法庭提交的有关小王从小父母离异，缺失家庭教育的材料，可以作为本案定案根据

B. 小王若无法提供保证人，法院应当指定合适成年人作为小王的保证人，必要时可以安排小王接受社会观护

C. 本案人民陪审员可从熟悉未成年人身心特点、关心未成年人保护工作的陪审员中直接指定

D. 小李可以证人身份出庭作证

8. 叶某持刀当街砍人，群众报警，某县公安机关将叶某抓获，经过鉴定发现叶某系依法不负刑事责任的精神病人，可以强制医疗。某县公安机关将叶某移交某县人民检察院，某县人民检察院经审查认为叶某符合强制医疗条件，遂向某县人民法院提出强制医疗申请。下列表述正确的是：(　　)

A. 某县人民法院应当通知法律援助机构为叶某指派辩护人

B. 某县公安机关应当对叶某撤销案件

C. 某县人民检察院应当将案件移送某市人民检察院，由某市人民检察院向某市中级人民法院提出强制医疗申请

D. 某县人民检察院可以对叶某采取临时保护性约束措施

9. 家住A市的黄某在B市出差，后乘坐由B市始发开往D市的高铁。黄某在车开出后盗窃其他旅客的财物，得手后在下一站C市高铁站下车，后乘坐长途大巴回到A市。侦查人员最终在A市黄某家中将其抓获。请问对本案拥有管辖权的法院是：(　　)

A. 负责该高铁乘务的铁路公安机关对应的审判铁路运输刑事案件的人民法院

B. C市高铁站所在地负责审判铁路运输刑事案件的人民法院

C. A市的人民法院

D. B市的人民法院

10. 司某晚上下班开车回家进入地下车库，在拐弯处将醉酒卧地的边某碾压致死，公安机关对司某以过失致人死亡罪立案侦查。经查，碾压边某的地方属于司机的视野盲区，公安机关认为该案属于意外事件，于是撤销案件。下列说法不正确的是：(　　)

A. 边某的近亲属可以向法院提起自诉

B. 公安机关撤销案件符合《刑事诉讼法》第16条的宗旨和目的

C. 侦查机关可以进行侦查实验，应当对实验过程录音录像

D. 侦查机关应当将撤销案件的决定告知边某近亲属

11. 下列关于刑事庭审中休庭、延期审理和中止审理的适用，正确的是：(　　)

A. 孟某故意杀人案，在审判阶段，孟某在看守所自杀，法庭决定休庭

B. 蔡某诈骗案，检察院当庭口头补充指控起诉书中没有的新的犯罪事实，法院裁定中止审理

C. 赵某自诉王某诽谤案，赵某因接触新型冠状

病毒感染者被隔离，因未委托代理人出庭，法院决定延期审理

D.关某强奸案，被告人以公诉人在法院工作为由当庭申请其回避，法院决定休庭

12.刘某因非法吸收公众存款罪被判处有期徒刑7年，服刑期间积极退赔众多被害人损失，执行机关向法院提出减刑建议，以下说法正确的是：( )

A.认定刘某的悔改表现应当从严把握

B.法院可以书面审理刘某减刑案件

C.法院可以在刘某服刑的监狱开庭审理

D.对减刑证据应由刘某承担证明责任

二、多项选择题

1.关于认罪认罚从宽原则的表述，下列哪些选项是正确的：( )

A.体现了无罪推定

B.体现了刑事诉讼程序的独立价值

C.体现了职权主义诉讼构造

D.提高了犯罪嫌疑人、被告人刑事诉讼地位

2.某区人民检察院审查起诉甲乙故意伤害丙一案，认定甲为防卫过当，乙为正当防卫，分别对甲乙作出不起诉决定。被害人丙在收到不起诉决定书7日内，向检察院提起申诉，同时向法院提起自诉，下列表述正确的有：( )

A.丙向检察院申诉，应由某市人民检察院复查

B.检察院在收到法院已经受理丙自诉的通知后，应当终止复查

C.某区人民检察院作出不起诉决定后发现新的证据，证明乙不是正当防卫，需要追究刑事责任，应当重新侦查

D.甲可以对不起诉决定提出申诉

3.常某和郑某交往期间，骗取郑某8万元，公安机关对常某以涉嫌诈骗立案侦查。审查起诉阶段，常某认罪认罚，积极退还部分款项并取得郑某谅解。法院决定适用速裁程序审理，在审理过程中，常某辩称欺骗郑某感情为真，但8万元款项属于民间借贷并在积极退赔中，自己没有非法占有的意图。下列表述不正确的有：( )

A.法院当庭对常某在量刑方面从重处罚

B.常某的表态仅影响“认罚”，不影响“认罪”

C.法院可以将速裁程序转为简易程序继续审理

D.法院可以将速裁程序转为普通程序继续审理

4.郭某和刘某因共同贩卖毒品被法院一审分别判处有期徒刑7年和6年，郭某不服上诉，刘某未上诉，二审法院经过审理认为，本案事实清楚，证据充分且原审量刑适当，但发现郭某还涉嫌容留他人吸毒，刘某没有参与。下列表述正确的有：( )

A.二审法院审理过程中，刘某要求出庭的，二审法院应当准许

B.刘某出庭参加二审的，可以参加质证

C.二审法院可以对郭某案延期审理，对刘某案维持原判

D.二审法院可以对郭某分案处理，对郭某案发回重审，对刘某案维持原判

5.在监狱服刑的罪犯在被暂予监外执行期间，出现下列哪些情况，在监狱之外的时间不能折抵刑期：( )

A.通过贿赂手段违法适用暂予监外执行的

B.因怀孕被暂予监外执行的

C.在暂予监外执行期间逃跑的

D.因重病保外就医的

6.郭某和王某(17岁)，将未成年少女小孙和小赵送至KTV，二人被强迫卖淫，郭某和王某因涉嫌协助组织卖淫罪被检察院提起公诉，下列说法正确的有：( )

A.在审查起诉阶段，若认为王某是从犯，有悔罪表现，可能判处1年有期徒刑，检察院可对其酌定不起诉

B.在审判阶段，法院可以组织相关机构对小孙、小赵进行心理疏导

C.在审判阶段，对小赵的询问应由女性工作人员进行

D.在审判阶段，询问小孙时，应当通知其父母到场

7.苏某贪污公款后逃往海外，某市人民检察院向某市中级人民法院申请没收苏某的违法所得，法院发出公告。苏某的丈夫毛某在公告期内申请参加诉讼。公告期满后法院开庭审理，毛某接到法院通知后无正当理由拒不到庭，法院经过审理裁定没收苏某违法所得5000万元。毛某不服上诉，某省高级人民法院进行二审。在审理过程中，苏某回国投案自首。下列表述不正确的有：( )

A.毛某无故拒不到庭，法院可以不开庭审理

B.毛某无故拒不到庭，无权提出上诉

C.在二审时，若苏某的朋友魏某申请参加诉讼主张债权，法院经过审查发现魏某一直在国外留学，刚刚回国才了解案件情况，法院应告知魏某另

行提起诉讼

D. 苏某回国投案自首，某省高级人民法院应将案件裁定撤销原判，发回重审

三、不定项选择题

1. 某国家机关工作人员甲，明知其领导乙的妻子丙给自己的钱是受贿所得，但甲还是按照乙的意思进行转移，被以洗钱罪进行侦办。下列表述正确的有：(　　)

A. 法院审理甲时，丙出庭称："我把钱给甲时，甲说'知道了，明白了'。"丙的陈述属于传闻证据

B. 甲向侦查人员承认自己曾向乙行贿，该供述与本案具有关联性

C. 同单位人员丁向法庭称："我觉得甲应该知道这些钱远远超过乙的收入"，该陈述属于猜测性证言，经补正可作为证据使用

D. 甲向法庭说："他们指控我洗钱的1093万元都是我的合法所得！"该辩解是直接证据

2. 张某因涉嫌故意杀人在某市中级人民法院一审，法院由三名法官、四名人民陪审员组成七人合议庭审理，庭审结束后，合议庭提请院长决定提交审判委员会讨论。下列表述不正确的有：(　　)

A. 人民陪审员不能对案件的事实认定发表意见

B. 人民陪审员不能对案件的法律适用发表意见

C. 审判委员会讨论决定案件和事项时，审判长最后发表意见

D. 审判委员会讨论决定案件和事项时，审判委员会全体成员均应出席

3. 赵某因故意杀害孙某在某市中级人民法院一审，法院经过审理发现，赵某符合强制医疗条件，判决赵某不负刑事责任，并作出强制医疗决定。赵某母亲不服该决定，打算申请复议。下列表述正确的有：(　　)

A. 某市中级人民法院应将赵某的强制医疗案交由赵某犯罪地或者居住地的基层人民法院审理

B. 若某市人民检察院认为法院作出的强制医疗决定确有错误，有权向某省高级人民法院提出纠正意见

C. 赵某母亲应当向某省高级人民法院申请复议

D. 赵某母亲复议期间，强制医疗决定不停止执行

2022年客观题试题参考答案及解析

一、单项选择题

1.【参考答案】 D

【解析】 A项，案件由二审法院发回一审法院重审的，一审法院应当另行组成合议庭，小林作为书记员，仍可继续参加本案的审理记录工作，A说"小林不能再担任本案书记员"错误。

B、C项，王某曾审理过该案，案件被二审法院发回重审后，王某不得再担任本案的合议庭组成人员，也不能再参与本案的审理工作。审判委员会讨论案件，也属于审判活动的一部分，王某作为一审法院的审判委员会委员，不得参与该案的讨论，更不能参加表决。是故，B、C错误。

D项，案件被二审法院发回一审法院重新审理的，一审法院应当开庭审理，D正确。

综上所述，本题答案为D。

2.【参考答案】 D

【解析】 A项，宫某涉嫌绑架杀人，可能被判处无期徒刑或者死刑，属于应当提供法律援助(盲精未，无死缺)的对象，公安机关应当通知司法局为宫某提供法律援助辩护人，A错误。

B项，对于符合值班律师介入的案件，犯罪嫌疑人有权申请会见值班律师。值班律师若要主动会见犯罪嫌疑人，需要经过办案机关的许可。B说值班律师可"主动为其提供法律咨询"，缺少了"经办案机关允许"这一前提条件，B错误。

C项，值班律师是法律援助制度的新发展，其为符合条件的犯罪嫌疑人、被告人提供公益法律服务。若值班律师会见犯罪嫌疑人后可以接受委托转为辩护人，可能会出现值班律师在见时会尽力说服犯罪嫌疑人、被告人委托自己的情形，如此一来，公益法律服务变成了案源拓展活动，这与设计值班律师制度的初衷相悖。因此，值班律师会见宫某，不可接受委托成为其辩护人，C错误。

D项，为了保证有效辩护，在法律援助中，对于可能被判处无期徒刑、死刑的人，应当由具有一定刑辩执业经历的律师担任辩护人，根据《法律援助法》第26条的规定，要求其具有3年以上相关执业经历，D正确。

综上所述，本题答案为D。

3.【参考答案】 A

【解析】 本题中，杨某涉嫌醉酒驾驶机动车，

可能构成危险驾驶罪。若对杨某定罪,需要具备两方面关键证据:(1)证明杨某每百毫升血液中酒精含量80毫克以上的证据;(2)证明杨某驾驶车辆为机动车的证据。

A项,杨某的血液样本被污染,导致无法证明杨某每百毫升血液中酒精含量是否达到80毫克以上,必然导致案件事实不清、证据不足,A正确。

B项,对杨某入罪的关键在于醉酒驾驶机动车,杨某和宋某谁对碰撞事故承担主要责任与杨某是否构成犯罪无关,B错误。

C项,杨某醉酒驾驶机动车,可能构成危险驾驶罪。至于杨某对"机动车"能否充分认识,与杨某是否构成犯罪无关,C错误。

D项,杨某需要醉酒驾驶机动车才会构成危险驾驶罪,但杨某驾驶的电动自行车属于非机动车,杨某行为不能被定性为犯罪行为,即没有犯罪事实发生,检察院应当据此对杨某作出法定不起诉决定而非存疑不起诉决定,D错误。

综上所述,本题答案为A。

4.**【参考答案】** B

【解析】 A项,张某到公安机关报案,不论公安机关是否有管辖权,都应当接受。A说"公安机关不予接受"是错误的。

B项,自诉案件共分三类,分别为:(1)告诉才处理的案件;(2)被害人有证据证明的轻微刑事案件;(3)被害人有证据证明对被告人侵犯自己人身、财产权利的行为应当依法追究刑事责任,而公安机关或者人民检察院不予追究被告人刑事责任的案件。重婚案属于第二类自诉案件,既可由公安机关立案侦查,也可由被害人向法院提起自诉。因此,张某到公安机关报案,公安机关发现属于重婚案件,应当告知张某可以向法院提起自诉。当然,若张某坚持由公安机关处理,公安机关应当受理。B正确。

C项,张某对李某提起自诉时,法院已告知张某可以对唐某提起自诉并告知其放弃告诉的法律后果。这个后果就是,一旦张某放弃起诉唐某,法院对李某宣告判决后,张某又对唐某就重婚事实提起自诉的,法院不予受理,C说"法院应当受理"是错误的。

D项,无论公诉案件还是自诉案件,当事人申请法院调查取证存在一个规律,那就是法院肯定不会"一触即发",法院会审查"必要性",有必要的才会调取,没必要的不会调取。D说张某"申请法院调取的,法院应当及时调取"是错误的。

综上所述,本题答案为B。

5.**【参考答案】** A

【解析】 A、B项,某市中级人民法院二审后将案件发回某县法院重审,某县人民法院判甲6年有期徒刑,某县人民检察院抗诉,某市中级人民法院再次二审。此时,甲不受上诉不加刑原则的保护,某市中级人民法院可以加重甲的刑罚,即可判甲重于6年有期徒刑。申言之,鉴于人民检察院认为一审判6年有期徒刑有错,某市中级人民法院二审可以对甲改判重于6年有期徒刑。又鉴于甲被某县人民法院第一次判8年有期徒刑后上诉,甲受到上诉不加刑原则的保护,某市中级人民法院二审不可以对甲改判重于8年有期徒刑。简言之,某市中级人民法院经过二审,可以对甲判处重于6年有期徒刑但不得重于8年有期徒刑。是故,A对,B错。

C、D项,某县人民检察院抗诉,甲不受上诉不加刑原则的保护,不论定甲何罪,量刑上均可超过某县人民法院对甲判处的6年有期徒刑,因此C说"量刑不能超过5年"、D说"量刑不能超过6年"均错误。

综上所述,本题答案为A。

6.**【参考答案】** B

【解析】 A项,辩护权是被告人及其辩护人的基本诉讼权利,即使最高人民法院核准唐某死刑,华某仍可向最高人民法院提交辩护意见。此外,华某也可以接受唐某委托,代为向最高人民法院或者最高人民检察院提出申诉。A项说华某不能再为唐某进行辩护是错误的。

B项,法律援助辩护的存在是以被告人没有委托辩护为前提的,唐某自己委托律师后,法律援助辩护人应退出诉讼程序,B项正确。

C项,若孙某还实施了其他犯罪,便意味着可能还有同案犯没有落网,可能还有被害人未被发现,可能还有巨额赃款有待追缴等,基于司法公正的需要,最高人民法院应当裁定不予核准死刑,撤销原判,发回重审。C项说最高人民法院应裁定继续执行死刑是错误的。

D项,存在两处错误:一是时间错误,应在"复核死刑案件时",不是"核准死刑并签发死刑执行命令后";二是指派单位错误,应当"通知司法部法律援助中心指派",不是"通知原审法院为孙某指派"。

综上所述,本题答案为B。

7.**【参考答案】** B

【解析】 A项,辩护人提交的小王家庭情况的材料与小王是否实施犯罪没有关联，不能作为证据使用，更不能成为定案根据，只能作为法官的办案参考，A 错误。

B 项，审判阶段，被取保候审的未成年被告人若无法提供保证人，法院应当指定合适成年人作为保证人，必要时可以安排小王接受社会观护，即由专门观护组织在诉讼期间对小王进行辅导、监督、观察、矫正、保护、管束，以达到改善行为、预防再犯、保证诉讼顺利进行的目的，B 正确。

C 项，审理未成年被告人案件中的陪审员，可以从熟悉未成年人身心特点、关心未成年人保护工作的陪审员名单中选取，但应当“随机抽取”，不可“直接指定”，C 错误。

D 项，本题中，小李、小王共同抢劫，虽然小李被检察院酌定不起诉，但小李仍然实施了抢劫行为，与小王系同案犯罪嫌疑人。小李具有当事人身份，不可作为证人，D 错误。

综上所述，本题答案为 B。

8.**【参考答案】** B

【解析】 A 项，精神病强制医疗程序中的被申请人或者被告人可以委托或者被法援机构指派诉讼代理人。因此，A 说为叶某指派辩护人是错误的。

B 项，叶某是依法不负刑事责任的精神病人，无须承担刑事责任，属于《刑事诉讼法》第 16 条第 6 项中“其他法律规定免予追究刑事责任的”情形，公安机关应当对叶某撤销案件，B 正确。

C 项，基层法院即可审理强制医疗程序，某县人民检察院可以向某县人民法院申请强制医疗，无须移送某市人民检察院，C 错误。

D 项，对实施暴力行为的精神病人，公安机关可以对其采取临时保护性约束措施，检察院和法院无权采取。因此，D 说某县人民检察院可以采取临时保护性约束措施错误。

综上所述，本题答案为 B。

9.**【参考答案】** A

【解析】 黄某在高铁运行中实施盗窃，但并未在列车运行途中被抓获，其行为属于负责该列车乘务的铁路公安侦办，应由该公安机关对应的审判铁路运输刑事案件的人民法院审判，A 项正确。

综上所述，本题答案为 A。

10.**【参考答案】** B

【解析】 A 项，边某死亡，公安机关对司某撤销案件，边某的近亲属可以通过向法院提起自诉（第三类自诉：公诉转自诉）的方式寻求救济，A 正确。

B 项，犯罪嫌疑人、被告人存在违法犯罪事实，只是因“显著轻微、超过时效、特赦免刑、没有告诉、已经死亡”等不再追究刑事责任。若犯罪嫌疑人、被告人没有犯罪事实，对其当然不需要追究刑事责任，但这不属于《刑事诉讼法》第 16 条调整范围。本案中，司某驾车碾压边某的事实被定性为意外事件，司某没有违法犯罪事实，公安机关撤销案件与《刑事诉讼法》第 16 条无关，B 错误。

C 项，为了查清司某在驾车时可否看到躺在地上的边某，必要时可以进行侦查实验。进行侦查实验，应当全程录音录像，C 正确。

D 项，公安机关作出撤销案件决定后，应当告知司某和边某，但鉴于边某已经死亡，为了方便被害人一方寻求救济，公安机关应当将撤销案件的决定告知边某近亲属，D 正确。多说一句，假设边某没有死亡，公安机关只需将撤销案件的决定告知司某和边某，无须告知边某近亲属。

综上所述，本题答案为 B。

11.**【参考答案】** D

【解析】 A 项，解题关键词是“自杀”“休庭”。在审判阶段，被告人死亡的，法院应当裁定终止审理，若现有证据能够认定被告人无罪的，应当判决无罪。本题中，孟某在审判阶段自杀，法庭应当裁定终止审理或者判决无罪，但不应适用休庭，A 错误。

B 项，解题关键词是“口头补充”“起诉书中没有”“中止审理”。公诉人当庭发表与起诉书不同的意见，属于补充起诉的，法院应当要求检察院在指定时间内以书面方式提出；必要时，可以宣布休庭。可见，B 说法院裁定中止审理是错误的。

C 项，解题关键词是“新型冠状病毒”“延期审理”。在我国刑事诉讼活动中，中止审理一般适用于人力不可控的“天灾人祸”情形，例如审理中被告人脱逃、重病，又如发生自然灾害导致庭审无法继续进行的，适用中止审理。但延期审理一般适用于诉讼程序自身的原因，比如需要重新鉴定、补充侦查等情形。本题中，赵某因接触新型冠状病毒感染者被隔离，属于不可抗力，法院可以裁定中止审理，但不能适用延期审理，故而 C 错误。

D 项，解题关键词是“公诉人在法院工作”“回避”“休庭”。当事人申请出庭的检察人员回避的，法院认为属于法定回避理由的，应当决定休庭，并通知检察院尽快作出决定。本题中，被告人关某申请公诉人回避，理由是公诉人在法院工作，属于“身份不当”的法定回避理由，法院应当决定休庭，D正确。

综上所述，本题答案为D。

12.【参考答案】 C

【解析】 A项，法院审理减刑案件，罪犯积极履行赔偿义务的，认定有悔改表现时可从宽掌握。若确有履行能力而不履行或者不全部履行赔偿义务的，认定有悔改表现时可从严掌握。本题中，刘某服刑期间积极退赔众多被害人损失，在认定悔改表现时可从宽掌握，A说应当从严把握是错误的。

B项，法院审理减刑案件可以不开庭审理，但如果罪犯系职务犯罪罪犯，组织、领导、参加、包庇、纵容黑社会性质组织罪犯，破坏金融管理秩序罪犯或者金融诈骗罪犯的，法院应当开庭审理。本题中，刘某因非法吸收公众存款罪被判刑，属于破坏金融管理秩序罪犯，法院应当开庭审理刘某减刑案件，B说可以书面审理是错误的。

C项，开庭审理应当在罪犯刑罚执行场所或者法院确定的场所进行。有条件的法院还可以采取视频开庭的方式进行。是故，C说法院可以在刘某服刑的监狱，即刑罚执行场所开庭审理是正确的。

D项，罪犯是否符合减刑、假释条件，由执行机关提出意见，检察院负责监督。在庭审中，执行机关代表宣读减刑、假释建议书，并说明主要理由。罪犯处于服刑状态，没有自由，没有举证条件，不承担证明责任。因此，D说对减刑证据应由刘某承担证明责任是错误的。

综上所述，本题答案为C。

二、多项选择题

1.【参考答案】 BD

【解析】 A项，认罪认罚从宽是指，犯罪嫌疑人、被告人承认检察院指控的犯罪事实和提出的量刑建议，有可能获得实体上的从宽处罚和程序上的从简处理。而无罪推定是指，任何人在未经依法判决有罪之前，应视其无罪。显然，这两个概念“风马牛不相及”，A错误。

B项，刑事诉讼程序具有独立价值——程序正义，认罪认罚从宽原则由《刑事诉讼法》第15条明确规定，体现独立价值，B正确。

C项，认罪认罚从宽原则没有要求法官强令被告人认罪认罚，是否认罪认罚由被告人选择，并不强调法官的职权指挥，与职权主义无关。是故，C错误。

D项，认罪认罚从宽原则增加了犯罪嫌疑人、被告人参与定罪、量刑的程度，在侦查、起诉、审判阶段，犯罪嫌疑人、被告人均可表示认罪认罚，与公安司法机关进行定罪、量刑协商，发表对案件处理的意见，增强了对其诉讼权利的保障，体现了犯罪嫌疑人、被告人诉讼地位的提升，D正确。

综上所述，本题答案为BD。

2.【参考答案】 ABD

【解析】 A项，本案中，某区人民检察院作出不起诉决定，被害人丙不服提出申诉，应当由某市人民检察院复查，A正确。

B项，检察院在收到法院已经受理自诉案件的通知后，应当终止复查丙的申诉，最终以法院的裁判为准，B正确。

C项，某区人民检察院作出不起诉决定后，发现新的事实、证据，认为符合起诉条件的，应当撤销不起诉决定，提起公诉，无须重新侦查，C错误。

D项，本案中，某区人民检察院认为甲属于防卫过当，但犯罪情节轻微，对甲作出的不起诉决定属于酌定不起诉。甲若不服，有权向某区人民检察院提出申诉，D正确。

综上所述，本题答案为ABD。

3.【参考答案】 ABCD

【解析】 A项，常某当庭表示“8万元款项属于民间借贷”“没有非法占有的意图”，相当于对诈骗指控拒不认罪，此时法院不能再适用速裁程序审理，因此A说“当庭对常某在量刑方面从重处罚”是错误的。

B项，常某当庭表示“8万元款项属于民间借贷”，意指本案属于民间借贷纠纷，不属于刑事案件，实质是否认诈骗罪指控，影响“认罪”，B错误。

C项，一方面，常某当庭反悔认罪，不承认指控罪名，不仅不符合速裁程序的适用条件，也不符合简易程序的适用条件，C说转为简易程序错误；另一方面，从速裁程序转为简易程序或者普通程序后，需要重新审理，而非“继续”审理，C说继续审理错误。

D项，错在“继续”审理，应当转为普通程序重新审理。

综上所述，本题答案为ABCD。

4.【参考答案】 ABD

【解析】 A、B项，本题中，刘某虽然没有上诉，但要求出庭的，二审法院应当准许。是故，A正确。此外，质证是法庭调查的重要步骤，刘某出庭的，可以参加质证与辩论，B正确。

C、D项，二审法院发现郭某和刘某共同贩卖毒品事实清楚，证据充分，量刑适当。但郭某还存在单独的容留他人吸毒问题需要追究，此时二审法院可以对郭某分案处理，将郭某案裁定撤销原判，发回重审。鉴于刘某案没有错误，应对刘某案裁定维持原判。是故，C说"对郭某案延期审理"错误，D正确。

综上所述，本题答案为ABD。

5.【参考答案】 AC

【解析】 罪犯通过贿赂方式违法实现暂予监外执行或者在暂予监外执行期间脱逃的，罪犯在监狱之外的期间不计入刑期。本题应选AC。

6.【参考答案】 BCD

【解析】 A项，王某17岁，可以适用附条件不起诉，但不能适用酌定不起诉。酌定不起诉的一个关键条件是"依照刑法规定不需要判处刑罚或者免除刑罚"，而A项说王某可能判处一年有期徒刑，不符合酌定不起诉条件，A错误。

B项，在未成年人刑事案件中，司法机关需要"双向保护"，既要保障未成年犯罪嫌疑人、被告人的合法权益，也要保障未成年被害人、证人的合法权益。法院可以对未成年被害人进行心理疏导，也可以委托专门机构、专业人员进行，B正确。

C项，小赵系未成年人，被送至KTV强迫卖淫，小赵属于遭受性侵害的被害人。为了充分保障未成年被害人的个人隐私与合法权益，法院应当安排女性工作人员询问小赵，C正确。

D项，为了保障未成年人合法权益，公安司法机关在讯问未成年犯罪嫌疑人、被告人，询问未成年证人、被害人时，均应通知其法定代理人到场。本题中，小孙是未成年被害人，法院询问小孙时应当通知其父母到场，D正确。

综上所述，本题答案为BCD。

7.【参考答案】 BCD

【解析】 A项，毛某作为本案一审时唯一申请参加诉讼的利害关系人，接到法院通知后无正当理由拒不到庭，法院可视为无利害关系人主张权利，可以不开庭审理，A正确。

B项，由于苏某不在案，为维护苏某或利害关系人的合法权益，苏某的近亲属毛某有权提出上诉，这与毛某是否出庭无关，B错误。

C项，魏某因客观原因没有参加一审，二审期间申请参加诉讼的，某省高级人民法院应当准许，并撤销原裁定，将案件发回某市中级人民法院重审。C说"告知魏某另行提起诉讼"错误。

D项，苏某回国投案自首，即不再处于"逃匿、死亡"状态，对苏某不能再适用违法所得的没收程序，某省高级人民法院应当裁定终止审理。对苏某可由有管辖权的检察院向对应的法院提起公诉。D说法院应当"发回重审"错误。

综上所述，本题答案为BCD。

三、不定项选择题

1.【参考答案】 D

【解析】 A项，本题中，丙可能构成乙受贿的共犯，但丙没有与甲通谋洗钱，因此丙在甲洗钱案中处于证人地位。在丙的证言中，甲说"知道了，明白了"，甲的知道与明白可以证明甲具有洗钱犯罪的主观有责性。换言之，丙的陈述源于甲洗钱的犯罪事实，并非"道听途说"；此外，丙出席法庭作证，丙的陈述也不属于"庭外作证"，因此，丙的陈述不属于传闻证据，A错误。

B项，甲供述向乙行贿，甲可能构成行贿罪，但与为乙洗钱没有任何关联，B错误。

C项，本题中，关于甲是否明知乙的收入水平及"这些钱"的多少，丁的陈述属于个人猜测，没有事实根据，也不符合一般生活经验，应当依法排除，不得作为定案根据，没有补正的必要，C错误。

D项，本题中，甲否认指控，称1093万元都是合法所得，这意味着甲的辩解否定了洗钱犯罪事实的存在，属于否定性直接证据。当然，甲的辩解不一定真实，需要法庭进行查证，但不影响将其辩解作为直接证据，D正确。

综上所述，本题答案为D。

2.【参考答案】 ABCD

【解析】 AB项，本题中，某市中级人民法院组成七人合议庭，陪审员可以对事实认定发表意见，A错误；陪审员也可以对法律适用发表意见，只是不参加表决，B错误。

C项，本题中，审判长作为合议庭组成人员，需要在审判委员会会议上汇报案情，不能最后发表意见，C错误。

D项，审判委员会全体会议由组成人员的过半数出席即可，D说"审判委员会全体成员均应出席"是错误的。

综上所述，本题答案为ABCD。

3.【参考答案】 CD

【解析】 A项，不同于缺席审判程序与财产没收程序，强制医疗程序一般由基层法院管辖，但是，如果市人民检察院或者省人民检察院向中级人民法院或者高级人民法院提起公诉，中级人民法院或者高级人民法院在审理中发现被告人符合强制医疗条件的，可以适用强制医疗程序审理并作出决定。本题中，某市中级人民法院可以直接适用强制医疗程序审理，无须交由基层法院，A 错误。

B 项，某市人民检察院认为某市中级人民法院作出的强制医疗决定确有错误，应当向作出强制医疗决定的法院，即某市中级人民法院提出纠正意见，不应向某省高级人民法院提出纠正意见，B 错误。

C 项，被决定强制医疗的人、被害人及其法定代理人、近亲属对法院作出的强制医疗决定不服，有权向上一级法院申请复议。本题中，赵某母亲对某市中级人民法院作出的强制医疗决定不服，有权向某省高级人民法院申请复议，C 正确。

D 项，本题中，赵某母亲提出复议，一方面，某市中级人民法院作出的强制医疗决定不一定真有错误，只是赵某母亲认为有错；另一方面，若停止执行强制医疗，赵某有可能继续实施暴力行为，危害社会。是故，赵某母亲申请复议期间，强制医疗决定不能停止执行，D 正确。

综上所述，本题答案为 CD。

2021 年客观题试题

一、单项选择题

1. 甲从 Y 市出发前往 L 市，途经 M 市。在 M 市期间，甲拍摄了淫秽视频。到达 L 市后，甲又乘车前往 N 市，在 N 市发布了淫秽视频，后甲被捕。关于本案，下列哪一地法院具有管辖权？（　　）

A. Y 市　　B. L 市

C. N 市　　D. M 市

2. 在庭审结束后、评议前，部分合议庭成员不能继续履行审判职责的，人民法院应当依法更换合议庭组成人员，重新开庭审理。对此，下列哪一理解是正确的？（　　）

A. 重新审理意味着之前的审理程序都归于无效

B. 更换合议庭成员就要更换全部成员

C. 体现了集中审理原则

D. 体现了亲历性原则

3. 甲因乙对其诽谤，向法院提起自诉，法院经审查后决定立案受理。后因该案社会影响重大，检察院决定对乙以诽谤罪提起公诉。关于本案，下列哪一说法是正确的？（　　）

A. 法院在审理自诉案件时，如乙认罪认罚且同意适用速裁程序，可适用速裁程序

B. 法院在审理公诉案件时，如乙认罪认罚且同意适用速裁程序，可适用速裁程序

C. 不论公诉或自诉案件，均可以和解

D. 法院可以将公诉和自诉案件一并审理

4. Y 公司涉嫌走私普通货物罪，公司实控人甲也被提起公诉，A 律师事务所律师乙担任公司诉讼代表人。关于本案的辩护，下列哪一说法是正确的？（　　）

A. 甲不可委托 A 律师事务所的律师担任其辩护人

B. 乙担任诉讼代表人可由甲所在公司委托，也可由检察机关指派

C. 乙在本案中行使辩护职能

D. 若本案应被认定为单位犯罪，检察院坚持以自然人犯罪起诉的，人民法院应按照自然人犯罪作出判决

5. 甲被 A 市民政局救助站收容，其间甲将救助站工作人员乙打成重伤。A 市 B 区法院一审以故意伤害罪判处甲有期徒刑 6 年，甲不服提起上诉。A 市中院在二审中发现甲行为有异，经鉴定为精神病。关于本案，下列哪一说法是正确的？（　　）

A. 法院有权采取临时保护性约束措施

B. A 市中级人民法院决定对甲强制医疗时应一并决定强制医疗的期限

C. A 市中级人民法院应先裁定终止诉讼，再启动强制医疗程序

D. A 市中级人民法院可改判甲不负刑事责任，并决定对甲强制医疗

6. 甲因诈骗罪被 A 区法院判处有期徒刑并处罚金 30 万元，后提起上诉，市中级人民法院驳回上诉，维持原判。现查明，甲名下只有位于 B 区的一处房子，已被公安机关查封，该房此前已被银行抵押。关于该房屋的处置，下列哪一说法是正确的？（　　）

A. 公安机关出具解封手续后，法院才可以处置该房屋

B. 若银行主张优先受偿，应将其排在补偿被害人被骗钱款之后

C. B 区法院可受委托处置房屋

D. 应由市中级人民法院负责房屋的处置

二、多项选择题

1. 为勒索钱财，甲绑架乙之女并将其杀害，市中级人民法院判处甲死刑缓期执行并赔偿附带民事诉讼原告人乙 35 万元。一审判决后，检察院未提起抗诉，甲和乙均对附带民事部分提起上诉。关

于本案的审理，下列哪些说法是正确的？（ ）

A. 市中级人民法院可以暂缓将甲送监

B. 省高级人民法院应将附带民事部分与刑事部分一并审查

C. 如乙变更诉讼请求，省高级人民法院可以进行调解

D. 省高级人民法院不得增加赔偿金额

2. 王某(15周岁)涉嫌强奸李某某(13周岁)。关于本案的办理，下列哪些说法是正确的？（ ）

A. 因询问时无合适成年人在场，所以李某某的证词不能作为定案的根据

B. 审查起诉阶段不签署具结书，不影响审判阶段适用认罪认罚从宽制度

C. 王某的父亲对认罪认罚具结书有异议，需要在具结书上注明，但不影响对王某从宽

D. 侦查阶段对王某进行社会调查的工作人员可以出庭说明情况

3. 甲涉嫌贪污罪，在留置期间认罪认罚，积极退赃。关于本案，下列哪些说法是正确的？（ ）

A. 移送审查起诉期间，如检察院决定取保候审，留置措施自动解除

B. 该案需指定审判管辖时，应由检察院与同级法院协商确定

C. 监察机关可以提出从宽处罚的建议

D. 检察院应当在接到监察机关移送的案件之日起3日内告知甲有权委托辩护人

4. 甲系某法院7人合议庭中的人民陪审员，关于其享有的权利，下列哪些说法是正确的？（ ）

A. 针对案件的法律适用发表意见的权利

B. 开庭前阅卷的权利

C. 若甲参加3人合议庭审判案件，对事实认定、法律适用，独立发表意见，行使表决权

D. 经审判长同意向证人发问的权利

5. 关于未成年人刑事案件的办理程序，下列哪些说法是正确的？（ ）

A. 询问15周岁的故意伤害案被害人丁时，应当同步录音录像

B. 14周岁的乙因涉嫌抢劫罪被逮捕，法院应保证其接受义务教育

C. 17周岁的被告人丙既无固定住处也无法提供保证人，法院决定取保候审时应为其指定合适成年人作为保证人

D. 20周岁的在校大学生甲涉嫌盗窃罪，应由未成年人案件审判组织审理

6. A市中级人民法院二审判决甲和乙犯职务侵占罪并分别判处有期徒刑，同时宣告被告人丙无罪。上级法院在教育整顿期间发现本案存在甲为丙顶罪的重大嫌疑，遂指令A市中级人民法院对甲与丙启动再审。经再审查明，甲并未参与职务侵占，系为丙顶罪并替乙分担罪责。关于本案，下列哪些说法是正确的？（ ）

A. 法院可在再审判决中加重乙的刑罚

B. 本案再审应另行组成合议庭

C. 再审期间法院可决定对甲中止执行有期徒刑

D. 再审期间检察院可决定对丙采取逮捕措施

7. 甲因寻衅滋事造成乙财物损毁，检察院对其批准逮捕。甲在侦查阶段拒不认罪，移送审查起诉后认罪认罚，但未与乙就财物损毁的赔偿达成一致意见。关于本案，检察院的下列哪些做法是正确的？（ ）

A. 应及时对甲的羁押必要性进行审查

B. 可在起诉甲时建议法院适用速裁程序审理

C. 可积极促成甲和乙刑事和解

D. 拟对甲提出缓刑量刑建议时，可自行对甲进行社会调查

8. 甲涉嫌集资诈骗罪，侦查人员对其住宅搜查时发现其电脑中存有大量与案件相关的电子数据。对此，下列哪些说法是正确的？（ ）

A. 如提取的电子数据未以封存状态移送，不得作为定案的依据

B. 侦查人员提取电子数据时可以有见证人在场也可以用录像替代

C. 侦查人员从电脑中提取电子数据时应当制作笔录和清单

D. 如提取的电子数据有修改情形，不能作出合理解释的，不得作为定案的依据

9. 甲和乙共同在网上侮辱丙，对丙名誉造成较大损害。丙向法院提起自诉，但只起诉了甲。关于本案，下列哪些说法是正确的？（ ）

A. 如丙经法院两次传唤无正当理由拒不到庭，法院应裁定按撤诉处理

B. 在审理过程中发现甲还对丙实施了诈骗，法院应当一并审理

C. 如丙提出自己无法收集在网上被侮辱的证据，法院可以要求公安机关协助收集

D. 法院可将乙列为共同被告人

10. 甲有一批限量唱片被盗，后公安部门将犯罪嫌疑人乙抓获，并从乙处缴获了被盗唱片。对此，下列哪些说法是正确的？（ ）

A. 记录嫌疑人作案的视频监控是传来证据

B. 丢失唱片清单是实物证据

C. 丢失的唱片是直接证据

D. 防盗门的划痕是原始证据

三、不定项选择题

下列关于刑事诉讼中证明责任的表述，不正确的是？（　　）

A. 甲故意伤害案中，辩护人提交了甲不在案发现场的证据，其对该事项承担证明责任

B. 乙侵占案中，乙提交了被侵占的财产属于自己占有的证据，其对该事项承担证明责任

C. 丙故意杀人案中，丙提出排除在看守所之外讯问所获得的供述，检察院对侦查讯问程序的合法性承担证明责任

D. 丁因盗窃戊的财物，被提起公诉，戊对被盗窃的财物归其所有承担证明责任

2021 年客观题试题参考答案及解析

一、单项选择题

1.【参考答案】 C

【解析】 通过题干可知，甲涉嫌的是传播淫秽物品罪，而该行为发生在 N 市，因此根据地区管辖的规定，应由 N 市法院审理此案，即 C 选项当选。

D 选项有一定的迷惑性，因为甲是在 M 市拍摄的淫秽视频，但是拍摄行为本身不构成犯罪，且从题干中也无法判断该拍摄行为是发布行为的预备，因此 D 选项不当选。

本案并非持续行为，Y 市、L 市两地并不是犯罪地，所以 A 选项（Y 市）、B 选项（L 市）不当选。

2.【参考答案】 D

【解析】 A 选项的说法过于绝对。如果该审理程序是二审程序，重新审理也仅是恢复到二审开始审理的状态，并不影响之前一审的效力，所以“之前的审理程序都归于无效”的说法过于绝对。A 选项说法错误。

更换合议庭组成人员并不意味着全部更换，而是更换不能继续履职的成员，因此 B 选项说法错误。

集中审理原则，又称不中断审理原则，强调法院开庭审理案件，应在不更换审判人员的条件下连续进行，不得中断审理。而本题强调的是如果亲自审理案件的合议庭成员不能参加评议，应当更换合议庭成员并重新审理，这与集中审理原则关注的重点并不一致，因此 C 选项说法错误。

所谓亲历性原则，是指合议庭成员应当亲自听审，并根据审理形成的心证形成裁判结论。如果仅是亲自听审，不参加评议，而由其他未参加审理的人员来制作裁判结论，这与亲历性的要求相悖，因此 D 选项说法正确。

3.【参考答案】 C

【解析】 根据《刑诉解释》第 370 条的规定，具有下列情形之一的，不适用速裁程序：……（4）案件有重大社会影响的……题干中已告知，本案社会影响重大，因此不可适用速裁程序，所以 A、B 选项说法错误。

因为乙涉嫌诽谤罪，符合刑事和解的条件，也符合自诉案件的第一种情况，双方可以和解。C 选项说法正确。

从法理分析，本案中的自诉以及公诉，针对的都是乙的同一行为——涉嫌诽谤，如果一并审理，不可能同时对乙作出两个判决，因此 D 选项说法错误。

4.【参考答案】 B

【解析】 只要甲委托的辩护人与公司委托的辩护人不是同一人即可，并不禁止由同一律所的律师分别担任同一案件中不同被告的辩护人。A 选项说法错误。

根据《刑诉解释》第 336 条第 2、3 款的规定，依据第 1 款规定难以确定诉讼代表人的，可以由被告单位委托律师等单位以外的人员作为诉讼代表人。诉讼代表人不得同时担任被告单位或者被指控为单位犯罪直接责任人员的有关人员的辩护人。同时，根据《刑诉解释》第 337 条第 1 款的规定，开庭审理单位犯罪案件，应当通知被告单位的诉讼代表人出庭；诉讼代表人不符合第 336 条规定的，应当要求人民检察院另行确定。由此可见，律师乙可以由公司委托担任公司的诉讼代表人（公司实控人已被同时提起公诉），也可以由检察机关确定为公司的诉讼代表人。因此 B 选项说法正确。

乙作为公司的诉讼代表人，就不能作为公司的辩护人在诉讼中承担辩护职能，因此 C 选项说法错误。

根据《刑诉解释》第 340 条的规定，对应当认定为单位犯罪的案件，人民检察院只作为自然人犯罪起诉的，人民法院应当建议人民检察院对犯罪单位追加起诉。人民检察院仍以自然人犯罪起诉的，人

民法院应当依法审理,按照单位犯罪直接负责的主管人员或者其他直接责任人员追究刑事责任,并援引《刑法》分则关于追究单位犯罪中直接负责的主管人员和其他直接责任人员刑事责任的条款。因此 D 选项错误。

5.【参考答案】 D

【解析】 根据《刑事诉讼法》第 303 条第 3 款的规定,对实施暴力行为的精神病人,在人民法院决定强制医疗前,公安机关可以采取临时的保护性约束措施。A 选项说法错误。

强制医疗的期限应根据被强制医疗的人的治疗情况来决定,而不是由法院直接决定。B 选项说法错误。

根据前述解析,二审法院无须裁定终止诉讼。C 选项说法错误。

根据《刑诉解释》第 640 条的规定,第二审人民法院在审理刑事案件过程中,发现被告人可能符合强制医疗条件的,可以依照强制医疗程序对案件作出处理,也可以裁定发回原审人民法院重新审判。由此可见,二审法院可以直接启动强制医疗程序。同时,根据《刑诉解释》第 638、639 条的规定,对于一审的有罪判决,二审法院可以改判甲依法不负刑事责任,并同时作出强制医疗的决定。D 选项说法正确。

6.【参考答案】 C

【解析】 根据最高人民法院《关于刑事裁判涉财产部分执行的若干规定》第 5 条第 2 款的规定,对侦查机关查封、扣押、冻结的财产,人民法院在执行中可以直接裁定处置,无须侦查机关出具解除手续,但裁定中应当指明侦查机关查封、扣押、冻结的事实。A 选项说法错误。

根据最高人民法院《关于刑事裁判涉财产部分执行的若干规定》第 13 条的规定,被执行人在执行中同时承担刑事责任、民事责任,其财产不足以支付的,按照下列顺序执行:(1)人身损害赔偿中的医疗费用;(2)退赔被害人的损失;(3)其他民事债务;(4)罚金;(5)没收财产。债权人对执行标的依法享有优先受偿权,其主张优先受偿的,人民法院应当在前款第 1 项规定的医疗费用受偿后,予以支持。由此可见,银行的优先受偿权应排在退赔被害人的损失之前。B 选项说法错误。

根据最高人民法院《关于刑事裁判涉财产部分执行的若干规定》第 2 条的规定,刑事裁判涉财产部分,由第一审人民法院执行。第一审人民法院可以委托财产所在地的同级人民法院执行。从题干可知,A 区法院系一审法院,负责房屋的处置。由于该房屋位于 B 区,因此 A 区法院可委托 B 区法院处置。D 选项说法错误,C 选项说法正确。

二、多项选择题

1.【参考答案】 BC

【解析】 A 选项具有较大的迷惑性。如果考生没有注意市中级人民法院的一审判决是死缓判决,只看到检察院没有抗诉,且只有附带民事诉讼的原被告提起了上诉,容易以为本案的一审刑事判决已经生效,此时就会援引《刑诉解释》第 408 条的规定:刑事附带民事诉讼案件,只有附带民事诉讼当事人及其法定代理人上诉的,第一审刑事部分的判决在上诉期满后即发生法律效力。应当送监执行的第一审刑事被告人是第二审附带民事诉讼被告人的,在第二审附带民事诉讼案件审结前,可以暂缓送监执行。但是,由于死缓判决须报请省高级人民法院复核,因此一审刑事部分的判决并未生效,自然也就谈不上送监执行的问题。A 选项说法错误。

对于 B 选项,可从两个方面思考,一是二审的全面审查原则,二是死缓案件须经高级人民法院复核,所以一审刑事部分的判决并未生效,因此省高级人民法院当然应当将提起上诉的附带民事部分与刑事部分一并审查。B 选项说法正确。

根据《刑诉解释》第 410 条的规定,第二审期间,第一审附带民事诉讼原告人增加独立的诉讼请求或者第一审附带民事诉讼被告人提出反诉的,第二审人民法院可以根据自愿、合法的原则进行调解;调解不成的,告知当事人另行起诉。因此,乙在二审期间变更诉讼请求的,省高级人民法院可以先调解,调解不成告知乙另行起诉。C 选项说法正确。

由于附带民事诉讼的原被告人均对一审附带民事部分的判决提起了上诉,所以省高级人民法院可以增加赔偿金额。D 选项说法错误。

2.【参考答案】 BD

【解析】 根据《刑诉解释》第 90 条的规定,证人证言的收集程序、方式有下列瑕疵,经补正或者作出合理解释的,可以采用;不能补正或者作出合理解释的,不得作为定案的根据:(1)询问笔录没有填写询问人、记录人、法定代理人姓名以及询问的起止时间、地点的;(2)询问地点不符合规定的;(3)询问笔录没有记录告知证人有关权利义务和法律责任的;(4)询问笔录反映出在同一时段,同一询问人员询问不同证人的;(5)询问未成年人,其法定代理人或者合适成年人不在场的。同时,根据该解释第92条的规定,对被害人陈述的审查与认定,参照适用本节的有关规定。因此,A选项中询问被害人李某某时没有合适成年人在场的询问笔录系瑕疵证据,只有在不能补正或者作出合理解释时,才不得作为定案的根据。A选项说法错误。

根据《认罪认罚指导意见》第31条第2款和第3款的规定,犯罪嫌疑人认罪认罚,有下列情形之一的,不需要签署认罪认罚具结书:(1)犯罪嫌疑人是盲、聋、哑人,或者是尚未完全丧失辨认或者控制自己行为能力的精神病人的;(2)未成年犯罪嫌疑人的法定代理人、辩护人对未成年人认罪认罚有异议的;(3)其他不需要签署认罪认罚具结书的情形。上述情形犯罪嫌疑人未签署认罪认罚具结书的,不影响认罪认罚从宽制度的适用。B选项说法正确。

根据《认罪认罚指导意见》第31条第2款的规定,未成年犯罪嫌疑人的法定代理人、辩护人对未成年人认罪认罚有异议的,无须签署具结书,因此C选项"在具结书上注明"这一说法错误。

根据《刑诉解释》第575条的规定,对未成年被告人情况的调查报告,以及辩护人提交的有关未成年被告人情况的书面材料,法庭应当审查并听取控辩双方意见。上述报告和材料可以作为办理案件和教育未成年人的参考。人民法院可以通知作出调查报告的人员出庭说明情况,接受控辩双方和法庭的询问。D选项说法正确。

3.**【参考答案】** BC

【解析】 根据《高检规则》第142条的规定,对于监察机关移送起诉的已采取留置措施的案件,人民检察院应当在受理案件后,及时对犯罪嫌疑人作出拘留决定,交公安机关执行。执行拘留后,留置措施自动解除。题干中已说明监察调查期间已对甲采取留置,因此案件移送检察院时,检察院应当先行拘留,一旦对甲采取拘留,留置自动解除。因此A选项中"检察院决定取保候审,留置措施自动解除"说法错误。

B选项有较大的难度,属于《高检规则》中比较冷僻的规定。根据《高检规则》第329条的规定,监察机关移送起诉的案件,需要依照《刑事诉讼法》的规定指定审判管辖的,人民检察院应当在监察机关移送起诉20日前协商同级人民法院办理指定管辖有关事宜。因此,B选项说法正确。

根据《监察法》第31条的规定,涉嫌职务犯罪的被调查人主动认罪认罚,有下列情形之一的,监察机关经领导人员集体研究,并报上一级监察机关批准,可以在移送人民检察院时提出从宽处罚的建议:(1)自动投案,真诚悔罪悔过的;(2)积极配合调查工作,如实供述监察机关还未掌握的违法犯罪行为的;(3)积极退赃,减少损失的;(4)具有重大立功表现或者案件涉及国家重大利益等情形的。本题中甲在留置期间认罪认罚且积极退赃,符合该法第31条的规定,所以C选项说法正确。

根据《高检规则》第145条的规定,人民检察院应当自收到移送起诉的案卷材料之日起3日以内告知犯罪嫌疑人有权委托辩护人。对已经采取留置措施的,应当在执行拘留时告知。从题干可知,检察院应当对甲在执行拘留时告知,而非收到材料之日起3日内,所以D选项说法错误。

4.**【参考答案】** ABC

【解析】 根据《人民陪审员法》第22条的规定,人民陪审员参加7人合议庭审判案件,对事实认定,独立发表意见,并与法官共同表决;对法律适用,可以发表意见,但不参加表决。因此A选项说法正确。

根据最高人民法院《关于适用〈中华人民共和国人民陪审员法〉若干问题的解释》第8条的规定,人民法院应当在开庭前,将相关权利和义务告知人民陪审员,并为其阅卷提供便利条件。由此可见,陪审员有庭前阅卷的权利。B选项说法正确。

根据《人民陪审员法》第21条的规定,人民陪审员参加3人合议庭审判案件,对事实认定、法律适用,独立发表意见,行使表决权。C选项说法正确。

根据最高人民法院《关于适用〈中华人民共和国人民陪审员法〉若干问题的解释》第11条的规定,庭审过程中,人民陪审员依法有权向诉讼参加人发问,审判长应当提示人民陪审员围绕案件争议焦点进行发问。由此,陪审员发问并不需要经审判长同意,所以D选项说法错误。

5.**【参考答案】** ABC

【解析】 根据《刑诉解释》第556条第2款的规定,审理未成年人遭受性侵害或者暴力伤害案件,在询问未成年被害人、证人时,应当采取同步录音录像等措施,尽量一次完成;未成年被害人、证人是女性的,应当由女性工作人员进行。A选项说法正确。

根据《刑诉解释》第553条的规定,对未成年被告人应当严格限制适用逮捕措施。人民法院决定逮捕,应当讯问未成年被告人,听取辩护律师的意见。对被逮捕且没有完成义务教育的未成年被告人，人民法院应当与教育行政部门互相配合，保证其接受义务教育。B 选项说法正确。

根据《刑诉解释》第 554 条的规定，人民法院对无固定住所、无法提供保证人的未成年被告人适用取保候审的，应当指定合适成年人作为保证人，必要时可以安排取保候审的被告人接受社会观护。C 选项说法正确。

根据《刑诉解释》第 550 条的规定，被告人实施被指控的犯罪时不满 18 周岁、人民法院立案时不满 20 周岁的案件，由未成年人案件审判组织审理。下列案件可以由未成年人案件审判组织审理：(1)人民法院立案时不满 22 周岁的在校学生犯罪案件……因此，不是“应当”，而是可以由未成年人案件审判组织审理。D 选项说法错误。

6.**【参考答案】** BC

【解析】 根据《刑诉解释》第 469 条的规定，除人民检察院抗诉的以外，再审一般不得加重原审被告人的刑罚。再审决定书或者抗诉书只针对部分原审被告人的，不得加重其他同案原审被告人的刑罚。从题干可知，市中级人民法院只针对甲与丙启动再审，因此对于乙不得加重其刑罚。A 选项说法错误。

根据《刑诉解释》第 466 条第 1 款的规定，原审人民法院审理依照审判监督程序重新审判的案件，应当另行组成合议庭。本题中市中级人民法院重审此案应当另行组成合议庭。B 选项说法正确。

根据《刑诉解释》第 464 条的规定，对决定依照审判监督程序重新审判的案件，人民法院应当制作再审决定书。再审期间不停止原判决、裁定的执行，但被告人可能经再审改判无罪，或者可能经再审减轻原判刑罚而致刑期届满的，可以决定中止原判决、裁定的执行，必要时，可以对被告人采取取保候审、监视居住措施。本题中，甲系顶罪，再审可能改判无罪或者减轻原判刑罚(改判包庇罪)，因此可以决定对其中止执行原刑罚。C 选项说法正确。

根据《高检规则》第 600 条的规定，人民检察院办理按照第二审程序、审判监督程序抗诉的案件，认为需要对被告人采取强制措施的，参照本规则相关规定。决定采取强制措施应当经检察长批准。可见，对于抗诉引发的再审案件，应由检察机关决定是否采取强制措施。同时根据前述《刑诉解释》第 464 条的规定，对于法院启动再审的案件，由法院决定是否采取强制措施。因此，本题中系上级法院指令再审引发的审判监督程序，应由法院而非检察院决定对丙采取强制措施。D 选项说法错误。

7.**【参考答案】** AD

【解析】 根据《高检规则》第 270 条的规定，批准或者决定逮捕，应当将犯罪嫌疑人涉嫌犯罪的性质、情节，认罪认罚等情况，作为是否可能发生社会危险性的考虑因素。已经逮捕的犯罪嫌疑人认罪认罚的，人民检察院应当及时对羁押必要性进行审查。经审查，认为没有继续羁押必要的，应当予以释放或者变更强制措施。A 选项说法正确。

根据《刑诉解释》第 370 条的规定，具有下列情形之一的，不适用速裁程序：……(6)被告人与被害人或者其法定代理人没有就附带民事诉讼赔偿等事项达成调解、和解协议的……从题干可知，本题属于第 6 种情形，因此不适用速裁程序。B 选项说法错误。

从题干可知，甲涉嫌寻衅滋事罪，该罪属于《刑法》分则第六章的罪名，不属于刑事和解的案件范围(《刑法》分则第四章、第五章的犯罪)。C 选项说法错误。

根据《认罪认罚指导意见》第 36 条的规定，犯罪嫌疑人认罪认罚，人民检察院拟提出缓刑或者管制量刑建议的，可以及时委托犯罪嫌疑人居住地的社区矫正机构进行调查评估，也可以自行调查评估。D 选项说法正确。

8.**【参考答案】** BCD

【解析】 根据《刑诉解释》第 113 条的规定，电子数据的收集、提取程序有下列瑕疵，经补正或者作出合理解释的，可以采用；不能补正或者作出合理解释的，不得作为定案的根据：(1)未以封存状态移送的；(2)笔录或者清单上没有调查人员或者侦查人员、电子数据持有人、提供人、见证人签名或者盖章的；(3)对电子数据的名称、类别、格式等注明不清的；(4)有其他瑕疵的。因此，未以封存状态移送，属于取证瑕疵，可以补正或者作出合理解释。A 选项说法错误。

根据 2016 年最高人民法院、最高人民检察院、公安部《关于办理刑事案件收集提取和审查判断电子数据若干问题的规定》第 15 条第 1 款的规定，收集、提取电子数据，应当根据《刑事诉讼法》的规定，由符合条件的人员担任见证人。由于客观原因无法由符合条件的人员担任见证人的，应当在笔录中注明情况，并对相关活动进行录像。因此，没有见证人，可以录像替代。B 选项说法正确。

根据 2016 年最高人民法院、最高人民检察院、公安部《关于办理刑事案件收集提取和审查判断电子数据若干问题的规定》第 14 条的规定，收集、提取电子数据,应当制作笔录,记录案由,对象,内容,收集、提取电子数据的时间、地点、方法、过程,并附电子数据清单,注明类别、文件格式、完整性校验值等,由侦查人员、电子数据持有人(提供人)签名或者盖章;电子数据持有人(提供人)无法签名或者拒绝签名的,应当在笔录中注明,由见证人签名或者盖章。C 选项说法正确。

根据《刑诉解释》第 114 条的规定,电子数据具有下列情形之一的,不得作为定案的根据:(1)系篡改、伪造或者无法确定真伪的;(2)有增加、删除、修改等情形,影响电子数据真实性的;(3)其他无法保证电子数据真实性的情形。由此可见,如出现修改情形,属于根本性缺陷,不得作为定案的根据。D 选项说法正确。

9.【参考答案】 AC

【解析】 根据《刑诉解释》第 331 条的规定,自诉人经两次传唤,无正当理由拒不到庭,或者未经法庭准许中途退庭的,人民法院应当裁定按撤诉处理。部分自诉人撤诉或者被裁定按撤诉处理的,不影响案件的继续审理。A 选项说法正确。

根据《刑诉解释》第 324 条的规定,被告人实施两个以上犯罪行为,分别属于公诉案件和自诉案件,人民法院可以一并审理。对自诉部分的审理,适用本章(该解释第十章)的规定。因此并不是应当一并审理,而是可以一并审理。B 选项说法错误。

根据《刑诉解释》第 325 条第 2 款的规定,对通过信息网络实施的侮辱、诽谤行为,被害人向人民法院告诉,但提供证据确有困难的,人民法院可以要求公安机关提供协助。C 选项说法正确。

根据《刑诉解释》第 323 条第 1 款的规定,自诉人明知有其他共同侵害人,但只对部分侵害人提起自诉的,人民法院应当受理,并告知其放弃告诉的法律后果;自诉人放弃告诉,判决宣告后又对其他共同侵害人就同一事实提起自诉的,人民法院不予受理。从题干可知,丙只起诉甲,放弃了对乙的告诉,法院应当受理,不应主动将乙列为共同被告人。D 选项说法错误。

10.【参考答案】 BD

【解析】 该视频监控直接来源于案件事实,属于原始证据。如果说将该视频监控复制,复制品属于传来证据。A 选项说法错误。

凡是表现为物品、痕迹或内容具有证据价值的书画文件,即以实物作为表现形式的证据,都是实物证据。B 选项中的丢失唱片清单属于办案人员在现场勘验中对所见情况的客观记载,也属于实物证据。B 选项说法正确。

间接证据是不能单独、直接证明刑事案件主要事实,需要与其他证据相结合才能证明的证据。丢失的唱片属于物证,无法通过该证据说明何人实施了犯罪行为,因此属于间接证据。C 选项说法错误。

直接源于案件事实的证据材料是原始证据。需要注意的是,痕迹通常属于物证,但如果是将该痕迹拍成照片,该照片属于传来证据。D 选项说法正确。

三、不定项选择题

【参考答案】 ABD

【解析】 在我国,证明责任的承担主体首先是控诉机关和负有证明责任的当事人,即公诉案件中的公诉人和自诉案件中的自诉人。

《刑事诉讼法》第 51 条规定:“公诉案件中被告人有罪的举证责任由人民检察院承担,自诉案件中被告人有罪的举证责任由自诉人承担。”本题 A 项中的辩护人、B 项中的被告人、D 项中的被害人,均不承担证明责任,因此,ABD 三项均不正确。本题 C 项中,检察院对侦查讯问程序的合法性这一程序性事项承担证明责任,该项正确。答案选错误的,故 ABD 当选。

2020 年客观题试题

一、单项选择题

1. 关于人民检察院办理刑事案件,下列说法正确的是:(　　)

A. 检察委员会可以对部分办案事项作出决定并承担相应司法责任

B. 检察官办案组办理案件时应请求检察长或副检察长主办

C. 检察官可以授权助理签发相应的法律文书

D. 上级检察院认为下级检察院作出不起诉决定错误的,应当撤销不起诉决定

2. 下列哪一选项的证据收集是违法的?(　　)

A. 第一次讯问犯罪嫌疑人用了欺骗方式,第二次用暴力威胁后作出重复供述的

B. 讯问犯罪嫌疑人时用了暴力威胁的

C. 询问证人时使用了暴力威胁的

D. 讯问犯罪嫌疑人时提出,打算向其子收集证言,犯罪嫌疑人为了不打乱其子的复习节奏,向侦查人员作出供述的

3. 杨某非法获取上千条公民个人信息用于注册支付宝账号，并将公民头像照片制作成3D头像以通过人脸识别认证，进而获取支付宝邀请注册新用户的红包奖励，共计获利2万余元，关于本案处理，下列说法正确的是：(　　)

A. 支付宝公司可以通过附带民事诉讼要求杨某返还红包奖励

B. 杨某构成侵害公民个人信息罪和诈骗罪的牵连犯，法院应择一重罪从重处罚

C. 对于储存3D头像的U盘，公安机关应当扣押、封存并移送

D. 公安机关初查阶段从支付宝公司提取的账号注册信息，需在立案后重新提取才可以作为定案证据

4. 甲发现某款视频App注册账号后台程序存在漏洞，可以通过某种方式注册"靓号"，如8888等账号，后甲通过该程序多次注册"靓号"并进行售卖，获得盈利。后其被警方发现抓捕。下列哪一选项正确？(　　)

A. 该视频网站可以要求甲赔偿其损失

B. 该视频网站有权注销之前甲无法售卖的"靓号"

C. 甲全部归还其非法获利，可以构成认罪认罚

D. 甲可以不归还其售卖所得

5. 儿科医生宋某在接诊时发现一8岁女童身上有被长期虐打的伤痕，女童父亲郭某闪烁其词，称这些伤痕是孩子玩耍时不慎从高处摔下所致，宋某认为从高处摔下不可能产生这些伤痕，遂报警。关于本案处理，下列哪一项是正确的？(　　)

A. 侦查人员到医院后，可以口头传唤郭某到派出所接受调查

B. 侦查人员到达医院后，可以现场讯问郭某

C. 因郭某有故意伤害女童的重大嫌疑，侦查人员到医院后可以单独就身体伤痕情况询问女童

D. 宋某的报警行为属于控告

6. 祁某涉嫌贩卖毒品罪被A省B市公安机关立案侦查，并拟对其适用通信监控和控制下交付措施，关于本案的技术侦查措施，下列哪一选项是正确的？(　　)

A. 对祁某采取通信监控和控制下交付须经A省公安机关批准

B. 对可能向祁某购买毒品的人，也可以适用监控措施

C. 对祁某采取监听措施3个月后，如还需适用隐匿身份侦查措施，只需要延长技术侦查措施的有效期，无须另行办理隐匿身份侦查措施的批准手续

D. 对祁某的监听中发现涉及国家秘密的信息，不得在其他刑事案件中作为证据使用

7. 甲乙均是未成年人，在侦查阶段均认罪认罚，移送审查起诉之日甲刚满18周岁，而乙还有两个月才满18周岁，下列说法正确的是：(　　)

A. 应当询问甲乙及其法定代理人对认罪认罚的意见

B. 应当询问乙及其法定代理人的意见

C. 应当询问甲及其法定代理人的意见

D. 可以询问乙及其法定代理人的意见

8. 赵某涉嫌非法持有枪支罪被提起公诉，庭审期间，赵某提出涉案枪支已改装不具有杀伤力。关于本案，下列哪一个选项正确？(　　)

A. 经公诉人提议，审判长要求赵某对枪支改装方法作具体说明

B. 合议庭认为公诉机关需对枪支杀伤力进一步补证，决定中止审理

C. 经公诉人申请，法庭通知专家孙某出庭，与赵某就改装方法、效果进行对质

D. 合议庭认为此前多次讯问赵某从未提及枪支改装，对其辩解法庭不予采信

9. 甲将名贵乌龟交乙饲养，后乙将乌龟以6000元卖给丙。甲向乙索回乌龟时，乙不好意思说卖了，骗甲称被盗。甲报案，公安机关认定乙盗窃立案，检察机关移送法院起诉。在审判期间，法院查明乙应构成侵占，则下列做法正确的是：(　　)

A. 法院继续审理以侵占罪作出判决

B. 检察机关补充侦查

C. 检察机关变更起诉

D. 法院裁定终止审理

二、多项选择题

1. 关于适用认罪认罚从宽制度，下列说法正确的有：(　　)

A. 赵某故意杀人，社会危害性极大，自愿认罪认罚并积极赔偿被害方后，也不对其从宽处理

B. 钱某涉嫌受贿罪和滥用职权罪，自愿如实供述受贿情况，但否认滥用职权，全案不适用认罪认罚从宽，法院不得从宽处理

C. 孙某成立交通肇事罪，自愿认罪认罚，但无力赔偿被害人损失，且被害人不谅解，不能适用认罪认罚从宽制度

D. 不同意适用速裁程序，不影响认罪认罚

2. 中国公民甲乘坐某国船只，在公海上航行，甲与另一中国公民乙发生口角，遂殴打起来，致其

死亡并将其抛入海中。下列选项正确的有:(　　)

A. 在中国的初次停泊处法院可以管辖

B. 乙在离境前居住地法院有管辖权

C. 甲入境后居所地法院有管辖权

D. 甲在中国入境地法院有管辖权

3. 张某交纳了1万元的保证金,在取保候审期间因为工作原因经常出差,但是并未经公安机关的批准,公安机关决定对其重新取保候审,下列说法正确的有:(　　)

A. 要求其提供保证人

B. 取保候审期间累计计算

C. 要求其上交驾驶证

D. 可以只没收8000元保证金

4. 赵某和何某(17周岁)涉嫌贩卖毒品罪被一并提起公诉,关于本案的处理,下列选项正确的是:(　　)

A. 检察院在审判阶段进行羁押必要性审查后,建议法院对何某取保候审

B. 赵某和何某均表示认罪认罚,法院决定适用速裁程序审理

C. 赵某和何某可以作为共同被告人,由未成年人案件审判组织审理

D. 侦查阶段对毒品检查出具鉴定意见的张某在开庭之前病逝,其鉴定意见不得作为定案依据

5. 卢某殴打陈某造成轻伤,下列说法正确的是:(　　)

A. 为核实事实,公安机关传唤卢某到指定地点

B. 在鉴定意见未出来之前,公安机关不得作治安管理处罚

C. 卢某对鉴定意见不服,可以向公安机关申请原鉴定人重新鉴定

D. 卢某可以让在人民法院工作的母亲为其诉讼代理人

6. 赵某为制止李某盗窃而致李某重伤,A省B市C区人民检察院在认定赵某防卫超过必要限度的基础上对其作出不起诉决定。以下选项正确的有:(　　)

A. B市人民检察院审查后认为赵某的防卫行为没有超过必要限度,可以指令C区人民检察院撤销原不起诉决定,并重新作出不起诉决定

B. A省人民检察院可以直接指令B市人民检察院对本案不起诉决定是否正确进行审查

C. 赵某对不起诉决定提出申诉的,由B市人民检察院立案复查

D. C区人民检察院向李某送达不起诉决定书时应当告知其可向法院自诉

7. 陈某系某国有企业高管,因涉嫌收受巨额贿赂被诉至某市中级人民法院,关于本案的处理,下列选项正确的有:(　　)

A. 辩护人孙某经通知未到庭,征求陈某同意后,合议庭照常开庭审理

B. 陈某在最后陈述中提出新的立功线索,合议庭建议公诉人补充侦查

C. 为证明取证合法性,公诉人当庭提交了侦查人员签名、加盖公章的书面说明

D. 因本案社会影响重大,合议庭由1名法官、2名人民陪审员共同组成

8. A市B区人民检察院对杨某贩卖毒品案提起公诉。检察院在一审开庭后向法院申请撤回起诉,B区人民法院裁定准许。杨某认为现有证据根本无法证明其有罪,B区人民法院应当宣告其无罪,因此上诉至A市中级人民法院。A市中级人民法院应该怎样处理?(　　)

A. 应当开庭审理

B. 裁定撤销B区人民法院准予撤回起诉的裁定,要求B区人民法院继续审理,且此裁定为终审裁定

C. 审理后直接判有罪或无罪

D. 以杨某无权就准予撤回起诉的裁定提出上诉为由,直接驳回

9. 某人故意伤害被判处有期徒刑5年,执行3年后被裁定假释。假释期间因违反规定受到治安管理处罚,拟提请撤销假释。下列说法正确的有:(　　)

A. 假释应由中级人民法院裁定

B. 社区矫正机构可申请检察院对其逮捕

C. 县级司法行政机关可对其进行电子定位

D. 该人被裁定假释后应自行前往社区矫正机构报到

三、不定项选择题

1. 巴拿马籍人曹某乘坐外国旅游轮船,在该旅游轮船航行至公海时,曹某和该轮船上的中国公民罗某因发生争执而厮打,曹某将罗某殴打致死,关于此案的管辖权,下列说法正确的有:(　　)

A. 由于案件疑难、复杂,难度较大,应有中国公安机关提前介入侦查

B. 曹某入境地海警局对此有权管辖

C. 该轮船最初停泊地海警局有权管辖

D. 罗某生前居住地法院有权管辖

2. 王某多次强迫小王(王某之子,15周岁)与小马(15周岁)采用自伤的方式(碰瓷)向驾车经过

的人实施诈骗，并造成小马重伤。检察院遂以故意伤害罪和诈骗罪对王某提起公诉。本案中，下列选项正确的是：(   )

A. 小马在本案中既是被害人又是证人

B. 为查清王某的犯罪事实，法院可以强制小王到庭作证

C. 小马可以通过附带民事诉讼要求王某支付医疗费、护理费等治疗康复费用

D. 由于王某对小王实施故意犯罪，法院可以通过附带民事诉讼一并撤销王某的监护人资格

2020年客观题试题参考答案及解析

一、单项选择题

1.【参考答案】 A

【解析】 对于A项，《高检规则》第4条第1款规定，人民检察院办理刑事案件，由检察官、检察长、检察委员会在各自职权范围内对办案事项作出决定，并依照规定承担相应司法责任。故A项表述正确。

对于B项，《高检规则》第5条第1款规定，人民检察院办理刑事案件，根据案件情况，可以由一名检察官独任办理，也可以由两名以上检察官组成办案组办理。由检察官办案组办理的，检察长应当指定一名检察官担任主办检察官，组织、指挥办案组办理案件。可见，检察官办案组可以独立办理案件。故B项表述错误。

对于C项，《高检规则》第4条第4款规定，以人民检察院名义制发的法律文书，由检察长签发；属于检察官职权范围内决定事项的，检察长可以授权检察官签发。可见，检察官不得授权助理签发相应的法律文书。故C项表述错误。

对于D项，《高检规则》第389条规定，最高人民检察院对地方各级人民检察院的起诉、不起诉决定，上级人民检察院对下级人民检察院的起诉、不起诉决定，发现确有错误的，应当予以撤销或者指令下级人民检察院纠正。可见，D项的错误在于，检察院认为下级检察院作出不起诉决定错误的，不是只有“撤销不起诉决定”这一种做法，而是还可以指令下级检察院纠正。

综上，本题的正确答案为A项。

2.【参考答案】 C

【解析】 A项考查重复性供述的排除范围。《严格排非规定》第5条规定：“采用刑讯逼供方法使犯罪嫌疑人、被告人作出供述，之后犯罪嫌疑人、被告人受该刑讯逼供行为影响而作出的与该供述相同的重复性供述，应当一并排除……”犯罪嫌疑人、被告人只有在遭受刑讯逼供的情况下作出的重复性供述才应当排除，A项中的两次讯问犯罪嫌疑人分别用的是欺骗方式和暴力威胁方式，故所作出的供述不应当排除。因此，A项不当选。

B、D项考查犯罪嫌疑人、被告人供述的排除范围。《严格排非规定》第3条规定：“采用以暴力或者严重损害本人及其近亲属合法权益等进行威胁的方法，使犯罪嫌疑人、被告人遭受难以忍受的痛苦而违背意愿作出的供述，应当予以排除。”B项中，虽然讯问犯罪嫌疑人的时候用了暴力威胁，但并未提及供述是在遭受了难以忍受的痛苦而违背意愿的情况下作出，因此，B项只是排除犯罪嫌疑人供述的一个必要条件。因此，B项不当选。D项中，侦查人员打算向犯罪嫌疑人的儿子收集证言，并不是以严重损害其近亲属合法权益的方式对其进行威胁，犯罪嫌疑人是为了不打乱儿子的复习节奏自愿作出的供述，内心也没有遭受难以忍受的痛苦，故他的供述不应当排除。因此，D项不当选。

C项考查证人证言的排除范围。《严格排非规定》第6条规定：“采用暴力、威胁以及非法限制人身自由等非法方法收集的证人证言、被害人陈述，应当予以排除。”C项中，侦查人员是以暴力、威胁方式获得的证人证言，应当予以排除。因此，C项当选。

3.【参考答案】 C

【解析】 A项考查附带民事诉讼的赔偿范围。《刑诉解释》第176条规定：“被告人非法占有、处置被害人财产的，应当依法予以追缴或者责令退赔。被害人提起附带民事诉讼的，人民法院不予受理。追缴、退赔的情况，可以作为量刑情节考虑。”本题中，杨某涉嫌诈骗罪，属于非法占有被害人财产，应当依法予以追缴或者责令退赔，而不能通过提起附带民事诉讼要求杨某返还红包奖励。因此，A项错误。

B项考查牵连犯。牵连犯是指出于一个犯罪目的，实施数个犯罪行为，数个行为之间存在手段与目的或者原因与结果的牵连关系，分别触犯数个罪名的犯罪状态。本题中，杨某非法获取公民个人信息虽然是为了诈骗，但此系明显独立的两个行为，不是手段与目的、原因与结果的牵连关系，不符合牵连犯的特征，应以侵犯公民个人信息罪和诈骗

罪数罪并罚。因此,B 项错误。

C 项考查电子数据的收集。最高人民法院、最高人民检察院、公安部《关于办理刑事案件收集提取和审查判断电子数据若干问题的规定》第 8 条第 1 款规定:“收集、提取电子数据,能够扣押电子数据原始存储介质的,应当扣押、封存原始存储介质,并制作笔录,记录原始存储介质的封存状态。”第 18 条第 1 款规定:“收集、提取的原始存储介质或者电子数据,应当以封存状态随案移送,并制作电子数据的备份一并移送。”本题中,存储 3D 头像的 U 盘是电子数据的原始存储介质,应当以扣押、封存状态移送。因此,C 项正确。

D 项考查初查阶段证据的收集。《公安部规定》第 174 条规定:“对接受的案件,或者发现的犯罪线索,公安机关应当迅速进行审查。发现案件事实或者线索不明的,必要时,经办案部门负责人批准,可以进行调查核实。调查核实过程中,公安机关可以依照有关法律和规定采取询问、查询、勘验、鉴定和调取证据材料等不限制被调查对象人身、财产权利的措施……”初步调查核实的目的是在立案之前对受理的案件进行过滤,以决定是否作为刑事案件立案,立案之后,不需要重新提取即可作为定案证据;再者根据诉讼效率的要求,也不需要在立案之后重新提取。因此,D 项错误。

4.**【参考答案】** B

【解析】 《刑法》第 264 条规定:“盗窃公私财物,数额较大的,或者多次盗窃、入户盗窃、携带凶器盗窃、扒窃的,处三年以下有期徒刑、拘役或者管制,并处或者单处罚金;数额巨大或者有其他严重情节的,处三年以上十年以下有期徒刑,并处罚金;数额特别巨大或者有其他特别严重情节的,处十年以上有期徒刑或者无期徒刑,并处罚金或者没收财产。”盗窃罪侵犯的客体是公私财物的所有权,本题中,“靓号”是在网络空间里使用,还设有密码,具有明显的排他性,所有人只要通过交换、拍卖等方式,就可以获得现实世界的金钱收益,应当被认定为财物。故本题中甲涉嫌盗窃罪。

A、D 项考查附带民事诉讼的赔偿范围。《刑诉解释》第 176 条规定:“被告人非法占有、处置被害人财产的,应当依法予以追缴或者责令退赔。被害人提起附带民事诉讼的,人民法院不予受理。追缴、退赔的情况,可以作为量刑情节考虑。”本题中,甲涉嫌盗窃罪,应当依法对非法所得进行追缴或者责令退赔,故甲必须归还其售卖所得。但是该网站不能通过提起附带民事诉讼的方式要求甲赔偿其损失。因此,A、D 项错误。

该视频网站作为“靓号”的所有权人,有权注销之前甲无法售卖的靓号,及时减少损失。因此,B 项正确。

C 项考查认罪认罚的成立条件。《认罪认罚指导意见》第 7 条第 2 款规定:“‘认罚’考察的重点是犯罪嫌疑人、被告人的悔罪态度和悔罪表现,应当结合退赃退赔、赔偿损失、赔礼道歉等因素来考量……”本题中,甲全部归还其非法获利,只是作为一个考量因素,并不能仅因此判断其构成认罪认罚。因此,C 项错误。

5.**【参考答案】** B

【解析】 A、B 项考查讯问犯罪嫌疑人的地点。《刑事诉讼法》第 119 条第 1 款规定:“对不需要逮捕、拘留的犯罪嫌疑人,可以传唤到犯罪嫌疑人所在市、县内的指定地点或者到他的住处进行讯问,但是应当出示人民检察院或者公安机关的证明文件。对在现场发现的犯罪嫌疑人,经出示工作证件,可以口头传唤,但应当在讯问笔录中注明。”在本题中,传唤郭某到派出所(市、县内的指定地点)接受调查,不能采用口头形式,必须出示公安机关的证明文件。因此,A 项错误。本题中侦查人员到达医院后,经出示工作证件,并在讯问笔录中注明,是可以在现场讯问郭某。因此,B 项正确。

C 项考查询问未成年被害人的情形。《高检规则》第 465 条第 2 款规定:“讯问未成年犯罪嫌疑人,应当通知其法定代理人到场,告知法定代理人依法享有的诉讼权利和应当履行的义务。到场的法定代理人可以代为行使未成年犯罪嫌疑人的诉讼权利,代为行使权利时不得损害未成年犯罪嫌疑人的合法权益。”第 6 款规定:“询问未成年被害人、证人,适用本条第二款至第五款的规定。询问应当以一次为原则,避免反复询问。”故侦查人员到医院后,必须在女童的法定代理人在场的情况下对其进行询问。因此,C 项错误。

D 项考查控告与报案、举报的区别。控告是指被害人就其人身权利、财产权利遭受不法侵害的事实及犯罪嫌疑人的有关情况,向公安司法机关揭露和告发,要求依法追究其刑事责任的诉讼行为。报案,是指单位和个人以及被害人发现有犯罪事实发生,但尚不知犯罪嫌疑人为何人时,向公安机关、人民检察院、人民法院告发的行为。举报,是指单位和个人对其发现的犯罪事实或者犯罪嫌疑人向公安机关、人民检察院和人民法院进行告发、揭露的行为。举报与报案相比,举报的案件事实以及证据材料要详细、具体。本题中,儿科医生宋某不是被害人,其报警行为不属于控告;并且在报警的时候,宋某只是发现被害人身上有被长期虐打的伤痕,但并不知道是何人所为,并不了解其中具体的情形,故宋某的行为不是举报,只是报案。因此,D项错误。

6.【参考答案】 B

【解析】 《公安部规定》第264条第1款规定:"技术侦查措施是指由设区的市一级以上公安机关负责技术侦查的部门实施的记录监控、行踪监控、通信监控、场所监控等措施。"

A项考查技术侦查措施和控制下交付的批准机关。《公安部规定》第265条第1款规定:"需要采取技术侦查措施的,应当制作呈请采取技术侦查措施报告书,报设区的市一级以上公安机关负责人批准,制作采取技术侦查措施决定书。"本题中,A省B市公安机关是侦查机关,若要对祁某进行通信监控,由其本机关负责人批准即可,不需要经A省公安机关批准。《公安部规定》第272条规定:"对涉及给付毒品等违禁品或者财物的犯罪活动,为查明参与该项犯罪的人员和犯罪事实,根据侦查需要,经县级以上公安机关负责人决定,可以实施控制下交付。"本题中,B市公安机关若对祁某采取控制下交付,也是只需经本机关负责人批准。因此,A项错误。

B项考查技术侦查措施的适用对象。《公安部规定》第264条第2款规定:"技术侦查措施的适用对象是犯罪嫌疑人、被告人以及与犯罪活动直接关联的人员。"本题中,可能向祁某购买毒品的人,属于与犯罪活动直接关联的人员,对其可以实施通信监控等技术侦查措施。因此,B项正确。

C项考查技术侦查措施的执行程序。《公安部规定》第267条规定:"采取技术侦查措施,必须严格按照批准的措施种类、适用对象和期限执行。在有效期限内,需要变更技术侦查措施种类或者适用对象的,应当按照本规定第二百六十五条规定重新办理批准手续。"本题中,若要对祁某另行适用隐匿身份侦查措施,属于变更技术侦查措施种类,应当重新办理批准手续。因此,C项错误。

D项考查技术侦查收集的证据的使用。《公安部规定》第268条第1款规定:"采取技术侦查措施收集的材料在刑事诉讼中可以作为证据使用。使用技术侦查措施收集的材料作为证据时,可能危及有关人员的人身安全,或者可能产生其他严重后果的,应当采取不暴露有关人员身份和使用的技术设备、侦查方法等保护措施。"据此,技术侦查措施收集的材料,无论是否涉及国家秘密,均可以作为证据在刑事诉讼中使用。因此,D项错误。

7.【参考答案】 B

【解析】 《刑事诉讼法》第173条第2款规定:"犯罪嫌疑人认罪认罚的,人民检察院应当告知其享有的诉讼权利和认罪认罚的法律规定,听取犯罪嫌疑人、辩护人或者值班律师、被害人及其诉讼代理人对下列事项的意见,并记录在案:(一)涉嫌的犯罪事实、罪名及适用的法律规定;(二)从轻、减轻或者免除处罚等从宽处罚的建议;(三)认罪认罚后案件审理适用的程序;(四)其他需要听取意见的事项。"本题中,甲乙在侦查阶段认罪认罚,到了审查起诉阶段,检察院仍然应当询问二人对认罪认罚的意见。

《刑事诉讼法》第174条第2款规定:"犯罪嫌疑人认罪认罚,有下列情形之一的,不需要签署认罪认罚具结书:(一)犯罪嫌疑人是盲、聋、哑人,或者是尚未完全丧失辨认或者控制自己行为能力的精神病人的;(二)未成年犯罪嫌疑人的法定代理人、辩护人对未成年人认罪认罚有异议的;(三)其他不需要签署认罪认罚具结书的情形。"在审查起诉阶段,对于未成年的犯罪嫌疑人,检察院还应当注意询问其法定代理人对认罪认罚的意见。本题中,在审查起诉阶段,甲已经成年,故不需要询问甲的法定代理人的意见,但是乙未成年,故检察院应当询问乙的法定代理人的意见,而非"可以"询问乙的法定代理人的意见。因此,B项正确,A、C、D项错误。

8.【参考答案】 A

【解析】 《刑法》第128条第1款规定:"违反枪支管理规定,非法持有、私藏枪支、弹药的,处三年以下有期徒刑、拘役或者管制;情节严重的,处三年以上七年以下有期徒刑。"《枪支管理法》第46条规定:"本法所称枪支,是指以火药或者压缩气体等为动力,利用管状器具发射金属弹丸或者其他物质,足以致人伤亡或者丧失知觉的各种枪支。"换言之,非法持有枪支罪中的枪支要求具有杀伤力,本题中赵某涉嫌非法持有枪支罪,枪支是否具有杀伤力是本案罪与非罪的关键问题。

A项考查证明责任的承担。《刑事诉讼法》第51条规定:"公诉案件中被告人有罪的举证责任由人民检察院承担,自诉案件中的被告人有罪的举证责任由自诉人承担。"另外,在证明过程中也存在证明责任转移的情形,如在少数持有型的特定案件中，被告人如果提出了一些法定的积极抗辩事由，则其需要对这些积极抗辩事由的真实性承担证明责任。持有型犯罪案件包括：(1)巨额财产来源不明罪；(2)持有型犯罪如非法持有枪支、弹药罪，持有假币罪，等等。在本题中，被告人赵某被指控构成非法持有枪支罪，属于持有型犯罪案件的一种，本案的关键问题在于涉案枪支是否具有杀伤力，赵某在庭审期间提出了涉案枪支已改装不具有杀伤力的积极抗辩，因此其应当承担提出证据的责任，应当对枪支改装方法作具体说明。因此，A 项正确。

B 项考查中止审理。《刑事诉讼法》第 206 条第 1 款规定："在审判过程中，有下列情形之一，致使案件在较长时间内无法继续审理的，可以中止审理：(一)被告人患有严重疾病，无法出庭的；(二)被告人脱逃的；(三)自诉人患有严重疾病，无法出庭，未委托诉讼代理人出庭的；(四)由于不能抗拒的原因。"本案是对枪支杀伤力的进一步补证，并不符合中止审理的规定，而是延期审理的一种情形。《刑事诉讼法》第 204 条规定："在法庭审判过程中，遇有下列情形之一，影响审判进行的，可以延期审理：(一)需要通知新的证人到庭，调取新的物证，重新鉴定或者勘验的；(二)检察人员发现提起公诉的案件需要补充侦查，提出建议的；(三)由于申请回避而不能进行审判的。"本案中，检察机关的进一步补证属于《刑事诉讼法》第 204 条第 2 项规定的情形，法庭可以决定延期审理。因此，B 项错误。

C 项考查有专门知识的人出庭。《刑事诉讼法》第 197 条第 2 款规定："公诉人、当事人和辩护人、诉讼代理人可以申请法庭通知有专门知识的人出庭，就鉴定人作出的鉴定意见提出意见。"有专门知识的人出庭是为了与鉴定人对质，本题中，赵某作为被告人，不是鉴定人，不是有专门知识的人出庭对质的对象。因此，C 项错误。

D 项考查被告人庭前供述与辩解和庭审不一致的处理办法。《刑诉解释》第 96 条第 1 款和第 2 款规定："审查被告人供述和辩解，应当结合控辩双方提供的所有证据以及被告人的全部供述和辩解进行。被告人庭审中翻供，但不能合理说明翻供原因或者其辩解与全案证据矛盾，而其庭前供述与其他证据相互印证的，可以采信其庭前供述。"对于被告人庭审翻供的情形，若被告人能够合理说明翻供原因或者其辩解与全案证据相一致，法庭可以予以采信。本题中，在合议庭此前对赵某的多次讯问中，赵某虽从未提及枪支改装，但是如果他的辩解合理或者与全案证据相一致，法庭是可以予以采信的。因此，D 项错误。

9.**【参考答案】** A

【解析】 A 项考查指控认定的罪名与审理认定的罪名不一致的处理。《刑诉解释》第 295 条规定："对第一审公诉案件，人民法院审理后，应当按照下列情形分别作出判决、裁定：(一)起诉指控的事实清楚，证据确实、充分，依据法律认定指控被告人的罪名成立的，应当作出有罪判决；(二)起诉指控的事实清楚，证据确实、充分，但指控的罪名不当的，应当依据法律和审理认定的事实作出有罪判决……"本题中，检察机关以乙构成盗窃罪提起公诉，法院经审理认为乙构成侵占罪，法院应当按照审理认定的侵占罪对乙作出有罪判决。因此，A 项正确。

B 项考查审判阶段检察机关补充侦查的情形。《刑事诉讼法》第 204 条规定："在法庭审判过程中，遇有下列情形之一，影响审判进行的，可以延期审理：……(二)检察人员发现提起公诉的案件需要补充侦查，提出建议的……"也就是说，在法庭审判过程中，案件是否补充侦查，由检察人员提出建议；但是，《刑诉解释》第 277 条第 2 款规定："审判期间，被告人提出新的立功线索的，人民法院可以建议人民检察院补充侦查。"对于此种有利于被告人的情形，人民法院也有建议的职责。本题中，并未提及检察机关需要补充侦查的情形，也未提及被告人具有新的立功线索，故由检察机关补充侦查没有依据。因此，B 项错误。

C 项考查法院建议检察院补充或变更起诉的情形。《刑诉解释》第 297 条规定："审判期间，人民法院发现新的事实，可能影响定罪量刑的，或者需要补查补证的，应当通知人民检察院，由其决定是否补充、变更、追加起诉或者补充侦查。人民检察院不同意或者在指定时间内未回复书面意见的，人民法院应当就起诉指控的犯罪事实，依照本解释第二百九十五条的规定作出判决、裁定。"本题中，并未提及法院在审理过程中发现乙存在新的犯罪事实，故检察机关变更起诉没有依据。因此，C 项错误。

D 项考查法院终止审理的情形。《刑事诉讼法》第 16 条规定："有下列情形之一的，不追究刑事责任，已经追究的，应当撤销案件，或者不起诉，或者终止审理，或者宣告无罪：(一)情节显著轻微、危害不大，不认为是犯罪的；(二)犯罪已过追诉时效期限的；（三）经特赦令免除刑罚的；（四）依照刑法告诉才处理的犯罪，没有告诉或者撤回告诉的；（五）犯罪嫌疑人、被告人死亡的；（六）其他法律规定免予追究刑事责任的。”本题中，并未提及法院应当终止审理的情形，故法院不能作出终止审理的裁定。因此，D 项错误。

二、多项选择题

1.**【参考答案】** AD

【解析】 A、C 项考查对从宽的理解。《认罪认罚指导意见》第 8 条第 1 款规定：“‘从宽’的理解。从宽处理既包括实体上从宽处罚，也包括程序上从简处理。‘可以从宽’，是指一般应当体现法律规定和政策精神，予以从宽处理。但可以从宽不是一律从宽，对犯罪性质和危害后果特别严重、犯罪手段特别残忍、社会影响特别恶劣的犯罪嫌疑人、被告人，认罪认罚不足以从轻处罚的，依法不予从宽处罚。”本题中，赵某故意杀人，社会危害性极大，如果认罪认罚不足以从轻处罚的，可以不对其从宽处理。因此，A 项正确。《刑事诉讼法》第 15 条规定：“犯罪嫌疑人、被告人自愿如实供述自己的罪行，承认指控的犯罪事实，愿意接受处罚的，可以依法从宽处理。”《认罪认罚指导意见》第 8 条第 2 款规定：“办理认罪认罚案件，应当依照刑法、刑事诉讼法的基本原则，根据犯罪的事实、性质、情节和对社会的危害程度，结合法定、酌定的量刑情节，综合考虑认罪认罚的具体情况，依法决定是否从宽、如何从宽……”本题中，涉嫌交通肇事罪的孙某自愿认罪认罚，赔偿被害人损失、被害人是否谅解只是从宽的考虑因素，不影响认罪认罚从宽的成立。因此，C 项错误。

B 项考查对认罪的理解。《认罪认罚指导意见》第 6 条规定：“‘认罪’的把握。认罪认罚从宽制度中的‘认罪’，是指犯罪嫌疑人、被告人自愿如实供述自己的罪行，对指控的犯罪事实没有异议。承认指控的主要犯罪事实，仅对个别事实情节提出异议，或者虽然对行为性质提出辩解但表示接受司法机关认定意见的，不影响‘认罪’的认定。犯罪嫌疑人、被告人犯数罪，仅如实供述其中一罪或部分罪名事实的，全案不作‘认罪’的认定，不适用认罪认罚从宽制度，但对如实供述的部分，人民检察院可以提出从宽处罚的建议，人民法院可以从宽处罚。”本题中，钱某涉嫌受贿罪和滥用职权罪，自愿如实供述受贿情况，但是对滥用职权罪予以否认，全案不作“认罪”的认定，虽然不适用认罪认罚从宽制度，但法院可以对如实供述的部分从宽处罚。因此，B 项错误。

D 项考查对认罚的认定。《认罪认罚指导意见》第 7 条第 2 款规定：“‘认罚’考察的重点是犯罪嫌疑人、被告人的悔罪态度和悔罪表现，应当结合退赃退赔、赔偿损失、赔礼道歉等因素来考量。犯罪嫌疑人、被告人虽然表示‘认罚’，却暗中串供、干扰证人作证、毁灭、伪造证据或者隐匿、转移财产，有赔偿能力而不赔偿损失，则不能适用认罪认罚从宽制度。犯罪嫌疑人、被告人享有程序选择权，不同意适用速裁程序、简易程序的，不影响‘认罚’的认定。”本题中，犯罪嫌疑人、被告人享有程序选择权，若其不同意适用速裁程序，不影响认罪认罚的成立。因此，D 项正确。

2.**【参考答案】** BCD

【解析】 《刑诉解释》第 10 条规定：“中国公民在中华人民共和国领域外的犯罪，由其登陆地、入境地、离境前居住地或者现居住地的人民法院管辖；被害人是中国公民的，也可以由被害人离境前居住地或者现居住地的人民法院管辖。”本题中，被告人甲和被害人乙都是中国公民，公海属于中华人民共和国领域外，因此被告人甲的中国入境地法院、入境后居所地法院、被害人乙的离境前居住地法院都有管辖权。因此 B、C、D 项正确，A 项错误。

3.**【参考答案】** ABCD

【解析】 A、D 项考查被取保候审人违反义务的处理。《公安部规定》第 96 条第 1 款规定：“被取保候审人在取保候审期间违反本规定第八十九条、第九十条规定，已交纳保证金的，公安机关应当根据其违反规定的情节，决定没收部分或者全部保证金，并且区别情形，责令其具结悔过、重新交纳保证金、提出保证人，变更强制措施或者给予治安管理处罚；需要予以逮捕的，可以对其先行拘留。”本题中，针对张某的情形，公安机关可以决定没收部分或者全部的保证金。因此，D 项正确。并且在本题中，公安机关对张某重新采取取保候审，有权根据其情形，责令其提出保证人。因此，A 项正确。

B 项考查取保候审期间的计算问题。《公安部规定》第 107 条第 2 款规定：“取保候审最长不得超过十二个月。”本题中，两次对张某决定取保候审的机关均是公安机关，不存在决定机关变更的问题，故取保候审的期间累计计算。因此，B 项正确。

C 项考查被取保候审人在取保候审期间应遵守的义务。《刑事诉讼法》第 71 条第 2 款规定：“人民法院、人民检察院和公安机关可以根据案件情况，责令被取保候审的犯罪嫌疑人、被告人遵守以下一项或者多项规定:(一)不得进入特定的场所;(二)不得与特定的人员会见或者通信;(三)不得从事特定的活动;(四)将护照等出入境证件、驾驶证件交执行机关保存。”本题中,公安机关针对张某的情况决定对其重新取保候审,可以要求其在取保候审期间上交驾驶证。因此,C项正确。

4.**【参考答案】** AC

【解析】 A项考查检察院的羁押必要性审查。《刑事诉讼法》第95条规定:“犯罪嫌疑人、被告人被逮捕后,人民检察院仍应当对羁押的必要性进行审查。对不需要继续羁押的,应当建议予以释放或者变更强制措施。有关机关应当在十日以内将处理情况通知人民检察院。”检察机关有权对侦查和审判阶段的羁押必要性进行审查,本题中,检察院在审判阶段进行羁押必要性审查之后,可以建议法院对何某取保候审。因此,A项正确。

B项考查适用速裁程序的条件。《刑事诉讼法》第223条规定:“有下列情形之一的,不适用速裁程序:(一)被告人是盲、聋、哑人,或者是尚未完全丧失辨认或者控制自己行为能力的精神病人的;(二)被告人是未成年人的;(三)案件有重大社会影响的;(四)共同犯罪案件中部分被告人对指控的犯罪事实、罪名、量刑建议或者适用速裁程序有异议的;(五)被告人与被害人或者其法定代理人没有就附带民事诉讼赔偿等事项达成调解或者和解协议的;(六)其他不宜适用速裁程序审理的。”本题中,17周岁的被告人何某是未成年人,不能适用速裁程序。因此,B项错误。

C项考查适用未成年人案件审判组织审理的情形。《刑诉解释》第550条第3款规定:“共同犯罪案件有未成年被告人的或者其他涉及未成年人的刑事案件,是否由未成年人案件审判组织审理,由院长根据实际情况决定。”本题中,虽未明确未成年人何某在共同犯罪中所起的作用,但是院长可以根据情况决定本案是否由未成年人案件审判组织予以审理。因此,C项正确。

D项考查鉴定意见不得作为定案根据的情形。《刑事诉讼法》第192条第3款规定:“公诉人、当事人或者辩护人、诉讼代理人对鉴定意见有异议,人民法院认为鉴定人有必要出庭的,鉴定人应当出庭作证。经人民法院通知,鉴定人拒不出庭作证的,鉴定意见不得作为定案的根据。”本题中,并未提及“对张某作出的鉴定意见有异议”“人民法院认为张某有必要出庭的”,故张某不一定要出庭作证,即鉴定人张某在开庭之前病逝,鉴定意见依然可能作为定案的根据。因此,D项错误。

5.**【参考答案】** AB

【解析】 A项考查讯问犯罪嫌疑人的地点。《刑事诉讼法》第119条第1款规定:“对不需要逮捕、拘留的犯罪嫌疑人,可以传唤到犯罪嫌疑人所在市、县内的指定地点或者到他的住处进行讯问,但是应当出示人民检察院或者公安机关的证明文件。对在现场发现的犯罪嫌疑人,经出示工作证件,可以口头传唤,但应当在讯问笔录中注明。”本题中,卢某是故意伤害案的犯罪嫌疑人,公安机关可以传唤卢某到指定地点核实事实。因此,A项正确。

B项考查对立案材料的处理。《公安部规定》第187条第2款规定:“公安机关决定撤销案件或者对犯罪嫌疑人终止侦查时,原犯罪嫌疑人在押的,应当立即释放,发给释放证明书。原犯罪嫌疑人被逮捕的,应当通知原批准逮捕的人民检察院。对原犯罪嫌疑人采取其他强制措施的,应当立即解除强制措施;需要行政处理的,依法予以处理或者移交有关部门。”本题中,卢某殴打陈某是否构成轻伤是罪与非罪的关键问题,公安机关需要根据鉴定意见决定予以刑事立案或者治安管理处罚,故鉴定意见出来之前,公安机关不能对卢某作治安管理处罚。因此,B项正确。

C项考查犯罪嫌疑人对鉴定意见提出异议的处理。《刑事诉讼法》第148条规定:“侦查机关应当将用作证据的鉴定意见告知犯罪嫌疑人、被害人。如果犯罪嫌疑人、被害人提出申请,可以补充鉴定或者重新鉴定。”《公安部规定》第255条第2款规定:“重新鉴定,应当另行指派或者聘请鉴定人。”本题中,卢某对鉴定意见提出异议,可以向公安机关申请重新鉴定,但是不能申请原鉴定人进行。因此,C项错误。

D项考查诉讼代理人的委托人。《刑事诉讼法》第108条规定:“本法下列用语的含意是:……(五)‘诉讼代理人’是指公诉案件的被害人及其法定代理人或者近亲属、自诉案件的自诉人及其法定代理人委托代为参加诉讼的人和附带民事诉讼的当事人及其法定代理人委托代为参加诉讼的人……”本题中,卢某是犯罪嫌疑人,不是被害人,不能委托诉讼代理人,可以委托辩护人。因此,D项错误。

6.**【参考答案】** BD

【解析】 A项考查上级检察院对下级检察院不起诉决定的制约。《高检规则》第389条规定:

"最高人民检察院对地方各级人民检察院的起诉、不起诉决定,上级人民检察院对下级人民检察院的起诉、不起诉决定,发现确有错误的,应当予以撤销或者指令下级人民检察院纠正。"本题中,B市人民检察院认为赵某的防卫行为没有超过必要限度,即认为赵某的行为不构成犯罪,没有犯罪事实,属于法定不起诉的情形,应当作出不起诉的决定。因此,B市人民检察院作为C区人民检察院的上级检察院,认为C区人民检察院作出的酌定不起诉决定不当的,要么直接撤销C区人民检察院的不起诉决定,要么指令其予以纠正,而不是指令C区人民检察院予以撤销。因此,A项错误。

B项考查人民检察院系统内部上下级之间的关系。人民检察院系统内部上下级之间是领导与被领导的关系。最高人民检察院领导地方各级人民检察院和专门人民检察院的工作,上级人民检察院领导下级人民检察院的工作,因此,上级人民检察院有权就具体案件如何处理向下级人民检察院发布具有约束力的批示和命令,下级人民检察院应当执行。故A省人民检察院可以直接指令B市人民检察院对本案不起诉决定是否正确进行审查。因此,B项正确。

C项考查被不起诉人对酌定不起诉决定的救济。《高检规则》第385条第1款规定:"对于人民检察院依照刑事诉讼法第一百七十七条第二款规定作出的不起诉决定,被不起诉人不服,在收到不起诉决定书后七日以内提出申诉的,应当由作出决定的人民检察院负责捕诉的部门进行复查;被不起诉人在收到不起诉决定书七日以后提出申诉的,由负责控告申诉检察的部门进行审查……"本题中,被不起诉人赵某对不起诉决定提出申诉的,应当向作出不起诉决定的C区人民检察院立案复查,而不是B市人民检察院。因此,C项错误。

D项考查公诉转自诉。《高检规则》第377条规定:"不起诉决定书应当送达被害人或者其近亲属及其诉讼代理人、被不起诉人及其辩护人以及被不起诉人所在单位。送达时,应当告知被害人或者其近亲属及其诉讼代理人,如果对不起诉决定不服,可以自收到不起诉决定书后七日以内向上一级人民检察院申诉;也可以不经申诉,直接向人民法院起诉……"本题中,李某是被害人,检察机关在送达不起诉决定书时,应当告知对不起诉决定不服的,有权不经申诉,直接向人民法院起诉。因此,D项正确。

7.**【参考答案】** ABC

【解析】 A项考查辩护人不出庭的情形。《刑诉解释》第225条第2款规定:"辩护人经通知未到庭,被告人同意的,人民法院可以开庭审理,但被告人属于应当提供法律援助情形的除外。"本题中并未说明陈某属于应当提供法律援助的情形,应按照一般情形处理。辩护人孙某经通知未到庭,征得陈某同意后,人民法院可以开庭审理。因此,A项正确。

B项考查审判期间补充侦查的规定。《刑诉解释》第277条第2款规定:"审判期间,被告人提出新的立功线索的,人民法院可以建议人民检察院补充侦查。"B项中,陈某在最后陈述的时候提出新的立功线索,合议庭可以建议公诉人补充侦查。因此,B项正确。

C项考查对取证行为合法性的证明。《刑诉解释》第135条第3款规定:"公诉人提交的取证过程合法的说明材料,应当经有关调查人员、侦查人员签名,并加盖单位印章。未经签名或者盖章的,不得作为证据使用。上述说明材料不能单独作为证明取证过程合法的根据。"C项中,公诉人提交的书面说明包括了侦查人员的签名并加盖了公章,可以作为证据使用。因此,C项正确。

D项考查审判组织。《刑事诉讼法》第183条第1款规定:"基层人民法院、中级人民法院审判第一审案件,应当由审判员三人或者由审判员和人民陪审员共三人或者七人组成合议庭进行,但是基层人民法院适用简易程序、速裁程序的案件可以由审判员一人独任审判。"《人民陪审员法》第16条规定:"人民法院审判下列第一审案件,由人民陪审员和法官组成七人合议庭进行:(一)可能判处十年以上有期徒刑、无期徒刑、死刑,社会影响重大的刑事案件;(二)根据民事诉讼法、行政诉讼法提起的公益诉讼案件;(三)涉及征地拆迁、生态环境保护、食品药品安全,社会影响重大的案件;(四)其他社会影响重大的案件。"陈某涉嫌收受巨额贿赂,社会影响重大,应当由人民陪审员和法官组成7人合议庭进行审判。因此,D项错误。

8.**【参考答案】** AB

【解析】 A项考查对第二审案件的审判方式。《刑事诉讼法》第234条第1款规定:"第二审人民法院对于下列案件,应当组成合议庭,开庭审理:(一)被告人、自诉人及其法定代理人对第一审认定的事实、证据提出异议,可能影响定罪量刑的上诉案件;(二)被告人被判处死刑的上诉案件;(三)人民检察院抗诉的案件;(四)其他应当开庭审理的案件。"本题中,杨某认为B区人民法院应当作出无罪判决,不应作出准许撤回起诉的裁定,是对第一审程序认定的事实、证据提出异议,故属于二审程序应当开庭审理的情形。因此,A 项正确。

B 项考查终审裁定的条件。《刑事诉讼法》第 10 条规定:“人民法院审判案件,实行两审终审制。”所谓两审终审制,是指一个案件经过相邻的两级人民法院审判,普通审判程序即告终结的制度,对于第二审人民法院作出的终审判决、裁定,当事人不得再提出上诉,人民检察院不得按照上诉审程序提出抗诉。本题中,A 市中级人民法院作为二审法院,为裁定撤销 B 区人民法院裁定而作出的裁定,具有终局性,是终审裁定。因此,B 项正确。

C 项考查二审裁判的类型。《刑事诉讼法》第 236 条第 1 款规定:“第二审人民法院对不服第一审判决的上诉、抗诉案件,经过审理后,应当按照下列情形分别处理:(一)原判决认定事实和适用法律正确、量刑适当的,应当裁定驳回上诉或者抗诉,维持原判;(二)原判决认定事实没有错误,但适用法律有错误,或者量刑不当的,应当改判;(三)原判决事实不清楚或者证据不足的,可以在查清事实后改判;也可以裁定撤销原判,发回原审人民法院重新审判。”在本题中,A 市中级人民法院除了作出有罪判决和无罪判决之外,还可以作出驳回上诉或者抗诉的裁定以及撤销原判、发回重审的裁定。因此,C 项错误。

D 项考查上诉人上诉的理由。上诉权是被告人享有的一项诉讼权利,因此我国《刑事诉讼法》对于提出上诉的理由没有规定任何的限制,上诉人在法定期限内提出上诉,不论理由是否充分,均应允许。在本题中,A 市中级人民法院不能以杨某无权就准予撤回起诉的裁定提出上诉为由,直接驳回。因此,D 项错误。

9.【参考答案】 ABCD

【解析】 本题主要考查《社区矫正法》,该法自 2020 年 7 月 1 日起施行。

A 项考查假释的决定机关。《刑诉解释》第 534 条第 1 款规定:“对减刑、假释案件,应当按照下列情形分别处理:(一)对被判处死刑缓期执行的罪犯的减刑,由罪犯服刑地的高级人民法院在收到同级监狱管理机关审核同意的减刑建议书后一个月以内作出裁定;(二)对被判处无期徒刑的罪犯的减刑、假释,由罪犯服刑地的高级人民法院在收到同级监狱管理机关审核同意的减刑、假释建议书后一个月以内作出裁定,案情复杂或者情况特殊的,可以延长一个月;(三)对被判处有期徒刑和被减为有期徒刑的罪犯的减刑、假释,由罪犯服刑地的中级人民法院在收到执行机关提出的减刑、假释建议书后一个月以内作出裁定,案情复杂或者情况特殊的,可以延长一个月;(四)对被判处管制、拘役的罪犯的减刑,由罪犯服刑地的中级人民法院在收到同级执行机关审核同意的减刑建议书后一个月以内作出裁定。”本题中,罪犯因故意伤害被判处有期徒刑 5 年,因此由其服刑地的中级人民法院作出假释裁定。A 项正确。

B 项考查撤销假释后的处理。《社区矫正法》第 47 条第 1 款规定:“被提请撤销缓刑、假释的社区矫正对象可能逃跑或者可能发生社会危险的,社区矫正机构可以在提出撤销缓刑、假释建议的同时,提请人民法院决定对其予以逮捕。”本题中,社区矫正机构可以申请检察院对其逮捕。因此,B 项正确。

C 项考查对假释对象的监督管理措施。《社区矫正法》第 29 条第 1 款规定:“社区矫正对象有下列情形之一的,经县级司法行政部门负责人批准,可以使用电子定位装置,加强监督管理:(一)违反人民法院禁止令的;(二)无正当理由,未经批准离开所居住的市、县的;(三)拒不按照规定报告自己的活动情况,被给予警告的;(四)违反监督管理规定,被给予治安管理处罚的;(五)拟提请撤销缓刑、假释或者暂予监外执行收监执行的。”本题中,若经过县级司法行政机关负责人批准,县级司法行政机关可对其进行电子定位。因此,C 项正确。

D 项考查对假释对象的接收。《社区矫正法》第 21 条第 1 款规定:“人民法院判处管制、宣告缓刑、裁定假释的社区矫正对象,应当自判决、裁定生效之日起十日内到执行地社区矫正机构报到。”本题中,该罪犯被裁定假释后应当自行前往社区矫正机构报到。因此,D 项正确。

三、不定项选择题

1.【参考答案】 BD

【解析】 最高人民法院、最高人民检察院、中国海警局《关于海上刑事案件管辖等有关问题的通知》第 1 条规定:“……(四)外国人在中华人民共和国领海以外的海域对中华人民共和国国家或者公民犯罪,根据《中华人民共和国刑法》应当受到处罚的,由该外国人登陆地、入境地、入境后居住地的人民法院管辖,也可以由被害人离境前居住地或者现居住地的人民法院管辖……”第 2 条第 1 款规定,“海上发生的刑事案件的立案侦查,由海警机构根据本通知第一条规定的管辖原则进行”。本题中,曹某入境地海警局和罗某生前居住地法院有权管辖。因此,B、D 项正确,C 项错误。

A 项考查对重大、疑难、复杂案件的提前介入。《关于海上刑事案件管辖等有关问题的通知》第 6 条第 3 款规定:“海警机构办理重大、疑难、复杂的刑事案件,可以商请人民检察院介入侦查活动,并听取人民检察院的意见和建议。人民检察院认为确有必要时,可以派员介入海警机构的侦查活动,对收集证据、适用法律提出意见,监督侦查活动是否合法,海警机构应当予以配合。”提前介入的主体是人民检察院,而非公安机关。因此,A 项错误。

2.【参考答案】 C

【解析】《刑事诉讼法》第 101 条第 1 款规定,被害人由于被告人的犯罪行为而遭受物质损失的,在刑事诉讼过程中,有权提起附带民事诉讼。附带民事诉讼,是指公安司法机关在刑事诉讼过程中,在解决被告人刑事责任的同时,附带解决被告人的犯罪行为所造成的物质损失的赔偿问题而进行的诉讼活动。

A 项考查证人与被害人的区别。被害人是当事人的一种,是指其人身、财产或者其他权益遭受犯罪行为侵害的人。证人是指除当事人以外的了解案件情况并向专门机关作出陈述的人。本题中,小马是受到犯罪行为侵害的被害人,不是证人。因此,A 项错误。

B 项考查强制出庭作证的例外情形。《刑事诉讼法》第 193 条第 1 款规定:“经人民法院通知,证人没有正当理由不出庭作证的,人民法院可以强制其到庭,但是被告人的配偶、父母、子女除外。”本题中,小王是王某之子,如果他不愿意出庭作证,法院不能强制其到庭。因此,B 项错误。

C 项考查附带民事诉讼的赔偿范围。《刑诉解释》第 192 条第 2 款规定:“犯罪行为造成被害人人身损害的,应当赔偿医疗费、护理费、交通费等为治疗和康复支付的合理费用,以及因误工减少的收入。造成被害人残疾的,还应当赔偿残疾生活辅助器具费等费用;造成被害人死亡的,还应当赔偿丧葬费等费用。”本题中,王某的犯罪行为导致小马重伤,小马可以通过提起附带民事诉讼要求王某支付医疗费、护理费等治疗康复费用。因此,C 项正确。

D 项考查提起附带民事诉讼的目的。附带民事诉讼是在追究行为人刑事责任的同时,附带追究行为人的损害赔偿责任。附带民事诉讼解决的是被害人的物质损失,本题中,撤销王某的监护人资格,属于人身资格范畴,法院不能通过附带民事诉讼一并解决,需要被害人单独提起民事诉讼。因此,D 项错误。

2019 年客观题试题

一、单项选择题

1. 控诉、辩护和审判是刑事诉讼活动的三大诉讼职能,下列选项中关于诉讼职能的表述,正确的是:(　　)

A. 被害人在公诉和自诉案件中都承担着控诉的职能

B. 检察院适用非法证据排除规则排除了侦查机关通过刑讯逼供方式获取的证据属于行使控诉职能

C. 证人出庭作证陈述了对被告人有利的证言属于行使辩护职能

D. 检察院提出对被告人有利的量刑证据属于行使控诉职能

2. 检察院侦查一起司法工作人员孙某的非法搜查罪过程中,发现其还触犯了贪污罪和暴力取证罪,关于本案的管辖,下列说法错误的是:(　　)

A. 贪污罪应当由监察委员会调查

B. 暴力取证罪可由检察院立案侦查

C. 经检察院和监察委员会协商,认为由检察院侦查更为合适的,可全案由检察院立案侦查

D. 本案一般应当由监察委员会为主调查

3. 甲居住在 A 市,在家中通过网络散布 B 市某地铁站将发生恐怖袭击的不实信息,引起 B 市民众巨大恐慌。B 市公安机关对甲立案侦查,甲聘请了辩护律师乙。案件随后由检察院向法院提起公诉。下列表述错误的是:(　　)

A. 本案可由 A 市公安机关立案侦查

B. 本案可由 B 市公安机关立案侦查

C. 若本案由 B 市公安机关立案侦查,B 市公安机关可以请求 A 市公安机关协助取证

D. 若本案由 B 市公安机关立案侦查,B 市公安机关请求 A 市公安机关协助取证,A 市公安机关应当协助取证

4. 沈某为 A 省 B 市 C 区人民法院副院长,后调任 B 市中级人民法院任 B 市中级人民法院审判委员会专职委员。沈某因故意伤害邻居杨某被 C 区公安机关立案侦查,后由 C 区人民检察院向 C 区人民法院提起公诉,下列表述正确的是:(　　)

A. 沈某应当在 C 区人民法院受审

B. 沈某可以申请C区人民法院所有法官回避

C. C区人民法院和B市中级人民法院应将案件层报A省高级人民法院指定管辖

D. B市中级人民法院应指定C区人民法院以外的法院管辖

5. 甲涉嫌贩毒被A省B市公安局立案侦查，律师乙接受委托担任甲的辩护人。侦查过程中，公安机关发现乙也可能涉嫌犯罪，关于对乙涉嫌犯罪的立案侦查，正确的是：(　　)

A. 如乙涉嫌在B市D区逃税，可由B市公安局下辖D区公安分局立案侦查

B. 如乙涉嫌协助甲转移赃款，可由B市公安局立案侦查

C. 如乙涉嫌在B市D区伪造甲案证据，可由B市公安局下辖D区公安分局立案侦查

D. 如乙涉嫌在A省C市向甲案办案人员行贿，可由C市公安局立案侦查

6. 下列关于刑事证据审查判断的说法，正确的是：(　　)

A. 戴某因涉嫌逃税罪在某县人民法院受审，税务稽查部门在查办戴某逃税时制作的证人证言可以直接作为定案根据

B. 赵某因涉嫌盗窃犯罪被某县公安机关立案侦查，侦查人员询问证人吴某时，忘了让吴某在证言笔录上核对签名，待案件进入审判阶段时，侦查人员让吴某在证言笔录上补充签名，该证人证言可以作为定案根据

C. 李某因涉嫌抢夺罪在某县人民法院受审，法官发现侦查人员收集被抢财物时没有制作笔录和清单，无法证明财物来源，遂要求侦查人员对相关证据进行补正或者作出合理解释

D. 韩某因涉嫌破坏计算机信息系统罪在某县人民法院受审，法官发现侦查人员提取的韩某编制的计算机病毒有被篡改的痕迹，遂将该电子数据依法排除

7. 甲酒后驾车被某县交警拦截盘查，经过检测，甲每百毫升血液中酒精含量为120毫克，属于醉酒驾车。面对交警的盘问，甲承认喝了半瓶白酒。3日后，交警将甲移送某县公安局刑警大队以危险驾驶罪立案侦查，甲拒不认罪，侦查人员对甲进行了殴打，甲对犯罪事实供认不讳。案件随后由某县人民检察院向某县人民法院提起公诉，甲的妻子认为，侦查人员存在刑讯逼供行为，向法院提起附带民事诉讼要求赔偿物质损失。下列表述正确的是：(　　)

A. 甲的妻子有权提起附带民事诉讼

B. 某县人民法院对甲的妻子的附带民事诉讼请求裁定不予受理

C. 公诉人提出甲对交警认罪的讯问笔录，可以直接作为本案的定案根据

D. 若某县人民检察院发现侦查人员确实存在刑讯逼供行为且符合立案标准，有权立案侦查

8. 黄某涉嫌贩毒，而且居无定所，经常流窜作案。一次黄某在A区某宾馆进行毒品交易时，被宾馆服务员小花看见，小花偷偷用手机拍下黄某长相后向公安机关报案，下列表述正确的是：(　　)

A. 公安机关在初查时，经过公安局局长批准，可以采取技术侦查措施

B. 公安机关在初查时，可以对黄某实施监听

C. 公安机关在初查时，可以对宾馆地形进行勘验

D. 公安机关在初查时，可以扣押小花的手机，提取其中的黄某照片

9. 下列关于技术侦查的表述，正确的是：(　　)

A. 检察院可以对利用职权实施的严重侵犯公民人身权利的重大犯罪案件实施技术侦查

B. 为了追捕被通缉或者批准逮捕的在逃的犯罪嫌疑人，经过批准，公安机关可以采取追捕所必需的技术侦查措施

C. 公安机关只能对危害国家安全犯罪、恐怖活动犯罪、黑社会性质的组织犯罪、重大毒品犯罪实施技术侦查

D. 侦查人员对采取技术侦查措施获取的与案件无关的材料，应当保密

10. 张三系退伍军人，因涉嫌抢劫、杀人被某市公安机关立案侦查，张三没有委托辩护人。某市公安局认为，张三可能被判处死刑，便通知法律援助机构为张三提供法律援助。案件随后由某市人民检察院向某市中级人民法院提起公诉。下列表述正确的是：(　　)

A. 某市退役军人事务局的公职律师李四，接受法律援助中心的指派可以为张三提供法律援助

B. 在侦查阶段，李四提出了口头辩护意见，侦查机关要求李四必须出具书面辩护意见

C. 庭审中，李四因违反法庭纪律被法警强制带出法庭，法庭应当决定延期审理

D. 庭审中，李四因违反法庭纪律被法警强制带出法庭，法庭应当为张三重新提供法律援助

11. 李某因涉嫌投放危险物质罪被某市人民检

察院向某市中级人民法院提起公诉,法院在开庭审理前召开了庭前会议,李某申请法庭排除其供述。三天后,某市中级人民法院公开开庭审理本案。在法庭调查阶段,请对以下程序进行排序:①公诉人讯问李某;②公诉人宣读起诉书;③李某辨认公诉人提出的毒药并进行质证;④被告人申请证人出庭作证;⑤审判长应当询问被告人对起诉书指控的犯罪事实和罪名有无异议。(　　)

A. ②①⑤③④　　B. ②⑤①③④

C. ⑤②①④③　　D. ②⑤①④③

12. 下列关于刑事第一审程序的表述,正确的是:(　　)

A. 审判长对于公诉人向被告人的不当讯问,可以制止

B. 审判长应当保持中立,对于公诉人向被告人的讯问,不应当打断

C. 若公诉人与法官对案件认定的罪名存在争议,可以召开庭前会议讨论并确定罪名

D. 法院对于严重扰乱法庭秩序的人,若认为其可能构成犯罪,可以先行拘留

二、多项选择题

1. 下列关于刑事诉讼中值班律师职责的表述,正确的有:(　　)

A. 值班律师是法律援助的新发展,值班律师与辩护律师的权利义务一致

B. 值班律师有权提出量刑意见

C. 值班律师属于刑事诉讼主体

D. 值班律师有权对犯罪嫌疑人、被告人提出程序适用建议

2. 下列关于值班律师的表述,正确的有:(　　)

A. 被害人有权申请值班律师为其提供法律帮助

B. 在审判阶段,值班律师可以出庭进行辩论

C. 值班律师提供程序选择建议主要是针对犯罪嫌疑人认罪认罚、适用速裁程序等方面

D. 在认罪认罚案件中,值班律师可以对检察院提出的量刑建议提出意见

3. 甲因涉嫌组织、领导黑社会性质组织罪被某县公安机关立案侦查并被拘留羁押于某县看守所。在刑事拘留期间,甲受到侦查人员的刑讯逼供,申请排除非法证据,下列表述正确的有:(　　)

A. 在拘留期间,甲只能向某县公安机关申请排除非法证据

B. 甲只能说清遭受殴打的时间,但无法说清侦查人员的姓名,甲属于提供了相关的线索

C. 甲被殴打后作出了有罪供述,甲有权申请排除因遭受殴打出于恐惧作出的与该有罪供述相同的后续供述

D. 甲在审判阶段申请排除非法证据,法庭对此展开调查,若检察院不能证明取证合法性,则应当排除相关证据

4. 下列关于刑事证明责任分配理论的表述,正确的有:(　　)

A. 检察院指控被告人犯强奸罪,辩护人发现案发时被告人在外地的证据,应当向法庭承担被告人不在犯罪现场的证明责任

B. 被告人申请法庭排除自己的供述,声称遭受刑讯逼供并向法庭提供了被打掉牙的X光片,检察院应当向法庭承担侦查机关没有对被告人实施刑讯逼供的证明责任

C. 被告人申请法庭排除自己的供述,声称在羁押期间,侦查人员将自己带出看守所进行讯问并实施了刑讯逼供,被告人应当向法庭承担自己遭受刑讯逼供的证明责任

D. 自诉人向法院起诉被告人犯侵占罪,被告人提出被侵占的财产归自己所有,被告人应当向法庭承担财产归自己所有的证明责任

5. 下列在刑事诉讼活动中需要承担证明责任的主体有:(　　)

A. 公诉人

B. 自诉人

C. 自诉案件中提起反诉的被告人

D. 附带民事诉讼原告人

6. 下列关于强制措施的性质,表述正确的有:(　　)

A. 对证据不足的犯罪嫌疑人不予逮捕,体现了强制措施的法定性原则

B. 对在住处监视居住的犯罪嫌疑人,发现可能妨碍侦查而采取指定居所监视居住,体现了比例原则

C. 侦查阶段认为被逮捕的犯罪嫌疑人社会危险性降低,决定释放犯罪嫌疑人体现了变更性原则

D. 检察院为了更方便讯问犯罪嫌疑人而批准逮捕违反了必要性原则

7. 严某以零食夹藏毒品的方式将100克甲基苯丙胺自A区邮寄至李某在B区的住所。由李某卖给吸食人宋某,交易中宋某与李某被公安机关抓捕。关于本案的侦查,正确的有:(　　)

A. B区公安机关赴A区抓捕严某时应当通知

A 区公安机关协助抓捕严某

B. B 区公安机关在没有取得拘留证的情况下对李某先行拘留,2 日后书面通知其家属

C. B 区公安机关对李某的住处进行查封

D. 即使李某有固定住处,B 区公安机关仍然可以对李某适用指定居所监视居住措施

三、不定项选择题

1. 效率是刑事诉讼的基本理念之一,下列表述体现效率的有:(　　)

A. 对于未成年人,适用附条件不起诉

B. 对于交通肇事的行为,适用不逮捕而直接起诉

C. 对于一起涉黑案件,为了保证证人安全,法庭在庭前核实了证人身份,在庭审中说明了这一情况

D. 第一审宣判前,法庭发现案件量刑部分争议太大,在宣判之前重新开庭就量刑部分组织辩论

2. 1996 年,孙某、赵某、钱某三人在某市 A 区故意伤害李某,致李某死亡,A 区公安机关立案侦查,1998 年 2 月和 12 月赵某和钱某分别到案,后因证据不足,公安机关释放了赵某和钱某,二人一直在 A 区务工。2018 年 7 月孙某因在某市 B 区抢劫被捕,后被判处无期徒刑并在某市 B 区服刑,服刑期间发现其和赵某、钱某在 1996 年的共同伤害案,经过侦查,检察院对赵某、钱某、孙某审查起诉,以下选项不正确的是:(　　)

A. 对赵某应当法定不起诉

B. 对钱某应当法定不起诉

C. 孙某只能由服刑地法院审判

D. 若孙某数罪并罚可能被判处死刑,应将孙某单独移送到某市中级人民法院审理

3. 王某、李某因聚众斗殴被某县公安机关立案侦查并被逮捕羁押于某县看守所,后移送某县人民检察院审查起诉。王某、李某没有委托辩护人,法律援助机构也没有为他们指派律师,某县看守所告知王某、李某有权约见值班律师。下列选项正确的是:(　　)

A. 同一名值班律师为王某提供法律帮助后,不可以再为李某提供法律帮助

B. 在审查起诉阶段,王某在值班律师在场的情况下签署认罪认罚具结书,值班律师要求阅卷的,检察院应当允许

C. 在审判阶段,如果王某委托了辩护律师,王某之前在值班律师在场的情况下签署的认罪认罚具结书归于无效

D. 值班律师可以帮王某申请取保候审

2019 年客观题试题参考答案及解析

一、单项选择题

1.【参考答案】　D

【解析】　A 项,我国公诉案件中承担控诉职能的主体是检察院,自诉案件中承担控诉职能的主体是自诉人。被害人是公诉案件中的主体,被犯罪行为直接侵害的人在自诉案件中称为自诉人,不叫被害人。是故,被害人仅在公诉案件中承担辅助性的控诉职能,在自诉案件中不存在被害人,自然不存在被害人行使控诉职能。A 错误。

B 项,检察院是国家法律监督机关,检察院排除非法证据系程序监督而非指控犯罪嫌疑人有罪。一旦非法证据被排除,有可能导致案件事实不清、证据不足,进而无法对犯罪嫌疑人、被告人定罪。因此,检察院排除非法证据不是控诉职能的体现,B 错误。

C 项,证人是当事人以外的了解案件情况的人,证人的功能是向公安司法人员就自己了解的案件情况进行客观陈述,证人不具备控诉、辩护或者审判功能,C 错误。

D 项,在公诉案件中,检察院代表国家行使公诉权,追究犯罪嫌疑人、被告人的刑事责任,秉持客观、公正义务,履行控诉职能。虽然,检察院有时会提出对被告人有利的量刑证据或者建议法院对被告人从轻处罚,但这也是在追究被告人的刑事责任,仍在指控被告人有罪,属于控诉职能的体现。检察院是不可能履行辩护职能的,辩护职能属于犯罪嫌疑人、被告人及其辩护人,D 正确。

综上所述,本题答案为 D。

2.【参考答案】　C

【解析】　首先,监察委员会对于国家工作人员的贪污、贿赂犯罪等案件立案调查,故而孙某利用职权实施的贪污罪应当由监察委员会管辖,A 正确。

其次,暴力取证罪是指司法工作人员使用暴力逼取证人证言的犯罪,可以由检察院立案侦查,B 正确。

最后,检察院侦查案件时发现有需要监察委员会管辖的案件时,一般以监察委员会为主调查,检察院提供配合。具体来说,检察院应当先与监察委员会沟通。沟通的结果有两种:全案由监察委员会管辖,或者由监察委员会和检察院分别管辖。但

是,不可以全案由检察院管辖。显然,C 项说可全案由检察院立案侦查是错误的,D 项说一般应当由监察委员会为主调查是正确的。

综上所述,本题答案为 C。

3.【参考答案】 D

【解析】 A、B 项,甲利用网络散布恐怖信息,属于利用网络实施犯罪,应当由犯罪地公安机关立案侦查。必要时,可以由犯罪嫌疑人居住地公安机关立案侦查。其中,犯罪地可以包括用于实施犯罪行为的网络服务使用的服务器所在地,网络服务提供者所在地,被侵害的信息网络系统及其管理者所在地,犯罪过程中被告人、被害人使用的信息网络系统所在地,以及被害人被侵害时所在地和被害人财产遭受损失地等。

本案中,甲在 A 市家中通过网络散布 B 市某地铁站将发生恐怖袭击的不实信息,A 市属于犯罪地,也属于居住地,A 市公安机关可以立案侦查。此外,B 市民众系通过电脑或者手机等终端了解信息、遭受侵害,B 市属于"被害人被侵害时所在地",B 市也属于犯罪地,B 市公安机关可以立案侦查。是故,A、B 项正确。

C、D 项,异地公安机关请求协助调查取证或者查询犯罪信息、资料的,如果法律手续完备,协作地公安机关应当及时协查并反馈。本案中,B 市公安机关可以请求 A 市公安机关协助调查取证,但需要具备完整的法律手续,若没有相关法律手续,A 市公安机关还不能提供协助。可见,C 项正确,D 项错误。

综上所述,本题答案为 D。

4.【参考答案】 C

【解析】 A 项,沈某原系 C 区人民法院副院长,后调任 B 市中级人民法院任审委会专职委员。可见沈某身居领导岗位,存在影响案件公正处理的可能,显然不适宜在 C 区人民法院受审,A 项错误。

B 项,我国没有整体回避制度,当事人可以申请认为与案件存在利害关系的某一具体法官回避,但不能申请法院全体人员回避,B 项错误。

C 项,沈某曾在 C 区人民法院和 B 市中级人民法院分别任领导职务,显然由 C 区人民法院与 B 市中级人民法院(有可能成为本案的二审法院)审理均不合适。本案应当在 B 市以外的法院审理才合适,能够跨市指定管辖的唯有 A 省高级人民法院了,是故,C 区人民法院和 B 市中级人民法院应将案件层报 A 省高级人民法院指定管辖,C 项正确。

D 项,沈某曾在 B 市中级人民法院任领导职务,B 市中级人民法院不宜管辖。若案件由 B 市中级人民法院指定 C 区人民法院以外的法院管辖,则案件仍然没有脱离 B 市,若其他区县人民法院作出一审判决后,沈某上诉或者检察院抗诉引起二审,仍然会由 B 市中级人民法院进行二审,显然可能影响司法公正。是故,本案不能由 B 市中级人民法院指定管辖,D 项错误。

综上所述,本题答案为 C。

5.【参考答案】 A

【解析】 A 项,甲涉嫌贩毒被 A 省 B 市公安局立案侦查,乙是甲的辩护律师。此时,B 市公安机关的目的是侦办甲的犯罪行为,乙的目的是保护甲的合法权益,换言之,B 市公安机关和乙处于"对抗"状态。此时乙实施干扰诉讼活动行为需要追究刑事责任,若由 B 市公安机关及其下辖公安机关立案侦查,有对乙打击报复的嫌疑。因此,B 市公安机关应当报请上一级公安机关,由上一级公安机关指定其他公安机关立案侦查,或者由上一级公安机关直接立案侦查。需要注意的是,B 市公安机关及其下辖公安机关不能立案侦查的前提是乙实施的是"干扰诉讼活动行为"需要被追究刑事责任。而 A 项中,乙涉嫌逃税,这与甲案没有任何关联,不属于干扰诉讼活动的行为,因此犯罪地 D 区公安机关有权立案侦查,A 正确。

B 项,如乙协助甲转移赃款,属于"干扰诉讼活动行为"需要被追究刑事责任,B 市公安机关及其下辖公安机关均无管辖权,B 错误。

C 项,如乙涉嫌在 B 市 D 区伪造甲案证据,属于"干扰诉讼活动行为"需要被追究刑事责任,B 市公安机关及其下辖公安机关均无管辖权,故而 D 区公安机关无权立案侦查,C 错误。

D 项,如乙涉嫌在 A 省 C 市向甲案办案人员行贿,乙涉嫌行贿罪,根据《监察法》的相关规定,行贿罪应当由监察委员会立案调查,故而乙应当由 C 市或者 C 市下辖的监察机关管辖,而不应当由公安机关立案侦查。D 错误。

综上所述,本题答案为 A。

6.【参考答案】 D

【解析】 A 项,行政机关收集的实物证据在刑事诉讼活动中可以直接作为证据使用,但收集的言词证据,譬如证人证言、被害人陈述、供述等,在刑事诉讼活动中一般需要侦查人员重新收集、固定。本题中,税务稽查部门属于行政执法单位,收集的证言不能在刑事诉讼活动中直接作为证据使用,在没有经过查证属实之前更不能直接作为定案根据,

A 错误。

B 项，证人没有在证言笔录上签名，相当于没有对证言进行核对，该证言笔录不得作为定案根据。此时，证据已经排除，不存在再进行补正或者解释的可能。本题中，侦查人员询问证人吴某时，忘了让吴某在证言笔录上核对签名，该证言不得作为定案根据，侦查人员在审判阶段让吴某在证言笔录上补充签名无法恢复该证言的证据能力，B 错误。

C 项，物证、书证的收集，如果缺失笔录或者清单，无法查清来源，不得作为定案根据。本题中，法官发现侦查人员收集被抢财物时没有制作笔录和清单，无法证明财物来源，该财物应当被依法排除，不能允许重新进行补正或者解释。是故，C 错误。

D 项，对于电子数据，需要保持完整性、真实性，因此，只要电子数据出现被篡改、修改、新增、删除等改变，不能证明其真实性的，应当依法排除。简言之，“一改就死”。本题中，侦查人员提取的韩某编制的计算机病毒有被篡改的痕迹，如此必然影响电子数据真实性，法官依法排除该证据是合法的，D 正确。

综上所述，本题答案为 D。

7.**【参考答案】** B

【解析】 A 项，甲遭受了刑讯逼供，但题目中没有介绍甲是否已经死亡或者丧失行为能力，此时甲的妻子作为甲的近亲属，还不能直接代甲提起附带民事诉讼，故而 A 错误。

B 项，附带民事诉讼可以申请赔偿物质损失，但如果是国家机关工作人员利用职权，对犯罪嫌疑人、被告人实施了刑讯逼供，因此造成的物质损失只能通过申请国家赔偿的方式得到弥补，不允许提起附带民事诉讼。因此，甲的妻子提起附带民事诉讼，某县人民法院裁定不予受理是合法的，B 正确。

C 项，公诉人向法庭出示的是交警制作的讯问笔录，属于行政证据，不能直接在刑事审判中作为证据使用，更谈不上直接成为定案根据。甲被移送某县公安局刑警大队后，侦查人员对甲进行讯问，该讯问笔录只有在刑事审判中才能作为证据使用。是故，C 错误。

D 项，对于司法工作人员（具有侦查、起诉、审判、监管职责）利用职权实施的刑讯逼供、非法拘禁、暴力取证等犯罪，由设区的市级人民检察院立案侦查，县级人民检察院发现犯罪线索的，应当报设区的市级人民检察院决定立案侦查，只有市级人民检察院根据案件情况将案件交办或者指定县级人民检察院立案侦查的，才能由县级人民检察院立案侦查。因此，D 选项错误。

综上所述，本题答案为 B。

8.**【参考答案】** C

【解析】 A 项说初查时可以技术侦查，B 项说初查时可以监听，以及 D 项说初查时可以扣押都是错误的，技侦、监听、扣押均属于强制性措施，初查时不能适用。C 项说初查时可以勘验是正确的，因为勘验属于任意性措施。

综上所述，本题答案为 C。

9.**【参考答案】** B

【解析】 A 项，检察院对于利用职权实施的严重侵犯公民人身权利的重大犯罪案件，若经过严格的批准手续，可以采取技术侦查措施，按照规定交有关机关执行。可见，若没有经过严格的批准手续不能实施技术侦查。此外，检察院只能决定技术侦查，实施应当交由公安机关。因此 A 项说检察院直接实施技术侦查是错误的。

B 项，追捕被通缉或者批准、决定逮捕的在逃的犯罪嫌疑人、被告人，经过批准，可以采取追捕所必需的技术侦查措施，B 正确。

C 项，公安机关在立案后，不仅对于危害国家安全犯罪、恐怖活动犯罪、黑社会性质的组织犯罪、重大毒品犯罪可以采取技术侦查措施，而且对于其他严重危害社会的犯罪案件，一般是可能判处 7 年以上有期徒刑的犯罪案件，也可以采取技术侦查措施。因此，C 错误。

D 项，通过技术侦查手段获取的材料，若涉三密（国家秘密、商业秘密和个人隐私），应当保密。若与案件无关，应当销毁。因此，D 项中侦查人员获取的与案件无关的材料，应当销毁，而非保密，D 错误。

综上所述，本题答案为 B。

10.**【参考答案】** A

【解析】 A 项，刑事诉讼活动中，提供法律援助辩护的应当是具有法律援助义务的律师。公职律师也是律师，当然可以提供法律援助。在我国，公职律师是指具有律师资格，占国家行政或事业编制，为弱势群体提供法律帮助的现职人员。法律援助公职律师既是原单位在编人员又是律师，其行政隶属关系仍在原单位，享受国家行政、事业、社会团体等单位工作人员的待遇。从事法律援助的公职律师不得对社会提供有偿法律服务。本题中，李四系某市退役军人事务局的公职律师，经过法律援助机构指派，可以为张三提供法律援助辩护，A 正确。

B项，一般来说，公、检、法实施的诉讼行为，多需书面形式。而诉讼参与人实施的诉讼行为，既可以是口头形式，也可以是书面形式。在侦查过程中，辩护人提出辩护意见的，可以采用口头形式，如果采用书面形式，侦查机关应当将书面辩护意见附卷移送。侦查机关不能要求辩护人提出辩护意见必须采取口头形式或者书面形式，B错误。

C、D项，在庭审中，若辩护人因违反法庭纪律被强行带出法庭，被告人主张自行辩护的，庭审可以继续进行。但如果被告人系应当法律援助的对象，不能在没有辩护人的情况下继续审理，法庭应当休庭。休庭后有3种可能的情形：其一，对被带出的辩护人进行处罚后，仍由其担任辩护人；其二，由被告人另行委托辩护人；其三，由法律援助机构另行指派法律援助律师。本题中，张三可能被判处死刑，属于应当提供法律援助的对象，李四被强行带出法庭后，法庭应当决定休庭而非延期审理，若李四不再适宜担任辩护人，且张三没有另行委托辩护人的，法律援助机构应当为张三重新提供法律援助，是故，C、D错误。

综上所述，本题答案为A。

11.**【参考答案】** B

【解析】 本题考查公诉案件第一审程序中的法庭调查顺序。该顺序可以总结为3步，法官宣布法庭调查开始后：

第一步，说一说。控辩双方分别陈述各自主张或者意见。

由公诉人宣读起诉书。审判长应当询问被告人对起诉书指控的犯罪事实和罪名有无异议。案件若有附带民事诉讼，需要当事人宣读附带民事起诉状。法官分别听取被害人和被告人对指控犯罪事实的看法。

第二步，问一问。控辩双方分别向被告人发问，以查清案件事实。

公诉人可以就起诉书中指控的犯罪事实向被告人发问。发问后，如果案件中有被害人，被害人可以补充发问。若有附带民事诉讼原告人，其也可以向被告人发问。辩护人一方可以在公诉人、被害人或者附带民事诉讼原告人（控诉一方）发问完毕后向被告人发问。

第三步，看一看。控辩双方向法庭举证，并接受对方质证。

控诉一方可以向法庭举证，包括通知证人、鉴定人出庭作证，或者出示证据。被告人、辩护人可以进行质证。在控诉一方举证后，被告人、辩护人可以提请审判长通知证人、鉴定人出庭作证，或者出示证据。控诉一方可以进行质证。

可见，本题中，法庭调查的顺序应当是：公诉人宣读起诉书——审判长应当询问被告人对起诉书指控的犯罪事实和罪名有无异议——公诉人讯问李某——李某辨认公诉人提出的毒药并进行质证——被告人申请证人出庭作证，即②⑤①③④，选B。

综上所述，本题答案为B。

12.**【参考答案】** A

【解析】 A、B项，在我国的刑事庭审中，由法官组织、指挥庭审，控辩双方应当服从审判长对程序的控制。审判长认为控辩双方的讯问、发问方式不当，有权制止。是故，A正确，B错误。

C项，对案件事实和证据的审查判断应当在正式的庭审中进行，为了防止庭审的迟延，可以在《刑诉解释》第226条规定的法定情形下（多杂大、可召开），在庭审开始前召开庭前会议，由法官听取意见、了解情况，处理一些程序事项，但庭前会议不能审查和处理事实、证据问题。本题中，公诉人与法官对案件认定的罪名存在争议，而罪名的确定需要分析案件事实和证据，法官不可以在庭前会议中讨论该罪名涉及的事实和证据问题，C错误。

D项，法院可以决定逮捕，不能决定刑事拘留。刑事拘留通常是公安机关、检察院的强制手段。本题中，法院对于严重扰乱法庭秩序的人，若认为其构成犯罪需要刑事拘留，应当将案件线索移送公安机关，由公安机关立案侦查并由公安机关决定是否拘留。是故，D错误。当然，实务中如果出现这种情况，法院虽然没有权力对严重扰乱法庭秩序的人先行拘留，但却可以决定并实施司法拘留，也能达到将其控制的目的，若认为其构成犯罪，再将相关线索移送公安机关立案侦查。

综上所述，本题答案为A。

二、多项选择题

1.**【参考答案】** BD

【解析】 设置值班律师的目的是实现刑事辩护全覆盖，值班律师制度是法律援助制度的新发展。申言之，除去犯罪嫌疑人、被告人委托了辩护人以及由法律援助机构指派了辩护人外，国家保障其他的犯罪嫌疑人、被告人也享有律师帮助的权利。但是，值班律师不是辩护人，仅仅享有一定的法律帮助权，可以提供法律咨询、程序选择建议、申请变更强制措施、对案件处理提出意见等法律帮助。因而，A项说值班律师与辩护律师的权利义务一致是错误的。B 项中,既然值班律师可以对案件处理提出意见,值班律师若了解到犯罪嫌疑人、被告人具有自首、立功等量刑情节,提出从轻、减轻的量刑意见属于“对案件处理提出意见”的应有之义,B 正确。D 项,值班律师有权对犯罪嫌疑人、被告人提出程序适用建议,D 正确。

此外,在我国,刑事诉讼主体是指参与刑事诉讼活动的国家专门机关及诉讼参与人。具言之,刑事诉讼活动中的国家专门机关主要包括公安机关、检察机关和审判机关。诉讼参与人包括当事人和其他诉讼参与人。其中,当事人包括被害人、自诉人、犯罪嫌疑人、被告人、附带民事诉讼原告人、附带民事诉讼被告人。其他诉讼参与人包括法定代理人、诉讼代理人、辩护人、证人、鉴定人、翻译人员。值班律师不是辩护人,不属于诉讼参与人,更不属于国家专门机关,因而值班律师不是刑事诉讼主体。故而,C 错误。

综上所述,本题答案为 BD。

2.**【参考答案】** CD

【解析】 A 项,我国确立值班律师制度的主要目的是实现为犯罪嫌疑人、被告人提供法律援助全覆盖,值班律师仅为犯罪嫌疑人、被告人提供法律帮助,不会为其他的诉讼参与人提供法律服务。故 A 项说被害人有权申请值班律师为其提供帮助是错误的。

B 项,值班律师的定位是法律帮助者,为没有辩护人的犯罪嫌疑人、被告人提供辅助性法律帮助,值班律师不是辩护人,也无权出庭进行辩论,B 错误。

C 项,值班律师可以为犯罪嫌疑人提供程序选择建议,对犯罪嫌疑人而言,程序选择主要是指适用普通程序还是简易程序或者速裁程序。因此,值班律师提供程序选择建议主要围绕犯罪嫌疑人是否认罪认罚,以及适用普通程序或者速裁程序等方面进行,C 正确。

D 项,在审查起诉阶段和审判阶段,值班律师可以对检察院提出的量刑建议提出意见,供犯罪嫌疑人、被告人参考,方便犯罪嫌疑人、被告人作出是否认罪认罚的决定,D 正确。

综上所述,本题答案为 CD。

3.**【参考答案】** BCD

【解析】 A 项,在侦查阶段,能够进行非法取证的是侦查人员,如果犯罪嫌疑人向侦查机关申请排除非法证据,非法证据能被排除的可能性很小。因此,在侦查阶段,犯罪嫌疑人除了可以向侦查机关申请排除非法证据,还可以向法律监督机关,即检察院申请排除非法证据。在我国,为了防范在诉讼活动中出现侵犯人权现象,检察院在看守所中设有驻看守所检察室,犯罪嫌疑人若遭受了非法取证行为,可以随时向本所检察室的检察官申诉、控告。因此,A 错误,甲也可以向检察机关申请排除非法证据。

B 项,一般来说,犯罪嫌疑人遭受刑讯逼供后,很难拿出遭受刑讯逼供的证据。譬如殴打后伤口已经痊愈或者不让吃饭,犯罪嫌疑人该怎样证明自己曾遭受过殴打?该怎样证明是侦查人员不让自己吃饭而不是自己绝食?因此,犯罪嫌疑人申请排除非法证据的,只要能够提出相关的线索或者材料即可。本题中,甲不能说清殴打的人员(假设对甲蒙面殴打或指使陌生人殴打),但可以说清遭受殴打的时间,相关部门就可以审查该时间段有没有讯问的录音录像来确认是否存在非法取证行为,甲虽未能提供遭受殴打的证据,但属于提供了相关的线索,B 正确。

C 项,侦查阶段,侦查机关对犯罪嫌疑人一般会进行多次讯问。若对犯罪嫌疑人刑讯逼供,犯罪嫌疑人因遭受无法忍受的痛苦而违背意愿作出有罪供述,在后续讯问中,犯罪嫌疑人在这种恐惧的支配下,又作出了内容基本相同的“重复供述”。对于侦查机关通过刑讯逼供方式获取的供述及后续“重复供述”,均应依法排除。是故,甲的重复供述应当排除,C 正确。

D 项,在审判阶段,被告人没有能力证明是否存在非法取证行为,应当由公诉人承担侦查人员取证合法性的证明责任,若公诉人无法证明,使法官确认存在非法取证行为或者不能排除存在非法取证可能性的,法院应当依法排除相关证据。因此,D 正确。

综上所述,本题答案为 BCD。

4.**【参考答案】** BD

【解析】 A 项,检察院指控被告人犯强奸罪,属于公诉案件,应当由公诉人承担被告人有罪的证明责任。换言之,若公诉人无法证明被告人有罪,应当承担不利诉讼后果,即法庭会判决被告人无罪。本题中,辩护人发现被告人不在犯罪现场,有义务告知办案机关,但不能因此认为应当由辩护人承担证明责任。换言之,被告人是否在犯罪现场以及是否实施了强奸行为应当由公诉人证明,若辩护人无法证明被告人不在犯罪现场,公诉人也无法证明被告人在犯罪现场,则证明失败的不利后果应当由公诉人承担而非辩护人承担,即法院会作出对被告人有利的裁判。因此,A 项说由辩护人承担被告人不在场的证明责任是错误的。

B、C 项，在排除非法证据的程序中，应当由公诉人证明取证合法性，被告人及辩护人无须承担证明责任，是故，B 项说由检察院承担证明责任正确，C 项说由被告人承担证明责任错误。

D 项，自诉案件中，主要遵循“谁主张、谁举证”的证明责任分配规则，被告人若声称被侵占的财产归自己所有，被告人应当向法庭承担财产归自己所有的证明责任，D 项正确。

综上所述，本题答案为 BD。

5.【参考答案】 ABCD

【解析】 在我国公诉案件中，一般而言，公诉人承担证明责任，被告人及辩护人不承担证明责任。只是在少量的持有型犯罪中，由被告人承担一定的证明责任，但主要的证明责任仍由公诉人承担。因此，A 正确。

在我国自诉案件中，主要奉行“谁主张、谁举证”的证明责任分配规则，一般由自诉人承担证明责任，被告人不承担证明责任。但如果被告人提出了反诉，此时被告人即拥有类似于自诉人的地位，具有诉讼主张，应当承担证明责任，是故，B、C 均正确。

在我国刑事附带民事诉讼中，也奉行“谁主张、谁举证”的证明责任分配规则，一般由附带民事诉讼原告人承担证明责任，但如果附带民事诉讼被告人提出反诉，则由附带民事诉讼被告人承担证明责任。因此，D 正确。

综上所述，本题答案为 ABCD。

6.【参考答案】 ACD

【解析】 A 项，适用强制措施需要具有法定性，对不符合强制措施适用条件的犯罪嫌疑人、被告人不得适用。在我国，逮捕必须具备证据条件、刑罚条件和危险性条件，若认为案件证据不足，对犯罪嫌疑人不得适用逮捕措施，A 正确。

B 项，比例原则指的是适用何种强制措施需要与犯罪嫌疑人、被告人的社会危险性成正比。譬如，对于涉嫌比较轻微的盗窃罪犯罪嫌疑人，可以适用取保候审或者监视居住。而对于涉嫌比较严重的故意杀人罪犯罪嫌疑人，宜适用逮捕。本题中，对犯罪嫌疑人适用监视居住，无论在住处监视居住还是在指定居所监视居住，都属于监视居住措施，这没有体现出不同强制措施之间的选择适用，也没有体现出强制措施的比例原则，B 错误。

C 项，变更性原则是指可以根据案情发展情况或者犯罪嫌疑人、被告人的社会危险性变化，相应调整强制措施的适用种类。譬如，可以从监视居住变更为取保候审，从拘留变更为逮捕，从逮捕变更为释放等。本题中，侦查机关对犯罪嫌疑人从逮捕措施变更为释放，体现了变更性（可变性）原则，C 正确。

D 项，必要性原则是指适用强制措施应当谦抑、谨慎，避免强制措施的滥用。本题中，为了方便讯问而逮捕属于强制措施的滥用。因为，通过拘传、取保候审、监视居住等措施都可以实现方便讯问的目的，而为了方便讯问即采用最严重的逮捕措施有违强制措施的必要性原则，D 正确。

综上所述，本题答案为 ACD。

7.【参考答案】 AC

【解析】 A 项，异地执行拘留、逮捕的，应当通知被抓捕人所在地的公安机关，当地公安机关应当予以配合，故 B 区公安机关赴 A 区抓捕严某时，应当通知 A 区公安机关协助抓捕，A 正确。

B 项，第一，对李某先行拘留合法。拘留一般需要持有拘留证实施，但公安机关对于正在实施犯罪的现行犯，可以无证先行拘留。本案中，李某将毒品卖给吸食人宋某，公安机关在交易中将宋某与李某抓获，此时李某属于正在实施犯罪的现行犯，可以先行拘留。

第二，2 日后书面通知李某家属不合法。公安机关应当在拘留后 24 小时以内通知李某的家属。当然并不绝对，如果客观上无法通知，或者李某涉嫌危害国家安全犯罪、恐怖活动犯罪通知可能有碍侦查，则无须通知。本案中，李某涉嫌贩毒，不存在上述不通知家属的例外情形，因此公安机关在将李某拘留 2 日后书面通知李某家属不合法。

综上所述，B 项前半句正确，后半句不正确，综合评价为不正确。

C 项，公安机关若认为李某的住处可能隐藏毒品，与犯罪事实相关，有权进行查封并对相关物品进行扣押。C 正确。

D 项，监视居住原则上应当在犯罪嫌疑人的住处执行，如果犯罪嫌疑人没有固定住处，或者犯罪嫌疑人涉嫌危害国家安全犯罪、恐怖活动犯罪，在住处执行可能有碍侦查的，经上一级公安机关批准，也可以在指定的居所执行。本案中，李某有固定住处，而且李某涉嫌贩毒，不属于危害国家安全犯罪、恐怖活动犯罪，公安机关只能在李某的住处执行监视居住。D 项错误。

综上所述，本题答案为 AC。

三、不定项选择题

1.【参考答案】 ABC

【解析】 A 项，附条件不起诉制度是起诉便宜主义的体现，有利于提高诉讼效率。换言之，对未成年人本可以起诉,通过一审、二审等程序对其定罪。但通过附条件不起诉,对一部分未成年人案件进行分流,终结于起诉阶段,不再进入审理程序,故而提升了诉讼效率。A 正确。

B 项,对于交通肇事行为,考虑犯罪情节、社会危害性等因素,无须逮捕直接起诉,这节省了审查批捕的程序,提升了办案效率,B 正确。

C 项,庭前核实证人身份,庭审中就不用再核实,节约了庭审时间,提升了审判效率,C 正确。

D 项,经过审理本应作出判决,但由于案件量刑问题争议过大,遂在宣判前重新组织法庭辩论,这是为了实现公正而牺牲效率的做法,D 错误。

综上所述,本题答案为 ABC。

2.**【参考答案】** CD

【解析】 本题的破解关键在于,1998 年 2 月和 12 月赵某和钱某分别到案,但后因证据不足被释放,二人一直在 A 区务工,并没有逃避侦查。这意味着,需要对赵某和钱某计算追诉时效。因此,2018 年 7 月,孙某在服刑期间被发现与赵某和钱某二人于 1996 年共同实施犯罪时,孙某未过追诉时效,但赵某和钱某已过最长 20 年的追诉时效。根据《刑事诉讼法》第 16 条的规定,案件已过追诉时效期限的,应当不起诉。因此,A、B 选项说应当对赵某、钱某法定不起诉是正确的。

关于 C 项,罪犯在服刑期间发现还有漏罪的,原审地法院、服刑地法院和犯罪地法院都有管辖权,故 C 项说只能由服刑地法院审判是错误的。需要区分,如果罪犯在服刑期间又犯新罪的,应当由服刑地法院管辖。

关于 D 项,孙某、赵某、钱某于 1996 年实施共同犯罪,且孙某属于一人犯数罪的情形,若检察院已提起公诉(虽然不该对赵某和钱某提起公诉),本案应当将孙某、赵某、钱某一并移送某市中级人民法院审理,而不能仅将孙某一人移送至某市中级人民法院。是故,D 项错误。

综上所述,本题答案为 CD。

3.**【参考答案】** BD

【解析】 A 项,值班律师可以为同案犯提供法律帮助。第一,值班律师不是辩护人,无须遵守辩护人关于不得为 2 名以上同案犯或者关联犯提供辩护的规定。第二,在看守所等单位派驻的值班律师一般人数有限,而看守所中羁押的同案犯则可能不少,这一点在涉黑犯罪、传销犯罪等案件中尤为明显。如果值班律师不得为同案犯提供法律帮助,将导致大量犯罪嫌疑人、被告人无法获得律师帮助。是故,A 错误,值班律师可以为王某和李某提供法律帮助。

B 项,值班律师可以为犯罪嫌疑人、被告人提供法律咨询、程序选择建议等法律帮助,自检察院对案件审查起诉之日起,值班律师可以查阅案卷材料,了解案情。检察院应当为值班律师查阅案卷材料提供便利。本项中,值班律师要求阅卷的,检察院应当允许,B 正确。

C 项,犯罪嫌疑人签署认罪认罚具结书时需要值班律师在场,主要目的是保证犯罪嫌疑人签署文书的自愿性。既然系犯罪嫌疑人自愿签署,该文书自然具有法律效力。至于随后是否委托辩护人,不影响之前自愿签署的认罪认罚具结书的效力。是故,C 错误,虽然王某在审判阶段委托了辩护律师,但王某之前在值班律师在场的情况下签署的认罪认罚具结书仍然有效。

D 项,值班律师可以为犯罪嫌疑人申请变更强制措施,王某被逮捕羁押,值班律师可以帮其申请取保候审,D 正确。

综上所述,本题答案为 BD。

行政法与行政诉讼法

2023年客观题试题

一、单项选择题

1. 某区政府实施土地房屋征收，确定由区规划和自然资源局实施。区征地办受区规划和自然资源局委托与陈某签订《房屋征收补偿协议》，陈某以区征地办没有签约主体资格为由诉至法院，请求确认该协议无效。下列说法正确的是？（　　）

A. 被告为区政府

B. 该协议不得约定争议管辖法院

C. 该案不得进行调解

D. 该案由区法院管辖

2. 某市镇长齐某因醉酒驾驶，公安机关对齐某酒驾作出暂扣驾照6个月、罚款1000元的处罚，县监察委还发现齐某经常把公车挪作私用，决定作出撤职处理，降为四级主任科员。下列说法正确的是？（　　）

A. 暂扣驾照属于行为罚

B. 齐某不能对公安局的处罚提起行政诉讼

C. 撤职的处分时间为18个月

D. 对于公安局处罚过的行为监察委不能再进行处罚

3.《行政强制法》第5条规定："行政强制的设定和实施，应当适当。采用非强制手段可以达到行政管理目的的，不得设定和实施行政强制。"该规定符合下列哪一项行政法原则？（　　）

A. 考虑相关因素原则 B. 信赖利益保护原则

C. 比例原则 D. 公众参与原则

4. 为了优化营商环境，某市商务局将进出口许可委托给当地海关，一公司申请进口许可，当地海关不予许可，该公司向市政府申请行政复议，市政府作出维持不予许可的复议决定，该公司提起行政诉讼，下列选项正确的是？（　　）

A. 由中级法院管辖

B. 由基层法院管辖

C. 被告为市政府

D. 市商务局与当地海关为共同被告

5. 河务局认定某公司在河滩区违法存放工程弃土，决定对其处罚30万元。该公司既未申请行政复议，也未提起行政诉讼，但未在指定期限内缴纳罚款。河务局向法院申请强制执行。下列哪一说法是正确的？（　　）

A. 河务局应向该公司所在地基层法院申请强制执行

B. 应当由法院执行庭对被执行行为的合法性进行审查

C. 申请法院强制执行前，河务局应履行催告义务

D. 法院审查符合执行条件的，应当判决准予执行

6. 某市政府发布《扬尘污染防治管理办法》，关于该办法，下列哪一说法是正确的？（　　）

A. 可以跟行政诉讼一并审查

B. 报国务院备案

C. 在省公报上发布

D. 可以设立临时性许可

7. 某县公安局认定王某殴打了李某，经过听证后对王某作出拘留7日、罚款300元的处罚决定。王某向法院起诉，请求撤销该处罚决定，同时，李某认为处罚过轻，也向法院起诉。法院经过审理认为县公安局处罚决定过轻，于是作出对王某拘留10日、罚款300元的判决，对此，下列哪一选项是正确的？（　　）

A. 因法院加重了对王某的处罚，所以法院判决是违法的

B. 县公安局组织听证属于程序违法情形

C. 县公安局可以传唤李某提供证言

D. 一审期间县公安局可以改变行政处罚决定

二、多项选择题

1. 区房管局以刘某享有安置房为由停发其住房安置补贴，刘某向区政府复议，区政府以超过复议期限为由作出驳回复议请求的决定，刘某以区房管局为被告提起行政诉讼，下列说法正确的是？（　　）

A. 刘某的复议期限为60日

B. 法院应追加区政府为共同被告

C. 住房补贴属于行政给付行为

D. 刘某可以对住房安置补贴申请先予执行

2. 下列行为属于行政处罚的是？（　　）

A. 法律援助中心派律师进行辩护，该律师拒绝

辩护，被司法局通报批评

B. 首席仲裁员私下和当事人多次见面，当事人对仲裁结果存疑

C. 公证人员因失职，将不该公证的事项公证，被暂扣公证员证书

D. 参与行政复议的公务员因利用职务便利将公费据为己有而被判刑

3. 采砂场获得了水利局发的采砂许可证，后由于采砂场区域划入湿地保护范围，水利局撤回采砂许可证，采砂场提起行政诉讼要求水利局补偿250万元损失。以下说法正确的是？(　　)

A. 提起行政诉讼前，采砂场能先向水利局申请补偿

B. 补偿额以采砂场的实际损失为准

C. 法院应判决水利局履行补偿义务

D. 水利局撤回采砂许可证前应组织听证

4. 万力公司超标排污，甲向生态部门申请公开公司的环评文件，行政机关口头征求公司意见，公司以商业秘密为由拒绝。行政机关以涉及商业秘密为由拒绝向甲公开。下列选项正确的有？(　　)

A. 若该公司逾期未答复，则视为同意公开

B. 行政机关拒绝公开违法

C. 对于拒绝决定，甲应当先申请行政复议后提起行政诉讼

D. 申请信息公开时应当提供身份证明

三、不定项选择题

1. 王某被某县派出所处以5日行政拘留并罚款200元，王某对此不服，向县政府提起复议，县政府决定维持原决定。王某不服复议决定，对此提起行政诉讼。下列说法错误的是？(　　)

A. 本案被告是县政府

B. 王某提起行政诉讼的期限是90日

C. 派出所处理治安处罚的期限是90日

D. 王某提起行政诉讼的同时可以向派出所申请暂缓执行拘留

2. 行政法规签署公布后，应当及时在哪些载体上刊载？(　　)

A. 国务院公报

B. 中国政府法制信息网

C. 全国范围内发行的报纸

D. 全国人大公报

2023年客观题试题参考答案及解析

一、单项选择题

1.【参考答案】 D

【解析】 作出行政行为的行政机关是被告。本题中区政府实施土地房屋征收，确定由区规划和自然资源局实施。区征地办不是本案的被告，被告应为区规划和自然资源局。故A项错误。

《房屋征收补偿协议》是行政机关为了实现行政管理或者公共服务目标，与公民、法人或者其他组织协商订立的具有行政法上权利义务内容的协议。协议可以约定争议管辖法院，遇到争议也可以进行调解。故BC项错误。

县级以上地方政府为被告的行政案件由中级人民法院管辖。本案被告为区规划和自然资源局，由区法院管辖即可，故D项正确。

2.【参考答案】 D

【解析】 暂扣许可证件是资格罚，A项错误。行政处罚行为可以起诉，B项错误。撤职的处分时间为24个月，C项错误。

3.【参考答案】 C

【解析】 考虑相关因素原则是指作出行政决定和进行行政裁决只能考虑符合立法授权目的的各种因素，不得考虑不相关因素；信赖利益保护原则是指非因法定事由并经法定程序，行政机关不得撤销、变更已经生效的行政决定；比例原则包括合目的性、适当性、损害最小三方面，当存在实现行政管理目的的其他方式时，应选择对当事人权益损害最小的方式；公众参与原则是指行政机关作出规定或决定时应当听取公众意见。本题中的规定并不涉及A、B、D三项原则，其体现了比例原则，C项正确。

4.【参考答案】 B

【解析】 行政许可委托的，委托机关对受托机关实施行政许可的后果承担法律责任，故本题行政复议被申请人为市商务局，复议机关市政府作出复议维持决定，即行政诉讼被告为市商务局和市政府。复议维持案件以原行政行为机关确定级别管辖，故由基层法院管辖。本题选B。

5.【参考答案】 C

【解析】 行政机关申请法院强制执行的，一般由申请人所在地的基层人民法院管辖；但执行对象为不动产的，由不动产所在地的基层人民法院管

辖。本题不应当向该公司所在地基层人民法院申请,而应当向河务局所在地基层人民法院申请,A项错误。

因为申请法院强制执行案件(又称为非诉执行案件)需要法院对被执行行政行为的合法性进行审查,所以,审查主体应当是法院中更具有专业性的行政庭而非执行庭。如果行政庭审查认为需要采取强制执行措施,再由法院负责强制执行非诉行政行为的机构执行,B项错误。

行政机关应催告当事人履行义务且催告期应满10日。催告程序是非诉执行的前置程序。其要求如下:行政机关申请法院强制执行前,应当催告当事人履行义务。如经催告,当事人履行义务,则不再申请法院强制执行;如经催告后,当事人仍不依法履行义务,则申请法院强制执行,C项正确。

本案情形属于非诉执行案件,即在当事人既未申请行政复议,也未提起行政诉讼,但未在指定期限内履行义务的情况下,由行政机关申请法院强制执行,执行标的是罚款、税款等行政行为,非诉执行案件没有经历过起诉的过程,法院自然不会作出判决,如果法院认为申请被执行行政行为合法、符合执行条件,法院应当裁定准许执行,D项错误。

6.**【参考答案】** B

【解析】 《扬尘污染防治管理办法》为市政府规章,不可以在行政诉讼中进行附带性审查,A项错误。市政府规章应报省级人大常委会、本级人大常委会、国务院和省级政府备案,B项正确。市政府规章应当在市政府公报上公布,C项错误。市政府规章不能设定临时性许可,D项错误。

7.**【参考答案】** D

【解析】 A项:法院对行政处罚行为作出变更判决,原则上只能减轻不能加重,不得加重原告的义务或者减损原告的权益。但是,在行政诉讼中,利害关系人同为原告,且诉讼请求相反的除外。而本题就属于这种情况,王某请求撤销处罚,李某请求加重处罚,两方同为原告且诉讼请求相反,所以,法院加重处罚并不违法,A项错误。

B项:行政处罚的听证除法定听证外,还有约定听证,因为听证是正式地听取公民意见的方式,应当予以鼓励。应当告知当事人听证权利的包括吊销等六大事项;而其他事项,比如拘留7日、罚款300元,在双方自愿的情况下,均属于可以听证的情形。当事人的听证权并非仅基于法律规定或法律授予,也可以基于行政机关的承诺。本项认为本案适用听证程序违法的判断是错误的。

C项:传唤是指公安机关通知违法行为人到指定的地点接受调查的一种调查手段。传唤的对象为违法行为人,受害人、证人不得适用传唤,所以县公安局传唤受害人李某提供证言是违法的,C项错误。

D项:根据有错必纠的理念,行政机关可以在一审中,也可以在二审、再审中改变其认为错误的行政行为,D项正确。

二、多项选择题

1.**【参考答案】** AC

【解析】 《行政复议法》第20条规定,公民、法人或者其他组织认为行政行为侵犯其合法权益的,可以自知道或者应当知道该行政行为之日起60日内提出行政复议申请;但是法律规定的申请期限超过60日的除外。故本题中,刘某申请行政复议的期限为60日,A项正确。

复议机关维持原机关作出的行政行为的,原机关和复议机关为共同被告,本题中,区政府对该事项没有作实体处理,故不得追加区政府为共同被告,B项错误。

行政给付是指政府通过给予公民、法人利益和便利等方式实现行政目的的活动。其也称行政物质帮助,是指行政机关依法对特定的相对人提供物质利益或与物质利益有关的权益的行为。住房补贴属于行政给付行为,故C项正确。

《行诉解释》第92条规定,原告申请被告依法履行支付抚恤金、最低生活保障待遇或者社会保险待遇等给付义务的理由成立,被告依法负有给付义务而拒绝或者拖延履行义务的,人民法院可以根据《行政诉讼法》第73条的规定,判决被告在一定期限内履行相应的给付义务。住房安置补贴不属于先予执行的范围,故D项错误。

2.**【参考答案】** AC

【解析】 行政处罚是指行政机关依法对违反行政管理秩序的公民、法人或者其他组织,以减损权益或者增加义务的方式予以惩戒的行为。具体包括警告,通报批评,罚款,没收违法所得、非法财物,暂扣许可证件,降低资质等级,吊销许可证件,限制开展生产经营活动,责令停产停业,责令关闭、限制从业,行政拘留等。A项和C项属于行政处罚,B项没有进行行政处罚,D项属于刑事案件。故本题选AC。

3.**【参考答案】** AB

【解析】 《国家赔偿法》第36条和《行政诉讼法》第76条规定,人民法院判决确认违法或者无效的,给原告造成损失,应当判决被告承担赔偿责任,对财产权造成其他损害的,按照直接损失给予赔偿。提起行政诉讼前,采砂场可以先向水利局申请补偿。A 项正确。补偿以采砂场的实际损失为准,B 项正确。法院只需要确认行政行为违法或者无效即可,C 项错误。行政机关认为需要听证的其他涉及公共利益的重大行政许可事项,行政机关应当向社会公告,并举行听证。本题不涉及公共利益,听证不是必要的,故 D 项错误。本题选择 AB。

4.**【参考答案】** BD

【解析】 A 项:对于涉及商业秘密、个人隐私的信息,行政机关应当书面征求第三方意见,第三方应当自收到征求意见书之日起 15 个工作日内提出意见,第三方逾期未提出意见的,由行政机关依照《政府信息公开条例》的规定权衡判断是否公开。此时,既不视为拒绝,也不视为同意,而是由行政机关权衡判断,故 A 项错误。

B 项:涉及商业秘密的信息并非绝对不能公开,只是原则上不得公开,但以下情形除外:第一,经权利人同意公开;第二,行政机关认为不公开可能对公共利益造成重大影响。本题中,行政机关在既未书面征求第三方意见,也未判断不公开是否会危及公共利益的情况下,直接以涉及商业秘密为由拒绝公开的做法在程序上和实体上都是违法的,故 B 项正确。

C 项:本题不属于复议前置的情况,不需要经过复议才能提起诉讼,故 C 项错误。

D 项:为了防止在申请资格放开后,一些“匿名”申请人滥用权利胡乱申请信息公开,进而浪费有限的行政资源,《政府信息公开条例》要求所有申请人均需要提供身份证明,故 D 项正确。

三、不定项选择题

1.**【参考答案】** ABC

【解析】 A 项:本案属于复议维持的情形,县公安局和县政府应为共同被告。故 A 项错误。

B 项:《行政诉讼法》第 45 条规定,公民、法人或者其他组织不服复议决定的,可以在收到复议决定书之日起 15 日内向人民法院提起诉讼。由此可知复议后,王某的起诉期限为 15 天,故 B 项错误。

C 项:根据《治安管理处罚法》第 99 条第 1 款的规定,公安机关办理治安案件的期限,自受理之日起不得超过 30 日;案情重大、复杂的,经上一级公安机关批准,可以延长 30 日。由此可知,派出所处理治安案件的最长期限是 60 日,不是 90 日。

D 项:根据《治安管理处罚法》第 107 条的规定,被处罚人不服行政拘留处罚决定,申请行政复议、提起行政诉讼的,可以向公安机关提出暂缓执行行政拘留的申请。D 项正确。

2.**【参考答案】** ABC

【解析】 《行政法规制定程序条例》第 28 条第 1 款规定:“行政法规签署公布后,及时在国务院公报和中国政府法制信息网以及在全国范围内发行的报纸上刊载。国务院法制机构应当及时汇编出版行政法规的国家正式版本。”可见,A、B、C 项正确,全国人大公报是刊载全国人大重要文件资料的,不用于刊载关于国务院的重要文件资料,D 项错误。

2022 年客观题试题

一、单项选择题

1.《行政强制法》第 5 条规定:“行政强制的设定和实施,应当适当。采用非强制手段可以达到行政管理目的的,不得设定和实施行政强制。”该规定符合下列哪项行政法原则:(　　)

A. 考虑相关因素原则

B. 信赖利益保护原则

C. 比例原则

D. 公众参与原则

2. 2022 年 3 月某省政府发布公告,决定将 100 项区(县)政府部门的行政处罚权交由街道办事处、乡(镇)政府行使。关于这 100 项行政处罚权的行使,下列哪一说法是正确的:(　　)

A. 街道办事处、乡(镇)政府应当以区(县)政府部门名义行使

B. 区(县)政府部门仍有权行使相关行政处罚权

C. 对相关行政处罚权的行使,区(县)政府及其部门不需承担监督责任

D. 对于行使情况,某省政府应当定期组织评估

3. 市人社局将田某的养老保险关系转入社会保险关系,田某认为自己应该是按照事业单位保险缴纳,于是向市政府复议。市政府作出复议维持决定,田某起诉。法院以不属于行政案件受案范围驳回起诉,对此下列哪一选项是正确的:(　　)

A. 本案应由中级人民法院管辖

B. 复议后应 60 日内起诉

C. 法院应当裁定一并驳回对市人社局和市政府的起诉

D. 市政府不需要对市人社局作出的决定的合

法性承担举证责任

4. 关于公务员的诫勉，下列哪一选项是正确的：(　　)

A. 诫勉是组织对公务员的监督

B. 诫勉的性质是公务员行政处分

C. 诫勉对象在12个月内不得晋升工资档次

D. 对诫勉决定不服，公务员不能提出申诉

5. 市场监督管理局对一家奶茶店进行检查，发现其包装和标签涉嫌违法，决定没收其包装盒和违法所得并作出罚款，奶茶店对此提起行政诉讼。市场监督管理局向法院提供了检查时的现场笔录、奶茶店的外包装及标签，还有现场询问笔录。以下哪一选项是正确的：(　　)

A. 市场监督管理局出具的现场笔录应加盖市场监督管理局公章

B. 市场监督管理局应在法庭答辩前提供上述证据

C. 询问笔录应加盖奶茶店公章

D. 奶茶店对提供的证据有异议，有权要求作出处罚的执法人员出庭说明

6. 我国邮政局是由交通运输部管理的行政机构，关于该机构下列哪一说法是正确的：(　　)

A. 该机构根据工作需要应当设立司、处两级内设机构

B. 由国务院交通运输部门管理，主管特定业务，行使行政管理职能

C. 行政机构增加或者减少编制，由交通运输部审核，报国务院决定

D. 该机构的设立、撤销或者合并由国务院机构编制管理机关审核批准

二、多项选择题

1. 孙某和孙小某是父子，孙某是户主，孙小某以孙某的名义跟政府签订了房屋征收协议，孙某以对此不知情为由向法院提起诉讼，请求确认该协议无效。对此下列说法错误的有：(　　)

A. 法院不能以民事诉讼法律规范确认行政协议无效

B. 若协议约定管辖的，管辖无效

C. 若无效的事由在一审法庭辩论终结前消失，法院可驳回原告起诉

D. 法院审查行为人签订协议的合法性

2. 甲向省资源环境厅申请环评许可，省资源环境厅未作答复，甲用邮件邮寄的方式提交起诉书，要求准予环评许可，诉讼过程中，省资源环境厅发放许可，甲不撤诉，请问下列说法正确的有：(　　)

A. 甲的起诉期限为6个月

B. 法院应驳回原告的诉讼请求

C. 经当事人同意，法院可以短信方式送达诉讼文书

D. 以签收日期为起诉日期

3. 甲认为乙侵犯其知识产权，区知识产权局认为乙不侵权，甲向市知识产权局申请复议，市知识产权局作出复议维持决定，甲向法院起诉请求撤销知识产权局的决定，并要求乙停止侵害。下列选项中不正确的有：(　　)

A. 法院可以将行政和民事争议一并审理

B. 法院应将责令侵权人停止侵害的诉讼请求单独立案

C. 该案件按行政案件标准收费

D. 法院应当分别立案

4. 关于行政许可的撤销与注销，下列说法错误的有：(　　)

A. 都是裁量行政行为

B. 都是依申请的行政行为

C. 不属于可诉性行政行为

D. 都是行政处罚

5. 方某是二级主任科员，下列说法正确的有：(　　)

A. 如方某符合资格，可以晋升为一级主任科员

B. 方某认为其应升为一级主任科员，但未晋升，方某可以申诉

C. 对方某的考核应当采取年度考核方式

D. 二级主任科员为方某的职级

6. 张某于2020年5月10日被县公安机关立案侦查，随即县检察院批准逮捕。2020年6月15日，县检察院作出了撤销案件的决定，同日将张某释放。2022年6月10日张某申请人身自由赔偿金10万元以及精神损害赔偿6万元。2022年6月15日，赔偿义务机关作出不予赔偿决定。下列选项中正确的有：(　　)

A. 赔偿义务机关为县检察院

B. 张某可以向县公安局的上一级行政机关申请复议

C. 因为精神损害赔偿超过人身自由赔偿金的50%，故不予赔偿决定合法

D. 赔偿金额应按2020年度的职工年度收入计算

7. 下列选项中哪些是国务院组成部门：(　　)

A. 国有资产监督管理委员

B. 中国证券监督管理委员会

C. 国家民族事务委员会

D. 审计署

三、不定项选择题

1. 某县林草局发现某公司在国有林地进行开挖，经查该公司未获取相关行政许可，遂责令该公司限期恢复原状并罚款50万元，在收到罚款后予以结案。县检察院以该局怠于监督恢复原状为由提起诉讼，下列说法正确的是：(　　)

A. 该公司有义务对林地恢复原状

B. 县检察院提起诉讼的时效为6个月

C. 县检察院应在诉讼前提出检察建议

D. 对于恢复原状县林草局可以依法代履行

2. 王某被某县派出所处以5日行政拘留并罚款200元，王某对此不服，向县政府提起复议，县政府作出复议维持原决定。王某不服复议决定，对此提起行政诉讼。下列说法正确的是：(　　)

A. 本案被告是县政府

B. 王某提起行政诉讼的期限是90日

C. 派出所处理治安处罚的期限是90日

D. 王某提起行政诉讼的同时可以向派出所申请暂缓执行拘留

2022年客观题试题
参考答案及解析

一、单项选择题

1.【参考答案】 C

【解析】 考虑相关因素原则是指作出行政决定和进行行政裁量只能考虑符合立法授权目的的各种因素，不得考虑不相关因素；信赖利益保护原则是指非因法定事由并经法定程序，行政机关不得撤销、变更已经生效的行政决定；比例原则包括：合目的性、适当性、损害最小三方面，当存在实现行政管理目的的其他方式时，应选择对当事人权益损害最小的方式；公众参与原则是指行政机关作出规定或决定时应当听取公众意见。该条法律规定并不涉及A、B、D三项原则，其体现了比例原则，C项正确。

2.【参考答案】 D

【解析】 本案中由省政府根据《行政处罚法》作出决定，因此此情形属于授权行使行政处罚权，被授权机关在授权范围内以自己的名义独立行使行政处罚权，故A项错误；且区(县)政府授权给街道办事处、乡(镇)政府后，行政处罚权完全由被授权机关行使，故B项错误。《行政处罚法》第24条第3款规定："有关地方人民政府及其部门应当加强组织协调、业务指导、执法监督，建立健全行政处罚协调配合机制，完善评议、考核制度。"由此可知，对行政处罚权的行使，区(县)政府应当进行执法监督。C项错误。《行政处罚法》第24条第1款规定："省、自治区、直辖市根据当地实际情况，可以决定将基层管理迫切需要的县级人民政府部门的行政处罚权交由能够有效承接的乡镇人民政府、街道办事处行使，并定期组织评估。决定应当公布。"由此可知，省政府应当对行政处罚权的行使定期组织评估。D项正确。

3.【参考答案】 C

【解析】 本案属于复议维持，市人社局和市政府为共同被告，以原行政机关市人社局确定级别管辖，应为基层人民法院。故A项错误。经复议后起诉，复议机关作出了复议决定的，起诉期限为收到复议决定书之日起15日内。B项错误。《行诉解释》第136条第7款规定："原行政行为不符合复议或者诉讼受案范围等受理条件，复议机关作出维持决定的，人民法院应当裁定一并驳回对原行政行为和复议决定的起诉。"本案中，法院认为原行政行为不符合行政诉讼受案范围，应当裁定一并驳回对市人社局和市政府的起诉。故C项正确。复议维持的案件，复议机关和作出原行政行为的机关对原行政行为的合法性共同承担举证责任。故市政府需要对市人社局作出的行政行为的合法性承担举证责任，D项错误。

4.【参考答案】 A

【解析】 A项正确、B项错误，处分包括警告、记过、记大过、降级、撤职、开除，不包括诫勉。诫勉是指对有轻微违纪或倾向性问题的党员、干部等进行诫勉教育，以达到及时提醒、教育挽救的目的，是组织对公务员的一种监督方式。C项错误，《关于组织人事部门对领导干部进行提醒、函询和诫勉的实施细则》第19条规定："受到诫勉的领导干部，取消当年年度考核、本任期考核评优和评选各类先进的资格，六个月内不得提拔或者重用。"由此可知，被诫勉对象并不是不能晋升工资档次。D项错误，《中国共产党党员权利保障条例》第18条第1款规定："党员有党内申诉权，对于党组织给予本人的处理、处分或者作出的鉴定、审查结论不服的，有权按照规定程序逐级向本人所在党组织、上级党组织直至中央提出申诉。"《公务员法》第95条第1款规定:“公务员对涉及本人的下列人事处理不服的,可以自知道该人事处理之日起三十日内向原处理机关申请复核;对复核结果不服的,可以自接到复核决定之日起十五日内,按照规定向同级公务员主管部门或者作出该人事处理的机关的上一级机关提出申诉;也可以不经复核,自知道该人事处理之日起三十日内直接提出申诉……”由此可知,公务员有对诫勉决定的申诉权。

5.**【参考答案】** D

【解析】 现场笔录应由执法人员和当事人签名,未规定加盖行政部门公章,故A项错误。市场监督管理局作为行政诉讼被告,其提供证据的期限应为收到起诉状副本之日起的15日内,需要提供作出被诉行政行为的全部证据和所依据的规范性文件,故B项错误。询问笔录应当有行政执法人员、被询问人、陈述人、谈话人签名或者盖章,并非应当加盖公司公章,故C项错误。奶茶公司作为原告,对现场笔录的合法性或真实性有异议,或者对检验的物品取样或保管有异议等情况,要求相关执法人员出庭说明的,法院可以准许,故D项正确。

6.**【参考答案】** B

【解析】 A项错误,国务院组成部门管理的国家行政机构根据工作需要可以设立司、处两级内设机构,也可以只设立处级内设机构,A选项中“应当”一词过于绝对。B项正确,邮政局是由国务院交通运输部门管理,主管特定业务,行使行政管理职能的行政机构。C项错误,国家行政机构增加或减少编制,由国务院机构编制管理机关审核方案,报国务院批准。D项错误,国务院组成部门管理的国家行政机构的设立、撤销和合并由国务院机构编制管理机关提出方案,报国务院决定。

二、多项选择题

1.**【参考答案】** ABC

【解析】 《行政协议案件规定》第12条第2款规定:“人民法院可以适用民事法律规范确认行政协议无效。”故A项错误。《行政协议案件规定》第7条规定:“当事人书面协议约定选择被告所在地、原告所在地、协议履行地、协议订立地、标的物所在地等与争议有实际联系地点的人民法院管辖的,人民法院从其约定,但违反级别管辖和专属管辖的除外。”当事人协议约定管辖在不违反级别管辖和专属管辖的情况下是有效的,故B项错误。《行政协议案件规定》第12条第3款规定:“行政协议无效的原因在一审法庭辩论终结前消除的,人民法院可以确认行政协议有效。”由此可知,法院应作出确认判决,而不能直接驳回起诉,C项错误。《行政协议案件规定》第11条第1款规定:“人民法院审理行政协议案件,应当对被告订立、履行、变更、解除行政协议的行为是否具有法定职权、是否滥用职权、适用法律法规是否正确、是否遵守法定程序、是否明显不当、是否履行相应法定职责进行合法性审查。”人民法院审查行政协议是应当审查其合法性,故D项正确。

2.**【参考答案】** ABC

【解析】 A项正确,行政诉讼的起诉期限为从知道或应当知道之日起的6个月内;诉行政不作为的案件,若法律法规规定了行政机关的履行职责的期限,则从该期限届满之日起计算6个月的起诉期限。B项正确,甲起诉要求准予环评许可,即要求行政机关履行职责,诉讼中,行政机关给甲发放了行政许可,履行了相关职责,法院就没有必要再作出履行或答复判决了,应向甲释明,告知其撤诉,甲仍不撤诉的,应判决驳回其诉讼请求。C项正确,法院送达诉讼文书,经当事人同意的,可采用电子送达方式。D项错误,当事人向法院邮寄立案材料的,自信件寄出之日起,视为当事人向法院提起诉讼。信件寄出之日以寄出的邮戳日为准;邮戳日不清晰或者没有邮戳的,以法院实际收到之日为准,但是当事人能够提出实际邮戳日证据的除外。通过邮政企业以外的快递企业递交的,以快递企业收寄之日为准;收寄日不明确的,以法院实际收到之日为准,但是当事人能够提出实际收寄日证据的除外。

3.**【参考答案】** BCD

【解析】 涉及行政机关对民事争议所作的裁决的行政诉讼中,当事人申请一并解决相关民事争议的,人民法院可以一并审理,A项正确。行政诉讼一并审理民事争议,原则上应分别立案,但是审理行政机关对民事争议所作裁决的案件,一并审理民事争议的,不另行立案。故B、D项错误。一并审理民事争议的案件按行政案件、民事案件的标准分别收取诉讼费用,C项错误。

4.**【参考答案】** ABCD

【解析】 裁量性行政行为是指法律规定在行为的范围方式等方面留有一定的余地和幅度,行政主体可以结合具体情况,斟酌、选择而作出的行为。行政许可的撤销与注销均不属于裁量性行政行为,A项错误。行政许可的撤销可以根据当事人申请,也可以由有关机关主动撤销,行政许可的注销应当由行政机关依法办理,B项错误。行政许可的撤销与注销是在许可实施过程中的管理行为，都属于具体行政行为，所以都可以申请行政复议或者提起行政诉讼，C 项错误。撤销行政许可是因为许可本身违法，故该行为只是纠错行为，注销行政许可是因为该许可在本质上已经失效，故该行为只是程序性行为，因此两者均不属于行政处罚，D 项错误。

5.【参考答案】 ACD

【解析】 根据《公务员法》第 21 条第 2 款的规定，符合规定资格条件的，可以晋升领导职务或者职级。公务员职级应当逐级晋升。A 项正确。根据《公务员法》第 95 条第 1 款的规定，公务员可以申请复核及提出申诉的情况包括：处分，辞退或者取消录用，降职，定期考核定为不称职，免职，申请辞职、提前退休未予批准，不按照规定确定或者扣减工资、福利、保险待遇等，不包括自认为应晋升而未晋升的情形，故 B 项错误。根据《公务员法》第 37 条第 1 款的规定，非领导成员公务员的定期考核采取年度考核的方式。C 项正确。根据《公务员法》第 19 条第 2 款的规定，综合管理类公务员职级序列分为：一级巡视员、二级巡视员、一级调研员、二级调研员、三级调研员、四级调研员、一级主任科员、二级主任科员、三级主任科员、四级主任科员、一级科员、二级科员。D 项正确。

6.【参考答案】 AC

【解析】 在刑事诉讼中，司法赔偿义务机关确立的标准是由最后作出有罪决定的行政机关作为赔偿义务机关，本案中，县公安机关和县检察院先后作出错拘和错捕的决定，由最后作出逮捕决定的县检察院进行赔偿，A 项正确。司法赔偿程序中，赔偿义务机关作出决定后，当事人不服应向赔偿义务机关的上一级行政机关申请复议，赔偿义务机关为县检察院，应向市检察院申请复议，B 项错误。根据《关于审理国家赔偿案件确定精神损害赔偿责任适用法律若干问题的解释》的相关规定，受害人被限制人身自由 10 年以上，属于特别严重后果，精神损害赔偿金须在人身自由赔偿金的 50% 以上酌定，本案中张某被关押不足 10 年，不能适用该标准，应在人身自由赔偿金总额的 50% 以下酌定，故 C 项正确。根据《国家赔偿法》第 33 条的规定，侵犯公民人身自由的赔偿标准是按日支付赔偿金，应按照作出赔偿决定时的国家上年度职工日平均工资计算。D 选项中“年度收入”和“2020 年”均是错误的。

7.【参考答案】 CD

【解析】 A 项错误，国有资产监督管理委员会为国务院直属特设机构。B 项错误，中国证监会是国务院直属事业单位。根据《国务院行政机构设置和编制管理条例》第 6 条第 3 款的规定，国务院组成部门依法分别履行国务院基本的行政管理职能。国务院组成部门包括各部、各委员会、中国人民银行和审计署。C、D 项正确。

三、不定项选择题

1.【参考答案】 ACD

【解析】 A 项正确，该公司未获取相关行政许可非法开挖国有林地，县林草局作出的责令限期恢复原状的处罚决定合法，该公司有义务对该林地恢复原状。B 项错误，根据《行政诉讼法》第 47 条第 1 款的规定，公民、法人或者其他组织申请行政机关履行保护其人身权、财产权等合法权益的法定职责，行政机关在接到申请之日起两个月内不履行的，公民、法人或者其他组织可以向人民法院提起诉讼。可知，诉讼时效应为 2 个月。C 项正确，检察院提起行政公益诉讼前，应先向行政机关提出检察建议，督促其依法履行职责。D 项正确，由《行政强制法》第 50 条的相关规定可知，该公司逾期不履行，其后果为已经或者将要破坏自然资源，县林草局可以代履行。

2.【参考答案】 D

【解析】 A 项错误，本案属于复议维持的情形，县公安局和县政府应为共同被告。B 项错误，《行政诉讼法》第 45 条规定，公民、法人或者其他组织不服复议决定的，可以在收到复议决定书之日起 15 日内向人民法院提起诉讼。由此可知经复议后，王某的起诉期限为 15 天。C 项错误，根据《治安管理处罚法》第 99 条第 1 款的规定，公安机关办理治安案件的期限，自受理之日起不得超过 30 日；案情重大、复杂的，经上一级公安机关批准，可以延长 30 日。由此可知，派出所处理治安案件的最长期限是 60 日，不是 90 日。D 项正确，根据《治安管理处罚法》第 107 条的规定，被处罚人不服行政拘留处罚决定，申请行政复议、提起行政诉讼的，可以向公安机关提出暂缓执行行政拘留的申请。

2021 年客观题试题

一、单项选择题

1. 为促进上海自由贸易试验区的发展，有关机关决定暂停适用某部关于贸易的行政法规的部分

规定。此处的“有关机关”是指？（　　）

A. 国务院

B. 上海市人民政府

C. 上海市人民代表大会

D. 全国人大常委会

2. 为开发统一的专车网络电商平台，市政府与晴天公司签订了为期1年的特许经营协议，由晴天公司开发网络电商平台并提供日常维护，约定协议期间市政府将禁止其他公司单独开发电商平台，以及约定若发生争议仲裁解决。后晴天公司以其签署协议受到胁迫为由，诉请法院判决解除该协议。关于本案，下列说法正确的是？（　　）

A. 法院因存在仲裁条款裁定不予受理

B. 晴天公司承担解除协议的举证责任

C. 本案不适用调解

D. 法院因协议存在仲裁条款而确认协议无效

3. 晴天公司未按规定申报上年度营业所得税，市税务局责令补缴2万元税款，并罚款1万元。晴天公司不服提出复议。对此，下列哪一说法是正确的？（　　）

A. 如晴天公司未按时补缴，市税务局可以书面通知银行划扣其存款

B. 罚款1万元的复议机关是市政府

C. 晴天公司可以直接提起行政诉讼

D. 晴天公司申请复议的期限为6个月

二、多项选择题

1. 某市政府发布《关于招商引资的意见》，规定对引资人按实际投资的1%给予奖励。张某介绍晴天公司与市招商局签订投资协议，以建设经营移交方式出资3000万元建设了一个大型特色风情街。张某请求招商局支付奖励，招商局支付10万元后未再支付余款。对此，下列哪些说法是正确的？（　　）

A. 拒绝支付余款违反诚实信用原则

B. 晴天公司如因投资协议的履行产生争议，可提起行政诉讼

C.《关于招商引资的意见》不属于具体行政行为

D. 张某所获得的10万元不需缴纳个人所得税

2. 2021年2月，原为国务院议事协调机构的国务院扶贫开发领导小组被改组为国家乡村振兴局，作为国务院直属机构。对此，下列哪些说法是错误的？（　　）

A. 国务院扶贫开发领导小组的编制单独设立

B. 国务院扶贫开发领导小组主管特定业务，承担行政管理职能

C. 国家乡村振兴局的设立由国务院决定

D. 国家乡村振兴局可以制定规章

3. 某县政府及县交通局多名公务员收受经济贿赂，下列对涉案公务员进行处分的做法，不正确的是？（　　）

A. 科长甲有三个应当被记大过18个月的处分，合并执行不得超过48个月

B. 调研员乙受到降级两年的处分，期满后处分解除，恢复了原级别、原职务并可正常晋升工资

C. 副县长丙因为徇私枉法被判刑并罢免了职务，无须再给予处分

D. 交通局副局长丁受到了撤职的处分，为期12个月

4. 下列哪些行为属于具体行政行为？（　　）

A. 县公安局致函县交通局要求对专车司机田某进行调查

B. 防汛指挥部发布大雨蓝色预警，请市民出行注意安全

C. 中国证监会对某公司负责人采取终身禁入证券市场措施

D. 证监局向某证券公司出具警示函，指出其执业中存在的问题并责令采取整改措施

5. 关于部门规章的权限，下列哪些说法是正确的？（　　）

A. 对行政强制措施相关事项作出具体规定

B. 对行政许可相关事项作出具体规定

C. 对行政处罚地域管辖作出特殊规定

D. 对行政处罚违法所得的计算作出特殊规定

6. 某县生态环境局检查一家养殖场时，发现其利用渗井排放污水，遂当场下发《责令停产整改决定书》。该养殖场不服，提起行政诉讼。对此，下列说法错误的是？（　　）

A. 养殖场提起诉讼的期限是60日

B.《责令停产整改决定书》属于责令改正违法行为

C.《责令停产整改决定书》属于行政命令

D. 若县生态环境局决定关闭该企业，需报有关政府批准

7. 甲市政府发布《关于限制道路通行的通告》，自7月20日至25日某路段禁止通行。甲市乙区公安分局交警大队通过监控发现张某违反限行规定，遂作出500元罚款决定。张某向乙区政府申请行政复议，乙区政府复议维持。后张某提起诉讼。关于本案，下列哪些说法是正确的？（　　）

A.《关于限制道路通行的通告》不属于具体行政行为

B. 对张某的处罚可适用简易程序

C. 被告是乙区公安分局交警大队和区政府

D. 对张某的监控记录未经审核不得作为证据使用

8. 市交通局决定扣押10辆从事非法营运的私家车，并将查封的10辆汽车委托当地一家停车场保管，为期3个月。对此，下列哪些说法是正确的？（　　）

A. 扣押小轿车应由两个以上执法人员实施

B. 市交通局应当向10名车辆司机收取停车费

C. 市交通局执法人员应当现场制作并交付扣押清单

D. 如经查不需扣押，市交通局应作出解除扣押的决定

9. 某森林公安局以某公司违规铲除植被为由，责令其恢复植被，并罚款3万元。该公司缴纳罚款后，森林公安局即办理了结案手续。森林检察院发现这一情况后，向森林公安局发出责令该公司恢复植被的检察建议，森林公安局未予理睬。森林检察院遂向法院提起诉讼。关于本案，下列哪些说法是正确的？（　　）

A. 本案是行政公益诉讼

B. 检察院提出检察建议是公益诉讼的前置程序

C. 只有民间公益诉讼组织不提起诉讼，检察院才能提起诉讼

D. 检察院的起诉期限是6个月

10. 晴天公司向某区公安分局申请公开对甲公司进行的执法检查记录，某区公安分局以该信息涉及甲公司的商业秘密且与晴天公司无关为由，拒绝公开。晴天公司遂向市公安局申请复议。市公安局以区公安分局作出决定超期为由，确认违法并作出不予公开的复议决定。对此，下列哪些说法是正确的？（　　）

A. 市公安局应对复议决定的合法性承担证明责任

B. 本案被告是区公安分局和市公安局

C. 该事项应为区公安分局主动公开事项

D. 本案应由区公安分局所在地法院管辖

11. 某船舶公司向某区政府申请设置和经营港口，区政府向当地海事管理局征求意见，海事管理局复函该公司不具备设置条件。区政府经实地勘验、专家评估和研究以后，作出不予许可的决定。对此，下列哪些说法是正确的？（　　）

A. 船舶公司可以对复函提起行政诉讼

B. 不予许可决定一经送达即发生法律效力

C. 专家评估时间不计入行政许可的期限

D. 如船舶公司起诉，法院应当将海事管理局列为第三人

12. 晴天公司涉嫌排放污染物，生态环境局对其罚款10万元，并责令其改正违法行为。晴天公司在催告后逾期不缴纳罚款，也不申请行政复议或提起行政诉讼。生态环境局遂向法院申请强制执行。关于本案，下列哪些说法是错误的？（　　）

A. 法院执行庭应对被执行行为的合法性进行审查

B. 生态环境局应当向晴天公司所在地的基层法院申请强制执行

C. 生态环境局应当缴纳执行费用

D. 如法院经审查认为符合强制执行条件，应判决予以执行

13. 某县公安局以涉嫌故意伤害罪为由对朱某予以刑事拘留，县检察院批准逮捕。县检察院对朱某提起公诉，后以证据不足为由撤诉。朱某被释放后申请国家赔偿。关于本案，下列哪些说法是正确的？（　　）

A. 给予朱某的精神损害抚慰金不得低于侵犯人身自由赔偿金的两倍

B. 赔偿义务机关不可就赔偿项目与朱某进行协商

C. 朱某可以向赔偿义务机关的上一级机关申请复议

D. 赔偿义务机关应为县检察院

三、不定项选择题

李某因涉嫌犯罪被立案侦查，后经县检察院批准逮捕，县法院一审判处李某犯某罪，判处有期徒刑1年，缓刑2年；犯另一罪，判处有期徒刑2年，缓刑2年；合并执行2年，缓刑2年6个月。判决当日李某被释放。后李某上诉，市中级人民法院判决维持原判。李某申请省高级人民法院再审。省高级人民法院判决撤销第一个罪，另一罪判处有期徒刑2年，缓刑2年。关于本案，下列哪些说法是正确的？（　　）

A. 如果赔偿李某的话，赔偿义务机关是市中级人民法院

B. 李某所犯另一罪未被撤销，所以不予赔偿

C. 李某雇请律师的费用不属于赔偿范围

D. 李某所犯另一罪被判缓刑，国家应予赔偿

2021年客观题试题 参考答案及解析

一、单项选择题

1.【参考答案】 A

【解析】 《行政法规制定程序条例》第35条规定:"国务院可以根据全面深化改革、经济社会发展需要,就行政管理等领域的特定事项,决定在一定期限内在部分地方暂时调整或者暂时停止适用行政法规的部分规定。"据此,应选择A选项,BCD选项不应选。

2.【参考答案】 B

【解析】 A选项说法错误。只要当事人签订的属于行政协议,人民法院即要受理由此引起的争议,并不能因为当事人约定了仲裁条款即裁定不予受理。

B选项说法正确。最高人民法院《关于审理行政协议案件若干问题的规定》(以下在本题中简称《行政协议规定》)第10条规定:"被告对于自己具有法定职权、履行法定程序、履行相应法定职责以及订立、履行、变更、解除行政协议等行为的合法性承担举证责任。原告主张撤销、解除行政协议的,对撤销、解除行政协议的事由承担举证责任。对行政协议是否履行发生争议的,由负有履行义务的当事人承担举证责任。"本题中,晴天公司请求解除涉案协议,应当对解除协议的事由承担举证责任。

C选项说法错误。《行政协议规定》第23条规定:"人民法院审理行政协议案件,可以依法进行调解。人民法院进行调解时,应当遵循自愿、合法原则,不得损害国家利益、社会公共利益和他人合法权益。"

D选项说法错误。《行政协议规定》第26条规定:"行政协议约定仲裁条款的,人民法院应当确认该条款无效,但法律、行政法规或者我国缔结、参加的国际条约另有规定的除外。"据此可知,虽然行政协议中约定有仲裁条款,但人民法院审理行政协议案件时,只是确认该条款无效,并不因此导致该行政协议无效。

3.【参考答案】 A

【解析】 A选项说法正确。《税收征收管理法》第40条第1款规定:"从事生产、经营的纳税人、扣缴义务人未按照规定的期限缴纳或者解缴税款,纳税担保人未按照规定的期限缴纳所担保的税款,由税务机关责令限期缴纳,逾期仍未缴纳的,经县以上税务局(分局)局长批准,税务机关可以采取下列强制执行措施:(一)书面通知其开户银行或者其他金融机构从其存款中扣缴税款;(二)扣押、查封、依法拍卖或者变卖其价值相当于应纳税款的商品、货物或者其他财产,以拍卖或者变卖所得抵缴税款。"

B选项说法错误。《行政复议法》第27条规定:"对海关、金融、外汇管理等实行垂直领导的行政机关、税务和国家安全机关的行政行为不服的,向上一级主管部门申请行政复议。"我国目前税务机关实行垂直管理体制,本题中晴天公司不服市税务局1万元的罚款决定,应向上一级税务机关申请复议。

C选项说法错误。《税收征收管理法》第88条规定:"纳税人、扣缴义务人、纳税担保人同税务机关在纳税上发生争议时,必须先依照税务机关的纳税决定缴纳或者解缴税款及滞纳金或者提供相应的担保,然后可以依法申请行政复议;对行政复议决定不服的,可以依法向人民法院起诉。当事人对税务机关的处罚决定、强制执行措施或者税收保全措施不服的,可以依法申请行政复议,也可以依法向人民法院起诉……"依照上述规定可知:在税收征收管理领域,行政相对人与税务机关发生争议后,在提起行政诉讼前,需要先申请行政复议。

D选项说法错误。关于行政相对人申请行政复议的期限,《税收征收管理法》并未作出特别规定,因此适用《行政复议法》有关申请复议的一般期限规定。《行政复议法》第20条规定:"公民、法人或者其他组织认为行政行为侵犯其合法权益的,可以自知道或者应当知道该行政行为之日起六十日内提出行政复议申请;但是法律规定的申请期限超过六十日的除外。因不可抗力或者其他正当理由耽误法定申请期限的,申请期限自障碍消除之日起继续计算。行政机关作出行政行为时,未告知公民、法人或者其他组织申请行政复议的权利、行政复议机关和申请期限的,申请期限自公民、法人或者其他组织知道或者应当知道申请行政复议的权利、行政复议机关和申请期限之日起计算,但是自知道或者应当知道行政行为内容之日起最长不得超过一年。"

二、多项选择题

1.【参考答案】 ABC

【解析】 A选项说法正确。按照诚实信用原则,保护相对人信赖利益是信赖保护原则重要组成内容,其要求行政机关作出的承诺负有兑现义务。

本题中，既然是政府发文承诺给予招商引资人奖金，就应当兑现自己的承诺，向张某全额支付奖励，其只支付部分奖金而拒绝支付尾款的行为，有违信赖保护原则。

B 选项说法正确。最高人民法院《关于审理行政协议案件若干问题的规定》第 1 条规定，行政机关为了实现行政管理或者公共服务目标，与公民、法人或者其他组织协商订立的具有行政法上权利义务内容的协议，属于《行政诉讼法》第 12 条第 1 款第 11 项规定的行政协议。第 2 条规定："公民、法人或者其他组织就下列行政协议提起行政诉讼的，人民法院应当依法受理：……（五）符合本规定第一条规定的政府与社会资本合作协议……"本题中，晴天公司与市招商局签订投资协议，以建设经营移交方式出资 3000 万元建设了一个大型特色风情街，符合政府与社会资本的合作协议特点。晴天公司因履行协议产生纠纷，可以依法提起行政诉讼。

C 选项说法正确。市政府发布《招商引资的意见》针对的是不确定对象，且具有反复实施效力，不符合具体行政行为相对人特定、效力一次性的特点，不属于具体行政行为。

D 选项说法错误。《个人所得税法》第 4 条规定："下列各项个人所得，免征个人所得税：（一）省级人民政府、国务院部委和中国人民解放军军以上单位，以及外国组织、国际组织颁发的科学、教育、技术、文化、卫生、体育、环境保护等方面的奖金……"根据上述规定，只有省级人民政府、国务院部委和中国人民解放军军以上单位，以及外国组织、国际组织颁发的奖金才免征个人所得税。

2.**【参考答案】** AB

【解析】 A 选项说法错误。《国务院行政机构设置和编制管理条例》第 20 条规定："国务院议事协调机构不单独确定编制，所需要的编制由承担具体工作的国务院行政机构解决。"

B 选项说法错误。《国务院行政机构设置和编制管理条例》第 6 条规定："……国务院组成部门管理的国家行政机构由国务院组成部门管理，主管特定业务，行使行政管理职能。国务院议事协调机构承担跨国务院行政机构的重要业务工作的组织协调任务。国务院议事协调机构议定的事项，经国务院同意，由有关的行政机构按照各自的职责负责办理……"

C 选项说法正确。《国务院行政机构设置和编制管理条例》第 8 条规定："国务院直属机构、国务院办事机构和国务院组成部门管理的国家行政机构的设立、撤销或者合并由国务院机构编制管理机关提出方案，报国务院决定。"

D 选项说法正确。《立法法》第 91 条第 1 款规定："国务院各部、委员会、中国人民银行、审计署和具有行政管理职能的直属机构以及法律规定的机构，可以根据法律和国务院的行政法规、决定、命令，在本部门的权限范围内，制定规章。"结合上述规定可知，作为国务院直属机构的国家乡村振兴局有权制定规章。

3.**【参考答案】** BCD

【解析】 A 选项说法正确。应当给予开除以外多个相同种类处分的，执行该处分，并在一个处分期以上、多个处分期之和以下，决定处分期；但处分期最长不得超过 48 个月。对于本题，单个记大过处分期限为 18 个月，多个记大过处分合并执行，应当在一个处分期（18 个月）以上，多个处分期总和（54 个月）之下，但处分期最长不得超过 48 个月。综合三个条件，对科长甲的处分不得超过 48 个月。

B 选项说法错误。处分解除后，晋升职务、级别和工资档次不再受原处分影响；但解除降级、撤职处分的，不视为恢复原级别、原职务。可见，处分解除后，行政机关不能自动恢复公务员原级别、原职务。

C 选项说法错误。公务员被罢免、免职或者辞去领导职务后，只是领导职务不在，但依然还是公务员，自然还可以被处分。

D 选项说法错误。撤职处分的处分期限为 24 个月。

4.**【参考答案】** CD

【解析】 A 选项不当选。具体行政行为的构成需要具备四个特征：特定性、处分性、外部性、行政性。县公安局致函县交通局要求对专车司机田某进行调查是内部行为，这个行为针对的对象是行政机关中的其他机构，是"自己人"，不具备外部性。

B 选项不当选。防汛指挥部发布的预警信息，属于信息提供行为，对象不确定，且没有直接法律效果，不属于具体行政行为。

C 选项当选。中国证监会对某公司负责人采取的终身禁入措施，符合前述四个特征要素，属于典型的具体行政行为。

D 选项当选。证监局虽然发出的是"警示函"，但其内容"责令采取整改措施"直接为当事人设定了作为义务，符合"处分性"特征，属于具体行政行为。

5.【参考答案】 BCD

【解析】 A选项说法错误。根据《行政强制法》规定，部门规章既无行政强制措施的设定权，也无行政强制措施的具体规定权。

B选项说法正确。《行政许可法》第16条规定："行政法规可以在法律设定的行政许可事项范围内，对实施该行政许可作出具体规定。地方性法规可以在法律、行政法规设定的行政许可事项范围内，对实施该行政许可作出具体规定。规章可以在上位法设定的行政许可事项范围内，对实施该行政许可作出具体规定。法规、规章对实施上位法设定的行政许可作出的具体规定，不得增设行政许可；对行政许可条件作出的具体规定，不得增设违反上位法的其他条件。"根据上述规定可知，部门规章有权对实施上位法设定的行政许可作出具体规定。

C选项说法正确。《行政处罚法》第22条规定："行政处罚由违法行为发生地的行政机关管辖。法律、行政法规、部门规章另有规定的，从其规定。"

D选项说法正确。《行政处罚法》第28条规定："行政机关实施行政处罚时，应当责令当事人改正或者限期改正违法行为。当事人有违法所得，除依法应当退赔的外，应当予以没收。违法所得是指实施违法行为所取得的款项。法律、行政法规、部门规章对违法所得的计算另有规定的，从其规定。"

6.【参考答案】 ABC

【解析】 A选项说法错误。行政诉讼起诉期限通常为行政相对人知道行政行为之日起6个月，但法律另有规定的除外。本题涉及《水污染防治法》的适用，考查该法对行政诉讼的起诉期限是否作出专门规定。由于《水污染防治法》并未就当事人不服生态环境保护部门的行政行为的起诉期限作出专门规定，故应当适用《行政诉讼法》规定的6个月起诉期限。

B、C选项说法错误。责令停产停业属于行政处罚，责令改正违法行为是与行政处罚相并列的行政命令。前者属于限制当事人从事相关活动的行为罚，后者仅仅责令当事人恢复违法行为破坏的秩序，不具有制裁性。本题中责令停产整改中的"停产"直接导致养殖场运营停止，带有惩戒性质，应属于行政处罚。

D选项说法正确。《水污染防治法》第83条规定："违反本法规定，有下列行为之一的，由县级以上人民政府环境保护主管部门责令改正或者责令限制生产、停产整治，并处十万元以上一百万元以下的罚款；情节严重的，报经有批准权的人民政府批准，责令停业、关闭：(一)未依法取得排污许可证排放水污染物的；(二)超过水污染物排放标准或者超过重点水污染物排放总量控制指标排放水污染物的；(三)利用渗井、渗坑、裂隙、溶洞，私设暗管，篡改、伪造监测数据，或者不正常运行水污染防治设施等逃避监管的方式排放水污染物的；(四)未按照规定进行预处理，向污水集中处理设施排放不符合处理工艺要求的工业废水的。"据此可知，在养殖场违法行为情节严重的情况下，生态环境保护部门在作出责令企业关闭之前，需要报经有批准权的人民政府批准。

7.【参考答案】 ACD

【解析】 A选项说法正确。具体行政行为与抽象行政行为的区别在于：第一，行为的对象是否明确具体；第二，行为是否具有反复适用的效力。本题中，甲市政府发布的交通限行通告针对的是不特定对象，且在限行期限内可以反复适用，符合抽象行政行为特征，不属于具体行政行为。

B选项说法错误。《行政处罚法》第51条规定了行政处罚简易程序的适用条件："违法事实确凿并有法定依据，对公民处以二百元以下、对法人或者其他组织处以三千元以下罚款或者警告的行政处罚的，可以当场作出行政处罚决定。法律另有规定的，从其规定。"对照此规定可知，乙区交警大队对张某作出500元的罚款决定，不能适用简易程序。

C选项说法正确。《行政诉讼法》第26条规定："公民、法人或者其他组织直接向人民法院提起诉讼的，作出行政行为的行政机关是被告。经复议的案件，复议机关决定维持原行政行为的，作出原行政行为的行政机关和复议机关是共同被告……"本题中，被告应当是乙区公安分局交警大队和区政府。

D选项说法正确。《行政处罚法》第41条第1、2款规定："行政机关依照法律、行政法规规定利用电子技术监控设备收集、固定违法事实的，应当经过法制和技术审核，确保电子技术监控设备符合标准、设置合理、标志明显，设置地点应当向社会公布。电子技术监控设备记录违法事实应当真实、清晰、完整、准确。行政机关应当审核记录内容是否符合要求；未经审核或者经审核不符合要求的，不得作为行政处罚的证据。"据此可知，乙区公安分局交警大队对张某的监控记录应当经过审核，未经审核不得作为处罚的证据。

8.【参考答案】 ACD

【解析】 A 选项说法正确。《行政强制法》第 18 条规定:“行政机关实施行政强制措施应当遵守下列规定:……(二)由两名以上行政执法人员实施……”本题中市交通局执法人员在采取扣押车辆行为时,要求由两名以上执法人员具体实施。

B 选项说法错误。《行政强制法》第 26 条规定:“对查封、扣押的场所、设施或者财物,行政机关应当妥善保管,不得使用或者损毁;造成损失的,应当承担赔偿责任。对查封的场所、设施或者财物,行政机关可以委托第三人保管,第三人不得损毁或者擅自转移、处置。因第三人的原因造成的损失,行政机关先行赔付后,有权向第三人追偿。因查封、扣押发生的保管费用由行政机关承担。”本题中,市交通局扣押车辆的保管费用应当由其自行承担。

C 选项说法正确。《行政强制法》第 24 条规定:“行政机关决定实施查封、扣押的,应当履行本法第十八条规定的程序,制作并当场交付查封、扣押决定书和清单……”本题中,市交通局执法人员扣押涉案车辆时,依法应当制作并当场交付扣押决定书和清单。

D 选项说法正确。《行政强制法》第 28 条第 1 款规定:“有下列情形之一的,行政机关应当及时作出解除查封、扣押决定:(一)当事人没有违法行为;(二)查封、扣押的场所、设施或者财物与违法行为无关;(三)行政机关对违法行为已经作出处理决定,不再需要查封、扣押;(四)查封、扣押期限已经届满;(五)其他不再需要采取查封、扣押措施的情形。”第 27 条规定:“行政机关采取查封、扣押措施后,应当及时查清事实,在本法第二十五条规定的期限内作出处理决定。对违法事实清楚,依法应当没收的非法财物予以没收;法律、行政法规规定应当销毁的,依法销毁;应当解除查封、扣押的,作出解除查封、扣押的决定。”

9.【参考答案】 AB

【解析】 A、B 选项说法正确。《行政诉讼法》第 25 条规定:“……人民检察院在履行职责中发现生态环境和资源保护、食品药品安全、国有财产保护、国有土地使用权出让等领域负有监督管理职责的行政机关违法行使职权或者不作为,致使国家利益或者社会公共利益受到侵害的,应当向行政机关提出检察建议,督促其依法履行职责。行政机关不依法履行职责的,人民检察院依法向人民法院提起诉讼。”根据该规定,检察机关被赋予了提起检察公益诉讼的法定职责,同时立法也明确了检察机关提起检查公益诉讼的基本程序,即先向作出行政违法行为的行政机关提出检察建议,督促其纠正违法或依法履责,在不奏效的情况下,再向人民法院提起诉讼。

C、D 选项说法错误。由于《行政诉讼法》第 25 条并未明确赋予民间公益组织提起行政公益诉讼的权利,所以,C 选项的说法缺乏法律依据,不应选。另外,该条也未就人民检察院向人民法院提起检察公益诉讼的期限作出明确规定,D 选项说法缺少明确法律依据,不应选。

10.【参考答案】 ABC

【解析】 A 选项说法正确。《行诉解释》第 135 条规定:“复议机关决定维持原行政行为的,人民法院应当在审查原行政行为合法性的同时,一并审查复议决定的合法性。作出原行政行为的行政机关和复议机关对原行政行为合法性共同承担举证责任,可以由其中一个机关实施举证行为。复议机关对复议决定的合法性承担举证责任。复议机关作共同被告的案件,复议机关在复议程序中依法收集和补充的证据,可以作为人民法院认定复议决定和原行政行为合法的依据。”据此可知,作为共同被告的市公安局应当就复议决定的合法性承担举证责任。

B 选项说法正确。《行诉解释》第 22 条规定:“行政诉讼法第二十六条第二款规定的‘复议机关改变原行政行为’,是指复议机关改变原行政行为的处理结果。复议机关改变原行政行为所认定的主要事实和证据、改变原行政行为所适用的规范依据,但未改变原行政行为处理结果的,视为复议机关维持原行政行为。复议机关确认原行政行为无效,属于改变原行政行为。复议机关确认原行政行为违法,属于改变原行政行为,但复议机关以违反法定程序为由确认原行政行为违法的除外。”本题中,市公安局的复议决定以区公安分局的决定超期为由确认违法,同时作出不予公开的决定,依照前述规定,依然属于维持区公安分局的行政行为。《行政诉讼法》第 26 条第 2 款规定:“经复议的案件,复议机关决定维持原行政行为的,作出原行政行为的行政机关和复议机关是共同被告;复议机关改变原行政行为的,复议机关是被告。”据此,本题中行政诉讼被告应当为区公安分局和市公安局。

C 选项说法正确。《政府信息公开条例》第 20 条规定:“行政机关应当依照本条例第十九条的规定,主动公开本行政机关的下列政府信息:……

(六)实施行政处罚、行政强制的依据、条件、程序以及本行政机关认为具有一定社会影响的行政处罚决定……”据此可知,行政机关实施处罚的情况属于主动公开事项。

D选项说法错误。《行政诉讼法》第18条第1款规定:“行政案件由最初作出行政行为的行政机关所在地人民法院管辖。经复议的案件,也可以由复议机关所在地人民法院管辖。”本题为经过复议的案件,既可以由区公安分局所在地的法院管辖,也可以由市公安局所在地的法院管辖。

11.**【参考答案】** BC

【解析】 A选项说法错误。选项A考查考生对行政诉讼受案范围尤其是过程性行为的理解。《行诉解释》第1条规定:“公民、法人或者其他组织对行政机关及其工作人员的行政行为不服,依法提起诉讼的,属于人民法院行政诉讼的受案范围。下列行为不属于人民法院行政诉讼的受案范围:……(六)行政机关为作出行政行为而实施的准备、论证、研究、层报、咨询等过程性行为……”上述第6项指向过程性行为。本题中,海事管理局针对区政府发出复函,就船舶公司不具备设置条件提出意见,即属于上述过程性行为,该行为并未直接针对船舶公司作出,也未直接处分其权利义务,不属于行政诉讼受案范围。

B选项说法正确。本题中,区政府根据征询意见情况,并经实地勘验、听取专家评估意见和研究后,作出最终不予许可的决定,该决定属于对船舶公司申请的驳回决定,具有具体行政行为属性,一旦送达即发生法律效力。

C选项说法正确。《行政许可法》第45条规定:“行政机关作出行政许可决定,依法需要听证、招标、拍卖、检验、检测、检疫、鉴定和专家评审的,所需时间不计算在本节规定的期限内。行政机关应当将所需时间书面告知申请人。”

D选项说法错误。《行政诉讼法》第29条规定:“公民、法人或者其他组织同被诉行政行为有利害关系但没有提起诉讼,或者同案件处理结果有利害关系的,可以作为第三人申请参加诉讼,或者由人民法院通知参加诉讼。人民法院判决第三人承担义务或者减损第三人权益的,第三人有权依法提起上诉。”本题中,海事管理局只是应区政府要求提供咨询意见,区政府作出的不予许可决定是其综合海事管理局意见、实地考察、专家评估等因素最后确定的。区政府的行政行为被诉,法院对该案审理的结果不会对海事管理局产生影响,因此,该局不应作为行政诉讼案件的第三人。

12.**【参考答案】** ABCD

【解析】 A、D选项说法错误。《行诉解释》第160条第1款规定:“人民法院受理行政机关申请执行其行政行为的案件后,应当在七日内由行政审判庭对行政行为的合法性进行审查,并作出是否准予执行的裁定。”据此可知,对行政机关提出的强制执行申请,是由人民法院行政审判庭进行合法性审查,且准予执行是以法院裁定形式作出,而非以判决形式作出。

B选项说法错误。《行诉解释》第157条规定,行政机关申请人民法院强制执行其行政行为的,由申请人所在地的基层人民法院受理。本题中,受理生态环境局强制执行申请的应当是该局所在地的基层法院。

C选项说法错误。申请人民法院强制执行,行政机关不缴纳申请费。强制执行的费用由被执行人承担。可见,C选项认为的生态环境局应当缴纳执行费用是错误的。

13.**【参考答案】** CD

【解析】 A选项说法错误。《国家赔偿法》第35条规定:“有本法第三条或者第十七条规定情形之一,致人精神损害的,应当在侵权行为影响的范围内,为受害人消除影响,恢复名誉,赔礼道歉;造成严重后果的,应当支付相应的精神损害抚慰金。”为了合理确定精神损害赔偿责任,2021年4月1日起施行的最高人民法院《关于审理国家赔偿案件确定精神损害赔偿责任适用法律若干问题的解释》第8条规定:“致人精神损害,造成严重后果的,精神损害抚慰金一般应当在国家赔偿法第三十三条、第三十四条规定的人身自由赔偿金、生命健康赔偿金总额的百分之五十以下(包括本数)酌定;后果特别严重,或者虽然不具有本解释第七条第二款规定情形,但是确有证据证明前述标准不足以抚慰的,可以在百分之五十以上酌定。”

B选项说法错误。《国家赔偿法》第23条第1款规定:“赔偿义务机关应当自收到申请之日起两个月内,作出是否赔偿的决定。赔偿义务机关作出赔偿决定,应当充分听取赔偿请求人的意见,并可以与赔偿请求人就赔偿方式、赔偿项目和赔偿数额依照本法第四章的规定进行协商。”

C选项说法正确。《国家赔偿法》第24条第1、2款规定:“赔偿义务机关在规定期限内未作出是否赔偿的决定,赔偿请求人可以自期限届满之日起三十日内向赔偿义务机关的上一级机关申请复议。

赔偿请求人对赔偿的方式、项目、数额有异议的，或者赔偿义务机关作出不予赔偿决定的，赔偿请求人可以自赔偿义务机关作出赔偿或者不予赔偿决定之日起三十日内，向赔偿义务机关的上一级机关申请复议。”

D选项说法正确。要正确回答本题，首先需要确定赔偿义务机关。朱某先被刑事拘留，后被批准逮捕，检察院提起了公诉，随后又撤诉。作出逮捕决定的县检察院为赔偿义务机关。

三、不定项选择题

【参考答案】 ABC

【解析】 A选项说法正确。《国家赔偿法》第21条规定：“行使侦查、检察、审判职权的机关以及看守所、监狱管理机关及其工作人员在行使职权时侵犯公民、法人和其他组织的合法权益造成损害的，该机关为赔偿义务机关。对公民采取拘留措施，依照本法的规定应当给予国家赔偿的，作出拘留决定的机关为赔偿义务机关。对公民采取逮捕措施后决定撤销案件、不起诉或者判决宣告无罪的，作出逮捕决定的机关为赔偿义务机关。再审改判无罪的，作出原生效判决的人民法院为赔偿义务机关。二审改判无罪，以及二审发回重审后作无罪处理的，作出一审有罪判决的人民法院为赔偿义务机关。”最高人民法院《关于人民法院执行〈中华人民共和国国家赔偿法〉几个问题的解释》第5条规定：根据《国家赔偿法》第19条（现在的第21条）第4款“再审改判无罪的，作出原生效判决的人民法院为赔偿义务机关”的规定，原一审人民法院作出判决后，被告人没有上诉，人民检察院没有抗诉，判决发生法律效力的，原一审人民法院为赔偿义务机关；被告人上诉或者人民检察院抗诉，原二审人民法院维持一审判决或者对一审人民法院判决予以改判的，原二审人民法院为赔偿义务机关。本题中，对于李某第一个罪，省高级人民法院再审改判无罪，作出有罪判决的是作为二审法院的市中级人民法院，依前述规定，应当由其作为赔偿义务机关。

最高人民法院《关于人民法院执行〈中华人民共和国国家赔偿法〉几个问题的解释》第4条规定：根据《国家赔偿法》第26条（现在的第33条）、第27条（现在的第34条）的规定，人民法院判处管制、有期徒刑缓刑、剥夺政治权利等刑罚的人被依法改判无罪的，国家不承担赔偿责任，但是，赔偿请求人在判决生效前被羁押的，依法有权取得赔偿。本题中，虽然李某第一个罪被撤销，但第二个罪依然被维持，不符合前述规定，因此，B选项说法正确。此外，李某虽然另一罪被判缓刑，但根据前述规定，只有在该罪被改判无罪的情况下，国家才对此前的羁押行为承担赔偿责任，因此，D选项的表述错误。

《国家赔偿法》第33条规定：“侵犯公民人身自由的，每日赔偿金按照国家上年度职工日平均工资计算。”本题中，李某的人身自由受到侵害的，依法领取相应赔偿金，律师费用不在赔偿范围之内。C选项说法正确。

2020年客观题试题

一、单项选择题

1. 根据《公务员法》规定，聘任制公务员按照国家规定实行协议工资制，关于协议工资制的具体办法，由下列哪一部门制定？（　　）

A. 中央公务员主管部门

B. 省级以上人力资源和社会保障主管部门

C. 省级以上公务员主管部门

D. 国务院人力资源和社会保障主管部门

2. 相关法律规定，人类遗传资源许可由省级科技主管部门初审，报科技部作出行政许可决定。某医院向省科技厅提交人类遗传资源国际合作许可申请，省科技厅同意并上报科技部，科技部经审查不予许可。下列说法正确的是：（　　）

A. 科技部在审查时可要求医院再次提供申请材料

B. 如果医院提起行政诉讼，被告是科技部

C. 如果医院申请复议，科技部为复议机关

D. 如果省科技厅不同意上报科技部，医院不服提起行政诉讼，省科技厅和科技部为共同被告

3. 某县公证处根据当事人申请，复查该公证处某份具有强制执行效力的债权文书，确定李某为公证办理的承办人，并发现档案中无借款人、抵押人、保证人的公证申请表单、询问笔录等能够证明其申请公证的相关材料，对于这种情况，下列哪一项是正确的处理？（　　）

A. 县司法局对县公证处给予警告和罚款2000元的处罚

B. 县公证处需报县司法局同意后才能撤销该公证文书

C. 当事人可就该债权文书赔偿事宜向法院提起民事诉讼

D. 省公证协会决定对李某给予停业处罚

4. 某县政府为保障水上交通安全,对其辖区一水库内船舶进行清理整顿。因沈某船舶未到港务监督机构进行登记,县政府要求沈某将船舶驶向指定地点,限期不得驶离。关于这一措施的性质,下列选项正确的是:(　　)

A. 属于查封设施

B. 属于其他行政强制措施

C. 属于扣押财物

D. 属于行政强制执行

5. 某公司附近居民沈某认为该公司超标排放污水,向区生态环境局申请公开该公司的环境影响评估报告。该局向公司征求意见,公司以涉及商业秘密为由不同意公开,该局遂以公司不同意公开为由作出拒绝公开答复,下列说法正确的是:(　　)

A. 沈某如果对生态环境局的答复不服,应经行政复议后向法院起诉

B. 生态环境局答复违法

C. 生态环境局向公司征求意见,若公司逾期未提出意见,视为同意公开

D. 若沈某通过互联网提交信息公开申请,其提交之日为生态环境局收到申请的时间

6. 马某失业后向民政局申请最低生活保障金,遭拒后提起行政诉讼,在行政诉讼中,马某申请法院先予执行,关于本案处理,下列选项正确的是:(　　)

A. 马某经行政复议后方能提出先予执行的申请

B. 马某提出先予执行的申请前,应当提供相应担保

C. 如果法院作出先予执行的裁定,民政局可以申请复议

D. 法院应当适用确认判决

二、多项选择题

1. 某石油销售公司未经批准对一处加油站罩棚改造,住房和城乡建设局根据《城乡规划法》第64条规定限其15日内改正,并按工程造价的6%对公司处以1万元罚款。后经公司申请,该局向公司发放城市临时建筑许可证。后接到举报,以公司隐瞒情况为由撤销该局许可证,公司不服提起诉讼。下列说法正确的是:(　　)

A. 城市临时建设许可属于关系公共利益的特定行业的准入类许可

B. 公司申请临时建设许可,应对其申请材料实质内容的真实性负责

C. 若公司逾期不缴纳罚款,住房和城乡建设局有权每日按罚款的3%加以罚款,但加处的数额不得超过1万元

D.《行政许可法》未对撤销行政许可程序作出规定

2. 县生态环境局现场检查发现某公司涉嫌超标排废水,委托市环境监测中心站检测,检测后依据检测报告、现场拍摄的视频以及证人证言对该公司罚款30万元。公司不服向法院起诉,提交了上述证据,下列说法正确的是:(　　)

A. 如果依法应对该公司进行行政处罚,县生态环境局不给予处罚的,市生态环境局可以直接作出处罚决定

B. 证人证言应附有证明证人身份的文件

C. 提交的视频资料应注明制作方法、制作人、制作时间和证明对象等

D. 检测报告是现场笔录

3. 下列哪些行为属于行政强制措施?(　　)

A. 市场监督管理局发现张某销售未经检验检疫的猪肉,暂扣尚未出售的猪肉

B. 李某酒后驾车,公安机关决定暂扣其机动车驾驶证6个月

C. 公安局发现吴某醉酒影响公共秩序,将其带离现场并约束至酒醒

D. 税务稽查局认定某公司涉嫌逃税,为防止其转移财产,扣押其相应财物

4. 某市政府建设管理部门依法授予甲公司城市管道燃气专营权。在甲公司专营权与经营权存续期间内,该市政府建设管理部门确定了城市管道燃气项目招标方案,进行招标,乙公司中标,对招标行为,甲公司提起行政诉讼,下列说法正确的是:(　　)

A. 法院应当受理,乙公司为第三人

B. 授予甲公司城市管道燃气专营权是行政许可

C. 市政府建设管理部门不得撤回甲公司专营权

D. 授予甲公司城市管道燃气专营权是民事行为

5. 王某在下班途中骑摩托遭遇车祸死亡,后交警部门多次调查仍不能判断事故责任,遂出具《交通事故证明书》,载明情况及事发地点,公司向劳动局申请工伤,劳动局以该证明书不能证明事实为由,作出《工伤中止鉴定通知书》,王某之子向该局申请恢复鉴定,该局不予处理,王某之子向法院提起诉讼,请求撤销该通知书,下列选项正确的是:(　　)

A. 王某之子应向法院提供身份证明

B. 公司为第三人

C.《工伤中止鉴定通知书》为可诉行为

D.《交通事故证明书》为行政裁决

6. 2017 年 9 月 10 日，张某因涉嫌合同诈骗罪被刑事拘留，后被逮捕，市检察院向市中级人民法院提起公诉，市中级人民法院以构成合同诈骗罪判处张某有期徒刑 13 年，张某提出上诉，省高级人民法院于 2019 年 10 月 30 日宣告张某无罪，张某于 2019 年 12 月 5 日申请国家赔偿，但是对赔偿义务机关的赔偿数额有异议，下列说法错误的有：(　　)

A. 对侵犯张某人身自由的赔偿金应按照 2017 年度国家职工日平均工资计算

B. 张某可以向赔偿义务机关的上一级机关申请复议

C. 如果张某向省高级人民法院赔偿委员会申请作出赔偿决定，赔偿委员会应当开庭审理

D. 赔偿义务机关为市检察院

三、不定项选择题

某银保监局以某银行业金融机构未按规定提供报表报告资料，依据《银行业监督管理法》对其处以 20 万元罚款，该机构不服并申请行政复议，下列说法正确的是：(　　)

A. 如果该机构与银保监局在复议决定作出前自愿达成和解协议，行政复议应终止

B. 如果该机构逾期不缴纳罚款，银保监局可以通知其开户银行从其存款中扣除相应金额

C. 如果复议期间银保监局将罚款数额改为 10 万元，行政复议应中止

D. 申请行政复议期限为 60 日

2020 年客观题试题
参考答案及解析

一、单项选择题

1.【参考答案】　A

【解析】　本题考查的是对公务员的基本管理制度中的聘任制公务员的协议工资制的制定主体。

《公务员法》第 103 条规定：“聘任合同应当具备合同期限，职位及其职责要求，工资、福利、保险待遇，违约责任等条款。聘任合同期限为一年至五年。聘任合同可以约定试用期，试用期为一个月至十二个月。聘任制公务员实行协议工资制，具体办法由中央公务员主管部门规定。”因此，本题答案为 A。

2.【参考答案】　C

【解析】　关于 A 选项，《行政许可法》第 35 条规定：“依法应当先经下级行政机关审查后报上级行政机关决定的行政许可，下级行政机关应当在法定期限内将初步审查意见和全部申请材料直接报送上级行政机关。上级行政机关不得要求申请人重复提供申请材料。”因此，科技部作为上级行政机关不得要求申请人再次提供申请材料，A 选项错误。

关于 B 选项，最高人民法院《关于审理行政许可案件若干问题的规定》第 4 条规定，“行政许可依法须经上级行政机关批准，当事人对批准或者不批准行为不服一并提起诉讼的，以上级行政机关为共同被告”。本题中，该许可属于经上级机关批准的行为，应以省科技厅和科技部作为共同被告。B 选项错误。

关于 C 选项，《行政复议法》第 25 条规定：“国务院部门管辖下列行政复议案件：(一)对本部门作出的行政行为不服的；(二)对本部门依法设立的派出机构依照法律、行政法规、部门规章规定，以派出机构的名义作出的行政行为不服的；(三)对本部门管理的法律、行政法规、部门规章授权的组织作出的行政行为不服的。”科技部作为国务院组成部门为本案的复议机关，C 选项正确。

关于 D 选项，最高人民法院《关于审理行政许可案件若干问题的规定》第 4 条规定：“……行政许可依法须经下级行政机关或者管理公共事务的组织初步审查并上报，当事人对不予初步审查或者不予上报不服提起诉讼的，以下级行政机关或者管理公共事务的组织为被告。”因此省科技厅不同意上报，当事人起诉的适格被告为省科技厅，D 选项错误。

综上所述，本题答案为 C。

3.【参考答案】　C

【解析】　A、D 选项考查公证处受司法行政部门监督处罚的情形。《公证法》第 42 条第 1、2 款规定，“公证机构及其公证员有下列行为之一的，由省、自治区、直辖市或者设区的市人民政府司法行政部门对公证机构给予警告，并处二万元以上十万元以下罚款，并可以给予一个月以上三个月以下停业整顿的处罚；对公证员给予警告，并处二千元以上一万元以下罚款，并可以给予三个月以上十二个月以下停止执业的处罚；有违法所得的，没收违法所得；情节严重的，由省、自治区、直辖市人民政府

司法行政部门吊销公证员执业证书;构成犯罪的,依法追究刑事责任:(一)私自出具公证书的;(二)为不真实、不合法的事项出具公证书的;(三)侵占、挪用公证费或者侵占、盗窃公证专用物品的;(四)毁损、篡改公证文书或者公证档案的;(五)泄露在执业活动中知悉的国家秘密、商业秘密或者个人隐私的;(六)依照法律、行政法规的规定,应当给予处罚的其他行为。因故意犯罪或者职务过失犯罪受刑事处罚的,应当吊销公证员执业证书”。本题中,公证处档案中无借款人、抵押人、保证人的公证申请表单、询问笔录等能够证明其申请公证的相关材料不属于上述情形,并且只有省、自治区、直辖市人民政府司法行政部门有权对公证处给予警告、罚款,因此县司法局无权对县公证处给予警告、罚款的处罚,A 选项错误。省公证协会没有对公证员给予停止执业处罚的权力,D 选项错误。故 A、D 选项错误,不当选。

B 选项考查的是公证处撤销公证文书的条件。《公证程序规则》第 63 条规定,“公证机构进行复查,应当对申请人提出的公证书的错误及其理由进行审查、核实,区别不同情况,按照以下规定予以处理:……(五)公证书的内容合法、正确,但在办理过程中有违反程序规定、缺乏必要手续的情形,应当补办缺漏的程序和手续;无法补办或者严重违反公证程序的,应当撤销公证书。被撤销的公证书应当收回,并予以公告,该公证书自始无效。公证机构撤销公证书或出具补正公证书的,应当于撤销决定作出或补正公证书出具当日报地方公证协会备案,并录入全国公证管理系统”。本题中县公证处如发现本案基本情况符合《公证程序规则》第 63 条第 5 项情形需要撤销公证文书的,可自行作出撤销决定,只需履行备案和录入义务,并不需报县司法局同意后撤销,故 B 选项错误,不当选。

C 选项考查对公证处公证文书异议的救济途径。《公证程序规则》第 68 条规定:“当事人、公证事项的利害关系人对公证书涉及当事人之间或者当事人与公证事项的利害关系人之间实体权利义务的内容有争议的,公证机构应当告知其可以就该争议向人民法院提起民事诉讼。”因此 C 选项正确。

综上,本题答案为 C。

4.**【参考答案】** C

【解析】 本题考查的是对行政强制措施分类的理解以及对行政强制措施与行政强制执行的区分。

A、B、C 选项考查行政强制措施的分类。《行政强制法》第 9 条规定,“行政强制措施的种类:(一)限制公民人身自由;(二)查封场所、设施或者财物;(三)扣押财物;(四)冻结存款、汇款;(五)其他行政强制措施”。查封与扣押的区别在于:查封是执法中将涉案物品封存在原地;扣押是将涉案物品转移到其他的地方封存。本题中县政府要求沈某将船只驶向指定地点,被采取行政强制措施的船舶发生了移转,因而行政强制措施属于扣押财物,故 C 选项当选。

D 选项考查对行政强制措施和行政强制执行的理解与区分。行政强制措施是指行政机关在实施行政管理的过程中,依法对公民人身自由进行暂时性限制,或者对公民、法人或其他组织的财产实施暂时性控制的措施。行政强制执行是指行政机关或者行政机关申请人民法院,对不履行行政决定的公民、法人或者其他组织,依法强制履行义务的行为。综上,本题县政府要求沈某将船只驶向指定地点,限期不得驶离的行为并不能起到强制沈某履行船舶登记义务的作用,不属于行政强制执行,而属于行政强制措施,故 D 选项错误,本题答案为 C。

5.**【参考答案】** B

【解析】 A 选项考查行政诉讼和行政复议的衔接问题。《行政诉讼法》第 44 条规定:“对属于人民法院受案范围的行政案件,公民、法人或者其他组织可以先向行政机关申请复议,对复议决定不服的,再向人民法院提起诉讼;也可以直接向人民法院提起诉讼。法律、法规规定应当先向行政机关申请复议,对复议决定不服再向人民法院提起诉讼的,依照法律、法规的规定。”判断本案是否属于要求行政复议前置的情况取决于《政府信息公开条例》是否对复议前置作出特殊规定。《政府信息公开条例》第 51 条规定:“公民、法人或者其他组织认为行政机关在政府信息公开工作中侵犯其合法权益的,可以向上一级行政机关或者政府信息公开工作主管部门投诉、举报,也可以依法申请行政复议或者提起行政诉讼。”由于信息公开案件不属于复议前置情形,A 选项错误。

关于 B 选项,《政府信息公开条例》第 15 条规定:“涉及商业秘密、个人隐私等公开会对第三方合法权益造成损害的政府信息,行政机关不得公开。但是,第三方同意公开或者行政机关认为不公开会对公共利益造成重大影响的,予以公开。”本案中,生态环境局不能以该公司不同意为由拒绝公开,而是要衡量是否会对公共利益造成重大影响。如果生态环境局认为不公开可能对公共利益造成重大影响的,决定予以公开。B 选项正确。

关于 C 选项,《政府信息公开条例》第 32 条规定:"依申请公开的政府信息公开会损害第三方合法权益的,行政机关应当书面征求第三方的意见。第三方应当自收到征求意见书之日起 15 个工作日内提出意见。第三方逾期未提出意见的,由行政机关依照本条例的规定决定是否公开……"因此若公司逾期未提出意见,并不视为同意公开,而是需要生态环境局判断决定,故 C 选项错误。

关于 D 选项,《政府信息公开条例》第 31 条第 3 项规定,"(三)申请人通过互联网渠道或者政府信息公开工作机构的传真提交政府信息公开申请的,以双方确认之日为收到申请之日",因此收到申请日并不是沈某通过互联网提交信息公开申请日,故 D 选项错误。

6.【参考答案】 C

【解析】 本题考查行政诉讼先予执行的相关规定。

A、B 选项考查行政诉讼中申请先予执行的条件。《行政诉讼法》第 57 条第 1 款规定:"人民法院对起诉行政机关没有依法支付抚恤金、最低生活保障金和工伤、医疗社会保险金的案件,权利义务关系明确、不先予执行将严重影响原告生活的,可以根据原告的申请,裁定先予执行。"本案中马某申请先予执行的对象是最低生活保障金,属于可申请法院先予执行的情况,且法条并不要求先申请行政复议、申请人提供相应担保,故 A、B 选项错误,不当选。

C 选项考查行政诉讼中先予执行裁定的复议的相关规定。《行政诉讼法》第 57 条第 2 款规定:"当事人对先予执行裁定不服的,可以申请复议一次。复议期间不停止裁定的执行。"民政局作为本案当事人,有权对先予执行的裁定申请复议,故 C 选项正确。

D 选项考查对行政诉讼中确认判决的掌握。确认判决是指法院经审理后,依法确认被诉之对象合法、有效、无效或违法的判决形式。行政诉讼中的确认判决则是司法权通过确认判决对既已存在的行政行为的性质是违法或是无效予以宣告,对行政法律关系的成立或存在与否给予确认。它既不赋予权利,也不课以义务,既不创设法律关系,也不消灭事实;仅仅对发生的争议加以澄清。确认判决不具备可执行性,与本案原告申请先予执行的案件事实不符,因此 D 选项错误,不当选。

综上所述,本题正确答案为 C。

二、多项选择题

1.【参考答案】 BCD

【解析】 A 选项考查直接关系公共利益的特定行业的市场准入行政许可的定义,以及普通许可和特殊许可的区分。《行政许可法》第 12 条规定,"下列事项可以设定行政许可:(一)直接涉及国家安全、公共安全、经济宏观调控、生态环境保护以及直接关系人身健康、生命财产安全等特定活动,需要按照法定条件予以批准的事项;(二)有限自然资源开发利用、公共资源配置以及直接关系公共利益的特定行业的市场准入等,需要赋予特定权利的事项……"《行政许可法》第 67 条规定:"取得直接关系公共利益的特定行业的市场准入行政许可的被许可人,应当按照国家规定的服务标准、资费标准和行政机关依法规定的条件,向用户提供安全、方便、稳定和价格合理的服务,并履行普遍服务的义务……"本题中城市临时建设许可属于第 1 项,是住房和城乡建设局按照法定条件予以批准的许可事项,然而 A 选项中的关系公共利益的特定行业属于第 2 项,涉及自然垄断行业特定权利的赋予,因此 A 选项表述错误,不当选。

B 选项涉及行政许可申请人的义务。《行政许可法》第 31 条第 1 款规定:"申请人申请行政许可,应当如实向行政机关提交有关材料和反映真实情况,并对其申请材料实质内容的真实性负责。行政机关不得要求申请人提交与其申请的行政许可事项无关的技术资料和其他材料。"B 选项表述与法条规定一致,故 B 项当选。

C 选项考查行政处罚加处罚款的规定。《行政处罚法》第 72 条规定,"当事人逾期不履行行政处罚决定的,作出行政处罚决定的行政机关可以采取下列措施:(一)到期不缴纳罚款的,每日按罚款数额的百分之三加处罚款,加处罚款的数额不得超出罚款的数额……"因此,住房和城乡建设局有权每日按罚款的 3% 加处罚款并且加处的数额不得超过行政处罚决定的金额 1 万元,C 选项正确。

D 选项考查的是对《行政许可法》关于撤销行政许可程序的规定。《行政许可法》第 69 条规定:"有下列情形之一的,作出行政许可决定的行政机关或者其上级行政机关,根据利害关系人的请求或者依据职权,可以撤销行政许可……被许可人以欺骗、贿赂等不正当手段取得行政许可的,应当予以撤销。依照前两款的规定撤销行政许可,可能对公共利益造成重大损害的,不予撤销。依照本条第一款的规定撤销行政许可,被许可人的合法权益受到损害的，行政机关应当依法给予赔偿。依照本条第二款的规定撤销行政许可的，被许可人基于行政许可取得的利益不受保护。”《行政许可法》虽然对撤销行政许可的启动机关、启动条件、可撤销具体情形以及撤销后损害赔偿责任作出了相应规定，但是没有对撤销的具体程序进行规定，故 D 选项正确。

综上，本题答案为 BCD。

2.**【参考答案】** ABC

【解析】 关于 A 选项，《环境行政处罚办法》第 17 条第 1 款规定，“县级以上环境保护主管部门管辖本行政区域的环境行政处罚案件”，本题中超标排废水的公司在市生态环境局的行政管辖区域范围内，市生态环境局有权对该公司处以行政处罚。《环境保护法》第 67 条第 2 款规定，“依法应当给予行政处罚，而有关环境保护主管部门不给予行政处罚的，上级人民政府环境保护主管部门可以直接作出行政处罚的决定”，因此市生态环境局可以对该公司超标排污行使管辖权并作出处罚决定，A 选项正确。

关于 B 选项，《环境行政处罚办法》第 32 条第 2 款规定：“证据应当符合法律、法规、规章和最高人民法院有关行政执法和行政诉讼证据的规定，并经查证属实才能作为认定事实的依据。”最高人民法院《关于行政诉讼证据若干问题的规定》（以下在本题中简称《行诉证据规定》）第 13 条规定，“……当事人向人民法院提供证人证言的，应当符合下列要求：（一）写明证人的姓名、年龄、性别、职业、住址等基本情况；（二）有证人的签名，不能签名的，应当以盖章等方式证明；（三）注明出具日期；（四）附有居民身份证复印件等证明证人身份的文件”，因此 B 选项正确。

关于 C 选项，《行诉证据规定》第 12 条第 1、2 项规定，“……当事人向人民法院提供计算机数据或者录音、录像等视听资料的，应当符合下列要求：（一）提供有关资料的原始载体。提供原始载体确有困难的，可以提供复制件；（二）注明制作方法、制作时间、制作人和证明对象等”，故 C 选项正确。

关于 D 选项，《环境行政处罚办法》第 33 条对现场检测笔录进行了规定：“对有关物品或者场所进行检查时，应当制作现场检查（勘察）笔录，可以采取拍照、录像或者其他方式记录现场情况。”本题中市环境监测中心站受委托作出的检测报告并不属于现场检测笔录，而属于《环境行政处罚办法》第 35 条规定的监测报告，因此 D 选项错误。

综上，本题答案为 ABC。

3.**【参考答案】** ACD

【解析】 本题考查行政强制措施与行政处罚的区分。

A、C、D 选项考查对行政强制措施种类的掌握。《行政强制法》第 9 条规定，“行政强制措施的种类：（一）限制公民人身自由；（二）查封场所、设施或者财物；（三）扣押财物；（四）冻结存款、汇款；（五）其他行政强制措施”。A 选项扣押尚未出售的猪肉、D 选项扣押某公司相应财物均属于“（三）扣押财物”，C 选项公安局工作人员将吴某带离现场并约束至酒醒属于“（一）限制公民人身自由”。故 A、C、D 选项当选。

B 选项考查行政处罚与行政强制措施的区分以及行政处罚的种类。行政强制措施，是指行政机关在行政管理过程中，为制止违法行为、防止证据毁损、避免危害发生、控制危险扩大等情形，依法对公民的人身自由实施暂时性限制，或者对公民、法人或者其他组织的财物实施暂时性控制的行为，包括两个主要特征：(1)临时性，即行政强制措施常常是行政主体作出最终行政决定的准备；(2)非惩罚性，即行政强制措施的目的在于预防和制止危害社会行为的发生或者扩大。《行政处罚法》第 9 条规定，“行政处罚的种类：（一）警告、通报批评；（二）罚款、没收违法所得、没收非法财物；（三）暂扣许可证件、降低资质等级、吊销许可证件；（四）限制开展生产经营活动、责令停产停业、责令关闭、限制从业；（五）行政拘留；（六）法律、行政法规规定的其他行政处罚”。机动车驾驶证属于许可证件。此外，《道路交通安全法》第 88 条规定，“对道路交通安全违法行为的处罚种类包括：警告、罚款、暂扣或者吊销机动车驾驶证、拘留”。因此，B 选项中李某被暂扣机动车驾驶证的决定属于行政处罚。故 B 选项不当选。

综上，本题答案为 ACD。

4.**【参考答案】** AB

【解析】 对于 A 选项，《行政诉讼法》第 12 条规定：“人民法院受理公民、法人或者其他组织提起的下列诉讼：……（十一）认为行政机关不依法履行、未按照约定履行或者违法变更、解除政府特许经营协议、土地房屋征收补偿协议等协议的……”因此，法院应当受理。《行政诉讼法》第 29 条第 1 款规定：“公民、法人或者其他组织同被诉行政行为有利害关系但没有提起诉讼，或者同案件处理结果有利害关系的，可以作为第三人申请参加诉讼，或者由人民法院通知参加诉讼。”乙公司作为中标公司，与案件处理结果有利害关系，可申请或者由法院通知作为第三人参加诉讼，因此A选项正确。

对于B选项，《行政许可法》第12条规定：“下列事项可以设定行政许可：（一）直接涉及国家安全、公共安全、经济宏观调控、生态环境保护以及直接关系人身健康、生命财产安全等特定活动，需要按照法定条件予以批准的事项；（二）有限自然资源开发利用、公共资源配置以及直接关系公共利益的特定行业的市场准入等，需要赋予特定权利的事项；（三）提供公众服务并且直接关系公共利益的职业、行业，需要确定具备特殊信誉、特殊条件或者特殊技能等资格、资质的事项；（四）直接关系公共安全、人身健康、生命财产安全的重要设备、设施、产品、物品，需要按照技术标准、技术规范，通过检验、检测、检疫等方式进行审定的事项；（五）企业或者其他组织的设立等，需要确定主体资格的事项；（六）法律、行政法规规定可以设定行政许可的其他事项。”本案中，该资格属于第二种设定行政许可的事项，B选项正确。

对于C选项，《基础设施和公用事业特许经营管理办法》第53条规定：“特许经营者违反法律、行政法规和国家强制性标准，严重危害公共利益，或者造成重大质量、安全事故或者突发环境事件的，有关部门应当责令限期改正并依法予以行政处罚；拒不改正、情节严重的，可以终止特许经营协议；构成犯罪的，依法追究刑事责任。”若甲公司在经营过程中存在上述违法行为，市政府建设管理部门有权终止特许经营权协议，取消其特许经营权，因此C选项表述错误，不当选。

对于D选项，《基础设施和公用事业特许经营管理办法》第14条规定：“县级以上人民政府应当授权有关部门或单位作为实施机构负责特许经营项目有关实施工作，并明确具体授权范围。”该办法第43条进一步规定：“实施机构应当根据特许经营协议，定期对特许经营项目建设运营情况进行监测分析，会同有关部门进行绩效评价，并建立根据绩效评价结果、按照特许经营协议约定对价格或财政补贴进行调整的机制，保障所提供公共产品或公共服务的质量和效率。实施机构应当将社会公众意见作为监测分析和绩效评价的重要内容。”由此可见，本题中的实施机构即市政府建设管理部门在授予甲公司城市管道燃气专营权之后，需要定期对甲公司进行监督和评估，保障其提供城市燃气的质量和效率，并非平等主体之间所形成的民事法律关系。由于市政府在授予甲公司城市管道燃气专营权时行使了公权力，将该行为定义为民事行为不妥当，因此D选项不当选。

综上所述，本题答案为AB。

5.**【参考答案】** ABC

【解析】 A选项考查行政诉讼中近亲属提起诉讼的条件。本题中王某之子作为原告提起诉讼的依据是《行政诉讼法》第25条，该条第1、2款规定：“行政行为的相对人以及其他与行政行为有利害关系的公民、法人或者其他组织，有权提起诉讼。有权提起诉讼的公民死亡，其近亲属可以提起诉讼。”《行诉法解释》第14条对近亲属明确定义为，“包括配偶、父母、子女、兄弟姐妹、祖父母、外祖父母、孙子女、外孙子女和其他具有扶养、赡养关系的亲属”，王某之子在近亲属的范围之内。该司法解释第54条第1款规定：“依照行政诉讼法第四十九条的规定，公民、法人或者其他组织提起诉讼时应当提交以下起诉材料：（一）原告的身份证明材料以及有效联系方式……”因此王某之子作为本案原告应提供身份证明，A选项正确。

B选项考查行政诉讼中第三人的规定。《行政诉讼法》第29条第1款规定：“公民、法人或者其他组织同被诉行政行为有利害关系但没有提起诉讼，或者同案件处理结果有利害关系的，可以作为第三人申请参加诉讼，或者由人民法院通知参加诉讼。”本题中王某之子起诉请求撤销的是劳动局作出的《工伤中止鉴定通知书》，公司与本案结果具有利害关系，因此公司是本案第三人，B选项正确。

C选项考查《工伤中止鉴定通知书》的可诉性。《行政诉讼法》第2条规定：“公民、法人或者其他组织认为行政机关和行政机关工作人员的行政行为侵犯其合法权益，有权依照本法向人民法院提起诉讼。前款所称行政行为，包括法律、法规、规章授权的组织作出的行政行为。”本案中，虽然被告作出中止通知是工伤认定中的一种程序性行为，但该行为将导致原告的合法权益长期乃至永久得不到救济，直接影响了原告的合法权益，对其权利义务产生实质影响，并且原告也无法通过对相关实体性行政行为提起诉讼获得救济。因此，被告作出中止通知，属于可诉行政行为，人民法院应当依法受理。C选项正确。

D选项考查《交通事故证明书》的效力。《道路交通事故处理程序规定》第67条规定：“道路交通事故基本事实无法查清、成因无法判定的，公安机关交通管理部门应当出具道路交通事故证明，载明道路交通事故发生的时间、地点、当事人情况及调查得到的事实,分别送达当事人,并告知申请复核、调解和提起民事诉讼的权利、期限。”本选项中的《交通事故证明书》为上述规定的“交通事故证明”,是交警部门在多次调查仍不能判断事故责任的情况下作出的主要载明事故基本情况以及调查到的基本事实的文件。对于该证明的救济途径,《道路交通事故处理程序规定》第 71 条第 1 款规定:“当事人对道路交通事故认定或者出具道路交通事故证明有异议的,可以自道路交通事故认定书或者道路交通事故证明送达之日起三日内提出书面复核申请。当事人逾期提交复核申请的,不予受理,并书面通知申请人。”因此本案中王某之子可采取的救济途径是申请复核。此外,全国人民代表大会常务委员会法制工作委员会《关于交通事故责任认定行为是否属于具体行政行为,可否纳入行政诉讼受案范围的意见》中明确表示,“交通事故责任认定行为不属于具体行政行为,不能向人民法院提起行政诉讼”。综上所述,首先,《交通事故证明书》作为公安机关交通管理部门作出的仅列明事故基本情况以及调查到的基本事实的文书,并不如行政裁决那般是行政机关或法定授权的组织,依照法律授权,对当事人之间发生的、与行政管理活动密切相关的、与合同无关的民事纠纷进行审查,并作出裁决的具体行政行为。其次,两者在救济途径上也有差异,当事人对《交通事故证明书》有异议只能提出复核申请,而对于行政裁决,当事人既可根据《行政复议法》第 11 条第 15 项申请行政复议,也可根据《行政诉讼法》第 12 条提起行政诉讼。因此 D 选项中的《交通事故证明书》不是行政裁决,D 选项错误。

综上所述,本题答案为 ABC。

6.**【参考答案】** ACD

【解析】 A 选项考查对侵犯公民人身自由的国家赔偿金的计算方式。《国家赔偿法》第 33 条规定:“侵犯公民人身自由的,每日赔偿金按照国家上年度职工日平均工资计算。”最高人民法院、最高人民检察院《关于办理刑事赔偿案件适用法律若干问题的解释》第 21 条第 1 款规定:“国家赔偿法第三十三条、第三十四条规定的上年度,是指赔偿义务机关作出赔偿决定时的上一年度……”本案赔偿义务机关市中级人民法院作出赔偿决定的时间虽不明确,但作出决定日期一定为张某申请国家赔偿的日期之后,即 2019 年 12 月 5 日后。《国家赔偿法》第 23 条第 1 款规定:“赔偿义务机关应当自收到申请之日起两个月内,作出是否赔偿的决定……”因此如市中级人民法院在 2019 年 12 月作出赔偿决定,赔偿标准的“上年度”为 2018 年,如市中级人民法院在 2020 年作出赔偿决定,赔偿标准的“上年度”为 2019 年,故 A 选项错误,当选。

B 选项考查对赔偿数额有异议时的救济途径。《国家赔偿法》第 24 条第 2、3 款规定:“赔偿请求人对赔偿的方式、项目、数额有异议的,或者赔偿义务机关作出不予赔偿决定的,赔偿请求人可以自赔偿义务机关作出赔偿或者不予赔偿决定之日起三十日内,向赔偿义务机关的上一级机关申请复议。赔偿义务机关是人民法院的,赔偿请求人可以依照本条规定向其上一级人民法院赔偿委员会申请作出赔偿决定。”《国家赔偿法》第 25 条规定:“复议机关应当自收到申请之日起两个月内作出决定。赔偿请求人不服复议决定的,可以在收到复议决定之日起三十日内向复议机关所在地的同级人民法院赔偿委员会申请作出赔偿决定;复议机关逾期不作决定的,赔偿请求人可以自期限届满之日起三十日内向复议机关所在地的同级人民法院赔偿委员会申请作出赔偿决定。”据此,赔偿义务机关为法院的,当事人可以向上一级人民法院赔偿委员会申请作出赔偿决定;赔偿义务机关为法院以外机关的,当事人可以向赔偿义务机关的上一级机关申请复议,不服复议决定的,可以向复议机关所在地同级人民法院赔偿委员会申请作出赔偿决定。本题中,赔偿义务机关为市中级人民法院,申请人可以向上一级人民法院赔偿委员会申请复议。故 B 选项正确,不当选。

C 选项考查人民法院赔偿委员会处理赔偿请求时的审查形式。《国家赔偿法》第 27 条规定:“人民法院赔偿委员会处理赔偿请求,采取书面审查的办法。必要时,可以向有关单位和人员调查情况、收集证据。赔偿请求人与赔偿义务机关对损害事实及因果关系有争议的,赔偿委员会可以听取赔偿请求人和赔偿义务机关的陈述和申辩,并可以进行质证。”C 选项应当开庭的描述与法条规定不符,因此 C 选项错误,当选。

D 选项考查赔偿义务机关的确定。《国家赔偿法》第 21 条第 1 款规定:“行使侦查、检察、审判职权的机关以及看守所、监狱管理机关及其工作人员在行使职权时侵犯公民、法人和其他组织的合法权益造成损害的,该机关为赔偿义务机关。”第 21 条第 4 款进一步规定:“再审改判无罪的,作出原生效判决的人民法院为赔偿义务机关。二审改判无罪,以及二审发回重审后作无罪处理的,作出一审有罪判决的人民法院为赔偿义务机关。”本案中作出一审有罪判决的人民法院为市中级人民法院,故市中级人民法院为赔偿义务机关,D 选项错误,当选。

综上所述,本题正确答案为 ACD。

三、不定项选择题

【参考答案】 AD

【解析】 A 选项考查的是行政复议的调解和行政复议的终止。《行政复议法实施条例》第 40 条规定:“公民、法人或者其他组织对行政机关行使法律、法规规定的自由裁量权作出的具体行政行为不服申请行政复议,申请人与被申请人在行政复议决定作出前自愿达成和解的,应当向行政复议机构提交书面和解协议;和解内容不损害社会公共利益和他人合法权益的,行政复议机构应当准许。”A 选项中未提及该和解协议存在损害社会公共利益和他人合法权益的情况,故行政复议机关应当准许。《行政复议法实施条例》第 42 条规定:“行政复议期间有下列情形之一的,行政复议终止:(一)申请人要求撤回行政复议申请,行政复议机构准予撤回的;(二)作为申请人的自然人死亡,没有近亲属或者其近亲属放弃行政复议权利的;(三)作为申请人的法人或者其他组织终止,其权利义务的承受人放弃行政复议权利的;(四)申请人与被申请人依照本条例第四十条的规定,经行政复议机构准许达成和解的……”申请人与被申请人自愿达成和解协议并经行政复议机构准许属于行政复议终止的情形之一,故 A 选项正确。

B 选项考查的是银保监会的派出机构是否有权对作出的行政处罚决定自行采取强制执行措施。《中国银保监会行政处罚办法》第 91 条规定:“当事人逾期不履行行政处罚决定的,作出行政处罚决定的机构可以采取下列措施:(一)到期不缴纳罚款的,每日按照罚款数额的百分之三加处罚款;(二)经依法催告后当事人仍未履行义务的,申请人民法院强制执行;(三)法律、行政法规规定的其他措施。加处罚款的数额不得超出罚款数额。”因此,本题的被申请人作为银保监会的派出机构,只能申请人民法院强制执行,故 B 选项错误。

C 选项考查的是行政复议中止的情形。《行政复议法实施条例》第 41 条第 1 款规定:“行政复议期间有下列情形之一,影响行政复议案件审理的,行政复议中止:(一)作为申请人的自然人死亡,其近亲属尚未确定是否参加行政复议的;(二)作为申请人的自然人丧失参加行政复议的能力,尚未确定法定代理人参加行政复议的;(三)作为申请人的法人或者其他组织终止,尚未确定权利义务承受人的;(四)作为申请人的自然人下落不明或者被宣告失踪的;(五)申请人、被申请人因不可抗力,不能参加行政复议的;(六)案件涉及法律适用问题,需要有权机关作出解释或者确认的;(七)案件审理需要以其他案件的审理结果为依据,而其他案件尚未审结的;(八)其他需要中止行政复议的情形。”被申请人变更行政处罚的罚款数额不属于以上情形,故 C 选项错误。

D 选项考查的是申请行政复议的期限。《行政复议法》第 20 条规定:“公民、法人或者其他组织认为行政行为侵犯其合法权益的,可以自知道或者应当知道该行政行为之日起六十日内提出行政复议申请;但是法律规定的申请期限超过六十日的除外。因不可抗力或者其他正当理由耽误法定申请期限的,申请期限自障碍消除之日起继续计算。行政机关作出行政行为时,未告知公民、法人或者其他组织申请行政复议的权利、行政复议机关和申请期限的,申请期限自公民、法人或者其他组织知道或者应当知道申请行政复议的权利、行政复议机关和申请期限之日起计算,但是自知道或者应当知道行政行为内容之日起最长不得超过一年。”本题中并未提及不可抗力或者其他正当理由耽误法定申请期限的情形,且即便存在这些情形,其影响的也只是申请期限计算的起始日,其申请期限仍为 60 日。另外,《商业银行法》等法律并未对申请行政复议的期限作出另外规定,故本题中该机构申请行政复议的期限为 60 日。D 选项正确。

2019 年客观题试题

一、单项选择题

1. 马某购买了幸福小区的一套商品房,并获得了房屋所有权证,但为了修建高铁需要将该幸福小区予以拆迁,区政府依法及时给予马某补偿金,这体现了哪项基本原则?(　　)

A. 高效便民　　B. 程序正当

C. 诚实守信　　D. 权责一致

2. 甲省乙市政府拟将本市的环境资源管理局与国土资源局合并,应当报哪个机关予以批准?(　　)

A. 国务院　　B. 甲省政府

C. 乙市人大常委会　　D. 甲省人大常委会

3. 关于公务员的下列说法，哪个选项是错误的？（　　）

A. 国家公务员实行职务和职级并行

B. 公务员的领导职务、职级与级别是确定公务员工资以及其他待遇的依据

C. 职级公务员可以采用委任制和聘任制

D. 只能在县处级以下设立职级

4. 某县公安局认定李某涉嫌寻衅滋事将其拘留，后县检察院将李某逮捕，而后县法院判决李某3年有期徒刑，李某不服提起上诉，市中级人民法院认定因证据不足，指控的犯罪不能成立，改判李某无罪，请问赔偿义务机关是谁？（　　）

A. 县公安局　　B. 县检察院

C. 县法院　　D. 市中级人民法院

5. 某县政府发布公告，要求北苑小区居民与县政府协商拆迁安置补偿款事宜，根据补偿标准签订安置补偿协议，并于60日内搬离。该公告的法律性质为：（　　）

A. 行政协议　　B. 行政指导

C. 单方行政行为　　D. 行政强制

6. 国家市场监督管理总局对某公司作出处罚，本案的复议机关为：（　　）

A. 国家市场监督管理总局

B. 国务院

C. 全国人大常委会

D. 全国人大

二、多项选择题

1. 关于比例原则的要求，下列说法正确的有：（　　）

A. 行政机关行使裁量权所采取的具体措施必须符合法律目的

B. 行政机关所选择的具体措施和手段应当为法律所必需

C. 行政机关在可以采用多种方式实现某一行政目的的情况下，应当采用对当事人权益损害最小的方式

D. 行政机关作出行政处罚应当听取当事人意见

2. 国务院颁布了行政法规《医疗纠纷预防和处理条例》，该意见于2018年6月20日通过，2018年7月31日向社会公布，对于该行政法规，下列说法正确的有：（　　）

A. 总理签署以国务院令的形式向社会公布

B. 总理签署以总理令的形式向社会公布

C. 该行政法规应当自公布之日起30日内向全国人大常委会备案

D. 该行政法规应当自通过之日起30日内向全国人大常委会备案

3. 县国土资源局认定甲公司存在非法采砂行为，责令其停产停业，甲公司不服，提起行政诉讼。法院认为，县国土资源局认定错误，予以撤销，县国土资源局应当予以赔偿的项目有：（　　）

A. 设备租金　　B. 留守职工工资

C. 缴纳的水资源费　　D. 预期利润

4. 某区规划局为甲公司颁发了建设工程规划许可证，后查明甲公司在申请规划许可时提供了虚假材料，于是，某区规划局将该许可证予以撤销，下列说法正确的有：（　　）

A. 撤销许可证的性质属于行政处罚

B. 颁发行政许可不得收取任何费用

C. 准予许可的决定应当向社会公开

D. 甲公司提起行政复议，复议机关为区政府

5. 因胡某以刻划方式损坏博物馆里的文物，区公安分局决定对其作出拘留15日的处罚。胡某对此不服，提起诉讼。下列说法正确的有：（　　）

A. 胡某的行为属于妨害公共安全的行为

B. 在处罚之前，公安分局应当告知胡某有申请听证的权利

C. 复议机关可以是区政府

D. 当事人提起诉讼的时候可以申请暂缓行政拘留

6. 关于省规章的设定权，下列说法正确的有：（　　）

A. 可以设定临时性许可

B. 可以设定一定数额罚款

C. 可以设定扣押的行政强制措施

D. 可以设定划拨的行政强制执行

7. 戴某连续55次申请了镇政府的防汛信息公开，2019年又向镇政府申请了信息公开，政府可以采取的正确处理方式有：（　　）

A. 如果镇政府同意公开信息，可以收取相应信息处理费用

B. 镇政府可以以其不具有申请人资格为由不予提供

C. 镇政府认为戴某说明理由不成立，可以以其此前多次重复申请为由不予处理

D. 镇政府可以要求其说明理由

三、不定项选择题

1. 陈某为综合执法局工作人员，在执法过程中与公民李某发生肢体冲突，将李某打成轻微伤。区

公安局对陈某作出拘留5天、罚款500元的处罚决定,陈某向区政府复议,区政府认为,陈某打伤李某属于职务行为,遂撤销区公安局的处罚决定。李某不服,提起诉讼。下列哪些选项是正确的?(　　)

A. 本案争议焦点是陈某的行为是否是职务行为

B. 被告可就打人一事提起反诉

C. 本案被告是区政府

D. 如果陈某起诉,李某可以成为第三人

2. 某企业被甲市乙区环保局罚款20万元,某企业对此不服,向市环保局提起复议,甲市环保局(位于甲市丙区)改为罚款10万元,某企业依然不服,提起诉讼,下列哪个选项是正确的?(　　)

A. 被告是乙区环保局和甲市环保局,甲市中级人民法院有管辖权

B. 被告是乙区环保局和甲市环保局,乙区人民法院有管辖权

C. 被告是甲市环保局,甲市中级人民法院有管辖权

D. 被告是甲市环保局,乙区人民法院有管辖权

2019年客观题试题参考答案及解析

一、单项选择题

1.【参考答案】 C

【解析】 诚实守信原则由"诚"(别撒谎)和"信"(别反悔)两部分内容组成,其中"信"指的是信赖利益保护原则,该原则要求非因法定事由并经法定程序,行政机关不得撤销、变更已经生效的行政决定;因国家利益、公共利益或者其他法定事由需要撤回或者变更行政决定的,应当依照法定权限和程序进行,并对行政管理相对人因此而受到的财产损失依法予以补偿。本题中,区政府颁发许可证后,因为公共利益(修建高铁)需要将房屋所有权证予以撤回,小区予以拆迁,政府应对马某所受到的损失予以补偿,这体现的是信赖利益保护原则,故C选项正确。

综上所述,本题答案为C。

2.【参考答案】 B

【解析】 《地方各级人民政府机构设置和编制管理条例》第9条规定:"地方各级人民政府行政机构的设立、撤销、合并或者变更规格、名称,由本级人民政府提出方案,经上一级人民政府机构编制管理机关审核后,报上一级人民政府批准;其中,县级以上地方各级人民政府行政机构的设立、撤销或者合并,还应当依法报本级人民代表大会常务委员会备案。"乙市政府的上一级政府为甲省政府,所以B选项正确。

综上所述,本题答案为B。

3.【参考答案】 D

【解析】 (1)根据2018年修改的《公务员法》,职务专指领导职务,分为:国家级正职、国家级副职、省部级正职、省部级副职、厅局级正职、厅局级副职、县处级正职、县处级副职、乡科级正职、乡科级副职。

职级实际上就是旧《公务员法》所称的非领导职务,职级制度为不欲、不善或不能担任领导的公务员提供了个晋升的单独序列,职级层次在厅局级以下设置,综合管理类公务员职级序列分为:一级巡视员、二级巡视员、一级调研员、二级调研员、三级调研员、四级调研员、一级主任科员、二级主任科员、三级主任科员、四级主任科员、一级科员、二级科员。所以,A选项表述正确,D选项表述错误。

(2)根据《公务员法》第21条第4款的规定,公务员的领导职务、职级与级别是确定公务员工资以及其他待遇的依据。B选项表述正确。

(3)公务员领导职务实行选任制、委任制和聘任制。公务员职级实行委任制和聘任制。可见,C选项表述是正确的。

综上所述,本题答案为D。

4.【参考答案】 C

【解析】 刑事司法赔偿义务机关的确定遵循后置原则,即由最后一个作出错误法律文书的机关作为赔偿义务机关。本案中,县法院是最后一个作出有罪决定的错误法律文书的司法机关,因此,县法院是赔偿义务机关。C项正确。

综上所述,本题答案为C。

5.【参考答案】 C

【解析】 (1)行政协议,又称为行政合同,是行政主体与行政相对人双方意思表示一致而订立的具有行政法上权利义务内容的协议,行政协议和具体行政行为的最大区别在于,具体行政行为具有单方性,而行政合同具有双方性。所以,A选项错误。

(2)行政指导是不影响当事人权利义务的事实行为,而本题县政府要求居民60日内搬离,为公民设定了义务负担,所以,不属于B选项的行政指导,而属于C选项的单方行政行为。

(3)本公告属于单方的具体行政行为类型下的行政命令行为,是行政主体依法要求相对人进行一定的作为或不作为的意思表示,而不属于行政强制。所以,D 选项错误。

综上所述,本题答案为 C。

6.【参考答案】 A

【解析】 国务院部门或者省级政府作为被申请人时的行政复议机关,是作出该具体行政行为的国务院部门或者省级人民政府,即“省部级自我复议”。注意这里的省级包括省、自治区和直辖市;部级指的是国务院部门,包括组成部门(比如教育部)和直属机构(比如国家税务总局、国家统计局等)。所以,A 选项正确,B、C、D 选项错误。

综上所述,本题答案为 A。

二、多项选择题

1.【参考答案】 ABC

【解析】 (1)比例原则有三个方面的要求,这三个要求的内涵是分层次的递进关系:

第一,合目的性,是指行政机关行使裁量权所采取的具体措施必须符合法律目的。

第二,适当性,是指行政机关所选择的具体措施和手段应当为法律所必需,结果与措施和手段之间存在正当性。

第三,损害最小,是指行政机关在可以采用多种方式实现某一行政目的的情况下,应当采用对当事人权益损害最小的方式。可见,A、B、C 三项均正确。

(2)D 选项行政机关作出行政处罚应当听取当事人意见是程序正当原则中“公众参与”的体现,D 选项错误。

综上所述,本题答案为 ABC。

2.【参考答案】 AC

【解析】 (1)根据《立法法》第 77 条:“行政法规由总理签署国务院令公布。有关国防建设的行政法规,可以由国务院总理、中央军事委员会主席共同签署国务院、中央军事委员会令公布。”所以,行政法规是以国务院令的形式向社会公布的。A 选项正确,B 选项错误。

(2)根据《行政法规制定程序条例》第 30 条:“行政法规在公布后的 30 日内由国务院办公厅报全国人民代表大会常务委员会备案。”可见,是公布之日起的 30 日,而非通过之日起的 30 日向全国人大常委会备案,C 选项正确,D 选项错误。

综上所述,本题答案为 AC。

3.【参考答案】 ABC

【解析】 国家赔偿原则上只赔偿直接损失,直接损失是指因遭受不法侵害对现有财产带来的必然性、直接性的侵害。企业被吊销许可证和执照、责令停产停业的,预期利润属于可能有、可能没有、可能多、可能少的“或然性”损害,国家不予赔偿,所以,D 选项不选。但国家会赔偿停产停业期间必要的经常性费用开支,也就是法人、其他组织和个体工商户为维系停产停业期间运营所需的基本开支,包括留守职工工资、必须缴纳的税费、水电费、房屋场地租金、设备租金、设备折旧费等必要的经常性费用。所以,A、B、C 选项正确。

综上所述,本题答案为 ABC。

4.【参考答案】 BC

【解析】 (1)撤销属于独立的具体行政行为的类型,并不是行政处罚,所以,A 选项错误。

(2)《行政许可法》第 58 条第 1 款规定:“行政机关实施行政许可和对行政许可事项进行监督检查,不得收取任何费用。但是,法律、行政法规另有规定的,依照其规定。”B 选项正确。

(3)对于准予许可的决定应当公开,以便公众查阅,而不予许可决定,不需要公开。所以,C 选项正确。

(4)区规划局作出的撤销决定,当事人既可以向上一级业务主管部门申请复议,也可以向本级人民政府申请复议,复议机关应当为区政府或市规划局,而 D 选项以偏概全,所以,D 选项错误。

综上所述,本题答案为 BC。

5.【参考答案】 CD

【解析】 (1)损坏国家保护的文物,并不会对公共安全产生影响,A 项错误。

(2)拘留不属于应当告知听证的“法定听证”的范围,所以,B 选项错误。

(3)在区公安分局为被申请人的情况下,复议机关可以是上一级公安局,也可以是区政府,所以,C 选项表述正确。

(4)被处罚人不服行政拘留处罚决定,申请行政复议、提起行政诉讼的,可以向公安机关提出暂缓执行行政拘留的申请,所以,D 选项自然正确。但并不意味着当事人申请,公安机关就会同意,只有在公安机关认为暂缓执行行政拘留不致发生社会危险的,由被处罚人或者其近亲属提出法律规定条件的担保人,或者按每日行政拘留 200 元的标准交纳保证金,行政拘留的处罚决定才能暂缓执行。

综上所述,本题答案为 CD。

6.【参考答案】 AB

【解析】 省规章可以设定地方性临时许可，A选项正确。规章可以设定警告、通报批评或一定数额的罚款，B选项正确。除法律、法规（行政法规和地方性法规）以外的其他法律文件，均没有行政强制措施的设定权，行政强制执行只能由法律设定，所以C、D选项错误。

综上所述，本题答案为AB。

7.【参考答案】 ACD

【解析】 (1)《政府信息公开条例》规定，申请公开政府信息的数量、频次明显超过合理范围的，行政机关可以收取信息处理费，所以，针对连续55次申请公开防汛信息的戴某可以收取相应信息处理费用。所以，A选项正确。

(2)《政府信息公开条例》取消了申请人所申请的信息应当与“自身生产、生活、科研等特殊需要”相关的要求，申请人也无须说明申请信息之用途，所以，B选项错误。

(3)《政府信息公开条例》第35条规定：“申请人申请公开政府信息的数量、频次明显超过合理范围，行政机关可以要求申请人说明理由。行政机关认为申请理由不合理的，告知申请人不予处理；行政机关认为申请理由合理，但是无法在本条例第三十三条规定的期限内答复申请人的，可以确定延迟答复的合理期限并告知申请人。”可见，对于数量、频次明显超过合理范围的信息公开申请，行政机关是有权要求申请人说明理由的，若理由不合理，行政机关可以不予提供相关信息，所以，C、D选项正确。

综上所述，本题答案为ACD。

三、不定项选择题

1.【参考答案】 ACD

【解析】 (1)行政诉讼只能是“民告官”，不会出现“官告民”，也就是说，行政诉讼两方当事人是恒定的，原告只能是行政相对人，被告只能是行政主体，所以，在行政诉讼制度中自然不会出现反诉制度，B项错误。

(2)区政府认为原机关区公安局法律定性错误，将行政处罚予以撤销，属于复议改变行为，此时，被告为复议机关区政府，所以，C项正确。

(3)本题属于复议改变行为，提起行政诉讼后，法院的审理对象为“区政府撤销区公安局处罚决定”的合法性，而区政府撤销处罚决定的理由为陈某的行为属于职务行为，不应按照普通打架纠纷去处罚公职人员，而应由行政机关内部处分陈某，此时，对陈某打人行为究竟属于公职行为还是个人行为的定性，会直接影响对撤销决定是否合法的判断，所以，陈某的行为是否是职务行为自然会成为本案的争议焦点。所以，A选项正确。

(4)综合执法局执法人员陈某将李某打伤，李某属于侵权关系的受害人，与行政处罚之间具有法律上的利害关系，在陈某起诉的情况下，李某自然有资格成为第三人。故D项正确。

综上所述，本题答案为ACD。

2.【参考答案】 D

【解析】 (1)本题将罚款改为10万元，属于改变处理结果（实体权利义务）的复议改变行为，所以，被告应当为复议机关市环保局，A、B选项错误。

(2)管辖法院的确立需要遵照“先级别，后地域”的做题步骤：

第一步，级别管辖。本案被告是甲市环保局，不属于国务院部门或者县级以上地方人民政府（县级政府、市级政府和省级政府），所以，本案不应由中级人民法院管辖，而应该由基层人民法院管辖。所以，C选项错误。

第二步，地域管辖。经复议的案件，可以由原机关所在地法院，也可以由复议机关所在地法院管辖，所以，本题可以由甲市环保局所在地法院（丙区人民法院）或区环保局所在地法院（乙区人民法院）管辖。因此，C选项错误，D选项正确。

综上所述，本题答案为D。

试 卷 二

民 法

2023年客观题试题

一、单项选择题

1. 知名作曲家张某在二手书店翻到了早年自己丢弃的笔记本,里面有自己《青涩年华》的乐谱,遂提出要买回笔记本。书店店员报价5000元,作曲家张某认为价格太高。关于本案,下列哪一说法是正确的?(　　)

A. 作曲家张某对乐谱仍有著作权

B. 作曲家张某对乐谱仍有所有权

C. 可以在买下笔记本后主张胁迫撤销

D. 可以在买下笔记本后主张显失公平撤销

2. 张三、李四和王五共同购买一辆汽车,用于货运经营,后汽车出现故障,李四和王五打算趁此机会进行整体维修。张三最近经济紧张,并不想出钱维修,于是想将自己的共有份额转让给曹某。关于本案,下列哪一选项是正确的?(　　)

A. 李四和王五享有平等的优先购买权

B. 维修汽车需要所有人共同决定

C. 该汽车为三人共同共有

D. 张三向外转让份额需要经李四和王五一致同意

3. 甲欲将自己名下的一套房屋出售给乙,后甲和乙签订《房屋买卖合同》,为保证乙的物权实现,甲和乙在登记机关办理了预告登记。1月15日,甲在该房屋上为其母亲设立了居住权,但未办理登记。1月16日,乙付清全部房款并能够办理房屋过户手续。5月5日,甲又在该房屋上为其父亲设立了居住权,并办理登记。乙直到当年年底,也未请求甲办理不动产过户登记。关于本案,下列哪一说法是正确的?(　　)

A. 甲的父亲未拥有该房屋的居住权

B. 甲的母亲拥有该房屋的居住权

C. 甲和乙的房屋买卖合同无效

D. 甲和乙的房屋买卖合同有效

4. 7月15日,李某和宋某约定在宋某的房屋上为李某设立居住权,期限为10年,李某一次性支付10万元给宋某。7月20日,李某把房屋租给不知情的丁某,8月15日,李某和宋某办理了居住权登记。关于本案,下列哪一说法是正确的?(　　)

A. 7月15日居住权设立

B. 租赁合同有效

C. 李某在10年内死亡的,居住权可以继承

D. 李某支付10万元的行为无效

5. 甲将一块玉佩担保给乙,并完成交付。几天后,乙借给甲10万元,约定三个月后甲归还乙10万元并附带利息,若未付清,乙获得该玉佩的所有权。三个月期限届满后,甲未还款。请问,乙获得哪一种权利?(　　)

A. 乙获得该玉佩所有权

B. 乙就该玉佩获得质权

C. 乙就该玉佩获得抵押权

D. 乙就该玉佩获得留置权

6. 李某想将自己的汽油车更换为新能源车辆,欲以8万元的价格出售其汽油车,邻座的张某听见后,表示愿意购买此车。但李某与张某向来不睦,便对张某说次日再考虑一下。第二日,张某又来问李某是否愿意出售车辆,李某拒绝。关于本案,下列哪一选项是正确的?(　　)

A. 李某应当承担缔约过失责任

B. 李某对张某构成承诺

C. 张某对李某构成要约

D. 李某对张某构成要约

7. 甲在校内的二手平台上发布了信息以出售自己的自行车,价款1000元,且附上了发票照片和自行车照片,并附言"诚信出售,先到先得"。乙看到消息后,通过微信联系甲,出价900元,甲不同意。之后二者又沟通了几次。几天后,乙给甲发微信"就按你说的价来,1100元"。后二人线下见面,乙转账1000元给甲,甲主张还差100元并出示了

微信聊天记录。乙表示是自己打错了。关于本案，下列哪一说法是正确的？（　　）

A. 两人间成立了1100元的合同

B. 甲在二手平台上发布的信息属于要约邀请

C. 两人未达成合意

D. 两人间成立了1000元的合同

8. 甲公司为乙医院提供医疗设备，乙医院欠甲公司设备费用300万元满一年。甲公司发现，丙公司欠乙医院医疗服务费500万元，丙公司逾期支付满两年，乙医院一直未催促丙公司支付服务费。甲公司欲向法院起诉行使代位权。关于本案，下列哪一说法是正确的？（　　）

A. 甲公司对丙公司行使代位权，甲公司对乙医院的诉讼时效中止

B. 甲公司对丙公司行使代位权，乙医院对丙公司的诉讼时效中止

C. 甲公司的代位权以300万元为限

D. 甲公司的代位权以500万元为限

9. 张某从某商场购买了一个新款扫地机器人，约定了15天的试用期。对此，下列哪一说法是不正确的？（　　）

A. 若张某在试用期间支付了部分价款，则视为其同意购买

B. 若张某直到试用期届满后第二天才想起来归还扫地机器人，则商场有权拒绝受领

C. 若张某在试用期间将扫地机器人出租给陈某，则视为其同意购买

D. 若扫地机器人在试用期间遭意外火灾毁损，则张某应当支付价款

10. 甲公司和乙学校（公立）签订了捐赠1000万元的协议，约定该1000万元捐款专门用于购买书籍。甲公司已经支付给乙学校300万元，后甲公司因为资金链断裂，无法支付剩下的余款，乙学校请求甲公司继续支付剩余尾款。关于本案，下列哪一选项是正确的？（　　）

A. 甲公司可以向法院申请撤销尚未支付的700万元

B. 乙学校无权请求甲公司继续支付余款

C. 甲公司可以请求乙学校返还已经支付的300万元

D. 甲公司可以不再支付剩余的700万元

11. 外卖骑手张某见李某跳河，将手机交给路人王某后便从十米高处跳入湖中救李某，张某跳下去时背部不慎被划伤，李某不想被救拼命挣脱，张某用力过大导致背部伤口撕裂，李某也因此胳膊骨折。王某不小心将张某的手机掉在地上，手机屏幕被摔碎。关于本案，下列哪一说法是正确的？（　　）

A. 外卖骑手张某的手机损坏，保管人王某应当赔偿损失

B. 外卖骑手张某的背部受伤，被救者李某应当适当补偿

C. 外卖骑手张某的手机损坏，保管人王某应当适当补偿

D. 被救者李某的胳膊受伤，外卖骑手张某应当赔偿损失

12. 甲公司与乙公司经常有业务往来，甲公司虚构了与乙公司的应收账款，质押给丙公司融资并办理了质押登记手续。同时，丁公司提供保证。经查，丙公司曾向乙公司发函确认该笔应收账款，乙公司认可其真实性。现甲公司到期无法偿还对丙公司的债务。关于担保的实现，下列哪一说法是正确的？（　　）

A. 丙公司只能请求丁公司承担保证责任

B. 应收账款质押权未设立

C. 丙公司应当先就应收账款实现担保

D. 丙公司可以同时实现债权质押权和保证

13. 凌某和李某分居多年，于2021年9月签订离婚协议书。双方对婚后设立的多家公司的股权、名下的多套房产以及其他财产、债务进行了分割，并且变更了部分公司的股权登记和部分房产登记，其余则尚未变更。2023年李某到法院提起离婚诉讼。对此，下列哪一选项是正确的？（　　）

A. 协议书尚未生效，法院应依法分割财产和债务

B. 未变更的其他股权和房产，按协议书处理

C. 已变更登记的，自变更时起成为一方个人财产

D. 如就财产分割无法达成一致，法院应判决不准离婚

14. 段某有三个儿子段甲、段乙和段丙，段甲曾经和段某吵架伤害过段某，段乙曾经雇凶杀段甲但未成功，对于段甲和段乙的行为段某表示很心痛，在多年后段某已经原谅了段甲和段乙，立遗嘱愿意把全部遗产平均分给三个儿子，段丙口头上表示什么都不要，不需要把遗产分给他。关于本案，三个儿子谁能继承段某的遗产？（　　）

A. 段甲不能继承段某的遗产

B. 段乙不能继承段某的遗产

C. 段甲和段乙都不能继承段某的遗产，并且段

丙应该多分一些遗产

D. 段甲、段乙和段丙都能平均分得段某的遗产

15. 雷某起诉与宋某离婚,第一次法院判决不准离婚。二人分居两年后雷某再次起诉,宋某不同意离婚。诉讼期间雷某转移财产,把自己的租金所得转移到自己父亲的账户,租金来源于雷某婚前自己全款购买且仅登记在自己名下的房屋。下列哪一说法是不正确的?(　　)

A. 租金所得是夫妻共同财产

B. 房子是雷某的个人财产

C. 法院应该判决离婚

D. 分割财产时,雷某可以少分

二、多项选择题

1. 王某去李某的手机店里购买了新款手机,用了一个月后手机发生爆炸致王某受伤。经查,该手机有明显使用痕迹,是二手手机。关于本案,下列说法正确的是?(　　)

A. 王某可以以显失公平为由撤销合同

B. 王某可以追究李某的违约责任

C. 王某可以追究李某的侵权责任

D. 王某可以继续保留手机,但有权请求减少手机价款

2. 甲和乙之间有车辆租赁协议,双方约定到期后甲将车卖给乙,价款为20万元,3个月内完成分期付款。丙知道后,向甲表示自己愿意以25万元的价格购买此车辆,并且一个星期内付全款,甲同意,并让丙直接去找乙提车。关于本案,下列选项正确的是?(　　)

A. 乙已经取得车辆所有权

B. 丙有权请求乙返还车辆

C. 丙善意取得车辆所有权

D. 甲系无权处分

3. 王某有两个儿子王甲和王乙,因不满王甲遂立遗嘱表示所有财产由王乙继承。王某死后王乙按照遗嘱继承了遗产。王某的遗产中有名画一幅,王乙以100万元卖出后,将100万元赠与王甲。后王某的老友李某回国,表示该画是其寄存在王某处的,该画并非王某所有。对于该画,下列说法正确的是?(　　)

A. 李某可以请求王乙赔偿100万元

B. 李某可以请求王甲赔偿100万元

C. 王乙属于善意取得,不构成侵权

D. 李某可以主张王乙侵权

4. 甲在保管乙的汽车时,因经济紧张,以自己的名义,将汽车卖给丙,并明确告知丙,该车属于乙所有,乙让自己代为卖车。后丙和甲签订汽车买卖合同。关于甲的行为,下列说法正确的是?(　　)

A. 甲构成无权代理

B. 甲构成无权处分

C. 经乙追认后买卖合同合法有效

D. 乙有权向丙主张付款

5. 甲与银行签订了一份保险柜使用协议,协议约定甲可以使用保险柜30年。其中,锁具及物品存取事宜由甲自行安排。3年后,甲死亡,甲的继承人请求银行返还物品。关于本案,下列说法正确的是?(　　)

A. 该协议兼有租赁合同与保管合同的性质

B. 银行可以拒绝返还

C. 甲的继承人的请求应得到支持

D. 该协议为仓储合同

6. 塑料公司与商贸公司签订合同买卖一批吸管,约定塑料公司先交货商贸公司后付款。后商贸公司与牛奶公司签订合同转售这批吸管。塑料公司按商贸公司指示将吸管交付给牛奶公司,牛奶公司已付款并使用这批吸管。但是,商贸公司迟迟未付货款直至约定期限已过。关于本案,下列说法正确的有?(　　)

A. 塑料公司不可以向牛奶公司主张不当得利

B. 塑料公司可以向商贸公司主张不当得利

C. 该批吸管所有权已归牛奶公司

D. 塑料公司有权基于合同相对性向牛奶公司主张货款

7. 甲公司因经营不善歇业,欠专职司机潘某工资3万元,潘某多次催要未果,一气之下把公司一辆面包车开走。甲公司的母公司乙公司知道此事后主动偿还潘某2万元。关于本案,下列说法正确的是?(　　)

A. 甲公司尚欠潘某1万元

B. 乙公司行为属于无因管理

C. 甲公司尚欠潘某3万元

D. 潘某开走面包车属于自助行为

8. 甲在乡下的老房子年久失修,邻居乙曾多次催促其加固,但甲一直未采取措施。某日因暴雨甲家一面院墙倒塌了一半,砸到了乙家的摩托车。因甲在外地,乙雇人清理了院子里的残砖废料,并修理了摩托车,另外半截墙也快要倒塌。关于本案,下列说法正确的有?(　　)

A. 乙可以请求甲支付摩托车修理费

B. 乙可以请求甲加固另一半未倒塌的墙

C. 乙可以请求甲支付清理残砖废料的费用

D. 甲可以请求乙返还清理出来的残砖废料

9. 2021 年 8 月，甲公司与乙公司签订融资租赁合同，约定乙公司以售后回租方式，将自有的 3 辆清障车转让给甲公司租回使用，租金按月支付。乙公司自 2022 年 3 月起开始拖欠租金，经催告后仍未支付。甲公司遂于 2022 年 7 月底自行收回租赁车辆，于 8 月将车辆以 20 万元的价格转让给丙公司。后甲公司诉至法院，请求乙公司赔偿损失。根据有关评估机构提供的报告，2022 年 7 月涉案车辆的市价约为 30 万元。对此，下列哪些选项是正确的？（　　）

A. 甲公司出售车辆的价格不合理，因此扩大的损失应由其自行承担

B. 甲公司有权解除融资租赁合同

C. 甲公司的损失为未付租金及相应违约金扣减车辆变卖价值的差额

D. 甲公司无权自行处分租赁车辆

10. 物业公司在小区内 A 栋设立了一个分类投放的垃圾桶供整栋业主使用，设立垃圾桶的地点距离 303 住户王某的卧室仅有 3 米远，垃圾桶招惹大量蚊虫，使得王某卧室的门窗完全无法打开，王某多次与物业公司交涉，请求更换垃圾桶摆放位置，但是物业公司均未予理会，王某遂向法院提起诉讼。关于本案，王某可以提出以下哪些请求？（　　）

A. 请求物业公司排除妨害

B. 解除物业服务合同

C. 请求物业公司停止侵害

D. 请求物业公司赔礼道歉

11. 谷某驾车到某饭店就餐，将车停放在该饭店专用的地下车库后取得停车票据一张，上面印有当日日期并载明：在本饭店消费达 300 元以上的，当日停车免费；未达到 300 元的，按每小时 10 元收取停车费。当日 20 时，谷某的车辆被常某盗走后转卖。对此，谷某有权提出下列哪些请求？（　　）

A. 请求常某返还转卖所得

B. 请求饭店承担侵权责任

C. 请求饭店承担违约责任

D. 请求饭店承担补充赔偿责任

三、不定项选择题

1. 甲到影楼拍摄了一套艺术写真照，影楼工作人员乙为炫耀自己高超的修图技术，未经甲允许，擅自将精修图和原图同时发到某平台，由于对比明显。甲的同学们看到后对甲进行了嘲讽和讥笑。关于本案，以下说法正确的是？（　　）

A. 甲可以请求影楼承担侵权责任或违约责任

B. 甲的肖像权被侵犯

C. 甲可以请求乙和影楼承担连带侵权责任

D. 甲的名誉权被侵犯

2. 甲乙为夫妻，育有一子丙，离婚后丙随母亲乙一起生活。后乙嫁给丁，暑假期间丙去甲家，甲发现丙的名字变成了戊（随丁姓）。后丙欲上私立学校，需要增加抚养费。关于本案，下列说法正确的有？（　　）

A. 甲有权因乙为丙改了名字不支付抚养费

B. 乙为丙改了名字，则甲丙之间的监护义务终止

C. 乙应为甲探望丙提供便利

D. 丙有权起诉请求甲增加抚养费

3. 张某有一辆小型轿车借给了刚取得驾驶证的王某，并告诉他只能在市区使用，王某因工作需要驾车上高速发生事故，造成丁某受伤。对此，下列说法正确的是？（　　）

A. 王某对张某构成违约，应承担违约责任

B. 丁某可以请求王某承担损害赔偿

C. 张某无须对丁某承担损害赔偿

D. 机动车所有权人为张某，丁某有权请求张某承担损害赔偿

4. 甲将自己的一辆旧捷达轿车作价 5 万元转让给乙（甲不知道乙没有取得驾驶证），未办理登记过户手续。乙在驾驶过程中将丙撞伤，丙为此花去医药费 2 万元，为此引起纠纷。下列表述正确的是？（　　）

A. 乙对丙的受伤承担无过错责任

B. 丙的治疗费用首先由交强险赔付

C. 甲对丙的受伤应承担连带责任

D. 甲对丙的受伤不承担责任

5. 严某在浏览某美食平台时，看到一家新开的餐馆，排名前 10 的评价都是积极推荐，次日便前往体验。餐后，严某对美未公司开的这家餐馆从口味到环境均感失望，遂在该网络平台上给出差评，内容为："美未原来不美味，建议大家谨慎打卡。"美未公司发现后，立即与严某联系，表示严某的评价过于苛刻，已构成侵权，要求严某删除差评，遭到严某拒绝。后美未公司又联系该平台，要求其删除严某的差评，被该平台拒绝。对此，下列说法正确的是？（　　）

A. 网络平台应与严某承担连带责任

B. 网络平台并无义务删除严某的差评

C. 严某侵犯了美未公司的名誉权

D. 严某侵犯了美未公司的名称权

6. 甲向乙借款10万元，并将一块名表交付给乙，约定还款期限届满后，如果未按期支付本息12万元，则乙可以选择：该表归乙所有；或者由丙无条件按照12万元回购该表。丙对前述安排表示认可，并参与签订协议。经查，该名表系甲花费15万元，在二手市场上购得的。对此，下列说法正确的是？（　　）

A. 该名表归乙的约定无效

B. 乙只能要求甲清偿债务，而无其他的救济途径

C. 乙只能参照担保物权的规定，就该表优先受偿

D. 乙仍可要求丙支付12万元以消灭甲的债务

2023年客观题试题参考答案及解析

一、单项选择题

1.【参考答案】　A

【解析】　A项考查著作权的保护期，关键词为“著作权”。著作权属于典型的综合性权利（既有人身性又有财产性）。著作权包括著作人身权（4项）和著作财产权（12项）。其中，著作人身权中的署名权、修改权和保护作品完整权的保护期不受限制（永久保护），著作人身权中的发表权和著作财产权的保护期为作者终生及其死后50年，截止于作者死亡后第50年的12月31日。本题中，作曲家张某虽然将笔记本抛弃，丧失了笔记本（乐谱）的所有权（物权），但是，并未丧失著作权（知识产权）。故A项说法正确，当选。

B项考查动产所有权的抛弃，关键词为“所有权”。动产所有权的抛弃在性质上属于单方民事法律行为，单方意思表示完成时即发生法律效果。本题中，作曲家张某将笔记本丢弃时即丧失笔记本（乐谱）的所有权。故B项说法不正确，不当选。

C、D项考查可撤销的民事法律行为，关键词为“胁迫撤销”和“显失公平撤销”。可撤销的民事法律行为，是指民事法律行为虽已成立并生效，但因意思表示存在瑕疵，可以因权利人行使撤销权而丧失效力。民事法律行为可撤销的情形共4种，分别是重大误解、欺诈、胁迫、显失公平。其中，胁迫的本质是胁迫人不正当地预告危害使被胁迫人陷入恐惧或害怕的心理状态。至于手段如何，是否真实、谁实施的（第三人的胁迫依然可撤销）均在所不问。显失公平的本质是“利用”，即利用对方处于危困状态、利用对方缺乏判断能力。本题中，书店店员仅仅是报价5000元，不存在胁迫和显失公平，因此，不存在撤销问题。故C、D项说法均不正确，不当选。

综上所述，本题的正确答案为A。

2.【参考答案】　A

【解析】　首先，一般认为，共同共有仅包括5类，即“夫、家、遗、伙、居”，即只有当事人之间存在夫妻关系、家庭关系、遗产继承关系、合伙关系和同居关系时才会被认定为共同共有，除此之外，均推定为按份共有。本题中，张三、李四和王五之间并不存在上述5类特殊法律关系，因此，应当推定为按份共有。故C项错误，不当选。

其次，对于按份共有物的保存行为（保值增值的行为），按份共有人有约从约，无约均有。本题中，对于按份共有物汽车的整体维修属于保存行为，按份共有人张三、李四和王五对此没有约定，因此，各按份共有人均有权决定。故B项错误，不当选。

再次，按份共有人对外转让共有的份额是自由的，无须经过其他按份共有人的同意，仅需将转让条件及时通知其他按份共有人即可。故D项错误，不当选。

最后，按份共有人的份额确定规则分三步：第一步：看约定，即有约从约；第二步：看出资额；第三步：推定等额。本题中，张三、李四和王五对于份额没有约定也没有表明出资额。因此，推定每人各占1/3的份额。同时，按份共有人对外转让份额时，其他按份共有人在同等条件下享有优先购买权。李四和王五二者均行使优先购买权的，先协商，协商不成的，按比例行权。因此，李四和王五各按1/3的份额行使优先购买权，即享有平等的优先购买权。故A项正确，当选。

综上所述，本题的正确答案为A。

3.【参考答案】　D

【解析】　C、D项考查民事法律行为的效力，关键词为“无效”和“有效”。从正面角度而言，有效的民事法律行为需要同时符合四个构成要件，用4个字来表达即“强、公、主、意”。（1）“强”即不违反法律、行政法规的强制性规定；（2）“公”即不违背公序良俗；（3）“主”即主体/行为人具有相应的民事行为能力；（4）“意”即意思表示真实。本题中，甲和乙签订的《房屋买卖合同》完全符合上述四

个构成要件,因此,合法有效。故 D 项说法正确,当选。从反面角度而言,民事法律行为无效的情形共 5 种,用 5 个字来表述为“强、公、主、意、恶”。(1)“强”代表违反法律、行政法规的效力性强制性规定的;(2)“公”代表违背公序良俗的;(3)“主”代表无民事行为能力人独立实施的;(4)“意”代表行为人与相对人以虚假的意思表示实施的;(5)“恶”代表恶意串通损害他人合法权益的。甲和乙签订的《房屋买卖合同》不存在上述无效情形。故 C 项说法错误,不当选。

A、B 项考查居住权的设立和不动产预告登记。关键词为“拥有”和“居住权”。居住权的设立采“登记生效主义”,即“有效合同 + 登记 = 居住权”。本题中,甲在该商品房上为其母亲设立居住权,但未办理登记,因此,甲的母亲没有取得该房屋的居住权。故 B 项说法错误,不当选。预告登记后,债权消灭或自能够进行不动产登记之日起 90 日内未申请登记的,预告登记失效。本题中,1 月 16 日,乙付清全部房款并能够办理房屋过户手续。但乙直到当年年底,也未请求甲办理不动产过户登记,超过了 90 日的法定期限,预告登记失效。同时,5 月 5 日,甲又在该房屋上为其父亲设立了居住权,并办理登记。因此,甲的父亲拥有该房屋的居住权。故 A 项说法错误,不当选。

综上所述,本题的正确答案为 D。

4.**【参考答案】** B

【解析】 A、D 项考查居住权的设立,关键词为“设立”和“无效”。居住权的设立采“登记生效主义”,即“有效合同(债权效力) + 登记(物权效力) = 居住权”。本题中,7 月 15 日,李某和宋某只是约定设立居住权,只具有债权效力。8 月 15 日,二者办理了居住权登记方才产生物权效力,即 8 月 15 日居住权设立。故 A 项说法不正确,不当选。居住权的设立,可有偿可无偿。因此,李某和宋某约定居住权有偿,合法有效。故 D 项说法亦不正确,不当选。

B、C 项考查居住权的限制,关键词为“有效”和“可以继承”。居住权属于用益物权,单纯支配和利用的是标的物(住宅/房屋)的使用价值。因此,居住权人享有对标的物(住宅/房屋)的占有、使用两项权能。但是,收益(出租)权能相对禁止(原则上,居住权人不得将房屋出租,当事人另有约定的除外),处分(转让和继承)权能绝对禁止。本题中,宋某和李某对于房屋的出租未作特别约定,因此李某不得将房屋出租。李某将房屋出租给丁某的行为构成无权出租,无权出租,不影响合同的效力,仅影响合同的履行。因此,李某和丁某的租赁合同依然合法有效。故 B 项说法正确,当选。居住权不得继承,居住权人死亡的,居住权消灭。故 C 项说法不正确,不当选。

综上所述,本题的正确答案为 B。

5.**【参考答案】** B

【解析】 B、C、D 项考查动产担保物权的识别,关键词为“质权”“抵押权”“留置权”。基于物权法定规则,动产既可以被抵押、也可以被质押,还可以被债权人依法留置。其中,设立抵押权并不移转动产标的物的占有(通俗而言,有抵押无交付,有交付无抵押,抵押和交付水火不容),因此,抵押权的设立无须交付。本题中,甲将玉佩交付给乙提供担保,不符合设立抵押权的特征。故 C 项说法错误,不当选。设立动产质押权和动产留置权需要移转动产标的物的占有,但是,留置权属于法定担保物权。本题中,甲将玉佩交付给乙担保 10 万元债权及利息,该担保系由当事人约定的而非由法律规定的。同时,动产质权属于意定担保物权,且动产质权的设立依交付。故 D 项说法错误,不当选;B 项说法正确,当选。

A 项考查流质条款,关键词为“所有权”。在债务履行期限届满前,债权人处于相对的优势地位,与出质人约定债务人不履行到期债务时质押财产直接归债权人所有的,属于流质条款,该条款本身无效。完成公示的(动产已经交付的),可以依法认定成立动产质权,债权人对动产享有优先受偿权。本题中,债权人乙和债务人甲关于“若未付清,乙获得该玉佩的所有权”的约定属于典型的流质条款,该条款无效,但是,玉佩已经交付(完成公示),债权人乙享有动产质权而非所有权,有权对玉佩行使优先受偿权。故 A 项说法错误,不当选。

综上所述,本题的正确答案为 B。

6.**【参考答案】** C

【解析】 B、C、D 考查合同的订立,关键词为“要约”和“承诺”。当事人订立合同,可以采取要约、承诺方式。其中,要约是希望与他人订立合同的意思表示,该意思表示应当符合下列条件:(1)内容具体确定(目的意思);(2)表明经受要约人承诺,要约人即受该意思表示约束(效果意思)。本题中,李某欲以 8 万元出售自己汽油车的内心意思并未想要对张某产生法律约束力(订立买卖合同),因此,李某对张某不构成要约。实质上,李某的行为属于要约邀请,即希望他人向自己发出要约的表示。故D项说法错误,不当选。第二日,张某内心确实想以8万元购买李某的汽油车,想与李某订立汽油车买卖合同,因此,张某对李某构成要约。故C项说法正确,当选。承诺是受要约人同意要约的意思表示。第二日,对于张某意欲购买汽车的意愿,李某表示拒绝。因此,李某对张某不构成承诺,二者之间的汽车买卖合同因意思表示未合意而未成立(通俗而言,张某想买,李某不想卖)。故B项说法错误,不当选。

A项考查缔约过失责任,关键词为"应当承担"。缔约过失责任作为法定之债,其构成要件有四:(1)行为发生于缔约过程中;(2)一方违反基于诚信原则产生的先合同义务;(3)导致对方产生信赖利益损失;(4)一方违反先合同义务与他方所受损失之间存在因果关系。本题中,李某并未假借订立合同恶意和张某磋商,没有任何过错,因此,不应当承担缔约过失责任。故A项说法错误,不当选。

综上所述,本题的正确答案为C。

7.【参考答案】 D

【解析】 B项考查要约和要约邀请的区别,关键词为"要约邀请"。商业广告和宣传原则上属于要约邀请,但是,内容具体确定的,则属于要约。内容具体确定包括三要素:(1)当事人;(2)标的物;(3)数量。本题中,甲在校内二手平台上发布的出售自行车的信息内容具体确定,属于要约而非要约邀请。故B项说法错误,不当选。

C项考查合同订立的要约承诺规则,关键词为"未达成"。要约和承诺表示合意,合同成立。本题中,甲发布的信息属于要约,价款1000元且甲表明"诚信出售,先到先得",即该要约为不得撤销要约。后乙出价900元,属于对要约内容的实质性变更,为反要约(新要约),甲不同意。因此,乙的要约失效(要约被拒绝)。后乙给甲发微信"就按你说的价来",属于承诺,两人达成了合意,即对于合同的必备条款当事人、标的物和数量三要素达成了合意,合同成立。故C项说法错误,不当选。

A、D项考查意思表示解释规则,关键词为"1100元"和"1000元"。对于有相对人的意思表示的解释,应当按照所使用的词句,结合相关条款、行为的性质和目的、习惯以及诚信原则,确定意思表示的含义。本题中,甲发布的信息属于要约,价款1000元。乙先出价900元,甲不同意。后乙又给甲发微信"就按你说的价来,1100元"。其中,如果以前段"就按你说的价来"解释乙的意思表示的含义,则价款为1000元。如果以后段"1100元"来解释乙的意思表示的含义,则与乙之前的行为的目的不相一致且乙明确表示是自己打错了。因此,综合整个交易过程,应当认定两人间成立了1000元的合同。故A项说法错误,不当选;D项说法正确,当选。

综上所述,本题的正确答案为D。

8.【参考答案】 C

【解析】 A、B项考查诉讼时效中止。诉讼时效的中止,是指在诉讼时效进行期间(最后6个月内),由于出现了法定事由(客观障碍)而暂停诉讼时效进行的法律制度。诉讼时效中止发生在诉讼时效期间届满前6个月内。本题中,甲公司对丙公司提起债权人代位权之诉时,300万元和500万元两个债权债务的诉讼时效期间均未在诉讼时效期间届满前6个月。因此,均不发生诉讼时效中止问题。故A、B项均错误,不当选。

C、D项考查债权人代位权之诉。代位权的行使范围以债权人的到期债权为限。本题中,甲公司对乙医院的到期债权为300万元。因此,代位权以300万元为限。故C项说法正确,当选;D项说法错误,不当选。

综上所述,本题的正确答案为C。

9.【参考答案】 D

【解析】 试用买卖合同主要出现在新产品的推介过程中,其立法目的在于保护买受人的利益,确保买受人对标的物进行充分了解,降低其买到瑕疵商品甚至假冒伪劣商品的风险,增强交易的安全性。试用买卖合同,又称试验买卖合同、检验买卖合同,是指当事人双方约定,于合同成立时,出卖人将标的物交付买受人试验或检验,并以买受人在约定期限内对标的物的认可为生效要件(条件)的买卖合同。

A、B、C项考查试用买卖合同中选择权的行使方式,关键词为"视为"和"有权拒绝"。试用买卖合同中的选择权属于形成权,对于该权利的行使可以明示,也可以默示。默示行使选择权(形成权),即视为同意购买的情形,包括两类:(1)积极的默示行为,如付款行为和非试用行为(出卖、出租和设定担保物权的行为);(2)消极的默示行为,即纯粹的沉默行为。本题中,若试用人张某在试用期内支付了部分价款或将标的物扫地机器人出租给陈某,则属于以积极的默示行为同意购买。故A、C项说法正确,不当选。同时,若试用人张某在试用期届满后,对是否购买标的物扫地机器人未作表示,则属于以消极的默示行为,即以纯粹的沉默行为同意购买。买卖合同成立并生效，商场有权拒绝受领标的物扫地机器人而请求张某依约支付购买标的物扫地机器人的价款。故B项说法正确，不当选。

D项考查试用买卖合同中的风险负担，关键词为“意外火灾”和“毁损”。在试用买卖中，标的物的交付，并非履行买卖合同的主要义务的交付，买受人也不因此取得所有权，不能享有收益，只能试用。因此，风险不应由买受人承担，否则，有违公平。据此，标的物在试用期内毁损、灭失的风险由出卖人承担。本题中，若扫地机器人在试用期间遭意外火灾毁损，依法应由出卖人商场承担风险，试用人张某不应当支付价款。故D项说法不正确，当选。

综上所述，本题的正确答案为D。

10.**【参考答案】** D

【解析】 A项考查赠与人的任意撤销权，关键词为“撤销”和“尚未支付”。赠与人在赠与财产转移前，原则上享有任意撤销权。但是，基于公序良俗的考虑，有三种例外：(1)经过公证的；(2)具有公益性质的；(3)具有道德义务性质的。本题中，受赠人乙学校(公立)系事业单位法人、公益法人，该赠与系公益性质的赠与。因此，赠与人甲公司不可以行使任意撤销权，撤销尚未支付的700万元。故A项错误，不当选。

C项考查赠与人的法定撤销权，关键词为“返还”和“已经支付”。赠与财产转移后，受赠人有下列“忘恩负义”情形之一的，赠与人可以行使法定撤销权：(1)严重侵害赠与人或赠与人的近亲属的合法权益；(2)对赠与人有扶养义务而不履行；(3)不履行赠与合同约定的义务。本题中，甲公司和乙学校的赠与协议约定该1000万元捐款专门用于购买书籍，该协议属于典型的附义务的赠与合同(专款专用/专物专用/专门用于)，受赠人乙学校并未违反约定的义务。因此，甲公司不可以行使法定撤销权，请求乙学校返还已经支付的300万元。故C项错误，不当选。

B、D项考查赠与人的穷困抗辩权，关键词为“无权请求”和“不再支付”。赠与合同系最典型的单务、无偿合同。因此，法律赋予赠与人以“穷困抗辩权”，即赠与人的经济状况显著恶化，严重影响其生产经营或家庭生活的，可以不再履行赠与义务。穷困抗辩权的构成要件有四：(1)赠与合同已经成立并生效；(2)合同尚未履行完毕；(3)赠与人的经济状况显著恶化，且达到严重影响其生产经营或家庭的程度；(4)受赠人请求赠与人继续履行合同。本题中，甲公司资金链断裂，无法支付剩下的余款，虽然乙学校有权请求甲公司继续支付剩余尾款，但甲公司可以行使穷困抗辩权，不再支付剩余的700万元。故B项错误，不当选；D项正确，当选。

综上所述，本题的正确答案为D。

11.**【参考答案】** B

【解析】 A、C项考查保管合同和公平补偿规则，关键词为“赔偿损失”和“适当补偿”。保管合同属于可有偿可无偿的合同。在无偿保管的情形下，保管人只有在故意或重大过失时才承担赔偿责任。本题中，外卖骑手张某为救李某将手机交给路人王某，王某属于无偿保管，后王某“不小心”将张某的手机掉在地上，手机屏幕被摔碎。无偿保管人王某没有故意或重大过失，因此，无须承担赔偿责任。同时，受害人和行为人对损害的发生都没有过错的，依照法律的规定由双方分担损失。公平补偿规则适用的前提条件是法律规定，法律并未规定无偿保管人要承担适当补偿责任。因此，无偿保管人王某对于张某手机屏幕摔碎的损失，既不需要承担赔偿责任，亦无须适当补偿，即王某无任何责任。故A、C项说法均不正确，均不当选。

B、D项考查无因管理，关键词为“赔偿损失”和“适当补偿”。无因管理作为法定之债，其构成要件有四：(1)没有法定或约定的义务；(2)主观上为了避免他人利益受损失而具有管理他人事务的意思；(3)客观上实施了管理他人事务的行为；(4)不违反本人明示或可推知的意思，但是，本人的意思违反法律或违背公序良俗的除外。同时，在无因管理中，管理人就所受损害可以向受益人主张补偿，但受益人就所受损害不得向管理人主张赔偿。本题中，外卖骑手张某救助跳河的李某，依法构成无因管理，对于管理人张某背部受伤的损害，受益人(被救者)李某应当适当补偿，故B项说法正确，当选；但是，对于受益人(被救者)李某胳膊受伤的损害，李某不得请求管理人张某赔偿损失。故D项说法不正确，不当选。

综上所述，本题的正确答案为B。

12.**【参考答案】** C

【解析】 首先，应收账款质押权和保理合同的本质均为债权转让，因此，二者可以互相类推适用各自的法律规则。应收账款债权人与债务人虚构应收账款作为质押标的，与债权人订立应收账款(债权)质押合同的，应收账款债务人不得以应收账款(债权)不存在为由对抗债权人。同时，以应收账款(债权)出质的，质权自办理出质登记时设立。本题中,甲公司虚构了与乙公司的应收账款,质押给丙公司融资,且在丙公司向乙公司发函确认该笔应收账款时,乙公司认可了其真实性。因此,甲公司和丙公司之间的应收账款(债权)质押合同合法有效。同时,甲公司和丙公司亦办理了应收账款质押登记手续。因此,债权人丙公司取得合法有效的应收账款质押权。故 B 项说法不正确,不当选。

其次,当事人在保证合同中对保证方式没有约定或约定不明确的,按照一般保证承担保证责任。本题中,丁公司为丙公司的债权提供保证担保,但未约定保证方式。因此,丁公司为一般保证人,依法享有先诉抗辩权。

最后,被担保的债权既有物的担保又有人的担保,债务人不履行到期债务或发生当事人约定的实现担保物权的情形的,债权人应当按照约定实现债权;没有约定或约定不明确,债务人自己提供物的担保的,债权人应当先就该物的担保实现债权。本题中,丙公司的债权既有债务人甲公司提供的应收账款质押权担保(债务人的物保)又有丁公司提供的一般保证(人保),且当事人之间关于实现担保没有约定。因此,债权人丙公司应当先实现债务人甲公司提供的应收账款质押权担保,不足部分,再执行一般保证人丁公司的财产。非"同时"实现债权质押权和保证,更非"只能"请求丁公司承担保证责任。故 A、D 项说法均不正确,不当选。C 项说法正确,当选。

综上所述,本题的正确答案为 C。

13.**【参考答案】** A

【解析】 A、B 项考查离婚协议的生效,关键词为"尚未生效"和"按协议书处理"。离婚协议是夫妻双方载明双方自愿离婚的意思表示,是就子女抚养、财产分割以及债务清偿等事项订立的协议。离婚协议的成立要件包括:(1)存在夫妻双方当事人;(2)夫妻双方就自愿离婚、子女抚养、财产及债务处理等事项达成合意;(3)离婚协议应当具备书面形式。离婚协议的成立不等于离婚协议的生效。离婚协议中关于财产分割、子女抚养等内容的约定,以夫妻双方解除婚姻关系为前提,以夫妻双方完成离婚登记为生效条件。本题中,凌某和李某于 2021 年 9 月签订的离婚协议书成立且有效,但是,双方并未办理协议离婚登记手续。2023 年李某提起诉讼离婚,法院应当认定该离婚协议成立但未生效,并根据实际情况作出判决。故 A 项正确,当选;B 项错误,不当选。

C 项考查夫妻财产制,关键词为"个人财产"。婚后,在不存在书面的分别财产所有制协议的情况下,夫妻双方的财产为共同共有。本题中,凌某和李某签订的离婚协议尚未生效,虽然已将部分财产及债务进行了分割并办理了登记,但是,在未办理协议离婚登记的情况下,并不发生财产权益变动为一方个人财产的法律效果。故 C 项错误,不当选。

D 项考查诉讼离婚的法定情形,关键词为"不准离婚"。离婚的法定情形包括:(1)重婚或与他人同居;(2)实施家庭暴力或虐待、遗弃家庭成员;(3)有赌博、吸毒等恶习屡教不改;(4)因感情不和而分居满 2 年;(5)一方被宣告失踪;(6)夫妻双方因是否生育发生纠纷,致使感情确已破裂,一方请求离婚的,法院经调解无效;(7)经法院判决不准离婚后,双方又分居满 1 年。据此可知,法院是否判决双方离婚并不以就财产分割是否达成一致为前提而应以是否符合法定情形为基础。故 D 项错误,不当选。

综上所述,本题的正确答案为 A。

14.**【参考答案】** D

【解析】 A、B 项考查继承权的丧失,关键词为"不能继承"。继承权绝对丧失的情形有二:(1)故意杀害被继承人;(2)为争夺遗产故意杀害其他继承人。本题中,段甲曾经和段某吵架"伤害过"段某而并未故意杀害被继承人段某。因此,段甲不丧失继承权。同时,段乙虽然曾经雇凶杀段甲但并非"为争夺遗产",因此,段乙亦不丧失继承权。故 A、B 项说法错误,不当选。

C、D 项考查继承权的丧失和遗产分配,关键词为"应该多分"和"平均分得"。继承人放弃继承应当以书面形式向遗产管理人或其他继承人表示。在诉讼中,继承人向法院以口头方式表示放弃继承的,要制作笔录,由放弃继承的人签名。本题中,段丙"口头上表示"什么都不要,不需要把遗产分给他,依法不发生放弃继承权的法律效果,段丙依然享有继承权。本题中,段某有合法有效的遗嘱并愿意把全部遗产"平均分给"三个儿子。因此,段丙不应该多分一些遗产。故 C 项说法错误,不当选。D 项说法正确,当选。

综上所述,本题的正确答案为 D。

15.**【参考答案】** A

【解析】 A、B 项考查夫妻财产制,关键词为"共同财产"和"个人财产"。A 项中,夫妻一方个人财产在婚后产生的收益,除孳息和自然增值外,应认定为夫妻共同财产。租金所得属于孳息,应为雷某的个人财产。故 A 项错误,当选。B 项中,房子为雷某婚前的财产,属于法定的夫妻一方雷某的个人财产。故B项正确,不当选。

C项考查离婚的法定情形,关键词为“离婚”。经法院判决不准离婚后,双方又分居满1年,一方再次提起离婚诉讼的,应当准予离婚。故C项正确,不当选。

D项考查离婚财产分割,关键词为“少分”。夫妻一方隐藏、转移、变卖、毁损、挥霍夫妻共同财产,或伪造夫妻共同债务企图侵占另一方财产的,在离婚分割夫妻共同财产时,对该方可以少分或不分。故D项正确,不当选。

综上所述,本题的正确答案为A。

二、多项选择题

1.**【参考答案】** BCD

【解析】 A项考查可撤销的民事法律行为,关键词为“显失公平”和“撤销”。民事法律行为可撤销的情形包括4类,分别是:(1)重大误解;(2)欺诈;(3)胁迫;(4)显失公平。其中,显失公平,是指一方利用对方处于危困状态、缺乏判断能力(信息不对称)等情形,致使民事法律行为成立时显失公平。识别显失公平的核心要素是“利用”,即是否利用对方处于危困状态,是否利用对方缺乏判断能力。本题中,李某以二手手机冒充新款手机出卖给王某的行为属于“欺诈”而非显失公平。故A项说法错误,不当选。

B、C项考查请求权竞合,关键词为“违约责任”和“侵权责任”。因当事人一方的违约行为,损害对方人身权益、财产权益的,受损害方有权选择请求其承担违约责任或侵权责任。本题中,买受人王某的手机在用了一个月后发生爆炸致其受伤,出卖人李某的行为既构成违约,又构成侵权。因此,受害人王某有权选择追究李某的违约责任或侵权责任。故B、C项说法均正确,均当选。

D项考查承担违约责任的形式,关键词为“减少手机价款”。承担违约责任的形式有5类,分别是:(1)继续履行;(2)采取补救措施;(3)赔偿损害赔偿金;(4)支付违约金;(5)退还定金。其中,采取补救措施包括修理、更换、重作、退货和减价。本题中,王某和李某之间的买卖合同因欺诈而可撤销。受欺诈方王某可以选择撤销合同,也可以选择不撤销合同。受欺诈方王某不行使撤销权而继续保留手机的,可以依法追究李某的违约责任,包括减少手机的价款。故D项说法正确,当选。

综上所述,本题的正确答案为BCD。

2.**【参考答案】** AD

【解析】 A项考查动产交付,关键词为“已经取得”。动产交付包括两类,分别是现实交付和观念交付。观念交付又包括3种,分别是:(1)简易交付;(2)指示交付;(3)占有改定。其中,简易交付又称“无形交付”,是指标的物动产在订约前已为买受人占有,买卖合同生效时即交付完成。简易交付的本质是动产标的物的买受人先占有而后购买,典型情形是“先租/借后买”,当第二个合意买卖合同生效时,视为动产已经交付,发生物权变动。本题中,甲和乙之间先有一个租赁关系,后又约定到期后甲将车卖给乙,这属于典型的“先租后买”型简易交付,因此当第二个合意买卖合同生效时,视为车辆已经交付,发生物权变动,乙取得车辆的所有权。故A项说法正确,当选。

B、C、D项考查善意取得,关键词为“返还”“善意取得”“无权处分”。善意取得所有权的构成要件有4个,分别是:(1)行为人无权处分;(2)相对人主观上善意且无重大过失;(3)相对人客观上支付合理对价;(4)已经完成公示(不动产已经登记、动产已经交付)。本题中,在车辆所有权已经归乙后,甲又将车辆出卖给丙的行为构成无权处分,即以自己的名义处分他人或共有的财产。故D项说法正确,当选。但是,甲丙之间并未完成公示,即并未交付,既未现实交付,亦未观念交付。因此,丙不能善意取得车辆的所有权,更无权请求乙返还车辆。故B、C项说法均错误,不当选。

综上所述,本题的正确答案为AD。

3.**【参考答案】** AD

【解析】 首先,李某和王某之间系保管合同关系,保管合同不转移标的物名画的所有权,因此,名画的所有权人是李某,王某仅仅是名画的占有人。立遗嘱作为单方民事法律行为,只有两种效力状况,即有效和无效。遗嘱人以遗嘱处分了他人财产的,应当认定该部分遗嘱无效。本题中,遗嘱人王某通过遗嘱将李某的名画处分给了儿子王乙,该部分遗嘱无效。

其次,善意取得的构成要件有4个:(1)行为人无权处分;(2)相对人主观上善意且无重大过失;(3)相对人客观上支付了合理对价;(4)已经完成公示,即不动产已登记,动产已交付。本题中,遗嘱继承人王乙通过父亲王某的遗嘱占有了第三人李某的名画,并未支付合理对价,因此,不能善意取得名画的所有权,名画的所有权依然归李某,王乙仅仅是占有人。

再次，一般侵权的构成要件有4个：(1)侵害行为；(2)损害后果；(3)因果关系；(4)主观过错。本题中，作为占有人的王乙将李某的名画以100万元出卖的行为构成一般侵权，所有人李某可以请求王乙赔偿100万元。故A、D项说法正确，当选；C项说法错误，不当选。

最后，赠与合同是转移标的物所有权的合同且货币作为一般等价物，占有即所有。本题中，王乙将名画出卖后将100万元货币赠与王甲，该100万元归王甲所有且王甲不构成侵权。因此，李某不可以请求王甲赔偿100万元。故B项说法错误，不当选。

综上所述，本题的正确答案为AD。

4.【参考答案】 BD

【解析】 A、B项考查无权代理和无权处分的区别，关键词为“无权代理”和“无权处分”。无权代理和无权处分的核心区别是以“谁的名义”。无权代理是以“他人的名义”处分他人的财产；而无权处分是以“自己的名义”处分他人的财产。本题中，作为保管人的甲未经寄存人乙的同意，将乙的汽车以“自己的名义”出卖给第三人丙的行为构成无权处分而非无权代理。故A项说法不正确，不当选。B项说法正确，当选。

C项考查无权处分买卖合同的效力，关键词为“追认后”和“合法有效”。基于“物债两分”的区分原则，买卖合同的生效，仅在买卖双方之间产生债权效力(互相对对方享有债权请求权)而不能直接发生物权变动(物权效力)。具体而言，买卖合同的生效，仅使出卖人负有交付标的物并转移标的物所有权的义务，并不直接导致标的物所有权的丧失。同时，买受人仅享有请求出卖人交付标的物并转移标的物所有权的请求权，亦不能基于买卖合同而直接取得标的物的所有权。因此，即使出卖人出卖标的物时对标的物尚无所有权或处分权，也不影响买卖合同的效力，买卖合同合法有效。本题中，保管人甲以自己的名义将寄存人乙的汽车出卖给第三人丙，甲丙之间的汽车买卖合同无须乙的追认即合法有效。故C项说法不正确，不当选。

D项考查无权处分买卖合同的履行，关键词为“主张付款”。无权处分，不影响合同的效力仅影响合同的履行。在无权处分的情形下，如标的物的所有权人同意出卖标的物，则出卖人和第三人之间的买卖合同正常履行；如标的物的所有权人不同意出卖标的物，则出卖人和第三人之间的买卖合同不能正常履行，买受人可以解除买卖合同并追究出卖人的违约责任。本题中，作为标的物汽车所有权人的乙当然有权向买受人丙主张付款，即以“行为的方式”表明所有权人同意出卖标的物。故D项说法正确，当选。

综上所述，本题的正确答案为BD。

5.【参考答案】 AC

【解析】 A、D项考查无名合同和有名合同的识别，关键词为“兼有”和“仓储合同”。无名合同，又称非典型合同，是指在法律上尚未确立一定的名称和具体(专门)规则的合同。作为有名合同(又称典型合同)的仓储合同是保管人储存存货人交付的仓储物，存货人支付仓储费的合同。本题中，甲和银行之间的保险柜使用协议，一方面，具有租赁合同的性质，即银行转移标的物保险柜的使用权；另一方面，具有保管合同的性质，即银行保管寄存人交付的保管物并返还该物，而非单纯的储存标的物。因此，该协议属于无名合同而非仓储合同。故A项说法正确，当选；D项说法错误，不当选。

B、C项考查法定继承，关键词为“拒绝返还”和“得到支持”。遗产是自然人死亡时遗留的个人合法财产。被继承人死亡后，遗产依法由法定继承人继承。本题中，保险柜内的物品是甲的遗产，甲死亡后，当然由其法定继承人继承，法定继承人依法有权请求银行返还物品，银行无权拒绝。故B项说法错误，不当选；C项说法正确，当选。

综上所述，本题的正确答案为AC。

6.【参考答案】 ABC

【解析】 D项考查不真正利他合同(涉他合同)，关键词为“合同相对性”。不真正利他合同，是指当事人约定由债务人向第三人履行债务的合同。此时，第三人并非合同当事人，不享有独立的请求权。本题中，塑料公司和商贸公司签订吸管买卖合同，双方约定由塑料公司向买卖合同以外的第三人牛奶公司履行属于典型的“不真正利他合同”，牛奶公司并非买卖合同的当事人。因此，在商贸公司并未按照合法有效的买卖合同给付货款时，基于合同相对性原理，塑料公司有权追究商贸公司的违约责任，请求商贸公司给付货款，但无权向牛奶公司主张货款(塑料公司和牛奶公司之间不存在直接的合同关系，“无约可违”)。故D项说法错误，不当选。

C项考查动产物权变动，关键词为“所有权”。动产物权变动依交付。本题中，塑料公司按照和商贸公司之间合法有效的吸管买卖合同向合同以外的第三人牛奶公司交付吸管后，吸管的所有权即归牛奶公司所有(发生动产物权变动)。故C项说法正确,当选。

A、B项考查不当得利,关键词为"不当得利"。不当得利作为法定之债,其构成要件有四:(1)没有法定或约定的原因;(2)一方获益;(3)一方受损;(4)获益与受损之间存在因果关系。本题中,牛奶公司与商贸公司之间存在合法有效的吸管转售合同,牛奶公司依据合法有效的吸管转售合同获得吸管的所有权并给付价款,存在约定的原因。因此,塑料公司不可以向牛奶公司主张不当得利。故A项说法正确,当选。商贸公司将吸管转售给牛奶公司获得货款却不依约向塑料公司交付货款,依法构成不当得利。因此,塑料公司可以向商贸公司主张不当得利。故B项说法正确,当选。

综上所述,本题的正确答案为ABC。

7.**【参考答案】** AB

【解析】 A、C项考查第三人代为履行(清偿),关键词为"尚欠"。第三人代为履行(清偿)的构成要件有四:(1)合同未约定第三人具有履行义务;(2)债务人不履行债务;(3)第三人对履行该债务具有合法利益;(4)根据债务性质、合同约定或法律规定,未明确将第三人代为履行排除在外。本题中,作为母公司的乙公司和债务人甲公司(子公司)具有关联关系,乙公司对履行甲公司欠潘某的3万元债务具有合法利益,乙公司的行为依法构成第三人代为履行(清偿)。因乙公司仅代为履行(清偿)部分债务2万元。因此,甲公司尚欠潘某1万元。当然,第三人乙公司代为履行2万元后,基于"法定的债权转让"原理享有对甲公司的2万元追偿权。故A项说法正确,当选;C项说法错误,不当选。

B项考查无因管理,关键词为"属于"。无因管理作为法定之债,其构成要件有四:(1)没有法定或约定的义务;(2)主观上为了避免他人利益受损失而具有管理他人事务的意思;(3)客观上实施了管理他人事务的行为;(4)不违反本人明示或可推知的意思,但是,本人的意思违反法律或违背公序良俗的除外。本题中,母公司和子公司是两家独立的公司,二者的债务依法应当自己偿还。母公司乙公司替子公司甲公司偿还债务完全符合上述构成要件,依法构成无因管理。故B项说法正确,当选。

D项考查自助行为,关键词为"属于"。自助行为属于侵权责任的免责事由,自助行为,是指权利人为保护自己的权利,在来不及请求公力救济的情况下,对义务人的财产予以扣押或对其人身自由予以限制约束等行为。自助行为的构成要件有四:(1)须存在不法侵害状态;(2)须为保护自己的合法权利;(3)须情况紧急而来不及请求有关国家机关的援助;(4)须不得超过必要的限度;(5)须为法律或公序良俗所许可。本题中,甲公司欠专职司机潘某工资3万元,潘某有各种救济途径,如前往法院起诉。此时,并不属于情况紧急而来不及请求有关国家机关援助的情形。因此,潘某将甲公司一辆面包车开走的行为依法构成侵权而非自助行为。故D项说法不正确,不当选。

综上所述,本题的正确答案为AB。

8.**【参考答案】** ABCD

【解析】 A项考查侵权之债,关键词为"修理费"。侵权之债作为法定之债,其构成要件有四:(1)加害人存在侵害行为;(2)受害人存在损害后果;(3)侵害行为和损害后果之间存在因果关系;(4)加害人主观上存在过错。本题中,甲家院墙倒塌将乙的摩托车砸坏,甲依法构成一般侵权,应当承担侵权责任,即赔偿乙摩托车的修理费。故A项说法正确,当选。

B项考查物权的保护,关键词为"加固"。可能妨害物权的,权利人可以请求消除危险。消除危险请求权不受诉讼时效期间的限制。本题中,甲家的另外半截墙虽然尚未倒塌,但是,有随时倒塌的危险(可能性)。因此,邻居乙依法有权请求甲加固另一半未倒塌的墙。故B项说法正确,当选。

C项考查无因管理之债,关键词为"支付"和"费用"。无因管理作为法定之债,其构成要件有四:(1)没有法定或约定的义务;(2)主观上为了避免他人利益受损失而具有管理他人事务的意思;(3)客观上实施了管理他人事务的行为;(4)不违反本人明示或可推知的意思,但是,本人的意思违反法律或违背公序良俗的除外。本题中,乙雇人清理邻居甲家院墙倒塌后的残砖废料,依法构成无因管理。因此,管理人乙有权请求受益人甲支付清理残砖废料的费用。故C项说法正确,当选。

D项考查不当得利之债,关键词为"返还"。不当得利作为法定之债,其构成要件有四:(1)没有法定或约定的原因;(2)一方获益;(3)一方受损;(4)获益与受损之间存在因果关系。本题中,乙将邻居甲家院墙倒塌后的残砖废料进行清理。作为所有权人的甲有权基于不当得利请求乙返还。当然,作为所有权人的甲亦有权基于返还原物请求权(物权请求权)请求乙返还。归纳而言,甲请求乙返还的请求权基础有二,分别是:不当得利返还请求权和返还原物请求权。故D项说法正确,当选。

综上所述,本题的正确答案为 ABCD。

9.【参考答案】 ABC

【解析】 A 项考查出租人的权利,关键词为“自行承担”。承租人应当按照约定支付租金。承租人经催告后在合理期限内仍不支付租金的,出租人可以请求支付全部租金;也可以解除合同,收回租赁物。本案中,乙公司未按照约定支付租金且经催告后仍不支付租金,出租人甲公司有权解除合同,收回租赁物。但是,甲公司将市价约为 30 万元的清障车以 20 万元的不合理低价转让给丙公司,自身存在过错,因此,对于扩大的损失应由其自行承担。故 A 项正确,当选。

B 项考查出租人的解除权,关键词为“有权”。融资租赁合同对于欠付租金解除合同的情形没有明确约定,但承租人欠付租金达到两期以上,经出租人催告后在合理期限内仍不支付的,出租人有权请求解除融资租赁合同。本案中,乙公司自 3 月起至 7 月底共拖欠 4 期租金,经出租人甲公司催告后仍未支付,因此,甲公司有权解除融资租赁合同。故 B 项正确,当选。

C 项考查违约责任的范围,关键词为“违约金”。承租人逾期履行支付租金义务,出租人按照融资租赁合同的约定要求承租人支付逾期利息、相应违约金的,人民法院应予支持。本案中,乙公司未按照合同约定给付租金,依法应当给付未付租金、逾期利息以及相应的违约金。同时,甲公司以不合理的低价转让清障车的行为亦有过错,应当扣减车辆变卖价值的差额 10 万元。因此,甲公司的损失为未付租金及相应违约金扣减车辆变卖价值的差额。故 C 项正确,当选。

D 项考查出租人的处分权,关键词为“无权”。动产融资租赁合同属于非典型担保合同,其核心功能是担保承租人依约给付租金,当承租人不依约给付租金时,出租人得解除合同,收回租赁物并将租赁物出卖以担保租金债权的实现。因此,动产融资租赁合同的出租人依法享有处分权。故 D 项说法错误,不当选。

综上所述,本题的正确答案为 ABC。

10.【参考答案】 AC

【解析】 A、C、D 项考查物权的保护,关键词为“排除妨害”“停止侵害”“赔礼道歉”。妨害物权的,权利人可以请求排除妨害。侵权行为一直在持续的,权利人可以请求停止侵害。本题中,物业公司设立垃圾桶的行为妨害了 303 住户王某物权(房屋所有权)的行使和效益的发挥,因此,王某有权请求物业公司停止侵害、排除妨害。故 A、C 项说法正确,当选。人身权益受到侵害的,受害人有权请求赔礼道歉。本题中,物业公司的行为并未侵犯住户王某的人身权益。因此,王某无权请求物业公司赔礼道歉。故 D 项说法不正确,不当选。

B 项考查物业服务合同的解除,关键词为“解除”。解聘物业服务企业属于业主共同决定的事项,业主依照法定程序共同决定解聘物业服务人的,可以解除物业服务合同。本题中,王某只是小区内的一户业主,无权单独解除物业服务合同。故 B 项说法不正确,不当选。

综上所述,本题的正确答案为 AC。

11.【参考答案】 ABCD

【解析】 A 项考查不当得利,关键词为“返还”。不当得利作为法定之债,其构成要件有四:(1)没有法定或约定的原因;(2)一方获益;(3)一方受损;(4)获益与受损之间存在因果关系。同时,得利人知道或应当知道获得的利益没有法律根据的,受损失的人可以请求得利人返还其获得的利益并依法赔偿损失。本题中,常某将谷某的车辆盗走后转卖,依法构成不当得利,作为车辆所有权人的谷某依法有权请求盗窃者常某返还转卖所得的不当得利。故 A 项说法正确,当选。

B、D 项考查安保义务人的责任,关键词为“侵权”和“补充”。宾馆、商场、银行、车站、机场、体育场馆、娱乐场所等经营场所、公共场所的经营者、管理者或群众性活动的组织者,未尽到安全保障义务,造成他人损害的,应当承担侵权责任。同时,因第三人的行为造成他人损害的,由第三人承担侵权责任;经营者、管理者或组织者未尽到安全保障义务的,承担相应的补充责任。经营者、管理者或组织者承担补充责任后,可以向第三人追偿。本题中,谷某前往某饭店就餐,饭店未尽到安全保障义务(有过错),导致谷某的车辆被常某盗走并转卖,盗窃者(第三人)常某和安保义务人饭店均应承担侵权责任。具体而言,第三人常某承担侵权责任,饭店承担相应的补充责任(第二顺位),饭店承担责任后,可以向常某追偿。故 B、D 项均正确,当选。

C 项考查违约责任,关键词为“承担”。寄存人到保管人处从事购物、就餐、住宿等活动,将物品存放在指定场所的,视为保管,但是当事人另有约定或另有交易习惯的除外。同时,违约责任的构成要件有三:(1)存在合法有效的合同;(2)存在违约行为;(3)不存在法定或约定的免责事由。本题中,谷某前往饭店就餐,将车辆停放在饭店专用的地下车库，二者之间构成保管合同关系。后车辆被常某盗走并转卖，饭店构成违约，依法应当承担违约责任。故C项说法正确，当选。

综上所述，本题的正确答案为ABCD。

三、不定项选择题

1.【参考答案】 AB

【解析】 B项考查肖像权侵权，关键词为“肖像权”。肖像权，是指自然人所享有的以自己的肖像上所体现的人格利益为内容的一种人格权。侵犯肖像权的形态有6类，分别是：(1)丑化；(2)污损；(3)伪造；(4)制作；(5)使用；(6)公开。(《民法典》第1019条)本题中，影楼工作人员乙为炫耀自己高超的修图技术，未经甲允许，擅自将精修图和原图同时发到某平台的行为属于公开，依法侵犯了甲的肖像权。故B项说法正确，当选。

D项考查名誉权侵权，关键词为“名誉权”。名誉权，是指民事主体对自身名誉享有不受他人侵害的权利。侵犯名誉权的形态包括2类，分别是：(1)侮辱；(2)诽谤。(《民法典》第1024条)侮辱，是指故意以暴力或其他方式贬损他人人格，毁损他人名誉。实践中常见的侮辱方式有暴力侮辱、语言侮辱和文字侮辱。诽谤，是指捏造、散布虚假事实造成他人社会评价降低。本题中，影楼工作人员乙未经甲允许，擅自将精修图和原图同时发到某平台的行为既不属于侮辱，也不属于诽谤。因此，未侵犯甲的名誉权。故D项说法不正确，不当选。

C项考查用工责任，关键词为“连带侵权责任”。用工责任系替代责任，用人单位的工作人员因执行工作任务造成他人损害的，由用人单位承担侵权责任。本题中，影楼工作人员乙未经甲允许，擅自将精修图和原图同时发到某平台。该行为侵犯了甲的肖像权，该侵权责任依法应当由用人单位影楼单独承担，而非由乙和影楼承担连带责任。故C项说法不正确，不当选。

A项考查请求权竞合，关键词为“侵权责任”和“违约责任”。因当事人一方的违约行为，损害对方人身权益、财产权益的，受损害方有权选择请求其承担违约责任或侵权责任。本题中，甲到影楼拍摄了一套艺术写真照，与影楼之间形成了承揽合同关系。影楼工作人员乙未经甲允许，擅自将精修图和原图同时发到某平台的行为既侵犯了甲的肖像权又违反了与甲之间的承揽合同，即既违约又侵权，依据请求权竞合理论，受害人甲有权选择请求影楼承担侵权责任或违约责任。故A项说法正确，当选。

综上所述，本题的正确答案为AB。

2.【参考答案】 CD

【解析】 A项考查父母离婚后子女姓名的更改，关键词为“不支付抚养费”。父母不得因子女变更姓氏而拒付子女抚养费。父或母擅自将子女姓氏改为继母或继父姓氏而引起纠纷的，应当责令恢复原姓氏。本题中，母亲乙擅自将儿子丙的姓氏更改为继父姓氏的，生父甲不得拒付抚养费，但是，甲有权向法院提起诉讼，责令恢复原姓氏。故A项说法错误，不当选。

B项考查监护关系的终止，关键词为“改了名字”。有下列情形之一的，监护关系终止：(1)被监护人取得或恢复完全民事行为能力；(2)监护人丧失监护能力；(3)被监护人或监护人死亡；(4)法院认定监护关系终止的其他情形。(《民法典》第39条)监护关系并不会因为父或母一方擅自更改子女姓氏而终止。故B项说法错误，不当选。

C项考查探望权，关键词为“提供便利”。离婚后，不直接抚养子女的父或母有探望子女的权利，另一方有协助的义务。本题中，虽然甲、乙离婚，但离婚不影响监护，不与儿子丙共同生活的生父甲依然需要给付抚养费。同时，甲享有探望权，乙有义务提供便利协助。故C项说法正确，当选。

D项考查父母离婚后抚养费的给付，关键词为“增加”。具有下列情形之一，子女要求有负担能力的父或母增加抚养费的，法院应予支持：(1)原定抚养费数额不足以维持当地实际生活水平；(2)因子女患病、上学，实际需要已超过原定数额；(3)有其他正当理由应当增加。本题中，丙因上学需要增加抚养费，因此有权请求生父甲给付。故D项说法正确，当选。

综上所述，本题的正确答案为CD。

3.【参考答案】 ABC

【解析】 A项考查违约责任，关键词为“构成”。借用合同系典型的无名合同，其违约责任的构成要件有三：(1)存在合法有效的合同；(2)存在违约行为；(3)不存在法定或约定的免责事由。本题中，王某和张某之间存在合法有效的借用合同，借用人王某违反与出借人张某的约定驾车上高速存在违约行为且不存在免责事由。因此，借用人王某构成违约，依法应当承担违约责任。故A项说法正确，当选。

B、C、D项考查机动车交通事故责任，关键词为“损害赔偿”。因租赁、借用等情形机动车所有人、管理人与使用人不是同一人时，发生交通事故造成损害,属于该机动车一方责任的,由机动车使用人承担赔偿责任;机动车所有人、管理人对损害的发生有过错的,承担相应的赔偿责任(按份责任)。机动车交通事故责任的责任主体的确定采纳“危险控制理论”,通俗而言,“谁开的车,谁承担侵权责任”。本题中,借用人王某驾车造成丁某受伤,依法应当由使用人王某承担损害赔偿责任。出借人张某将车借给有驾驶证的王某,主观上不存在过错,无须承担侵权责任。故B、C项说法正确,当选;D项说法不正确,不当选。

综上所述,本题的正确答案为ABC。

4.**【参考答案】** ABD

【解析】 首先,当事人之间已经以买卖或其他方式转让并交付机动车但是未办理登记,发生交通事故造成损害,属于该机动车一方责任的,由受让人承担赔偿责任。本题中,甲将轿车出卖给乙,乙驾车撞伤丙,依法应当由乙对丙的损害承担侵权责任。出卖人甲无须承担侵权责任。故C项表述错误,不当选;D项表述正确,当选。

其次,机动车交通事故责任中,机动车与非机动车或行人发生交通事故的,采“无过错责任原则”。本题中,乙驾车将丙撞伤,依法应当承担无过错责任。故A项表述正确,当选。

最后,机动车发生交通事故造成损害,属于该机动车一方责任的,先由承保机动车强制保险的保险人(保险公司)在强制保险责任限额范围内予以赔偿;不足部分,由承保机动车商业保险的保险人(保险公司)按照保险合同的约定予以赔偿;仍然不足或没有投保机动车商业保险的,由侵权人赔偿。本题中,乙驾车将丙撞伤,治疗费2万元依法应当先由交强险赔付。故B项表述正确,当选。

综上所述,本题的正确答案为ABD。

5.**【参考答案】** B

【解析】 C项考查名誉权侵权,关键词为“侵犯了”。自然人、法人和非法人组织均享有名誉权。名誉权的侵权形态包括两类,即侮辱和诽谤。其中,侮辱是指故意以暴力或其他方式贬损他人人格,毁损他人名誉;诽谤是指捏造、散布虚假事实,造成他人社会评价降低。本题中,严某在美食平台发表的差评仅是其个人感受和体验,当然具有主观性。但该评价并不存在侮辱和诽谤的情形,因此,并未侵犯美未公司的名誉权。故C项说法不正确,不当选。

D项考查名称权侵权,关键词为“侵犯了”。法人和非法人组织享有名称权,有权依法决定、使用、变更、转让或许可他人使用自己的名称。名称权的侵权形态与姓名权相似,包括3类,即干涉、盗用和假冒(冒用)。其中,干涉是指限制、阻挠和干预权利主体自主决定、使用、变更、转让和许可他人使用名称;盗用、假冒是指未经允许,为谋取不正当利益,擅自使用他人企业的名称的行为。本题中,严某在对美未公司提供的餐饮服务进行评价时使用了美未公司的名称,但是,并不存在干涉、盗用和假冒企业名称的行为。因此,并未侵犯美未公司的名称权。故D项说法不正确,不当选。

A、B项考查网络服务提供者的责任,关键词为“连带责任”和“删除”。网络用户利用网络服务实施侵权行为的,权利人有权通知网络服务提供者采取删除、屏蔽、断开链接等必要措施。通知应当包括构成侵权的初步证据及权利人的真实身份信息。网络服务提供者接到通知后,应当及时将该通知转送相关网络用户,并根据构成侵权的初步证据和服务类型采取必要措施;未及时采取必要措施的,对损害的扩大部分与该网络用户承担连带责任。本题中,网络用户严某仅是在网络平台上发表了自己对美未公司餐饮服务的评价,其行为本身不构成侵权,网络平台无义务采取删除、屏蔽、断开链接等必要措施,亦无须与严某承担连带责任。故A项说法不正确,不当选;B项说法正确,当选。

综上所述,本题的正确答案为B。

6.**【参考答案】** AD

【解析】 首先,借款合同是借款人向贷款人借款,到期返还借款并支付利息的合同。借款合同包括商业借贷和民间借贷两种类型。本题中,甲向乙借款10万元,贷款人(债权人)并非金融机构,该借款合同系民间借贷合同,该合同完全符合民事法律行为的有效要件,合法有效。因此,借款期限届满后,债权人乙有权基于合法有效的借款合同请求债务人甲清偿债务。

其次,债务人与债权人约定将财产形式上转移至债权人名下,债务人不履行到期债务,财产归债权人所有的,人民法院应当认定该约定无效,但是不影响当事人有关提供担保的意思表示的效力。债权人请求参照《民法典》关于担保物权的规定对财产(标的物)折价或以拍卖、变卖该财产所得的价款优先受偿的,人民法院应予支持。本题中,债务人甲和债权人乙约定,还款期限届满后,如果未按期支付本息12万元,则该表归乙所有,该约定属于典型的流质条款,流质条款无效。但是,债务人甲以名表为10万元债务提供担保的意思表示是真实的。因此,债权人乙依法有权就该名表折价、拍卖、变卖所得的价款优先受偿。

再次,债务人与债权人约定将财产转移至债权人名下,在一定期间后再由债务人或其指定的第三人以交易本金加上溢价款回购,该约定属于典型的"回购型让与担保",合法有效。本题中,债务人甲和债权人乙约定还款期限届满后,如果未按期支付本息12万元,则乙可以选择由丙无条件按照12万元回购该表。丙对前述安排表示认可,并参与签订协议。因此,该回购型让与担保合法有效,乙仍可要求丙支付12万元以消灭甲的债务。

最后,从总体上看,本题可以解构为两层法律关系。第一层:甲和乙之间的民间借贷合同(主合同),该合同合法有效。因此,乙可以请求甲清偿债务。第二层:甲和乙丙之间的让与担保合同(从合同),该合同本身合法有效,但是,流质条款无效。因此,乙可以请求丙支付12万元回购名表以消灭甲的债务,也可以请求参照担保物权的规定,就该名表优先受偿。一言以蔽之,债权人乙有3种选择:(1)请求债务人甲清偿债务;(2)请求丙支付12万元回购名表以消灭甲的债务;(3)请求参照担保物权的规定,就该名表优先受偿。故A、D项说法正确,当选;B、C项说法错误("只能"太绝对),不当选。

综上所述,本题的正确答案为AD。

2022年客观题试题

一、单项选择题

1. 袁某和祖某系夫妻,后二人吵架,袁某离家出走。2年后,依祖某申请,法院宣告袁某失踪。关于本案,下列哪一说法是正确的:(　　)

A. 袁某被宣告失踪后,丧失民事行为能力

B. 袁某被宣告失踪后,祖某可以继承袁某财产

C. 袁某父母不同意,可以申请撤回失踪宣告

D. 祖某提出离婚诉讼的,法院应当准许

2. 某日,古玩爱好者王某在本地经常光顾的古玩街花费数万元购买了一对青铜烛台,疑为明代真品。后经鉴定,该烛台为现代仿品,仅值数百元,对此,下列哪一说法是正确的:(　　)

A. 王某可主张存在重大误解,请求撤销合同

B. 王某意思表示真实有效,无权请求撤销合同

C. 王某可主张存在显失公平,请求撤销合同

D. 王某可主张其被出卖人欺诈,请求撤销合同

3. 2020年张某(男)与李某(女)结婚。二者签订婚前协议,张某婚前财产房屋一套归张某所有,李某享有居住权,但是,李某不得转让、出租。并且将婚前协议进行了公证。2022年张某死亡,李某将房屋出租。关于本案,下列说法正确的是:(　　)

A. 居住权成立,租赁合同有效

B. 居住权不成立,租赁合同有效

C. 居住权成立,租赁合同无效

D. 居住权不成立,租赁合同无效

4. 某村委会为村民通行方便,与甲约定,某村每个月给甲500元,甲不建围墙。2021年开始,村委会不再按约向甲给付500元,后甲向村主任多次催要未果,表示要恢复建围墙。村民均认为甲的行为影响出行,要求起诉甲。关于本案,下列哪一说法是正确的:(　　)

A. 甲侵犯了村民的地役权

B. 甲侵犯了村民的相邻权

C. 地役权自合同成立时设立

D. 甲恢复建围墙的行为合理

5. 2019年7月8日,M市甲因摩托车遭台风损坏,送至乙处修理,二人约定7月10日付款取车。不久,甲因工作调离M市,忘了取车。2022年7月13日,甲回M市取车,乙要求支付修理费,否则不还。甲诉至法院。关于本案,下列哪一说法是正确的:(　　)

A. 乙的修理费诉讼时效已届满,但其可以行使留置权

B. 乙的修理费诉讼时效已届满,甲有权请求乙返还摩托车

C. 乙的修理费诉讼时效已届满,该请求权消灭

D. 乙的修理费诉讼时效已届满,其从权利留置权消灭

6. 2022年8月,赵某乔迁新居后赴外地出差,妻子管某在处理旧物件时,将木质屏风卖给邻居辛某。辛某打开屏风时掉出一个封面写有"赵某备用,2011年5月5日"的信封,信封内装有1000元。赵某出差回来后,听妻子说起旧屏风,想起这笔10多年前藏的私房钱1000元(系奖金收入)。关于该笔金钱,下列哪一说法是正确的:(　　)

A. 属于发现隐藏物,不能归辛某所有

B. 不属于赵某夫妻共同财产

C. 辛某构成先占,享有货币所有权

D. 辛某并非恶意占有,构成善意取得

7. 甲公司和乙公司签订了一份长期的供货合同。后因地震,原材料成本和运输费用均上涨,若

继续履行合同甲公司将遭受重大损失,甲公司与乙公司协商变更合同被拒。关于本案,下列选项正确的是:(　　)

A. 合同因重大误解可撤销

B. 合同因不可抗力可撤销

C. 合同因显失公平可撤销

D. 合同因情势变更可变更

8. 李某在古玩店发现刘某以1万元出售一只清代紫烟壶,李某知道这壶是一对。收藏家胡某正以10万元报价在古玩园内寻求另一只,李某与刘某达成协议以1万元购买,于3日后付款,并向刘某支付5000元定金。李某前往胡某家中以10万元达成协议,3日内交货,胡某向李某支付2万元定金。3日后刘某取出时不小心将紫烟壶摔碎。关于本案,下列哪一说法是正确的:(　　)

A. 刘某只需将定金返还给李某

B. 刘某应当向李某返还5000元双倍定金

C. 李某有权向胡某请求减少返还定金金额

D. 李某应当向胡某返还20,000元双倍定金

9. 甲与乙签订了为期3年的供货合同,丙与乙约定合同期限内,愿意在2000万元范围内对乙承担保证责任。两年后,甲因经济困难无力履行合同,与乙协议终止供货合同,此时未付货款为2022万元,乙同意免除其22万元尾款,并同意甲将500万元债务转让给丁,以上内容均未通知丙。下列哪一选项是正确的:(　　)

A. 丙应承担2022万元的保证责任

B. 丙对甲的债务承担连带保证责任

C. 丙应承担2000万元的保证责任

D. 丙应承担1500万元的保证责任

10. 某大学在未设围栏的露天篮球场举办篮球比赛,拾荒老妇詹某为抄近道横穿球场,篮球队员马某专心比赛快速奔跑不慎撞倒詹某,致詹某头部受伤。关于詹某的人身损害,下列哪一选项是正确的:(　　)

A. 应由马某承担部分赔偿

B. 应由某大学承担全部赔偿责任

C. 应由马某承担全部赔偿责任

D. 应由詹某自担损失

11. 甲沾酒就倒。某日,甲去酒店参加乙的生日聚会,聚会上甲喝多了。第二天,甲醒来出酒店时,酒店前台对甲说昨晚甲在参加乙生日聚会时打碎了酒店的花瓶,让甲赔偿2000元。关于本案,以下选项正确的是:(　　)

A. 花瓶损失由乙赔偿

B. 甲因醉酒不具有民事行为能力

C. 甲因醉酒不具有民事权利能力

D. 花瓶损失由甲赔偿

12. 4月20日,贺某因购买制造假酒设备和原料向官某借款50万元,期限1年,月息2%,并告知了借款用途,官某当即表示同意,并于次日向贺某交付现金20万元,4月22日向贺某银行卡实时转账30万元。应官某要求,董某以自己所持某有限责任公司的股权为该笔借款提供担保,并办理了质押登记。对此,下列说法正确的是:(　　)

A. 借款合同无效

B. 董某应承担担保责任

C. 借款合同于4月20日成立

D. 借款合同部分无效

13. 甲乙结婚后,甲购买一套房屋,登记在甲的名下。后乙怀孕,甲被确诊癌症。甲要求乙将孩子打掉,乙不同意。后甲立下遗嘱,该房屋归乙和自己父母所有。后甲死亡,乙生下孩子随母姓。关于本案,下列说法错误的是:(　　)

A. 若甲的父母不同意孩子随母姓,有权向法院起诉变更

B. 孩子可以随母姓

C. 甲的遗嘱因为处分了夫妻共有财产部分无效

D. 甲的遗嘱因为没有给未出生的孩子留下必要份额而部分无效

14. 甲曾因酒驾犯罪而受到刑事处罚,出狱后居住于某小区,后乙因琐事与甲闹僵,在小区微信群中说:"A栋6楼601室的甲是罪犯。"甲看到后非常气愤。关于本案,下列说法错误的是:(　　)

A. 乙侵犯了甲的名誉权

B. 乙侵犯了甲的隐私权

C. 甲请求乙赔礼道歉、消除影响不受诉讼时效期间的限制

D. 乙侵犯了甲的个人信息权益

二、多项选择题

1. 某旅游公司授权甲去云南洽谈民宿价格。正值松茸季,甲以公司名义和商家用公司团购优惠价订立松茸买卖合同并付款,准备卖给自己的客户赚钱,写寄送地址的时候不小心写成公司地址,寄到了公司。公司知晓后拿来做福利发给员工。关于本案,下列说法正确的有:(　　)

A. 甲有权请求公司返还价款

B. 商家可以欺诈为由撤销合同

C. 甲构成无权代理

D. 甲有权请求公司返还松茸

2. 孟某将其名下一套公寓以200万元的价格出售给邱某。该公寓系孟某于10年前在二手房交易市场购买。该公寓本次出售时,其住宅建设用地使用权已达30年。关于该公寓房的交易,下列说法错误的有:(　　)

A. 办理不动产变更登记前,应先办理土地使用权登记

B. 该公寓土地使用年限届满时如不续期,邱某丧失房屋所有权

C. 该公寓转让应由邱某单独申请不动产变更登记

D. 孟某应以200万元的应纳税所得额缴纳个人所得税

3. 孙某将一对价值100万元的骨瓷花瓶出质给文某,向文某借款70万元,约定借款期限为3年。3年后,孙某未能依约还款。因受市场价格波动影响,该花瓶折价为出质时市场价的一半左右。因孙某无法偿还借款,遂与文某协商将该花瓶以48万元卖给第三人黄某。黄某依约付款后,孙某反悔,认为价格太便宜,要求文某不得向黄某交付,并向文某主张返还花瓶。下列说法正确的有:(　　)

A. 花瓶所有权现归孙某

B. 孙某无权向文某主张返还花瓶

C. 孙某对文某的债务已经消灭

D. 花瓶所有权现归黄某

4. 张某去世后,其名下某房屋按照张某遗嘱由其唯一的儿子张小东继承,但是一直未办理过户登记。后张小东因将赴国外长期工作遂与李某签订房屋买卖合同欲转让房屋。据此,下列说法正确的有:(　　)

A. 张小东应先为其办理过户登记,才能处分该房屋

B. 张小东享有房屋的处分权,房屋买卖合同合法有效

C. 因未办理过户登记,张小东未取得该房屋所有权

D. 张小东为李某办理过户登记后,李某取得房屋所有权

5. 飞扬租车公司将一辆汽车租给尤某长期使用,某日尤某将车驶入某大厦地下停车场,未及时取车,便因违法被行政拘留。期满后尤某前往取车,因未交费,停车场锁住了车轮胎。数日后,尤某乘人不备砸开锁冲破关卡开走该车,对此下列选项正确的有:(　　)

A. 该停车场的锁车行为合法

B. 该停车场有权基于留置权请求尤某返还车辆

C. 尤某强行开走汽车的行为侵害了该停车场的物权

D. 该停车场有权请求飞扬租车公司支付停车费

6. 3周岁的小明在三楼自家阳台玩耍,爬到防护栏不慎踩空,头卡在防护栏上,14周岁的小强路过见状通过二楼空调围栏爬到三楼,为避免小明窒息,托举小明至解救。期间,小强手臂被划伤,二楼空调围栏被踩坏。关于本案,下列说法正确的有:(　　)

A. 小强的救助行为应经过监护人同意

B. 小强的父母应对空调围栏所有人承担赔偿责任

C. 小明的父母应对空调围栏所有人承担赔偿责任

D. 小明的父母应对小强进行合理补偿

7. 甲有一台设备,先和乙签订买卖协议约定15日后交付,其后又和丙签订买卖协议,丙支付货款后约定以占有改定方式交付。然后甲又出租给丁,约定每月交付租金。关于本案,下列说法正确的有:(　　)

A. 该设备所有权人为丙

B. 该设备所有权人为甲

C. 甲与丁之间的租赁协议合法有效

D. 乙可以基于买卖协议请求甲赔偿

8. 汪某于2016年6月6日与志华中学达成捐赠协议,约定汪某每年向志华中学捐赠5万元图书,连续捐赠10年。2016年8月8日,汪某向志华中学交付了第一批图书。2020年5月,汪某罹患重病,无法工作,为治病花光了所有积蓄,家庭生活陷入了困难,遂向志华中学表示无法继续捐赠。据此,下列选项正确的有:(　　)

A. 汪某有权撤销赠与

B. 汪某与志华中学之间的赠与合同于2016年6月6日成立

C. 志华中学可以免除汪某捐赠义务

D. 汪某可以不再履行捐赠义务

9. 甲公司与乙公司签订租赁合同,约定将一台机器出租给乙公司,并于一周后交付。租赁合同成立次日,甲公司就同一台机器与丙公司订立买卖合同,依合同约定以占有改定方式进行交付。一周后,甲公司将机器交给乙公司使用,并按照约定收取押

金若干。关于本案,下列选项正确的有:(　　)

A. 适用买卖不破租赁规则

B. 不适用买卖不破租赁规则

C. 丙公司已取得机器所有权

D. 乙公司有权请求甲公司承担违约责任,返还押金

10. 方某从国外购得一匹名贵布料,为取悦女友,找到当地著名旗袍设计师包某,为女朋友量身定制旗袍。因材质复杂,包某认为需要高端裁剪设备一台,双方约定15日之内完工,价款2万元(包括设备5000元)。当包某全力赶工至第13天时,方某通知包某已与女友分手,不需加工旗袍。关于本案,下列说法正确的有:(　　)

A. 方某有权解除该合同

B. 方某应当支付大部分报酬

C. 设备所有权归包某所有

D. 未完工旗袍所有权归方某和包某共有

11. 某小区在小区设立初期雇用了一家物业公司,其后该物业公司一直就在该小区工作。该物业公司在物业房周围搭建了一圈房子,同时,物业公司又将小区草地出租给洗车公司。关于本案,下列选项正确的有:(　　)

A. 该小区业主可以经过法定程序解聘该物业公司

B. 在物业房周围搭建房子的行为侵犯了业主的建筑物区分所有权

C. 将草地出租给洗车公司的行为侵犯了业主的建筑物区分所有权

D. 除去合理成本,剩余租金应归全体业主共有

三、不定项选择题

1. 甲向乙借款,第三人丙为甲的借款以自有不动产提供担保,并与债权人乙签订不动产抵押合同。丙经乙催告多次恶意不办理抵押登记,借款合同到期后,甲无力还款。关于本案,下列说法正确的是:(　　)

A. 丙恶意延期不办理抵押登记,视为抵押权已经设立

B. 抵押合同生效时抵押权设立

C. 在抵押物的价值范围内承担违约责任

D. 抵押合同效力待定

2. 甲公司有一台价值200万元的大型车床,为经营需要,甲公司分别于5月7日、6月7日、7月7日向乙、丙、丁三家银行借款100万元、60万元、40万元,并分别在借款当日约定以该车床作抵押担保。乙银行的抵押权未登记,丙银行的抵押权于6月9日登记,且丙银行对乙银行的抵押权知情,丁银行抵押权于7月9日登记,但丁银行对乙银行的抵押权不知情。关于乙、丙、丁三家银行的抵押权顺位,下列判断正确的是:(　　)

A. 乙银行的顺位先于恶意的丙银行

B. 丁银行顺位先于未登记的乙银行

C. 丙银行顺位先于未登记的乙银行

D. 丙银行顺位先于后登记的丁银行

3. 沈某(男,29周岁)与邱某(31周岁)均为再婚,二人婚前均有一子一女,分别为沈俊(5周岁)、沈俏(4周岁)和冯靓(7周岁)、冯丽(3周岁)。经沈某前妻和邱某前夫同意,二人计划收养对方子女,组成新的六人家庭。关于本案,下列说法正确的是:(　　)

A. 沈某前妻和邱某前夫是否有特殊困难不影响收养

B. 沈某未满30周岁,不可以收养冯靓和冯丽

C. 邱某已满30周岁,可以收养沈俊和沈俏

D. 沈某可以但只能收养冯靓和冯丽中的一人

4. 甲乙系邻居,甲因出国委托乙帮忙照看房屋。乙让空调公司过来帮自己拆除废旧空调,突然想起来甲家也有两台废旧空调,于是找空调公司雇员丙,让他帮忙拆甲家的空调,同时约定空调折旧费算拆除费,丙说他们公司不让对外接私活,但他有个老乡丁,可以请丁帮忙拆除,乙同意。第二天丁来甲家拆空调,不慎从三楼坠落,造成全身瘫痪。关于本案,下列选项正确的是:(　　)

A. 甲乙之间构成无因管理之债

B. 乙应对丁承担相应的赔偿责任

C. 乙与丁构成承揽合同关系

D. 甲应对丁承担相应的赔偿责任

5. 甲(13周岁)初中住校,晚上睡觉从学校的床上滚下来摔断胳膊。据悉,学校的床上有挡板,超过床一半长度,相关规定要求挡板不能短于床的1/3。此外,学校此前从来没有人掉下过床。关于本案,下列说法正确的是:(　　)

A. 学校有义务保障学生在校安全

B. 学校已经尽到合理限度的责任,可以免责

C. 甲从床上掉下系监护人责任

D. 学校应当承担补充责任

6. 姐姐张甲与妹妹张乙、张乙之子张丙三人一同参与某旅游景点的水上漂流项目。因船故障触礁后翻船,三人一同溺水。张乙抢救无效当场死亡。张甲当晚死亡,张丙次日死亡。张甲未婚无子女,父母早逝。张乙另有一子张丁,张丙育有一子

张戊。关于张甲遗产继承,下列选项正确的是:( )

A. 张丁系张乙之子,有权代位继承张甲遗产

B. 张甲遗产无人继承,应收归国家所有

C. 张戊系张丙之子,有权转继承张丙代位继承的张甲遗产

D. 张甲的死亡赔偿金不属于遗产

2022年客观题试题参考答案及解析

一、单项选择题

1.【参考答案】 D

【解析】 A、B项,自然人被宣告失踪后,既不影响其人身关系,也不影响其财产关系。因此,袁某被宣告失踪后,其民事行为能力(独立做事的资格)不受影响。故A项说法不正确,不当选。同时,袁某被宣告失踪后,其财产并不发生遗产继承,而是确定财产代管人以保护失踪人袁某的财产利益。故B项说法不正确,不当选。

C项,自然人下落不明满2年的,利害关系人可以向人民法院申请宣告该自然人为失踪人。其中,配偶和父母均为利害关系人且申请宣告失踪无顺序先后的限制。本题中,袁某下落不明满2年,作为利害关系人的配偶祖某有权申请袁某失踪,袁某父母不同意的,不可以申请撤回失踪宣告。故C项说法不正确,不当选。

D项,一方被宣告失踪,另一方提起离婚诉讼的,人民法院应当准予离婚。本案中,袁某和祖某系夫妻,袁某被宣告失踪,祖某提出离婚的,法院应当准许。故D项说法正确,当选。

综上所述,本题的正确答案为D。

2.【参考答案】 B

【解析】 首先,重大误解,是指行为人对行为的性质、对方当事人或标的物的品种、质量、规格、价格、数量等产生错误认识,按照通常理解如果不发生该错误认识行为人就不会作出相应意思表示。据此可知,重大误解的本质是"行为人因自身原因对合同的主要内容认识错误"。本题中,双方当事人交易的标的物是"古玩",属于特殊商品,古玩交易市场向来存在"买卖全凭眼力,真假各安天命"的行业惯例,即由买受人通过实物查看,自行判断商品价值,并与出卖人达成交易合意,即便买受人确实对商品价值存在误判,也不构成法律上所认可的重大误解。因此,王某的意思表示真实有效,无权请求撤销合同。故A项说法不正确,不当选;B项说法正确,当选。

其次,显失公平,是指一方利用对方处于危困状态、缺乏判断能力(信息不对称)等情形,致使民事法律行为成立时显失公平。本题中,虽然王某花费数万元购买了仅值数百元的青铜烛台,客观上价格悬殊。但是,主观上出卖人并未"利用"王某处于危困状态、缺乏判断能力。因此,不符合显失公平的主观构成要件,不属于显失公平。故C项说法不正确,不当选。

最后,欺诈,是指故意告知虚假情况,或负有告知义务的人故意隐瞒真实情况,致使当事人基于错误认识作出意思表示的行为。本题中,王某自己对青铜烛台的价值存在误判,出卖人并未实施任何欺诈行为,买卖合同合法有效。故D项说法不正确,不当选。

综上所述,本题的正确答案为B。

3.【参考答案】 B

【解析】 居住权的标的物系"房屋(住宅)",采"登记生效主义",即书面居住权合同+登记=居住权。本题中,张某(男)与李某(女)虽然签订了书面的居住权协议(婚前协议中包括居住权的内容),但双方仅对协议进行了公证并未前往房屋登记机构进行居住权登记。因此,居住权不成立。故A、C项说法错误,不当选。

基于物权"区分原则",或称"物债两分原则",未办理物权登记,不影响合同效力。因此,虽然李某不享有张某房屋的居住权(物权效力),但是,李某和张某签订的有关居住权协议合法有效(债权效力)。张某死后,李某出租房屋的行为,对内违反了和张某之间合法有效的居住权协议,依法应当承担违约责任。但是,对外签订的租赁合同合法有效。故B项说法正确,当选;D项说法错误,不当选。

综上所述,本题的正确答案为B。

4.【参考答案】 D

【解析】 首先,地役权,是指为了自己不动产使用的便利和效益,按照合同约定而使用他人不动产的权利。地役权系享受性权利,如看风景、看海景、通行便利等。相邻关系(相邻权),是指两个或两个以上相互毗邻的不动产的所有人或使用人,在行使占有、使用、收益、处分权利时发生的权利义务。相邻权(相邻关系)系最低限度的容忍义务,如排水、采光等。本案中,某村委会为村民"通行便利",与甲签订的协议属于典型的地役权而非相邻

权(相邻关系)。

其次,地役权的设立采"公示对抗主义",即地役权自"合同生效时"设立而非"合同成立时"设立。故C项说法不正确,不当选。

最后,有偿利用供役地,约定的付款期限届满后在合理期限内经两次催告未支付费用。供役地权利人有权解除地役权合同,地役权消灭。本案中,供役地权利人甲多次催要费用未果,甲有权解除地役权合同恢复建围墙,该行为合理,既不侵犯村民的地役权,又不侵犯村民的相邻权(相邻关系)。故A、B项说法均不正确,不当选;D项说法正确,当选。

综上所述,本题的正确答案为D。

5.【参考答案】 A

【解析】 甲将摩托车交由乙修理,二者形成承揽合同关系。承揽合同是承揽人按照定作人的要求完成工作,交付工作成果,定作人支付报酬的合同。本题中,承揽人乙对定作人甲享有修理费请求权,即报酬请求权(债权请求权),该权利依法受3年诉讼时效期间的限制,即2019年7月11日至2022年7月10日。2022年7月13日,承揽人乙的修理费诉讼时效已届满,定作人甲享有诉讼时效抗辩权("抗辩权发生说")而非导致乙的请求权消灭。故C项说法错误,不当选。

定作人未向承揽人支付报酬的,承揽人对完成的工作成果享有留置权。同时,主债权诉讼时效期间届满后,财产被留置的债务人请求债权人返还留置财产的,人民法院不予支持;债务人请求拍卖、变卖留置财产并以所得价款清偿债务的,人民法院应予支持。据此可知,债权人的留置权并不会因为主债权诉讼时效期间届满而消灭,债权人对留置财产依然享有留置权,即优先受偿权,债务人无权请求返还。故A项说法正确,当选;B、D项说法错误,不当选。

综上所述,本题的正确答案为A。

6.【参考答案】 A

【解析】 A项,拾得漂流物、发现埋藏物或隐藏物的,参照适用拾得遗失物的有关规定。拾得遗失物,应当返还权利人。本题中,辛某发现信封内特定化的1000元属于发现隐藏物,不能取得所有权,依法应当返还。故A项说法正确,当选。

B项,夫妻在婚姻关系存续期间所得的奖金,为夫妻的共同财产,归夫妻共同所有。故B项说法不正确,不当选。

C项,本题中,信封内的1000元属于隐藏物而非无主物,隐藏物的发现人辛某不享有货币所有权,依法应当返还。故C项说法不正确,不当选。

D项,对于无权占有,根据占有人的主观心理状态,即无权占有人是否误信且无怀疑为标准,将无权占有再分为善意占有和恶意占有。善意占有,是指无权占有人不知其无占有的本权(权源)而误信其有正当权源且无怀疑地占有。恶意占有,是指无权占有人知道其无占有的本权(权源)或对于该物自己是否有权占有虽有怀疑而仍为占有。本题中,辛某发现隐藏物(信封内的1000元),属于无权占有人,且自己主观上明知是捡来的而非自己的。因此,属于无权占有项下的恶意占有。同时,赵某的妻子管某主观上不存在处分1000元的意思表示,因此,辛某亦不可能善意取得该笔金钱。故D项说法不正确,不当选。

综上所述,本题的正确答案为A。

7.【参考答案】 D

【解析】 A、B、C项,可撤销的民事法律行为的情形包括四类,分别是:(1)重大误解;(2)欺诈;(3)胁迫;(4)显失公平。不可抗力并非合同可撤销的法定情形。故B项错误,不当选。同时,重大误解和显失公平系在合同成立时存在瑕疵而导致合同可撤销的情形。本题中,甲公司和乙公司在签订合同时不存在上述情形,供货合同合法有效。故A、C项错误,不当选。

D项,情势变更制度系为了保障合同履行中的公平。构成要件有三:(1)发生在合同成立后履行完毕前;(2)无法预见且不属于商业风险;(3)继续履行对一方明显不公平。本题中,甲公司和乙公司的供货合同签订后,因地震(无法预见且不属于商业风险)导致原材料成本和运输费用均上涨,继续履行合同对甲公司明显不公平。甲公司有权请求法院或仲裁机构变更或解除合同。故D项说法正确,当选。

综上所述,本题的正确答案为D。

8.【参考答案】 D

【解析】 A、B项,定金的数额由当事人约定;但是,不得超过主合同标的额的20%,超过部分不产生定金的效力。刘某和李某之间的买卖合同(主合同)标的额为1万元,定金最多为2000元,而李某向刘某支付5000元定金。因此,在5000元中,2000元产生定金的效力,3000元不产生定金的效力。后刘某不小心将紫烟壶摔碎,导致根本违约(合同目的无法实现),依法应当承担双倍返还定金的罚则,即2000元乘以2等于4000元,再加上不产生定金效力的3000元,刘某应当向李某返还7000元。故A、B项说法错误,不当选。

C项,当事人一方违约造成对方损失,对方对损失的发生有过错的,可以减少相应的损失赔偿额。本题中,李某因第三人刘某的原因造成对胡某的违约,但胡某并没有过错。因此,李某无权请求减少返还定金的金额。故C项说法错误,不当选。

D项,当事人一方因第三人的原因造成违约的,应当依法向对方承担违约责任。当事人一方和第三人之间的纠纷,依照法律规定或者按照约定处理。据此可知,违约责任具有相对性。本题中,李某因刘某的原因造成对胡某的违约,依法应当向胡某承担违约责任,即双倍返还胡某向李某给付的2万元定金。故D项正确,当选。

综上所述,本题的正确答案为D。

9.**【参考答案】** D

【解析】 B项,当事人在保证合同中对保证方式没有约定或约定不明确的,按照一般保证承担保证责任。本题中,丙与乙并未约定保证方式,丙对甲的债务承担一般保证责任而非连带保证责任。故B项说法错误,不当选。

A、C、D项,债权人未经保证人书面同意,允许债务人转移全部或部分债务,保证人对未经其同意转移的债务不再承担保证责任,但是债权人和保证人另有约定的除外。本题中,甲(债务人)欠乙(债权人)2022万元,免除22万元后剩余2000万元,后债权人乙同意债务人甲对外转让500万元且未经保证人丙书面同意。因此,丙应承担的责任为2000万元减去500万元,即在1500万元范围内承担保证责任。故A、C项错误,不当选;D项正确,当选。

综上所述,本题的正确答案为D。

10.**【参考答案】** D

【解析】 A、C项,一般侵权的构成要件有四:(1)侵害行为;(2)损害后果;(3)因果关系;(4)主观过错。本案中,篮球队员马某专心比赛快速奔跑撞到詹某的行为不属于侵害行为且主观上不存在侵害詹某的主观过错,不构成一般侵权,马某依法不需要承担赔偿责任。故A、C项均错误,均不当选。

B项,宾馆、商场、银行、车站、机场、体育场馆、娱乐场所等经营场所、公共场所的经营者、管理者或群众性活动的组织者,未尽到安全保障义务,造成他人损害的,应当承担侵权责任。据此可知,安保义务人责任属于过错责任,即只有安保义务人有过错的情形下,安保义务人才承担侵权责任。本案中,学校的篮球场是专门从事篮球运动的场地,作为常见场地,本身不具备特殊危险因素,一般情况下,无须单独设置护栏或安全警示标志。

因此,某大学对篮球场已经尽到了合理的管理义务,不存在主观过错。某大学依法不需要承担全部赔偿责任。故B项错误,不当选。

D项,自愿参加具有一定风险的文体活动,因其他参加者的行为受到损害的,受害人不得请求其他参加者承担侵权责任;但是,其他参加者对损害的发生有故意或重大过失的除外。活动组织者的责任适用安保义务人责任和教育机构责任的规定。本案中,虽然詹某并非参加者,但是,可以参照(类推)适用。詹某虽然不是运动员,却知道篮球运动对抗激烈,有可能发生碰撞并受伤,却在比赛过程中横穿球场,把自己置于潜在风险之中,可以适用"自甘风险原则",应该自行承担伤害后果。故D项说法正确,当选。

综上所述,本题的正确答案为D。

11.**【参考答案】** D

【解析】 首先,自然人的民事权利能力(做人的资格)始于出生终于死亡,醉酒不影响自然人的民事权利能力。故C项说法错误,不当选。

其次,民事行为能力,即"独立做事的资格",是指民事主体能以自己的行为取得民事权利、承担民事义务的资格。自然人的民事行为能力的本质是对客观事物的理解(认识/识别/判断和认知)能力,影响该能力的因素主要是年龄和精神健康状况。醉酒不影响自然人的民事行为能力。故B项说法错误,不当选。

最后,完全民事行为能力人因醉酒、滥用麻醉药品或精神药品对自己的行为暂时没有意识或失去控制造成他人损害的,应当承担侵权责任。本题中,甲醉酒后将酒店的花瓶打碎,且对于该醉酒状态乙并不存在过错。因此,依法应当由甲承担侵权责任。故A项说法错误,不当选;D项说法正确,当选。

综上所述,本题的正确答案为D。

12.**【参考答案】** A

【解析】 A、D项,出借人事先知道或应当知道借款人借款用于违法犯罪活动仍然提供借款的,人民法院应当认定民间借贷合同无效。本题中,出借人宫某事先知道借款人贺某借款用于购买制造假酒设备和原材料(用于违法犯罪活动)仍然提供借款50万元。因此,法院应当认定借款合同全部无效,而非部分无效。故A项说法正确,当选;D项说法不正确,不当选。

B项,主合同无效的,人民法院应当认定担保合同无效。本题中,宫某和贺某之间的借款合同(主合同)无效,董某和宫某之间的股权质押合同(担保合同)无效,董某不应承担担保责任。故B项说法不正确,不当选。

C项,自然人之间的借款合同属于实践性合同,自贷款人提供借款时成立。具体而言,自然人之间的借款合同,以现金支付的,自借款人收到借款时,可以视为借款合同成立;以银行转账、网上电子汇款等形式支付的,自资金到达借款人账户时,可以视为借款合同成立。本题中,4月20日,借款人贺某向出借人宫某借款50万元,宫某于次日(4月21日)向贺某交付现金20万元。因此,借款合同中,该20万元自4月21日成立;4月22日,出借人宫某向借款人贺某银行卡实时转账30万元。因此,借款合同中,该30万元自4月22日成立。据此可知,在该50万元借款合同中,20万元自4月21日成立,30万元自4月22日成立。故C项说法不正确,不当选。

综上所述,本题的正确答案为A。

13.**【参考答案】** A

【解析】 A项,未满18周岁的人需要变更姓名的时候,由本人或父母、收养人向户口登记机关申请变更登记。据此可知,未成年子女的姓名变更权由父母决定,父亲去世的,由母亲单独决定,祖父母、外祖父母无权决定变更。故A项说法不正确,当选。

B项,自然人应当随父姓或母姓。本案中,孩子的父亲甲死亡,可以随母姓。故B项说法正确,不当选。

C项,夫妻婚后购买不动产,不动产无论登记在谁名下,均属于夫妻共同共有。同时,遗嘱人以遗嘱处分了他人(配偶)财产的,应当认定该部分遗嘱无效。本案中,甲立下遗嘱,将夫妻共同共有的房屋处分给妻子乙和自己的父母。该遗嘱中处分妻子乙房屋的遗嘱部分无效。故C项说法正确,不当选。

D项,未对缺乏劳动能力又没有生活来源的继承人保留必要的遗产的份额的,对应当保留的必要份额的处分无效。本案中,甲在立遗嘱时,妻子乙已经怀孕,甲未给胎儿留有必要的份额。因此,遗嘱部分无效。故D项说法正确,不当选。

综上所述,本题的正确答案为A。

14.**【参考答案】** A

【解析】 A项,名誉权侵权的形态包括两类,分别为:(1)侮辱(故意以暴力或其他方式贬损他人人格,毁损他人名誉);(2)诽谤(捏造、散布虚假事实造成他人社会评价降低)。本案中,甲曾因酒驾犯罪而受到刑事处罚是“客观事实”。乙的行为既不是侮辱,又不是诽谤。因此,并未侵犯甲的名誉权。故A项说法错误,当选。

B项,隐私权的侵权形态包括四类,分别是:(1)刺探;(2)侵扰;(3)泄露;(4)公开。本案中,甲曾因酒驾犯罪而受到刑事处罚虽然是“客观事实”,但该客观事实属于甲不为人所知,也不愿为他人所知的私密信息。乙未经甲的同意,将该私密信息公开的行为,依法侵犯了甲的隐私权。故B项说法正确,不当选。

C项,人格权受到侵害的,受害人有权依法请求行为人承担民事责任。受害人的停止侵害、排除妨碍、消除危险、消除影响、恢复名誉、赔礼道歉请求权,不适用诉讼时效的规定。本案中,乙侵犯了甲的隐私权,甲请求乙赔礼道歉、消除影响的请求权依法不受诉讼时效期间的限制。故C项说法正确,不当选。

D项,个人信息是以电子或其他方式记录的能够单独或与其他信息结合识别特定自然人的各种信息,包括自然人的姓名、出生日期、身份证件号码、生物识别信息、住址、电话号码、电子邮箱、健康信息、行踪信息等。自然人的个人信息受法律保护。任何组织或个人需要获取他人个人信息的,应当依法取得并确保信息安全,不得非法收集、使用、加工、传输他人个人信息,不得非法买卖、提供或公开他人个人信息。本案中,乙在小区微信群中说“A栋6楼601室的甲是罪犯”的行为属于公开他人个人信息的行为,依法侵犯了甲的个人信息权益。故D项说法正确,不当选。

综上所述,本题的正确答案为A。

二、多项选择题

1.**【参考答案】** AC

【解析】 首先,无权代理,是指行为人没有代理权、超越代理权或代理权终止后,仍然以被代理人的名义实施民事法律行为。本题中,某旅游公司“授权”甲谈民宿价格,甲却以“公司名义”订立松茸买卖合同,该行为超出甲的代理权限,构成无权代理。某旅游公司和商家之间的买卖合同因无权代理而效力待定。故C项说法正确,当选。

其次,无权代理人以被代理人的名义订立合同,被代理人已经开始履行合同义务或接受相对人履行的,视为对合同的追认。本题中,某旅游公司知晓甲以公司名义签订松茸买卖合同后拿来做福利发给员工,视为以“行为的方式”追认甲无权代理的行为,一经追认,松茸买卖合同自始有效,对某旅游公司发生效力(某旅游公司是松茸买卖合同中的买受人)。此时,甲不可以请求公司返还松茸,但有权请求公司返还其支付的价款。故A项说法正确,当选;D项说法错误,不当选。

最后,欺诈,是指故意告知虚假情况,或负有告知义务的人故意隐瞒真实情况,致使当事人基于错误认识作出意思表示的行为。本题中,甲以某旅游公司的名义与商家签订合同的行为系无权代理而非欺诈。因此,商家无权以欺诈为由撤销松茸买卖合同。故B项说法错误,不当选。

综上所述,本题的正确答案为AC。

2.**【参考答案】** ABCD

【解析】 A项,因买卖合同申请登记的,应“一并申请”国有建设用地使用权及房屋所有权转移登记,而无先后顺序问题。故A项说法错误,当选。

B项,住宅建设用地使用权期限届满的,自动续期。邱某不会丧失房屋所有权。故B项说法错误,当选。

C项,因买卖、设定抵押权等申请不动产登记的,应当由当事人双方“共同申请”。本题中,孟某将公寓出售给邱某,依法应由孟某和邱某双方共同申请,而非邱某“单独申请”。故C项说法错误,当选。

D项,财产转让所得,应当缴纳个人所得税。财产转让所得,以转让财产的收入额减除财产原值和合理费用后的余额,为应纳税所得额。本案中,孟某以200万元的价格出售公寓,应纳税所得额非200万元,而应是200万元减去财产原值和合理费用后的余额。故D项说法错误,当选。

综上所述,本题的正确答案为ABCD。

3.**【参考答案】** BD

【解析】 A、D项,观念交付包括三种,分别是:(1)简易交付;(2)指示交付;(3)占有改定。其中,指示交付,是指动产物权设立和转让前,第三人占有该动产的,负有交付义务的人可以通过转让请求第三人返还原物的权利代替交付。本题中,起初,孙某将自己的骨瓷花瓶质押给文某,花瓶的所有权人为孙某,占有人为文某。后孙某与文某协商将花瓶以48万元出卖给黄某,构成指示交付,花瓶的所有权发生物权变动,归黄某所有。故A项说法错误,不当选;D项说法正确,当选。

B项,返还原物请求权的构成要件有二:(1)所有权人;(2)无权占有。本案中,现花瓶的所有权人为黄某而非孙某,因此,孙某无权向文某主张返还花瓶。故B项说法正确,当选。

C项,债务已经履行的,债权债务终止。本题中,孙某向文某借款70万元,将质押物花瓶出卖后,买受人支付了48万元,尚有22万元债务未履行。因此,债务尚未消灭。故C项说法错误,不当选。

综上所述,本题的正确答案为BD。

4.**【参考答案】** BD

【解析】 A、C项,非基于民事法律行为的物权变动类型包括四种,分别是:(1)政府征收;(2)法律文书;(3)继承;(4)事实行为。其中,因继承取得物权的,自继承开始时发生效力。通俗而言,因继承发生物权变动的,唯一的继承人自被继承人“死亡时”立刻取得被继承人的所有财产权,既不需要登记,亦不需要交付。登记或交付既不具有生效效力,亦不具有对抗效力。本题中,被继承人张某死亡时,唯一的继承人张小东即取得房屋所有权,未办理登记,不影响物权变动。此时,张小东作为房屋的所有权人当然有权处分房屋。故A、C项说法均错误,不当选。

B项,张小东因遗嘱继承取得房屋所有权后,享有房屋的占有、使用、收益和处分权能,有权自由处分房屋,该处分行为系有权处分,其与李某签订的房屋买卖合同合法有效。故B项说法正确,当选。

D项,处分依照继承规定享有的不动产物权,依照法律规定需要办理登记的,未经登记,不发生物权效力。不动产(房屋)的所有权基于买卖合同发生所有权变动的,依法应当办理过户登记手续。本题中,张小东和李某之间存在合法有效的房屋买卖合同,出卖人张小东为买受人李某办理过户登记手续后,发生物权效力,即所有权变动的效力。故D项说法正确,当选。

综上所述,本题的正确答案为BD。

5.**【参考答案】** ABC

【解析】 首先,民事留置权的构成要件有四:(1)债权已到期;(2)合法占有债务人或第三人的动产;(3)基于同一法律关系;(4)不违反法律规定、当事人的约定,不违背公序良俗。本题中,汽车的有权占有人尤某(基于合法有效的租赁合同占有汽车)不交停车费,某大厦依法有权对动产标的物汽车行使留置权。因此,该停车场的锁车行为合法。故A项说法正确,当选。

其次,留置权系占有型担保物权。虽然留置权人不是标的物的所有权人,但是,留置权人是标的物的占有人。占有的动产被侵占的,占有人有权请求返还原物。本题中,尤某乘人不备砸开锁冲破关卡开走该车,侵犯了停车场的留置权,停车场有权基于有权占有人的身份请求尤某返还车辆。故 B、C 项说法均正确,当选。

最后,基于合同相对性原理,保管合同的当事人是尤某和某大厦停车场。该停车场只能向合同相对人尤某请求支付停车费,而无权向合同以外的第三人飞扬租车公司请求。故 D 项说法错误,不当选。

综上所述,本题的正确答案为 ABC。

6.【参考答案】 CD

【解析】 首先,无因管理作为法定之债,其构成要件有四:(1)没有法定或约定的义务;(2)主观上为了避免他人利益受损失而具有管理他人事务的意思;(3)客观上实施了管理他人事务的行为;(4)不违反本人明示或可推知的意思,但是本人的意思违反法律或违背公序良俗的除外。本题中,14 周岁的小强为避免 3 周岁的小明窒息,托举小明至解救的行为构成无因管理(见义勇为)。

其次,无因管理行为(见义勇为)的性质系“事实行为”而非民事法律行为。事实行为,是指行为人不具有设立、变更、终止民事法律关系的意图,但依据法律规定能引起既定的民事法律后果的行为。典型的事实行为包括无因管理行为、不当得利行为、侵权行为、发明创作行为等。事实行为对行为人没有民事行为能力的要求,无民事行为能力人、限制民事行为能力人和完全民事行为能力人均可以实施事实行为。本题中,14 周岁的小强实施无因管理行为无须经过监护人同意。故 A 项说法错误,不当选。

最后,无因管理的管理人享有三项权利,分别是:(1)必要费用请求权;(2)所负债务请求权;(3)所受损害请求权。本题中,小强为避免小明窒息托举小明导致手臂被划伤的损害,系管理人所受损害,依法有权请求小明(被管理人/受益人)的父母进行合理补偿(所受损害请求权)。故 D 项正确,当选。同时,小强将二楼空调围栏踩坏的损害,系管理人所负债务,依法有权请求小明(被管理人/受益人)的父母承担赔偿责任。故 B 项说法错误,不当选;C 项说法正确,当选。

综上所述,本题的正确答案为 CD。

7.【参考答案】 ACD

【解析】 动产所有权的变动依“交付”。甲和乙之间的设备买卖合同成立有效并生效,但是,出卖人甲并未将设备交付给买受人乙。因此,设备的所有权并未发生变动,依然归甲所有。后甲再次将设备出卖给丙,系有权处分,甲和丙之间的设备买卖合同合法有效,甲以占有改定(观念交付)的方式完成了交付。因此,该设备的所有权归丙。乙只能依据合法有效的买卖合同追究甲的违约责任,请求甲赔偿损失。故 A、D 项说法正确,当选;B 项说法错误,不当选。

行为人以自己的名义出租他人之物系无权出租,租赁合同合法有效。故 C 项说法正确,当选。

综上所述,本题的正确答案为 ACD。

8.【参考答案】 BCD

【解析】 A 项,赠与合同系最典型的单务、无偿合同。因此,赠与人在赠与财产转移前,原则上享有任意撤销权。但是,基于公序良俗的考虑,有三种例外:(1)公证的;(2)公益性质的;(3)道德义务性质的。本题中,受赠人志华中学系事业单位法人、公益法人,该赠与系公益性质的赠与。因此,赠与人汪某不得行使任意撤销权。故 A 项说法错误,不当选。

B 项,赠与合同系诺成性合同(不要物合同),赠与人和受赠人意思表示合意,合同即成立。本题中,赠与人汪某和受赠人志华中学之间于 2016 年 6 月 6 日达成赠与的合意。因此,当天合同即成立。故 B 项说法正确,当选。

C、D 项,赠与合同系最典型的单务、无偿合同。因此,法律赋予赠与人以“穷困抗辩权”,即赠与人的经济状况显著恶化,严重影响其生产经营或家庭生活的,可以不再履行赠与义务。穷困抗辩权的构成要件有四:(1)赠与合同已经成立并生效;(2)合同尚未履行完毕;(3)赠与人经济状况显著恶化,且达到严重影响其生产经营或家庭的程度;(4)受赠人请求赠与人继续履行合同。本题中,2020 年 5 月,汪某罹患重病,无法工作,为治病花光了所有积蓄,家庭生活陷入了困难,遂向志华中学表示无法继续捐赠。此时,受赠人志华中学可以免除赠与人继续履行合同的义务,如果受赠人不免除,则赠与人依法可以行使穷困抗辩权,不再履行赠与合同。故 C、D 项均正确,当选。

综上所述,本题的正确答案为 BCD。

9.【参考答案】 BCD

【解析】 A、B 项,租赁物在承租人按照租赁合同“占有期限内”发生所有权变动的,不影响租赁合同的效力。本题中,甲公司虽然将机器出租给乙公司但双方约定1周后交付。次日,甲公司将机器出卖给丙公司时,乙公司并未占有租赁物。因此,不适用买卖不破租赁规则。故A项说法错误,不当选;B项说法正确,当选。

C项,动产交付包括两类,分别是现实交付和观念交付。其中,观念交付又包括三类,分别是:(1)简易交付;(2)指示交付;(3)占有改定。占有改定,是指动产物权转让时,当事人又约定由出让人继续占有该动产的,物权自该约定生效时发生效力。本题中,甲公司将动产机器出卖给丙公司,双方约定以占有改定的方式进行交付,该约定合法有效。丙公司自该约定生效时取得机器的所有权。故C项说法正确,当选。

D项,违约责任的构成要件有三:(1)存在合法有效的合同;(2)存在违约行为;(3)不存在法定或约定的免责事由。本题中,甲公司和乙公司之间存在合法有效的租赁合同,后甲公司在交付机器前将设备又出卖给丙公司,导致乙公司合同目的无法实现,构成违约且不存在法定或约定的免责事由。因此,非违约方依法有权追究违约方甲公司的违约责任,请求其返还押金。故D项说法正确,当选。

综上所述,本题的正确答案为BCD。

10.**【参考答案】** ABC

【解析】 A项,定作人在承揽人完成工作前可以随时解除合同,造成承揽人损失的,应当赔偿损失。据此可知,承揽合同中,定作人享有任意解除权。本题中,方某为女友定做旗袍与包某之间成立承揽合同关系,方某系定作人享有任意解除权。当然,因方某行使任意解除权,造成包某损失的,依法应当承担赔偿责任。故A项说法正确,当选。

B项,承揽合同是承揽人按照定作人的要求完成工作,交付工作成果,定作人支付报酬的合同。定作人应当按照约定的期限支付报酬。工作成果部分交付的,定作人应当相应支付。本题中,双方约定15日之内完工,当承揽人包某全力赶工至第13天时,定作人方某通知解除承揽合同。因此,定作人方某应当向承揽人包某支付大部分报酬。故B项说法正确,当选。

C项,基于合同相对性原理,高端裁剪设备系由包某以自己的名义采购,所有权依法归包某所有。故C项正确,当选。

D项,定作人提供材料的,材料所有权归定作人方某所有,因此,承揽人定作的未完工旗袍所有权,依法归定作人方某所有,而非方某和包某共有。故D项说法不正确,不当选。

综上所述,本题的正确答案为ABC。

11.**【参考答案】** ABCD

【解析】 首先,物业服务合同的当事人是物业公司和业主。业主有权共同决定选聘和解聘物业服务企业或其他管理人。业主依照法定程序共同决定解聘物业服务人的,可以解除物业服务合同。决定解聘的,应当提前60日书面通知物业服务人,但是合同对通知期限另有约定的除外。依据上述规定解除合同造成物业服务人损失的,除不可归责于业主的事由外,业主应当赔偿损失。故A项说法正确,当选。

其次,业主的建筑物区分所有权由三项权利构成,分别是:专有权、共有权和成员权。其中,物业服务用房和小区内的草地均属于全小区业主共有,物业公司未经业主同意,擅自搭建和出租的行为构成侵权。故B、C项说法正确,当选。

最后,建设单位、物业服务企业或者其他管理人等利用业主的共有部分产生的收入,在扣除合理成本之后,属于业主共有。本题中,物业公司将全小区共有的草地出租给洗车公司的,租金归全体业主共有,物业公司可以扣除合理成本。故D项说法正确,当选。

综上所述,本题的正确答案为ABCD。

三、不定项选择题

1.**【参考答案】** C

【解析】 首先,不动产抵押权的设立依"登记"。本题中,抵押人丙未协助债权人乙办理抵押登记手续。因此,不动产抵押权未设立。故A项说法错误,不当选。

其次,不动产抵押权的设立采"登记生效主义"而非"登记对抗主义",即有效抵押合同+登记=不动产抵押权。抵押合同生效时,不动产抵押权未设立。故B项说法错误,不当选。

最后,基于"区分原则"或"物债两分原则",未办理物权登记的,不影响合同的效力。本题中,虽然抵押人丙未协助抵押权人(债权人)乙办理不动产抵押登记手续,但是,不影响乙、丙之间的抵押合同的效力,抵押合同合法有效。此时,抵押权人(债权人)乙可以基于合法有效的抵押合同追究抵押人丙的违约责任,即抵押人在抵押物的价值范围内承担违约责任。故C项说法正确,当选;D项说法错误,不当选。

综上所述,本题的正确答案为C。

2.**【参考答案】** AB

【解析】 以动产抵押的,抵押权自抵押合同生效时设立;未经登记,不得对抗善意第三人,但可以对抗恶意第三人。本题中,甲公司以车床为乙、丙、丁三家银行设定抵押权,乙银行的动产抵押权未登记,不得对抗善意第三人丁银行,但是,可以对抗恶意第三人丙银行。据此可知,排序的结果为:丁 > 乙 > 丙。故 A、B 项正确,当选;C、D 项错误,不当选。

综上所述,本题的正确答案为 AB。

3.**【参考答案】** AC

【解析】 首先,继父或继母经继子女的生父母同意,即可以收养继子女,不受生父母是否有特殊困难无力抚养子女的限制。故 A 项说法正确,当选。

其次,继父或继母收养继子女的,亦不受收养人应当年满 30 周岁的限制。因此,沈某可以收养冯靓和冯丽;邱某也可以收养沈俊和沈俏。故 B 项说法不正确,不当选;C 项说法正确,当选。

最后,继父或继母收养继子女的,亦不受有子女的只能收养一名子女的限制。因此,沈某可以收养冯靓和冯丽两名子女。故 D 项说法不正确,不当选。

综上所述,本题的正确答案为 AC。

4.**【参考答案】** BC

【解析】 A 项,无因管理作为法定之债,其构成要件有四:(1)没有法定或约定的义务;(2)主观上为了避免他人利益受损失而具有管理他人事务的意思;(3)客观上实施了管理他人事务的行为;(4)不违反本人明示或可推知的意思,但是,本人的意思违反法律或违背公序良俗的除外。本题中,甲因出国委托乙帮忙照看房屋,二者之间有约定的原因(委托合同)。同时,乙作为受托人,擅自决定拆除甲家的空调,非受托照看房屋的范围,违反了本人/被管理人(甲)可推知的意思。因此,甲、乙之间不构成无因管理之债。故 A 项说法错误,不当选。

C 项,承揽合同是承揽人按照定作人的要求完成工作,交付工作成果,定作人支付报酬的合同。承揽包括加工、定作、修理、复制、测试、检验等工作。本题中,丁按照乙的要求拆除甲家的空调,乙支付报酬,乙与丁之间存在合法有效的承揽合同关系。故 C 项说法正确,当选。

B、D 项考查定作人的责任,关键词为“赔偿”。承揽人在完成工作过程中造成第三人损害或自己损害的,定作人不承担侵权责任。但是,定作人对定作、指示或选任有过错的,应当承担相应的责任。本题中,定作人乙选任非专业的丁拆除空调,存在选任过错,乙应当对丁承担相应的赔偿责任。故 B 项说法正确,当选;D 项说法错误,不当选。

综上所述,本题的正确答案为 BC。

5.**【参考答案】** AB

【解析】 首先,无民事行为能力人、限制民事行为能力人造成他人损害的,由监护人承担侵权责任。监护人尽到监护职责的,可以减轻其侵权责任。有财产的无民事行为能力人、限制民事行为能力人造成他人损害的,从本人财产中支付赔偿费用;不足部分,由监护人赔偿。据此可知,监护人责任的本质是被监护人造成第三人损害。本题中,13 周岁的甲(限制民事行为能力人)从学校的床上掉下系受害人而非加害人,与监护人责任无关。故 C 项说法错误,不当选。

其次,限制民事行为能力人在学校或其他教育机构学习、生活期间受到人身损害,学校或其他教育机构未尽到教育、管理职责的,应当承担侵权责任。据此可知,学校有义务保障学生在校安全,即负有安全保障义务。本题中,学校的床上有挡板,超过床一半长度,相关规定要求不能短于床的 1/3。因此,学校的床上挡板符合法律规定,学校依法尽到了管理职责,可以免责,无须承担侵权损害赔偿责任。故 A、B 项说法均正确,当选。

最后,无民事行为能力人或限制民事行为能力人在幼儿园、学校或者其他教育机构学习、生活期间,受到幼儿园、学校或其他教育机构以外的第三人人身损害的,由第三人承担侵权责任;幼儿园、学校或者其他教育机构未尽到管理职责的,承担相应的补充责任。据此可知,教育机构承担补充责任的前提是第三人实施了侵权行为且学校有过错。本题中,不存在第三人侵权且学校没有过错。因此,学校无须承担补充责任。故 D 项说法错误,不当选。

综上所述,本题的正确答案为 AB。

6.**【参考答案】** ACD

【解析】 A 项,被继承人的兄弟姐妹先于被继承人死亡的,由被继承人的兄弟姐妹的子女代位继承。本题中,姐姐张甲未婚无子女,父母早逝。妹妹是张甲唯一的第二顺序法定继承人。同时,妹妹张乙先于姐姐张甲死亡。因此,张乙的子女张丙和张丁有权代位继承姨妈张甲的遗产。故 A 项说法正确,当选。

B 项,无人继承又无人受遗赠的遗产,归国家所有,用于公益事业;死者生前是集体所有制组织成员的,归所在集体所有制组织所有。本题中,张甲的遗产由张丙和张丁代位继承而非无人继承又无人受遗赠。故B项说法不正确,不当选。

C项,继承开始后,继承人于遗产分割前死亡,且没有放弃继承的,该继承人应当继承的遗产转给其继承人,但是遗嘱另有安排的除外。本题中,张丙代位继承姨妈张甲的遗产后,遗产分割前,张丙又死亡,由张戊转继承张丙代位继承的张甲遗产。故C项说法正确,当选。

D项,遗产是自然人"死亡时"遗留的个人合法财产。本题中,张甲死亡后才获得的"死亡赔偿金"不属于遗产。故D项说法正确,当选。

综上所述,本题的正确答案为ACD。

2021年客观题试题

一、单项选择题

1. 小丁(5岁)在玩的时候将阳台的盆栽打落,小丁住在四楼,砸伤了路过的外卖送餐员小李。关于外卖送餐员小李人身损害的责任承担,下列哪一表述是正确的?( )

A. 由外卖公司承担

B. 由小丁父母承担

C. 由小丁承担

D. 由外卖公司和小丁父母共同承担

2. 甲(发包方)与乙(总包方)签订工程承包合同,双方按照固定单价约定了工程款,且未约定任何其他价格调整条款。施工期间,受新冠病毒感染疫情影响,原材料价格暴涨150%,如果工程价款不进行调整,乙公司将面临巨额亏损。乙公司请求甲公司调整工程价款,遭到甲公司的拒绝。乙公司诉至法院。关于两公司签订的工程承包合同,下列哪一说法是正确的?( )

A. 违背自愿原则

B. 适用情势变更原则

C. 违背公序良俗原则

D. 属于正常的商业风险

3. 甲将同一套房屋先后出租给乙、丙、丁,依次与乙、丙、丁签订合同,均未交付,且均收取了第一个月的租金,其中丙最先完成备案登记,丁最早支付租金。对此,下列说法正确的是?( )

A. 只有一份有效的房屋租赁合同

B. 该房应交付给丙

C. 该房应交付给乙

D. 该房应交付给丁

4. 某制造公司向某设备生产公司购买生产设备,由于该生产设备使用了世界领先的技术,所以在该购买合同中,约定某设备生产公司提供操作该设备的技术支持,直到该制造公司员工熟练操作。该购买合同属于下列哪一合同类型?( )

A. 承揽合同　　B. 买卖合同

C. 技术服务合同　　D. 建设工程合同

5. 某社会慈善家赠与甲(9岁)10万元,并约定该款项只能用于甲的学习,甲表示接受,但甲的父母不同意。关于该赠与的效力,下列哪一说法是正确的?( )

A. 因该赠与是纯获利益的,因此有效

B. 因甲的父母不同意,赠与无效

C. 因该赠与得到了甲的同意,因此有效

D. 因该赠与有利于甲,甲的父母应当同意

6. 甲在出国深造前把一辆小轿车交乙保管。乙死亡后,其遗产都由唯一的儿子丙继承。某日,丁在丙家看到停在院中的小轿车是市面上已经不再生产的经典型号小轿车,提出以100万元购买,丙以为其父不可能有钱买这么贵的车,因此认定不是真的,以50万元卖给丁并交付。2年后甲从国外回来。对此,下列说法正确的是?( )

A. 丙可以善意取得

B. 丁可以善意取得

C. 甲可以丙无权处分为由申请撤销合同

D. 丙可以重大误解为由申请撤销合同

7. 钱某在修建自家房屋时,砖块不够,想要借用邻居赵某院子里的砖块,由于赵某不在家,于是钱某未经赵某同意使用,等赵某回来再付钱。赵某回家后表示不同意,但发现砖块已经被全部使用。对此,下列哪一说法是正确的?( )

A. 钱某构成不当得利

B. 钱某构成无因管理

C. 赵某对其砖块仍享有所有权

D. 赵某享有返还原物请求权

8. 孙某有一日在上班的路上,无偿搭载好友周某去超市。由于孙某边驾车边玩手机,汽车与路边护栏相撞,致周某受伤。在不考虑保险的前提下,对于周某的人身损害,下列哪一说法是正确的?( )

A. 孙某可以适当减轻责任

B. 孙某应承担无过错责任

C. 孙某不应该承担责任

D. 孙某应该承担全部责任

9. 甲、乙、丙三人共同出资购买一套商品房，其出资比例为8:1:1。甲由于手头资金不足，将该房屋以100万元的价格转让给丁。对此，下列说法正确的是？（ ）

A. 甲转让的是共有份额

B. 甲与丁之间的买卖合同有效

C. 丁构成善意取得

D. 乙有优先购买权

10. 甲在下班回家路上，道路前方堆有一堆垃圾影响通行，但是物业多日未进行处理。甲只好选择另一条路，不料楼上居民乙在收衣服的过程中不慎撞到花盆，花盆掉落，正好砸中甲，致甲重伤。关于甲人身损害的赔偿责任，下列说法正确的是？（ ）

A. 乙构成高空抛物罪

B. 由乙承担赔偿责任

C. 由物业公司承担补偿责任

D. 由乙与物业公司承担连带责任

11. 2016年甲与乙结婚，婚后育有一女，两年后，乙外出务工。甲等乙务工回来后向其同伴打听到，乙趁其不在身边经常吸毒，并欠下大笔债务，后经询问乙婚前就经常吸毒，但是在结婚的时候隐瞒其有吸毒的历史。甲心灰意冷，起诉申请离婚。对此，下列哪一说法是错误的？（ ）

A. 对于乙因吸毒欠下的债务，甲无须承担

B. 由于乙婚前隐瞒吸毒的事实，甲有权主张撤销婚姻

C. 因为乙有吸毒的不良记录，法院应将孩子的抚养权判给甲

D. 本案在审理中应当进行调解

12. 老张承诺赠与儿媳小李腹中胎儿2万元。孩子出生后老张后悔，未给付赠款。关于此案，下列哪一说法是正确的？（ ）

A. 受赠人为小李

B. 受赠人为孩子

C. 赠与合同未生效

D. 赠与合同可撤销

13. 甲欲买房，找到中介公司，签订了中介合同，约定买房后向中介公司支付2万元中介费。中介公司员工乙在网站上看到甲想要的房子，私下联系甲，去看了丙的房子，并签订了合同，乙仅收取甲5000元中介费。下列哪一说法是正确的？（ ）

A. 甲应向中介公司支付2万元

B. 甲、乙、丙承担连带责任

C. 甲、乙承担连带责任

D. 乙收取的5000元不构成不当得利

二、多项选择题

1. 李某有两个孩子李某林和李某森。李某森与前夫林某有一个孩子林某某，后与陆某结婚共同抚育陆某儿子陆某某至成年。李某森于2021年9月1日去世。李某亦于2021年12月1月去世，留有一处房产以及一辆小轿车。对于这一处房产以及一辆小轿车，下列哪些人有权继承？（ ）

A. 李某林　　B. 林某某

C. 陆某某　　D. 陆某

2. 甲将家传古画委托乙卖出。在有意购买的人中，丁的出价并不是最高的，但是由于丁私下给了乙20%的好处费，乙将古画卖给了丁，并欺骗甲说古画市场价格大跌，同时隐瞒了比丁高的其他报价。后甲得知真相后认为合同无效。对此，下列哪些说法是正确的？（ ）

A. 该合同有效

B. 该合同无效

C. 乙构成无权代理

D. 乙与丁对甲的损害承担连带责任

3. 大学生小李在官网上购买了一台电脑，使用一月后，感觉电脑有问题，遂到维修店进行检修，检修结果显示该电脑为旧机翻新。对此，大学生小李能够主张下列哪些请求？（ ）

A. 要求换一台新电脑

B. 主张3倍的惩罚性赔偿

C. 以存在欺诈为由，撤销买卖合同

D. 保留该电脑并主张补偿差价

4. 李某与陆某离婚，离婚协议中约定儿子李某陆跟随母亲陆某生活，李某每月支付一笔合理的抚养费。现李某陆因考上大学要求增加抚养费，李某则发现李某陆已经改从母姓。对此，下列哪些说法是正确的？（ ）

A. 陆某应当为李某探望李某陆提供便利

B. 因李某陆改从母姓，李某的监护义务终止

C. 李某陆有权起诉向李某请求增加抚养费

D. 如李某陆的姓名不改回，则李某有权拒绝支付抚养费

5. 甲、乙、丙同属某大学校篮球队的队员，在某次市篮球比赛中，甲在传球给乙的时候，不慎导致乙受伤。丙作为乙的好友，认为甲系故意为之，为给乙报仇，遂拿起篮球往甲砸去，导致甲受伤。对此，下列哪些说法是正确的？（ ）

A. 甲的人身伤害应由乙与丙共同负担

B. 甲的人身伤害应由丙负责

C. 乙的人身伤害应由篮球比赛的组织者承担

D. 乙的人身伤害是自甘风险，由其自己承担

6. 甲将自己珍藏多年的名画借给乙观赏，约定两个礼拜内归还。在乙观赏的过程中，该画被其侄子丙看到，求借一个礼拜来临摹，乙碍于关系就借给丙。在丙临摹的过程中，该画被来家中做客的丁看到，丁为古画珍藏家，遂提出以高价购买该画，丙告知丁该画为乙所有。在丙的牵线下，乙知道此事，禁不住金钱的诱惑，决定将该画卖给丁，约定丁先支付50万元，等丙临摹结束后直接交付。对此，下列哪些说法是正确的？（ ）

A. 丙构成无权处分　B. 乙构成无权处分

C. 丁构成善意取得　D. 丁构成善意占有

7. 甲的宠物狗走失，公开发布悬赏广告。乙在家门口捡到该狗，该狗生病，遂带该狗去看兽医，并支付了费用。对此，下列说法正确的是？（ ）

A. 甲应当支付医药费

B. 甲可以请求返还宠物狗

C. 乙构成善意取得

D. 乙可以请求甲支付悬赏报酬

8. 甲要移民，遂将名下的房产赠与好友乙，并去当地的不动产登记机构办理转移登记。对此，下列哪些说法是正确的？（ ）

A. 应由两人共同申请转移登记

B. 赠与公证书是办理登记的必要材料

C. 办理登记前，不动产登记机构应当实地看房

D. 登记完成时，不动产登记机构应发放不动产权属证书

9. 李某有一子（李某某）一女（李某力），生前立下自书遗嘱，将名下两套房子A房与B房都给李某某，该遗嘱已公证。由于李某力经常照顾李某，李某将A房赠与李某力并办理了登记手续。李某某得知此事后下毒打算毒死李某，李某临死前得知是儿子下毒，遂立下自书遗嘱，将B房赠与其好友赵某。李某死亡后，李某的子女以及赵某为争夺房产产生争议。对此，下列哪些说法是正确的？（ ）

A. 赵某取得B房的所有权

B. 李某某取得B房的所有权

C. 李某力取得A房的所有权

D. 李某某没有因此丧失法定继承权

10. 钱某与陆某虚构购房事实，钱某以60万元购买陆某的一处房屋并支付价款。约定陆某租用该房，每月向钱某支付5万元租金，租期1年，由赵某为陆某的租金债务承担连带保证责任。事实上钱某并没有房产，赵某对此并不知情。对此，下列哪些说法是正确的？（ ）

A. 名为租赁合同，实为借款合同

B. 租赁合同无效，担保合同无效

C. 借款合同有效，担保合同无效

D. 借款合同有效，担保合同可撤销

11. 甲从某商场购买一台笔记本电脑，约定了30天的试用期。对此，下列哪些说法是正确的？（ ）

A. 若甲在试用期间将电脑租给丙，则视为同意购买

B. 若甲在试用期间支付了部分价款，则视为同意购买

C. 若电脑在试用期间遭意外火灾毁损，则甲应当支付价款

D. 若甲直到试用期满后第二天才想起来归还电脑，商场有权拒绝受领

12. 甲公司向乙公司购买一批原材料，因资金短缺，于是双方约定分期付款，在价款全部支付之前，该批原材料的所有权归乙公司。乙公司在下列哪些情形下可以取回该批原材料？（ ）

A. 甲擅自出质该批原材料

B. 甲公司保管不当致使原材料受到损坏

C. 甲公司擅自以该批原材料设立抵押权

D. 甲公司擅自出卖原材料

三、不定项选择题

1. 甲家门口一棵大榕树因树龄较长，树枝经常掉落，邻居乙曾多次催促甲注意修剪该树，防止树枝掉落砸到人，但甲一直未采取措施。某日下暴雨，甲家门口的榕树被暴风雨刮倒，砸坏了旁边乙家院子里的许多东西，将半边围墙砸倒了一半。乙找人清理了榕树以及散落的树枝。对此，下列说法正确的是？（ ）

A. 乙有权请求甲支付清理树枝的费用

B. 乙有权请求甲加固还没倒塌的墙

C. 乙有权请求甲支付修缮院子的费用

D. 甲有权请求乙返还清理的榕树及树枝

2. 2021年1月1日，某公司向某银行借款500万元，以该公司现有及将有的生产设备、原材料、半成品等为该笔借款提供浮动抵押担保，并办理了抵押登记。同年4月6日，甲购买某公司生产的一辆汽车，价款为100万元，并约定以该汽车作为价款的抵押，甲先支付了一部分价款25万元。4月15日，某公司向甲交付了汽车。4月20日，某公司为该车办理了抵押登记。后甲一直未支付剩余款项。对此，下列说法正确的是？（ ）

A. 甲取得汽车的所有权

B. 某银行的抵押权可以对抗甲

C. 某公司抵押权优于某银行抵押权

D. 某银行抵押权优于某公司抵押权

2021年客观题试题参考答案及解析

一、单项选择题

1.【参考答案】 B

【解析】 本题属于典型的建筑物中抛掷物品或者建筑物上坠落物品致害责任,《民法典》第1254条规定:"禁止从建筑物中抛掷物品。从建筑物中抛掷物品或者从建筑物上坠落的物品造成他人损害的,由侵权人依法承担侵权责任;经调查难以确定具体侵权人的,除能够证明自己不是侵权人的外,由可能加害的建筑物使用人给予补偿。可能加害的建筑物使用人补偿后,有权向侵权人追偿。物业服务企业等建筑物管理人应当采取必要的安全保障措施防止前款规定情形的发生;未采取必要的安全保障措施的,应当依法承担未履行安全保障义务的侵权责任。发生本条第一款规定的情形的,公安等机关应当依法及时调查,查清责任人。"据此,对外卖送餐员小李的人身损害责任应由侵权人——小丁承担。在此基础上需要结合监护人责任的规定。《民法典》第1188条规定:"无民事行为能力人、限制民事行为能力人造成他人损害的,由监护人承担侵权责任。监护人尽到监护职责的,可以减轻其侵权责任。有财产的无民事行为能力人、限制民事行为能力人造成他人损害的,从本人财产中支付赔偿费用;不足部分,由监护人赔偿。"据此,对于小丁的责任,由其父母作为监护人承担无过错的替代责任。选项B正确,选项C错误。

需要注意的是,本题并不适用用人者责任。《民法典》第1191条第1款规定:"用人单位的工作人员因执行工作任务造成他人损害的,由用人单位承担侵权责任。用人单位承担侵权责任后,可以向有故意或者重大过失的工作人员追偿。"该条适用的前提是工作人员作为加害人,而本题中,作为外卖公司员工的小李是受害人。选项AD错误。

2.【参考答案】 B

【解析】 选项A错误,考查自愿原则。自愿原则是指民事主体有权根据自己的意愿,自愿从事民事活动,按照自己的意思形成民事法律关系。本题中,甲乙双方按照固定单价约定了工程款,且未约定任何其他价格调整条款。这一约定是建设工程合同常见的工程款计算方式之一,从中无法推断违反了自愿原则。

选项C错误,考查公序良俗原则。公序良俗原则指的是民事主体从事民事活动不得违背公共秩序与善良风俗。本题中甲乙双方的建设工程合同并无违反公序良俗原则的内容。

选项B正确,D错误。考查情势变更。《民法典》第533条规定:"合同成立后,合同的基础条件发生了当事人在订立合同时无法预见的、不属于商业风险的重大变化,继续履行合同对于当事人一方明显不公平的,受不利影响的当事人可以与对方重新协商;在合理期限内协商不成的,当事人可以请求人民法院或者仲裁机构变更或者解除合同。人民法院或者仲裁机构应当结合案件的实际情况,根据公平原则变更或者解除合同。"据此,在甲乙双方的合同履行过程中发生了新冠病毒感染疫情,该事实因素并非正常的商业风险,该事实因素也是双方当事人在合同订立时难以预见的,如果按照原有合同内容履行,会导致乙方巨额亏损,对乙方而言是显失公平的。因此,乙方可依据情势变更的规定主张救济。

3.【参考答案】 B

【解析】 本题考查的是一房多租时的履行顺序问题。最高人民法院《关于审理城镇房屋租赁合同纠纷案件具体应用法律若干问题的解释》第5条规定:"出租人就同一房屋订立数份租赁合同,在合同均有效的情况下,承租人均主张履行合同的,人民法院按照下列顺序确定履行合同的承租人:(一)已经合法占有租赁房屋的;(二)已经办理登记备案手续的;(三)合同成立在先的。不能取得租赁房屋的承租人请求解除合同、赔偿损失的,依照民法典的有关规定处理。"据此,对于一房多租的情形,各租赁合同如果没有其他效力瑕疵就都是有效的。承租人均主张履行合同的,以"先取得占有—先完成登记备案手续—先成立合同"这样的顺序确定。需要注意的是,是否支付租金,支付多少租金都不予考虑。结合本题,由于各承租人尚未取得租赁物的占有,那就先交付给最先完成备案登记手续的承租人。选项B正确,选项CD错误。

一房多租不影响合同的效力,是否完成交付以及进行登记都不是合同生效的条件。本题中,3份租赁合同都是双方自愿真实的意思表示,不违背公序良俗,没有可撤销以及无效的事由,都是合法有效的合同。选项 A 错误。

4.【参考答案】 B

【解析】 本题的 4 个选项涉及《民法典》合同编里的 4 个典型合同:买卖合同、技术服务合同、承揽合同、建设工程合同。需要结合案例事实与这 4 个合同的主要法律特征和主要合同内容进行分析。

《民法典》第 595 条规定:"买卖合同是出卖人转移标的物的所有权于买受人,买受人支付价款的合同。"《民法典》第 878 条第 2 款规定:"技术服务合同是当事人一方以技术知识为对方解决特定技术问题所订立的合同,不包括承揽合同和建设工程合同。"《民法典》第 770 条第 1 款规定:"承揽合同是承揽人按照定作人的要求完成工作,交付工作成果,定作人支付报酬的合同。"《民法典》第 788 条第 1 款规定:"建设工程合同是承包人进行工程建设,发包人支付价款的合同。"这是《民法典》对 4 种典型合同的基本界定。

结合本题,某制造公司与某设备生产公司并非仅涉及技术问题的解决,因此并非技术服务合同。且由于标的物是生产设备,显然与建设工程无关,并非建设工程合同。该设备生产公司不仅需要按照合同的约定提供生产设备,而且还需要提供技术支持,并非承揽合同。因此,某制造公司与某设备生产公司之间的合同,就其主要内容来看,属于买卖合同。选项 B 当选,选项 ACD 不当选。

5.【参考答案】 A

【解析】 《民法典》第 19 条规定:"八周岁以上的未成年人为限制民事行为能力人,实施民事法律行为由其法定代理人代理或者经其法定代理人同意、追认;但是,可以独立实施纯获利益的民事法律行为或者与其年龄、智力相适应的民事法律行为。"据此,甲为限制民事行为能力人,其可以独立实施纯获利益的民事法律行为。这里的纯获利益指的是法律上的纯获利益,即甲不得在该民事法律行为中负担法律义务。本题中,甲与慈善家缔结了赠与合同,据此,甲有义务将赠与的款项用于甲的学习上,该赠与并非附义务的赠与而是目的性赠与,仍属于纯获利益的民事法律行为,因此甲可以独立实施。该赠与合同有效。选项 A 正确,BCD 均错误。

6.【参考答案】 D

【解析】 选项 AB 考查善意取得。首先排除丙的善意取得,因为乙作为小轿车的保管人,其死后丙作为其唯一的继承人,并不会通过继承获得该车的所有权,更不可能构成善意取得。选项 A 错误。

丙将车卖给丁构成无权处分,需要结合善意取得的规定分析丁是否构成善意取得。《民法典》第 311 条规定:"无处分权人将不动产或者动产转让给受让人的,所有权人有权追回;除法律另有规定外,符合下列情形的,受让人取得该不动产或者动产的所有权:(一)受让人受让该不动产或者动产时是善意;(二)以合理的价格转让;(三)转让的不动产或者动产依照法律规定应当登记的已经登记,不需要登记的已经交付给受让人。受让人依据前款规定取得不动产或者动产的所有权的,原所有权人有权向无处分权人请求损害赔偿。当事人善意取得其他物权的,参照适用前两款规定。"结合本题,丙将该车无权处分给不知情的丁,但该车真正的价值是 100 万元,而丙与丁最终约定的价款是 50 万元,该价格并不合理,丁无法善意取得。选项 B 错误。

无权处分并非民事法律行为的撤销事由,选项 C 显然错误,不当选。

关于重大误解,《民法典》第 147 条规定:"基于重大误解实施的民事法律行为,行为人有权请求人民法院或者仲裁机构予以撤销。"本题中,该车为市面上已经不再生产的经典型号小轿车,价值极高,但丙误以为是假的,产生了严重的错误,在此基础上与丁交易,构成重大误解,丙可以重大误解为由申请撤销合同。选项 D 正确。

7.【参考答案】 A

【解析】 钱某将赵某的砖块用于自家房屋,使用后砖块会与钱某的房屋融为一体,成为钱某的房屋的重要成分,形成附合。对于动产与不动产的附合,其法律效果有:(1)动产的所有权消灭,由不动产所有权人取得附合后物的所有权;(2)动产上原有的权利负担消灭(这一效果本题并未涉及);(3)对于所有权丧失者损害的填补,可以主张侵权损害赔偿请求权或者不当得利返还请求权。结合本题,赵某的砖块被使用后就构成附合,由钱某取得附合后房屋的所有权,赵某丧失砖块所有权,对于赵某的损失,其可向钱某主张不当得利返还请求权。既然砖块所有权已经消灭,那么赵某也无法请求钱某返还砖块。选项 A 正确,CD 错误。

选项 B 错误,考查无因管理。《民法典》第 979 条第 1 款规定:"管理人没有法定的或者约定的义务,为避免他人利益受损失而管理他人事务的,可以请求受益人偿还因管理事务而支出的必要费用;管理人因管理事务受到损失的,可以请求受益人给予适当补偿。”据此，无因管理的构成要求管理人有管理他人事务的意思。但是在本题中钱某并无管理赵某事务的意思，其只有管理自己事务的意思，不符合无因管理的构成要件。

8.【参考答案】 D

【解析】 在机动车交通事故责任中，归责原则需要区分不同的情形，依据《道路交通安全法》第76条进行判断。除了机动车与非机动车驾驶人、行人之间的事故适用无过错责任以外，其他情形下（机动车与机动车之间、机动车与车内乘客之间）均适用过错责任原则。选项B错误。

本题中，孙某驾车时玩手机，严重违反了驾驶的相关法律法规，具有重大过失，由此造成事故，致使周某受伤，孙某应当承担侵权责任。至于周某的无偿搭乘是否能减轻孙某的责任，需要结合《民法典》第1217条判断。该条规定：“非营运机动车发生交通事故造成无偿搭乘人损害，属于该机动车一方责任的，应当减轻其赔偿责任，但是机动车使用人有故意或者重大过失的除外。”具体结合本题，由于孙某具有重大过失，其不能依据无偿搭乘规则主张减轻责任。因此孙某需要对周某的全部人身损害承担责任。选项AC错误，选项D正确。

9.【参考答案】 B

【解析】 本题中，甲、乙、丙三人按照8∶1∶1比例出资购买房屋。甲将该房屋以100万元的价格转让给丁，该行为是对共有物的转让，并非甲对自己共有份额的处分。选项A错误。

对于共有物的处分，《民法典》第301条规定：“处分共有的不动产或者动产以及对共有的不动产或者动产作重大修缮、变更性质或者用途的，应当经占份额三分之二以上的按份共有人或者全体共同共有人同意，但是共有人之间另有约定的除外。”据此，按份共有的共有物转让，需要经占份额2/3以上的按份共有人同意。本题中，甲所占的份额比例为80%，已经超过2/3，因此，对于该房屋的转让，甲一人即可有权处分，因此也无须讨论丁是否能善意取得了，因为善意取得以无权处分为前提。选项C错误。不管是否是有权处分，都不影响甲丁之间买卖合同的效力。选项B正确。

《民法典》第305条规定：“按份共有人可以转让其享有的共有的不动产或者动产份额。其他共有人在同等条件下享有优先购买的权利。”据此，按份共有人对外转让份额时其他按份共有人才有优先购买权。共有物处分时其他按份共有人是不享有优先购买权的。选项D错误。

10.【参考答案】 B

【解析】 选项A错误，考查刑法上的高空抛物罪。《刑法》第291条之二规定：“从建筑物或者其他高空抛掷物品，情节严重的，处一年以下有期徒刑、拘役或者管制，并处或者单处罚金。有前款行为，同时构成其他犯罪的，依照处罚较重的规定定罪处罚。”高空抛物罪处罚的是故意行为，乙的行为是不慎导致花盆掉落，是典型的高空坠物行为，因此，不成立高空抛物罪，不能追究乙刑事责任。

选项BCD从民法的角度考查建筑物中抛掷物品或者建筑物上坠落物品致害责任与违反安全保障义务的侵权责任。《民法典》第1253条规定：“建筑物、构筑物或者其他设施及其搁置物、悬挂物发生脱落、坠落造成他人损害，所有人、管理人或者使用人不能证明自己没有过错的，应当承担侵权责任。所有人、管理人或者使用人赔偿后，有其他责任人的，有权向其他责任人追偿。”据此，乙对甲的侵权责任奉行过错推定原则，而本题中乙明显具有过错，因此乙应当赔偿甲的人身损害。选项B正确。

至于物业公司的责任，《民法典》第1254条第2款规定：“物业服务企业等建筑物管理人应当采取必要的安全保障措施防止前款规定情形的发生；未采取必要的安全保障措施的，应当依法承担未履行安全保障义务的侵权责任。”据此，物业公司的侵权责任构成应适用《民法典》第1198条。该条规定：“宾馆、商场、银行、车站、机场、体育场馆、娱乐场所等经营场所、公共场所的经营者、管理者或者群众性活动的组织者，未尽到安全保障义务，造成他人损害的，应当承担侵权责任。因第三人的行为造成他人损害的，由第三人承担侵权责任；经营者、管理者或者组织者未尽到安全保障义务的，承担相应的补充责任。经营者、管理者或者组织者承担补充责任后，可以向第三人追偿。”在本题中，道路前方堆有一堆垃圾影响通行，物业多日未进行处理，但物业公司并未违反安全保障义务，因为物业公司的安全保障义务是针对防止高空抛物发生的，而垃圾的违规堆放并非这里的安全保障义务的要求内容，并且在本题中，物业多日未处理道路前方的垃圾与甲遭受损害之间也欠缺相当的因果关系。因此，物业公司并无责任。选项CD错误。

11.【参考答案】 B

【解析】 选项A正确，考查夫妻共同债务。《婚姻家庭编解释（一）》第34条规定：“夫妻一方与第三人串通，虚构债务，第三人主张该债务为夫妻共同债务的,人民法院不予支持。夫妻一方在从事赌博、吸毒等违法犯罪活动中所负债务,第三人主张该债务为夫妻共同债务的,人民法院不予支持。”据此,夫妻一方吸毒所负的违法债务并非夫妻共同债务。结合本题,乙因吸毒欠下的债务并非夫妻共同债务,甲无须承担。

选项 B 错误,考查可撤销婚姻。《民法典》第 1052 条第 1 款规定:“因胁迫结婚的,受胁迫的一方可以向人民法院请求撤销婚姻。”《民法典》第 1053 条第 1 款规定:“一方患有重大疾病的,应当在结婚登记前如实告知另一方;不如实告知的,另一方可以向人民法院请求撤销婚姻。”据此,现行法上规定的婚姻可撤销事由有二:胁迫与隐瞒重大疾病。隐瞒吸毒的事实并非婚姻可撤销事由。因此本题中,乙婚前隐瞒吸毒的事实并不构成甲撤销婚姻的事由。

选项 C 正确,考查离婚时的子女抚养。《民法典》第 1084 条第 3 款规定:“离婚后,不满两周岁的子女,以由母亲直接抚养为原则。已满两周岁的子女,父母双方对抚养问题协议不成的,由人民法院根据双方的具体情况,按照最有利于未成年子女的原则判决。子女已满八周岁的,应当尊重其真实意愿。”据此,离婚后的子女抚养问题,由人民法院按照最有利于未成年子女的原则自由裁量。结合本题,乙有吸毒习性,从最有利于未成年子女的原则出发,法院应将孩子的抚养权判给甲。

选项 D 正确,考查离婚诉讼中的调解。《民法典》第 1079 条第 2 款规定:“人民法院审理离婚案件,应当进行调解;如果感情确已破裂,调解无效的,应当准予离婚。”据此,在离婚诉讼中,法院有义务进行调解。

12.**【参考答案】** B

【解析】 本题中,老张明确表示赠与胎儿,因而受赠人是出生后的孩子,而不是小李。故 A 项错误,B 项正确。

事关胎儿利益保护的法律关系,发生于胎儿出生之前的,胎儿出生后,溯及法律关系发生时,胎儿具有民事权利能力。因孩子已经出生,所以赠与合同生效。故 CD 均错误。

13.**【参考答案】** A

【解析】 本题中,乙作为中介公司员工,利用工作便利获取交易信息,构成职务行为。因此,甲通过乙获得的丙的房源信息为中介公司中介工作的结果,故甲绕开中介公司与丙直接订立合同,即构成跳单。根据《民法典》第 965 条“委托人在接受中介人的服务后,利用中介人提供的交易机会或者媒介服务,绕开中介人直接订立合同的,应当向中介人支付报酬”之规定,甲应依约向中介公司支付中介费 2 万元,A 项正确。

本题中,丙与中介公司没有任何合同关系,其既不构成违约,也不构成侵权,故对中介公司没有责任,B 项不选。

本题中,甲应向中介公司支付中介费,乙对中介公司构成雇佣合同上的违约及对中介公司商机的侵权。故甲、乙对中介公司的责任,不存在连带关系的法律基础,C 项不选。

乙收取的 5000 元私人中介费,是攫取中介商机所得,没有合法依据,故构成不当得利,D 项错误。

二、多项选择题

1.**【参考答案】** ABC

【解析】 选项 A 正确,D 错误,考查法定继承人的范围和顺序。由于题目并未交代李某生前留有有效的遗嘱,因此关于李某的遗产分配,适用法定继承的相关规定。《民法典》第 1127 条第 1 款规定:“遗产按照下列顺序继承:(一)第一顺序:配偶、子女、父母;(二)第二顺序:兄弟姐妹、祖父母、外祖父母。”据此,李某林作为李某的子女,有权继承李某的遗产,而陆某作为李某的丧偶女婿,并不享有法定继承权。

选项 BC 均正确,考查代位继承。李某森作为李某的女儿先于李某死亡,对李某的遗产继承,需要考虑代位继承规则。《民法典》第 1128 条规定:“被继承人的子女先于被继承人死亡的,由被继承人的子女的直系晚辈血亲代位继承。被继承人的兄弟姐妹先于被继承人死亡的,由被继承人的兄弟姐妹的子女代位继承。代位继承人一般只能继承被代位继承人有权继承的遗产份额。”依据该条第 1 款规定,李某森对李某的继承份额,由李某森的直系晚辈血亲代位继承。在本题中,林某某作为李某森的子女,有权代位继承李某的遗产。《民法典》第 1127 条第 3 款规定:“本编所称子女,包括婚生子女、非婚生子女、养子女和有扶养关系的继子女。”《民法典》第 1072 条第 2 款规定:“继父或者继母和受其抚养教育的继子女间的权利义务关系,适用本法关于父母子女关系的规定。”结合本题,李某森与继子陆某某之间有抚养关系,因此陆某某具有李某森子女的法律地位,其也有权代位继承李某的遗产。因此,林某某与陆某某均可通过代位继承的方式继承李某的遗产。

2.【参考答案】 BD

【解析】 本题中,甲将出卖古画的代理权授予乙,双方有双层法律关系:(1)基础关系层,甲与乙之间有合法有效的委托合同,依据该合同,乙有义务为甲的利益而出卖古画;(2)授权关系层,乙有以甲的名义对外签订古画买卖合同的代理权。本题中,乙以甲的名义和丁签订了古画买卖合同,属于有权代理。但是,乙有意选择了出价更低的丁,而未选择出价更高的其他有意购买者,并且收取了丁给的20%的好处费,违反了和甲的基础关系——委托合同,属于代理权滥用,也构成恶意串通。《民法典》第154条规定:"行为人与相对人恶意串通,损害他人合法权益的民事法律行为无效。"《民法典》第164条第2款规定:"代理人和相对人恶意串通,损害被代理人合法权益的,代理人和相对人应当承担连带责任。"据此,乙签订的合同因恶意串通而无效,对于甲的损失,乙与丁应承担连带责任。选项BD正确,AC错误。

3.【参考答案】 ABCD

【解析】 选项AD均正确,考查违约责任。《民法典》第582条规定:"履行不符合约定的,应当按照当事人的约定承担违约责任。对违约责任没有约定或者约定不明确,依据本法第五百一十条的规定仍不能确定的,受损害方根据标的的性质以及损失的大小,可以合理选择请求对方承担修理、重作、更换、退货、减少价款或者报酬等违约责任。"结合本题,甲购得的电脑是旧机翻新,并不符合买卖合同的约定,甲既可以要求更换一台新电脑,也可以保留该电脑,请求补偿差价。

选项B正确,考查惩罚性赔偿。《消费者权益保护法》第55条规定:"经营者提供商品或者服务有欺诈行为的,应当按照消费者的要求增加赔偿其受到的损失,增加赔偿的金额为消费者购买商品的价款或者接受服务的费用的三倍;增加赔偿的金额不足五百元的,为五百元。法律另有规定的,依照其规定。经营者明知商品或者服务存在缺陷,仍然向消费者提供,造成消费者或者其他受害人死亡或者健康严重损害的,受害人有权要求经营者依照本法第四十九条、第五十一条等法律规定赔偿损失,并有权要求所受损失二倍以下的惩罚性赔偿。"本题中,电脑厂家明知电脑并非新机而当作新机出卖,存在欺诈行为,甲作为消费者有权请求电脑价款3倍的惩罚性赔偿。

选项C正确,考查可撤销的民事法律行为,具体涉及欺诈。《民法典》第148条规定:"一方以欺诈手段,使对方在违背真实意思的情况下实施的民事法律行为,受欺诈方有权请求人民法院或者仲裁机构予以撤销。"本题中,电脑厂家在明知电脑为旧机翻新的前提下欺诈甲,使甲认为其购买的是新电脑,甲有权基于欺诈撤销该合同。

4.【参考答案】 AC

【解析】 选项A正确,考查探望权。《民法典》第1086条第1款规定:"离婚后,不直接抚养子女的父或者母,有探望子女的权利,另一方有协助的义务。"据此,李某对李某陆享有探望权,陆某应当为李某探望李某陆提供便利。

选项B错误,考查监护关系的终止。《民法典》第39条规定:"有下列情形之一的,监护关系终止:(一)被监护人取得或者恢复完全民事行为能力;(二)监护人丧失监护能力;(三)被监护人或者监护人死亡;(四)人民法院认定监护关系终止的其他情形。监护关系终止后,被监护人仍然需要监护的,应当依法另行确定监护人。"据此,子女改姓并非监护关系终止的事由,因此,李某的监护义务不会因为李某陆改从母姓而终止。

选项C正确,考查抚养费的增加。《婚姻家庭编解释(一)》第55条规定:"离婚后,父母一方要求变更子女抚养关系的,或者子女要求增加抚养费的,应当另行提起诉讼。"据此,李某陆有权起诉向李某请求增加抚养费。

选项D错误,考查姓名权与抚养费支付义务之间的关系。《民法典》第1015条规定:"自然人应当随父姓或者母姓,但是有下列情形之一的,可以在父姓和母姓之外选取姓氏:(一)选取其他直系长辈血亲的姓氏;(二)因由法定扶养人以外的人扶养而选取扶养人姓氏;(三)有不违背公序良俗的其他正当理由。少数民族自然人的姓氏可以遵从本民族的文化传统和风俗习惯。"据此,李某陆改从母姓并未违法,且李某支付抚养费的义务是其作为李某陆的法定监护人的法定义务,不因李某陆改姓而免除。

5.【参考答案】 BD

【解析】 本题主要考查《民法典》第1176条关于自甘风险的规定。该条规定:"自愿参加具有一定风险的文体活动,因其他参加者的行为受到损害的,受害人不得请求其他参加者承担侵权责任;但是,其他参加者对损害的发生有故意或者重大过失的除外。活动组织者的责任适用本法第一千一百九十八条至第一千二百零一条的规定。"据此,在篮球比赛中,甲正常传球导致乙受伤,其没有故意或重大过失，因此对于乙的人身损害，不得请求甲承担。该损害属于自甘风险，由乙自行承担。而甲的人身伤害则是丙故意为之，丙不能依据自甘风险规则免责，而需要向甲承担侵权责任。对于活动组织者的责任，《民法典》第 1198 条规定："宾馆、商场、银行、车站、机场、体育场馆、娱乐场所等经营场所、公共场所的经营者、管理者或者群众性活动的组织者，未尽到安全保障义务，造成他人损害的，应当承担侵权责任。因第三人的行为造成他人损害的，由第三人承担侵权责任；经营者、管理者或者组织者未尽到安全保障义务的，承担相应的补充责任。经营者、管理者或者组织者承担补充责任后，可以向第三人追偿。"结合本题，篮球比赛的组织者并未违反安全保障义务，因此对甲与乙的人身伤害，篮球比赛的组织者均无须承担侵权责任。综上，选项 BD 正确，选项 AC 错误。

6.【参考答案】 BC

【解析】 本题中，甲的画在被借用期间被无权处分给丁，一方面，需要确认无权处分人；另一方面，需要结合善意取得的构成要件判断丁是否构成善意取得。本案无权处分人是乙，而丙起到的仅是撮合的作用，丙并非无权处分人。选项 A 错误，B 正确。

《民法典》第 311 条规定："无处分权人将不动产或者动产转让给受让人的，所有权人有权追回；除法律另有规定外，符合下列情形的，受让人取得该不动产或者动产的所有权：(一)受让人受让该不动产或者动产时是善意；(二)以合理的价格转让；(三)转让的不动产或者动产依照法律规定应当登记的已经登记，不需要登记的已经交付给受让人。受让人依据前款规定取得不动产或者动产的所有权的，原所有权人有权向无处分权人请求损害赔偿。当事人善意取得其他物权的，参照适用前两款规定。"结合本题，丁善意地相信乙是名画的所有权人，约定了合理的价格，并且已经通过指示交付的方式完成了交付。符合善意取得的构成要件，丁可以善意取得该画。关于指示交付的判断，《民法典》第 227 条规定："动产物权设立和转让前，第三人占有该动产的，负有交付义务的人可以通过转让请求第三人返还原物的权利代替交付。"本题中，乙将其对丙的返还请求权让与丁，构成指示交付。因此，选项 C 正确。

选项 D 错误，考查占有的分类。无权占有可以进一步分为善意占有和恶意占有。而本题中，丁已经通过善意取得获得名画的所有权，其对名画属于有权占有，并非善意占有。

7.【参考答案】 ABD

【解析】 选项 AD 均正确，考查拾得遗失物。《民法典》第 317 条规定："权利人领取遗失物时，应当向拾得人或者有关部门支付保管遗失物等支出的必要费用。权利人悬赏寻找遗失物的，领取遗失物时应当按照承诺履行义务。拾得人侵占遗失物的，无权请求保管遗失物等支出的费用，也无权请求权利人按照承诺履行义务。"据此，甲公开悬赏收集线索，乙拾得该狗后，有权请求甲支付悬赏报酬。乙所支付的医药费属于必要费用，可以向甲求偿。

选项 B 正确，考查返还原物请求权。《民法典》第 312 条规定，所有权人或者其他权利人有权追回遗失物。《民法典》第 235 条规定："无权占有不动产或者动产的，权利人可以请求返还原物。"乙作为狗的拾得人，对该狗是无权占有，甲作为狗的所有权人有权请求返还。

选项 C 错误，考查善意取得。乙捡到甲的宠物狗，构成拾得遗失物。拾得遗失物本身不会导致物权的变动，甲仍为该狗的所有权人。乙不构成善意取得。

8.【参考答案】 AD

【解析】 选项 A 正确，考查不动产登记申请的共同申请原则。《不动产登记暂行条例》第 14 条第 1 款规定："因买卖、设定抵押权等申请不动产登记的，应当由当事人双方共同申请。"该款确立了不动产登记申请的共同申请原则。据此，甲乙之间的房屋赠与应由两人共同申请转移登记。

选项 B 错误，考查申请不动产登记应提交的材料。《不动产登记暂行条例实施细则》第 38 条第 1 款规定："申请国有建设用地使用权及房屋所有权转移登记的，应当根据不同情况，提交下列材料：(一)不动产权属证书；(二)买卖、互换、赠与合同；(三)继承或者受遗赠的材料；(四)分割、合并协议；(五)人民法院或者仲裁委员会生效的法律文书；(六)有批准权的人民政府或者主管部门的批准文件；(七)相关税费缴纳凭证；(八)其他必要材料。"该款规定的材料中并没有赠与公证书。

选项 C 错误，考查不动产登记机构的审查职责。《不动产登记暂行条例》第 19 条第 1 款规定："属于下列情形之一的，不动产登记机构可以对申请登记的不动产进行实地查看：(一)房屋等建筑物、构筑物所有权首次登记；(二)在建建筑物抵押权登记；(三)因不动产灭失导致的注销登记；(四)不动产登记机构认为需要实地查看的其他情形。”据此,本题中,实地查看并非不动产登记机构的义务。

选项D正确,考查不动产权属证书。《不动产登记暂行条例》第21条第2款规定:“不动产登记机构完成登记,应当依法向申请人核发不动产权属证书或者登记证明。”据此,登记完成时,不动产登记机构应发放不动产权属证书。

9.【参考答案】 AC

【解析】 选项A正确,B错误,考查数份遗嘱内容的认定。本题中,李某先后立下两份遗嘱,其中第一份遗嘱为公证遗嘱。《民法典》第1142条第3款规定:“立有数份遗嘱,内容相抵触的,以最后的遗嘱为准。”据此,对于B房的归属,应以第二份遗嘱为准。值得注意的是,在《民法典》中,公证遗嘱不再具有优先效力。因此,B房的所有权应由赵某取得。

选项C正确,考查遗嘱的变更和撤回。李某立下第一份遗嘱后就A房又作出了相冲突的民事法律行为。《民法典》第1142条第1、2款规定:“遗嘱人可以撤回、变更自己所立的遗嘱。立遗嘱后,遗嘱人实施与遗嘱内容相反的民事法律行为的,视为对遗嘱相关内容的撤回。”据此,李某在立下第一份遗嘱后又将A房赠与女儿,视为对第一份遗嘱的相关内容的撤回。因此A房的所有权由李某的女儿取得。

选项D错误,考查继承权的丧失。《民法典》第1125条第1款规定:“继承人有下列行为之一的,丧失继承权:(一)故意杀害被继承人;(二)为争夺遗产而杀害其他继承人;(三)遗弃被继承人,或者虐待被继承人情节严重;(四)伪造、篡改、隐匿或者销毁遗嘱,情节严重;(五)以欺诈、胁迫手段迫使或者妨碍被继承人设立、变更或者撤回遗嘱,情节严重。”据此,李某某毒杀李某,构成故意杀害被继承人,李某某的继承权因此而丧失。

10.【参考答案】 ABC

【解析】 本题中,该购房合同为钱某与陆某虚构,这意味着双方通谋签订了房屋买卖合同与房屋租赁合同(售后回租模式),这两个合同均非当事人真实的意思表示,属于虚假行为。《民法典》第146条规定:“行为人与相对人以虚假的意思表示实施的民事法律行为无效。以虚假的意思表示隐藏的民事法律行为的效力,依照有关法律规定处理。”据此,房屋买卖合同与房屋租赁合同作为虚假行为,均无效。钱某与陆某二人真实的意思,由其交易安排来看,是陆某向钱某借款60万元,通过每月还款5万元的方式来归还本金及利息。因此,钱某与陆某之间的隐藏行为是借款合同,该合同没有其他效力瑕疵,是有效的。由于赵某对房屋为虚构物这一事实情节并不知情,因此其并无为钱某与陆某之间的借款关系提供担保的意思。既然房屋买卖合同与租赁合同均无效,那么作为从合同的保证合同也随之无效。因此,选项D错误,选项ABC正确。

11.【参考答案】 ABD

【解析】 选项ABD均涉及买受人认可的确定以及认可的拟制。本题属于试用买卖,这不难判断。试用买卖是以买受人的认可为生效条件的买卖合同,因此买受人认可与否决定了该买卖合同最终的效力。《民法典》第638条规定:“试用买卖的买受人在试用期内可以购买标的物,也可以拒绝购买。试用期限届满,买受人对是否购买标的物未作表示的,视为购买。试用买卖的买受人在试用期内已经支付部分价款或者对标的物实施出卖、出租、设立担保物权等行为的,视为同意购买。”据此,若甲在试用期间支付了部分价款,或者将电脑租给丙,或者在试用期内不作任何表示,均产生认可的法律效果,相应地,买卖合同正式生效。选项AB正确。

选项C涉及试用期内的风险负担问题。《民法典》第640条规定:“标的物在试用期内毁损、灭失的风险由出卖人承担。”据此,试用期内标的物毁损灭失的风险由出卖人——商场承担,因此若电脑在试用期间遭意外火灾毁损,甲无须支付价款。选项C错误。

试用期满后的第二天,甲已经成为该电脑的所有权人,其没有义务将电脑归还,若甲归还,则商场有权拒绝受领。选项D正确。

12.【参考答案】 ABCD

【解析】 本题是对所有权保留买卖中出卖人取回权的直接考查。《民法典》第642条第1款规定:“当事人约定出卖人保留合同标的物的所有权,在标的物所有权转移前,买受人有下列情形之一,造成出卖人损害的,除当事人另有约定外,出卖人有权取回标的物:(一)未按照约定支付价款,经催告后在合理期限内仍未支付;(二)未按照约定完成特定条件;(三)将标的物出卖、出质或者作出其他不当处分。”据此,选项AD直接符合该条款的规定,当选。另外,尽管该条并未明确列举,但是只要是可能造成出卖人损害的其他不当处分行为,如出租、标的物的使用,均可触发取回权。因此选项BC也属于其他不当处分,当选。

三、不定项选择题

1.【参考答案】 ABCD

【解析】 选项AC正确,考查无因管理。《民法典》第979条第1款规定:“管理人没有法定的或者约定的义务,为避免他人利益受损失而管理他人事务的,可以请求受益人偿还因管理事务而支出的必要费用;管理人因管理事务受到损失的,可以请求受益人给予适当补偿。”该条规定了无因管理情形下管理人所享有的债权。本题中,甲的榕树倒了以后砸进了乙家,榕树及树枝对乙的房屋所有权以及土地使用权构成了妨害,乙有权请求甲排除妨害。与此同时,甲的榕树倒了以后砸到了乙家,砸坏了乙的东西,构成侵权,乙曾多次催促甲修剪,但乙一直未采取措施,存在过错,甲须对乙遭受的损失承担侵权责任。乙在没有约定或者法定义务的情形下,替甲承担了前述责任,构成无因管理,乙有权请求甲偿还因管理事务而支出的必要费用,即其支出的清理榕树、树枝的费用以及修缮院子的费用。

选项B正确,考查消除危险请求权。乙家尚未倒塌的墙岌岌可危,仍有侵害乙房屋所有权的危险,乙有权依据消除危险请求权请求甲加固还没倒塌的墙。

选项D正确,考查返还原物请求权。甲的榕树倒了以后砸进了乙家,甲仍为其所有权人,乙对榕树和树枝的占有属于无权占有,甲有权依据返还原物请求权请求乙返还清理出来的树枝。

2.【参考答案】 ABD

【解析】 选项A正确,考查抵押财产的转让以及特殊动产的物权变动。本题中,某公司将现有及将有的生产设备、原材料、半成品等为债务提供浮动抵押担保,依据《民法典》第396条与第403条,某银行取得动产浮动抵押权,汽车属于抵押财产的一部分。按照《民法典》第406条所揭示的精神,《民法典》已经允许抵押财产自由转让,因此,某公司有权不经某银行的同意将汽车转让给甲。《民法典》第225条规定:“船舶、航空器和机动车等的物权的设立、变更、转让和消灭,未经登记,不得对抗善意第三人。”按照目前通说见解,特殊动产买卖的物权变动方式是“交付生效+登记对抗”。本题中,2021年4月15日,某公司向甲交付了汽车,甲已经取得了汽车的所有权。

选项B正确,考查抵押财产的转让。本题中,某公司转让的是已经被抵押且抵押权已经登记的汽车,甲取得的汽车所有权上是否还有抵押权负担,需要结合《民法典》第404条,审查甲是否为正常经营活动中的买受人。《民法典》第404条规定:“以动产抵押的,不得对抗正常经营活动中已经支付合理价款并取得抵押财产的买受人。”对于正常经营活动买受人规则,《担保制度解释》第56条作出了进一步的具体规定:“买受人在出卖人正常经营活动中通过支付合理对价取得已被设立担保物权的动产,担保物权人请求就该动产优先受偿的,人民法院不予支持,但是有下列情形之一的除外:(一)购买商品的数量明显超过一般买受人;(二)购买出卖人的生产设备;(三)订立买卖合同的目的在于担保出卖人或者第三人履行债务;(四)买受人与出卖人存在直接或者间接的控制关系;(五)买受人应当查询抵押登记而未查询的其他情形。前款所称出卖人正常经营活动,是指出卖人的经营活动属于其营业执照明确记载的经营范围,且出卖人持续销售同类商品。前款所称担保物权人,是指已经办理登记的抵押权人、所有权保留买卖的出卖人、融资租赁合同的出租人。”本题中,甲仅支付了25%的价款,且此后再也没有支付价款,这意味着甲并未“已经支付合理价款”,甲不构成《民法典》第404条中的正常经营活动买受人,汽车上某银行的抵押权并不消灭,甲取得的是一个有抵押权负担的汽车。因此,某银行的抵押权可以对抗甲。

选项C错误,D正确,考查担保物权竞合问题,具体涉及价款担保权的超级优先规则的适用。《民法典》第416条规定:“动产抵押担保的主债权是抵押物的价款,标的物交付后十日内办理抵押登记的,该抵押权人优先于抵押物买受人的其他担保物权人受偿,但是留置权人除外。”该条是关于价款担保权超级优先的规则。《担保制度解释》第57条对该条作出了进一步的具体规定。本题中,甲取得汽车的所有权后立即将其抵押给某公司,该公司在交付后10日内办理了登记。但是价款担保权超级优先规则,要求竞合的两个担保权必须是同一个债务人所设,而本题中,动产浮动抵押权是某公司所设,而汽车抵押权是甲所设,并非同一债务人所设,不符合价款担保权超级优先规则的保护目的。因此某公司的汽车抵押权不能取得超级优先地位,其与某银行的抵押权的顺位仍应适用一般的意定担保物权竞合的顺位规则,即《民法典》第414条。该条规定:“同一财产向两个以上债权人抵押的,拍卖、变卖抵押财产所得的价款依照下列规定清偿:(一)抵押权已经登记的,按照登记的时间先后确定清偿顺序；(二)抵押权已经登记的先于未登记的受偿；(三)抵押权未登记的，按照债权比例清偿。其他可以登记的担保物权，清偿顺序参照适用前款规定。”依据该条第1款第1项，某银行的抵押权优先于某公司的抵押权。

2020年客观题试题

一、单项选择题

1. 牛三抢了翠花的钱，大强见义勇为追赶牛三，遇上火车，牛三被火车撞死了，为了躲避火车大强骨折了，请问下列说法正确的是：(　　)

A. 大强对牛三承担过错责任

B. 大强对牛三承担公平补偿责任

C. 翠花对牛三承担公平补偿责任

D. 大强可请求翠花适当补偿

2. 2020年1月，付某与叶某商议共同出资设立一家名为富业坊的普通合伙，从事测温仪的销售。同年2月，付某以富业坊的名义与昌盛公司签约买入测温仪。同年3月1日富业坊成立并领取了营业执照，合伙协议约定，付某是富业坊唯一的执行事务合伙人。同年4月30日叶某得知顺发公司有一批测温仪待售，遂以富业坊的名义与顺发公司签订买卖合同。同年5月初，因形势变化，测温仪不再畅销，现昌盛公司提出，就2月合同还有80万元应收货款未付，顺发公司主张履行合同，关于本题，下列说法正确的是：(　　)

A. 因与昌盛公司签约时，富业坊尚未成立，该合同无效

B. 叶某对富业坊与昌盛公司的货款不承担法律责任

C. 顺发公司可向叶某主张承担法律责任

D. 对与顺发公司所签合同，富业坊可主张不承担法律责任

3. 薛某系天雅公司总经理、法定代表人，某晚参加聚会时饮酒过量，在争抢埋单过程中以为是酒水单，而以公司之名误签了一份购买1000瓶红酒的商务合同，关于该商务合同的效力，以下说法正确的是：(　　)

A. 因意思表示不真实而无效

B. 因无权代理而效力待定

C. 因重大误解而可撤销

D. 因显失公平而可撤销

4. 廖母与史某约定，如将来廖某不在甲公司上班了，廖母即将其在甲公司附近一套自有公寓卖给史某。史某为尽快购得该房屋，贿赂甲公司经理，让其辞退了廖某。有关廖母和史某关于廖某不在甲公司上班的约定，下列哪一说法是正确？(　　)

A. 属于合同主给付义务

B. 应视为条件不成就

C. 属于附期限的约定

D. 应视为期限已届满

5. 龙某与胡某签订房屋买卖合同，购买胡某所有的一套位于黄金地段的商品房，为防止过户登记中出现变数，龙某经胡某同意办理了预告登记，以免胡某另卖他人。以下选项中哪种情形会导致预告登记失效？(　　)

A. 龙某事后与第三人签订转让该商品房的买卖合同

B. 胡某事后与第三人签订转让该商品房的买卖合同

C. 龙某迟延5日才交付该买卖合同约定的第二笔房款

D. 能够进行过户登记之日起90日内未申请登记

6. 张三喜得一副墨宝，然后请众位好友及书法大家李四来参观。李四趁张三和好友去别的地方参观之际，手痒大笔一挥，在画上写诗一首。张三看到了，特别生气。但画上有书法家题诗，价值大增，张三称该画及上面的书法价值都归自己所有，并要求李四给予赔偿，下列说法正确的是：(　　)

A. 如画作归李四，李四应对张三赔偿或补偿

B. 画作的著作权应归李四

C. 画作的所有权为张三、李四共同共有

D. 李四在宣纸上作画的行为侵犯了张三的财产权

7. 甲欠乙10万元货款，迟迟不还，乙一气之下将债权分为10等份(每份1万元)，将其转让给10位朋友，通知甲分别偿还，下列说法正确的是：(　　)

A. 履行增加费用由乙承担

B. 乙无权转让债权

C. 债权转让需要经过甲同意才生效

D. 乙无权分割债权

8. 甲、乙、丙三人是好友，乙欠甲5万元。某天甲、丙相遇，谈及此事，甲表示“乙生活困难，父母又生病，这5万元就不需要还了”。下列选项正确的是：(　　)

A. 甲的意思须乙受领

B. 乙无须偿还债务

C. 甲的意思不能免除乙的债务

D. 甲的意思到达丙时即发生效力

9. 甲向乙借款 1000 万元，约定一年后归还。为设定担保，甲、乙签订了两套房屋的买卖合同，约定甲将自己的两套房屋卖给乙，并办理过户登记，明确如果甲一年后不归还借款，乙直接获得房屋的所有权。借款到期后，甲未还款。对此，下列说法正确的是：（　　）

A. 房屋买卖合同有效

B. 一年后，甲不还款，乙可直接获得房屋所有权

C. 乙可就拍卖两套房屋的价款优先受偿

D. 乙对于两套房屋享有抵押权

10. 某日，甲公司与乙公司签订《合作意向书》，约定待甲公司取得某地块建设用地使用权后，双方订立《合作开发合同》，并初步约定了出资比例、收益分配等事宜。当日，乙公司依《合作意向书》向甲公司支付了 100 万元预付款。甲公司取得某地块建设用地使用权后，决定与其他公司合作而拒绝与乙公司订立《合作开发合同》。根据《民法典》，下列说法正确的是：（　　）

A.《合作意向书》不具有法律约束力

B. 甲公司应向乙公司双倍返还预付款

C. 乙公司有权请求甲公司承担违约责任

D. 乙公司有权请求甲公司支付《合作开发合同》项下违约金

11. A（女）和 B（男）谈恋爱，并已经同居。A 认为 B 不务正业，不适合成为丈夫，并要与 B 分手。B 扬言非 A 不娶，并且以同居时存有 A 的不雅照（实际没有）为由，要求 A 与其结婚，后 A 与 B 领证。请问下列选项中正确的是：（　　）

A. 因受欺诈而订立的婚姻可撤销

B. 非当事人真实意思表示，婚姻无效

C. 因受胁迫而订立的婚姻可撤销

D. 因受胁迫而订立的婚姻无效

12. 吕某（男）和张某（女）在 1990 年收养一女夏某。吕某和张某对其花费精力尽心培养。夏某成年后不履行赡养义务。吕某于 2016 年去世。夏某对张某拒不赡养并欲将老人赶出家门。2017 年张某要卖掉与吕某的 5 处私房，夏某不同意。张某无法忍受遂到法院想和夏某解除收养关系，下列选项正确的是：（　　）

A. 张某有权让夏某补偿收养期间的生活费和教育费

B. 夏某无权继承吕某的遗产

C. 张某无权解除对夏某的收养关系

D. 对于 5 处私房张某和夏某各继承一半

二、多项选择题

1. 某日，李某醉酒后搭乘出租车回家，车程大约 20 公里，李某下车前使用手机支付车费时，误将 80 元数字重复输成了 8080 元，司机收到后也未提醒李某，对此下列说法正确的有：（　　）

A. 该运输合同因显失公平而可撤销

B. 李某可主张 8000 元不当得利返还

C. 醉酒不应影响该运输合同的效力

D. 多付 8000 元构成李某对司机的赠与

2. 丙系甲公司的市场专员，因舞弊被开除后，寻思捞一票报复。丙伪造甲公司的公章后，以甲公司的名义与不知情的乙公司订立合同，约定："甲公司向乙公司出售甲公司生产制造的熊猫牌香烟 50 箱，价款 50 万元。"5 月 1 日，因丙请求乙公司将价款打入其指定的账户，乙公司电话询问甲公司才得知丙已被开除的事实，甲公司表示考虑几天再做决定。5 月 10 日，甲公司通知乙公司表示其不接受丙所订立的香烟买卖合同。对此，下列表述正确的有：（　　）

A. 5 月 1 日后 5 月 10 日前，乙公司有权通知甲公司撤销该香烟买卖合同

B. 5 月 10 日后，乙公司有权请求甲公司按照该香烟买卖合同的约定履行合同义务

C. 5 月 10 日后，乙公司有权选择请求丙按照该香烟买卖合同的约定履行交付香烟的义务

D. 5 月 10 日后，乙公司有权选择请求丙赔偿自己因此所遭受的损失，包括乙公司转卖香烟可能获得的利润损失

3. 某日，苗某未经邻居陈某同意，将其平时作业用的大型油罐车停放在陈某家的院子里，并将陈某未上锁的自行车骑走。3 年后，对于陈某的哪些请求权，苗某可主张诉讼时效抗辩？（　　）

A. 消除危险　　B. 返还财产

C. 停止侵害　　D. 赔偿损失

4. 刘某、关某、张某三人以 3 : 3 : 4 的比例共同出资 80 万元购买了一套酒店式公寓房，登记为按份共有。为提高租金收益，刘某和关某想重新装修，预计再投入 8 万元，张某反对。下列说法正确的有：（　　）

A. 张某可就此主张分割共有物

B. 张某可就此主张刘某和关某侵权

C. 张某可就此主张转让共有份额

D. 刘某和关某二人有权主张重新装修

5. 李某准备转让自己的房子，但转让后无处居住，遂在将房子转让给王某的时候约定，在办理房子过户的时候一并为李某设立居住权登记直到李某去世。后李某和王某办理了房子的过户登记，但因故居住权登记未能办理。后李某要求王某办理居住权登记，王某拒绝。下列哪些说法是正确的？(　　)

A. 李某可以主张王某继续履行办理居住权登记的义务

B. 居住权因未登记没有设立

C. 李某对该约定享有的为债权

D. 李某可向王某主张迟延履行的违约责任

6. 甲公司向乙公司借款1000万元，丙公司在借款协议“保证人”下盖章，但未约定保证方式。丁公司以自有房屋为该债权设定抵押，并办理了抵押登记。债权到期后，甲公司无力还款，乙公司向丙公司和丁公司主张权利，下列说法正确的有：(　　)

A. 丙公司应承担一般保证责任

B. 丙公司承担担保责任后可向甲公司追偿

C. 丁公司承担担保责任后可向甲公司追偿

D. 丁公司承担担保责任后可向丙公司追偿

7. 张三在步行街上游玩时，拾得一精美翡翠挂件。正当张三准备上交街道办失物招领处时，巧遇朋友李四，张三出于炫耀向李四展示该挂件并谎称为自己所有。李四羡慕不已，遂求张三借其把玩两日，张三推脱不过将挂件交给了李四。次日，王二趁李四不备，将挂件盗走。王二在某二手古玩市场准备倒卖时，挂件被失主麻二认出。对此，下列选项正确的有：(　　)

A. 麻二可向王二主张返还原物

B. 李四构成恶意占有

C. 李四可向王二主张返还原物

D. 张三属于无权占有

8. 甲公司借款给乙公司500万元，张三作为连带保证人。后乙公司经甲公司同意，将200万元债务转让给丙公司。对此甲公司通知了张三，张三口头同意。最终乙公司破产无法偿还甲公司欠款，丙公司也未偿还200万元，以下说法正确的有：(　　)

A. 张三因债务承担保证责任发生变化

B. 张三应承担500万元的保证责任

C. 张三只承担300万元的保证责任

D. 甲公司应征得张三的书面同意

9. 甲公司承租了乙在某地的房子，设立了丙分公司，但当地政府限购政策导致丙分公司业绩严重下滑，所以甲公司关闭了丙分公司。其后，甲公司未按约定支付给乙租金，经乙催告后60日后甲公司仍未履行，还未经乙的同意将房屋转租给他人。下列选项中正确的有：(　　)

A. 因甲公司未交租金，乙有权解除租赁合同

B. 因甲公司转租，乙有权解除租赁合同

C. 因当地限购政策，甲公司有权解除租赁合同

D. 因甲公司关闭丙分公司，甲公司有权解除租赁合同

10. 甲、乙两人在游泳馆游泳，他们想看一下游泳馆里的安保措施怎么样，于是商议在离救生员远的一边假装溺水，丙刚要离开发现二人溺水就下去救助，因着急手机没有掏出来，下列选项中正确的有：(　　)

A. 丙自甘风险，不能向任何人主张权利

B. 游泳馆违反安全保障义务，应对丙给予赔偿

C. 丙构成无因管理，可请求甲、乙适当补偿

D. 丙因保护他人权益受损，可请求甲、乙补偿

11. 赵某是唐山大地震中存活的孤儿，仅剩自己和家人的合照，为保存合照，赵某去照相馆要求把照片存放入相框中。照相馆工作人员乱扔烟头导致照相馆发生火灾，把赵某仅存的照片烧毁。下列说法正确的有：(　　)

A. 赵某可以追究照相馆的违约责任

B. 赵某可要求照相馆给予精神损害赔偿

C. 照相馆侵犯了赵某的隐私权

D. 照相馆侵犯了赵某的肖像权

12. 乙与甲长相酷似，平常也有交往。某日，乙知悉甲获得了“劳动模范”荣誉称号，并有奖金，便伪造了甲的身份证件，到相关部门签字冒领了该笔奖金，根据《民法典》，下列说法正确的有：(　　)

A. 乙侵害了甲的姓名权

B. 乙取得的奖金构成不当得利

C. 乙侵害了甲的财产权

D. 乙侵害了甲的荣誉权

13. 甲把车借给乙，乙开车途径商店，准备迅速买个烟，就没熄火、没上锁。丙(17周岁)看到后和旁边丁(15周岁)说：我家车和这个车一样，我会开，你要不要试试。丁同意，在丙的指导下，开了100米驶入人行道，致使行人戊受伤，关于赔偿问题，下列哪些说法是正确的？(　　)

A. 丙的监护人应承担赔偿责任

B. 丁的监护人应承担赔偿责任

C. 甲应承担赔偿责任

D. 乙应承担赔偿责任

三、不定项选择题

张大妈被小区里掉落的衣架砸伤了，但没有找到具体的侵权人，所以张大妈把二楼以上全体业主、小区物业公司还有派出所一起起诉到法院。下列选项正确的有：(　　)

A. 二楼以上的业主都要承担补偿责任，除非能证明自己不是侵权人

B. 二楼以上的业主、小区物业公司和派出所不承担连带责任

C. 小区物业公司承担所有的责任

D. 派出所有找到具体侵权人的义务

2020年客观题试题参考答案及解析

一、单项选择题

1.【参考答案】 D

【解析】 本题考查见义勇为受害人的特别请求权。《民法典》第183条规定："因保护他人民事权益使自己受到损害的，由侵权人承担民事责任，受益人可以给予适当补偿。没有侵权人、侵权人逃逸或者无力承担民事责任，受害人请求补偿的，受益人应当给予适当补偿。"可知，见义勇为受害人特别请求权的构成要件为：(1)行为人实施了见义勇为行为，见义勇为行为须是为保护他人民事权益而实施的行为，须行为人实施保护他人合法权益的行为无法定或约定义务，须针对侵害他人合法权益的侵害行为或者他人处于危难的危险事实，须是在客观上使受益人少受或免受损害的行为；(2)见义勇为的行为人须因实施该行为而遭受人身和财产损害；(3)见义勇为行为人遭受的损害与实施见义勇为行为有因果关系。见义勇为中承担民事责任的规则为：(1)首先应由侵权人承担民事责任，即赔偿责任；(2)受益人可以承担适当补偿责任，即使侵权人承担了侵权赔偿责任，受益人也可以给予适当补偿，该补偿并非强制性的；(3)没有侵权人、侵权人逃逸或者无力承担赔偿责任时，受益人应当承担适当的补偿责任。本题中，牛三为侵权人，大强为见义勇为人，翠花为被侵权人(受益人)。牛三被火车撞死，侵权人不复存在，因此应该由受益人，即翠花承担适当的补偿责任。因此，选项C错误，选项D正确。

选项B考查公平补偿责任。公平补偿责任即公平责任，是指在当事人对于损害的发生都无过错的情况下，由加害人与受害人双方对该损害加以分担的责任承担规则。《民法典》第1186条规定："受害人和行为人对损害的发生都没有过错的，依照法律的规定由双方分担损失。"根据本条规定，该损害分担规则的构成要件为：(1)行为人做出了某项行为。(2)受害人受到了损失。(3)行为人和受害人对损害的发生都没有过错。(4)行为人的行为与受害人的损失之间有因果关系。在判断因果关系时，应采相当因果关系说，即对因果关系的判断应分为条件性和相当性两个层面，其判断公式为：无此行为，必不生此损害，有此行为，通常即足生此种损害者，是为有因果关系。无此行为，必不生此种损害，有此行为通常亦不生此种损害者，即无因果关系。(5)须有法律的特别规定。本题中，牛三被火车撞死这一事实虽然发生于大强追赶牛三的过程中，但是牛三之死和大强的行为之间并没有因果关系。因为根据相当因果关系理论，虽然若大强不追赶牛三，牛三就不会被火车撞死，但是被人追赶并不往往导致被追赶人被撞死。可见，本题中的情况不满足公平责任的构成要件，大强不需要对牛三承担公平补偿责任。因此，选项B错误。

选项A考查一般侵权行为。一般侵权行为的构成要件为：(1)加害方有侵害他人权益的行为；(2)受害人受有损失；(3)加害方存在过错(故意或者过失)；(4)行为与损失之间存在因果关系。本题中，无法证明大强对牛三被车撞死这一事实的发生存在过错，而且根据上述分析，大强的行为与牛三之死之间也不存在因果关系，不符合一般侵权的构成要件，大强对牛三不构成侵权，不需要承担过错责任。因此，选项A错误。

2.【参考答案】 C

【解析】 选项A考查合伙企业成立之前合伙人以合伙的名义对外签订的合同的效力，我国对此无明确规定，但是基于合伙企业与公司的相似性，根据法理，可以类推适用公司的有关规则。《公司法解释(三)》第3条规定："发起人以设立中公司名义对外签订合同，公司成立后合同相对人请求公司承担合同责任的，人民法院应予支持。公司成立后有证据证明发起人利用设立中公司的名义为自己的利益与相对人签订合同，公司以此为由主张不承担合同责任的，人民法院应予支持，但相对人为善意的除外。"该条虽未明确指出公司设立前发起

人以公司的名义对外做出的法律行为的效力，但是，基于其对合同责任承担的规定可以推断出该合同并未因为公司尚未成立而无效，即公司成立与否，均不影响以公司名义对外签订的合同的效力。同理，合伙人在合伙企业登记前以合伙的名义对外做出的法律行为，若不存在其他无效事由，其效力应当被肯定。本题中，在富业坊被登记为合伙企业以前，付某以富业坊的名义与昌盛公司签订了买卖测温仪的合同，该合同不存在《民法典》规定的合同无效事由，因此合同应为有效，选项A错误。

选项B、C考查合伙人对合伙企业债务的责任形式。《民法典》第973条规定："合伙人对合伙债务承担连带责任。清偿合伙债务超过自己应当承担份额的合伙人，有权向其他合伙人追偿。"可知，合伙人应当对合伙企业的债务承担连带责任。本题中，富业坊与昌盛公司和顺发公司分别签订了测温仪买卖合同，两份合同不具有效力瑕疵，均对富业坊有法律拘束力。因此，对于富业坊所欠的货款，昌盛公司和顺发公司可以请求付某与叶某承担连带责任。因此，选项B错误，选项C正确。

选项D考查合伙人对合伙事务执行人的内部约定的对外效力。合伙人对合伙企业事务执行人的约定一般不具有公示性，外人难以得知，因此不具有对外效力。《合伙企业法》第37条规定："合伙企业对合伙人执行合伙事务以及对外代表合伙企业权利的限制，不得对抗善意第三人。"本题中，合伙协议约定付某是富业坊唯一的执行事务合伙人，顺发公司对此并不知情，该约定不得对抗善意的顺发公司，因此，叶某以富业坊的名义与顺发公司签订的合同对富业坊具有法律约束力。因此，选项D错误。

3.**【参考答案】** C

【解析】 选项A考查因意思表示不真实而做出的法律行为的效力。根据民法学理，意思表示不真实分两种情况，一为意思表示不一致，二为意思表示不自由。意思表示不一致又具体分为故意的不一致（如真意保留、戏谑行为、通谋虚伪表示）和非故意的不一致（重大误解）。意思表示不自由主要有欺诈、胁迫等。意思表示不真实时，法律行为有效但可以撤销，撤销之前应先进行意思表示的解释，即采取解释先于撤销的原则，先探求理性相对人应当了解的意思，解释后，如果确定当事人未达成合意，再考虑是否需要撤销。当事人意思表示不真实而做出的法律行为的后果为可撤销而非无效，原因在于认定法律行为无效虽简单、直接，却有立法者替当事人作出判断之嫌，此时，即便自由意志受干扰之人欲接受法律关系的内容，亦不可得，结果本应为当事人自由意志提供保障的制度，却越俎代庖充当私人意志的决定者。因此，与私法自治理念更为吻合的选择是，将是否有效的决定权（撤销权）交由意志自由受不当干扰之人，而不是由法律直接规定其无效。因此，选项A错误。

选项C考查重大误解。最高人民法院《关于适用〈中华人民共和国民法典〉总则编若干问题的解释》第19条第1款规定："行为人对行为的性质、对方当事人或者标的物的品种、质量、规格、价格、数量等产生错误认识，按照通常理解如果不发生该错误认识行为人就不会作出相应意思表示的，人民法院可以认定为民法典第一百四十七条规定的重大误解。"《民法典》第147条规定："基于重大误解实施的民事法律行为，行为人有权请求人民法院或者仲裁机构予以撤销。"本题中，薛某因饮酒过量而将购买1000瓶红酒的商务合同误认为酒水单，系基于对行为性质的重大误解签订合同，薛某可以基于重大误解主张撤销，选项C正确。

选项D考查显失公平。《民法典》将乘人之危的行为归并到显失公平的行为之中，统称为显失公平。显失公平，是指一方当事人利用对方处于困境或者缺乏判断能力等情况，与对方当事人实施的对自己明显有重大利益而对对方明显不利的民事法律行为。显失公平的构成要件为：（1）一方利用对方当事人处于困境或者缺乏经验等；（2）对方当事人因困境或者缺乏经验而与其订立民事法律行为；（3）行为人所获得的利益超出了法律所准许的限度，其结果是显失公平的。《民法典》第151条规定："一方利用对方处于危困状态、缺乏判断能力等情形，致使民事法律行为成立时显失公平的，受损害方有权请求人民法院或者仲裁机构予以撤销。"本题题干中并未提到相对方是利用薛某喝醉酒才与其签订商务合同，也未表示该商务合同的价格等远超正常水平致使对薛某显失公平，当事人不能基于显失公平撤销合同。因此，选项D错误。

需要注意的是，本题描述的情形，是因为饮酒过量，争抢买单时签单错误，故构成重大误解。但本题另有回忆版本的表述是，公司法定代表人饮酒过量，失去了基本判断能力，对方趁机让其签订了一份明显不利于公司的合同，此时就应当认定为构成显失公平。从主观角度辨析，重大误解的发生，是因为当事人出现了对合同重要因素的认识错误，而显失公平中的受损害方要么缺乏判断能力，要么虽然有清晰的判断能力，但迫于情势不得不选择进行法律行为。

另外，《民法典》第61条第1、2款规定："依照法律或者法人章程的规定，代表法人从事民事活动的负责人，为法人的法定代表人。法定代表人以法人名义从事的民事活动，其法律后果由法人承受。"可知，法定代表人有权代表法人从事民事活动，且其以法人名义而为的法律行为的后果由法人承担。本题中，薛某作为天雅公司的总经理、法定代表人，以公司的名义与相对人签订了商务合同，该合同有效，合同的法律效果应由天雅公司承受，但是根据前述分析，天雅公司享有撤销权。因此，薛某并非无权代理，合同也并非效力待定。故选项B错误。

4.**【参考答案】** B

【解析】 本题考查附条件的民事法律行为。考生应当正确区分附条件的法律行为和附期限的民事法律行为。附条件的民事法律行为，是指以未来的不确定的事实的发生或者不发生，作为民事法律行为发生效力或者失去效力的限制条件的民事法律行为。附期限的民事法律行为，是指以将来确定发生的事实作为限制民事法律行为效力的民事法律行为。两者最核心的区别在于：期限是必定到来的，而条件是否发生则不一定。本题中，廖母与史某约定，如将来廖某不在甲公司上班了，廖母即将其在甲公司附近一套自有公寓卖给史某，属于为"买卖自有公寓"这一法律行为的生效附上了一个条件，之所以是条件而不是期限，原因在于"廖某不在甲公司上班"这一情况并不是必然发生的，其发生与否具有不确定性。因此，选项C、D错误。

选项B考查附条件民事法律行为中条件的成就。《民法典》第158条规定："民事法律行为可以附条件，但是根据其性质不得附条件的除外。附生效条件的民事法律行为，自条件成就时生效。附解除条件的民事法律行为，自条件成就时失效。"《民法典》第159条规定："附条件的民事法律行为，当事人为自己的利益不正当地阻止条件成就的，视为条件已经成就；不正当地促成条件成就的，视为条件不成就。"可知，当事人不正当促使条件成就的，视为条件不成就。本题中，史某为尽快购得房屋，贿赂甲公司经理辞退了廖某，属于不正当促成条件成就，根据前述规定，应视为条件不成就。因此，选项B正确。

另外，本题中，廖母与史某订立了一个附条件的买卖合同，合同生效的条件为廖某不在甲公司上班。在该合同中，双方的主给付义务为：廖母向史某转移房屋所有权，史某向廖母支付购房价款。"廖某不在甲公司上班"的约定并不构成合同的一项给付义务，只是一个条件。因此，选项A错误。

5.**【参考答案】** D

【解析】 《民法典》第221条规定："当事人签订买卖房屋的协议或者签订其他不动产物权的协议，为保障将来实现物权，按照约定可以向登记机构申请预告登记。预告登记后，未经预告登记的权利人同意，处分该不动产的，不发生物权效力。预告登记后，债权消灭或者自能够进行不动产登记之日起九十日内未申请登记的，预告登记失效。"该条明确了预告登记失效的条件：(1)实体条件——债权消灭；(2)程序条件——自能够进行不动产登记之日起90日内未申请登记。

对于"债权消灭"这一实体条件，需要考察何种情况下会导致债的关系消灭。《民法典》第557条规定："有下列情形之一的，债权债务终止：(一)债务已经履行；(二)债务相互抵销；(三)债务人依法将标的物提存；(四)债权人免除债务；(五)债权债务同归于一人；(六)法律规定或者当事人约定终止的其他情形。合同解除的，该合同的权利义务关系终止。"可知，债权消灭的事由包括履行、抵销、提存、免除、混同、合同解除等。本题选项A与选项B中龙某和胡某事后与第三人签订转让该商品房的买卖合同并不会导致龙某与胡某之间的债权债务消灭。选项C中"龙某迟延5日才交付该买卖合同约定的第二笔房款"仅构成违约，龙某应当依法向胡某承担违约责任，该违约行为也不会导致债权债务消灭。因此，选项A、B、C均错误。

对于"自能够进行不动产登记之日起九十日内未申请登记"这一程序条件，具体到本题即为"龙某与胡某自能够进行不动产登记之日起90日内未申请登记"，因此选项D正确。

6.**【参考答案】** A

【解析】 添附，是指两个以上属于不同所有人的物结合成一个物，或者由所有人以外的人将标的物予以加工而形成一个新物的法律事实。添附分为三类，分别是附和、混合和加工。本题中李四在张三所有的画作上题诗的行为属于加工。对于添附的法律效果，《民法典》第322条规定："因加工、附合、混合而产生的物的归属，有约定的，按照约定；没有约定或者约定不明确的，依照法律规定；法律没有规定的，按照充分发挥物的效用以及保护无过错当事人的原则确定。因一方当事人的过错或者确定物的归属造成另一方当事人损害的，应当给予赔偿或者补偿。”根据该条，添附的所有权归属规则为：(1)首先应尊重当事人的意思，遵从当事人的约定；(2)当事人无约定的，按照法律规定(实际上我国并无其他法律对添附的法律效果作出规定)。另外，对于因他方过错或者因所有权归属受损的当事人可以请求他方予以赔偿。前述法律条文虽然粗略地规定了添附的法律效果，但是在当事人对所有权归属无约定的情况下，仍然不能确定哪一方可以享有所有权，因此需要借助民法理论进行阐释。根据通说，在当事人无约定的情况下，加工后所有权的归属原则为，加工物的所有权原则上属于材料所有权人，但加工物所增加的价值显逾材料价值的，或加工物价值较材料的价值发生了较大或巨大增加的，则加工物的所有权属于加工人。本题中，李四为书法大家，在张三的墨宝上题诗致使画作价值大增，根据前述通说，应该由李四取得画作的所有权。而本题中，李四明知该画作为张三所有仍擅自题诗，存在过错，根据前述《民法典》第322条的规定，画作所有权归属李四以后，李四应当对张三进行补偿或者赔偿。因此选项A正确，选项C错误。

选项B考查作品的著作权归属。《著作权法》第14条第1款规定：“两人以上合作创作的作品，著作权由合作作者共同享有。没有参加创作的人，不能成为合作作者。”本题中，李四在张三的画作上题诗，经李四题诗后的作品属于合作作品，该作品的著作权应该归原著作权人和李四共同享有。因此，选项B错误。

选项D考查财产侵权。根据通说，一般侵权行为的构成要件为：(1)加害方有侵害他人权益的行为；(2)受害人受有损失；(3)加害方存在过错(故意或者过失)；(4)行为与损失之间存在因果关系。本题中，李四在张三的画作上题诗的行为，并未减损画作的价值，反而大大增加了作品的价值，张三并未因此受到损失，不满足前述一般侵权的构成要件，李四并未侵犯张三的财产权。因此，选项D错误。

7.【参考答案】 A

【解析】 选项D考查债的类型。根据标的种类不同，可以将债分为实物之债、金钱之债、劳务之债等；根据给付是否可分，可以将债分为可分之债和不可分之债。可分之债中，一个给付可以分割为数个独立的给付而不损害债的价值，金钱之债是典型的可分之债。本题中，乙对甲享有10万元的债权，根据性质该债权应属于金钱之债、可分之债，债权人有权将10万元的债权分割为10个1万元的债权。因此，选项D错误。

选项B、C考查债权转让。债权转让是债权人处分债权的行为，债权转让有两个前提：(1)债权人对债务人存在有效债权；(2)债权可转让。另外，债权转让不需要债务人的同意，仅需通知债务人即可对债务人产生效力，原因在于债权转让系债权人处分其权利的行为，该处分并不会给债务人带来不利。《民法典》第545条规定：“债权人可以将债权的全部或者部分转让给第三人，但是有下列情形之一的除外：(一)根据债权性质不得转让；(二)按照当事人约定不得转让；(三)依照法律规定不得转让。当事人约定非金钱债权不得转让的，不得对抗善意第三人。当事人约定金钱债权不得转让的，不得对抗第三人。”《民法典》第546条规定：“债权人转让债权，未通知债务人的，该转让对债务人不发生效力。债权转让的通知不得撤销，但是经受让人同意的除外。”本题中，乙对甲享有的10万元的债权，当事人并未约定不得转让，其根据性质和法律规定也并非不得转让的债权，根据民法“法不禁止即自由”的基本精神，债权人乙有权转让其债权，不需要经过债务人甲的同意，仅通知甲即能对甲产生效力。因此，选项B、C错误。

选项A考查债权转让中增加的履行费用的负担规则。《民法典》第550条规定：“因债权转让增加的履行费用，由让与人负担。”可知，债权转让增加的履行费用由转让人，即原债权人负担。因此，选项A正确。

需要注意，与债权转让相对应，债务承担需要经过债权人的同意。《民法典》第551条规定：“债务人将债务的全部或者部分转移给第三人的，应当经债权人同意。债务人或者第三人可以催告债权人在合理期限内予以同意，债权人未作表示的，视为不同意。”此处主要考虑到的是不同债务人的支付能力并不相同，债务承担中赋予债权人同意权，以给予其判断新债务人是否具有清偿能力的机会。

8.【参考答案】 C

【解析】 关于债务免除，一直存在单方行为和契约行为之争。根据单方行为说，债务免除一经债权人作出即生效，该债务免除的意思表示不需要债务人受领；而根据契约说，债务免除需经过债权人和债务人双方的合意，债务免除的意思表示需要债务人的受领。

《民法典》第575条规定:“债权人免除债务人部分或者全部债务的,债权债务部分或者全部终止,但是债务人在合理期限内拒绝的除外。”根据该条的规定,我国对债务免除仍然采取单方行为说,债务免除的意思表示不需要被受领,但是基于对债务人人格的尊重,赋予了债务人在一定期限内拒绝的权利,若债务人未在合理期限内行使该权利,债务免除的效力也不受影响。具体而言,债务免除的构成要件为:(1)债权人对债务人享有合法有效的债权;(2)债权人作出免除债务的意思表示;(3)该免除的意思表示需要向债务人作出(未向债务人作出的,债务免除不发生效力);(4)债务人未在合理的期限内表示拒绝。本题中,根据债务免除的性质,甲免除债务的意思表示不需要乙受领。但是,由于甲并未向债务人乙作出免除债务的意思表示,所以该债务免除不发生效力,乙仍需偿还债务。因此,选项A、B、D错误,选项C正确。

9.**【参考答案】** C

【解析】 《担保制度解释》第68条第1款规定:“债务人或者第三人与债权人约定将财产形式上转移至债权人名下,债务人不履行到期债务,债权人有权对财产折价或者以拍卖、变卖该财产所得价款偿还债务的,人民法院应当认定该约定有效。当事人已经完成财产权利变动的公示,债务人不履行到期债务,债权人请求参照民法典关于担保物权的有关规定就该财产优先受偿的,人民法院应予支持。”据此,本题中甲将房子过户给乙,旨在提供担保,买卖合同是通谋虚伪的表示,故买卖合同无效。在买卖合同的虚假表示下面,隐藏的是设定担保的真实意思,因此,甲、乙的约定从担保的角度评价有效,选项A错误。在签订让与担保合同后,由于办理了过户登记,完成了权利转移的公示,故乙可主张对房屋拍卖的价款优先受偿,选项C正确。

《担保制度解释》第68条第2款规定:“债务人或者第三人与债权人约定将财产形式上转移至债权人名下,债务人不履行到期债务,财产归债权人所有的,人民法院应当认定该约定无效,但是不影响当事人有关提供担保的意思表示的效力。当事人已经完成财产权利变动的公示,债务人不履行到期债务,债权人请求对该财产享有所有权的,人民法院不予支持;债权人请求参照民法典关于担保物权的规定对财产折价或者以拍卖、变卖该财产所得的价款优先受偿的,人民法院应予支持;债务人履行债务后请求返还财产,或者请求对财产折价或者以拍卖、变卖所得的价款清偿债务的,人民法院应予支持。”据此,在签订担保合同之时就约定,债务人不履行到期债务,债权人直接获得所有权的,属于无效的流质条款,故选项B错误。本题中,明确设定的是让与担保,办理的是过户登记,非不动产抵押登记,故不是在房屋上设定抵押权,选项D错误。

10.**【参考答案】** C

【解析】 选项A、C考查预约合同。《民法典》第495条对预约合同作出了明确规定,“当事人约定在将来一定期限内订立合同的认购书、订购书、预订书等,构成预约合同。当事人一方不履行预约合同约定的订立合同义务的,对方可以请求其承担预约合同的违约责任”。本题中,甲公司和乙公司签订了《合作意向书》,约定待甲公司取得某地块建设用地使用权后双方即订立《合作开发合同》,符合预约合同“约定在将来一定期限内订立合同”的特点,因此应将《合作意向书》定性为预约合同,对甲、乙公司双方均具有法律约束力。其后甲公司取得某地块建设用地使用权后拒绝与乙公司订立《合作开发合同》的行为构成违约,甲公司应当向乙公司承担违约责任。因此,选项A错误,选项C正确。

选项B考查定金罚则。定金是合同一方当事人为确保合同的履行而预先向对方给付的一定数量的货币或其他替代物,其属于债的担保方式之一。它的担保作用体现在定金罚则,即给付定金的一方不履行债务或者履行债务不符合约定,致使不能实现合同目的的,无权请求返还定金;收受定金的一方不履行债务或者履行债务不符合约定,致使不能实现合同目的的,应当双倍返还定金。但是本题中乙公司向甲公司支付的100万元并非定金,而是预付款。预付款与定金不同,其为合同一方为表达履行诚意而预先向相对方支付的款项,并不具有定金的担保作用。本题中,乙公司仅仅向甲公司支付预付款,并未约定该预付款具有定金的性质,即使甲公司违反了《合作意向书》的约定,乙公司也无权向甲公司主张双倍返还预付款。因此,B选项错误。

另外,本题中甲公司和乙公司尚未正式签署《合作开发合同》,因此该合同对甲、乙公司双方无法律拘束力,乙公司无权请求甲公司支付《合作开发合同》项下的违约金。因此,选项D错误。

11.**【参考答案】** C

【解析】 选项A、C考查可撤销婚姻。《民法典》第1052条第1款规定:“因胁迫结婚的,受胁迫的一方可以向人民法院请求撤销婚姻。”《民法典》

第1053条第1款规定:"一方患有重大疾病的,应当在结婚登记前如实告知另一方;不如实告知的,另一方可以向人民法院请求撤销婚姻。"可知,我国规定了两种婚姻可撤销的事由,分别为受胁迫结婚和隐瞒重大疾病。本题中,B以存有A的不雅照为由,胁迫A与其结婚,A属于因胁迫结婚,所以A可以请求撤销婚姻。另外,本题中B向A宣称其存有A的不雅照,但B实际并没有照片,A受到了B的欺诈,但是我国《民法典》并未将受欺诈作为撤销婚姻的条件,所以A不能以受欺诈为由主张撤销婚姻。因此,选项A错误,选项C正确。

选项B、D考查婚姻无效的条件。《民法典》第1051条规定:"有下列情形之一的,婚姻无效:(一)重婚;(二)有禁止结婚的亲属关系;(三)未到法定婚龄。"可知,我国民法规定了3种婚姻无效事由。本题中,不存在以上3种致使婚姻无效的情况,因此A和B的婚姻是有效的。因此,选项B、D错误。

12.**【参考答案】** A

【解析】 选项A、C考查收养关系的解除及其后果。《民法典》第1115条规定:"养父母与成年养子女关系恶化、无法共同生活的,可以协议解除收养关系。不能达成协议的,可以向人民法院提起诉讼。"《民法典》第1118条第1款规定:"收养关系解除后,经养父母抚养的成年养子女,对缺乏劳动能力又缺乏生活来源的养父母,应当给付生活费。因养子女成年后虐待、遗弃养父母而解除收养关系的,养父母可以要求养子女补偿收养期间支出的抚养费。"本题中,夏某成年后不履行对其养母张某的赡养义务,欲遗弃张某,双方关系恶化并无法共同生活,张某有权解除收养关系。张某请求解除收养关系的,有权要求养女夏某补偿收养期间支出的抚养费,该抚养费应该包括生活费和教育费。因此,选项A正确,选项C错误。

选项B、D考查收养关系中的继承问题。《民法典》第1127条规定:"遗产按照下列顺序继承:(一)第一顺序:配偶、子女、父母……本编所称子女,包括婚生子女、非婚生子女、养子女和有扶养关系的继子女……"可知,养子女作为法定的第一顺位继承人,有权继承养父母的遗产,下一步则应当考察养子女的继承权是否丧失。《民法典》第1125条第1款规定:"继承人有下列行为之一的,丧失继承权:(一)故意杀害被继承人;(二)为争夺遗产而杀害其他继承人;(三)遗弃被继承人,或者虐待被继承人情节严重;(四)伪造、篡改、隐匿或者销毁遗嘱,情节严重;(五)以欺诈、胁迫手段迫使或者妨碍被继承人设立、变更或者撤回遗嘱,情节严重。"本题中,夏某在吕某生前虽未履行赡养义务,但也不存在本条所列举的致使其继承权消灭的严重情况,因此夏某并未丧失对吕某遗产的继承权。但是《民法典》第1130条规定:"同一顺序继承人继承遗产的份额,一般应当均等。对生活有特殊困难又缺乏劳动能力的继承人,分配遗产时,应当予以照顾。对被继承人尽了主要扶养义务或者与被继承人共同生活的继承人,分配遗产时,可以多分。有扶养能力和有扶养条件的继承人,不尽扶养义务的,分配遗产时,应当不分或者少分。继承人协商同意的,也可以不均等。"《民法典》第1153条第1款规定:"夫妻共同所有的财产,除有约定的外,遗产分割时,应当先将共同所有的财产的一半分出为配偶所有,其余的为被继承人的遗产。"本题中,夏某虽然享有继承权,但是其在吕某生前并未尽到扶养义务,在分割遗产时应当不分或者少分。但是,依据《民法典》第1153条第1款的规定,该5套房屋原为吕某和张某共有,吕某死后应该先就该5套房屋在吕某和张某之间进行分割,只有吕某分得的部分才为遗产,因此可供继承的房屋并非5套,张某和夏某也并非各继承一半。因此,选项B、D均错误。

二、多项选择题

1.**【参考答案】** BC

【解析】 选项A考查显失公平。《民法典》将乘人之危的行为归并到显失公平的行为之中,统称为显失公平。显失公平,是指一方当事人利用对方处于困境或者缺乏判断能力等情况,与对方当事人实施的对自己明显有重大利益而对对方明显不利的民事法律行为。显失公平的构成要件为:(1)一方利用对方当事人处于困境或者缺乏经验等;(2)对方当事人因困境或者缺乏经验而与其订立民事法律行为;(3)行为人所获得的利益超出了法律所准许的限度,其结果是显失公平的。《民法典》第151条规定:"一方利用对方处于危困状态、缺乏判断能力等情形,致使民事法律行为成立时显失公平的,受损害方有权请求人民法院或者仲裁机构予以撤销。"本题中,虽然李某醉酒,但出租车司机并未利用李某的这一状态与其订立运输合同,其对于订立运输合同仍然是有意识的。而且该合同为正常的运输合同,其成立时并不存在显失公平的情况,所以当事人不得主张撤销。因此,选项A错误。

选项B考查不当得利。不当得利,是指没有法律根据,取得不当利益,他人财产因此受到损失的法律事实。构成不当得利的要件为:(1)须一方受有财产利益;(2)须他方受有损失;(3)须受有损失与取得利益之间有因果关系;(4)一方受有财产利益须无法律根据。具备上述构成要件,发生不当得利之债的后果,即因不当得利受到损失的人成为债权人,负有请求得利人返还所取得的利益的请求权,得利人成为债务人,负有返还所获利益的义务,受损人与得利人之间构成债的关系。《民法典》第985条规定:“得利人没有法律根据取得不当利益的,受损失的人可以请求得利人返还取得的利益……”本题中,车费本为80元,李某却支付了8080元,出租车司机没有法律根据而获得8000元的利益,致使李某损失了8000元,符合前述不当得利的构成要件。因此,选项B正确。

选项C考查合同的效力。我国《民法典》规定了民事法律行为的有效要件。《民法典》第143条规定:“具备下列条件的民事法律行为有效:(一)行为人具有相应的民事行为能力;(二)意思表示真实;(三)不违反法律、行政法规的强制性规定,不违背公序良俗。”本题中,合同成立时,李某和出租车司机都有完全民事行为能力,都有成立运输合同的意思表示,且合同内容不违反法律、行政法规的强制性规定,不违背公序良俗。李某虽然醉酒,但是不影响其民事行为能力,民事行为能力只与年龄和智力相关。另外,李某只是在付钱时产生了意思表示错误,合同成立时并没有发生意思表示瑕疵,该运输合同为有效的合同。因此,选项C正确。

选项D考查赠与合同。《民法典》第657条规定:“赠与合同是赠与人将自己的财产无偿给予受赠人,受赠人表示接受赠与的合同。”可知,赠与合同的核心要件为当事人就赠与这一事项达成合意。本题中,李某系在醉酒状态下多支付给出租车司机8000元,是一种意思表示错误,李某并没有赠与的意思表示,当事人也没有达成赠与的合意,因此当事人之间不成立赠与关系。因此,选项D错误。

2.**【参考答案】** AC

【解析】 无权代理分为狭义的无权代理和表见代理,本题考查的是狭义的无权代理(本题中简称无权代理)。选项A、B、C考查无权代理的法律效果。《民法典》第171条规定:“行为人没有代理权、超越代理权或者代理权终止后,仍然实施代理行为,未经被代理人追认的,对被代理人不发生效力。相对人可以催告被代理人自收到通知之日起三十日内予以追认。被代理人未作表示的,视为拒绝追认。行为人实施的行为被追认前,善意相对人有撤销的权利。撤销应当以通知的方式作出。行为人实施的行为未被追认的,善意相对人有权请求行为人履行债务或者就其受到的损害请求行为人赔偿。但是,赔偿的范围不得超过被代理人追认时相对人所能获得的利益。相对人知道或者应当知道行为人无权代理的,相对人和行为人按照各自的过错承担责任。”根据该条规定,可以总结出无权代理的法律效果为:(1)相对人享有催告权,即无权代理发生后相对人若仍希望达成交易的,可以催告被代理人对该无权代理予以确认。(2)被代理人享有追认权。被代理人在收到相对人通知后的30日内未追认的,该无权代理对被代理人不发生效力。(3)善意相对人享有撤销权,即交易时对该无权代理不知情的善意相对人,可以在被代理追认前撤销合同。(4)善意相对人享有选择权,即无权代理未被被代理人追认的,善意相对人有权选择请求无权代理人履行债务或者赔偿损失。(5)若相对人为恶意,则恶意相对人与无权代理人按照各自的过错承担责任。本题中,丙伪造甲公司的公章与不知情的乙公司签订香烟买卖合同,丙的行为属于无权代理,乙为善意的相对人。乙公司于5月1日催告甲公司对该无权代理予以追认,甲公司于5月10日拒绝,根据前述规定,乙公司有权在5月1日至10日撤销合同。5月10日甲公司拒绝追认之后,该无权代理对甲公司不发生效力,因此乙公司无权请求甲公司按照该香烟买卖合同的约定履行合同义务,乙公司仅能请求丙按照该香烟买卖合同的约定履行交付香烟的义务或者赔偿损失。因此,选项B错误,选项A、C正确。

选项D考查无权代理人损害赔偿的范围。《民法典》第171条第3款规定:“行为人实施的行为未被追认的,善意相对人有权请求行为人履行债务或者就其受到的损害请求行为人赔偿。但是,赔偿的范围不得超过被代理人追认时相对人所能获得的利益。”可知,善意相对人请求无权代理人进行损害赔偿的范围不得超过正常履行合同时乙公司可获得的履行利益,而乙公司转卖香烟可能获得的利润损失属于可得利益的损失,已经超出了履行利益的范围,因此无权请求丙予以赔偿。因此,选项D错误。

3.**【参考答案】** BD

【解析】 本题中,苗某未经陈某的同意私自在陈某的院子停车并骑走陈某的自行车。对此陈某可向苗某主张多项请求权。(1)基于苗某私自停放油罐车(存在爆炸的危险)的行为,陈某可以向苗某主张停止侵害、排除妨害、消除危险,并可请求苗某赔偿占用院子带来的损失;(2)基于苗某骑走自行车的行为,陈某可以向苗某主张返还财产,并就给陈某造成的任何损失请求赔偿。因此,选项A、B、C、D四种请求权陈某皆可向苗某主张,下一步则应该分析哪些请求权不适用3年诉讼时效。

《民法典》第196条规定:"下列请求权不适用诉讼时效的规定:(一)请求停止侵害、排除妨碍、消除危险;(二)不动产物权和登记的动产物权的权利人请求返还财产;(三)请求支付抚养费、赡养费或者扶养费;(四)依法不适用诉讼时效的其他请求权。"可知,本条采用了排除法来确定诉讼时效的适用范围。本题中,陈某对苗某的消除危险和停止侵害请求权可落入该条第1项。对于返还财产请求权,该条第2项的规定为"不动产物权和登记的动产物权的权利人请求返还财产",如此规定主要考虑的是不动产和登记的动产物权价值较大,并且具有公示性,不能因时效期间的完成而使侵害行为合法化。本题中自行车属于动产,但不需要进行登记,因此,对该自行车的返还请求权应当适用诉讼时效。对于陈某对苗某的损害赔偿请求权,其属于典型的债权请求权,应当适用3年诉讼时效的规定。因此,本题选项B、D当选,选项A、C不当选。

另外,考生需要注意《民法典》第196条第4项规定的"依法不适用诉讼时效的其他请求权",该"其他请求权"主要是指《民法典》第995条规定的人格权请求权。《民法典》第995条规定:"人格权受到侵害的,受害人有权依照本法和其他法律的规定请求行为人承担民事责任。受害人的停止侵害、排除妨碍、消除危险、消除影响、恢复名誉、赔礼道歉请求权,不适用诉讼时效的规定。"

4.**【参考答案】** ABC

【解析】 选项A考查按份共有物的分割。《民法典》第303条规定:"共有人约定不得分割共有的不动产或者动产,以维持共有关系的,应当按照约定,但是共有人有重大理由需要分割的,可以请求分割;没有约定或者约定不明确的,按份共有人可以随时请求分割,共同共有人在共有的基础丧失或者有重大理由需要分割时可以请求分割。因分割造成其他共有人损害的,应当给予赔偿。"根据该条,可以总结出共有物的分割规则:(1)当事人之间有关于共有物不得分割的约定的,原则上从其约定,但有重大理由的可以请求分割;(2)当事人之间没有约定的,按份共有人可以随时请求分割,共同共有人在共有基础丧失或者有重大理由时才能请求分割。本题中,刘某、关某、张某对公寓房为按份共有,且其之间没有关于共有物不得分割的约定,因此,三人可以随时请求分割共有物。因此,选项A正确。

选项C考查共有份额的转让。《民法典》第305条规定:"按份共有人可以转让其享有的共有的不动产或者动产份额。其他共有人在同等条件下享有优先购买的权利。"根据该条,按份共有人有转让其共有份额的自由,故本题中张某可以转让其对公寓房的共有份额。因此,选项C正确。

选项D考查对共有物的修缮问题。《民法典》第301条规定:"处分共有的不动产或者动产以及对共有的不动产或者动产作重大修缮、变更性质或者用途的,应当经占份额三分之二以上的按份共有人或者全体共同共有人同意,但是共有人之间另有约定的除外。"可见,对共有物作重大修缮需要经占份额2/3以上的按份共有人同意。本题中,刘某、关某和张某按份共有一套酒店式公寓房,其份额比例为3∶3∶4,刘某和关某占有的份额为3/5,小于2/3,所以其无权主张重新装修,若刘某和关某对公寓进行重新装修,则侵犯了张某对共有物的财产权。因此,本题D选项错误,选项B正确。

5.**【参考答案】** ABCD

【解析】 《民法典》第366条规定:"居住权人有权按照合同约定,对他人的住宅享有占有、使用的用益物权,以满足生活居住的需要。"第368条规定:"居住权无偿设立,但是当事人另有约定的除外。设立居住权的,应当向登记机构申请居住权登记。居住权自登记时设立。"据此,根据区分原则,签订设立居住权的合同后,若未办理居住权登记,居住权本身不成立,但不影响居住权合同的效力。本题中,未办理居住权登记,居住权未设立,但合同有效,李某享有合同债权,可请求王某继续履行。王某履行迟延,应承担迟延履行的违约责任,故ABCD均正确。

6.**【参考答案】** ABC

【解析】 选项A考查保证方式的推定规则。《民法典》第686条规定:"保证的方式包括一般保证和连带责任保证。当事人在保证合同中对保证方式没有约定或者约定不明确的,按照一般保证承担保证责任。"本题中,丙公司为乙公司的债权提供保证,但是未约定具体的保证方式,甲公司应当按照一般保证承担保证责任。因此,选项A正确。

选项B、C、D考查混合共同担保中的求偿权。

混合共同担保,是指对同一债权既有保证,又有抵押、质押等担保的情况,即人保与物保并存。《民法典》第392条规定:“被担保的债权既有物的担保又有人的担保的,债务人不履行到期债务或者发生当事人约定的实现担保物权的情形,债权人应当按照约定实现债权;没有约定或者约定不明确,债务人自己提供物的担保的,债权人应当先就该物的担保实现债权;第三人提供物的担保的,债权人可以就物的担保实现债权,也可以请求保证人承担保证责任。提供担保的第三人承担担保责任后,有权向债务人追偿。”可知,在混合共同担保中,债权人实现担保的顺序如下:(1)有约定从约定,且该约定不用区分人保、物保的类型;(2)无约定或约定不明的情况下,若债务人自己提供担保物的,则该物保先于人保进行清偿;(3)若第三人提供物保,该物保与人保的清偿顺序由债权人选择。对于混合共同担保中的追偿问题,该条只规定了担保人和保证人承担责任后可以向债务人追偿,却并未明确担保人和保证人相互之间是否有求偿权。对此,《担保制度解释》第13条规定:“同一债务有两个以上第三人提供担保,担保人之间约定相互追偿及分担份额,承担了担保责任的担保人请求其他担保人按照约定分担份额的,人民法院应予支持;担保人之间约定承担连带共同担保,或者约定相互追偿但是未约定分担份额的,各担保人按照比例分担向债务人不能追偿的部分。同一债务有两个以上第三人提供担保,担保人之间未对相互追偿作出约定且未约定承担连带共同担保,但是各担保人在同一份合同书上签字、盖章或者按指印,承担了担保责任的担保人请求其他担保人按照比例分担向债务人不能追偿部分的,人民法院应予支持。除前两款规定的情形外,承担了担保责任的担保人请求其他担保人分担向债务人不能追偿部分的,人民法院不予支持。”据此,担保人只有在明确约定了可以相互追偿,明确约定了连带共同担保或在同一份合同上签字盖章时,担保人之间才具有相互追偿相应份额的依据。本案中,共同担保人之间,三种情形均不具备,丁公司承担责任后,不能向丙追偿,故BC正确,D错误。

7.**【参考答案】** ACD

【解析】 《民法典》物权编中,一共有5个条文规定了返还原物请求权,不同的返还原物请求权,其基础不同,所受到的限制不同,一定要仔细辨析。AC两个选项涉及的返还请求权分别对应《民法典》第235条和第462条。《民法典》第235条规定:“无权占有不动产或者动产的,权利人可以请求返还原物。”《民法典》第462条规定:“占有的不动产或者动产被侵占的,占有人有权请求返还原物;对妨害占有的行为,占有人有权请求排除妨害或者消除危险;因侵占或者妨害造成损害的,占有人有权依法请求损害赔偿。占有人返还原物的请求权,自侵占发生之日起一年内未行使的,该请求权消灭。”

麻二是挂件的所有权人,挂件遗失后,张三拾得,借给李四,后王二又从李四处偷走,均不能引起物权的变动,故麻二可根据《民法典》第235条的规定,向王二主张返还原物请求权。由于该挂件是动产没有登记,故此权利受3年诉讼时效的限制。李四占有期间,虽然是无权占有,但是,王二从李四处偷走挂件,对于李四的占有构成侵夺,无权占有人的占有被侵夺的,根据《民法典》第462条之规定,也可以向王二主张占有物返还请求权,此权利受法定不变期间1年的限制。据此分析,AC项均正确。

选项B、D考查占有的类型。根据占有是否依据本权,可将其分为有权占有与无权占有。所谓有权占有,是指有本权的占有,即占有人对标的物享有某种法律上的权利(如物权、债权等),基于该种权利占有人可以对标的物予以占有并因此而进行的占有。所谓无权占有,是指无本权的占有,即没有对标的物进行占有的法律上的权利而对标的物进行了相应的占有,如盗窃他人之物而进行的占有。对于无权占有,可以依占有人是否知道自己的占有系无权占有而将其划分为善意占有与恶意占有。所谓善意占有,是指占有人不知其对标的物没有占有的权利而进行的占有,而恶意占有是占有人知道其对标的物没有占有的权利而对其进行的占有。本题中,张三因拾得遗失物而占有翡翠挂件,其占有没有本权,因而属于无权占有。李四系从张三处借得的该翡翠挂件,由于张三不具有处分权,故李四属于无权占有,但是李四以为张三就是翡翠挂件的所有权人,因而属于善意占有。因此,B选项错误,D选项正确。

8.**【参考答案】** ACD

【解析】 本题考查债务承担中担保人的责任变化。《民法典》第697条规定:“债权人未经保证人书面同意,允许债务人转移全部或者部分债务,保证人对未经其同意转移的债务不再承担保证责任,但是债权人和保证人另有约定的除外。第三人加入债务的,保证人的保证责任不受影响。”可知,在债务承担中,保证人继续承担原保证责任的条件是:(1)债权人征得保证人的书面同意;(2)债权人和保证人另有约定,此时则无须保证人书面同意。

本题中,乙公司向甲公司借款500万元,张三为连带保证人,后来乙公司经甲公司同意将200万元的债务转让给丙公司。对于该债务承担,甲公司通知了张三,张三仅口头同意,且甲公司和张三之间并没有关于张三承担保证责任的特别约定,因此根据前述法条,张三的保证责任发生了变化,即对转移的200万元债务不再承担保证责任,仅需对剩下的未转移的300万元的债务承担保证责任。因此,选项B错误,选项A、C、D正确。

需要注意的是,债权转让过程中,保证人的责任变化与债务承担略有不同。《民法典》第696条规定:"债权人转让全部或者部分债权,未通知保证人的,该转让对保证人不发生效力。保证人与债权人约定禁止债权转让,债权人未经保证人书面同意转让债权的,保证人对受让人不再承担保证责任。"根据该条,债权转让中保证人承担责任的规则为:原则上债权转让仅需通知保证人即可对保证人发生效力,但是保证人与债权人约定禁止转让债权的,债权人转让时需要征得保证人的书面同意。债权转让和债务承担中保证人愿意承担保证责任多是基于对债务人的信任,债权转移中仅是债权人发生了变更,债务人不变,因此对保证人影响不大,原则上仅需通知保证人即可。但是债务承担中债务人发生变化,保证人对于新的债务人并不存在信任关系,新债务人的偿债能力也未可知,因此此时需要保证人书面同意才能使其继续承担原保证责任。

9.**【参考答案】** AB

【解析】 选项A、B考查租赁合同中出租人的合同解除权。《民法典》第716条第2款规定:"承租人未经出租人同意转租的,出租人可以解除合同。"《民法典》第722条规定:"承租人无正当理由未支付或者迟延支付租金的,出租人可以请求承租人在合理期限内支付;承租人逾期不支付的,出租人可以解除合同。"可知,租赁合同中,承租人不支付租金和擅自转租时,出租人都享有合同解除权。其中,承租人不支付租金时出租人享有解除权的条件为:(1)承租人无正当理由未支付或者迟延支付租金;(2)在出租人请求支付后仍逾期不支付。本题中,甲公司未按时支付租金,且在乙催告后逾期不支付租金,因此乙有权解除租赁合同。同时,甲公司未经乙的同意擅自转租,出租人乙也可以此为由解除合同。因此,选项A、B正确。

选项C、D考查不可抗力与情事变更制度的关系。此点难度较大,不能机械记忆,需要综合理解。当出现了类似题目中的政府政策调整之时,对于民事主体而言,当然构成不可抗力。可是,出现不可抗力时,到底应该适用什么制度来调整当事人之间的关系,没有简单的结论,而是要根据不可抗力给合同履行带来的影响程度具体分析。

就法考备考而言,至少需要掌握以下三种情况:其一,如果不可抗力导致合同根本无法履行,进而合同目的无法实现,应直接适用《民法典》第563条的规定,双方当事人均可直接解除合同。其二,如果不可抗力出现,如本题中的政策调整对于租赁合同的影响,或者国家双减政策出台对于教育培训机构签订的教学场地租赁合同的影响,由于承租人的义务是支付租金,不存在履行不能,依然能够履行,但却明显不公,因为入不敷出难以维持,此时,应适用《民法典》第533条规定的情事变更制度,允许遭遇不利的一方,与对方协商变更或解除合同,协商不成的,可向法院或仲裁机构申请变更或解除合同。但这仅仅是给当事人一个提起诉讼或仲裁的权利,不是赋予其具有形成权性质的单方解除权。其三,如果不可抗力的出现给合同带来的影响是利润的减少,甚至完全不能获利,但承租人能维持经营,没有入不敷出难以为继,就应当对此按照商业风险处理,不能适用情事变更制度,更不能解除合同。

本题的情况属于情事变更,政策调整给租赁合同带来的影响是,虽然承租人能够继续履行,但其自身经营难以为继,继续履行对其明显不公。故甲公司在与乙公司协商不成的情形下,可向法院提起诉讼,请求法院酌定解除合同,但甲公司不享有单方解除权,选项C错误。另外,甲公司关闭丙分公司的行为属于自我经营的调整,不可能导致其与租赁合同相对人关系的变化,此时甲公司也没有单方解除权,选项D错误。

10.**【参考答案】** CD

【解析】 本题A、D选项考查见义勇为受害人的特别请求权。《民法典》第183条规定:"因保护他人民事权益使自己受到损害的,由侵权人承担民事责任,受益人可以给予适当补偿。没有侵权人、侵权人逃逸或者无力承担民事责任,受害人请求补偿的,受益人应当给予适当补偿。"可知,见义勇为受害人的特别请求权的构成要件为:(1)行为人实施了见义勇为行为。见义勇为行为须是为保护他人民事权益而实施的行为,行为人对实施该行为无法定或约定义务;须针对侵害他人合法权益的侵害行为或者他人处于危难的危险事实而实施行为;须在客观上使受益人少受或免受损害。(2)见义勇为的行为人须因实施该行为而遭受人身和财产损害。(3)见义勇为行为人遭受的损害与实施见义勇为行为有因果关系。见义勇为中承担民事责任的规则为:(1)首先应由侵权人承担民事责任,即赔偿责任;(2)受益人承担适当补偿责任,即使侵权人承担了侵权赔偿责任,受益人也可以给予适当补偿;(3)没有侵权人、侵权人逃逸或者无力承担赔偿责任时,受益人承担适当的补偿责任。本题中,甲、乙假装溺水,丙为救助二人致使手机损坏,符合前述见义勇为受害人请求权的构成要件,而本题中又不存在侵权人,因此,丙可以请求甲、乙给予适当补偿。据此,选项A错误,选项D正确。

选项B考查安全保障义务。安全保障义务,是指宾馆、商场、银行、车站、机场、体育场馆、娱乐场所等经营场所、公共场所的经营者、管理者或者群众性活动的组织者负有的保障他人之人身安全、财产安全的注意义务。违反安全保障义务的侵权责任主要有三种表现形式:(1)设施设备未尽安全保护义务;(2)服务管理未尽安全保障义务;(3)对防范、制止侵权行为未尽安全保障义务。《民法典》第1198条规定:“宾馆、商场、银行、车站、机场、体育场馆、娱乐场所等经营场所、公共场所的经营者、管理者或者群众性活动的组织者,未尽到安全保障义务,造成他人损害的,应当承担侵权责任。因第三人的行为造成他人损害的,由第三人承担侵权责任;经营者、管理者或者组织者未尽到安全保障义务的,承担相应的补充责任。经营者、管理者或者组织者承担补充责任后,可以向第三人追偿。”可知,负有安全保障义务的主体未尽到安全保障义务的,应当承担全部侵权责任或者相应的补充责任。本题中,甲、乙两人为测试游泳馆里的安保措施而假装溺水,甲、乙假装溺水也未受到任何损害,无法说明游泳馆未尽到安全保障义务。因此,选项B错误。

选项C考查无因管理。《民法典》第979条第1款规定:“管理人没有法定的或者约定的义务,为避免他人利益受损失而管理他人事务的,可以请求受益人偿还因管理事务而支出的必要费用;管理人因管理事务受到损失的,可以请求受益人给予适当补偿。”无因管理的构成要件为:(1)管理他人事务。这一要件强调管理人所管理的事务必须为他人的事务。若误将自己事务当作他人事务管理,不构成无因管理。(2)为避免他人利益受损失而进行管理。这一要件强调有为他人利益进行管理的意思,这一意思无须进行表示。注意:虽然无因管理的成立以管理人有为他人谋利益的目的为要件,但这并不要求管理人必须有为他人利益的明确表示,也不要求管理人有专为他人谋利益的目的,管理人虽未明确表示其是为了他人利益而管理,但从管理行为看,客观上是为了避免他人利益受损失的,就可以成立无因管理。但是误将他人事务当作自己事务或者为了自己利益而管理他人事务的,均不构成无因管理。(3)无法律上的原因,包括没有法定义务与约定义务两种情形。无因管理的效果为:(1)管理人有权请求受益人偿还必要的费用;(2)管理人有权请求受益人补偿管理人因管理事务遭受的损失。本题中,丙并无救助甲、乙的义务,且其在救助甲、乙的过程中致使手机受损,符合前述无因管理的要件,丙可以请求甲、乙对其手机的损坏给予补偿。因此,选项C正确。

11.**【参考答案】** AB

【解析】 选项A考查违约责任。违约责任,是指在合同当事人不履行合同义务或者履行合同义务不符合约定时,依法产生的法律责任。《民法典》第186条规定:“因当事人一方的违约行为,损害对方人身权益、财产权益的,受损害方有权选择请求其承担违约责任或者侵权责任。”可知,合同一方请求相对方承担违约责任需要具备的条件为:(1)当事人之间存在有效的合同;(2)合同当事人不履行合同义务或者履行合同义务不符合约定。在我国违约责任归责原则采取严格责任的情况下,对违约的判断并不以过错为条件。本题中,赵某和照相馆达成了一个承揽合同,合同内容为照相馆将赵某提供的照片装入相框中,赵某支付报酬,由此可以推知:(1)照相馆的义务是为赵某与家人的合照添加相框,保存该合照,并在约定的时间将带有相框的照片交付给赵某;(2)赵某的义务为支付报酬,并于约定的时间受领该照片。但是本案中,照相馆遭遇大火,照片被烧毁,照相馆未尽到保管义务,且无法按照约定将照片交还给赵某,属于违约,赵某可以就此要求照相馆承担违约责任。因此,选项A正确。

本题中,照相馆的工作人员乱扔烟头导致火灾,可知照相馆对火灾的发生存在重大过失。该火灾烧毁了赵某仅存的一张与家人的合照,该合照对赵某具有重要意义,属于具有人身意义的特定物,可以推知该照片的烧毁将会给赵某带来严重的精神损害。因此,本题描述的事实符合前述精神损害赔偿的构成要件,赵某有权请求照相馆赔偿其精神损失。因此,选项B正确。

选项C考查隐私权侵权。《民法典》第1032条规定:"自然人享有隐私权。任何组织或者个人不得以刺探、侵扰、泄露、公开等方式侵害他人的隐私权。隐私是自然人的私人生活安宁和不愿为他人知晓的私密空间、私密活动、私密信息。"《民法典》第1033条规定:"除法律另有规定或者权利人明确同意外,任何组织或者个人不得实施下列行为:(一)以电话、短信、即时通讯工具、电子邮件、传单等方式侵扰他人的私人生活安宁;(二)进入、拍摄、窥视他人的住宅、宾馆房间等私密空间;(三)拍摄、窥视、窃听、公开他人的私密活动;(四)拍摄、窥视他人身体的私密部位;(五)处理他人的私密信息;(六)以其他方式侵害他人的隐私权。"本题中,照相馆发生火灾烧毁了赵某和家人的合照,并不存在前述法律规定的任何侵犯他人隐私的行为。因此,选项C错误。

选项D考查肖像权侵权。《民法典》第1019条规定:"任何组织或者个人不得以丑化、污损,或者利用信息技术手段伪造等方式侵害他人的肖像权。未经肖像权人同意,不得制作、使用、公开肖像权人的肖像,但是法律另有规定的除外。未经肖像权人同意,肖像作品权利人不得以发表、复制、发行、出租、展览等方式使用或者公开肖像权人的肖像。"本题中,照相馆也不存在前述法律规定的侵害他人肖像权的行为。因此,选项D错误。

12.**【参考答案】** AB

【解析】 选项A考查姓名权。姓名权是自然人对自己姓名的专用权及设定或者变更姓名的自由决定权。《民法典》第1012条规定:"自然人享有姓名权,有权依法决定、使用、变更或者许可他人使用自己的姓名,但是不得违背公序良俗。"《民法典》第1014条规定:"任何组织或者个人不得以干涉、盗用、假冒等方式侵害他人的姓名权或者名称权。"可知,侵害姓名权的行为主要表现为干涉、盗用、假冒等,本题中,乙伪造甲的身份证冒领奖金,属于以假冒的方式侵害他人的姓名权。因此,选项A正确。

选项B考查不当得利。不当得利是指没有法律根据,取得不当利益,他人财产因此受到损失的法律事实。不当得利的构成要件为:(1)须一方受有财产利益;(2)须他方受有损失;(3)须受有损失与取得利益之间有因果关系;(4)一方受有财产利益须无法律根据。具备上述构成要件,发生不当得利之债的后果,即因不当得利受到损失的人成为债权人,负有请求得利人返还所取得的利益的请求权,得利人成为债务人,负有返还所获利益的义务,构成债的关系。《民法典》第985条规定:"得利人没有法律根据取得不当利益的,受损失的人可以请求得利人返还取得的利益……"本题中,乙伪造甲的身份证冒领奖金,造成了政府部门的财产损失,而乙取得该奖金是没有法律依据的,本题事实符合前述不当得利的构成要件。因此,选项B正确。

选项C考查财产权。《民法典》第113条规定:"民事主体的财产权利受法律平等保护。"《民法典》第1164条规定:"本编调整因侵害民事权益产生的民事关系。"可知民法保护民事主体的财产权,该财产权包括物权、债权、知识产权等。本题中,甲还未取得奖金,因而对奖金不享有物权,甲仅仅享有一项请求政府支付奖金的债权,因此本选项的讨论焦点为乙是否侵害了甲的债权。通说认为,第三人侵害债权的构成要件为:(1)存在合法有效的债权;(2)第三人对债权进行了不法侵害;(3)债权人的债权受到损害,主要表现为第三人不法侵害债的归属致使债权消灭或者债务履行不能;(4)第三人侵害债权的行为与债权人的损失之间有因果关系。本题中,乙冒领奖金的行为,并未使甲的债权受到侵害,甲的债权未消灭,政府对甲的债务也未陷入履行不能,甲仍然有权请求政府向其支付奖金。因此,选项C错误。

选项D考查荣誉权。荣誉权,是指民事主体对其获得的荣誉及其利益所享有的保持、支配、维护的具体人格权。《民法典》第1031条第1款规定:"民事主体享有荣誉权。任何组织或者个人不得非法剥夺他人的荣誉称号,不得诋毁、贬损他人的荣誉。"可知,侵害荣誉权的行为主要包括非法剥夺他人的荣誉称号,诋毁、贬损他人的荣誉等。本题中,乙仅仅冒领了甲的奖金,并未剥夺甲的荣誉称号,也未诋毁、贬损甲的荣誉,因此乙的行为不构成对甲的荣誉权的侵犯。因此,选项D错误。

13.**【参考答案】** ABD

【解析】 A、B选项考查监护人的责任。《民法典》第1188条第1款规定:"无民事行为能力人、限制民事行为能力人造成他人损害的,由监护人承担侵权责任。监护人尽到监护职责的,可以减轻其侵权责任。"根据本题并结合《民法典》第1212条的规定,丙和丁为车辆使用人,应该为侵权的直接责任人,但是由于二人均为限制民事行为能力人,根据《民法典》第1188条第1款的规定,发生机动车侵权给他人造成损害的,应当由其监护人承担责任。因此,选项 A、B 是正确的。

C、D 选项考查机动车交通事故责任。《民法典》第 1212 条规定:"未经允许驾驶他人机动车,发生交通事故造成损害,属于该机动车一方责任的,由机动车使用人承担赔偿责任;机动车所有人、管理人对损害的发生有过错的,承担相应的赔偿责任,但是本章另有规定的除外。"该条规定了未经允许驾驶他人机动车发生交通事故时的责任承担规则:(1)首先由机动车的使用人承担责任,当机动车使用人为多人时,应当承担连带责任;(2)机动车的所有人和管理人有过错的,承担相应的责任。本题中丙和丁是机动车使用人,甲是机动车所有人,乙为机动车管理人。乙开车途经商店停车买烟,没有熄火,也没有上锁,才致使机动车被丙和丁开走,因此乙存在过错,需要承担赔偿责任,而甲作为车辆的所有人,对于该侵权不存在过错,不需要承担赔偿责任。因此选项 C 错误,选项 D 正确。

三、不定项选择题

【参考答案】 ABD

【解析】 《民法典》第 1254 条规定:"禁止从建筑物中抛掷物品。从建筑物中抛掷物品或者从建筑物上坠落的物品造成他人损害的,由侵权人依法承担侵权责任;经调查难以确定具体侵权人的,除能够证明自己不是侵权人的外,由可能加害的建筑物使用人给予补偿。可能加害的建筑物使用人补偿后,有权向侵权人追偿。物业服务企业等建筑物管理人应当采取必要的安全保障措施防止前款规定情形的发生;未采取必要的安全保障措施的,应当依法承担未履行安全保障义务的侵权责任。发生本条第一款规定的情形的,公安等机关应当依法及时调查,查清责任人。"根据该条规定,高空抛物侵权责任的承担顺序:(1)有具体侵权人的,由具体侵权人承担侵权责任;(2)无法查明具体侵权人的,由无法证明自己不是侵权人的可能加害人承担补偿责任;(3)物业服务企业等建筑物管理人未尽到安全保障义务的,应承担相应的侵权责任。本题中,无法确定具体的侵权人,二楼以上的业主均为高空抛物的可能加害人,因此由二楼以上的业主承担补偿责任,但能够证明自己不是侵权人的业主不需要承担责任。关于公安等机关调查义务的规定,其立法目的是避免公安等机关推脱责任,促使其在侵权事件发生后及时调查。根据前述法律规定,公安等机关有找到具体侵权人的义务,但是不需要对该衣架掉落造成的损害承担连带赔偿责任。因此,选项 A、B、D 正确。

前述《民法典》第 1254 条第 2 款规定了物业服务企业等建筑物管理人未尽到安全保障义务的侵权责任。在物件损害责任中,建筑物管理人并非直接加害人,其未尽到安保义务时承担的只是一种补充责任,而非全部责任。因此选项 C 是错误的。

2019 年客观题试题

一、单项选择题

1. 闫某从蓝翔技校毕业后,自己出资办了一家汽修厂。某日,闫某将自己用废弃零部件组装的一部越野车出售给黄某,黄某随即又转售给邢某。后邢某在驾驶该越野车时,因该越野车的刹车失灵,将行人陆某撞伤。经交警部门认定,邢某负事故全部责任。关于本案,下列表述正确的是:(　　)

A. 陆某仅可向闫某追究侵权责任

B. 邢某只需与黄某承担连带责任

C. 陆某仅可向邢某追究侵权责任

D. 邢某与闫某、黄某承担连带责任

2. 张某得知前不久某路桥公司在李村公墓附近修路时,不慎触挖其舅舅李某的墓地,将李某骨灰盒轻微碰裂,张某恼怒,向路桥公司索要精神损害赔偿 100 万元。路桥公司承认碰裂事实,但主张修路是为了公共利益,加之及时恢复,不应支付高额赔偿。张某遂向法院提起诉讼。请问:法院应当如何处理?(　　)

A. 支持张某的全部诉讼请求

B. 驳回张某的诉讼请求

C. 酌情支持张某的部分诉讼请求

D. 不予受理

3. 60 岁苏大强丧偶,其成年子女均已成家,苏大强独自生活。苏大强与比他小 20 岁的蔡根花相识,苏大强和蔡根花书面协议约定,待苏大强丧失生活自理能力后由蔡根花作为监护人履行监护职责,蔡根花履行义务后,苏大强死后名下的一半遗产由蔡根花继承。关于本案,下列哪一说法是正确的?(　　)

A. 苏大强有子女作为监护人,故监护协议无效

B. 监护协议有效

C. 约定财产继承部分无效

D. 苏大强子女可以主张撤销监护协议

4. 中学生甲(13 周岁)每天下午都去篮球场打篮球,顺带买一瓶可乐饮用。乙是拾荒者,以捡垃圾为生,经常在篮球场捡瓶子。一日甲打完篮球

后，就喝可乐，之后将装有半瓶可乐的瓶子放在操场上，拿着书包就和同学丙一起离开了篮球场。乙随后捡走了可乐瓶。关于本案，下列哪一说法是正确的？（　　）

A. 甲的行为是赠与

B. 甲的行为是抛弃

C. 甲的行为不需要意思表示

D. 可乐瓶属于遗失物

5. 湖蓝公司提供其董事长胡某于2019年7月7日在某市公立医院就医病例，并诉称胡某与清河公司洽谈时被灌醉，清河公司趁机签订违背远期商业规划且明显不利于湖蓝公司的合作协议，故依法请求撤销协议。湖蓝公司可基于哪一请求主张撤销该合作协议？（　　）

A. 乘人之危　　B. 显失公平

C. 恶意串通　　D. 无权代理

6. 钱某有一幅祖传古画，市值100万元，高某为了低价收购该古画，伙同艺术品鉴定家孟某欺骗钱某该画是赝品，价值不超过10万元，钱某信以为真。后钱某以15万元将古画卖给了不知情的陈某。关于本案，下列哪一选项是正确的？（　　）

A. 因陈某乘人之危，钱某可以撤销与陈某的买卖合同

B. 因遭受高某欺诈，钱某可以撤销与陈某的买卖合同

C. 属于重大误解，钱某可以撤销与陈某的买卖合同

D. 属于显失公平，钱某可以撤销与陈某的买卖合同

7. 乙向甲借款，以自己的房屋设立抵押权，并办理了抵押登记。乙又向丙借款，以同一房屋设立抵押权，并办理了抵押登记。后乙与甲签订房屋买卖合同并办理了过户。下列哪一选项是正确的？（　　）

A. 甲的抵押权消灭

B. 丙的抵押权消灭

C. 甲和丙的抵押权均未消灭

D. 甲乙之间的房屋买卖合同无效

8. 某超市经常向郊区农民采购2年以上老母鸡。采购价每只100元，市零售价250元，常年应求。某日，超市与农民李某签订每季度供应20只老母鸡合同。李某对零售价和批发价无异议。第二季度，超市只采购到10只鸡，并对应支付1000元。对尚未交付的10只鸡，超市可就下列哪一利益向李某主张损害赔偿？（　　）

A. 生产利润1500元　　B. 采购价格1000元

C. 转售利润1500元　　D. 零售价格2500元

9. 甲男（60岁）与乙女（25岁）约定："如乙好好照顾甲，婚后甲就将自己名下唯一一套住房赠送给乙。"乙表示同意。婚后，甲如约将房屋过户到乙名下。乙对甲却态度冷漠，将甲赶出家门。下列哪个选项是正确的？（　　）

A. 甲可向法院主张撤销该婚姻

B. 甲和乙之间的婚姻无效

C. 甲可以撤销对乙的赠与

D. 甲的赠与是合法自愿的，不能撤销

10. 徐老头有一独生子英年早逝，儿媳与他共同生活并照顾他。后儿媳与田某再婚，三年前生下儿子小田，一年前儿媳不幸逝世，半年前田某也相继离世。若日后徐老头死亡发生继承，则小田可以：（　　）

A. 代位继承　　B. 转继承

C. 无继承权　　D. 可适当分得遗产

11. 甲、乙、丙、丁均为资深骑马爱好者，相约去草原骑马。甲提供四匹马，骑行过程中，乙的马被突然出现的野兔惊吓，造成乙受伤。请问：该责任如何承担？（　　）

A. 甲承担全部责任　　B. 四人平均分担

C. 乙自行承担　　D. 甲承担补充责任

12. 某校研究生陈某下课后发现电梯人多拥挤便选择走楼梯，在下楼过程中由于陈某专注玩手机失足摔倒，造成擦伤和中度脑震荡。关于陈某的损害，下列说法正确的是：（　　）

A. 学校电梯设置不合理，负全部责任

B. 学校未尽到安全保障义务，负全部责任

C. 学校和陈某均有过错，各负一半责任

D. 陈某自身玩手机疏忽造成，自身负全部责任

13. 蒋男与韩女在离婚协议中约定：为了专心抚育婚生幼女蒋小萍，韩女将来若与他人结婚，不得再生育孩子。该约定因违反下列哪一原则而无效？（　　）

A. 自愿原则　　B. 公序良俗原则

C. 公平原则　　D. 平等原则

14. 张某和李某婚后育有一子小伟。后张某病故，李某携幼子小伟改嫁，并又育有一子小军。因小军从小聪明伶俐、天赋异禀，李某对小军甚是喜爱，并对小伟渐生嫌弃，动辄对小伟拳脚相加。此时，若小伟的奶奶想取得对小伟的监护权，则应如何确定？（　　）

A. 可协议确定　　B. 须经李某同意

C. 由民政局决定　　D. 须经法院判决

15. 赵某与孙某经人介绍后于2011年登记结婚。婚后二人因性格不合，仅一年多时间，感情即宣告破裂。2013年2月，已经怀孕七个多月的孙某与赵某协议离婚。同年4月，孙某生下一子，取名赵乐。离婚后不久，赵某即组建了新的家庭，并很快又当了父亲。之后，赵某减少了陪伴赵乐的次数，甚至连每月的抚养费都不能按时支付。2016年8月，孙某将赵乐的姓名变更为孙乐。最后，孙某索性不让赵某探视儿子。关于本案，下列说法正确的是：(　　)

A. 孙某在怀孕期间不得提出离婚

B. 自然人享有的姓名权属于相对权

C. 孙某有权单方决定变更赵乐的姓名

D. 孙某有协助赵某探视儿子的义务

16. 2018年3月初，张某在北京市西城区开了一家烤肉店。现为解决油烟污染问题，张某欲采购一批带净化功能的新型通风设备。2018年8月6日，张某与王某签订书面借款协议，约定：张某向王某借款50万元，借期两年，张某酌情支付一定数额的借期内利息。双方对逾期利率未作约定。8月7日，王某通过建设银行向张某在该行的账户转账50万元，次日该笔款项到账。借款到期后，张某未能按时还款。关于本案，下列选项正确的是：(　　)

A. 张某与王某的借款协议于8月6日生效

B. 张某与王某的借款协议于8月8日生效

C. 借期届满后，王某有权请求张某支付一定数额的借期内利息

D. 借期届满后，王某无权请求张某支付逾期利息

二、多项选择题

1. 徐某和张某离婚，育有一子小徐9周岁，由徐某抚养。后徐某经常殴打小徐，且将祖父母赠送小徐的一只玉佩用于赌博并将其输掉。关于本案，下列哪些说法是正确的？(　　)

A. 张某有权向法院提起诉讼撤销徐某的监护人资格

B. 徐某应对小徐进行赔偿

C. 小徐向徐某主张损害赔偿的诉讼时效期间自年满18周岁之日起计算

D. 小徐生活的抚养费，不适用诉讼时效规定

2. 乔某是九环公司分公司负责人，因个人经商，欠郑某1000万元。郑某要求在欠条保证人一栏中，加盖九环公司分公司单位印章。乔某称，自己的授权范围不足以如此，且出示了相关授权文件证明，但郑某坚持加盖印章，乔某最终答应。关于本案，下列说法正确的有：(　　)

A. 乔某的行为属于表见代理

B. 九环公司应承担保证责任

C. 乔某行为构成无权代理

D. 九环公司不承担保证责任

3. 陈某与肖某系夫妻。婚后二人共同购买了一套房屋，登记在陈某名下。2019年2月3日，陈某找来老相好蔡某，以夫妻名义做了一张假结婚证，并和蔡某一起将房屋过户给不知情的秦某。妻子肖某发现后，要求撤销合同。关于本案，下列说法正确的有：(　　)

A. 虽然房屋登记在陈某名下，但依然系陈某和肖某共同共有

B. 肖某有权请求撤销房屋买卖合同

C. 秦某有权主张善意取得房屋所有权

D. 肖某有权请求蔡某赔偿损失

4. 刘某是一个小有名气的雕刻家，孟某喜欢收藏各种奇石。刘某借用孟某收藏的一块太湖石(价值3万元)和一块汉白玉(价值1万元)把玩欣赏。后刘某在装修房屋时将太湖石镶嵌在自己家中的电视背景墙中，并将汉白玉雕刻成了柏拉图雕像(价值3万元)。对此，下列哪些说法是正确的？(　　)

A. 因太湖石已经与背景墙附合，应归刘某所有

B. 刘某应该因太湖石给予孟某赔偿

C. 柏拉图雕像可以归刘某所有

D. 刘某应该因柏拉图雕像给予孟某赔偿

5. 甲欠乙和丙债务均无法全部偿还。甲名下还剩下一辆汽车和一套房屋，乙带着礼物去找甲说，你干脆把房屋和汽车都抵押给我正好还我的债，不然也是被丙拿去了，甲想了想同意后签了抵押合同。甲债务到期后无法偿还，乙申请实现抵押权。关于本案，下列说法正确的有：(　　)

A. 丙可以主张甲乙之间的抵押合同因未登记而不发生效力

B. 丙可以主张甲乙之间的抵押合同无效

C. 丙可以主张撤销甲乙之间的行为

D. 汽车和房屋的所有权依然归甲所有

6. 柳某欲出租房屋，于2016年5月与孟某签订合同A，租期1年，孟某随即入住。2016年9月柳某又与马某签订合同B，租期1年，柳某与马某办理了备案登记手续。请问下列哪些选项是正确的？(　　)

A. 孟某因合法占有而具有优先权

B. A合同虽然未经备案登记，但仍然有效

C. A合同因成立在先而有优先权

D. B合同因备案而具有优先权

7. 2019年1月2日，大象公司和众森公司签订了一份建筑工程施工合同，但大象公司无资质。工程验收合格后，众森公司以大象公司无资质为由抗辩，大象公司起诉主张工程价款以及建筑工程优先受偿权。关于本案，下列说法正确的有：（　　）

A. 大象公司应当在6个月内主张建筑物优先受偿权

B. 大象公司有权主张建筑物优先受偿权

C. 大象公司主张的建筑物优先受偿权不包括违约金

D. 大象公司可以请求参照合同关于工程价款的约定折价补偿

8. 唐某带领小宝（3周岁）乘坐客运班车，给小宝办理了免票手续。乘车途中，客运班车与蒋某驾驶的轿车相撞发生交通事故。致使唐某轻伤且手机摔坏，就医花去医药费2000元，修理手机花费5000元。小宝脑震荡，花去医药费20万元。关于本案，下列说法正确的有：（　　）

A. 若班车司机能证明对交通事故的发生没有过错，对于唐某的手机损失，客运公司可以免责

B. 小宝有权请求客运公司承担赔偿责任

C. 小宝系免票乘车，应自己承担损失

D. 唐某有权请求客运公司和蒋某承担连带责任

9. 彭某因车祸双腿截肢，安装了科技含量高、只能由专业人员拆卸的假肢。一日彭某与李某发生口角，李某一怒之下将彭某的假肢打碎。关于本案下列说法正确的有：（　　）

A. 彭某的生命健康权遭到了侵害

B. 彭某可就假肢向李某主张精神损害赔偿

C. 彭某的身体权遭到了侵害

D. 彭某可主张所有权遭受侵害

10. 甲系某快递公司的员工。2019年2月2日，甲驾驶机动车送快递过程中不慎剐蹭人行道上一老人曹某，致其受伤骨折。交警认定甲负全责。但经鉴定，老人曹某患有骨质疏松，对损害的发生参与度为70%。关于赔偿责任，下列表述正确的有：（　　）

A. 并不减轻快递公司的责任

B. 甲应当承担部分赔偿责任

C. 甲承担全部责任

D. 老人曹某不承担责任

三、不定项选择题

1. 于某因公司周转向汪海银行借50万元，姜某做连带保证人。两个月后于某又追加借款20万元。告知姜某，姜某未置可否。关于姜某的保证责任说法正确的是：（　　）

A. 姜某可以向汪海银行行使先诉抗辩权

B. 于某对汪海银行的抗辩权，姜某也可以对汪海银行主张

C. 姜某应为于某70万元承担保证责任

D. 姜某应为于某50万元承担保证责任

2. 关羽和定居美国的张飞系多年未见的好友。某日，张飞来到关羽家中做客，看见关羽的妻子秦莉怀有身孕，便指着秦莉的肚子说："如果孩子出生，就送十万元给孩子。"关羽为感谢张飞，当即决定给孩子取名为"关小飞"。后孩子顺利出生，张飞回美国并未履行诺言。关于本案，下列说法正确的有：（　　）

A. 赠与合同的受赠人为关小飞，而非关羽

B. 关小飞出生前，赠与合同成立但未生效

C. 关小飞出生后，赠与合同生效

D. 张飞有权行使任意撤销权

3. 北大荒公司系中粮公司在哈尔滨的分公司，其负责人为齐某。2018年7月14日，北大荒公司以自己的名义与稻福公司签订稻米买卖合同一份，约定稻福公司向北大荒公司供应稻米20吨，总价款12万元。后稻福公司依约交付稻米，但北大荒公司迟迟未能支付价款。同年8月31日，北大荒公司为三江缘公司向建设银行所借的100万元提供保证担保。在签订保证合同时，齐某向建设银行出示了中粮公司的授权文件，授权文件在授权范围中明确禁止分公司担任保证人。后三江缘公司未能按时还款。关于本案，下列选项正确的是：（　　）

A. 稻福公司无权请求中粮公司支付价款

B. 稻福公司有权请求北大荒公司与中粮公司承担连带责任

C. 北大荒公司与建设银行签订的保证合同未成立

D. 北大荒公司与建设银行签订的保证合同无效

2019年客观题试题参考答案及解析

一、单项选择题

1.【参考答案】 D

【解析】《民法典》第1214条规定：以买卖或者其他方式转让拼装或者已达到报废标准的机动车，发生交通事故造成损害的，由转让人和受让人承担连带责任。另外，《关于审理道路交通事故损害赔偿案件适用法律若干问题的解释》第4条规定：拼装车、已达到报废标准的机动车或者依法禁止行驶的其他机动车被多次转让，并发生交通事故造成损害，当事人请求由所有的转让人和受让人承担连带责任的，人民法院应予支持。本案中，该越野车是由闫某用废弃零部件拼装（组装）而成的，后其将该越野车出售给黄某，黄某又将该越野车转售给邢某，作为转让人和受让人，闫某、黄某和邢某应对陆某的损害承担连带责任。因此，A项、B项、C项均错误，不当选；D项正确，当选。

综上所述，本题的正确答案为D。

2.【参考答案】 D

【解析】 自然人的民事权利能力始于出生，终于死亡。自然人死亡后，其特定的人格利益，即姓名、肖像、名誉、荣誉、隐私、遗体、遗骨依然受法律保护。死者的隐私、遗体、遗骨等受到侵害，其近亲属向法院起诉主张请求精神损害赔偿的，法院应当依法予以受理。本题中，张某并非李某的近亲属，并非适格的原告。因此，法院依法应当不予受理。故D项正确，当选；A、B、C项错误，不当选。

综上所述，本题的正确答案为D。

3.【参考答案】 B

【解析】 A、B、D项，具有完全民事行为能力的成年人，可以与其近亲属、其他愿意担任监护人的个人或组织事先协商，以书面形式确定自己的监护人。协商确定的监护人在该成年人丧失或部分丧失民事行为能力时，履行监护职责。本题中，苏大强与蔡根花签订的监护协议完全符合有效民事法律行为的构成要件。因此，协议合法有效。故A、D项错误，不当选；B项正确，当选。

C项，遗赠可以附义务，受遗赠人履行义务的，有权主张遗赠的财产。本题中，苏大强和蔡根花约定，蔡根花履行义务后，苏大强死后名下的一半遗产归蔡根花继承。该约定合法有效。故C项错误，不当选。

综上所述，本题的正确答案为B。

4.【参考答案】 B

【解析】 依民事法律行为成立所需意思表示的数量和合意形成的方式的不同，将民事法律行为分为单方民事法律行为、多方民事法律行为和决议行为。

A、B项，动产所有权的抛弃属于单方民事法律行为。单方民事法律行为，是指依一方当事人的意思表示而成立的民事法律行为。甲虽系限制民事行为能力人（13周岁），但将可乐瓶放在操场上离去，以“行为的方式”表明抛弃的意思表示，且该单方民事法律行为合法有效。因此，甲的行为是抛弃而非赠与。故A项错误，不当选；B项正确，当选。

C项，民事法律行为以“意思表示”为核心，必须要有意思表示。动产所有权的抛弃作为单方民事法律行为亦不例外。故C项错误，不当选。

D项，既然动产所有权的抛弃系单方民事法律行为，甲的单方意思表示即产生私法效果。因此，可乐瓶属于无主动产，即可乐瓶是无主物而非遗失物。故D项错误，不当选。

综上所述，本题的正确答案为B。

5.【参考答案】 B

【解析】 胡某系董事长，为湖蓝公司的法定代表人，不存在代理问题。故D项错误，不当选。湖蓝公司称胡某与清河公司洽谈时被灌醉，因此，不存在恶意串通问题。故C项错误，不当选。

一方利用对方处于危困状态、缺乏判断能力等情形，致使民事法律行为成立时显失公平的，受损害方有权请求法院或仲裁机构予以撤销。本题中，胡某作为法定代表人签订违背湖蓝公司远期商业规划且明显不利于公司的合作协议，致使民事法律行为成立时显失公平，湖蓝公司可以主张撤销。故B项正确，当选。注意：《民法典》已经将“乘人之危”并入“显失公平”之中。

综上所述，本题的正确答案为B。

6.【参考答案】 C

【解析】 A、D项，显失公平的核心有二：(1)一方利用对方处于危困状态或缺乏判断能力；(2)民事法律行为成立时显失公平（主要体现于价格因素）。本题中，古画价值100万元却以15万元被卖给陈某符合民事法律行为成立时显失公平的要件。但是，基于合同相对性原理，作为买卖合同当事人的陈某（买方）并未利用钱某（卖方）处于危困状态或缺乏判断能力（因为陈某“不知情”）。因此，钱某不得基于显失公平主张撤销买卖合同。故

A、D 项均错误,不当选。注意:《民法典》已将“乘人之危”并入“显失公平”,乘人之危不再是独立的导致民事法律行为可撤销的事由。

B 项,第三人实施欺诈行为,使一方在违背真实意思的情况下实施的民事法律行为,对方知道或应当知道该欺诈行为的,受欺诈方有权请求法院或仲裁机构予以撤销。本题中,陈某并不知高某对钱某实施了欺诈行为。因此,钱某无权基于高某对其实施欺诈而撤销与陈某的合同。故 B 项错误,不当选。

C 项,重大误解,是指行为人因对行为的性质,对方当事人,标的物的品种、规格、数量和质量等的错误认识,使行为的后果与自己的意思相悖,并造成较大损失。本题中,钱某将古画出卖给陈某时因受欺诈而陷入错误认识,即对标的物认识错误,进而将 100 万元的古画以 15 万元出售于陈某,客观上造成了较大损失。因此,依法成立重大误解(对标的物认识错误),可以撤销买卖合同。故 C 项说法正确,当选。

综上所述,本题的正确答案为 C。

7.**【参考答案】** C

【解析】 A、B、C 项,同一财产向两个以上债权人抵押的,顺序在先的抵押权与该财产的所有权归属一人时,该财产的所有权人可以以其抵押权对抗顺序在后的抵押权。据此可知,抵押权人和抵押物的所有权归于一人的,抵押权均未消灭。本题中,甲的抵押权先于丙设立,后甲又获得房屋所有权。因此,甲和丙的抵押权均未消灭且甲可基于登记在先对抗丙的抵押权。故 A、B 项错误,不当选;C 项正确,当选。

D 项,乙将已抵押的房屋出卖给甲的行为虽然在理论上存在“有权处分说”(通说)和“无权处分说”之分,但无论采何种学说,均不影响合同的效力,合同均有效。因此,甲乙之间的房屋买卖合同合法有效。故 D 项错误,不当选。

综上所述,本题的正确答案为 C。

8.**【参考答案】** C

【解析】 违约责任的形式包括 5 种,分别是继续履行、采取补救措施、损害赔偿金、违约金和定金。损害赔偿金的范围包括可得利益的损失。本题中,农民李某违约,少交付 10 只鸡,而超市的损害赔偿为差价:$(250-100)\times10=1500$ 元,即转售利润。故 C 项正确,当选;A、B、D 项错误,不当选。

综上所述,本题的正确答案为 C。

9.**【参考答案】** C

【解析】 A、B 项,效力有瑕疵的婚姻包括两类,即无效婚姻和可撤销婚姻。无效婚姻的情形包括三类,即“婚、龄、属”。婚,代表重婚的;龄,代表未达法定婚龄的(男 22 周岁;女 20 周岁);属,代表直系血亲或三代以内旁系血亲的亲属关系的。可撤销婚姻的情形就两类,用 2 字口诀来表达,即“病”“胁”。“病”代表一方患有重大疾病在结婚登记前不如实告知另一方的;“胁”代表胁迫。本题中,甲男和乙女之间不存在上述情形中的任何一种。因此,二者的婚姻不存在效力瑕疵,系合法有效的婚姻,甲男可以依法诉讼离婚。故 A、B 项均错误,不当选。

C、D 项考查,赠与财产转移后,如受赠人“忘恩负义”的,赠与人有权行使法定撤销权,请求受赠人返还赠与财产。行使法定撤销权的情形有三:(1)严重侵害赠与人或其近亲属的合法权益;(2)不履行对赠与人的扶养义务的;(3)不履行合同约定的义务的(在附义务的赠与中不履行义务的)。本题中,甲乙之间系夫妻关系,乙(受赠人)对甲(赠与人)不履行扶养义务。因此,甲有权行使法定撤销权,撤销对乙的赠与。故 C 项正确,当选;D 项错误,不当选。

综上所述,本题的正确答案为 C。

10.**【参考答案】** C

【解析】 A 项,代位继承,是指在法定继承中,被继承人的子女先于被继承人死亡时,本应由该子女继承的遗产,由其直系晚辈血亲代位继承的法律制度。本题中,儿媳虽然属于拟制第一顺序继承人,但并非被继承人的“子女”。因此,不发生代位继承问题。故 A 项错误,不当选。

B 项,转继承,是指继承人在继承开始后,遗产分割前死亡,其应继承的遗产转由他的合法继承人继承的制度。本题中,儿媳先于被继承人死亡。因此,不发生转继承问题。故 B 项错误,不当选。

C 项,因儿媳非被继承人的子女,不发生代位继承问题。因此,小田无权继承徐老头的遗产。故 C 项正确。当选。

D 项,适当分得遗产人有三:(1)继承人以外的依靠被继承人扶养的缺乏劳动能力又没有生活来源的人;(2)继承人以外的对被继承人扶养较多的人;(3)养子女对生父母履行赡养义务的。本题中,不存在上述三种情形。因此,小田无权适当分得遗产。故 D 项错误,不当选。

综上所述,本题的正确答案为 C。

11.**【参考答案】** C

【解析】 自甘冒险,又称自担风险,是指受害人自愿参加某种可能发生风险的活动时,除非组织者或其他参加者存在过错,受害人自己承担由此产生的损害后果。典型的自担风险行为包括:(1)相约打篮球、踢足球、参加拳击比赛等对抗性较强的体育运动;(2)相约去水库游泳、骑马、爬山等"驴友"自助游活动。

本题中,甲、乙、丙、丁四人作为"资深"骑马爱好者,应当预见到骑马系一件危险活动,但他们仍"相约"去草原骑马,四人的行为系"自担风险"。在骑马过程中,只要其他参加者主观上对损害的发生没有故意或重大过失就无须承担侵权责任,即不产生民事法律关系。乙的马被"突然"出现的野兔惊吓,属于"意外事件"(意外事件,又称意外事故,是指通常情况下无法预见的小概率事件),其他三人没有故意或重大过失。因此,无须对乙的受伤承担赔偿责任,即由乙自行承担。故C项正确,当选;A、B、D项错误,不当选。

综上所述,本题的正确答案为C。

12.**【参考答案】** D

【解析】 宾馆、商场、银行、车站、机场、体育场馆、娱乐场所等经营场所、公共场所的经营者、管理者或群众性活动的组织者,未尽到安全保障义务,造成他人损害的,应当承担侵权责任。

据此可知,安保义务人责任系过错责任。本题中,学生陈某的损害系其"玩手机失足"摔倒导致,学校(安保义务人)对损害的发生不存在过错。因此,陈某应自负全部责任。故D项说法正确,当选;A、B、C项错误,不当选。

综上所述,本题的正确答案为D。

13.**【参考答案】** B

【解析】 公序良俗原则,是指民事主体从事民事活动不得违背公共秩序和善良风俗。公共秩序,是指政治、经济、文化等领域的基本秩序和根本理念,是与国家和社会整体利益相关的基本性原则、价值和秩序。善良风俗,是指基于社会主流道德观念的习俗,是全体社会成员所普遍认可、遵循的道德准则。

公序良俗原则要求民事主体不得跨越最基本的道德底线,否则,将被认定为无效的民事法律行为,即以禁止性规定在保障该原则。本题中,蒋男和韩女关于不得再生育孩子的约定属于"违反人格尊严的合意",因违背道德的公序而无效。故B项正确,当选;A、C、D项错误,不当选。

综上所述,本题的正确答案为B。

14.**【参考答案】** D

【解析】 《民法典》第27条规定,父母是未成年子女的监护人,未成年人的父母已经死亡或者没有监护能力的,由祖父母、外祖父母、兄、姐等有监护能力的人按顺序担任监护人。据此可知,父母是未成年子女当然的法定监护人。《民法典》第30条规定,依法具有监护资格的人之间可以协议确定监护人。从文义解释的角度,似可以得出结论,未成年子女的父母可以与其他监护人协议确定子女的监护人,实则不然。这是因为,从体系解释的角度,根据前述第27条之规定,父母作为未成年子女当然的法定监护人,只要其并未死亡、亦未丧失监护能力,那么其他人即没有机会担任监护人。是故未成年子女的父母不具备协议监护的主体资格,其不能通过协议的方式,将监护资格转移给他人。因此,A项错误,不当选。

《民法典》第36条第1款规定,监护人实施严重损害被监护人身心健康行为的,法院根据有关个人或者组织的申请,撤销其监护人资格,安排必要的临时监护措施,并按照最有利于被监护人的原则依法指定监护人。本案中,李某作为小伟的监护人,动辄对小伟拳脚相加,这已经对小伟的身心健康造成了严重损害;此时,法院有权根据有关个人或组织的申请,无须经李某同意,直接判决撤销李某的监护资格。因此,B项错误,不当选;D项正确,当选。

《民法典》第36条第2款规定,本条规定的有关组织包括:居民委员会、村民委员会、学校、未成年人保护组织、民政部门等。本题中,民政局有资格申请撤销李某的监护资格,但是其没有资格直接决定李某监护资格的撤销。因此,C项错误,不当选。

综上所述,本题的正确答案为D。

15.**【参考答案】** D

【解析】 《民法典》第1082条规定:女方在怀孕期间、分娩后1年内或者终止妊娠后6个月内,男方不得提出离婚;但是,女方提出离婚或者人民法院认为确有必要受理男方离婚请求的除外。本案中,孙某系女方,其即使在怀孕期间,依然可以提出离婚。因此,A项错误,不当选。

根据民事权利的义务主体是否特定,可将民事权利分为绝对权和相对权,前者如物权、人身权、知识产权,后者如债权请求权、物权请求权、占有保护请求权。因姓名权属于人格权,而人格权又属于人身权,故姓名权属于绝对权。因此,B项错误,不当选。

根据公安部《关于父母离婚后子女姓名变更有关问题的批复》以及最高人民法院《关于变更子女姓氏问题的复函》的相关规定,对于离婚双方未经协商或协商未达成一致意见而其中一方要求变更子女姓名的，公安机关可以拒绝受理；对一方因向公安机关隐瞒离婚事实，而取得子女姓名变更的，若另一方要求恢复子女原姓名且离婚双方协商不成，公安机关应予以恢复。据此可知，离婚后任何一方均不得擅自变更子女的姓名。因此，C 项错误，不当选。

《民法典》第 1086 条第 1 款规定：离婚后，不直接抚养子女的父或者母，有探望子女的权利，另一方有协助的义务。本案中，孙某作为直接抚养儿子的一方，有协助不直接抚养儿子的赵某探望的义务。因此，D 项正确，当选。

综上所述，本题选 D。

16.【参考答案】 B

【解析】《关于审理民间借贷案件适用法律若干问题的规定》（以下在本题中简称《民间借贷案件规定》）第 9 条规定：以银行转账、网上电子汇款等形式支付的，自资金到达借款人账户时，自然人之间的借款合同生效。本案中，张某与王某签订的书面协议为自然人之间的民间借贷合同，因王某系通过银行转账的形式支付，故该合同自该 50 万元到达张某的账户时生效。因此，A 项错误，不当选；B 项正确，当选。

《民间借贷案件规定》第 24 条第 2 款规定：自然人之间借贷对利息约定不明，出借人主张支付利息的，人民法院不予支持。本案中，双方仅约定张某酌情支付一定数额的借期内利息，这属于约定不明，故王某无权请求张某支付借期内利息。因此，C 项错误，不当选。

《民间借贷案件规定》第 28 条第 2 款规定，未约定逾期利率或者约定不明的，人民法院可以区分不同情况处理：(1)既未约定借期内利率，也未约定逾期利率，出借人主张借款人自逾期还款之日起参照当时一年期贷款市场报价利率标准计算的利息承担逾期还款违约责任的，人民法院应予支持；(2)约定了借期内利率但是未约定逾期利率，出借人主张借款人自逾期还款之日起按照借期内利率支付资金占用期间利息的，人民法院应予支持。本案中，虽然双方对逾期利率未作约定，但是王某依然有权请求张某支付逾期利息。因此，D 项错误，不当选。

综上所述，本题选 B。

二、多项选择题

1.【参考答案】 ABD

【解析】 A 项，徐某经常殴打小徐，系实施严重侵害被监护人身心健康的行为，张某依法有权向法院起诉撤销徐某的监护人资格。故 A 项正确，当选。

B 项，小徐 9 周岁系限制民事行为能力人，祖父母赠与其玉佩系纯获法律上利益的民事法律行为，合法有效。因此，玉佩的所有权属于小徐。徐某非为小徐的利益处分其财产，将玉佩赌博输掉，依法应对小徐承担赔偿责任。故 B 项正确，当选。

C 项，限制民事行为能力人向其法定代理人主张损害赔偿的诉讼时效期间，自该法定代理终止之日起计算而非年满 18 周岁之日起计算。故 C 项错误，不当选。

D 项，抚养费不适用诉讼时效的规定。故 D 项正确，当选。

综上所述，本题的正确答案为 ABD。

2.【参考答案】 CD

【解析】 无权代理和表见代理的核心区别在于，表见代理的相对人需举证证明有理由相信行为人有代理权。其中的“理由”，包括主客观相结合的构成要件：(1)主观上要善意且无过失。①善意，是指不知情、不了解、不知悉，即不知行为人没有代理权。②无过失，是指尽到必要的审查义务，一般是指对于行为人出示的授权文件或职位的形式审查义务（对授权委托书进行形式审查）而非实质审查义务（无须核实）。(2)客观上要存在权利外观。权利外观主要包括如下三类：①介绍信。②盖有公章或合同专用章的空白合同书。注意：第一，公司的公章和合同专用章具有相同的效力；第二，公司的公章和合同专用章不得是伪造的，如是伪造的，则不构成表见代理，而构成无权代理。③交易习惯。题目中关键词往往是经常、往常、通常、常常、长期等。

本题中，作为债务人的乔某已经向债权人郑某“出示了”其无权代理的文件证明，表明郑某主观上并非善意，不得主张构成表见代理，系无权代理。无权代理订立的合同效力待定，作为被代理人的九环公司可以不追认而拒绝承担保证责任。故 A、B 项错误，不当选；C、D 项正确，当选。

综上所述，本题的正确答案为 CD。

3.【参考答案】 ACD

【解析】 A 项，婚后，夫妻双方出资购买房屋，无论登记在谁名下，均不影响房屋“共同共有”的权属状态。故 A 项说法正确，当选。

B 项，共同共有人处分共有物的，需全体一致同意。本题中，陈某未经肖某同意，擅自出卖房屋的行为系无权处分，买卖合同合法有效而非“可撤销”。故B项说法错误，不当选。

C项，不动产善意取得的构成要件有四：(1)卖方无权处分；(2)买方主观上善意且无重大过失；(3)买方客观上支付合理对价；(4)已经完成公示(不动产已经过户登记)。本题中，秦某完全符合上述构成要件。因此，有权主张善意取得。故C项说法正确，当选。

D项，蔡某与陈某以“夫妻名义”一起将房屋出卖给秦某的行为构成共同侵权，依法应对肖某承担赔偿责任。故D项说法正确，当选。

综上所述，本题的正确答案为ACD。

4.**【参考答案】** ABCD

【解析】 添附，是指数个不同所有人的物结合成一物或由所有人以外的人加工而成为新物，包括附合、混合和加工三种类型，均属于动产所有权的取得方法。

A、B项，附合，是指两个以上不同所有人的物结合在一起而不能分离，若分离会毁损该物或花费较大。包括两类：(1)动产与不动产的附合；(2)动产与动产的附合。本题中，刘某将孟某的太湖石镶嵌在自己家中的电视墙中，属于不动产与动产的附合。在我国司法实践中，动产与不动产的附合，由不动产所有人取得合成物的所有权，但应当给原动产所有人以赔偿或补偿。故A、B项正确，当选。

C、D项，加工，是指在他人之物上附加自己的有价值的劳动，使之成为新物。本题中，刘某将孟某的汉白玉(价值1万元)雕刻成柏拉图雕像(价值3万元)的行为系加工行为。在我国司法实践中，加工物的所有权原则上归原物的所有人，并给加工人以补偿。但是当加工增加的价值大于材料的价值时，加工物可以归加工人所有，但应当给原物的所有人以赔偿或补偿。故C、D项亦正确，当选。

综上所述，本题的正确答案为ABCD。

5.**【参考答案】** BCD

【解析】 A、B项，恶意串通损害他人合法权益的民事法律行为无效。本案中，乙和甲恶意串通进行事后抵押的行为损害了丙的利益。因此，抵押合同无效。故A项错误，不当选；B项正确，当选。

C项，债务人和第三人恶意串通进行事后抵押的行为，构成“诈害债权”。丙作为债权人有权依法撤销债务人甲和第三人乙之间的行为，即行使“债权人撤销权”。故C项说法正确，当选。

D项，根据以上分析可知，无论债权人丙行使“债权人撤销权”抑或主张抵押合同无效，均导致甲、乙之间的抵押合同自始不具有法律约束力，即自始无效。因此，汽车和房屋的所有权均不发生物权变动，依然归甲所有。故D项说法正确，当选。

综上所述，本题的正确答案为BCD。

6.**【参考答案】** AB

【解析】 出租人就同一房屋订立数份租赁合同，在合同均有效的情况下，承租人均主张履行合同的，法院按照下列顺序确定履行合同的承租人：(1)已经合法占有租赁房屋的；(2)已经办理登记备案手续的；(3)合同成立在先的。不能取得租赁房屋的承租人请求解除合同、赔偿损失的，依照《民法典》的有关规定处理。据此可知，一房数租的情形下，虽然合同均有效，但租赁权有先后顺序：合法占有>登记备案>合同成立在先。

本案中，柳某将房屋出租给孟某和马某，合同均有效。故B项正确，当选。但是，孟某入住即先合法占有。因此，孟某的租赁权优先于马某。故A项正确，当选；C、D项错误，不当选。

综上所述，本题的正确答案为AB。

7.**【参考答案】** BCD

【解析】 D项，因大象公司无资质(“无资质”系关键词)，则大象公司与众森公司签订的建设工程施工合同无效。为保护建筑工人利益，虽合同无效，但工程质量合格，大象公司依然可以请求参照合同关于工程价款的约定折价补偿。故D项说法正确，当选。

B项，虽然建设工程施工合同无效，但工程质量合格(“合格”系关键词)，则作为承包人的大象公司依然有权对建设工程主张法定优先权。故B项说法正确，当选。

A项，承包人应当在合理期限内行使建设工程价款优先受偿权，但最长不得超过18个月，自发包人应当给付建设工程价款之日起算。故A项说法错误，不当选。

C项，承包人建设工程价款优先受偿的范围依照国务院有关行政主管部门关于建设工程价款范围的规定确定。承包人就逾期支付建设工程价款的利息、违约金、损害赔偿金等主张优先受偿的，人民法院不予支持。据此可知，承包人法定优先权的范围仅限于工程价款，不包括违约金。故C项说法正确，当选。

综上所述，本题的正确答案为BCD。

8.**【参考答案】** AB

【解析】 A项，承运人对旅客“自带物品”的损失承担过错责任。因此，如班车司机能证明对交通事故的发生没有过错,则对于唐某的手机损失,客运公司可以免责。唐某可向蒋某主张侵权损害赔偿。故A项说法正确,当选。

B、C项,承运人对旅客人身承担相对无过错损害赔偿责任,即使对于免票或持优待票的乘客亦需承担赔偿责任。因此,免票的小宝有权请求客运公司承担赔偿责任。故B项说法正确,当选;C项错误,不当选。

D项,客运公司和轿车驾驶者蒋某事先并不存在"意思联络",且任何一方的单独行为均不足以导致危害结果的发生。因此,二者系无意思联络的数人共同侵权中的原因力结合而非竞合,依法应承担按份责任,而非连带责任。故D项说法错误,不当选。

综上所述,本题的正确答案为AB。

9.**【参考答案】** BC

【解析】 法律意义上的身体,是指自然人生理组织的整体,即躯体的整个构造和附属于躯体的所有部分,如头颅、躯干、肢体和附属部分的头发、指甲等。至于装配的人工制作的残缺身体部分的代替物,如假肢等,能否构成身体的组成部分,应当区别情况:(1)装配物已构成身体不可分离的一部分的,应属于身体,如人工心脏瓣膜;(2)装配物可以自由装卸的,则不属于身体,如假牙。这里的自由装卸是指社会一般人能够进行,如必须由专业人员依照严格的医学操作规程进行,否则,可能造成健康损害或生命丧失的人工装置,应视为身体的组成部分。本案中,彭某安装的只能由专业人员拆卸的假肢不属于物,而是彭某人身的组成部分。李某将假肢打碎,侵犯了彭某的身体权,即肢体的完整性。故C项正确,当选;D项错误,不当选。

彭某并未因李某的侵权行为而死亡或生理、心理机能无法正常运转和发挥。因此,并未侵犯彭某的生命健康权。故A项错误,不当选。

精神损害赔偿的适用范围有二:(1)自然人的人身权益受到侵犯的;(2)具有人格象征意义的特定纪念物品因侵权行为而永久性毁损、灭失的。本题中,李某侵犯了彭某的人身权,依法有权主张精神损害赔偿。故B项正确,当选。

综上所述,本题的正确答案为BC。

10.**【参考答案】** AD

【解析】 A、D项,与有过失,又称过失相抵,是指被侵权人对损害的发生或损失扩大也有过错的,可以减轻侵权人的责任。本题中,老人曹某骨质疏松的因素不构成过错。因此,不减轻快递公司的责任,老人曹某不承担责任。故A、D项均正确,当选。

B、C项,用工责任系替代责任,用人单位的工作人员因执行工作任务造成他人损害的,由用人单位承担侵权责任。本题中,甲系快递公司的员工,在送快递(执行职务)过程中造成他人损害的,依法应由用人单位,即某快递公司承担侵权损害赔偿责任。故B、C项错误,不当选。

综上所述,本题的正确答案为AD。

三、不定项选择题

1.**【参考答案】** BD

【解析】 A项,仅一般保证人享有先诉抗辩权,姜某系连带保证人,不可以行使先诉抗辩权。故A项错误,不当选。

B项,主债务人享有的抗辩权,保证人也可以主张(行使)。故B项正确,当选。

C、D项,主债务数额增加的,必须经保证人书面同意,否则,保证人对增加的部分不承担保证责任。因此,姜某仅对50万元承担保证责任,对追加的20万元不承担责任。故C项错误,不当选;D项正确,当选。

综上所述,本题的正确答案为BD。

2.**【参考答案】** ABCD

【解析】 A项,本题中,张飞作为赠与人系将10万元赠与即将出生的孩子(胎儿)。涉及接受赠与等胎儿利益保护时,胎儿视为具有民事权利能力,享有接受赠与的权利。因此,关小飞可以作为赠与合同的受赠人。故A项说法正确,当选。

B、C项,本题中,当张飞赠与胎儿10万元时,胎儿能否活体娩出是不确定的事实(发生与否不确定),该赠与合同系附生效条件的赠与合同,在胎儿娩出前,该赠与合同成立但未生效。故B项说法正确,当选。后孩子顺利出生,即条件已成就,附生效条件的赠与合同成立并生效。故C项说法正确,亦当选。

D项,因赠与合同系单务合同、无偿合同。因此,立法上赋予了赠与人在转移财产前的任意撤销权,但有三种法定情形不得行使任意撤销权,用3字口诀来表述:"公、公、道",即公益性质的赠与、办理了公证手续的赠与和道德义务性质的赠与。本题中,张飞对关小飞的赠与不存在行使任意撤销权的例外情形。因此,张飞可以通过行使任意撤销权的方式不履行赠与合同。故D项说法正确,当选。

综上所述,本题的正确答案为ABCD。

3.**【参考答案】** D

【解析】 《民法典》第74条第2款规定:分支机构以自己的名义从事民事活动,产生的民事责任由法人承担;也可以先以该分支机构管理的财产承担,不足以承担的,由法人承担。本案中,北大荒公司作为中粮公司的分支机构,对于其以自己名义与稻福公司签订的买卖合同,稻福公司有权直接请求中粮公司支付价款。因此,A项错误,不当选。当然,其也可以先要求北大荒公司支付,不足部分再要求中粮公司支付。需要注意的是,分支机构并不具备独立的法人资格,法人的分支机构只不过是法人整体中的一部分,分支机构的财产实质上也是法人的财产。是故,北大荒公司与中粮公司之间不存在连带责任之说。因此,B项错误,不当选。

《民法典》第134条第1款规定:民事法律行为可以基于双方或者多方的意思表示一致成立,也可以基于单方的意思表示成立。另外,《民法典》第136条第1款规定:民事法律行为自成立时生效,但是法律另有规定或者当事人另有约定的除外。据此可知,成立和生效是完全不同的两个概念,成立属于事实判断,而生效属于价值判断。保证合同作为双方民事法律行为,其自意思表示达成一致时即成立。本案中,因北大荒公司与建设银行关于签订保证合同的意思表示已经达成一致,故该合同已成立。因此,C项错误,不当选。

《担保制度解释》第11条第1款规定:公司的分支机构未经股东(大)会或者董事会决议以自己的名义对外提供担保,相对人请求公司或者其分支机构承担担保责任的,人民法院不予支持。本案中,因北大荒公司并未被授权提供保证且建设银行对此知情,故该保证合同无效。因此,D项正确,当选。

综上所述,本题选D。

知识产权法

2023 年客观题试题

一、单项选择题

甲乙两家公司在互不知情的情况下各自研发了一件技术完全相同的产品,2022 年 7 月 1 日,甲在行业内举办的展览会上展出该技术,乙在中国政府承认的世界博览会上展出该技术。2022 年 9 月 1 日,甲提交了发明专利申请,2022 年 9 月 2 日,乙也提交了发明专利申请。对此,下列选项中说法正确的是哪一项?(　　)

A. 甲已经展出该项技术,即丧失了新颖性,所以甲不能申请专利

B. 乙已经展出该项技术,即丧失了新颖性,所以乙不能申请专利

C. 因为甲先于乙提交申请,所以应授予甲专利权

D. 专利局应当通知甲、乙协商确定申请人

二、多项选择题

1. 周某是厨师和美食博主,拥有相当数量的粉丝。周某制作了一段自己做菜的视频,命名为"周氏爆炒龙虾"上传到网络平台,点击量过百万。李某看到视频后,运用"AI 换脸"技术把视频里周某的脸换成自己的,并将视频命名为"李氏爆炒龙虾"上传至网络平台,点击量过万,李某侵犯了周某的哪些权利?(　　)

A. 姓名权　　B. 肖像权

C. 名誉权　　D. 著作权

2. 程某是报社派驻在 A 国的记者,报社要求程某每天写一篇有关当地的随笔刊发在报纸上。并在报纸头版明确载明:未经报社许可,不得转载或收录至合集。下列哪些未经许可的行为侵犯了报社的著作权?(　　)

A. 广播电台在节目中播放了此随笔,并向报社寄送了费用

B. 初中教科书将随笔收录并向报社寄送了费用

C. 程某离职后,将自己撰写的随笔收录至作品集并出版

D. 某期刊转载了该随笔,并向报社寄送费用

三、不定项选择题

知名画家赵某将其未发表的一幅画作《秋收》赠与某公司老总郑某,郑某将该幅画挂在办公室,让员工拍照并用于公司网站首页产品宣传的背景图。对此,下列说法错误的有?(　　)

A. 侵犯了赵某的展览权

B. 侵犯了赵某的发表权

C. 侵犯了赵某的复制权

D. 侵犯了赵某的信息网络传播权

2023 年客观题试题
参考答案及解析

一、单项选择题

【参考答案】 A

【解析】 《专利法》第 24 条规定,申请专利的发明创造在申请日以前 6 个月内,有下列情形之一的,不丧失新颖性:(1)在国家出现紧急状态或者非常情况时,为公共利益目的首次公开的;(2)在中国政府主办或承认的国际展览会上首次展出的;(3)在规定的学术会议或者技术会议上首次发表的;(4)他人未经申请人同意而泄露其内容的。据此可知,在中国政府主办或者承认的国际展览会上首次展出的,不丧失新颖性。

A 项中,甲在行业内举办的展览会上展出,并未说明该展览会是中国政府主办的,因此甲的技术丧失了新颖性,不能申请专利,A 项正确。

乙在中国政府承认的世界博览会上展出,乙的技术未丧失新颖性,可以申请专利,故 B 项错误。

虽然我国专利制度采取的是先申请原则,专利权授予最先申请的人,但甲的技术丧失新颖性,不能申请专利,C 项错误。

如果 2 个以上的申请人同日分别就同样的发明创造申请专利,应当在收到国务院专利行政部门的通知后自行协商确定申请人。但本题中,甲、乙二人并非同一天提出申请的,因此不能协商确定,D 项错误。

二、多项选择题

1.【参考答案】 BD

【解析】 A项,自然人享有姓名权,有权依法决定、使用、变更或者许可他人使用自己的姓名,但是不得违背公序良俗。任何组织或者个人不得以干涉、盗用、假冒等方式侵害他人的姓名权。本案中,李某并未对周某的姓名进行任何的操作,没有侵犯姓名权,A项错误。

B项,肖像是通过影像、雕塑、绘画等形式在一定载体上所反映的特定自然人可以被识别的外部形象。可识别性是肖像的核心特征,除面部形象外,任何可以被识别为特定主体的外部形象都属于肖像权的保护范围。本案中,在换脸后的新视频中,虽然人物的面部形象发生了改变,但从未被修改的原视频的场景细节中仍能识别出身体形象的主体,该身体形象即属于可被识别为特定主体的肖像,周某对该身体形象亦享有肖像权。李某侵犯了周某的肖像权,B项正确。

C项,名誉权的基本内容是对名誉利益的保有和维护。本案中,李某并未以侮辱、诽谤等方式侵害周某的名誉权。C项错误。

D项,短视频“周氏爆炒龙虾”属于视听作品,周某对此享有著作权,李某未经周某同意将该视频进行技术处理后上传至网络,侵害了周某的著作权,D项正确。

综上,本题答案为BD。

2.【参考答案】 CD

【解析】 A项,广播电台、电视台播放他人已发表的作品,可以不经著作权人许可,但应当按照规定支付报酬。本案中的广播电台享有获得法定许可的权利,其向报社支付了报酬,所以没有侵犯报社的著作权。A项不符合题意,不当选。

B项,初中教科书是为实施义务教育而编写出版的教科书,为编写此教科书可以不经著作权人许可而汇编已经发表的作品,对于此项使用,作者不能声明禁止。B项中的行为没有侵犯报社的著作权,不当选。

C项,随笔虽然为程某完成,但是作为报社工作人员创作的职务作品,属于特殊职务作品,程某仅享有署名权,其他的著作权由报社享有,未经报社许可,程某本人对随笔复制、发行的行为侵犯了报社的著作权。C项当选。

D项,因为报社作为著作权人事先声明了未经许可禁止转载和摘编,某期刊不再享有获得法定许可的权利,故期刊转载的行为侵犯了报社的著作权。D项当选。

综上,本题答案为CD。

三、不定项选择题

【参考答案】 ABC

【解析】 展览权,即公开陈列展示作品的权利,虽然作品所有权的转移不改变著作权的归属,但原件展览权归所有人享有,因此郑某作为所有人展览画作不构成侵权。A项错误。

发表权是作者决定是否将作品公之于众的权利,《著作权法》第20条第2款规定,作者将未发表的美术、摄影作品的原件所有权转让给他人,受让人展览该原件不构成对作者发表权的侵犯。B项错误。

复制权,是以印刷、复印、翻录、翻拍等方式将作品制作一份或多份的权利。本题中并没有提到复制画作。C项错误。

信息网络传播权,是以有线或无线方式向公众提供作品,使公众可以在个人选定的时间和地点获得作品的权利。本题中,郑某未经赵某同意,将其画作用于公司网站宣传,侵犯了赵某的信息网络传播权。D项正确。

综上,本题答案为ABC。

2022年客观题试题

一、单项选择题

甲歌舞团高薪委托舞蹈家李某编舞《春风》,并在歌舞团内的年会表演,舞蹈由甲歌舞团的舞蹈演员赵某领舞。各方对于权利归属均未约定。演出当天,王某看节目的时候偷拍了领舞赵某跳舞的高光时刻,上传到微信朋友圈。关于王某的行为,下列哪一选项是正确的?(　　)

A. 侵犯了甲歌舞团的表演者权

B. 侵犯了甲歌舞团的著作权

C. 侵犯了领舞赵某的表演者权

D. 侵犯了舞蹈家李某的发表权

二、多项选择题

甲公司运营A直播平台,效益非常好。乙公司研发了一种技术,可以截取包括A直播平台在内的若干网络直播平台的直播数据,包括各时间段流量、打赏等数据,将其整理后发布在自己的平台上。这给甲公司的数据执行规则造成了影响,损害了甲公司的声誉。已知A直播平台的主要用户和主播都在丙市，且用户数目约为1000万，主播数目约为10万。甲公司起诉乙公司，但现在无法确定甲公司的损失及乙公司的侵权所得为多少。下列说法正确的有：(　　)

A. 尽管甲公司与乙公司不具有竞争关系，但是乙公司依然构成不正当竞争行为

B. 乙公司侵犯了甲公司的商业秘密

C. 法院可以判决乙公司赔偿甲公司1010万元

D. 该案只能由丙市人民法院审理

三、不定项选择题

甲、乙两公司基于巧合，各自设计出造型和结构相同的新型健身器材。2021年11月1日，甲在全国健康研究会上首次展示该器材，乙公司于同日在世界博览会上首次展示该器材。甲公司于2022年2月1日对该器材申请实用新型专利权，乙公司于2022年2月2日对该器材申请实用新型专利权。对此，下列选项错误的是：(　　)

A. 甲公司的申请日早于乙公司的申请日，有可能获得授权

B. 因甲公司的健身器材在申请之前公开过，甲公司的申请应被驳回

C. 因乙公司的健身器材在申请之前公开过，乙公司的申请应被驳回

D. 国家知识产权局专利局应通知甲、乙公司协商，协商不成，驳回二者的申请

2022年客观题试题参考答案及解析

一、单项选择题

【参考答案】 A

【解析】 本题主要考查委托作品的著作权归属和职务表演的权利归属。《著作权法》第19条规定："受委托创作的作品，著作权的归属由委托人和受托人通过合同约定。合同未作明确约定或者没有订立合同的，著作权属于受托人。"甲歌舞团委托李某创作舞蹈作品，未约定著作权归属，则著作权归属于受托人李某。《著作权法》第40条规定："演员为完成本演出单位的演出任务进行的表演为职务表演，演员享有表明身份和保护表演形象不受歪曲的权利，其他权利归属由当事人约定。当事人没有约定或者约定不明确的，职务表演的权利由演出单位享有。职务表演的权利由演员享有的，演出单位可以在其业务范围内免费使用该表演。"演员赵某的表演是职务表演，未约定权利归属，则表演者权中的人身权归赵某，财产权归甲歌舞团。上述两点，是判断本题的基础和关键。

根据题干，王某的行为是一种信息网络传播行为，而表演者权包括信息网络传播权，所以王某侵犯了甲歌舞团的表演者权，A项当选，C项错误。此外，表演者权是邻接权，而不是著作权，所以B项错误。对于李某而言，虽然他享有舞蹈作品的发表权，但是发表权是"一次性"的权利，在该舞蹈作品公开表演时已经发表，王某的行为不会构成对发表权的侵权，所以D项错误。

二、多项选择题

【参考答案】 AB

【解析】 A、B项，侵犯商业秘密的案件中，不要求侵权人与权利人之间存在竞争关系，即使双方没有直接的竞争关系，但乙公司通过不正当手段获取并使用了甲公司的商业秘密，违反了诚信经营的基本原则，构成侵犯商业秘密的不正当竞争行为，A、B项正确。

C项，对于侵犯商业秘密，权利人因被侵权所受到的实际损失、侵权人因侵权所获得的利益难以确定的，由人民法院根据侵权行为的情节判决给予权利人500万元以下的赔偿。C项中的1010万元没有法律依据，C项错误。

D项，侵权的案件可以由侵权行为地或被告住所地法院管辖，其中侵权行为地包括侵权行为发生地和侵权结果发生地。本案中丙市作为侵权结果发生地，可以成为本案的管辖地，但不是唯一的管辖地，D项中的"只能"表述有误。

综上所述，本题答案为AB。

三、不定项选择题

【参考答案】 BCD

【解析】 A项，虽然在中国政府主办或者承认的国际展览会上首次展出，6个月内申请专利不会丧失新颖性，但展出并不会享有优先权。故甲、乙两公司的专利申请日依旧为实际申请日，即甲公司为2022年2月1日、乙公司为2022年2月2日，甲公司申请在先，有可能获得专利授权，A项正确。

B、C项，申请专利的发明创造在申请日以前6个月内，在中国政府主办或者承认的国际展览会上首次展出的，不丧失新颖性，不会因此被驳回，B、C项错误。

D项，只有两个以上申请人，同一天申请专利的，专利局才会通知申请人协商，协商不成的，各自驳回。本案中，两个申请人的申请日有前后之分，并非同一日，故D项错误。

综上所述，本题为选非题，答案为BCD。

2021年客观题试题

一、单项选择题

求知杂志社出版的《真知》是国内知名的时事类期刊，每期内容均精心挑选编排，入选率仅为9%。甲网站未经许可转载了该期刊每期所有的文章，并且未标明出处和不得转载。后大量网民从甲网站下载了《真知》里收录的文章。下列说法正确的是？（　　）

A. 该网站既侵犯了杂志社的权利也侵犯了作者的权利

B. 该网站只侵犯作者的著作权

C. 如果甲网站给作者付费就不侵犯其著作权

D. 如果杂志社未经作者同意收录文章，则甲网站转载不侵犯杂志社的权利

二、多项选择题

国画大师李某欲将自己的传奇人生记录下来，遂由李某口述并聘请作家王某执笔，王某以李某的人生经历为素材完成了20万字的小说《我的一生》，二人未约定著作权的归属。后李某和王某均在一次旅游途中因车祸去世，王某的儿子小王在整理遗物时发现了原著手稿。小王欲将其出版，李某的儿子小李反对。下列哪些表述是正确的？（　　）

A. 小王有权向小李主张支付报酬

B. 因手稿在小王手中，该自传的著作权归小王享有

C. 原著手稿的所有权归小王所有

D. 小李主张其享有自传出版著作权，能够得到法院支持

三、不定项选择题

甲公司从酷酷网站购买了一张徽标图片的著作权，以该徽标作为公司产品的商标，并于2015年8月获得商标注册。乙公司与甲公司签订了该商标使用许可合同，在销售具有该商标标识的产品2年后，于2018年7月停止使用该商标。2019年10月11日，李某在超市中发现甲公司产品使用的商标是自己的画作，遂请求商标评审委员会宣告该注册商标无效。在审理过程中，酷酷网站辩称该商标是自己创作并办理了版权登记，并向法院提起了请求确认该徽标著作权属于自己的诉讼。下列选项正确的是？（　　）

A. 如该注册商标被宣告无效，乙公司无权请求甲公司返还商标使用许可费

B. 因已过诉讼时效，李某无权请求宣告该注册商标无效

C. 商标评审委员会应中止审查程序

D. 因酷酷网站办理了版权登记，李某无权请求宣告该注册商标无效

2021年客观题试题
参考答案及解析

一、单项选择题

【参考答案】 A

【解析】 《真知》杂志收录的每一篇文章的作者都享有著作权。同时，《真知》构成汇编作品，杂志社作为汇编者也独立享有著作权。根据《著作权法》第35条第2款的规定，作品刊登后，其他报刊享有“法定许可权”，即其他报刊转载或者作为文摘、资料刊登，可以不经作者许可但要支付报酬。但甲网站并非报纸、期刊，不适用上述法定许可。甲网站未经许可的转载行为既侵犯了原作者的著作权，也侵犯了汇编人《真知》杂志社的著作权，故A选项正确，B、C选项错误。

《真知》杂志属于汇编作品，该类作品需要在汇编内容的选择或者编排上体现独创性。虽然杂志社未经作者同意收录其文章，侵犯原作品的著作权，需要对原作者承担赔偿责任，但《真知》杂志作为独立的作品类型，汇编人享有完整的著作权。所以甲网站未经许可的转载，仍侵犯了《真知》杂志社的汇编者权，故D选项错误。

二、多项选择题

【参考答案】 ACD

【解析】 首先，本题要明确《我的一生》的作品属性为自传体作品，该类作品著作权的归属规则为：自传体作品，有约定的从其约定，无约定的，著作权归该特定人物享有，执笔人或者整理人可以要求获得适当报酬。其次，要考虑自然人死亡后著作权的归属。著作权属于自然人的，著作权中的人身

权由作者的继承人或者受遗赠人保护;著作权中的财产权在《著作权法》规定的保护期内依法转移。

A选项正确,因作家王某是执笔人,有权要求获得适当报酬,王某去世后,其子仍然可以主张该项权利。

B选项错误,D选项正确。由于该书是以李某口述的人生经历为素材创作的自传体小说,李某是该特定人物,享有著作权。另外,出版属于著作权中的财产权,李某死亡后,该权利在保护期内依法转移至其合法继承人小李。

C选项正确。需要区分"著作权"和"所有权"。原著手稿系动产,小王实际占有该手稿,并在无相反证据证明小王为非法持有人的情况下,小王应认定为涉案手稿的合法所有人。

三、不定项选择题

【参考答案】 AC

【解析】 A选项,宣告注册商标无效的决定或者裁定,对宣告无效前已经履行的商标转让或者使用许可合同,不具有溯及力。本题乙公司与甲公司签订了商标使用许可合同并已经履行完毕,题干也无法得出甲公司恶意的结论,所以即使该商标被宣告无效,乙公司也无权请求甲公司返还商标使用许可费。故A选项正确。

B选项,当出现法定事由时,在先权利人或者利害关系人自商标注册之日起5年内,可以请求商标评审委员会宣告该注册商标无效。本案中,涉案徽标于2015年8月获得商标注册,李某于2019年10月11日申请该商标无效,尚未超过时效。故B选项错误。

C选项,根据《商标法》第45条第3款的规定,商标评审委员会在对无效宣告请求进行审查的过程中,所涉及的在先权利的确定必须以人民法院正在审理或者行政机关正在处理的另一案件的结果为依据的,可以中止审查。中止原因消除后,应当恢复审查程序。故C选项正确。

D选项,仅因酷酷网站办理了版权登记而认为李某无权请求宣告商标无效是错误的。自创作完成之日起,作者即享有著作权,版权登记仅具有对抗效力,不得以此否认实际权利人的权利,所以李某请求宣告该注册商标无效,并无不当。故D选项错误。

2020年客观题试题

一、单项选择题

朱某为法学院退休教授,陈某经过朱某同意之后将朱某的演讲录音资料整理为文字,按体系汇编。许某基于个人兴趣对该书中的专业术语用自己的理解与观点进行注释。陈某与某出版社达成协议约定由该出版社独家出版陈某汇编的版本。现某网络平台未经许可发布电子版于网络。对此,下列哪项说法是正确的?(　　)

A. 出版社侵犯了朱某的著作权

B. 出版社侵犯了许某的著作权

C. 许某对朱某稿件进行注释应当征得朱某同意

D. 网络平台侵犯了出版社的权利

二、多项选择题

1. 摄影师张某于1955年拍摄了一张黑白风景照片并于同年出版,照片右下角签署张某的名字。张某于2010年去世。下列未经张某继承人许可的行为中,属于侵犯著作权的有:(　　)

A. 请画家精准描摹并出版该绘画

B. 去除张某署名,并将照片在网络上传播

C. 公开展览该照片的复印件

D. 采用数字技术将照片转化为彩色照片出版

2. 甲电视台请张某在电视讲座节目中讲解养生之道,并经张某许可,制作和销售节目录像光盘。乙电视台购入该光盘后,擅自在其电视节目上播出。关于乙电视台的行为,下列哪些说法是正确的:(　　)

A. 侵犯了甲电视台的广播组织权

B. 侵犯了张某的著作权

C. 侵犯了张某的表演者权

D. 侵犯了甲电视台的录像制作权

3. 甲发明了一种轻薄口罩,口罩具有良好的过滤效果,申请了某项专利,专利的技术参数是A+B。后乙改进了工艺,使这款口罩更加轻薄且过滤效果更好,专利技术参数是A+B+C。下列选项正确的有:(　　)

A. 乙应当经过甲的同意

B. 丙公司若要生产A+C型口罩需要经过乙的同意

C. 丙公司若要生产A+B+C+D型的口罩需要经过甲乙的同意

D. 丙公司若要生产 A + B + C + D 型的口罩只需要经乙的同意

三、不定项选择题

奔兔公司在其制造和销售的箱包上使用"奔兔"商标,产生了一定影响,但未进行商标注册。其经销商甲发现该商标未获注册后,就在箱包产品上注册了"奔兔"商标,并在箱包产品上使用"奔兔"商标。乙公司以囤积商标为业,其预料奔兔公司今后可能也会制造和销售皮带,就在皮带商品上注册了"奔兔"商标,以期高价出售给奔兔公司,但从未使用。则下列选项正确的有:(　　)

A. 奔兔公司只能在甲公司注册"奔兔"商标后 5 年内请求其注册商标无效

B. 如奔兔公司在皮带上使用"奔兔"商标 3 年后,乙公司对其提起商标侵权之诉,要求其赔偿损失,奔兔公司可以乙公司此前从未使用进行抗辩

C. 如果甲公司起诉奔兔公司在箱包上使用"奔兔"商标侵犯其注册商标专用权,奔兔公司可以自己率先使用为由进行抗辩

D. 奔兔公司只能在乙公司注册"奔兔"商标后 5 年内请求其注册商标无效

2020 年客观题试题参考答案及解析

一、单项选择题

【参考答案】 A

【解析】 《著作权法实施条例》第 4 条第 2 项规定,"口述作品,是指即兴的演说、授课、法庭辩论等以口头语言形式表现的作品"。朱某的演讲具有独创性,构成口述作品,可以授权他人对该口述作品行使汇编权,即"将作品或者作品的片段通过选择或者编排,汇集成新作品的权利"。《著作权法》第 15 条规定:"汇编若干作品、作品的片段或者不构成作品的数据或者其他材料,对其内容的选择或者编排体现独创性的作品,为汇编作品,其著作权由汇编人享有,但行使著作权时,不得侵犯原作品的著作权。"陈某经过朱某同意以后将朱某演讲录音资料整理成文字,按体系汇编,对内容的编排体现出独创性,因此构成汇编作品,陈某对该汇编作品享有著作权。出版社仅获得了陈某的许可出版图书,因此侵犯了朱某的著作权,未侵犯陈某的著作权,A 项正确。

题目没有交代,出版社所出版的是否为经过许某注释的版本,如果是则侵犯了许某的著作权,如果不是则没有侵犯许某的著作权。由于题干使用"独家出版陈某汇编的版本",应该认为出版社没有侵犯许某的著作权,B 项错误。

根据《著作权法》第 24 条的规定,为个人学习、研究或者欣赏,使用他人已经发表的作品,可以不经著作权人的许可,即构成合理使用的情形。许某对朱某的稿件进行注释,系出于个人学习、研究的目的,不具有商业动机或者将复制件向公众散发的情形,不会不合理地损害著作权人朱某的合法权益,可以不经著作权人朱某的同意,因此,选项 C 错误。

另外,根据《著作权法》第 10 条的规定,网络平台未经许可将电子版上传到网络,使公众可以在其选定的时间和地点获得作品,侵犯了陈某、朱某的信息网络传播权。根据《著作权法》第 37 条的规定,出版社作为邻接权人,享有版式设计专有权。此外,根据陈某的授权,出版社还享有独家出版权。网络平台将电子版发布会侵犯作者的信息网络传播权,但不会侵犯出版社的上述两种权利,所以 D 项错误。

二、多项选择题

1.**【参考答案】** ABCD

【解析】 本题考查著作权的内容。《著作权法》第 10 条规定,著作权包括著作人身权和著作财产权,著作人身权包括发表权、署名权、修改权、保护作品完整权等权利,著作财产权包括复制权、发行权、出租权、展览权、表演权、放映权、广播权、信息网络传播权、摄制权、改编权、翻译权、汇编权等权利。著作权人可以许可他人实施前述权利,并依法获得相应报酬。《著作权法》第 21 条第 1 款规定:"著作权属于自然人的,自然人死亡后,其本法第十条第一款第五项至第十七项规定的权利在本法规定的保护期内,依法转移。"可知,著作权的继受主体可以继受著作财产权,而不能继受著作人身权,因为著作人身权不能转让,但是著作权的继受主体可以对已逝作者的著作人身权加以保护。本题中,张某拍摄了黑白照片,对黑白照片享有著作权。在张某去世后,张某继承人可以依法享有该照片的著作财产权,并对张某的著作人身权加以保护。

选项 A 考查复制权。复制权,是指"以印刷、复印、拓印、录音、录像、翻录、翻拍、数字化等方式将作品制作一份或者多份的权利"。可见,复制行为

是再现原作的行为，以一定方式对作品进行翻版再制作。为了适应科学技术的发展，2020年《著作权法》新增"数字化"的复制方式。选项A请画家精准描摹并出版的行为属于精准再现原作的复制行为，故未经张某继承人许可，侵犯张某继承人对摄影作品享有的复制权。因此，选项A当选。

选项B考查署名权、信息网络传播权。署名权，是指作者要求承认其创作人资格，决定是否署名以及以何种方式署名的权利，即"表明作者身份，在作品上署名的权利"。本题中，在张某去世后，违背张某意愿去除张某在摄影作品上的署名的行为，属于侵犯张某署名权的行为。信息网络传播权，是指"以有线或者无线方式向公众提供，使公众可以在其选定的时间和地点获得作品的权利"，即交互式网络传播行为。本题中，未经张某继承人许可，将去除署名的照片在网络上传播，使公众可以在其选定的时间和地点获得作品，属于侵犯张某继承人信息网络传播权的行为。因此，选项B当选。

选项C考查展览权。展览权，即"公开陈列美术作品、摄影作品的原件或者复制件的权利"，可知，展览权是美术作品、摄影作品的著作权人享有的专有权利。《著作权法》第20条第1款规定："作品原件所有权的转移，不改变作品著作权的归属，但美术、摄影作品原件的展览权由原件所有人享有。"这表明《著作权法》对美术、摄影作品原件的展览权规定了例外。这是因为美术作品原件与复制件的价值往往差异较大，他人购买美术作品的原件往往出于展览或者转让的目的，展览行为对美术作品原件的所有者非常重要。2020年《著作权法》修订时新增"摄影作品"原件展览权的例外情形。本题中，未经张某继承人许可公开展览照片复印件的行为，属于侵犯张某继承人展览权的行为。因此，选项C当选。

选项D考查修改权、改编权。修改权，即"修改或者授权他人修改作品的权利"。在张某去世后，采用数字技术将黑白照片转化为彩色照片，属于侵犯张某修改权的行为。此外，在采用数字技术将黑白照片转换成彩色照片的过程中，如果体现了一定程度的创造性，则涉及侵犯张某继承人的改编权，即"改变作品，创作出具有独创性的新作品的权利"。因此，选项D当选。

2.**【参考答案】** BD

【解析】 《著作权法》规定了著作权和邻接权。著作权是著作权人对作品享有的权利，其中包括广播权，即"以有线或者无线方式公开传播或者转播作品，以及通过扩音器或者其他传送符号、声音、图像的类似工具向公众传播广播的作品的权利"，但不包括信息网络传播权的权利内容。邻接权保护作品传播者的权利，其中包括广播组织权、表演者权、录音录像制作者权、版式设计权等。

《著作权法实施条例》第4条第2项规定："口述作品，是指即兴的演说、授课、法庭辩论等以口头语言形式表现的作品。"本题中，张某在电视讲座节目中讲解养生之道，具有独创性，属于以即兴演说的方式表现的作品，即口述作品，张某为该口述作品的作者。甲电视台经张某许可，制作电视节目，属于录像制作者。《著作权法》第48条规定："电视台播放他人的视听作品、录像制品，应当取得视听作品著作权人或者录像制作者许可，并支付报酬；播放他人的录像制品，还应当取得著作权人许可，并支付报酬。"可知，乙电视台播放甲电视台的节目录像光盘，需取得著作权人张某以及录像制作者甲电视台的许可，在未经张某以及甲电视台许可的情形下播放节目录像光盘，侵犯了张某著作权中的广播权、甲电视台录像制作权中的许可电视台播放权。另外，《著作权法实施条例》第5条第6项规定："表演者，是指演员、演出单位或者其他表演文学、艺术作品的人。"可知，本题中张某是作者，而非表演者。因此，选项B、D正确，选项C错误。

《著作权法》第47条第1款规定："广播电台、电视台有权禁止未经其许可的下列行为：(一)将其播放的广播、电视以有线或者无线方式转播；(二)将其播放的广播、电视录制以及复制；(三)将其播放的广播、电视通过信息网络向公众传播。"可知，广播组织权的客体是广播组织播放的节目信号，但是在本题中，乙电视台并未转播甲电视台的讲座节目，也并未录制甲电视台的讲座节目，而是购买并播放甲电视台制作的节目录像光盘，因此不侵犯甲电视台的广播组织权。因此，选项A错误。

需要注意的是，《著作权法》第44条第1款前半句规定，"录音录像制作者对其制作的录音录像制品，享有许可他人复制、发行、出租、通过信息网络向公众传播并获得报酬的权利"。录音制作者、录像制作者均享有复制权、发行权、出租权、信息网络传播权，但是《著作权法》第48条规定的许可电视台播放权是录像制作者的专有权利，录音制作者并不享有许可电视台播放权。

3.**【参考答案】** AC

【解析】 首先，《专利法》第2条规定："本法所称的发明创造是指发明、实用新型和外观设计。

发明,是指对产品、方法或者其改进所提出的新的技术方案。实用新型,是指对产品的形状、构造或者其结合所提出的适于实用的新的技术方案。外观设计,是指对产品的整体或者局部的形状、图案或者其结合以及色彩与形状、图案的结合所作出的富有美感并适于工业应用的新设计。”可知,我国的专利包括发明专利、实用新型专利和外观设计专利,发明专利和实用新型专利是技术方案,而外观设计专利是新设计。由“口罩具有良好的过滤效果”以及“专利的技术参数是 A + B”可知,本题涉及的专利是一种技术方案,属于发明或者实用新型专利。

其次,我国发明或者实用新型专利的侵权包括字面侵权和等同侵权,分别采取全面覆盖原则和等同原则的侵权判断原则。等同侵权指的是侵权产品的技术特征为他人专利产品必要技术特征的等同替换,等同特征指的是与所记载的技术特征以基本相同的手段,实现基本相同的功能,达到基本相同的效果,并且具有本领域普通技术人员在被诉侵权行为发生时无须经过创造性劳动就能够联想到的特征。如果专利产品的必要技术特征都被侵权产品覆盖,都在侵权产品中得到体现,就满足全面覆盖原则,构成专利侵权。

本题中,乙享有专利权的技术方案是“A + B + C”,甲的技术方案是“A + B”,乙的技术方案中全部包含甲的技术特征,因此其实施专利需取得甲的许可。选项 B 中,丙公司生产口罩的技术特征为 A + C,乙技术方案中的技术参数为“A + B + C”,因此丙公司的技术方案比乙公司的技术方案少一个技术特征,不满足全面覆盖原则,丙公司若要生产 A + C 型口罩不需要经过乙的同意。选项 C 和选项 D 中,丙公司生产 A + B + C + D 型的口罩,技术特征全面覆盖甲公司和乙公司技术方案中的技术特征,因此丙公司若要生产 A + B + C + D 型的口罩,既需要经过甲的同意,也需要经过乙的同意。因此,选项 A、C 正确,选项 B、D 错误。

三、不定项选择题

【参考答案】 ABC

【解析】 选项 A 考查擅自注册被代理人商标的商标无效宣告事由。《商标法》第 15 条第 1 款规定:“未经授权,代理人或者代表人以自己的名义将被代理人或者被代表人的商标进行注册,被代理人或者被代表人提出异议的,不予注册并禁止使用。”可知,代理人未经被代理人许可擅自注册被代理人的商标,违反诚实信用原则,侵害被代理人的合法权益,该规定旨在禁止代理人的恶意抢注行为。根据《商标审查审理指南》的规定,《商标法》第 15 条第 1 款中的“代理人”不仅包括《民法典》总则及合同编中的代理人,也包括基于商事业务往来而可以知悉被代理人商标的经销商。故本题中的经销商甲属于《商标法》第 15 条第 1 款规定中的“代理人”,未经授权在与奔兔公司相同的箱包产品上注册相同的“奔兔”商标,构成擅自注册被代理人商标的情形。《商标法》第 45 条第 1 款规定:“已经注册的商标,违反本法第十三条第二款和第三款、第十五条、第十六条第一款、第三十条、第三十一条、第三十二条规定的,自商标注册之日起五年内,在先权利人或者利害关系人可以请求商标评审委员会宣告该注册商标无效。对恶意注册的,驰名商标所有人不受五年的时间限制。”故奔兔公司可以以经销商甲擅自注册其“奔兔”商标为由请求商标局商标复审部门(原商标评审委员会)宣告甲的“奔兔”商标无效,由于奔兔公司的“奔兔”商标产生了一定影响,但未构成驰名商标,故受到“奔兔”商标注册之日起 5 年时间的限制。因此,选项 A 正确。

选项 B 考查注册商标未经使用的侵权赔偿抗辩事由。虽然我国实行商标注册取得制度,但是商标的价值在于通过商标使用而发挥识别商品或者服务来源的作用,未经使用的商标并不具备识别商品或者服务来源的功能,以牟利为目的囤积商标的行为损害商标正常的注册管理秩序。因此,《商标法》第 64 条第 1 款规定:“注册商标专用权人请求赔偿,被控侵权人以注册商标专用权人未使用注册商标提出抗辩的,人民法院可以要求注册商标专用权人提供此前三年内实际使用该注册商标的证据。注册商标专用权人不能证明此前三年内实际使用过该注册商标,也不能证明因侵权行为受到其他损失的,被控侵权人不承担赔偿责任。”本题中,乙公司在皮带商品上注册“奔兔”商标以后从未使用,奔兔公司可以以此为侵权赔偿的抗辩事由。因此,选项 B 正确。

选项 C 考查先用权。先用权,是指在先使用商标的人,在他人将其在先商标注册以后,可以在原有范围内继续使用其商标的权利。先用权是一种抗辩权,是为了平衡商标注册人和商标在先使用人之间的利益。《商标法》第 59 条第 3 款规定:“商标注册人申请商标注册前,他人已经在同一种商品或者类似商品上先于商标注册人使用与注册商标相同或者近似并有一定影响的商标的,注册商标专用权人无权禁止该使用人在原使用范围内继续使用该商标,但可以要求其附加适当区别标识。”本题中,奔兔公司在箱包产品上在先使用“奔兔”商标,并且产生了一定影响,符合先用权的要件。因此,选项C正确。

选项D考查连续3年不使用的商标撤销事由。《商标法》第32条规定:“申请商标注册不得损害他人现有的在先权利,也不得以不正当手段抢先注册他人已经使用并有一定影响的商标。”本题中,奔兔公司未注册的“奔兔”商标属于在先使用并有一定影响的商标,乙公司在明知奔兔公司使用“奔兔”商标并产生一定影响的前提下,以高价转让给奔兔公司并从中牟利的目的注册“奔兔”商标,构成“以不正当手段抢先注册他人已经使用并有一定影响的商标”。根据《商标法》第45条第1款的规定,奔兔公司可以在乙公司注册“奔兔”商标后5年内请求宣告该注册商标无效。此外,《商标法》第49条第2款规定:“注册商标成为其核定使用的商品的通用名称或者没有正当理由连续三年不使用的,任何单位或者个人可以向商标局申请撤销该注册商标。商标局应当自收到申请之日起九个月内做出决定。有特殊情况需要延长的,经国务院工商行政管理部门批准,可以延长三个月。”本题中,乙公司并未实际使用过“奔兔”商标,奔兔公司在乙公司注册“奔兔”商标后无正当理由连续3年未使用的情形下即可向商标局申请撤销“奔兔”商标,而非D选项中的5年。因此,选项D错误。

2019年客观题试题

一、单项选择题

甲公司发明了一款车载空调并获得了专利,随后乙公司自己研发出了相同的技术生产了车载空调,并向丙公司销售了一批该空调,丁汽车公司从丙公司购买了一批该车载空调安装于其生产的汽车上,戊从丁公司购买了一辆汽车开展运输业务。关于甲公司获得专利,乙公司的研发销售等行为,丙、丁、戊均不知情。下列说法正确的是?(　　)

A. 乙公司自己研发技术并实施,没有侵犯甲公司的专利权

B. 丙公司不知情且有合法的购货来源,所以没有侵犯甲公司的专利权

C. 丁公司应当承担赔偿责任

D. 戊公司可以不停止使用

二、多项选择题

甲写了个侮辱英烈陈某的小说,发在网上。丙是甲的朋友,然后据此小说拍成了电视剧。乙根据小说画了漫画。陈某的遗孀现在要起诉他们。对此,下列哪些说法是正确的?(　　)

A. 可以起诉甲侵犯陈某的名誉

B. 可以起诉乙侵犯陈某的名誉

C. 丙侵犯了甲的著作权

D. 乙侵犯了甲的著作权

2019年客观题试题参考答案及解析

一、单项选择题

【参考答案】 D

【解析】 《专利纠纷解释(二)》第25条第1款规定:“为生产经营目的使用、许诺销售或者销售不知道是未经专利权人许可而制造并售出的专利侵权产品,且举证证明该产品合法来源的,对于权利人请求停止上述使用、许诺销售、销售行为的主张,人民法院应予支持,但被诉侵权产品的使用者举证证明其已支付该产品的合理对价的除外。”本题中,甲公司获得专利权,在甲公司获得专利后乙公司对其自主研发的技术不具有先用权,所以乙公司未经许可制造和销售的行为为侵权行为,A项错误。

丙公司和丁公司作为“善意”销售者,侵犯了甲公司的专利权,需停止侵权,但不承担赔偿责任,也不被行政处罚,故B、C项错误。

戊公司作为“善意”使用者,其行为虽是侵权行为,但其有合法购货来源,所以不承担赔偿责任且可以不停止使用也无须支付费用,D项正确。

二、多项选择题

【参考答案】 ABCD

【解析】 A、B两项考查名誉权侵权。《民法典》第185条规定:“侵害英雄烈士等的姓名、肖像、名誉、荣誉,损害社会公共利益的,应当承担民事责任。”可知,侵犯英雄烈士名誉权的,应当承担责任。本题中,甲和乙的行为均对英雄烈士的名誉造成影响,英雄烈士的近亲属有权起诉,A、B项当选。

C、D两项考查著作权侵权。《著作权法实施条例》第2条规定:“著作权法所称作品,是指文学、艺术和科学领域内具有独创性并能以某种有形形式

复制的智力成果。”可知,著作权的客体是具有独创性的作品。本题中,甲创作的小说内容涉及侮辱先烈,属于侵权作品,具有“独创性”和“违法性”双重特点。然而“独创性”是作品享有著作权的主要原因,“违法性”不会导致作品丧失“独创性”,故侵权作品也应当受《著作权法》调整和保护。因此,甲依法享有对小说的著作权。

《著作权法》第10条规定:“著作权包括下列人身权和财产权:……(十三)摄制权,即以摄制视听作品的方法将作品固定在载体上的权利;(十四)改编权,即改变作品,创作出具有独创性的新作品的权利……”可知,作品的摄制权和改编权归著作权人享有。本题中,丙将甲的小说拍成电视剧的行为,侵犯了甲的摄制权;乙将小说改编成漫画的行为,侵犯了甲的改编权。故C、D项当选。

2023年客观题试题

一、单项选择题

1. 张锋投资设立平江公司(自然人独资),后来又投资设立了平江个人工作室(个人独资企业)。在张锋操盘两家企业的运营的过程中,平江公司与平江个人工作室的核心人员交叉任职,共同结算账户。2023年张锋去世,他的两个儿子张江和张海决定共同经营这两家企业。下列有关说法正确的是?(　　)

A. 张锋投资平江公司后,有权再设立平江个人工作室

B. 张江和张海应先将平江公司清算注销后,再设立新的公司

C. 张江和张海应将平江个人工作室分立为两家个人独资企业分别继承

D. 张江和张海无须对平江公司的债务承担责任

2. 甲、乙、丙共同出资设立天枫公司,持股比例分别为35%、35%、30%。丙准备将股权转让给丁,丙与丁签署了《股权转让意向书》,约定:丙不履行该意向书的,应双倍返还定金,丁不履行该意向书的,定金被没收。丙就此事宜通知了甲和乙,甲、乙均主张优先购买权,丙遂表示不同意转让股权。下列有关说法正确的是?(　　)

A. 甲和乙以同等条件主张优先购买权应被支持

B. 甲和乙有权要求丙赔偿其合理损失

C. 甲和乙应按同等比例享有优先购买权

D. 丁有权要求丙继续履行《股权转让意向书》将股权转让给自己

3. 李某是某市国资委副主任,主管工业发展建设。在职期间向甲房地产公司投资500万元,占股20%,此股权由王某代为持有,二人签署代持股协议,约定由李某实际投资并享有投资收益,王某仅为名义股东,李某实际参与公司的经营。甲房地产公司经营良好,2年后王某将该股权转让给不知情的赵某并办理了股权转让手续。据查,李某给甲房地产公司的出资款为其受贿所得。下列说法正确的是?(　　)

A. 因为李某是公务员,其与王某签署的代持股协议无效

B. 王某将股权转让给赵某的行为是无效的

C. 对李某的违法犯罪行为予以追究、处罚时,应当采取拍卖或者变卖的方式处置卖于赵某的股权

D. 对李某的违法犯罪行为予以追究、处罚时,应追缴该股权的转让价款

4. 乙公司是甲公司的长期合作伙伴,采用月结的方式结算货款,每月月底乙公司开具一张支票给甲公司结算当月的货款,双方完成对账后,由甲公司填写金额并向银行请求付款。2023年7月,乙公司按照惯例开出支票给甲公司,被甲公司的财务人员遗失,丙公司捡到以后,填写了金额并伪造了甲公司的签章将支票背书给自己,随后向银行请求付款,银行向丙公司给付了票据金额。下列说法正确的是?(　　)

A. 乙公司出票时未填写票据金额,该支票无效

B. 该支票有效

C. 银行错误支付款项给丙公司,仍应承担票据的付款义务

D. 丙公司依法取得票据权利

5. 浪奇公司通过虚构大宗商品贸易、虚增存货等方式,累计虚增收入129亿元,虚增资产20亿元,构成系统性财务造假,8050名投资者因此受到损害,浪奇公司的财务造假行为被查处,80名受损投资者委托投资者保护机构作为代表提起诉讼,其中甲公司明确表示不愿意参加该诉讼。下列有关说法正确的是?(　　)

A. 该案件的判决结果对全体的投资者有效

B. 该案件的判决结果对除甲公司外的其余投资者有效

C. 该案件的判决结果只对作出委托的80名投资者有效

D. 该案件中,其他投资者应向法院申请登记,判决结果对登记的投资者才有效

二、多项选择题

1. 卓宇能源公司因经营不善,就是否解散而召开股东会。持股60%的股东甲同意解散,持股40%的股东乙反对,拒绝签字,并在股东会决议上

注明:“卓宇能源公司曾在陷入困境时向乙借款2000万元,未提供担保,公司需在偿还该笔借款后再进行决议是否解散。”后法院受理了卓宇能源公司的破产重整申请,法院指定管理人后,股东乙申报了2000万元债权,债权人丙向管理人申报了1000万元债权。以下说法正确的是?( )

A. 卓宇能源公司的股东会决议有效

B. 卓宇能源公司的股东会决议不成立

C. 乙的债权应劣后于丙受偿

D. 乙的债权应与丙同等受偿

2. 甲股份有限公司的股东乙持股51%,丙持股1%,由11名董事组成董事会,张某是董事之一。在任期届满前,张某向公司提交了书面辞职申请。甲股份有限公司欲召开股东会补选董事,董事会根据大股东乙的提名确定李某为董事候选人,丙提名赵某为董事候选人。下列有关说法正确的是?( )

A. 张某的辞职申请送达董事会时,辞职生效

B. 在公司补选的董事就任前,张某仍应履行董事职务

C. 经出席股东会的股东所持表决权过半数同意即可选举董事

D. 丙提名的董事候选人应被股东会审议

3. 张某和王某共同出资设立甲公司,张某持股10%,王某持股90%,王某担任公司的法定代表人。甲公司章程约定:公司不得对外捐款。在某慈善晚宴中,王某欲代表甲公司向某扶贫慈善基金会捐款50万元。就此捐赠事项,甲公司召开股东会,在王某同意、张某反对的情形下作出股东会决议,随后王某代表甲公司与该扶贫慈善基金会签署捐赠协议。下列说法正确的是?( )

A. 张某有权在法定期限内申请撤销甲公司的股东会决议

B. 甲公司章程中有关禁止捐赠的内容无效

C. 甲公司有权要求王某赔偿损失

D. 在捐赠资金支付之前,甲公司有权撤销捐赠

4. 张某、宋某、李某等13名股东出资设立甲公司,张某担任公司的董事长和法定代表人。据查宋某与王某签署了代持股协议,约定王某实际出资并享有实际出资收益,由宋某代持股权,甲公司的股东名册及工商登记中均为宋某,对此张某知情。李某经其他股东过半数同意将股权对外转让给刘某,但未办理股东名册和工商登记的变更手续。甲公司欲分配2022年度的利润。下列有关说法正确的是?( )

A. 甲公司召开股东会应通知王某

B. 甲公司召开股东会应通知刘某

C. 宋某有权参与甲公司的利润分配

D. 李某有权参与甲公司的利润分配

5. 甲、乙、丙、丁、戊五人共同设立了山奇加工厂(以下简称山奇厂,普通合伙企业)。合伙人共同商定由甲、乙两人共同执行合伙事务。2023年5月,甲单独以山奇厂的名义和不知情的供应商A签订了建材买卖合同。2023年6月,甲、乙共同决议以山奇厂的名义和B签订了合作开发协议。丙经过甲和乙的同意,以合伙份额为C设立质权。下列说法正确的是?( )

A. 甲代表山奇厂与A签订的买卖合同,对山奇厂发生法律效力

B. 甲和乙代表山奇厂与B签订的合作开发协议,对山奇厂发生法律效力

C. 对于甲签订的建材买卖合同,只有乙有权提出异议

D. 丙为C设立质权,经过了甲和乙的同意,C获得质权

6. 张某独资设立个人独资企业甲咨询服务所,因经营不善,拖欠诸多债务无力清偿,被债权人申请破产清算,清算人核查资产债务后,发现清算费用有10万元,拖欠工人工资10万元,欠缴税款5万元,拖欠其他债权人20万元,甲咨询服务所的财产不能清偿全部债务。下列说法正确的是?( )

A. 甲咨询服务所资不抵债,被法院宣告破产注销后,未清偿的债务无须清偿

B. 甲咨询服务所的财产在支付清算费用后应优先清偿工人工资

C. 甲咨询服务所不能清偿的税款,由张某以个人财产承担无限责任

D. 甲咨询服务所不能清偿的其他债权,由张某以家庭财产承担无限责任

三、不定项选择题

1. 甲、乙、丙共同出资设立捷光公司,持股比例分别为56%、43%、1%。甲、乙和外聘的张某组成董事会,甲担任董事长和法定代表人,乙兼任总经理,丙没有任何职务。因为不能及时完成战略转型,捷光公司经营陷入困境,拖欠丁的巨额款项无力清偿。捷光公司股东会决议解散公司。下列有关说法正确的是?( )

A. 甲有义务组织清算

B. 乙有义务组织清算

C. 丙有义务组织清算

D. 丁有权加入清算组

2. 甲、乙、丙共同出资设立世峰装修工作室(普通合伙企业,以下简称工作室)。合伙协议约定:由甲执行合伙事务,乙和丙不参与合伙事务执行。后工作室经营不善面临困境,丙自朋友处获知其有一批稀缺材料,对工作室的业务复苏至关重要,但朋友要求预付100万元定金。丙就此事项征询乙和甲的意见,乙觉得有利润前景遂表示同意,甲坚决反对。随后丙代表工作室与其朋友签订了购销合同。下列说法正确的是?(　　)

A. 丙可以撤销对甲执行合伙事务的委托

B. 必须经甲、乙、丙一致同意,工作室才能与丙的朋友签署购销合同

C. 工作室对该购销合同事后追认的,该合同有效

D. 丙代表工作室与朋友签署的购销合同有效

3. 法院依法受理了甲公司的破产清算申请并指定了管理人。甲公司的大股东及法定代表人是王某,公司的核心财务资料及印章由王某保管。管理人要求王某交接相关资料,王某回外地老家处理私人事宜,拒归,并告知管理人,甲公司的小股东周某也了解公司情况,让周某配合管理人。据查周某未在甲公司担任任何职务。下列有关说法正确的是?(　　)

A. 周某有义务配合管理人

B. 法院可拘留王某

C. 因王某不配合,人民法院可直接终结破产程序

D. 法院可对王某罚款

4. 张某担任甲公司的总经理。2022年3月,法院依法受理了甲公司的破产清算申请并指定了管理人。2022年1月,在甲公司已经资不抵债的情形下,张某利用职权获得了35万元的年终奖。管理人要求张某返还该笔款项,但未将该笔款项列入债权表,张某与管理人沟通未果。下列有关说法正确的是?(　　)

A. 张某的年终奖属于非正常收入,管理人有权要求张某返还

B. 张某返还年终奖后所形成的债权,属于职工债权

C. 张某可向法院起诉管理人,确认债权

D. 张某可向法院起诉甲公司,确认债权

5. 甲向乙购买一批货物,为支付货款签发了一张100万元的银行承兑汇票,6个月后到期,工商银行进行了承兑。乙因急需用钱,以该汇票向丙进行了贴现,获得资金95万元,丙将汇票背书转让给丁。票据到期后,丁向工商银行主张付款,因为甲的账户资金不足,被工商银行拒付。丁经营管理混乱,一年后人民法院依法受理了丁的破产申请,丁仍未主张追索权。下列有关说法正确的是?(　　)

A. 甲的账户资金不足,工商银行有权对丁拒绝付款

B. 工商银行已经拒绝付款,无须对丁承担票据责任

C. 丙有权以贴现无效为由拒绝向丁承担票据责任

D. 乙有权拒绝向丁承担票据责任

6. 甲公司和乙公司之间签订了买卖合同,后甲公司将一张承兑汇票背书转让给乙公司作为货款。乙公司要求银行付款时,发现该汇票已经由丙公司申请了公示催告程序,催告期间届满,无人申报权利,丙公司申请法院对该汇票作出了除权判决。乙公司可以下列哪些方式进行救济?(　　)

A. 把汇票退给甲公司,要求甲公司通过其他方式支付货款

B. 向作出除权判决的法院提出第三人撤销之诉

C. 向作出除权判决的法院申请再审

D. 向作出除权判决的法院起诉丙公司

2023年客观题试题参考答案及解析

一、单项选择题

1.【参考答案】 A

【解析】 A项,张锋投资一人公司后,可继续投资一人公司以外的其他企业类型,比如参股其他公司,出资设立合伙企业,出资设立个人独资企业,A项正确。

B项,股东张锋死亡后,其股权可由张江和张海继承,彼时平江公司应修改公司章程及相关文件,并办理变更登记,变更为普通的有限公司,无须将平江公司注销,B项错误。

C项,投资人张锋死亡后,平江个人工作室可分立为两个个人独资企业由两个继承人分别继承,或者变更为普通合伙企业由两个继承人共同继承,C项说法过于片面,错误。

D 项，平江公司与平江个人工作室人格混同，应认定为股东张锋与平江公司人格混同，张锋应对平江公司的债务承担连带责任。张锋去世后，张江和张海继承了张锋的遗产，应在继承财产的范围内继续承担责任，D 项错误。

综上，本题答案为 A。

2.【参考答案】 B

【解析】 A 项，股东转让股权是其他股东行使优先购买权的前提条件，若股东不转让股权，该前提条件消灭，优先购买权当然无法行使。除非公司章程有规定或者全体股东有约定。本案中，公司章程或全体股东没有特别约定，丙反悔后，甲和乙的优先购买权不应被支持，A 项错误。

B 项，在丙反悔，放弃转让的情形下，如果甲和乙欲行使优先购买权而为履行合同进行了必要的准备，比如聘请律师审查合同，准备资金等，必然会因为放弃转让股权而付之东流，可能产生一定的经济损失，此损失应属于缔约过失，应由丙对甲和乙承担赔偿责任，B 项正确。

C 项，第一，根据 A 项的解析，甲和乙无法行使优先购买权；第二，即使甲和乙有权行使优先购买权，对于各自的购买比例首先应协商，协商不成时才需要按各自的出资比例来行使，C 项说法过于绝对，错误。

D 项，应当将《股权转让意向书》认定为丙丁双方当事人为订立《股权转让协议》而签订的预约合同，双方均有权放弃该意向书。本案中丙放弃转让股权，则需按意向书承担双倍定金返还的义务，丁无权强求丙转让股权，D 项错误。

综上，本题答案为 B。

3.【参考答案】 D

【解析】 A 项，代持股协议为李某和王某基于合意签署的合同，没有违反法律、行政法规的强制性规定，因而有效，至于李某违反了《公务员法》中有关职务回避的要求的问题，李某为此承担责任即可，A 项错误。

B 项，名义股东转让代持的股权的，参照善意取得制度。本案中受让人赵某为善意相对人，且办理了股权转让手续，该转让行为有效，赵某善意取得了该股权，B 项错误。

C、D 项，股权被赵某善意取得后，该股权不再归李某（王某代持），对李某的违法、犯罪行为追究、处罚时，不能拍卖赵某合法持有的股权，但该股权的受让款作为赃款的投资收益应被追缴，C 项错误，D 项正确。

综上，本题答案为 D。

4.【参考答案】 B

【解析】 A 项，虽然金额是支票的绝对必要记载事项，但是出票时未记载，使用前将金额补齐是有效的。A 项错误。

B 项，首先，虽然该支票在出票时未记载金额，但金额在使用前补齐的不影响票据效力；其次，虽然存在被伪造的情形，但伪造签章不影响票据的效力。B 项正确。

C 项，付款人的审查义务是形式审查，银行虽然未发现该支票被伪造，但已经尽了形式审查义务履行付款责任，无须再重复承担票据的付款义务。C 项错误。

D 项，丙公司是“始作俑者”，不可能因此获得票据权利。首先，丙公司与甲公司之间没有真实的交易关系，该背书行为不符合诚实信用的基本原则；其次，丙公司存在恶意伪造签章及背书的行为，不能善意取得该票据。故丙公司不能取得票据权利。D 项错误。

综上，本题答案为 B。

5.【参考答案】 B

【解析】 本案中适用了特殊的代表人诉讼制度，该制度是 2019 年《证券法》修改时引进的新制度。在虚假陈述等证券民事赔偿诉讼案件中，受损害的投资者往往人数众多，投资者保护机构受 50 名以上投资者委托，可以作为代表人参加诉讼，并为经证券登记结算机构确认的权利人依照《证券法》第 95 条第 2 款的规定向人民法院登记，但投资者明确表示不愿意参加该诉讼的除外。“默示加入，明示退出”的原则既保障了全面性，又兼顾了灵活性，能高效完善地保护投资者。

本案中，只有甲公司明确提出不同意参加诉讼而退出本案，其余投资者均能适用本案判决，只有 B 项表述正确。

综上，本题答案为 B。

二、多项选择题

1.【参考答案】 BD

【解析】 A、B 项，卓宇能源公司的股东会讨论公司是否解散，根据《公司法》的规定，此事项作为“七件大事”之一，需要经代表 2/3 以上表决权的股东通过。本案中的股东会决议只有代表 60% 表决权的股东甲同意，表决结果未达到《公司法》规定的通过比例，属于“票不够”的情形而决议不成立，A 项错误，B 项正确。

C、D 项，股东乙对卓宇能源公司的债权合法有效,应获得清偿。该债权无担保属于普通债权,丙对卓宇能源公司的债权也属于普通债权,在卓宇能源公司的破产重整程序中,二者应平等按比例获得清偿,D 项正确,C 项错误。

综上,本题答案为 BD。

2.【参考答案】 AC

【解析】 A、B 项,董事与公司之间形成的是委托法律关系,故张某有权单方无因辞职。本案中,甲股份有限公司由 11 名董事组成董事会,即使张某辞职,也不会使董事会人数低于法定最低限额的 3 人,故张某无须超期履职,其辞职申请送达董事会时辞职生效,A 项正确,B 项错误。

C 项,甲股份有限公司章程对选举董事没有特别约定,应按简单多数的原则来表决,鉴于选举董事并非“七件大事”的内容,因此由出席股东会的股东所持表决权过半数通过,C 项正确。

D 项,在我国目前立法中对单独的董事提名权没有规定,同时在公司实践中,对提名的主体、被提名对象等也没有一个通用的标准,因此,目前董事提名权并非一项法律意义上单独的权利。实践中通常由股东提出新增或改选董事人选,前一届董事会对该股东的提名形成决议,继而以董事会的名义提交股东会决议通过,由此选举出新的董事及董事会。

从上述董事提名过程可以看出,在董事会中没有董事席位的股东,实际上不能当然行使向股东会选举和更换董事的提名权。对此《公司法》就股份有限公司规定了唯一的救济方式。根据《公司法》第 115 条第 2 款的规定,单独或合计持有公司 1% 以上股份的股东,可以在股东会会议召开 10 日前提出临时提案并书面提交董事会。根据该条的规定,中小股东可以绕开董事会,在单独或合计持有公司股份达到 1% 以上时,以临时提案的方式向股东会行使选举和更换董事的提名权。本案中丙的持股比例未超过 1%,无权行使临时提案权,故其提名的董事候选人不能被股东会审议,D 项错误。

综上,本题答案为 AC。

3.【参考答案】 AC

【解析】 B 项,甲公司章程规定的禁止捐赠内容,属于意思自治事项,没有违反法律、行政法规的强制性规定,是有效的。B 项错误。

A 项,甲公司有关捐赠的股东会决议内容违反了公司章程,股东张某有权在决议作出后的 60 日内向法院申请撤销该决议。A 项正确。

C 项,王某执行职务时违反了公司章程,给公司造成损失的,应当承担赔偿责任。C 项正确。

D 项,甲公司对扶贫慈善基金会的捐赠具有公益、道德义务性质,不适用“赠与人在赠与财产的权利转移之前可以撤销赠与”的规则,D 项错误。

综上,本题答案为 AC。

4.【参考答案】 CD

【解析】 本案中有两组法律关系:

(1)宋某与王某的代持股协议。宋某是名义股东,享有股东权利、承担股东义务;王某是实际出资人,不是甲公司的股东。

A、C 项,出席股东会、参与利润分配均属于股东的权利,在代持股关系中,名义股东宋某才是公司的股东,因此甲公司召开股东会应通知宋某,并由宋某参与公司的利润分配,当宋某分到公司利润后,应根据代持股协议交还给王某。故 A 项错误,C 项正确。

(2)李某和刘某之间的股权转让法律关系。因未办理股东名册和工商登记的变更手续,受让人刘某尚未取得公司的股东资格。

B、D 项,甲公司召开股东会应通知股东李某并由李某参与公司的利润分配。故 B 项错误,D 项正确。

综上,本题答案为 CD。

5.【参考答案】 ABC

【解析】 A 项,虽然甲越权执行合伙事务,但相对人 A 是善意的,该合同有效,山奇厂应承担合同义务。A 项正确。

B 项,甲和乙按照合伙协议的授权共同执行合伙事务,该合同有效,山奇厂应承担责任。B 项正确。

C 项,异议权是在合伙人执行合伙事务的前、中、后随时随地关注并提出疑问的权利,只有合伙事务执行人有此机会和条件,故合伙事务执行人之间才有异议权。本案中甲执行事务,只有乙有异议权。C 项正确。

D 项,普通合伙企业是具备极强人合性的企业类型,普通合伙人的份额质押,给合伙企业带来了充分的不确定性,必须经其他合伙人一致同意才能设定,否则质押无效。本案中,丙只经过了甲和乙的同意,没有经过丁和戊的一致同意,因此丙以其合伙份额为 C 设立的质押无效,给 C 造成的损害由丙负责赔偿。D 项错误。

综上,本题答案为 ABC。

6.【参考答案】 BC

【解析】 A 项,甲咨询服务所作为个人独资企业是非法人组织，即使被注销，原投资人对个人独资企业存续期间的债务仍应承担偿还责任，但债权人在5年内未向债务人提出偿债请求的，该责任消灭。A项错误。

B项，个人独资企业的财产在支付清算费用后，按顺序清偿：职工工资 > 税款 > 其他债权。B项正确。

C、D项，对于甲咨询服务所无力清偿的债务，投资人以个人财产承担无限责任。例外情形是个人独资企业的投资人在申请企业设立登记时明确以其家庭共有财产作为个人出资的，应当依法以家庭共有财产对企业债务承担无限责任。本案中没有表明例外情形，因此对于甲咨询服务所无力清偿的债务应由张某以个人财产承担无限责任。C项正确，D项错误。

综上，本题答案为BC。

三、不定项选择题

1.**【参考答案】** AB

【解析】 我国《公司法》第232条中规定“董事为公司清算义务人”，本案中，大股东甲和乙是公司的董事且担任要职，必然应承担即时清算的义务，A、B项正确。

C项，丙不是捷光公司的董事，丙有参加清算的权利，但是丙没有清算的义务或责任，C项错误。

D项，丁作为债权人，与公司的清算存在直接的利害关系，无法做到持身中正，不能担任清算组成员，D项错误。

综上，本题答案为AB。

2.**【参考答案】** AD

【解析】 A项，甲作为合伙事务执行人，不顾全合伙企业的大局，不能为合伙企业的利益和未来考虑，难堪重任，其他合伙人可以决定撤销该委托，A项正确。

B项，工作室与丙的朋友签署的购销合同属于日常业务合同，不属于《合伙企业法》第31条规定的“三改变、两处分、两他人”的七件大事的范畴，无须合伙人一致同意，B项错误。

C、D项，丙作为非执行人，不应代表工作室签署合同，但基于维护交易秩序稳定的原则和对善意相对人的保护规则，其签署的合同依然有效。如果因此给合伙企业造成损害，则由丙对合伙企业承担赔偿责任，C项错误，D项正确。

综上，本题答案为AD。

3.**【参考答案】** BD

【解析】 A项，《公司法》第232条规定，董事为公司清算义务人。本案中，小股东周某未在公司任职，不属于上述人员范围，无须承担配合清算的义务及责任。A项错误。

B、D项，在甲公司被受理破产清算后，未经法院许可，法定代表人王某擅自离开住所回外地老家，人民法院可以予以训诫、拘留，可以依法并处罚款。B、D项正确。

C项，因王某不配合，债务人拒不提交相关资料的，人民法院可以对直接责任人员依法处以罚款，但不能直接终结破产程序。C项错误。破产程序终结的适用情形有两大类：一是“绝望”，即债务人弹尽粮绝，无财产可供分配；二是“圆满”，即债务人与债权人和解，或债权被全额清偿，总之是在债权债务关系彻底结束的时候才能适用。仅仅因为债务人或其有关人员不配合清算、不提交相关资料不能直接终结。

综上，本题答案为BD。

4.**【参考答案】** AD

【解析】 A项，在甲公司已经资不抵债的情形下，张某利用职权获得的年终奖属于非正常收入，管理人有权追回，A项正确。

B项，年终奖作为非正常收入因不合情而被追回，但毕竟合法，故张某返还该款项后有权获得债权，年终奖作为“绩效奖金”应属于普通债权，而非职工债权，B项错误。

C、D项，因张某对其享有的对于甲公司的债权有异议，提起债权确认之诉时应以债务人甲公司为被告，C项错误，D项正确。

综上，本题答案为AD。

5.**【参考答案】** BD

【解析】 A项，因为票据的无因性，当工商银行承兑后成了第一顺位付款的义务人，到期应对持票人无条件付款，出票人甲的账户资金不足，并非工商银行抗辩的法定理由，A项错误。

B项，工商银行拒绝付款后，丁应向其前手义务人主张追索权，而工商银行不是追索权的行使对象，所以工商银行不再承担票据责任。但工商银行故意压票，拖延支付的，可根据《票据法》第105条由金融行政管理部门处以罚款，对直接责任人员给予处分，给持票人造成损失的，依法承担赔偿责任，B项正确。

C项，贴现体现的是背书转让的法律关系，乙向丙贴现，提前获得相应的现金，需要向丙支付一定的资金占用利息（贴现息），丙将扣除贴现利息后的金额支付给乙，并没有违反法律或行政法规的强制性规定,是有效的。丙的抗辩理由不成立,C 项错误。

D 项,因为丁超过了追索权的行使时效,丧失了追索权,乙无须对丁承担票据责任,D 项正确。

综上,本题答案为 BD。

6.**【参考答案】** AD

【解析】 本题是对实体法和程序法的融合考查。从程序法的角度,首先,公示催告程序作为非讼程序,不能适用再审,也不能适用第三人撤销之诉,B、C 选项错误。其次,丙公司经公示催告程序后申请法院作出了除权判决,乙公司作为利害关系人因正当理由不能在除权判决作出前向法院申报权利,可以自知道或者应当知道判决公告之日起 1 年内,向作出除权判决的法院起诉,故本题 D 选项正确。从实体角度而言,甲公司将一张承兑汇票背书转让给乙公司作为货款,因为该承兑汇票被宣告无效,乙公司无法行使票据权利,乙公司可以向其前手甲公司退票,并请求甲公司另行给付买卖合同关系下的对价,故乙公司可以将该汇票退给甲公司,要求甲公司通过其他方式支付货款,A 选项正确。

综上,本题答案为 AD。

2022 年客观题试题

一、单项选择题

1. 2016 年 8 月,杨某、华某、方某成立甲公司,注册资本 600 万元,三股东分别认缴 150 万元、240 万元、210 万元,华某为执行董事和法定代表人。公司章程规定,各股东于 2021 年 8 月 30 日缴足出资。杨某代陈某持股,对此华某、方某均知情。2021 年 10 月 4 日,华某以甲公司的名义催告杨某于 10 月 31 日缴足出资。10 月 20 日,杨某与方某达成协议,将其股权全部转让给了方某。基于上述事实,下列说法正确的是:( )

A. 杨某是公司股东,向方某转让股权有效

B. 杨某代持陈某的股权,杨某将股权转让给方某系无权处分

C. 杨某虽代持陈某的股权,但仍应按章程约定期限履行出资义务

D. 因华某明知杨某与陈某之间是代持股协议关系,故应请求陈某履行出资义务

2. 甲、乙、丙、丁共同出资成立伍元公司,从事毛呢纺织业务,甲是负责采购的总经理。甲独资设立湟源公司,从事毛呢原料的销售业务。甲经过乙、丙、丁同意,将湟源公司的毛呢原料销售给伍元公司,合同金额 500 万元。后来,乙、丙、丁发现该批原料的价格远远低于市场价。对此,下列说法中正确的是:( )

A. 乙可以伍元公司的名义起诉甲,要求其承担赔偿责任

B. 甲应对伍元公司承担赔偿责任

C. 因为乙、丙、丁同意湟源公司与伍元公司的交易,故该交易合法,甲无须承担责任

D. 乙有权向伍元公司书面申请查阅并复制公司财务会计账簿

3. 汪某是蓝鸥公司的大股东和法定代表人。为公司上市融资,汪某以个人名义和公司名义分别与爱思基金签订增资协议。该协议约定,蓝鸥公司全体股东放弃对此次增资的优先认缴权,爱思基金投资 2 亿元用以增加公司资本。汪某与蓝鸥公司承诺,爱思基金增资后 3 年内公司完成上市,若未完成该目标,汪某以市场价格收购爱思基金持有的公司股权,且蓝鸥公司以当年公司全部利润为汪某收购股权提供担保。下列说法正确的是:( )

A. 蓝鸥公司以当年公司全部利润为汪某收购股权提供担保,因违反利润分配原则无效

B. 蓝鸥公司以当年公司全部利润为汪某收购股权提供担保,因违反资本维持原则无效

C. 该协议涉及其他股东优先认缴权的约定,其他股东可主张无效

D. 蓝鸥公司为汪某收购股权提供担保,须经股东会决议通过,且汪某无表决权

4. 甲、乙、丙共同出资设立古德古玩店(普通合伙企业)。甲用一套商住房屋的使用权和现金 100 万元出资,房屋交付古玩店作为经营店面,但是没有过户登记。现金按合伙协议约定应于 2025 年 12 月底前缴纳。古玩店欠丁公司货款到期后无力清偿。下列有关说法正确的是:( )

A. 丁公司可要求甲对古玩店提前缴纳出资

B. 丁公司可要求甲对古玩店未清偿的债务承担无限连带责任

C. 甲应将房屋过户给古玩店并办理登记手续

D. 甲可以未到出资期限抗辩丁公司的偿债请求

5. 甲出资设立一个花店(个人独资企业),花店成立后聘用了秦某做店长负责花店的事务管理,约定秦某仅在 50 万元的交易额范围内代表花店签订合同。后秦某未经甲同意与乙签订了 80 万元的订

货合同,并以该花店的店面设定抵押。后花店无力清偿乙的货款。对此,以下说法正确的是:(　　)

A. 该抵押行为有效

B. 该订货合同无效

C. 甲可以因秦某行为解聘秦某

D. 乙对店面的变现财产主张优先受偿,甲无权拒绝

6. 甲公司从事房地产开发,为筹措资金向乙银行借款500万元,借期2年,由丙公司承担连带责任担保。到期后,甲公司无力向乙银行清偿贷款,乙银行向法院申请甲公司破产,法院受理并指定丁律所担任破产管理人。管理人调查后,发现丙公司尚有清偿能力。下列说法正确的是:(　　)

A. 乙银行有权要求法院提供收到破产申请和所附证据的书面凭证

B. 甲公司可以丙公司未丧失清偿能力为由,主张不具备破产原因而继续经营

C. 法院可判决驳回乙银行的诉讼请求

D. 乙银行对法院驳回申请不服的,可以在法定期限内向上一级法院上诉,也可以直接向上一级法院提出破产申请

7. 甲公司于2022年8月1日被法院受理破产,破产管理人发现甲公司于2022年5月向乙公司全额支付货款1200万元用于订购某一设备,乙公司于2022年7月29日向甲公司发货,甲公司于2022年8月13日收到该设备。下列有关说法正确的是:(　　)

A. 该设备属于甲公司的债务人财产

B. 乙公司有权取回该设备

C. 甲公司有权要求乙公司返还货款1200万元

D. 管理人有权决定解除该合同

8. 甲公司向乙银行借贷100万元,丙公司为其提供担保。甲公司股东之间矛盾重重,已经3年多没有召开股东会,法定代表人和主要管理人员均下落不明,经营陷入困境。乙银行的贷款到期后,甲公司未清偿,乙银行向法院申请甲公司破产,法院受理后指定了丁为破产管理人。管理人发现甲公司的资产负债表中的资产大于负债。下列说法正确的是:(　　)

A. 因甲公司的资产足以清偿全部债务,故不具备破产原因

B. 甲公司可以丙公司有清偿能力而申请继续经营

C. 乙银行向甲公司申报破产债权后不能向丙公司主张担保责任

D. 乙银行向甲公司申报破产债权后仍有权向法院起诉,请求丙公司承担担保责任

9. 锡云公司派代表陆某参加展销会,蓝天公司的业务员杜某在展销会上选中了锡云公司的设备。杜某代表蓝天公司向锡云公司采购设备若干,并以蓝天公司的名义开具支票来支付货款,但该支票未加盖蓝天公司的印章。后锡云公司将该支票背书转让给丁。对此,下列说法正确的是:(　　)

A. 因缺少蓝天公司的签章,该支票无效

B. 因蓝天公司未签章,丁有权向杜某主张追索权

C. 丁经背书取得票据,是合法的票据持有人,享有票据权利

D. 丁有权向锡云公司行使追索权

10. 甲为自己的车买了一年的商业车险,承保车辆用途填写的是家庭自用。后甲将车以每月4000元的价格租给乙用于开网约车。某日,乙开车的时候不小心掉入河里。造成车的损失若干。下列有关说法不正确的是:(　　)

A. 保险合同有效,保险公司应承担赔偿责任

B. 因车辆的危险程度显著增加,保险公司有权解除保险合同

C. 如果甲未如实告知,保险公司有权拒绝赔偿

D. 如果保险公司解除合同,应当将剩余的保险费退还投保人

11. 张某到甲公司购买保险,甲公司指定了一家医院让张某做体检,体检报告记录:肺部X光片显示,有阴影,怀疑肺部结节。9月5日,张某拿着体检报告同甲公司保险业务员签订保险合同,在肺部是否有疾病处勾选"否",业务员未仔细检查,即代表甲公司与张某签订了保险合同。9月20日张某交了保险费。9月21日张某去医院检查确诊肺癌。下列说法正确的是:(　　)

A. 张某没有履行如实告知义务,保险公司可以解除保险合同

B. 张某没有履行如实告知义务,保险公司无须承担赔偿责任

C. 张某已经到甲公司指定的医院检查,免除了如实告知的义务

D. 保险公司应该承担赔偿责任

二、多项选择题

1. 福安股份是一家非上市股份公司,注册资本2亿元。2021年4月的财务会计报告显示2020年亏损0.4亿元。经过一年的努力,经营有所好转,2021年税后利润0.8亿元。下列说法正确的有:(　　)

A. 福安股份2021年的0.8亿元税后利润应先弥补上一年度的亏损再提取法定公积金

B. 福安股份应提取0.08亿元作为法定公积金

C. 福安股份的董事会可以决定提取一定比例的任意公积金

D. 福安股份2021年4月发行新股的溢价款应列入资本公积金

2. 张某、王某、李某约定共同设立庄安公司，并约定设立过程中产生的费用和债务由3人平均分担。在公司的筹备过程中，张某以自己的名义与甲公司签订合同，购买办公用品若干，货款50万元。王某以设立中庄安公司的名义与乙公司签署房屋租赁合同，租赁5间房屋作为庄安公司的办公室。李某外出旅游的路上，发生交通事故，将刘某撞伤，李某负全责。因为政策管控，庄安公司设立失败。下列有关说法正确的有：(　　)

A. 刘某有权要求张某、王某、李某承担连带责任

B. 张某、王某、李某应按约定的份额对甲公司承担责任

C. 乙公司有权要求张某、王某、李某承担连带责任

D. 如果王某对乙公司清偿了全部的债务，有权要求张某、李某按约定比例分担责任

3. 春园股份公司(以下简称春园公司)是一家非上市股份公司，共有18名股东于2004年出资设立。其中甲持股比例49%，担任公司的董事长，乙持股比例1%，丙持股比例10%。2021年3月，甲安排将春园公司的资金若干转入甲的全资子公司账户供其使用。2021年4月，丙将股份对外转让给丁。2021年5月，鉴于春园公司未向甲追究责任，各股东准备维权。下列有关说法正确的有：(　　)

A. 乙有权对甲提起代位诉讼

B. 丙有权对甲提起代位诉讼

C. 丁有权对甲提起代位诉讼

D. 如果股东提起代位诉讼，春园公司为第三人，但被告需对春园公司承担赔偿责任

4. 甲、乙出资设立奥神股份有限公司(以下简称奥神公司)，注册资本为2亿元，甲、乙各认购1亿元，公司章程约定的出资期限为2025年。2021年3月，奥神公司与塞瓦公司签署专利转让合同，金额为5000万元，但奥神公司没有支付合同款项。2021年9月，奥神公司未通知债权人便将公司的注册资本减少为2000万元，且办理了变更登记。下列说法正确的有：(　　)

A. 奥神公司的减资行为未通知债权人，故减资行为无效

B. 奥神公司的减资行为虽然未通知债权人，但减资行为有效

C. 塞瓦公司有权要求甲和乙承担连带责任

D. 塞瓦公司有权要求甲和乙承担补充赔偿责任

5. 甲、乙、丙出资设立天枫商行(普通合伙企业)，丙未经其他两位合伙人同意，便自己代表天枫商行与小贷公司签署担保合同，将商行的仓库抵押给小贷公司贷款200万元用于商行的经营。甲用盛庄大厦的底商和250平方米的办公室出资，其中办公室交由天枫商行使用且办理了变更登记。底商只是交由天枫商行用作门店使用，未办理过户登记。随后甲以自己的名义将底商卖给丁，并自己代表天枫商行将办公室也卖给丁，并办理了变更登记。据查，合伙协议没有特别约定，合伙人针对上述行为产生分歧。下列说法正确的有：(　　)

A. 丙将仓库抵押给小贷公司的行为有效

B. 丙将仓库抵押给小贷公司的行为无效

C. 丁可以取得底商的所有权

D. 丁可以取得办公室的所有权

6. 甲、乙、丙共同出资设立清科事务所(普通合伙企业)，甲的出资比例为38.5%。甲因购房向丁借款150万元，到期无力清偿，丁起诉甲并胜诉。合伙协议约定各合伙人按出资比例分取利润。关于丁的权利下列说法正确的有：(　　)

A. 丁有权申请法院执行清科事务所的全部利润

B. 甲可以其应分取的清科事务所全部利润的38.5%用于清偿丁的债务

C. 丁有权申请法院执行甲的合伙份额

D. 如果法院强制执行甲的财产份额，丁有优先购买权

三、不定项选择题

1. 甲、乙、丙、丁出资设立草原狼商店(普通合伙企业)，合伙协议约定2020年3月各合伙人完成出资。2020年4月，乙未如期缴纳出资，甲、丙、丁一致同意作出决议将乙除名，并通知了乙。2020年5月，盛鑫公司与草原狼商店签署了买卖合同，采购一批货物，金额为100万元。2021年3月，甲、丙、丁一致同意吸收戊为新的合伙人，并于2021年4月完成工商变更登记，至此草原狼商店登记的合伙人为甲、丙、丁、戊。后草原狼商店无力清偿盛鑫公司的货款。下列有关说法正确的有：(　　)

A. 乙自2020年4月,接到除名通知时丧失合伙人资格

B. 未经乙同意,戊不能成为草原狼商店的合伙人

C. 盛鑫公司不知道乙被除名,故乙应该对盛鑫公司承担连带责任

D. 戊应该对盛鑫公司承担连带责任

2. 甲公司从乙公司采购一批货物,签发100万元的汇票来支付货款,乙公司背书转让给丙公司支付货款,同时注明“7月30日之前不得转让”。丙公司7月15日将该汇票背书给丁公司。7月28日,丁公司为了清偿对东方公司的债务,将该汇票直接交付给东方公司的财务人员张某。下列有关说法正确的有:(　　)

A. 丁公司取得了汇票权利

B. 东方公司财务人员张某取得汇票权利

C. 如果丁公司向乙公司追索,乙公司有权拒绝

D. 如果丙公司向乙公司追索,乙公司有权拒绝

2022年客观题试题参考答案及解析

一、单项选择题

1.【参考答案】 C

【解析】 A、B项,杨某作为名义股东,具有公司的股东身份,杨某将其名下股权转让给方某为有权处分,但为了防止杨某借处分股权套现损害实际出资人陈某的利益,故此行为参照适用善意取得制度。方某作为公司股东,对于杨某与陈某代持股的关系是知情的,故该股权转让无效,方某不能善意取得该股权。A项、B项均错误。

C项,杨某虽然是代持股协议关系中的名义股东,但毕竟具有股东身份,应承担足额出资的股东义务,C项正确。

D项,就算华某知道杨某代持股的情况,也不能免除杨某作为股东的出资义务,D项错误。

综上所述,本题答案为C。

2.【参考答案】 B

【解析】 A项,公司是法人,法人提起诉讼不同于自然人,应由公司的法定代表人进行。如果法定代表人是被告,也应经过公司的集体决策机构同意,依法由监事会主席或者不设监事会的有限责任公司的监事代表公司进行诉讼。乙作为股东经过法定程序后有权以自己的名义启动代位诉讼,但无权直接以公司的名义起诉,A项错误。

B、C项,虽然甲实施关联交易经过了乙、丙、丁的同意,但程序正义不等于没有损害,更不等于损害不用承担赔偿责任。故经过其他股东同意的程序不能直接成为甲抗辩的理由。既然甲实施的关联交易损害了公司的利益就应该承担赔偿责任,故B项正确,C项错误。

D项,公司的会计账簿承载了公司最核心的经营机密,故释放给股东知情的范围是查阅,而不包括复制的权利,D项错误。

综上所述,本题答案为B。

3.【参考答案】 D

【解析】 A、B项,汪某与爱思基金签署对赌协议,主要是取信于投资人爱思基金,促使蓝鸥公司能顺利融资,有利于公司和全体股东。从实质来讲,蓝鸥公司为此提供担保没有违法之处,且蓝鸥公司用来承担担保责任的范围是公司的利润,也没损害公司的资本金,不涉及违反利润分配原则和资本维持原则,A、B项错误。

C项,此协议基于当事人的合意,且并没有违反法律、法规的强制性规定,是有效的。如果蓝鸥公司内部其他股东没有放弃优先认缴权,可能造成蓝鸥公司无法履行此协议,但不会造成协议无效,C项错误。

D项,蓝鸥公司为汪某的回购义务承担担保责任,本质为蓝鸥公司对内提供担保,依法应有股东会决议,且汪某作为被担保人,应适用回避制度,不得参加此事项的表决。该项表决由出席会议的其他股东所持表决权的过半数通过。D项正确。

综上所述,本题答案为D。

4.【参考答案】 B

【解析】 A项,甲和古玩店的出资义务以及古玩店和丁公司之间的债是两层法律关系。甲是否对古玩店完全履行了出资义务以及是否需要提前履行出资义务均是甲和古玩店之间的内部关系,与丁公司无关,A项错误。

B项,古玩店是普通合伙企业,对于古玩店不能清偿的债务,甲作为普通合伙人有义务对债权人承担连带责任,B项正确。

C项,普通合伙企业为非法人组织,没有独立财产和独立责任。普通合伙人对合伙企业不能清偿的债务承担连带责任,故普通合伙人的出资没有法律限制或要求,房屋的使用权出资亦合法有效。本案中甲与古玩店约定的出资为房屋使用权,故只需按约定将房屋交由古玩店使用即可,无须办理房

屋的过户登记手续，C 项错误。

D 项，甲与古玩店的出资期限是基于双方的约定，而甲作为普通合伙人对债权人丁公司承担连带责任是法定义务，二者是两层不同的法律关系，甲以与古玩店的约定来抗辩债权人丁公司的法定要求，不能被支持，D 项错误。

综上所述，本题答案为 B。

5.【参考答案】 C

【解析】 A、D 项，为企业财产设定担保，便赋予债权人对作为担保物的企业财产的担保物权，一旦债务人不履行债务，债权人就可以要求债务人处分抵押财产并就所得价款优先受偿。由此可见，以个人独资企业的财产提供担保，本质上是对个人企业财产的处分，一般只能由资产的所有人即个人独资企业的投资人自己行使，其他人（比如被聘任的经营管理人员）用企业财产设定担保应经过投资人的特别授权。本案中，投资人甲对秦某并没有特别授权，法律禁止秦某擅自用花店的店面设定抵押，如果乙有充分的证据能证明自己为善意，抵押行为有效，否则无效。案情并没有线索提示乙为善意，故该抵押行为应无效，但 A、D 项直接认定此抵押有效，乙享有优先受偿权，是错误的。

B 项，甲对秦某的职权范围限制不能对抗善意第三人。本案中，秦某超越了甲对其赋予的 50 万元的权限范围，越权与乙签署了 80 万元的合同，案情没有明示乙的恶意，应认定其为善意相对人，B 项直接认定该越权的合同无效，错误。

C 项，秦某违反甲对其赋予的权限，辜负了甲对其的信任，甲有权解聘秦某，C 项正确。

综上所述，本题答案为 C。

6.【参考答案】 A

【解析】 A 项，人民法院收到破产申请时，应当向申请人出具收到申请及所附证据的书面凭证。故申请人有权要求法院提供收到破产申请和所附证据的书面凭证，A 项正确。

B 项，破产原因是对债务人自身经营状况的评判，当债务人不能清偿到期债务，且资产不足以清偿全部债务或明显缺乏清偿能力时，即具备了破产原因。至于是否有保证人及保证人是否有清偿能力与债务人是否具有破产原因并无因果关系。因此，相关当事人以为债务人的债务承担连带责任的人尚未丧失清偿能力为由，主张债务人不具备破产原因的，人民法院不支持，B 项错误。

C 项，破产程序中驳回用“裁定”而非“判决”，C 项错误。

D 项，乙银行对法院驳回申请不服，说明乙银行认为法院给出的结论“搞错了”，此时应向上一级法院上诉，以求纠正错误。当法院“不理我”（未接收、不出具有关接收凭证，未按期裁定是否受理）时，才有必要向上一级法院申请，D 项表述错误。

综上所述，本题答案为 A。

7.【参考答案】 A

【解析】 A、B 项，围绕特殊取回权来考查。特殊取回权的特点是，在债务人被受理破产时，出卖人已将买卖标的物向作为买受人的债务人发运，债务人尚未收到且未付清全部价款的，为了保护出卖人的利益，此处突破了民法中货物所有权转移的原则，出卖人可以取回在运途中的标的物。本案的破题关键是甲公司通过预付货款的方式已经全额支付了该笔货款，不符合特殊取回权的特点，因此该设备已经归为甲公司的债务人财产，乙公司无权取回，A 项正确，B 项错误。

C、D 项，围绕“双方均未履行完毕的合同”来考查。只有债务人被受理破产前双方均未履行或未履行完毕的合同才属于“双方均未履行完毕的合同”，由管理人决定履行或解除。本案不属于此类情形，在甲公司被受理破产前，甲公司支付了全部的货款，乙公司交付了设备，可以说双方均已履行完毕了此合同，管理人没有权利无理由解除，甲公司也不能无端地要求乙公司返还货款，C、D 项错误。

综上所述，本题答案为 A。

8.【参考答案】 D

【解析】 A 项，破产原因有两种：一是到期不还 + 资不抵债；二是到期不还 + 明显丧失清偿能力。本案中甲公司具备第二种破产原因，此情形无须考虑资产负债关系。或者说即使资产负债表中的资产大于负债，也不影响对第二种破产原因的认定，A 项错误。

B 项，破产原因是对债务人自身的经营能力的判断，与保证人是否有清偿能力无关，B 项错误。

C、D 项，甲公司作为债务人对乙银行有清偿义务，丙公司作为保证人对乙银行有保证责任，这是彼此不排斥的两层关系。因此乙银行向甲公司申报破产债权后又向人民法院提起诉讼，请求担保人承担担保责任的，人民法院依法予以支持。C 项错误，D 项正确。

综上所述，本题答案为 D。

9.【参考答案】 A

【解析】 A 项，出票人签章是支票的绝对必要记载事项，本案的支票未加盖出票人印章，故该支票无效，A 项正确。

B、C、D 项，追索权是票据权利，行使追索权的前提是票据有效，本案的支票因欠缺出票人签章而无效，故不存在票据权利，丁并非票据权利人，也无法向任何主体主张追索权，B、C、D 项均错误。

综上所述，本题答案为 A。

10.**【参考答案】** A

【解析】 A 项，承保期间，保险标的的用途由家庭自用改为运营，风险显著增加，被保险人甲应将此情形向保险公司如实告知。告知后，保险公司可以选择：(1)增加保费；(2)解除保险合同并退还保费。如果甲未如实告知，对于增加的风险造成的保险事故，保险公司不予赔偿。A 项中，完全没顾及车辆风险显著增加后的种种可能，直接给出保险公司应承担赔偿责任的说法是错误的。

B、D 项，车辆的危险程度显著增加，与保险公司承保时的情况不同，与原合同约定的保险费也不匹配，针对危险程度显著增加后的情况，如果不在保险公司承保的范围，保险公司有权主张解除合同并退还剩余的保险费，所以 B、D 项正确。

C 项，对于车辆危险程度显著增加的情形，如果甲未如实告知，没有给保险公司选择的机会，甲想用低风险状态下较少的保费换取高风险带来的损失赔偿，违反诚信的基本原则，故不能得逞，保险公司对于增加的风险导致的事故不予赔偿，C 项正确。

综上所述，本题为选非题，答案为 A。

11.**【参考答案】** D

【解析】 A、B 项，张某到保险公司指定的医院进行体检，并将体检报告提交给保险公司，对于体检结果保险公司应该知道。既然保险公司已经知道被保险人的体检结果，即使投保人未如实告知，保险公司也不会被"骗"到，故不可以此为由主张解除合同。既然合同不能被解除，发生保险事故，保险公司应承担赔偿责任，A、B 项错误，D 项正确。

C 项，被保险人按照保险公司的要求到指定医院体检，与投保人如实告知是互补的关系，并非彼此排斥的关系，故即使保险人在合同订立时指定医疗机构对被保险人体检，也不能免除投保人如实告知的义务，C 项错误。

综上所述，本题答案为 D。

二、多项选择题

1.**【参考答案】** AD

【解析】 A 项，公积金是储备金的性质，应将公司的税后利润弥补亏损之后的盈余提取 10% 列入法定公积金，A 项正确。

B 项，福安股份应提取的法定公积金为 $(0.8-0.4)\times 10\%=0.04$ 亿元，B 项中的 0.08 亿元是错误的。

C 项，任意公积金由股东会决定提取的比例或数额。为了预防公司将来面临的意外经营亏损，或者公司需扩大生产规模及面对内外部的竞争压力需要优化升级，需要更多的资金储备，此时可用任意公积金来实现弹性调配。任意公积金和股东分红是此消彼长的关系，如果公司需要更多储备资金以求将来的发展，股东会可决议提取更多的任意公积金，这样股东的分红就相应减少甚至没有分红。反之，如果公司不需要很多的储备资金，股东会可提取很少的任意公积金甚至不提取任意公积金，这样公司的分红就相应增多。因为任意公积金直接与股东的分红利益相关，应由股东会决议，而不能由董事会决议，C 项错误。

D 项，股份有限公司以超过股票票面金额的发行价格发行股份所得的溢价款以及国务院财政部门规定列入资本公积金的其他收入，应当列为公司资本公积金，D 项正确。

综上所述，本题答案为 AD。

2.**【参考答案】** CD

【解析】 A 项，刘某是李某因个人的原因而致损的主体，此行为与设立公司无关，应由李某个人承担责任，其他发起人不承担连带责任，A 项错误。

B、C 项，庄安公司设立失败，发起人为民事合伙的性质，对外部主体甲公司和乙公司承担连带责任。甲公司和乙公司可以向发起人中的一个或几个追究连带责任，发起人内部约定的责任承担份额只能用于内部追偿，故 B 项错误，C 项正确。

D 项，发起人王某对外承担了全部责任，有权向其他发起人追偿。本案中，发起人约定了各自的责任承担比例为"平均分担"，该约定有效，故王某可按约定份额向另外两位发起人追偿，D 项正确。

综上所述，本题答案为 CD。

3.**【参考答案】** AD

【解析】 春园公司的董事长甲执行职务过程中违反法律、法规损害公司的利益，春园公司怠于追究，单独或合计持股 1% 以上且持股时间 180 天以上的股东有权提起股东代位诉讼。

A 项，乙持股比例 1%，自 2004 年公司成立至 2021 年 5 月提起诉讼，持股时间达到了 180 天以上，符合原告资格，A 项正确。

B项,丙于2021年4月将股权转让给丁,2021年5月时,丙不再是春园公司的股东,不具备代位诉讼的原告资格,B项错误。

C项,股东丁的持股时间仅1个月(2021年4月至5月),不足180天,不具备代位诉讼的原告资格,C项错误。

D项,股东代位诉讼的本质意义是股东为公司"出头",替公司维权。因为公司无法自行起诉,所以由股东起诉,股东为原告,侵权人为被告,公司为第三人。但是侵权人最终向公司履行赔偿责任,D项正确。

综上所述,本题答案为AD。

4.**【参考答案】** BD

【解析】 公司应当自股东会作出减少注册资本决议之日起10日内通知债权人,并于30日内在报纸上或者国家企业信用公示系统公告。债权人自接到通知之日起30日内,未接到通知的自公告之日起45日内,有权要求公司清偿债务或者提供相应的担保。公司则根据债权人的要求进行清偿或者提供担保。上述行为既是公司减资前对债权人应当履行的义务,同时也是股东对公司减资部分免责的前提。未经法定程序减资类比抽逃出资,股东需在减资范围内对公司不能清偿的债务承担补充赔偿责任。

A、B项,本案中虽然未依法履行通知债权人的程序,但是减资已经完成了变更登记而生效,减资未通知债权人的,债权人丧失了根据《公司法》的规定及时要求公司清偿债务或提供担保的权利,此时公司的减资行为对该债权人应不具有对抗效力。各股东在减资范围内需要承担责任。A项错误,B项正确。

C、D项,一方面,在奥神公司减资未履行通知已知债权人的义务时,由于减资本身对该债权人并不产生拘束力,公司股东仍应以其认缴的出资额对公司债权人承担担保责任。另一方面,奥神公司减资在实质上系公司股东会决议的结果,且公司减资的受益人系股东自身,因此,在公司减资未履行通知已知债权人的义务时,公司股东就其减资部分亦不能免除责任。

公司减资未履行通知已知债权人的义务时,公司股东具体应当承担的责任,我国《公司法》及相关司法解释并未明确作出规定。为保障公司债权人的权利,实践审判中可类推适用抽逃出资的相关规定,判令公司股东在减免出资的范围内对公司债务不能清偿的部分对债权人承担补充赔偿责任。C项错误,D项正确。

综上所述,本题答案为BD。

5.**【参考答案】** BC

【解析】 本案有两条关键线索:

一是围绕"底商"。

甲用底商出资,只交付给合伙企业使用,并未办理变更登记,故该底商的所有权依旧归甲所有。甲将自己的底商转让给丁,且办理过户手续是合法的处分行为,丁取得该底商的所有权。至于因此甲对合伙企业的损害,属于其二者的内部关系,与丁无关,所以C项正确。

二是合伙人处分合伙企业的不动产。

合伙企业的不动产,无论是合伙人作为出资转入合伙企业的,还是合伙企业在经营中购置或建设的,都属于合伙企业的财产,也是合伙企业生产经营活动的重要保障,处分合伙企业的不动产属于企业经营的重大问题,需要全体合伙人一致同意。

本案中丙未经其他合伙人一致同意擅自处分了合伙企业的仓库,甲未经其他合伙人一致同意擅自处分了合伙企业的办公室,因法律对此有明确规定,要求合伙人"一致同意",故此行为不能适用"表见代表"或"表见代理"的原则。目前,对于"已经全体合伙人一致同意"的判断,可遵循"加盖合伙企业公章+全体合伙人签名""在合同上加盖合伙企业公章+形成全体合伙人同意的会议决议""未在合同上加盖合伙企业公章但有全体合伙人签名"的认定标准。

如果对方当事人有明确的证据证明其为善意,处分行为可认定为有效,否则无效。本案的案情中没有线索显示对方当事人证明了善意,故抵押行为及办公室的转让行为均无效,小贷公司无法获得抵押权,丁无法获得办公室的所有权,A、D项错误,B项正确。

综上所述,本题答案为BC。

6.**【参考答案】** BC

【解析】 A项,合伙企业的全部利润归全体合伙人,不是甲的个人财产,丁是甲的债权人,无权申请执行归属于全体合伙人的合伙企业的全部利润,A项错误。

B项,按照合伙协议约定,甲应分取的利润为38.5%,这些利润属于甲的责任财产,用以清偿甲的债务是合法的,B项正确。

C项,甲的合伙份额属于甲的责任财产,债权人申请执行该份额用于还债是合法的,C项正确。

D项,人民法院强制执行合伙人的财产份额

时，应当通知全体合伙人，其他合伙人有优先购买权，此处的优先购买权是基于合伙人之间的人合性赋予的，丁作为甲的债权人，并非合伙人，没有人合性，不享有合伙份额的优先购买权，D 项错误。

综上所述，本题答案为 BC。

三、不定项选择题

1.【参考答案】 AD

【解析】 A 项，乙被除名退伙，其接到除名通知之日，除名生效，乙退伙从而丧失合伙人资格，A 项正确。

B 项，戊入伙时，乙已经退伙不再是合伙人，因此戊入伙无须乙同意，B 项错误。

C 项，盛鑫公司的债务发生时，乙已经退伙，因此盛鑫公司的债务与乙无关。这与盛鑫公司是否知道乙的退伙没有关系，C 项错误。

D 项，戊入伙成为新的合伙人，对入伙前的债务也应承担连带责任，D 项正确。

综上所述，本题答案为 AD。

2.【参考答案】 AC

【解析】 A 项，乙公司作为背书人记载了“7 月 30 日之前不得转让”，后手丙公司将该汇票背书转让给丁公司，该背书转让行为有效，丁公司可取得票据权利，只是丁公司不得向乙公司追索，A 项正确。

B 项，我国《票据法》认为票据转让方式唯有背书，且背书必须连续，直接交付并非我国《票据法》所承认的票据转让方式。本案中，丁公司只是将该汇票直接交付给了东方公司的财务人员张某，且是为了清偿对东方公司的债务。张某只是基于职务行为持有该票据，丁公司与张某之间既没有民事权利义务关系，也没有票据的背书转让关系，张某并非票据的当事人，不享有票据权利，B 项错误。

C、D 项，鉴于乙公司记载过“7 月 30 日之前不得转让”，那么保护乙公司的方式为不被间接后手追索，但仍应承担对直接后手保证付款的义务。故乙公司不能拒绝丙公司的追索，但可以抗辩丁公司的追索，所以 C 项正确，D 项错误。

综上所述，本题答案为 AC。

2021 年客观题试题

一、单项选择题

1. 甲公司章程约定：公司成立前 3 年不分红。现甲公司连续 5 年盈利，股东张某请求分红被拒。后来多个股东就分红事宜提出异议，甲公司决定分红。据此，下列说法错误的是？（　　）

A. 对分红持异议的股东可以请求公司回购股权

B. 若甲公司决定分红，股东可对外转让利润分配请求权

C. 甲公司章程约定前 3 年不分红不合法

D. 股东有权要求公司出具不分红的股东会决议

2. A 公司有甲、乙、丙三个股东，甲和乙是夫妻，各自持有 49% 的股份。因甲乙感情不和发生矛盾，一直未召开股东会。但由于公司所在地段租金上涨，公司一直处于盈利状态。股东向法院提起解散公司之诉。据此，下列说法正确的是？（　　）

A. 因公司一直处于盈利状态，法院不得判决解散公司

B. 甲可以自己的名义提起解散公司之诉

C. 丙有权提起解散公司之诉

D. 丙可以其知情权受到损害为由请求解散公司

3. 张某是甲公司的股东，同时也是乙公司的实际控制人。甲公司和乙公司自 2020 年后均主要从事防疫物资的生产。因甲公司连续 3 年未向股东分红，张某向公司书面请求查阅和复制公司的财务会计报告、会计账簿、进货和销售记录。据此，下列哪一选项是错误的？（　　）

A. 甲公司章程可规定张某无权复制会计报告

B. 甲公司章程可规定张某无权复制会计账簿

C. 甲公司章程可规定张某无权查阅进货和销售记录

D. 甲公司执行董事可以张某经营与甲公司有竞争关系业务的公司为由拒绝张某的请求

4. 甲公司因疫情原因于 2020 年 8 月被法院裁定破产。管理人接管财产后，通知甲公司门店的出租方乙地产公司，决定解除租赁协议。乙地产公司拒绝，表示该协议约定租期 10 年，目前尚有 3 年的租期，且按照租赁协议的约定，该协议须严格履行，任何一方无权提前解除协议，对协议履行存在争议的应提交北京仲裁委仲裁。据此，下列哪一表述是正确的？（　　）

A. 协议自管理人通知乙地产公司解除决定时自然解除

B. 协议应在管理人向北京仲裁委提交仲裁申请时解除

C. 如仲裁委裁定解除，应自裁定书送达债权人时解除

D. 协议应继续履行，除非双方一致合意解除

5. 大恒公司的破产管理人为履行管理人职责，决定聘请财务管理人员负责该公司破产事务的财务事项。对此，下列哪一说法是正确的？（ ）

A. 破产管理人可以直接聘请财务管理人员

B. 聘任财务管理人员应向债权人委员会报告并获得债权人委员会的同意

C. 财务管理人员的薪酬应由债权人会议批准

D. 财务管理人员的报酬可由破产管理人随时支付

6. 奈斯有限公司因资产不足以清偿到期债务，被法院裁定破产重整。2021 年 5 月，奈斯有限公司重整计划草案经债权人会议通过，并得到法院裁定批准。在重整计划的执行中，公司董事长张三提出，由于房地产市场的环境变化，奈斯有限公司名下 A 地块应当出售以回笼资金，但破产管理人则认为按照现在市场情形该地块依然可以继续开发经营。对于该事项，下列哪一主体有权决定？（ ）

A. 管理人　　B. 债权人会议

C. 破产管辖法院　　D. 奈斯有限公司

7. 张某系甲普通合伙企业的合伙人，在执行合伙事务的过程中因重大过失给合伙企业造成了重大损失。对此，其他合伙人一致同意将其除名，但张某表示反对。虽然其他合伙人作出了对张某的除名决议，但因张某的反复抗议，除名决议虽送达张某但合伙企业并未完成合伙协议的变更登记。张某此后仍然代表甲普通合伙企业对外签订合同。2021 年，因经营困难，甲普通合伙企业召开了合伙人会议，会议上除张某外其他合伙人一致决定解散合伙企业。据此，下列哪一说法是正确的？（ ）

A. 除名决议一经送达即对张某发生效力

B. 解散决议作出后，即应由执行合伙人负责清算

C. 除名决议作出后暂不生效，须法院确认不支持张某异议后方可生效

D. 解散决议由于张某异议而因未经全体合伙人一致同意而不生效力

8. 张三为其 45 岁的妻子李四购买人身保险，指定自己和李四的儿子为受益人。按照保险合同的约定，该保险须缴纳至 65 岁。张三投保 10 年后，因疫情原因，张三公司经营业绩不佳，大幅削减工资奖金。张三拟解除该保险合同。据此，下列哪一选项是正确的？（ ）

A. 须经李四的同意方可解除

B. 须经儿子的同意方可解除

C. 合同解除后，张三有权主张保单现金价值

D. 合同解除后，李四有权主张保单现金价值

9. 甲公司向乙汽车公司采购 10 台车辆，为支付价款，甲公司将自己持有的汇票背书转让给了乙汽车公司。该汇票由丙公司开具，付款人为丁银行，且已得到丁银行的承兑。在票据到期之前，乙汽车公司因为资金紧张找丁银行申请票据贴现。丁银行发现丙公司的全部财产均已经被债权人保全，因此拒绝贴现，并明确告知乙汽车公司票据到期后因丙公司已无支付能力而不会再履行付款义务。关于乙汽车公司的追索，下列哪一说法是正确的？（ ）

A. 有权在票据到期前即向丙公司和甲公司追索

B. 有权在票据到期前即向丁银行追索

C. 有权在票据到期后向丁银行追索

D. 有权在票据到期后向丙公司和甲公司追索

10. 甲公司安排业务员张三从乙公司采购农用车，并由甲公司开具支票，支票中注明“见票一个月内支付”，但未填写金额和收款人，授权张三在支付农用车价款时具体填写。张三前往乙公司后，发现电动自行车品质更优，因此擅自主张购买电动自行车，并填写了金额和收款人后将支票交付给了乙公司。后甲公司拒绝接受电动自行车并主张解除买卖合同。据此，下列说法正确的是？（ ）

A. “见票一个月内支付”的记载无效

B. 因未记载金额而支票无效

C. 因未记载收款人而支票无效

D. 因张三填写金额和收款人而支票无效

二、多项选择题

1. 晴天公司系张某出资设立的一人有限公司。几年后，晴天公司与海涛公司共同出资设立了博海有限公司。随后，张某将其持有的晴天公司的全部股权转让给了杨某并办理了变更登记。2020 年，晴天公司为杨某向李某的借款提供担保，与李某签订了担保协议，杨某直接在担保协议上签字并加盖公章。2021 年借款到期后，杨某无力偿还借款。对此，下列哪些说法是正确的？（ ）

A. 晴天公司应对借款承担担保责任

B. 该担保协议因未经股东会决议，故担保无效

C. 杨某如无法证明财产独立，则须就公司其他债务承担连带责任

D. 博海有限公司就张某和杨某的股权转让有

权主张优先购买

2. 江河公司设立了两家分公司大江分公司和大河分公司。在经营过程中，大江分公司为业务伙伴大华公司向大金公司提供担保，即自行以自己的名义签订了担保协议；大河分公司以自己的名义与海涛公司签订了货物买卖协议。据此，下列哪些说法是正确的？（　　）

A. 大江分公司以自己的名义签订的担保协议无效

B. 大华公司无法偿债时，大金公司可要求江河公司承担担保责任

C. 大河分公司签订的买卖协议对江河公司具有法律效力

D. 海涛公司须首先向大河分公司主张合同责任才可向江河公司主张

3. 张三和其他数人发起设立诚盛有限公司，张三认缴出资100万元，约定于公司成立后2个月内缴纳完毕。在设立中，张三利用自己捡到的李四的身份证，冒用李四的名义，将自己的出资登记在李四名下。2020年10月，诚盛有限公司设立。到2021年2月，李四名下的股权仍有70万元出资未缴纳。2021年8月，诚盛有限公司拖欠阳光大厦租金30万元，但公司已经无力清偿。据此，下列说法正确的是？（　　）

A. 阳光大厦有权请求李四清偿诚盛有限公司拖欠的租金30万元

B. 阳光大厦有权请求张三清偿诚盛有限公司拖欠的租金30万元

C. 李四如获知后有权对外转让股权

D. 李四有权请求公司登记机关撤销其股东资格的登记

4. 2020年3月2日，甲和乙达成股权互换协议，约定甲将自己持有的大昌公司10%的股权和乙持有的光明公司20%的股权按照1∶1的比例互换。通过互换，甲将持有光明公司50%的股权。大昌公司就该事项召开股东会，会上除丙反对并要求按评估价行使优先购买权外，其他股东均同意。甲拒绝丙的优先购买主张并积极推动协议的履行。后乙协助甲完成了光明公司的工商变更登记，但因大昌公司董事张三疏忽并未完成大昌公司的工商变更登记手续。2020年4月，甲为融资需求又将该大昌公司10%的股权对外出质给不知情的李四并完成了质押登记。据此，下列哪些选项是正确的？（　　）

A. 丙因不满足“同等条件”而无权主张行使优先购买权

B. 甲又将大昌公司10%的股权对外出质属于无权处分

C. 李四有权基于善意取得主张股权质押有效

D. 乙有权请求甲和张三就自己的损失承担赔偿责任

5. 关于公司决议效力，下列说法错误的有？（　　）

A. 张三于2021年3月5日通过受让股权加入甲有限公司，张三发现该公司同年2月5日曾召开股东会会议，通过增加注册资本的决议，但会议没有按照《公司法》规定提前通知。张三有权请求法院撤销该决议

B. 公司股东会的决议内容违反公司章程的，股东可以自决议作出之日起60日内请求人民法院撤销

C. 甲有限公司经董事会决议，与乙公司签订了《战略合作协议》。后该董事会决议被撤销，因此该《战略合作协议》也应当被撤销

D. 甲有限公司2020年利润总额2000万元，该公司持股80%股权的股东李四直接作出决议：公司不缴纳所得税、不提取法定公积金，直接将全部利润总额向股东进行分配。李四的决议无效

6. 大华有限公司董事会有成员三人，分别为甲、乙和丙，任期均自2019年至2021年。2019年12月，甲因家中变故向公司递交辞呈，辞去董事职位。尽管公司并未批准，但甲未再继续在公司履职。2020年因丙经营能力不足，大华有限公司股东会决议罢免丙的董事职务。据此，下列哪些说法是正确的？（　　）

A. 无论大华有限公司是否批准甲的辞呈，均不会改变甲辞职的法律效力

B. 因为甲的辞职导致董事会人数不足法定人数，因此辞职不发生法律效力

C. 大华有限公司股东会决议罢免丙的董事职务并不必然导致丙丧失董事资格

D. 即使丙被罢免了董事职务，依然有权向公司要求支付剩余任期的薪资

7. 金星公司成立于2020年1月。登记股东为甲、乙、丙、丁4人。甲认缴1000万元，以其名下商业用地使用权出资（剩余使用年限20年）。乙认缴300万元，以其名下一处房屋出资。丙认缴300万元，以其对银泰公司的一项一年后到期且价值300万元的债权出资。丁以30万元现金出资，且已实缴。甲为公司执行董事，乙为总经理，丙为监事。

现查明，乙出资的房屋虽已过户给金星公司，但系其伪造遗嘱所得，合法继承人为程某。此事只有丁知道。2020年12月，银泰公司破产清算，丙的债权实际清偿30万元。据此，以下说法正确的有？（　　）

A. 因为丁知道乙伪造遗嘱一事，所以乙的出资不成立

B. 丙应补足270万元出资

C. 甲可以土地使用权出资

D. 丙可以300万元债权出资

8. 甲有限公司设立于2010年，公司章程规定公司存续期为10年。2020年3月，公司存续期间届满，但公司股东会并未修改章程。此后，甲公司依然开展营业活动，应新冠病毒感染疫情大面积暴发，公司着手从事防疫物资产业，给公司带来两笔数额较大的订单。2020年8月，公司召开股东会决议修改公司章程，将公司存续期间延长至2050年。对该决议，仅有持股3%的张三表示反对。后决议通过并办理了变更手续。据此，下列哪些说法是正确的？（　　）

A. 如公司解散，公司董事有义务组织清算事务

B. 张三有权主张甲公司按照合理价格回购其股权

C. 张三有权主张其他赞同股东按照合理价格收购其股权

D. 公司应于2020年3月自动进入清算阶段

9. 2018年，家家乐有限公司向甲银行借款1000万元，期限5年。对于该笔借款，百利有限公司向甲银行出具了担保函，约定到期后如家家乐有限公司不能清偿债务，则由百利有限公司承担清偿责任。2020年9月，家家乐有限公司被法院裁定破产，甲银行向管理人申报了全部债权。此后不久，百利有限公司也被法院裁定破产。据此，下列哪些说法是正确的？（　　）

A. 如甲银行向百利有限公司追偿，百利有限公司有权主张先诉抗辩

B. 百利有限公司有权以将来求偿权向家家乐有限公司管理人申报债权

C. 甲银行有权向家家乐有限公司和百利有限公司分别申报全部债权

D. 破产后，针对家家乐有限公司和百利有限公司的债权和担保债权均停止计息

10. 甲企业是张三、李四和王五于2016年设立的普通合伙企业，合伙协议约定经营期限为10年。后因疫情影响，该企业一直经营不佳。2021年3月，因资金短缺，张三等三位合伙人邀请赵六入伙。出于对张三等三人的信任，赵六未对该合伙企业调查，即签订了入伙协议，并登记成为合伙人。赵六入伙后得知了企业的真实经营状况，后悔不已，遂向张三等三人主张因未向其如实告知企业财产状况而撤销入伙协议，但遭到张三等三人的反对。赵六见撤销协议无望，于是转而要求退伙。2021年6月1日，张三等三人同意，合伙企业于2021年6月10日为赵六办理了退伙的变更登记。据此，下列哪些说法是正确的？（　　）

A. 赵六签订入伙协议后即应对入伙前合伙企业的债务承担无限连带责任

B. 赵六有权主张因为受欺诈撤销入伙协议

C. 赵六的退伙应当于2021年6月1日起生效

D. 2021年6月10日后该企业对外所负的债务，赵六均应承担无限连带责任

11. 立达公司是一家网约车租赁公司，该公司为其名下的车辆投保了机动车交通事故责任强制保险（以下简称交强险）和保额为200万元的机动车交通事故责任商业保险（以下简称商业险）。张三系立达公司雇佣的专职司机，某日张三驾驶公司车辆按照公司分配的订单载李四前往市郊工业园区，途经高速时发生交通事故，张三驾驶车辆撞坏了高速公路护栏，张三、李四受伤。交警出具的事故责任书认定张三全责。经鉴定，损毁的高速公路护栏价值10万元。同时因交通事故，李四未能按期前往市郊工业园区与客户签约，损失合同金额100万元。据此，下列哪些说法是正确的？（　　）

A. 司机张三的人身损害可由交强险赔付

B. 李四的人身损害可由交强险和商业险赔付

C. 毁损的高速公路护栏可由交强险赔付

D. 李四未能签约的损失可由商业险赔付

12. 2005年，李某为其40岁的丈夫张某购买了一份保额为20万元的人寿保险。保险合同约定，每年8月1日交保费1万元，共缴纳20年，如被保险人生存至65岁即支付30万元。后因夫妻感情不和，2015年8月1日后李某未再缴纳保费。2016年2月，张某患癌症住院，共花费60万元。当月，李某向保险公司申请续保。据此，保险公司的下列哪些做法是正确的？（　　）

A. 保险公司应当给付张某30万元

B. 保险公司可以拒绝李某的申请，拒绝给付60万元

C. 李某未交保费超过60日，无权再向保险公司申请续保

D. 保险公司有权解除合同，但应返还保单现金价值

三、不定项选择题

阿里九九股份有限公司是上市公司，2020 年 5 月，公司上市满 6 个月。该公司召开股东会通过的下列决议中不符合法律规定的有？（　　）

A. 公司董事、监事、高级管理人员持有的本公司股份可以随时转让

B. 公司公开发行股份前已经发行的股份，即日起可公开转让

C. 公司收回本公司已发行股份的 11% 用于未来 2 年内奖励本公司职工

D. 决定与乙公司联合开发房地产，并要求乙公司以其持有的阿里九九公司股份作为履行合同的质押担保

2021 年客观题试题参考答案及解析

一、单项选择题

1.【参考答案】 C

【解析】 《公司法》第 89 条第 1 款规定："有下列情形之一的，对股东会该项决议投反对票的股东可以请求公司按照合理的价格收购其股权：（一）公司连续五年不向股东分配利润，而公司该五年连续盈利，并且符合本法规定的分配利润条件……"本题公司章程约定前 3 年不分红的条款虽然有效，但至第 5 年仍不分红已经超出了章程约定，应当适用"异议股东回购请求权"的规则。故 A 选项正确。

利润分配请求权，是指股东专为自己利益行使的权利，该项权利具有财产权属性。但对于该项权利能否单独转让，即不转让股权，仅将利润分配请求权单独转让，目前法律尚无明确规定。通说认为，如果公司作出分配利润决议，股东享有的是具体利润分配请求权，该权利虽然产生于作为成员权的抽象利润分配请求权，但具体利润分配请求权在性质上与普通债权无异，故股东可以在不转让股权的情况下，将公司利润分配决议已经确定分配的利润转让给他人。故 B 选项正确。

有限公司章程对本公司利润分配事项作出约定，符合有限责任公司封闭性和人合性的特点，亦系公司自治原则的体现，不违反《公司法》的禁止性规定。所以甲公司章程约定前 3 年不分红，是合法有效的。故 C 选项错误。

依据《公司法》第 59 条的规定，股东会有权审议批准公司的利润分配方案和弥补亏损方案。所以公司是否分红均需股东会形成决议。故 D 选项正确。

2.【参考答案】 B

【解析】 《公司法》第 231 条规定："公司经营管理发生严重困难，继续存续会使股东利益受到重大损失，通过其他途径不能解决的，持有公司百分之十以上表决权的股东，可以请求人民法院解散公司。"

据此，判断公司经营管理是否发生严重困难，应从公司组织机构的运行状态进行综合分析。公司虽处于盈利状态，但其股东会机制长期失灵，内部管理有严重障碍，已陷入僵局状态，可以认定为公司经营管理发生严重困难。因此，对公司僵局的理解，是指经营管理严重困难，而不是公司是否处于盈利状态，故 A 错误。

持有公司 10% 以上表决权的股东，可以提起解散之诉，甲持有 49%，丙持股比例不足 10%，因此甲有权提起解散之诉，丙无权。B 正确，C 错误。

股东提起解散公司诉讼的前提是"公司僵局"，而股东的知情权受到损害不符合"公司经营管理发生严重困难"情形，该股东可以通过提出侵权之诉等其他途径解决，所以 D 选项错误。

3.【参考答案】 A

【解析】 《公司法》第 57 条第 1、2 款规定："股东有权查阅、复制公司章程、股东名册、股东会会议记录、董事会会议决议、监事会会议决议和财务会计报告。股东可以要求查阅公司会计账簿、会计凭证。股东要求查阅公司会计账簿、会计凭证的，应当向公司提出书面请求，说明目的。公司有合理根据认为股东查阅会计账簿、会计凭证有不正当目的，可能损害公司合法利益的，可以拒绝提供查阅，并应当自股东提出书面请求之日起十五日内书面答复股东并说明理由。公司拒绝提供查阅的，股东可以向人民法院提起诉讼。"

《公司法解释（四）》第 8 条规定："有限责任公司有证据证明股东存在下列情形之一的，人民法院应当认定股东有公司法第三十三条第二款①规定的'不正当目的'：（一）股东自营或者为他人经营与公司主营业务有实质性竞争关系业务的，但公司

① 现为《公司法》第 57 条第 2 款。

章程另有规定或者全体股东另有约定的除外；(二)股东为了向他人通报有关信息查阅公司会计账簿，可能损害公司合法利益的；(三)股东在向公司提出查阅请求之日前的三年内，曾通过查阅公司会计账簿，向他人通报有关信息损害公司合法利益的；(四)股东有不正当目的的其他情形。”

《公司法解释(四)》第9条规定：“公司章程、股东之间的协议等实质性剥夺股东依据公司法第三十三条、第九十七条①规定查阅或者复制公司文件材料的权利，公司以此为由拒绝股东查阅或者复制的，人民法院不予支持。”

综上所述，有限公司股东只可查阅和复制会计报告，会计账簿只可查阅不可复制，公司进货和销售记录则并非股东知情权的对象。因此，A项甲公司章程规定股东无权复制会计报告，违反了《公司法》第57条的规定，属于实质剥夺股东知情权，因此表述错误，当选。

而B项中章程规定的股东无权复制会计账簿和C项中章程规定股东无权查阅进货和销售记录，则并未剥夺股东合法的知情权，因此B、C表述正确，不当选。

由于张某是乙公司的实际控制人，而乙公司和甲公司均主要从事防疫物资的生产，属于具有实质性竞争关系，因此张某系自营与公司主营业务有实质竞争关系的情形，公司可以合理拒绝其请求。所以D项正确，不当选。

4.**【参考答案】** A

【解析】 《企业破产法》第18条规定，人民法院受理破产申请后，管理人对破产申请受理前成立而债务人和对方当事人均未履行完毕的合同有权决定解除或者继续履行，并通知对方当事人。管理人自破产申请受理之日起2个月内未通知对方当事人，或者自收到对方当事人催告之日起30日内未答复的，视为解除合同。管理人决定继续履行合同的，对方当事人应当履行；但是，对方当事人有权要求管理人提供担保。管理人不提供担保的，视为解除合同。

本案中，甲公司和乙地产公司的租赁协议系破产申请前成立的均未履行完毕的合同，因此，管理人有权自行决定解除合同或者继续履行。故A项正确，BCD均错误。

5.**【参考答案】** D

【解析】 《企业破产法》第28条规定，管理人经人民法院许可，可以聘用必要的工作人员。管理人的报酬由人民法院确定。债权人会议对管理人的报酬有异议的，有权向人民法院提出。因此，AB表述错误。

《企业破产法》第25条规定，管理人履行下列职责：……(3)决定债务人的内部管理事务；(4)决定债务人的日常开支和其他必要开支……据此，财务管理人员的薪酬属于日常开支和其他必要开支，属于管理人决定的事项，C项错误。

《企业破产法》第41条规定，管理人执行职务的费用、报酬和聘用工作人员的费用，属于破产费用。《企业破产法》第43条第1款规定，破产费用和共益债务由债务人财产随时清偿。因此，财务管理人员的报酬可随时支付，D项正确。

6.**【参考答案】** D

【解析】 《企业破产法》第89条规定，重整计划由债务人负责执行。人民法院裁定批准重整计划后，已接管财产和营业事务的管理人应当向债务人移交财产和营业事务。

据此，奈斯有限公司的重整计划应由债务人即奈斯有限公司执行，就A地块是否应当出售回笼资金，属于公司的具体管理事务，因此，有权决定的主体应为破产公司，所以D项正确。

7.**【参考答案】** A

【解析】 《合伙企业法》第49条规定，合伙人有下列情形之一的，经其他合伙人一致同意，可以决议将其除名：(1)未履行出资义务；(2)因故意或者重大过失给合伙企业造成损失；(3)执行合伙事务时有不正当行为；(4)发生合伙协议约定的事由。对合伙人的除名决议应当书面通知被除名人。被除名人接到除名通知之日，除名生效，被除名人退伙。被除名人对除名决议有异议的，可以自接到除名通知之日起30日内，向人民法院起诉。

在本题中，张某系普通合伙人，且因重大过失给合伙企业造成了重大损失，因此属于可以决议除名的情形，经其他合伙人一致同意后即可作出除名决议。除名决议在被除名人接到除名通知之日起生效。因此A项正确，C项错误。

《合伙企业法》第85条规定，合伙企业有下列情形之一的，应当解散：……(3)全体合伙人决定解散……本案中，张某已经被决议除名且除名决议已经送达，因此除名生效，被除名人退伙，张某已不具备合伙人资格。同时根据《合伙企业法》第85条的规定，合伙企业已经由全体合伙人决议解散，因此解散决议生效，D项错误。

---

① 现为《公司法》第57条、第110条。

《合伙企业法》第86条规定,合伙企业解散,应当由清算人进行清算。清算人由全体合伙人担任;经全体合伙人过半数同意,可以自合伙企业解散事由出现后15日内指定一个或者数个合伙人,或者委托第三人,担任清算人。自合伙企业解散事由出现之日起15日内未确定清算人的,合伙人或者其他利害关系人可以申请人民法院指定清算人。据此,合伙企业解散决议作出后,应由清算人进行清算。执行合伙人并非当然的清算人,因此B项错误。

8.【参考答案】 C

【解析】《保险法解释(三)》第17条规定,投保人解除保险合同,当事人以其解除合同未经被保险人或者受益人同意为由主张解除行为无效的,人民法院不予支持,但被保险人或者受益人已向投保人支付相当于保险单现金价值的款项并通知保险人的除外。因此,AB错误。

《保险法》第47条规定,投保人解除合同的,保险人应当自收到解除合同通知之日起30日内,按照合同约定退还保险单的现金价值。因此,C项正确,D项错误。

9.【参考答案】 D

【解析】《票据法》第61条规定,汇票到期被拒绝付款的,持票人可以对背书人、出票人以及汇票的其他债务人行使追索权。汇票到期日前,有下列情形之一的,持票人也可以行使追索权:(1)汇票被拒绝承兑的;(2)承兑人或者付款人死亡、逃匿的;(3)承兑人或者付款人被依法宣告破产的或者因违法被责令终止业务活动的。

在票据尚未到期前,一般情形下持票人既不可请求付款人付款,也无法享有追索权,除非构成《票据法》第61条第2款规定的情形,而本案中并不存在这些情形,因此在票据到期前,乙汽车公司自然无权主张丁银行付款,也不能向丙公司、甲公司追索。所以AB错误。

票据到期后,乙汽车公司应当请求丁银行付款,C错误。

丙公司和甲公司分别是汇票的出票人和背书人,在票据到期后,根据题干可知,丁银行确定不会付款,属于票据被拒绝付款的情形,因此乙汽车公司有权向丙公司和甲公司追索,D项正确。

10.【参考答案】 A

【解析】《票据法》第84条规定,支票必须记载下列事项:(1)表明"支票"的字样;(2)无条件支付的委托;(3)确定的金额;(4)付款人名称;(5)出票日期;(6)出票人签章。支票上未记载前款规定事项之一的,支票无效。

《票据法》第85条规定,支票上的金额可以由出票人授权补记,未补记前的支票,不得使用。

《票据法》第86条规定,支票上未记载收款人名称的,经出票人授权,可以补记。支票上未记载付款地的,付款人的营业场所为付款地。支票上未记载出票地的,出票人的营业场所、住所或者经常居住地为出票地。出票人可以在支票上记载自己为收款人。

因此,在出票时未记载金额、收款人的,可以由出票人授权补记,张三系甲公司的业务员,在甲公司的授权下使用支票,因此其填写金额和收款人属于出票人的授权补记。而针对甲公司解除合同的主张,则属于原因行为争议,基于票据的无因性,张三并未超出甲公司对其的补记授权,因此补记有效。所以BCD均错误。

《票据法》第90条规定,支票限于见票即付,不得另行记载付款日期。另行记载付款日期的,该记载无效。本题中支票注明"见票一个月内付款"属于另行记载付款日期,因此该记载无效,A项正确。

二、多项选择题

1.【参考答案】 AC

【解析】《公司法》第15条第2款规定,公司为公司股东或者实际控制人提供担保的,应当经股东会决议。

《担保制度解释》第10条规定,一人有限责任公司为其股东提供担保,公司以违反《公司法》关于公司对外担保决议程序的规定为由主张不承担担保责任的,人民法院不予支持。公司因承担担保责任导致无法清偿其他债务,提供担保时的股东不能证明公司财产独立于自己的财产,其他债权人请求该股东承担连带责任的,人民法院应予支持。

据此,晴天公司为其唯一的股东杨某提供担保,公司不能以未经股东会决议为由主张不承担担保责任。B选项错误。

关于一人公司对股东担保的效力应当如何分析是实践中的一个难题。实践中一般认为应当采用合同成立的认定方式,即签字或盖章即可。对于这种观点可以从以下两个角度理解:第一,一人公司不设股东会。股东作出《公司法》第59条第1款所列决定时,应当采用书面形式,并由股东签名后置备于公司。该条规定的实质是公司个人股东的同意,这即代表了公司的意思。第二,根据一人公司的法人人格否认制度,可以平衡债权人利益的保护问题。因此,AC 选项表述正确。

D 选项认为博海有限公司就张某和杨某的股权转让有权主张优先购买,混淆了博海有限公司和晴天公司的关系,表述错误。

2.【参考答案】 AC

【解析】《民法典》第 74 条规定,法人可以依法设立分支机构。法律、行政法规规定分支机构应当登记的,依照其规定。分支机构以自己的名义从事民事活动,产生的民事责任由法人承担;也可以先以该分支机构管理的财产承担,不足以承担的,由法人承担。

《公司法》第 13 条第 2 款规定,公司可以设立分公司。分公司不具有法人资格,其民事责任由公司承担。

《担保制度解释》第 11 条第 1 款规定,公司的分支机构未经公司股东(大)会或者董事会决议以自己的名义对外提供担保,相对人请求公司或者其分支机构承担担保责任的,人民法院不予支持,但是相对人不知道且不应当知道分支机构对外提供担保未经公司决议程序的除外。

据此,大江分公司以自己的名义签订的担保协议系越权担保,在未能出具江河公司股东会或董事会决议的情形下,大金公司也非属善意,因此该担保无效,A 项表述正确,B 项表述错误。

大河分公司对外签署的买卖协议,系分公司以自己名义对外签订的协议,并无合同无效的情形,因此协议有效。且产生的民事责任应由江河公司承担,因此 C 项表述正确。

债权人可以选择直接要求总公司承担合同责任,也可以先以分公司管理的财产承担再行向总公司追偿,而非必须先向分公司追偿,因此 D 项表述错误。

3.【参考答案】 BD

【解析】《公司法解释(三)》第 28 条规定:"冒用他人名义出资并将该他人作为股东在公司登记机关登记的,冒名登记行为人应当承担相应责任;公司、其他股东或者公司债权人以未履行出资义务为由,请求被冒名登记为股东的承担补足出资责任或者对公司债务不能清偿部分的赔偿责任的,人民法院不予支持。"由此可知,被冒名登记为股东的主体并非公司股东,其无须承担股东的瑕疵出资的责任,这一责任应当由冒名登记行为人承担,因此 A 项错误,B 项正确。

被冒名登记为股东的主体并非公司股东,自然无权行使股东权,所以 C 项错误。

既然被冒名登记的主体并非公司股东,将其登记为股东属于公司登记错误,其自然有权请求公司登记机关撤销登记,因此 D 项正确。

4.【参考答案】 ABCD

【解析】 A 选项中,丙系大昌公司的股东,针对甲与乙的股权互换,丙的优先购买的主张是否成立需要结合股权对外转让中优先购买权的行使条件进行分析。《公司法解释(四)》第 18 条规定,人民法院在判断是否符合《公司法》第 84 条第 2 款及本规定所称的"同等条件"时,应当考虑转让股权的数量、价格、支付方式及期限等因素。本案中,甲和乙达成股权置换,且经过互换甲将持有光明公司 50% 的股权。因此,即使丙主张按照股权评估价优先购买,但依然采用的是现金的支付方式,进而影响甲增持光明公司股权所带来的价值增长。因此,丙的主张并不满足"同等条件",A 项表述正确。

B 和 C 考查股权出质。甲和乙达成股权互换协议,大昌公司的其他股东除丙外也均表示赞同。此时,乙已经就股权享有实质权利。就此,针对甲在大昌公司办理完成工商登记变更手续前又将股权对外出质的行为,根据《公司法解释(三)》第 27 条第 1 款的规定,股权转让后尚未向公司登记机关办理变更登记,原股东将仍登记于其名下的股权转让、质押或者以其他方式处分,受让股东以其对于股权享有实际权利为由,请求认定处分股权行为无效的,人民法院可以参照《民法典》第 311 条的规定处理,即参照善意取得的规定处理。因此,B 项称该质押为无权处分的表述正确,C 项称李四有权基于善意取得而主张质押有效的表述正确。

《公司法解释(三)》第 27 条第 2 款规定:"原股东处分股权造成受让股东损失,受让股东请求原股东承担赔偿责任、对于未及时办理变更登记有过错的董事、高级管理人员或者实际控制人承担相应责任的,人民法院应予支持……"因此,乙有权请求甲承担赔偿责任;张三作为公司的董事未能及时办理变更登记导致乙权益受损,也应当承担相应赔偿责任。因此,D 项正确。

5.【参考答案】 CD

【解析】 A 项正确。首先,股东会会议未提前通知各位股东,属于会议的召集程序违反法律,故该决议属于可撤销的决议;其次,撤销公司决议效力之诉的原告为公司股东,要求起诉时具有股东身份,而非决议通过时具有股东资格。故张三有权提起撤销决议的诉讼。

B 项正确。该项是对法条内容的考查。《公司法》第 26 条第 1 款规定："公司股东会、董事会的会议召集程序、表决方式违反法律、行政法规或者公司章程，或者决议内容违反公司章程的，股东自决议作出之日起六十日内，可以请求人民法院撤销。但是，股东会、董事会的会议召集程序或者表决方式仅有轻微瑕疵，对决议未产生实质影响的除外。"

C 项错误。《公司法》第 28 条第 2 款规定，股东会、董事会决议被人民法院宣告无效、撤销或者确认不成立的，公司根据该决议与善意相对人形成的民事法律关系不受影响。

D 项错误。公司就形成分红方案的审议通过未召开股东会会议，故该决议不成立，而非无效。

因此，C、D 项当选。

6.【参考答案】 AB

【解析】 《公司法》第 68 条第 1 款规定："有限责任公司董事会成员为三人以上，其成员中可以有公司职工代表……"《公司法》第 70 条第 2 款规定："董事任期届满未及时改选，或者董事在任期内辞任导致董事会成员低于法定人数的，在改选出的董事就任前，原董事仍应当依照法律、行政法规和公司章程的规定，履行董事职务。"A 项和 B 项涉及的是董事甲在任期内辞职，因甲的辞职会导致董事人数不足法定最低人数三人，因此甲在改选出的董事就任之前，仍应履行董事职务，也即辞职并不发生法律效力。因此，A 项认为无论公司是否同意甲辞职，均不会改变甲辞职的法律效力，表述正确。B 项认为因辞职导致董事人数不足法定最低人数，因此辞职不发生法律效力，表述正确。

《公司法》第 71 条规定："股东会可以决议解任董事，决议作出之日解任生效。无正当理由，在任期届满前解任董事的，该董事可以要求公司予以赔偿。"大华有限公司股东会可以决议罢免丙的董事职务，职务罢免后即时生效，并不产生董事留任的效果。因此，C 项表述错误。

D 项错误，考查董事被罢免之后的补偿，按照《公司法》的规定是给予赔偿，具体合理补偿的数额可以结合解除的原因、剩余任期以及董事薪酬等因素综合判断。

7.【参考答案】 CD

【解析】 A 项错误。乙以房屋出资，系无权处分。因乙本人在公司担任总经理，高管的意志可推定为公司的意志，遂推定公司对于其无权处分是知情的，因此不能认定公司是善意的，故公司不能依善意取得制度而取得该房屋。但是，丁并未在公司任职，不能代表公司，故 A 选项所述"因为丁知道"，与乙的出资是否成立无关。

B 项错误、D 项正确。首先，债权可依法进行价值评估，并可以转让。故债权出资形式合法，D 正确。出资不实是指公司成立后股东的非货币财产价值显著低于章程或评估价值。出资后因市场原因或非因股东原因导致价值下降的，股东不承担责任，故 B 错误。

C 项正确。土地使用权是合法的出资形式。

8.【参考答案】 AB

【解析】 《公司法》第 89 条第 1、2 款规定："有下列情形之一的，对股东会该项决议投反对票的股东可以请求公司按照合理的价格收购其股权：(一)公司连续五年不向股东分配利润，而公司该五年连续盈利，并且符合本法规定的分配利润条件；(二)公司合并、分立、转让主要财产；(三)公司章程规定的营业期限届满或者章程规定的其他解散事由出现，股东会通过决议修改章程使公司存续。自股东会决议作出之日起六十日内，股东与公司不能达成股权收购协议的，股东可以自股东会决议作出之日起九十日内向人民法院提起诉讼。"

《公司法》第 229 条第 1 款规定："公司因下列原因解散：(一)公司章程规定的营业期限届满或者公司章程规定的其他解散事由出现；(二)股东会决议解散；(三)因公司合并或者分立需要解散；(四)依法被吊销营业执照、责令关闭或者被撤销；(五)人民法院依照本法第二百三十一条的规定予以解散。"

《公司法》第 230 条规定："公司有前条第一款第一项、第二项情形，且尚未向股东分配财产的，可以通过修改公司章程或者经股东会决议而存续。依照前款规定修改公司章程或者经股东会决议，有限责任公司须经持有三分之二以上表决权的股东通过，股份有限公司须经出席股东会会议的股东所持表决权的三分之二以上通过。"

《公司法》第 232 条规定："公司因本法第二百二十九条第一款第一项、第二项、第四项、第五项规定而解散的，应当清算。董事为公司清算义务人，应当在解散事由出现之日起十五日内组成清算组进行清算。清算组由董事组成，但是公司章程另有规定或者股东会决议另选他人的除外。清算义务人未及时履行清算义务，给公司或者债权人造成损失的，应当承担赔偿责任。"

A 项认为如公司解散，公司董事有义务组织清算事务，表述正确。

B 项认为投反对票的股东有权主张公司按照

合理价格收购其股权，表述正确，C 项错误。

对于 D 项，《公司法》第 230 条规定，可以通过修改公司章程使公司继续存续，因此并非公司章程规定营业期限届满，公司即自动进入清算阶段，并且公司清算也需要负有清算义务的主体组织清算组方可展开，因此 D 项错误。

9.【参考答案】 CD

【解析】《企业破产法》第 51 条规定，债务人的保证人或者其他连带债务人已经代替债务人清偿债务的，以其对债务人的求偿权申报债权。债务人的保证人或者其他连带债务人尚未代替债务人清偿债务的，以其对债务人的将来求偿权申报债权。但是，债权人已经向管理人申报全部债权的除外。

《企业破产法》第 52 条规定，连带债务人数人被裁定适用本法规定的程序的，其债权人有权就全部债权分别在各破产案件中申报债权。

《破产法解释(三)》第 4 条规定，保证人被裁定进入破产程序的，债权人有权申报其对保证人的保证债权。主债务未到期的，保证债权在保证人破产申请受理时视为到期。一般保证的保证人主张行使先诉抗辩权的，人民法院不予支持，但债权人在一般保证人破产程序中的分配额应予提存，待一般保证人应承担的保证责任确定后再按照破产清偿比例予以分配。保证人被确定应当承担保证责任的，保证人的管理人可以就保证人实际承担的清偿额向主债务人或其他债务人行使求偿权。

《破产法解释(三)》第 5 条规定，债务人、保证人均被裁定进入破产程序的，债权人有权向债务人、保证人分别申报债权。债权人向债务人、保证人均申报全部债权的，从一方破产程序中获得清偿后，其对另一方的债权额不作调整，但债权人的受偿额不得超出其债权总额。保证人履行保证责任后不再享有求偿权。

A 项错误，在担保人百利有限公司被裁定破产后，债权人有权申报保证债权。在债务未到期时，保证债权在保证人破产申请受理时视为已到期，一般保证的保证人丧失先诉抗辩权。

B 项错误，债务人破产的，保证人尚未代替债务人清偿债务的，可以将来求偿权申报，但是债权人已经申报全部债权的除外，本题中的债权人甲银行已经向债务人管理人申报了全部债权。

C 项正确，债务人和保证人均被裁定破产的，债权人有权向债务人、保证人分别申报债权。

D 项正确，根据《企业破产法》第 46 条第 2 款的规定，附利息的债权自破产申请受理时起停止计息。

10.【参考答案】 ABC

【解析】《合伙企业法》第 43 条第 1 款规定，新合伙人入伙，除合伙协议另有约定外，应当经全体合伙人一致同意，并依法订立书面入伙协议。《合伙企业法》第 44 条第 2 款规定，新合伙人对入伙前合伙企业的债务承担无限连带责任。据此，赵六入伙得到张三等三位合伙人的一致同意且签订了合伙协议，因此应对入伙前合伙企业的债务承担无限连带责任。A 项正确。

《民法典》第 148 条规定，一方以欺诈手段，使对方在违背真实意思的情况下实施的民事法律行为，受欺诈方有权请求人民法院或者仲裁机构予以撤销。

《合伙企业法》第 43 条第 2 款规定，订立入伙协议时，原合伙人应当向新合伙人如实告知原合伙企业的经营状况和财务状况。新入伙的合伙人需要与原合伙人一同对合伙企业的债务承担无限连带责任，因此，《合伙企业法》特别赋予了原合伙人全面告知合伙企业的如实告知义务。本案中，张三等三位原合伙人未如实告知赵六合伙企业的经营状况和财务状况，属于对事实的隐瞒，导致了赵六在违背真实意思的情况下签订了入伙协议，受到了欺诈，因此入伙协议属于可撤销的协议。所以 B 项正确。

《合伙企业法》第 45 条规定，合伙协议约定合伙期限的，在合伙企业存续期间，有下列情形之一的，合伙人可以退伙：(1)合伙协议约定的退伙事由出现；(2)经全体合伙人一致同意；(3)发生合伙人难以继续参加合伙的事由；(4)其他合伙人严重违反合伙协议约定的义务。在本题中，赵六主张退伙，“2021 年 6 月 1 日，张三等三人同意”，因此，经全体合伙人一致同意，赵六即退伙成功，故 C 项正确。

《合伙企业法》第 53 条规定，退伙人对基于其退伙前的原因发生的合伙企业债务，承担无限连带责任，因此 D 项错误。

11.【参考答案】 BC

【解析】《保险法》第 65 条规定，保险人对责任保险的被保险人给第三者造成的损害，可以依照法律的规定或者合同的约定，直接向该第三者赔偿保险金。责任保险的被保险人给第三者造成损害，被保险人对第三者应负的赔偿责任确定的，根据被保险人的请求，保险人应当直接向该第三者赔偿保险金。被保险人怠于请求的,第三者有权就其应获赔偿部分直接向保险人请求赔偿保险金。责任保险的被保险人给第三者造成损害,被保险人未向该第三者赔偿的,保险人不得向被保险人赔偿保险金。责任保险是指以被保险人对第三者依法应负的赔偿责任为保险标的的保险。

A 项错误,司机张三的人身损害系被保险人的损害,不属于责任保险赔偿的范围。

B 项正确,李四系乘客,因为张三的原因导致的交通事故给其造成的损失,属于被保险人对第三者应依法作出的赔偿。

C 项正确,护栏的损失也属于因为被保险人发生交通事故造成的损失,因此应当赔偿。

D 项错误,李四因为交通事故而遭受的未能缔约的 100 万元的损失,并非张三未能依法安全驾驶导致的直接损失。

12.**【参考答案】** BD

【解析】 《保险法》第 36 条规定,合同约定分期支付保险费,投保人支付首期保险费后,除合同另有约定外,投保人自保险人催告之日起超过 30 日未支付当期保险费,或者超过约定的期限 60 日未支付当期保险费的,合同效力中止,或者由保险人按照合同约定的条件减少保险金额。被保险人在前款规定期限内发生保险事故的,保险人应当按照合同约定给付保险金,但可以扣减欠交的保险费。

《保险法》第 37 条规定,合同效力依照本法第 36 条规定中止的,经保险人与投保人协商并达成协议,在投保人补交保险费后,合同效力恢复。但是,自合同效力中止之日起满 2 年双方未达成协议的,保险人有权解除合同。保险人依照前款规定解除合同的,应当按照合同约定退还保险单的现金价值。

《保险法解释(三)》第 8 条规定,保险合同效力依照《保险法》第 36 条规定中止,投保人提出恢复效力申请并同意补交保险费,除被保险人的危险程度在中止期间显著增加外,保险人拒绝恢复效力的,人民法院不予支持。保险人在收到恢复效力申请后,30 日内未明确拒绝的,应认定为同意恢复效力。保险合同自投保人补交保险费之日恢复效力。保险人要求投保人补交相应利息的,人民法院应予支持。

本案中,李某自 2015 年 8 月 1 日起未再缴纳保费,60 日内为保险合同效力中止期间。2016 年 2 月,被保险人张某患病发生保险事故,已经超过了 60 日,但未超过两年,投保人可以请求复效。因张某罹患癌症属于在合同中止期间危险程度显著增加,保险公司可以解除合同,但应返还保单现金价值。因此 BD 正确,AC 错误。

三、不定项选择题

【参考答案】 ABCD

【解析】 A 项错误。股份公司的董事、监事、高级管理人员,所持本公司股份自公司股票上市交易之日起 1 年内不得转让。

B 项错误。股份公司公开发行股份前已经发行的股份,自上市之日起 1 年内不得转让。

C 项错误。股份公司为实施员工持股计划、股权激励而回购股份,不得超过 10%。

D 项错误。股份公司不得接受本公司的股份作为质押标的。

2020 年客观题试题

一、单项选择题

1. 鸿讯公司成立于 2017 年 8 月,主要从事精密仪器维修,公司股东 5 人,其中赵某现金出资 200 万元,占股 40%,首期 40 万元出资已缴纳,余款 160 万元,按章程约定于 2022 年 8 月份之前缴清。辛某出资 20 万元,占股 4%。2018 年 12 月,经 5 位股东一致同意约定:辛某任维修部经理,年薪 90 万元,但不参加公司分红。到 2019 年年底,公司共有 300 万元可分配利润,关于本案,下列说法正确的是?(　　)

A. 辛某与其他股东的约定剥夺了辛某的利润分配权,故应无效

B. 辛某可向公司主张支付当年的 90 万元薪酬

C. 就该 300 万元利润赵某可向公司主张分取 120 万元

D. 就该 300 万元利润辛某可向公司主张分取 12 万元

2. 张某是泉嘉公司的股东,持股 20%。2019 年 10 月,张某向何某借款 30 万元,借期 3 个月,为担保还款,张某与何某签订协议,约定将张某在泉嘉公司的股权转让给何某,但双方并未办理股权变更手续。2020 年 1 月,张某将股权卖给了不知情的荣某并办理了变更登记,但荣某仅支付了第一期转让款 10 万元,余款尚未支付。此时,张某欠何某的债务已逾期。关于本案,下列说法正确的是?(　　)

A. 荣某自付清全部股权转让款之日,才能取得泉嘉的股东资格

B. 张某与何某之间关于以股权转让担保借款的约定有效

C. 荣某自股权变更登记完成时,才能取得泉嘉公司的股东资格

D. 何某自借款到期日起有权要求泉嘉公司将其登记为股东

3. 华风公司设立于2016年,股东甲向公司实缴出资1000万元,占注册资本的70%。甲投资设立了清风公司(自然人独资),在甲将1000万元出资转入华风公司账户后的第五天,甲指令华风公司与清风公司签订了一份《建设工程承包合同》,将该1000万元以预付工程款的名义,汇入清风公司的账户。但清风公司并没有建设工程的相关业务或资质,该《建设工程承包合同》并未实际履行。2019年5月,华风公司被吊销营业执照,欠乙2000万元债务无力清偿。关于本案,下列说法正确的是?(　　)

A. 华风公司已解散,故无须再向乙承担责任

B. 甲应在1000万元本息范围内向乙承担责任

C. 甲应以其全部财产向乙承担责任

D. 甲已经向华风公司实缴出资,故无须向乙承担责任

4. 甲持有乙公司5%的股权,丙是乙公司的股东同时担任公司董事。乙公司章程规定股东不能查阅公司会计账簿,但公司章程未登记。2019年1月,甲将股权转让给丙后,公司经营立即变好,甲觉察异样,担心自己作为股东期间被丙"套路",欲查阅公司会计账簿,下列有关说法正确的是?(　　)

A. 甲有权向公司书面申请查阅其作为股东期间的公司账簿

B. 甲有权向公司书面申请查阅并复制公司的会计账簿

C. 公司可根据公司章程的规定拒绝甲的查阅请求

D. 甲不再是公司股东,无权查阅公司的会计账簿

5. 甲和乙共同出资设立了大斧头公司,甲出资80%,担任公司总经理,乙出资20%,担任监事。甲的儿子小甲独资设立了小榔头公司。甲促成并代表大斧头公司与小榔头公司达成了一购销合同,高价购入一批过时原料,造成了大斧头公司的巨额损失。乙看出其中的端倪,欲采取措施。下列有关乙采取的措施正确的是?(　　)

A. 乙有权向法院主张强制解散大斧头公司

B. 乙有权依法定程序以自己的名义向甲提起诉讼,要求其对大斧头公司履行赔偿责任

C. 如果甲将与小榔头公司的关系向大斧头公司披露过,则无须承担赔偿责任

D. 如果购销合同经过了大斧头公司的股东会决议,则甲无须承担赔偿责任

6. 花袜子公司由9个股东出资组成,其中甲持股5%,乙持股45%,乙担任公司的董事长。公司章程中规定公司增资需全体股东一致同意。2020年3月,花袜子公司召开股东会讨论增资事宜,没有通知甲。股东会决议中由乙代甲签字,最终以代表95%表决权的股东同意作出了增资的决议。甲知道后愤怒不已,且坚决不同意增资。下列有关说法正确的是?(　　)

A. 该股东会决议可撤销

B. 该股东会决议不成立

C. 公司章程规定的有关增资的表决事项无效

D. 甲有权主张公司以合理的价格回购其股权

7. 诚益公司用一张银行承兑汇票来支付与刘伟的合同款项,甲银行已经承兑。但票据上没有将刘伟写为被背书人。刘伟用此票据买红酒,红酒公司担心拿不到钱,刘伟就找了自己的好朋友张三作为此票据的保证人,但没写明被保证人。红酒公司在被背书人栏中填了自己的名字并盖章。红酒公司向甲银行提示付款时被拒绝。下列说法正确的是?(　　)

A. 刘伟对红酒公司无任何法律责任

B. 红酒公司应先向诚益公司主张追索权

C. 虽没写明被保证人,张三仍需承担保证责任

D. 红酒公司可以向甲银行主张追索权

8. 百航股份公司(以下简称百航公司)为上市公司,为解决A项目的资金缺口,百航公司于2020年5月25日通过公开发行公司债券的方式,募集资金1亿元,聘嘉德证券公司为债券受托管理人。下列说法正确的是?(　　)

A. 债券持有人会议不能决议解除对嘉德证券公司的聘请

B. 若百航公司到期不能兑付债券本息,则嘉德证券公司可接受部分债券持有人的委托,以自己的名义代表债券持有人起诉

C. 若百航公司改变所募集资金的用途,则嘉德证券公司有权以自己的名义代表债券持有人起诉

D. 百航公司可将所募集的资金,部分用于A项目带来的亏损

9. 2017年2月，张某56岁，为自己向甲、乙、丙三家保险公司投保重疾险，为了避免被强制体检，投保时，张某谎称自己54岁。在向丙公司投保时，未将其已经向甲、乙两家公司投保的情况告知丙公司。2020年4月，张某罹患癌症，向三家保险公司理赔，下列说法正确的是？（　　）

A. 因为张某隐瞒了年龄，三家保险公司有权解除保险合同，不予赔偿

B. 张某对丙公司隐瞒了已经向甲、乙两家公司投保的事实，丙公司有权解除保险合同，不予赔偿

C. 三家保险公司应分别对张某赔偿保险金

D. 三家保险公司应按比例对张某赔偿保险金

二、多项选择题

1. 2020年1月1日，法院受理了甲公司的破产申请，股东张三认缴出资期限已经届满，但仍未向公司缴纳出资100万元。根据公司章程规定，股东李四的出资期限为2020年10月1日。对此，下列说法正确的是？（　　）

A. 管理人有权要求张三向公司缴纳出资

B. 管理人有权要求李四向公司缴纳出资

C. 公司欠张三100万元货款，张三可主张以其出资债务与公司对其负债抵销

D. 公司欠李四100万元货款，李四可主张以其出资债务与公司对其负债抵销

2. A公司向B公司出票，银行进行了承兑。B公司到银行提示付款时，银行工作人员查询后发现，A公司余额不足，故口头告知拒付。这时B公司的债权人C公司致电B公司要求还款。B公司答复说用汇票支付，故将汇票从银行处要回并背书给C公司。C公司又提示银行付款，也被银行口头拒绝。下列选项正确的是？（　　）

A. B公司对C公司的债务因交付票据而消灭

B. 银行口头拒付，仍应承担民事责任

C. B公司不得将此票据背书转让给C公司

D. A公司应对C公司承担票据责任

3. 甲对妻子乙积怨已久，2017年6月为妻子乙投保了人身保险，约定若乙意外身亡，保险公司赔付100万元，受益人是甲本人。2018年4月，甲未经乙同意，将受益人变更为甲母。2019年1月，甲在乙的水杯中下毒，乙被送医抢救捡回一命，后经常精神恍惚，某日在水边不慎落水身亡。下列说法正确的是？（　　）

A. 甲母作为受益人请求保险公司赔付，保险公司不得拒绝

B. 变更甲母为受益人应当征得乙同意

C. 如果甲作为受益人请求保险公司赔付，保险公司不得拒绝

D. 订立此保险合同时，保险金额和受益人应当由乙同意

4. 张某为自家的宝马汽车投保了第三者责任险，2020年3月，张某的儿子张小某与朋友聚会，散场后驾驶自家宝马汽车高速行驶在回家的路上，将一外卖小哥撞伤。张小某害怕不已，约张某在地下车库见面，将撞人的过程向老爸一一交代清楚。张某迅速出面找到被撞伤的外卖小哥，双方达成和解协议，约定赔偿金额20万元。之后张某向保险公司报损理赔，下列说法正确的是？（　　）

A. 对外卖小哥造成损害的是张某的儿子，并非被保险人，保险公司不应该承担赔偿责任

B. 对外卖小哥的赔偿责任确定后，保险公司应当直接对外卖小哥赔偿保险金

C. 保险公司应按和解协议对外卖小哥赔偿保险金

D. 保险公司对和解协议不认可的，有权对保险责任范围以及赔偿数额重新予以核定

三、不定项选择题

1. 戴某、左某、李某欲共同出资成立三剑客公司，李某因诸多不便，在戴某和左某的参谋下，李某与希希签署代持股协议，约定由李某出资并享有实际的投资收益，由希希出名设立三剑客公司，李某每年向希希支付10万元费用。2019年3月，三剑客公司成立，登记股东为戴某、左某、希希，希希持股45%。李某参加三剑客公司的股东会并行使表决权，对此各股东均未提出异议。2020年10月，希希将名下的股权转让给左某，并办理了变更登记手续。李某知情后，愤怒不已，下列有关说法正确的是？（　　）

A. 希希转让股权给左某，同等条件下，戴某有权主张优先购买权

B. 李某有权要求市场监督管理部门承担赔偿责任

C. 李某有权主张希希和左某的股权转让行为无效

D. 李某有权要求希希返还股权，请求公司将其登记为公司股东

2. 甲、乙、丙、丁出资设立向荣公司，甲认缴出资1000万元，以其名下房产的20年使用权出资；乙认缴出资300万元，以其对欣喜公司的债权，估值定价为300万元，履行出资义务，该债权于1年后到期；丙认缴出资200万元，以其继承的房屋所

有权出资;丁认缴出资30万元,以现金实缴出资。公司成立后,甲担任执行董事,乙担任总经理,丙担任监事。后查明:(1)1年后,由于欣喜公司破产,原乙对欣喜公司的债权仅被受偿30万元。(2)丙用以出资的房屋系由丙伪造遗嘱获得,该房屋实际归继承人程某所有,对此股东乙知情。(3)丁出资的现金系其挪用资金犯罪所得。对此,下列说法正确的是?( )

A. 甲的出资合法有效

B. 因欣喜公司破产,股东乙应对向荣公司补足270万元的出资

C. 向荣公司可以取得股东丙用以出资的房屋所有权

D. 丁的出资合法有效

3. 奔兔公司销售"奔兔"牌箱包,其在产品广告和包装上突出使用"奔兔"商标,使得该品牌被消费者熟知,在当地有一定知名度,但并未向商标局申请注册。奔兔公司供应商甲在与其合作过程中得知该商标并未注册,合作结束后向商标局在箱包上申请注册了"奔兔"商标。乙公司是本地一家商标代理机构,以囤积和收购商标为主业务,其以对市场敏锐的反应度预测奔兔公司后续会开发皮带销售业务,便向商标局在皮带上申请注册了"奔兔"商标。对此,下列说法正确的是?( )

A. 奔兔公司应在甲公司注册"奔兔"商标后5年内请求其注册商标无效

B. 如奔兔公司在皮带上使用"奔兔"商标3年后,乙公司对其提起商标侵权之诉,要求其赔偿损失,奔兔公司可以乙公司此前从未使用进行抗辩

C. 如果甲公司起诉奔兔公司在箱包上使用"奔兔"商标侵犯其注册商标专用权,奔兔公司可以自己在先使用为由进行抗辩

D. 奔兔公司只能在乙公司注册"奔兔"商标后5年内请求其注册商标无效

4. 铭豪公司被法院受理重整并指定管理人。管理人引进了战略投资人佳田公司,重整计划包括:(1)持股5%以上的股东转让股权至佳田公司,确保最终佳田公司的持股比例达到67%;(2)持股比例不足5%的股东,不需要转让股权,但需无条件支持该重整计划。李某持股4.99%,对此重整计划草案的表决及通过,下列说法正确的是?( )

A. 为表决此重整计划而召开债权人会议应设置出资人组

B. 李某不参加此重整计划草案的表决

C. 此重整计划草案需持股5%以上的股东一致同意

D. 此重整计划草案需铭豪公司股东会决议通过

2020年客观题试题参考答案及解析

一、单项选择题

1.【参考答案】 B

【解析】 A、B项,股东有权按照实缴的出资比例分取红利,但是,全体股东约定不按照出资比例分取红利的除外。本案中,鸿讯公司的全体股东约定"辛某任维修部经理,年薪90万元,但不参加公司分红",属于以高薪代替分红的策略和安排,体现了全体股东包括辛某本人在内的共同意志。该约定为有效约定,应该遵照执行,A项错误,B项正确。

C项,赵某在300万元的利润中主张分配120万元,主张分配的比例是40%,即赵某的认缴出资比例。股东分红的原则为"有约定按约定,无约定按实缴"。本案中,一方面,有各股东的约定方案应该遵照;另一方面,即使各股东没有约定方案,赵某的利润分配应该按照实缴出资比例而非认缴出资比例,所以C项错误。

D项,辛某在300万元的利润中主张分配12万元,分配比例是4%,即辛某的认缴出资比例。本案中有关辛某的分红方案"高薪代分红"已经通过全体股东作出了约定,辛某按此约定方案享受权利,不再按照出资比例分红,所以D项错误。另外,即使没有全体股东约定的分配方案,股东也应按照实缴出资比例分配利润,而非辛某主张的认缴出资比例。D项错误。

综上,本题答案为B。

2.【参考答案】 B

【解析】 A、C项,张某与荣某建立股权转让关系,转让过程中有四个关键节点:(1)双方基于合意签署转让合同;(2)荣某按约定付款;(3)泉嘉公司的股东名册及其他资料变更;(4)泉嘉公司变更登记。自泉嘉公司的股东名册变更时起,受让人荣某取得了公司的股东资格,可以依股东名册的记载行使股东权利,未经登记不能对抗第三人。所以全额付款及公司变更登记均不是股东取得股东资格的法定条件或唯一条件,A、C两项错误。

B项,张某与何某之间存在两个法律关系,一

为借款,二为股权转让。股权转让的本质是让与担保,此约定符合双方的意愿,没有违反法律法规的强制性规定,不会因为有隐藏的意义而无效,所以该约定有效,B 项正确。

D 项,张某和荣某的股权转让关系已经尘埃落定,荣某已经取得股权成为泉嘉公司的股东。张某与何某之间的股权转让(让与担保)协议已经在事实上无法履行,且泉嘉公司从未为何某办理过变更手续,所以何某并未取得泉嘉公司的股东身份,无权要求泉嘉公司将其登记为股东,D 项错误。

综上,本题答案为 B。

3.**【参考答案】** B

【解析】 A 项,公司“死亡三部曲”:解散→清算→注销。华风公司被吊销营业执照处于解散的环节,接下来应该依法清算,对债权债务进行处理,处理完毕后,通过注销宣示“生命”的灭失,结束一切法律关系。企业吊销≠注销,不能说解散后就不用承担债务清偿的责任,否则,公司一旦有风吹草动,股东就可以借解散公司逃避债务了,A 项错误。

B 项,甲通过虚构的债权债务关系实施了对公司的抽逃出资行为,所以在抽逃的 1000 万元的本息范围内对债权人承担补充赔偿责任。乙的债权额为 2000 万元,覆盖了甲抽逃出资的额度,故 B 项正确。

C 项,乙是华风公司的债权人,甲之所以对乙承担责任,是因为甲对华风公司有抽逃出资,损害了华风公司的责任财产,所以乙的债权在得不到清偿的情况下有权向甲主张责任,但此责任的本质是乙替华风公司向甲“讨债”,故责任限定在甲抽逃出资的本息范围内,并非甲对乙承担连带责任,C 项表述的含义是甲对乙承担连带责任,所以错误。

D 项,甲确实曾经向华风公司足额实缴出资,但是随着甲实施了抽逃出资行为,曾经的足额出资就真的成了“曾经”,甲不能用曾经的合法行为来对抗现今违法行为需承担的责任,D 项错误。

综上,本题答案为 B。

4.**【参考答案】** A

【解析】 A、D 项,甲作为“原股东”,有证据证明在持股期间其合法权益受到损害,有权依法查阅或者复制其持股期间的公司特定文件材料,所以 A 项正确,D 项错误。

B 项,有限公司股东对于财务账簿的知情权需要“三步看”:一步看身份[有限公司的(原)股东];二步看要求(书面+查阅);三步看目的(正当)。财务会计账簿涉及公司的核心秘密,纵使是有限公司的股东也只能查阅不能复制,B 项错误。

C 项,股东知情权是股东身份固有权利,不可剥夺不可打折。公司章程的规定,禁止了股东甲查阅会计账簿的权利,实质剥夺了股东的知情权,因违法而无效,C 项错误。

综上,本题答案为 A。

5.**【参考答案】** B

【解析】 A 项,强制解散适用的前提是公司陷入“管理僵局”,即连续 2 年以上没有召开股东会,连续 2 年以上无法形成股东会决议,董事长期冲突等情形。本案中,大斧头公司的经营管理秩序是正常的,并没有管理僵局,不适用强制解散的制度,A 项错误。

B 项,甲作为大股东和总经理,执行职务时未能尽忠职守,通过关联交易损害了大斧头公司的合法权益,应对大斧头公司承担赔偿责任。大斧头公司怠于追究时,股东可依法提起代位诉讼。乙作为大斧头公司的其他股东,在无法推动公司自行起诉的前提下,有权提起代位诉讼,要求甲对大斧头公司履行赔偿责任,B 项正确。

C、D 项,甲通过关联交易损害了大斧头公司的合法权益,就应该依法承担赔偿责任。甲仅以程序正当为由抗辩,法院不予支持[《公司法司法解释(五)》第 1 条]。故 C、D 两项错误。

综上,本题答案为 B。

6.**【参考答案】** B

【解析】 A、B 项,公司的决议效力瑕疵分三种,即不成立、无效、可撤销,各自有法定的适用情形:①公司的股东会“没开会、没表决、人不够、票不够”等情形→不成立;②内容违法、违规→无效;③决议的内容违反公司章程或召集程序、表决方式违反法律、法规或公司章程→可撤销。本案中的增资决议,按照公司章程需要由代表 100% 表决权的股东同意,本案中只有代表 95% 表决权的股东同意,表决的结果不符合章程规定的比例,该决议不成立,所以 A 项错误,B 项正确。

C 项,“七件大事”特别决议,即增资、减资、合并、分立、解散、两改(改章程、改形式)需代表 2/3 以上表决权的股东同意作出股东会决议。这里的“以上”是《公司法》对公司章程的授权,即在 2/3 的法定底线以上,公司章程可以作出自治性约定,本案中,公司章程约定为全体股东一致同意,合法有效,C 项错误。

D 项,股东回购请求权的前提是:有决议+有法定情形(连续 5 年盈利不分红,合并分立转财产,届满续命改章程)+有异议。本案中的股东会决议涉及的是增资的情形,没有涉及回购适用的法定情形,所以甲主张回购的请求不能支持,D项错误。

综上,本题答案为B。

7.**【参考答案】** C

【解析】 A项,票据属于文义证券,主张票据权利或承担票据责任都必须基于票据上的相关记载。刘伟没有在票据上签章,不是票据当事人,无须承担票据责任。但是刘伟和红酒公司之间毕竟存在买卖合同,所以刘伟需就此合同承担合同义务和责任,A项表述为刘伟不承担"任何"法律责任是错误的。

B、D项,追索权是二次性的救济权利,红酒公司行使付款请求权被甲银行拒绝,就可以向其他票据义务人主张追索权。①追索对象是"其他义务人",即排除了付款请求权的对象(承兑人或付款人),即本案中的甲银行。因为第一次找过甲银行,被拒绝才行使追索权的,行使追索权再找甲银行一次毫无意义。②追索权的行使原则是"可选择、可变更、可代位",向被追索对象主张连带责任。红酒公司有权对诚益公司和张三行使追索权,无前后顺序,B项"应"字锁定了追索的顺序,限制了红酒公司的选择权是错误的;D项将甲银行列为被追索对象是错误的。

C项,实施票据保证时,如果没写明被保证人不影响保证的成立,法律推定票据的第一责任人为被保证人:①已经承兑的汇票,推定承兑人为被保证人;②未经承兑的汇票,推定出票人为被保证人。本案中,张三实施保证行为时,虽然没写明被保证人,保证行为依旧成立,张三应承担保证责任,C项正确。

综上,本题答案为C。

8.**【参考答案】** B

【解析】 A项,债券受托管理人虽然是发行人为债券持有人聘请的,但其毕竟是为了债券持有人的利益而服务,如果债券持有人会议发现受托管理人不能履行对债券持有人忠诚、勤勉义务的,可以决议变更债券受托管理人,A项错误。

B项,若百航公司到期不能兑付债券本息,直接损害了债券持有人的利益,债券受托管理人作为为全体债券持有人服务的机构,有权受全体或部分债券持有人的委托,以自己的名义提起代位诉讼,B项正确。

C项,债券持有人购买债券时对所募集的资金用途和风险进行了评估,如果发行人改变募集资金的用途,则需要债券持有人会议重新评估,需要经过债券持有人会议作出决议。如果擅自改变资金用途的,可责令改正+罚款;对负责人可警告+罚款。所以对改变资金用途主要通过行政责任来追究,且恢复原状后对债券持有人没有实质损害,债券持有人无须提起诉讼,也不用债券受托管理人提起代位诉讼,C项错误。

D项,公开发行公司债券募集的资金,主要用于企业运营的需要,不得用于弥补亏损和非生产性支出。否则会出现发行人"拆东墙补西墙"的现象,容易诱发系统性风险,损害债券持有人的利益,D项错误。

综上,本题答案为B。

9.**【参考答案】** C

【解析】 A项,张某虽然虚报了保险年龄,但该合同成立于2017年2月,2020年保险事故发生,已经超过2年,保险公司不能因投保人虚报年龄而解除该保险合同,A项错误。

B、C项,意外险、寿险、重大疾病保险等人身保险中,保险标的为人的生命和健康,其价值是无法用金钱和货币衡量的,一旦发生损失也无法用货币进行评价。所以,如果投保人为同一个被保险人购买了多份意外险、寿险、重大疾病保险,在被保险人发生保险事故以后,可以获得多份保险的保险金,发生保险事故时可以向不同的保险公司申请理赔。各家保险公司分别赔偿,彼此间不会相互干扰。值得注意的是,保险公司可能会问及个人投保情况,投保人应按照要求如实告知。但是各家保险公司单独理赔,彼此不会相互干扰,即使张某未将其与甲、乙两公司的保险关系告知丙公司,也不影响丙公司决定是否承保及保险责任承担,丙公司不能因此解除保险合同。另外,就算张某未履行如实告知义务导致保险公司解除保险合同,也应该在合同成立2年内,本案中的保险合同已经超过了2年,丙公司也不能因此解除保险合同,B项错误,C项正确。

D项,财产保险中,才有真正的重复保险,是指投保人对同一保险标的、同一保险利益、同一保险事故分别与两个以上保险人订立保险合同,且保险金额总和超过保险价值的保险。除合同另有约定外,各保险人按照其保险金额占保险金额总和的比例承担赔偿保险金的责任。D项混淆了人身保险和财产保险的理赔规则。人身保险的原则是"多买多赔",财产保险的原则是"损失填平",D项错误。

综上,本题答案为C。

二、多项选择题

1.【参考答案】 AB

【解析】 A、B项,2020年1月1日,甲公司的破产申请被受理,此时甲公司"命不久矣",没有未来了,故对甲公司欠缴出资的股东应足额缴纳出资,管理人有权利要求股东履行出资义务,此义务不受诉讼时效或出资期限的影响。李四的出资义务虽尚未到期,但也应"加速到期"。所以管理人有权要求张三和李四履行出资义务,A、B两项正确。

C、D项,股东的出资义务是股东的身份责任,在甲公司被受理破产时,应及时足额履行。股东对公司补缴的出资作为债务人财产供债权人平等受偿。股东同时为公司债权人的,其债权按属性申报并依法受偿。股东的出资义务与其对公司享有的债权不能抵销,否则对股东的宽容就是对债权人的残忍,C、D两项错误。

综上,本题答案为AB。

2.【参考答案】 BC

【解析】 A项,B公司被拒绝付款后,不应将该汇票背书转让给C公司,此背书被称为"期后背书",不能发生《票据法》上的效力,出票人A公司和承兑人银行无须对C公司承担票据责任,只有B公司应依法对C公司承担票据责任,而不能因交付票据终结B公司和C公司之间的债务,A项错误。

B项,银行拒绝付款,必须出具拒绝证明,或者出具退票理由书。持票人行使追索权时,应当提供被拒绝付款的有关证明,否则丧失对其前手的追索权。银行口头拒付,导致B公司无法行使追索权,银行应对B公司承担民事责任,B项正确。

C项,票据在B公司手里被拒绝付款,该票据权利已经"残缺不全",基于诚信原则,B公司应该行使追索权来救济而不得将其背书转让给C公司,否则认定为"期后背书",不产生《票据法》上的效力,C项正确。

D项,B公司对C公司的背书是期后背书,C公司只可向B公司主张票据责任,而A公司和银行对C公司没有票据责任,D项错误。

综上,本题答案为BC。

3.【参考答案】 BD

【解析】 A项,受益人索要的保险赔偿金,是被保险人发生保险事故付出了生命或健康的代价换来的,因此被保险人对指定或变更受益人有决定权。投保人指定或变更受益人均需要被保险人同意。本案中甲作为投保人,未经被保险人乙同意,擅自变更受益人是无效的,所以甲母并非本保险合同中的受益人,无权向保险公司主张赔偿金,A项错误。

B项,乙作为被保险人,有权决定受益人的人选,投保人指定或变更受益人时需要被保险人同意,否则该受益人的指定或变更是无效的,甲变更受益人为自己的母亲,需要乙的同意,B项正确。

C项,本案中甲作为受益人,故意杀害被保险人,虽然未遂,但甲因此丧失了受益权,保险公司有权拒绝甲作为受益人提出的索赔请求,C项错误。

D项,死亡险涉及被保险人的生命,对于被保险人至关重要,因此在订立死亡险的保险合同时,被保险人对是否订立及保险金额有权作出自己的衡量或判断,订立死亡险保险合同需要被保险人同意并认可保险金额,D项正确。

综上,本题答案为BD。

4.【参考答案】 BD

【解析】 A项,在机动车辆第三者责任保险中,被保险人或其允许的驾驶人员在使用保险车辆过程中发生意外事故,致使第三者遭受人身伤亡或财产直接损毁,依法应当由被保险人承担的经济责任,保险公司负责赔偿。本案中保险标的是张某的宝马汽车,无论是张某还是张某允许的其他驾驶人员驾驶此车辆损害第三人利益,保险公司均应承担赔偿责任,A项错误。

B项,第三者责任险的核心法律关系是被保险人给第三者造成损害,赔偿责任确定后,保险公司直接对第三者赔偿保险金,即"你犯错,保险公司替你赔",B项正确。

C、D项,和解协议是侵权方和被害方达成的协议,只约束协议双方,对保险公司没有直接的约束力,C项表述为保险公司"应当"按照和解协议赔偿保险金是错误的。如果保险公司对该和解协议是认可的,可按和解协议赔偿保险金,否则有权对保险责任范围以及赔偿数额重新予以核定,D项正确。

综上,本题答案为BD。

三、不定项选择题

1.【参考答案】 CD

【解析】 A项,希希将股权转让给左某,为股东之间的内部转让,没有破坏股东之间的人合性,奉行的原则是"自由转、随便转、不通知、不优先",戴某没有优先购买权,A项错误。

B项,市场监督管理部门对于申请人的登记申请材料进行形式审查。本案中,希希将股权转让给左某,系双方"刻意为之",所以准备的变更登记资料必然“天衣无缝”，市场监督管理部门据此作出变更登记并无过错，无须承担赔偿责任。出现错误登记的客观结果，经权利人申请，市场监督管理部门再进行变更登记以还原事实。B 项中李某向市场监管部门主张赔偿责任是错误的。

C 项，希希将名下股权转让，应参照善意取得制度处理。本案中的股权受让方是左某，对于李某和希希的代持关系及李某实际出资的事实，左某是知情的，所以左某不能善意取得该股权，李某有权主张该股权转让行为无效，C 项正确。

D 项，李某能够证明其他股东对其实际出资的事实知情，且李某实际行使股东权利其他股东未曾提出异议，所以李某为“半隐名”状态，“显名化”的流程可以简化，有权直接请求公司办理股东的变更手续，将其登记为股东，D 项正确。

综上，本题答案为 CD。

2.【参考答案】 D

【解析】 A 项，向荣公司是独立法人，享有法人财产权，甲与向荣公司的关系应为“以房屋换股权”，出资行为完成后，此房屋应为向荣公司的资产。《民法典》也规定，建筑物、构筑物及其附属设施出资的，该建筑物、构筑物及其附属设施占用范围内的建设用地使用权一并处分。所以甲应该用房屋所有权出资，本案中甲用房屋使用权出资不符合法律规定，A 项错误。

B 项，乙和向荣公司的关系是“以债权换股权”，债权可以估值定价且可以依法流通转让，属于股东可用于出资的合法的非货币资产。乙将此债权合法估值并转移给向荣公司后，乙合法履行了出资义务。1 年后该债权贬值，是向荣公司的资产风险，与乙已无瓜葛，不属于乙未完全履行出资义务，乙也无须承担补足责任，B 项错误。

C 项，丙伪造遗嘱不能取得房屋所有权，丙用此房屋出资属于无权处分，应适用善意取得制度。但丙的出资情况，向荣公司的总经理乙知情，且丙本人担任公司监事，所以向荣公司应视为知情，因此向荣公司不能善意取得该房屋，C 项错误。

D 项，货币作为一般等价物，股东用货币出资，只需将足额的货币按时存入公司在银行的账户，以贪污、受贿、侵占、挪用等违法犯罪所得的货币出资，出资合法。股东因此取得股权的，对其违法犯罪行为予以追究、处罚时，应当采取拍卖或者变卖的方式处置其股权，D 项正确。

综上，本题答案为 D。

3.【参考答案】 ABC

【解析】 A、C 项，甲公司恶意抢注“奔兔”商标，损害了奔兔公司的在先权利，奔兔公司在箱包上的“奔兔”商标尚未被认定为驰名商标。如果甲公司起诉其侵权，在侵权诉讼中，作为在先权利人，奔兔公司可以“先用权”进行抗辩，C 项正确；奔兔公司也可以在甲公司的抢注商标被注册之日起 5 年内申请其无效，A 项正确。

B 项，商标要在实际使用中发挥其识别商品来源的功能，所以我国严厉打击囤积商标。合法注册的商标但无正当理由连续三年以上不使用的：(1)任何单位或者个人可以向商标局申请撤销该注册商标；(2)注册商标专用权人不能证明此前三年内实际使用过该注册商标，也不能证明因侵权行为受到其他损失的，被控侵权人不承担赔偿责任。本案中，乙公司作为商标代理机构，在皮带产品上囤积了“奔兔”商标，自然也没有使用，所以奔兔公司即使使用了该商标，也无须对乙公司承担赔偿责任，B 项正确。

D 项，乙公司不以使用为目的抢注商标，本来不该被注册，被错误注册后，任何单位或个人可以在商标注册后随时申请其无效，D 项要求了 5 年内的期限限制，是错误的。

综上，本题答案为 ABC。

4.【参考答案】 A

【解析】 A 项，本案中引进战略投资者后，持股 5% 以上的股东转让股权，使得战略投资者佳田公司的持股比例达到 67%，享有绝对控股权，公司的股权架构进行了重新搭建，影响了所有股东的权益，需要设置出资人组，全体股东有权出席并参与表决，A 项正确。

B 项，重整计划的参与原则是“利益相关”，对重整计划草案进行分组表决时，权益因重整计划草案受到调整或者影响的债权人或者股东，有权参加表决；权益未受到调整或者影响的债权人或者股东，不参加重整计划草案的表决。本案中铭豪公司的重整计划草案规定持股 5% 以下的股东不用转让股权给佳田公司，但需要无条件支持此重整计划。根据该计划，铭豪公司的股权架构进行了重新搭建，对所有股东的权益均有所影响，李某也不例外，所以李某有权参加表决，B 项错误。

C 项，“一致同意”直接导致本选项错误。重整计划实行分组表决，组内通过的标准是“1/2 + 2/3”，即出席会议的同一表决组的债权人过半数同意重整计划草案，并且其所代表的债权额占该组债权总额的 2/3 以上，不要求“一致同意”。且出资人组应由全体股东组成，并非仅持股 5% 以上的股东，C

项错误。

D项,铭豪公司被法院裁定受理重整,铭豪公司的股东会已经不能掌控公司命运,关乎公司生死存亡的大权交给管理人,由管理人代表全体债权人的共同利益,推行对全体债权人有益的方案或策略。重整计划不是铭豪公司股东会决议的范畴,D项错误。

综上,本题答案为A。

2019年客观题试题

一、单项选择题

1. 甲公司于2018年3月设立登记,商事登记中载明吴太是甲公司股东之一。但因为甲公司财务人员的疏忽,公司章程中未记载吴太,且甲公司没有制备股东名册。据查,吴太履行了出资义务,且甲公司向其出具了股款收据。下列说法正确的是:(　　)

A. 应该综合各种要素判断吴太具有股东资格

B. 只需有商事登记即能证明吴太具有股东资格

C. 没有股东名册记载,吴太没有股东资格

D. 没有公司章程记载,吴太没有股东资格

2. 2017年甲与乙出资设立了格罗姆公司,甲的持股比例是75%,担任公司的法定代表人。公司章程约定两股东应于2039年前缴足出资。格罗姆公司欲吸纳丙入股,并与丙签订入股协议,约定:甲和乙应于2019年前缴足出资,此条件是丙入股格罗姆公司的必要条件。甲代表格罗姆公司于入股协议上签章,丙履行了出资义务,但格罗姆公司未修改公司章程。甲、乙应于什么时间缴足出资?(　　)

A. 甲、乙应于2039年前缴足出资

B. 甲应于2019年前缴足出资,乙于2039年前缴足出资

C. 甲应于2039年前缴足出资,乙于2019年前缴足出资

D. 甲、乙应于2019年前缴足出资

3. 甲、乙、丙、丁四人共同出资成立瀚林公司,协商制定公司章程时甲未出席,乙、丙、丁一致同意且于章程中签名,乙伪造了甲的签名。公司成立后,四股东协商一致共同签署一协议,就股东之间的权利义务等事宜进行了约定。下列说法正确的是:(　　)

A. 四股东签署的协议是公司章程的一部分

B. 公司章程经过3/4的股东通过,已经生效

C. 四股东协商一致签署的协议具有与公司章程相同的法律效力

D. 公司章程未经登记不能对抗第三人

4. 成顺公司的股东胡某是公司的大股东和法定代表人,2018年12月,胡某召集股东会商议收购力耀公司的股权事宜,此次股东会没有通知持有公司1%股权的小股东郑某。胡某提议转让成顺公司的一块土地使用权给力耀公司作为受让股权的对价,在胡某的操作下,股东会通过该决议并让秘书代替郑某签字,郑某知道后坚决不同意,诉至法院。该股东会决议效力如何?(　　)

A. 该股东会决议无效

B. 该股东会决议可撤销

C. 该股东会决议有效

D. 该股东会决议不成立

5. 三石商贸有限公司(以下简称三石公司)因管理混乱经营陷入困境,于2019年3月经法院裁定进入破产程序,瀚城律师事务所被指定为破产管理人。2019年5月底,经债权人会议决议,成立债权人委员会。二鸟公司与瀚城律师事务所接洽,准备受让三石公司全部的库存和营业事务。关于本案,下列表述错误的是:(　　)

A. 债权人委员会应包含一名三石公司的职工代表或工会代表

B. 瀚城律师事务所应将与二鸟公司的合作事宜事先制作财产管理或者变价方案并提交债权人会议通过

C. 瀚城律师事务所的方案未被债权人会议通过的,其可以提交给债权人委员会进行表决

D. 瀚城律师事务所在实施与二鸟公司的合作方案前,应报告债权人委员会

6. 张三为中天公司调试某设备,双方约定,如果因张三的原因造成损失,张三只需要承担10%的赔偿责任。后来,中天公司为该设备投保损失险,未将与张三的约定告知保险公司,保险公司也未询问针对此设备有无免责约定。不久,张三在调试设备时因擅自修改设备参数,造成火灾,中天公司损失10万元。下列说法正确的是:(　　)

A. 保险公司向中天公司赔偿后,可向张三追偿1万元

B. 保险公司向中天公司赔偿后,可向张三追偿10万元

C. 保险公司主张代位求偿的管辖法院,依保险

合同关系确定

D. 如果保险公司已经向中天公司赔偿,可向其主张返还赔偿金

二、多项选择题

1. 郭蓉和王倩设立火凤凰火锅店(普通合伙企业),出资比例分别是80%和20%,合伙协议约定郭蓉是合伙企业事务执行人。后郭蓉聘请国外留学回来的表妹小黄担任火锅店的经营管理人员,全权负责火锅店的运营事务。王倩后来得知此消息但未对此事表态。小黄大胆地更换了火锅店的大厨和服务员,火锅店生意日渐好转,终扭亏为盈。一年后,为扩大火锅店的规模,小黄以火锅店的名义向小李借款100万元用于火锅店的经营,并以火锅店的店面做抵押。下列说法正确的有:(　　)

A. 小黄无权以火锅店店面做抵押

B. 小黄无权更换大厨和服务员

C. 小黄自王倩未表态后正式成为火锅店的经营管理人员

D. 小黄无权以合伙企业名义向小李借款

2. 甲、乙、丙共同出资设立某普通合伙企业,三人分别出资50万元、10万元和40万元。甲、乙、丙共同约定由甲执行合伙事务。合伙企业经营良好,于是甲找乙和丙协商增资投资一个不在经营范围内的项目,合伙协议无特别约定,就该增资事宜合伙企业需如何做出决议?(　　)

A. 可以协商不按照出资比例进行增资缴纳

B. 决议需要甲乙通过即可

C. 决议需要甲乙丙共同通过

D. 决议需要甲丙通过即可

3. 杨某、段某、郭某、黄某、周某是某有限合伙企业的合伙人,其中杨某是普通合伙人,段某、郭某、黄某、周某是有限合伙人。合伙协议对合伙份额的转让、质押等处分行为未作约定。下列说法正确的有:(　　)

A. 杨某死亡后,其合法继承人有权继承杨某在该合伙企业中的份额

B. 段某的债权人申请法院执行段某的合伙份额还债,其他合伙人不能主张优先购买权

C. 郭某对外转让其合伙份额时,其他合伙人无权主张优先购买权

D. 黄某可随时转让其合伙份额给周某

4. 甲公司是合伙企业乙的有限合伙人之一,乙运营良好但是一直没有向甲公司分配利润。后甲公司经营不善,法院裁定进行破产重整,根据重整计划,甲公司被注销,全部资产及权利义务关系归丙公司承接。下列说法正确的有:(　　)

A. 甲公司进入破产重整程序以后,立即丧失有限合伙人资格

B. 丙公司可继承甲公司的合伙人资格

C. 重整期间,管理人有权查阅、复制乙合伙企业的财务账簿等财务资料

D. 甲公司重整期间,管理人可以将其在乙合伙企业的份额设定质押

5. 甲、乙共同经营一家普通合伙企业,甲和乙共同决定聘请丙担任合伙企业的经营管理人员。因经营管理不善该合伙企业面临破产,甲和乙授权丙负责组织清算。在清算过程中,丙收受丁的好处若干,擅自免除了丁对合伙企业的70万元债务,并虚构了合伙企业对戊的一笔50万元债务。下列说法正确的有:(　　)

A. 丙不能担任合伙企业的清算人

B. 丙应对合伙企业的债权人承担赔偿责任

C. 丙应对合伙企业承担赔偿责任

D. 合伙企业注销后,甲和乙对合伙企业债权人仍应承担无限连带责任

6. 甲公司因经营不善被法院受理重整,法院指定A律所担任管理人。为了维持公司运营,A律所代表甲公司向股东张三借款50万元。债权人会议推选甲公司总经理王某担任破产管理人,且经债权人会议全票通过甲公司向股东李四借款100万元,并用甲公司的楼房设定抵押。下列相关说法正确的有:(　　)

A. 债权人会议有权选择公司总经理王某担任破产管理人

B. 张三的借款优先于普通债权受偿

C. 张三的借款优先于李四的债权受偿

D. 李四的借款优先于普通债权受偿

7. 2018年12月,胜利房地产开发公司(以下简称胜利公司)为开发东方家园小区,向建设银行贷款2000万元,约定2年后清偿。全友公司对此贷款提供连带责任担保。2019年5月,胜利公司开发的楼盘销售不利导致资金链断裂,不能清偿到期债务,被法院受理破产。2个月后,全友公司业务不景气也被法院受理破产。下列说法正确的有:(　　)

A. 当胜利公司被受理破产时,全友公司应向建设银行清偿债务后再向胜利公司追偿

B. 当胜利公司被受理破产时,全友公司可用其将来求偿权申报债权

C. 当全友公司被受理破产后,建设银行可分别向胜利公司和全友公司申报全额债权

D. 当全友公司对建设银行进行破产分配后，不可向胜利公司追偿

8. 甲公司给乙公司开了一张汇票，付款人为临海银行。乙公司向临海银行确认此票据有效，到期付款。乙公司随后将此票据背书转让给张某。张某遗失此汇票被刘某捡到，刘某伪造张某的签章，把汇票背书转让给丙公司履行其对丙公司的货款给付义务，丙公司按照约定向刘某交货，刘某收到货后将之转卖并携款潜逃。丙公司请求临海银行付款时，被告知经张某申请，法院已经对此票据进行了除权判决。下列说法正确的有：(　　)

A. 临海银行不应对丙公司承担票据付款责任

B. 甲公司应对丙公司承担票据付款责任

C. 乙公司不应对丙公司承担票据付款责任

D. 刘某应对丙公司承担付款责任

三、不定项选择题

1. 老王给他老婆投保了金额为 20 万元的人身保险，受益人是 20 岁的儿子小王，保险期限 5 年。后来老王做生意需要用钱，遂准备将此保险退保，老婆和儿子都不同意。下列说法正确的有：(　　)

A. 老王有权解除该保险合同

B. 老婆不同意退保，老王不能解除此保险合同

C. 儿子不同意退保，老王不能解除此保险合同

D. 如果老婆向老王支付了相当于保单现金价值的款项，并通知了保险公司，此保险合同不能解除

2. 陈某在保险公司为自己的自卸车投保了商业险，并在投保单免责条款告知一栏处写明：投保人已知晓上述免责事项，并签名。后陈某将该车辆卖给黄某，但并未将免责条款告知黄某，也未将保险合同送交给黄某。后该自卸车因未完全落下发生保险事故，保险公司认为，存在免责事项主张不予赔付。下列说法正确的有：(　　)

A. 保险公司可根据该免责条款不予赔付

B. 黄某可主张该免责条款对自己无效

C. 陈某可主张该免责条款对自己无效

D. 陈某应将该免责条款告知黄某

2019 年客观题试题参考答案及解析

一、单项选择题

1.【参考答案】 A

【解析】 A、C 项，本案中，吴太已经实际履行了出资义务，且进行了商事登记，应认定其具有股东资格。股东名册是证明股东资格存在的内部法定文件，但并非唯一的证据，股东名册有缺失，股东可以诉请公司完善股东名册，而不能因此否认股东资格。A 项正确，C 项错误。

B 项，商事登记具有公示公信效力，但被登记的股东如果存在类似非法或错误登记的情形时，未必能取得股东资格，B 项说法太过于绝对，错误。

D 项，公司章程的记载属于证明股东资格的加分项，但并非绝对或唯一因素，即使没有公司章程的记载，通过其他因素综合判定，吴太也可取得股东资格，D 项错误。

综上所述，本题答案为 A。

2.【参考答案】 B

【解析】 丙和格罗姆公司签署的入股协议为甲和乙附加了提前缴纳出资的义务，根据合同相对性的原则，未经甲、乙同意该义务对甲和乙不能生效。

但是，甲作为格罗姆公司的控股股东和法定代表人，如果对提前缴纳出资的事宜不同意，他不会违心地代表公司签署此协议，所以甲代表格罗姆公司签署此协议应认定甲对此义务的设定是知情且同意的，所以甲应按此约定于 2019 年前完成出资。

格罗姆公司和丙的入股协议中对乙施加的义务，乙没有同意，对乙不生效。格罗姆公司未经法定程序修订公司章程，没有改变股东依据原章程履行出资的责任，所以乙应按原公司章程中约定的 2039 年完成出资，选项中只有 B 项符合要求。

综上所述，本题答案为 B。

3.【参考答案】 D

【解析】 A、C 项，股东协议与公司章程是彼此独立的两份契约，其性质、适用范围、效力等有所区别，并非包含或相同的法律关系，A、C 两项错误。

B 项，有限公司采用发起方式设立，公司章程需经全体发起人协商一致才能订立，不能由部分发起人作出决议，B 项错误。

D 项，登记产生商事外观的法律效力，故公司章程未经登记不能对抗第三人，D 项正确。

综上所述，本题答案为 D。

4.【参考答案】 B

【解析】 A 项，股东会决议内容违反法律法规的强制规定时认定无效。本案中，股东会决议收购力耀公司的股权，且通过转让土地使用权的方式来支付对价，这些均属于公司正常的业务，股东会就此作出决议，内容合法，没有无效情形，A 项错误。

B、C 项，本案中股东会召集时应该通知而未通知小股东郑某，导致郑某没机会参会表决，且决议中秘书代替郑某签字，此签字对郑某不生效。此情形应认定为股东会召集程序违法，属于决议可撤销的理由，C 项错误，B 项正确。

D 项，股东会决议被认定为不成立的情形主要是决议的产生机制有缺陷。比如，没有召开股东会而作出的决议；没有表决而作出的决议；出席会议的人数不足法定或章程规定情形；会议的表决结果未达到法定或章程规定的通过比例等，即"没开会、没表决、人不够、票不够"。股东会正常召开并表决，没有出现不成立的缺陷情形，D 项错误。

综上所述，本题答案为 B。

5.【参考答案】 C

【解析】 A 项，债权人委员会中应当有 1 名债务人的职工代表或工会代表，由他们代表职工权益，A 项正确。

B 项，二鸟公司受让三石公司全部的库存和营业事务，涉及债务人的重大财产，管理人应当事先制作财产管理或者变价方案并提交债权人会议进行表决，债权人会议表决未通过的，管理人不得处分，B 项正确。

C 项，如果债权人会议未通过管理人的方案，此方案不得实施。管理人可以重新制作财产管理或变价的方案重新提交债权人会议通过。债权人委员会是债权人会议的常设机关并非上级机关，不能推翻债权人会议的决议，C 项错误。

D 项，经债权人会议通过的重大资产处分方案，管理人在实施前应向债权人委员会报告，D 项正确。

综上所述，本题答案为 C。

6.【参考答案】 A

【解析】 本案中，中天公司在投保前对作为投保标的的机器设备豁免了张三 90% 的赔偿责任，该放弃行为合法有效，故张三只承担 10% 的赔偿责任，在保险公司赔偿后，也只能向张三追偿 10% 的赔偿责任，故 A 项正确，B 项错误。

代位求偿诉讼的双方当事人是保险公司和第三者，保险公司的权利承继自被保险人，所以诉讼争议原本是被保险人和第三者之间的关系，应按照被保险人和第三者之间的关系确定管辖法院，C 项错误。

投保人告知的义务限于保险公司询问的范围和内容。保险公司在投保时未就免责事宜询问，中天公司没有告知的责任，所以不存在保险公司"被骗"的情形，保险公司不能主张中天公司返还已经支付的保险赔偿金，D 项错误。

综上所述，本题答案为 A。

二、多项选择题

1.【参考答案】 AC

【解析】 A 项，用火锅店的店面设定抵押系处分合伙企业不动产的行为，依法应经全体合伙人一致同意，所以小黄作为经营管理人员无权单独决定并实施此行为，A 项正确。

B、D 项，更换大厨和服务员以及借款均属于合伙企业正常的经营范围，无法定特殊情形，小黄作为经营管理人员被授权全权负责火锅店的运营事务，有权代表合伙企业实施此行为，所以 B、D 两项说法错误。

C 项，郭蓉作为合伙协议约定的合伙事务执行人，无权单独决定聘请经营管理人员，其越权聘任小黄的情形被王倩知情后，王倩未表态视为对此聘任结果的追认，故此时聘任生效，C 项正确。

综上所述，本题答案为 AC。

2.【参考答案】 AC

【解析】 本案涉及两件事情：

一是扩充合伙企业的经营范围。扩充合伙企业的经营范围需全体合伙人一致决议，故本案中决议需经全体合伙人一致同意，B、D 两项错误，C 项正确。

二是增资。合伙人按照合伙协议的约定或者经全体合伙人决定，可以增加或者减少对合伙企业的出资。如果全体合伙人一致同意，增资的方案可以采用引进外部投资人，或者定向由部分合伙人增资，或者非等比例增持；虽然改变了原有的份额架构，但属于全体合伙人自治的范畴，只要全体合伙人一致同意，就是有效的。故增资比例可由全体合伙人协商决定，未必按照原出资比例认缴，A 项正确。

综上所述，本题答案为 AC。

3.【参考答案】 CD

【解析】 A 项，杨某作为普通合伙人，具有极强的人合性，普通合伙人的"份额"兼顾财产属性和人身属性，杨某死亡后继承人需要在"你情、我愿、资格有"的条件下才能继承其份额成为新的合伙人，并非绝对"有权"继承，A 项错误。

B 项，虽然有限合伙人份额没有人合属性，但是法院的诉求只是尽快将份额变现，所以在法院强制执行时，为了提高执行效率，同等条件下保护其他合伙人的优先购买权，B 项错误。

C项，郭某作为有限合伙人，其份额没有人合属性，对外转让时，只需要提前30日通知其他合伙人，不用其他合伙人同意也不保护其他合伙人的优先购买权，C项正确。

D项，有限合伙人的份额在合伙人内部可以自由转让，D项正确。

综上所述，本题答案为CD。

4.**【参考答案】** BD

【解析】 本题针对有限合伙人的权利义务进行考查，因为融入了破产重整制度而加大了难度。有限合伙人的知情权限制在与其利益有关的范围内，有限合伙人的份额质押原则是自由的。作为有限合伙人的法人终止的，其权利义务承受人可以依法继承其有限合伙人的资格。

A项，作为有限合伙人的法人或其他组织主体灭失时才会法定退伙，而甲公司进入破产重整程序时，尚未注销或宣告破产，主体尚未灭失，不会立即丧失有限合伙人资格，A项错误。

B项，有限合伙人的份额为资合属性，可当然继承。所以，甲公司作为有限合伙人终止时，丙公司作为其继承人或者权利承受人可以依法取得甲公司在有限合伙企业中的资格，B项正确。

C项，甲公司在重整期间，管理人的权限来自甲公司。甲公司作为有限合伙人在合伙企业中只是财务投资者，法律对其知情权有相应的限制，只能查阅与自身利益有关的财务账簿，且不能复制，C项对管理人知情权的范围没做限制且支持了复制，是错误的。

D项，有限合伙人的份额质押奉行的原则是"有约定按约定，无约定无障碍"。本案中，合伙协议无特殊约定，管理人有权将其份额质押，D项正确。

综上所述，本题答案为BD。

5.**【参考答案】** BCD

【解析】 A项，合伙企业解散，应当由清算人进行清算。清算人由全体合伙人担任；经全体合伙人过半数同意，可以自合伙企业解散事由出现后15日内指定一个或者数个合伙人，或者委托第三人，担任清算人。本案中丙作为经营管理人员，经合伙人甲和乙的同意担任清算人是合法的，A项错误。

B项，丙擅自豁免债务，虚构债务损害了债权人利益，应对债权人承担赔偿责任，B项正确。

C项，丙担任合伙企业的清算人执行清算事务时，收取了丁的好处，牟取了非法收益，应当将该收益退还合伙企业；给合伙企业或者其他合伙人造成损失的，依法承担赔偿责任，C项正确。

D项，合伙企业作为非法人组织，并无独立地位或独立责任，即使合伙企业注销后，原普通合伙人依旧需要对合伙企业的债务承担无限连带责任，D项正确。

综上所述，本题答案为BCD。

6.**【参考答案】** BD

【解析】 人民法院裁定受理破产申请的，应当同时指定管理人。债权人会议对管理人有监督权，但无选择或聘任的权利，A项错误。

B、D项，甲公司对张三和李四的借款均发生于重整受理之后，作为"新债"，定性为共益债务，优先于普通债权受偿，B、D两项正确。

C项，李四的借款设定了有效的房产抵押，就抵押房产，李四享有优先受偿权，所以如果甲公司的财产足以清偿共益债务，张三、李四的借款均会被全额清偿。如果甲公司的财产不足以清偿共益债务，李四有优先受偿权的保障，也可以就抵押房产变现财产优先获得清偿，所以张三的债权不能因为发生在前而优先于李四的抵押债权，C项错误。

综上所述，本题答案为BD。

7.**【参考答案】** BCD

【解析】 A项，胜利公司被受理破产后，全友公司已经替胜利公司清偿债务的，可以以其对胜利公司的求偿权申报债权（现实求偿权）。全友公司尚未替胜利公司清偿债务的，有权以其对胜利公司的将来求偿权申报债权。A项中，全友公司应向建设银行清偿债务后再向胜利公司追偿的说法，将全友公司申报债权的机会限缩在"现实求偿权"中，排除了全友公司以将来求偿权申报债权的机会，错误。

B项，补充了全友公司以将来求偿权申报债权的机会，正确。

C、D项，建设银行对胜利公司享有债权，可向其申报破产债权；建设银行对全友公司享有保证债权，可向其申报破产债权。胜利公司和全友公司分别对建设银行进行破产分配，彼此不干扰。因为二者均破产，所以全友公司承担保证责任后，不再向胜利公司追偿，C、D项正确。

综上所述，本题答案为BCD。

8.**【参考答案】** ACD

【解析】 本案最关键的信息是票据被除权判决，法院作出除权判决时宣告票据无效，原票据自此失效。无论是临海银行，还是甲公司、乙公司均无须对丙公司承担票据的付款责任，A、C两项正确,B 项错误。

D 项,刘某实施过伪造签章的行为,虽然不承担票据责任,但毕竟刘某和丙公司之间存在民事买卖合同关系,丙公司已经交货给刘某,按此买卖合同刘某应当承担给付货款的民事法律义务,D 项正确。

综上所述,本题答案为 ACD。

三、不定项选择题

1.**【参考答案】** AD

【解析】 保险合同的双方当事人是投保人和保险公司,基于自愿原则,投保人享有解除合同的法定权利,被保险人或受益人仅为保险合同的关系人,无权阻止当事人解除合同,所以 A 项正确,B、C 两项错误。

投保人解除保险合同的目的在经济方面的体现无外乎是拿回保单的现金价值。毕竟人身保险合同对被保险人或受益人意义很大,如果被保险人或受益人已经向投保人支付了相当于保单现金价值的款项并通知了保险公司,则保全了投保人想通过解除保险合同获得的经济利益。为了交易秩序的稳定及对被保险人或受益人的权益保障,此时投保人不能任性,保险合同不能解除,D 项正确。

综上所述,本题答案为 AD。

2.**【参考答案】** AD

【解析】 A、B 项,陈某将自卸车转让给黄某,应告知保险公司,鉴于保险标的发生保险事故的风险并未显著提高,陈某在原保险合同中的权利义务一并转移给黄某。保险公司已经向陈某履行了明确说明的义务,无须再对受让人黄某明确说明,相应条款对陈某生效,对黄某也生效。保险公司有权据此免责条款拒绝向黄某履行赔偿责任,A 项正确,B 项错误。

C 项,陈某对保险人履行了明确说明义务在相关文书上签字确认,应当认定保险公司已经向陈某履行了告知义务,相应免责条款对陈某生效,C 项错误。

D 项,陈某与黄某产生自卸车的交易,基于最大诚信原则,陈某应将自卸车有关的保险事宜包括保险合同的免责条款告知黄某,D 项正确。

综上所述,本题答案为 AD。

经 济 法

2023年客观题试题

一、单项选择题

1. 某市大米行业协会和会员企业签订协议，该内容是：为增强中小经营者的竞争力，对于大米均定价10元1斤，会员企业必须按照协议销售，否则禁止使用该协会的商标。据此，下列哪一选项是正确的？（　　）

A. 该协议属于纵向垄断协议

B. 该协议属于横向垄断协议

C. 该协会的行为属于滥用市场支配地位

D. 该协议构成反垄断豁免，是有效协议

2. 金硕巅峰公司是知名教育培训机构，其广告宣传语为"金硕巅峰，已助众多考生圆梦金硕"。飞跃公司为同行业教育培训机构，在其网站展示"金硕VIP全程班课程"的链接，但点击该链接进入的是其自身的网站。对此，下列说法正确的是？（　　）

A. 飞跃公司的行为会让人误以为其与金硕巅峰公司存在特定联系，其行为违法

B. 飞跃公司属于虚假宣传，其行为违法

C. 飞跃公司并未使用和金硕巅峰公司同样的宣传语，其行为合法

D. 飞跃公司没有使用金硕巅峰公司的域名，不构成违法

3. 甲公司与乙公司都是电视生产厂家，乙公司的logo是一头可爱的小熊，具有很高的识别度。2022年一条视频爆红网络：一男子对着贴有小熊图案的电视机不断地说："看不清，雾里看花看不清，雷隐隐雾蒙蒙看不清。"吐槽该电视机屏幕很小、显色差、漏光，信号不好。该视频获点赞过百万。经调查，视频中的男子是甲公司员工，且乙公司生产的电视机不存在视频中所说的质量问题。对此，下列说法正确的是？（　　）

A. 甲公司违法与否要看是否构成混淆

B. 甲公司违法与否要看乙公司的小熊标志是否有影响力

C. 甲公司违法与否取决于小熊是否属于商业装潢

D. 甲公司违法与否要看是否影响了乙公司的商品声誉

4. 2023年年初，张某准备参加某资格考试，每天在某网络平台直播备考情况，意外收获较多观看，该平台向张某支付了报酬。2023年年底，张某通过考试，取得相应资格，准备在该网络平台拍卖其备考期间的笔记资料，获得拍卖款。关于张某缴纳个人所得税，说法正确的是？（　　）

A. 仅张某的拍卖款应缴纳个人所得税

B. 张某要对拍卖款和报酬进行汇算清缴

C. 张某的拍卖款是综合所得

D. 张某的个人所得税可由平台代扣代缴

二、多项选择题

1. 鸿途公司开发了"全能车"APP，使用"全能车"的用户只需要注册一个账号，交一份押金就可以打开哈啰单车、青桔单车、摩拜单车等十几家企业的共享单车。因为便捷"全能车"迅速吸引了大量用户注册、交押金及使用费。据查，"全能车"从未获得过任何授权，也并未与单车企业有过合作。关于"全能车"的行为，下列说法正确的是？（　　）

A. "全能车"的行为构成滥用市场支配地位

B. "全能车"的行为构成不正当竞争行为

C. "全能车"的行为构成混淆行为

D. "全能车"的行为构成侵犯商业秘密

2. 程某、庞某出资设立甲公司，通过购买大批量手机建立机房，控制多个互联网账号，并运用群控软件，按照需求单要求准时给直播间上人气，调高直播间的在线人数、点赞、评论等。王某在直播间销售服装，2023年1月利用甲公司的"服务"增加了直播间的观看人数，从而吸引大量客户进直播间下单购买货品。对此，下列说法正确的是？（　　）

A. 甲公司的行为构成互联网不正当竞争

B. 甲公司的行为不构成虚假宣传

C. 王某的行为构成虚假宣传

D. 王某的行为侵犯了消费者的知情权

三、不定项选择题

商业银行发放给房地产开发商的贷款已逾期未能清偿，商业银行将向其他银行同业拆借的款项

提供给房地产开发商，以新贷还旧贷，且贷款规模越来越大。因为房地产市场的不景气，房地产开发商终无力还款，商业银行自身的经营亦陷入困境，无法即时兑付存款人的本金和利息。下列说法中正确的是？（　　）

A. 中国人民银行可以对该商业银行进行接管

B. 中国人民银行可以对该商业银行进行罚款

C. 中国人民银行可以责令该商业银行停业整顿

D. 国家金融监督管理总局可以对该商业银行进行接管

2023年客观题试题参考答案及解析

一、单项选择题

1.【参考答案】 B

【解析】 大米行业协会组织会员企业签订协议，各企业均为具有竞争关系的经营者，构成横向垄断协议，A项错误，B项正确。

市场支配地位是指经营者在相关市场内具有能够控制商品价格、数量或者其他交易条件，或能够阻碍影响其他经营者进入相关市场的市场地位。行业协会并非具体经营者，不符合主体资格，C项错误。

《反垄断法》第20条规定了垄断协议豁免条款，包括“增强中小经营者竞争力”，但本题难以证明是为了达到增强中小经营者竞争力的目的，因此不属于反垄断豁免情形，D错误。

2.【参考答案】 A

【解析】 经营者实施足以引人误认为是他人商品或者与他人存在特定联系的混淆行为的，构成不正当竞争。本题中，“金硕”是金硕巅峰公司有一定影响的商品名称和企业字号，飞跃公司擅自使用，使人误认为是金硕巅峰公司的课程，构成混淆，A项正确，C项、D项错误。

虚假宣传是指经营者对其商品的性能、功能、质量等作虚假或引人误解的商业宣传，欺骗、误导消费者。本题中并未表述飞跃公司对该套课程进行了虚假广告等宣传行为，故B项错误。

3.【参考答案】 D

【解析】 本题考查不正当竞争行为的识别和认定。案情中交代了几个情节：第一，甲公司和乙公司之间存在竞争关系；第二，视频中的男子是甲公司员工，在没有相反证据的情况下，男子的行为被视为甲公司的行为；第三，视频中的信息是虚假的。在此前提之下，须具体分析甲公司的行为是否构成不正当竞争以及何种不正当竞争。A、B、C项均指向混淆行为，根据《反不正当竞争法》第6条的相关规定，混淆行为的核心要件是攀附性使用他人的商业标识，并造成误认结果，具体包括：(1)擅自使用与他人有一定影响的商品名称、包装、装潢等相同或者近似的标识；(2)擅自使用他人有一定影响的企业名称（包括简称、字号等）、社会组织名称（包括简称等）、姓名（包括笔名、艺名、译名等）；(3)擅自使用他人有一定影响的域名主体部分、网站名称、网页等；(4)其他足以引人误认为是他人商品或者与他人存在特定联系的混淆行为。但是，甲公司的动机和目的，显然在于“贬低”乙公司的产品，而不是攀附乙公司的产品，所以不可能构成混淆行为，也就不需要判断是否构成混淆、小熊标志是否有影响力、是否属于商业装潢。

实际上，甲公司的行为，可能构成诋毁商誉。《反不正当竞争法》第11条规定，“经营者不得编造、传播虚假信息或者误导性信息，损害竞争对手的商业信誉、商品声誉”。诋毁商誉的要件包括：(1)双方存在竞争关系；(2)故意编造、传播虚假或误导性信息；(3)损害竞争对手的商业信誉、商品声誉。案情中已经交代了前两个要件，因此，还需要判断是否对乙公司的商业信誉、商品声誉造成负面影响。如果是，那就会构成诋毁商誉行为，所以D项正确。

4.【参考答案】 D

【解析】 张某的个人所得可以分为两部分，一是通过直播获得的收入，这一部分属于劳务报酬所得，其依据为《个人所得税法实施条例》第6条，即“……(二)劳务报酬所得，是指个人从事劳务取得的所得，包括从事设计、装潢、安装、制图、化验、测试、医疗、法律、会计、咨询、讲学、翻译、审稿、书画、雕刻、影视、录音、录像、演出、表演、广告、展览、技术服务、介绍服务、经纪服务、代办服务以及其他劳务取得的所得……”的规定。二是拍卖笔记资料所得，这一部分属于财产转让所得。这两部分收入都属于《个人所得税法》规定的应税收入，故A项说法错误。

在个人所得的分类问题上，现行税法实行综合所得和分项所得相结合的制度，即把工资薪金、劳务报酬、稿酬、特许权使用费这四类所得归为综合所得，居民个人按年合并计征；而利息、股息、红利所得和财产租赁、财产转让、偶然所得，仍采取分类分次计税的方法；至于个体工商户的生产、经营所得和对企事业单位的承包经营、承租经营所得，虽然也是按年度计算，但并不属于综合所得，所以C项错误。

汇算清缴指的是年度终了后，纳税人汇总工资薪金、劳务报酬、稿酬、特许权使用费等四项综合所得的全年收入额，减去全年的费用和扣除，得出应纳税所得额并按照综合所得年度税率表，计算全年应纳个人所得税，再减去年度内已经预缴的税款，向税务机关办理年度纳税申报并结清应退或应补税款的过程。个体工商户的生产、经营所得和对企事业单位的承包经营、承租经营所得也需要办理汇算清缴，但是和综合所得分开办理。对张某而言，直播报酬属于综合所得，需要办理汇算清缴，但是拍卖所得属于财产转让所得，不需要办理汇算清缴，所以B项错误。

《个人所得税法》第9条第1款规定："个人所得税以所得人为纳税人，以支付所得的单位或者个人为扣缴义务人。"因此，平台可为张某的直播报酬代扣代缴个人所得税，也可为张某在平台的拍卖所得代扣代缴个人所得税，所以D项正确。

二、多项选择题

1.**【参考答案】** BD

【解析】 A项，滥用市场支配地位指的是具有市场支配地位的经营者，滥用市场支配地位，排除、限制竞争的行为。本案中的"全能车"APP的运营企业，没有可被认定为具有市场支配地位的元素，其行为不能被认定为滥用市场支配地位的垄断行为。A项错误。

B项，经营者在生产经营活动中，应当遵循自愿、平等、公平、诚信的原则，遵守法律和商业道德。"全能车"APP改变了共享单车行业原有的商业结构，其运营具有竞争属性。"全能车"的获益，是以牺牲全体共享单车企业的合法产业利益、整体消费者的长远福祉，损害竞争公平为高昂代价的。因此，可认定"全能车"构成《反不正当竞争法》第12条第2款第4项规定的"其他妨碍、破坏其他经营者合法提供的网络产品或者服务正常运行"的不正当竞争行为。B项正确。

C项，混淆行为指的是经营者通过实施一定的行为，引人误认为是他人商品或者与他人存在特定联系，比如：(1)擅自使用与他人有一定影响的商品名称、包装、装潢等相同或者近似的标识；(2)擅自使用他人有一定影响的企业名称(包括简称、字号等)、社会组织名称(包括简称等)、姓名(包括笔名、艺名、译名等)；(3)擅自使用他人有一定影响的域名主体部分、网站名称、网页等。本案中"全能车"是"借鸡生蛋"，但并没有引人误认为自己是某只"鸡"，不符合混淆行为的构成要件。C项错误。

D项，各个单车企业通过投入大量人力物力研发出了具有自己特色的共享单车运营模式，因此其运营模式就构成了商业秘密。"全能车"APP通过非法手段获取了各单车的商业秘密，且未经许可擅自开放端口，构成了商业秘密侵权行为。D项正确。

综上，本题答案为BD。

2.**【参考答案】** ACD

【解析】 A项，甲公司作为网络水军，其行为妨碍、破坏了其他经营者合法提供的网络产品或者服务的正常运行，对群控平台的正常运行进行了干扰。此外，甲公司通过不正当途径攫取了其他经营者通过长时间经营积累的商业资源和竞争优势，扰乱了市场秩序。甲公司进行的"技术干扰或控制"属于互联网不正当竞争，A项正确。

B、C项，王某作为经营者利用网络水军刷人气，营造虚假"繁荣"，误导了消费者，属于虚假宣传行为，甲公司为王某刷人气，帮助王某进行虚假宣传，应一并处罚，B项错误，C项正确。

D项，从消费者的角度来看，网络水军严重侵犯了消费者的知情权。在直播间中，人气、点赞、评论等数据往往会影响消费者的购买决定。如果这些数据是通过网络水军人为操纵的，那么消费者就会被虚假的热度和口碑所误导，可能购买到不合适或者质量不过关的商品。D项正确。

综上，本题答案为ACD。

三、不定项选择题

【参考答案】 BD

【解析】 A、D项，本案中的商业银行已经发生信用危机，严重影响存款人和其他客户的合法权益，应由国家金融监督管理总局决定对其进行接管，而非中国人民银行，A项错误，D项正确。

B项，商业银行违反规定同业拆借，由中国人民银行责令改正，有违法所得的，没收违法所得，违法所得50万元以上的，并处违法所得1倍以上5倍以下罚款；没有违法所得或者违法所得不足50万元的，处50万元以上200万元以下罚款。本案中，中国人民银行对违法同业拆借的商业银行进行罚款的做法是正确的，B项正确。

C项，商业银行违反规定同业拆借，情节特别严重或者逾期不改正的,中国人民银行可以建议国家金融监督管理总局责令停业整顿或者吊销其经营许可证,并非由中国人民银行直接对商业银行停业整顿,C 项错误。

综上,本题答案为 BD。

2022 年客观题试题

一、单项选择题

1. 宜宾市砖瓦协会及发起人吴桥公司、四和公司、曹某某,迫使张某某等部分商家签订《停产整改合同》,迫使宜宾市部分砖瓦企业停产,通过减少砖瓦供应量,提高砖瓦价格,赢取不当利益。宜宾市砖瓦协会和仍维持生产的砖瓦企业向停产企业支付了少量停产扶持费后不再依照约定付款。下列有关说法正确的是:(　　)

A. 宜宾市砖瓦商户签署《停产整改合同》构成了横向垄断协议

B. 张某某被迫签署《停产整改合同》,应免于处罚

C. 张某某有权要求宜宾市砖瓦协会及发起人承担赔偿责任

D. 宜宾市砖瓦协会为了行业自律,应免于处罚

2. 江州市大米协会,为了提高当地大米的品牌效应,推行高端化产品,遂对本地区大米生产商开会要求:每斤大米销售不得低于 10 元,不然不得使用江州大米的商标,并出台了《价格公约》,各大米生产商只能签订并遵守该公约。关于该协议,下列说法正确的是:(　　)

A. 是维护品牌的正当经营策略

B. 行业协会没有签署协议,没有违法行为

C. 是横向垄断协议行为

D. 是纵向垄断协议行为

3. 金硕巅峰公司是知名教育培训机构,其广告宣传为"金硕巅峰,已助众多考生圆梦金硕"。飞跃公司为同行业教育培训机构,飞跃公司在其网站展示并出售"金硕 VIP 全程班",对此下列说法正确的是:(　　)

A. 飞跃公司的行为会引人误认为其与金硕巅峰公司存在特定联系,其行为违法

B. 飞跃公司涉嫌虚假宣传,其行为违法

C. 飞跃公司宣传其提供的产品,系合法经营行为

D. 飞跃公司没有使用金硕巅峰公司的企业名称,不构成违法

二、多项选择题

1. 篓山驴肉是当地特色食品,甲公司一直以"绿意"为商标生产驴肉,马某购买甲公司生产的"绿意"驴肉食用后上吐下泻。据查,该驴肉没有国家标准,只有省卫健委制定的地方标准和省行业协会制定的行业标准。下列说法正确的有:(　　)

A. 应以省卫健委制定的地方标准为依据

B. 应以省行业协会制定的行业标准为依据

C. 应由马某承担证明甲公司的驴肉不合格的责任

D. 应由甲公司承担证明自己产品合格的责任

2. 缪公是一位大豆专家,研发某款新型的豆制品并申请商标为缪公大豆,某检测机构为其出具了符合标准的检验报告。缪公大豆销售给甲公司,陈某为甲公司带货,在快迪直播平台卖缪公大豆,李某在陈某的直播间购买了该产品,食用后引发了身体的损害。经查,缪公大豆不符合食品安全标准。直播平台对入驻商品进行过审查,且缪公大豆出现问题后,直播平台立即关闭了陈某的直播间,并将陈某等人的联系方式给了李某。下列有关李某索赔的相关说法正确的有:(　　)

A. 李某有权要求检测机构承担赔偿责任

B. 李某有权要求快迪直播平台承担赔偿责任

C. 李某有权要求陈某承担赔偿责任

D. 李某有权要求甲公司承担赔偿责任

3. 甲因为发明了一个净水装置解决缺水地区饮水问题,广受好评,获得诸多奖励:某国际组织奖励 5 万美元,甲所在县政府奖励一套商品房,价值 200 万元;乙公司奖励 10 万元,乙公司的利润总额为 50 万元。对此下列说法正确的有:(　　)

A. 甲所得国际组织奖励的 5 万美元,免征个税

B. 甲所得县政府奖励的商品房,免征个税

C. 甲所得乙公司奖励的 10 万元,应缴纳个税

D. 乙公司缴纳企业所得税时,所奖励的 10 万元可全额税前扣除

4. 2021 年以来,接连多起网络主播偷逃税案件,引发社会对该行业快速发展过程中出现的问题的关注。在税法课上,多位同学就"网络主播偷税被罚和补税事件"展开讨论。根据我国税法,下列说法正确的有:(　　)

A. 网络主播直播带货所获收入,应界定为经营所得

B. 网络主播有隐匿应收财款行为时,应界定为避税行为

C. 网络主播带货平台应将涉税信息报送税务机关

D. 网络主播有瞒报应税收入行为时，应界定为偷税行为

5. M省为了控制用电量，要求各银行给发电厂的贷款增量比例不能超过上年度的5%，该省甲国有银行分别给K市某发电厂贷款增幅为6%、给L市某发电厂贷款增幅30%，银行内部审计发现了上述情形，审计机关欲对该情形实施审计，K市和L市的审计机关对审计管辖范围有争议，对此下列说法正确的有：(　　)

A. K市审计机关和L市审计机关协商确定实施审计的主体

B. 由M省审计机关指定审计机关实施审计

C. 审计机关应当将审计中发现的风险隐患情况，向本级人民政府通报

D. 审计机关认为银行内部审计存在问题的，有权进行监督

6. 在乡、村庄规划区内，某单位经批准欲占用100亩(1公顷=15亩)土地来修建人民公墓，下列有关说法正确的有：(　　)

A. 确需占用农用地的，应当依法办理农用地转用审批手续

B. 依法办理农用地转用审批手续后，由城市、县人民政府城乡规划主管部门核发乡村建设规划许可证

C. 建设单位在取得乡村建设规划许可证后，方可办理用地审批手续

D. 建设单位在办理用地审批手续后，方可办理乡村建设规划许可证

三、不定项选择题

1. 苗苗公司研发的奶粉通过了质检。苗苗公司向贫困山区捐出几百万元助学款，食品行业协会无偿推荐了该奶粉。在A公司组织的奶粉展销会上，B公司销售了苗苗公司的奶粉。甲在B公司的展台购买了奶粉，食用后得了急性肾病。经查，该奶粉中含有二甘醇(食用该物质会导致肾病)，质检机构因疏忽而遗漏做特定物质的检测使得二甘醇未被检测出来，A公司没有严格审查入驻商家的资质文件。下列应对甲承担赔偿责任的主体中不正确的是：(　　)

A. A公司　　　　B. B公司

C. 食品行业协会　　D. 食品检验机构

2. 甲商业银行拟全资收购乙商业银行，乙商业银行因此需要解散。根据相关法律规定，下列说法正确的是：(　　)

A. 乙商业银行应向该辖区市场监督管理局提出解散申请

B. 乙商业银行解散清算时，在支付清算费用、所欠的职工工资和劳保费用后，应优先支付个人储蓄存款本金和利息

C. 乙商业银行应向辖区银保监局提出解散申请

D. 乙商业银行解散清算时，按照清偿计划及时偿还存款的本金和利息等债务

3. 关于纯电动乘用汽车所应缴纳的税赋，下列说法正确的是：(　　)

A. 购买该类汽车的自然人应减征车船税

B. 进口该类汽车的贸易公司应缴纳增值税

C. 抽奖获得该类汽车的外国人应缴纳噪声类环境保护税

D. 获赠该类汽车的合伙企业应缴纳企业所得税

2022年客观题试题参考答案及解析

一、单项选择题

1.【参考答案】　A

【解析】　A项，具有竞争关系的各砖瓦企业实施了限制生产的垄断协议，属于横向垄断协议，A项正确。

B项，张某某实际参与了违法的横向垄断协议，不能因其被迫而免罚，如果他坚决反对，可以不参加或者举报让反垄断执法机构惩治，B项错误。

C项，横向垄断协议实施者主张损害赔偿，实质上是要求瓜分垄断利益，不应被支持，C项错误。

D项，砖瓦协会是促成此协议行为的始作俑者，应被罚款，如果情节严重可被撤销登记，D项错误。

综上所述，本题答案为A。

2.【参考答案】　C

【解析】　市场供需关系决定价格，完善自由的市场竞争环境中，消费者有机会获得物美价廉的商品。行业协会出手干预竞争，大米生产商迫于行业协会的压力而建立起价格同盟，排除、限制了竞争，行业协会促成了此协议行为，违反了《反垄断法》，应受到应有的处罚，A、B项错误。

C、D项，本案中参与协议的是具有竞争关系的

经营者,达成了有关限定价格的同盟,排除、限制了竞争,属于横向垄断协议行为,C 项正确,D 项错误。

综上所述,本题答案为 C。

3.【参考答案】 A

【解析】 A 项,金硕巅峰公司具有一定影响,飞跃公司在其出售的产品中突出使用了金硕巅峰公司的企业名称的字号关键字,引人误认为是金硕巅峰公司的商品或者与金硕巅峰公司存在特定联系,构成了混淆行为,是违法的,A 项正确。

B 项,"虚假宣传"的核心特点是经营者对其商品的性能、功能、质量、销售状况、用户评价、曾获荣誉等各个方面作虚假或者引人误解的商业宣传,欺骗、误导消费者。本案中飞跃公司并没有针对自己的商品作出虚假或引人误解的虚假宣传,B 项错误。

C 项,飞跃公司搭了金硕巅峰公司的便车,借对方的商业信誉推进自己商品的市场占有率,"浑水摸鱼"违反诚信原则,是违法的,C 项错误。

D 项,飞跃公司的商品中虽然没有使用金硕巅峰公司完整的企业名称,但使用了金硕巅峰公司企业名称中的字号,足以使消费者误认,已经构成了混淆行为,D 项错误。

综上所述,本题答案为 A。

二、多项选择题

1.【参考答案】 AD

【解析】 A、B 项,食品安全标准是强制执行的标准。除食品安全标准外,不得制定其他食品强制性标准。对地方特色食品,没有国家标准的,应当以地方标准为依据。故对该驴肉应适用省卫健委制定的地方标准。行业标准通常是行业协会和一些头部企业联合制定的标准,是具有先进性的,但不具备强制执行性,A 项正确,B 项错误。

C、D 项,食品无小事,但凡因为食品不合格而引发的纠纷都可以类比适用产品"缺陷"责任,消费者举证证明因食用食品或者使用药品受到损害,初步证明损害与食用食品或者使用药品存在因果关系,有权请求食品、药品的生产者、销售者承担侵权责任。食品的生产者与销售者应当对食品符合质量标准承担举证责任。本案中应由甲公司承担证明自己的产品符合质量标准的责任,C 项错误,D 项正确。

综上所述,本题答案为 AD。

2.【参考答案】 ACD

【解析】 A 项,缪公大豆不符合质量安全标准,某检测机构却为其出具了虚假的符合标准的检验报告,受损害的消费者有权要求检测机构与经营者承担连带责任,A 项正确。

B 项,快迪直播平台在知道或者应当知道食品、药品的生产者、销售者利用其平台侵害消费者合法权益,未采取必要措施,给消费者造成损害,才会应消费者要求其与生产者、销售者承担连带责任。本案中,直播平台对入驻商家进行过审核,对缪公大豆不符合食品安全标准并不知情,且缪公大豆出现问题后立即采取了措施防止损害进一步扩大,将主播的联系方式提供给了消费者,协助消费者维权,无须承担连带责任,B 项错误。

C、D 项,缪公大豆不符合食品安全标准,作为销售者的陈某和甲公司需按照首负责任制,对受害消费者承担赔偿责任,C、D 项正确。

综上所述,本题答案为 ACD。

3.【参考答案】 AC

【解析】 A 项,甲获得的国际组织奖励的有关技术创新方面的奖金可以免交个税,A 项正确。

B 项,甲获得的县政府的奖励不能免税,B 项错误。

C 项,甲获得的乙公司的奖励不能免税,C 项正确。

D 项,对于公益性捐赠,乙公司应在利润总额的 12% 范围内进行税前扣除,故当年乙公司只能在 $50 \times 12\% = 6$ 万元的范围内税前扣除,而不能全额税前扣除,D 项错误。

综上所述,本题答案为 AC。

4.【参考答案】 CD

【解析】 A 项,实务中网络主播与平台的关系不同,所得收入的性质也不同。如果网络主播受雇于平台或经纪机构,其收入系通过与平台或经纪机构间建立的劳动关系所得,故该所得定性为工资薪金所得;如主播未与平台或经纪机构建立劳动关系,而是以其个人身份为平台提供劳务,收入宜认定为劳务报酬所得;如主播设立个体工商户、个人独资企业或合伙企业以直播形式从事生产经营活动,其收入宜认定为经营所得。A 项直接将网络主播的收入定性为"经营所得",排除了另外两种可能性,存在逻辑漏洞,A 项错误。

B、D 项,避税是指纳税人在充分了解现行税法的前提下,对经济活动的筹资、投资、经营等活动做出巧妙的安排,这种安排手段处在合法与违法之间的灰色地带,达到规避或减轻税负的行为。避税是以非违法的手段来达到少缴税或不缴税的目的,因此避税筹划既不违法，也不合法，而是处在两者之间，所以称之为“非违法”。

偷税是在纳税人的纳税义务已经发生并能够确定的情况下，采取不正当或不合法手段以逃脱其纳税义务的行为。偷税有两个基本特征：非法性和欺诈性。

避税和偷税实施行为的时间点不同。为实现偷税目的所实施的行为是在纳税义务产生以后实施，而为实现避税目的所实施的行为是在纳税义务产生之前实施。

网络主播在纳税义务产生之后，隐匿应收财款及瞒报应税收入均属于偷税行为，B 项错误，D 项正确。

C 项，国家互联网信息办公室、国家税务总局、国家市场监督管理总局联合发布了《关于进一步规范网络直播营利行为促进行业健康发展的意见》，要求平台每半年向网信、税务部门报送存在直播营利行为的网络直播发布者个人身份、直播账号、网络昵称、取酬账户、收入类型及营利情况等信息。这可以夯实平台责任，建立完善的直播平台涉税信息报告制度，让税务部门精确掌握网络主播的真实身份和收入信息。C 项正确。

综上所述，本题答案为 CD。

5.**【参考答案】** BD

【解析】 A、B 项，省甲国有银行违规发放贷款的范围涉及 K 市某发电厂和 L 市某发电厂，对应的 K 市和 L 市的审计机关对审计管辖范围有争议的，由其共同的上级审计机关即 M 省审计机关确定。而不是由争议的市级机关协商，所以 A 项错误，B 项正确。

C 项，一般同级为“通报”，上下级为“汇报”，我国的审计机关监管体系为双重体系，地方各级审计机关对本级人民政府和上一级审计机关负责并报告工作，审计业务以上级审计机关领导为主。审计机关履行审计监督职责，发现经济社会运行中存在风险隐患的，应当及时向本级人民政府报告或者向有关主管机关、单位通报。C 项中的“通报”错误。

D 项，被审计单位应当加强对内部审计工作的领导，按照国家有关规定建立健全内部审计制度。审计机关应当对被审计单位的内部审计工作进行业务指导和监督，D 项正确。

综上所述，本题答案为 BD。

6.**【参考答案】** ABC

【解析】 在乡、村庄规划区内进行乡镇企业、乡村公共设施和公益事业建设的，不得占用农用地；确需占用农用地的，流程为：农用地转为建设用地→乡村建设规划许可证→用地审批，A、B、C 项正确，D 项顺序错误。

综上所述，本题答案为 ABC。

三、不定项选择题

1.**【参考答案】** C

【解析】 本案中有三条线索：

第一，A 公司举办的展销会上，B 公司的展台出售的食品不符合食品安全标准，造成消费者甲的损害，B 公司作为销售者，按首负责任制的规则应对甲承担赔偿责任。A 公司作为展销会的举办者，未履行《食品安全法》规定的审查、检查、报告等义务，使消费者的合法权益受到损害的，应对消费者承担连带责任。A、B 项正确。

第二，食品行业协会推荐了不合格的食品，食品行业协会因此应承担的是行政责任：没收违法所得 + 责任人员的记大过、降级或者撤职，甚至开除处分，但并没有对消费者直接的赔偿责任，C 项错误。

第三，食品检验机构因为过失出具了不实的检验报告，造成消费者损害，应对消费者承担相应责任，D 项正确。

综上所述，本题为选非题，答案为 C。

2.**【参考答案】** D

【解析】 A、C 项，乙商业银行因合并而解散，应当向国务院银行业监督管理机构提出申请，而非辖区的银保监局或市场监督管理局，A、C 项错误。

B、D 项，商业银行如果破产清算，在支付清算费用、所欠的职工工资和劳保费用后，应优先支付个人储蓄存款本金和利息。但本案并非破产清算的情形，而是因合并而清算，乙商业银行在提出清算申请时应附支付存款的本金和利息等债务清偿计划，并按计划支付存款的本金和利息，这里的存款本金和利息，不局限于个人储蓄的存款本金和利息，B 项错误，D 项正确。

综上所述，本题答案为 D。

3.**【参考答案】** B

【解析】 A 项，纯电动乘用车（9 座以下）未列入车船税的税目表，不属于车船税的征税范围。所以个人购买纯电动乘用车不交车船税，不是“减征”，A 项错误。

B 项，纯电动乘用车并非免增值税的范围，故进口该车需要缴纳增值税，B 项正确。

C 项，缴纳环境保护税的主体是在中华人民共和国领域和中华人民共和国管辖的其他海域,直接向环境排放应税污染物的企业事业单位和其他生产经营者,个人并非环境保护税的纳税主体,C项错误。

D项,合伙企业作为非法人组织,不缴纳企业所得税,D项错误。

综上所述,本题答案为B。

2021年客观题试题

一、单项选择题

1. 甲公司成立于1990年,其名称和简称在我国国内有一定影响。乙公司于2020年成立,其在提供服务和宣传中均载明本公司的名称,该名称中包含甲公司的简称。根据《反不正当竞争法》的相关规定,下列选项错误的是?( )

A. 若乙公司是仅提供公益服务而不从事生产经营活动的社会组织,无论相关公众是否误以为乙公司和甲公司存在特定联系,均不应认定乙公司实施了混淆行为

B. 若甲公司是仅提供公益服务而不从事生产经营活动的社会组织,即便乙公司是经营者,由于其使用的不是他人有一定影响的商业标识,因此也不应认定乙公司实施了混淆行为

C. 若没有引人误认为乙公司与甲公司存在特定联系或误认为乙公司提供的服务是甲公司的服务,则不应认定乙公司实施了混淆行为

D. 若认定乙公司实施了混淆行为,在甲公司因该行为所受到的实际损失、乙公司因该行为所获得的利益难以确定的情况下,法院可以根据情节判处乙公司给予甲公司300万元的赔偿

2. 甲在大昌公司任职,月薪为1万元。甲于2020年6月1日被公司派往A国并在A国定居,在国外期间大昌公司依然为甲支付工资每月1万元,并且甲没有在其他公司兼任职位。请问下列哪一选项是正确的?( )

A. 甲缴纳个人所得税不再需要纳税人识别号,由大昌公司直接代扣代缴

B. 甲应于2020年6月1日办理清税

C. 甲应就每月5000元的应纳税所得额进行缴税

D. 甲应在2021年3月1日至6月30日办理年度汇算清缴

3. 甲公司取得了规划许可证,在某工业园建仓库,当地城乡规划主管部门在巡查时发现甲公司为了存放货物私自在仓库边挖地下室,并在仓库楼顶搭设了工人居住的临时工棚。根据《城乡规划法》的规定,下列哪一说法是正确的?( )

A. 甲公司可补办该工棚的临时建设规划许可证

B. 甲公司可补办该地下室的规划许可证

C. 城乡规划主管部门可以责令限期拆除临时工棚并处以不超过建造成本的罚款

D. 城乡规划主管部门可以责令填埋地下室

二、多项选择题

1. 奇异果网站是国内大型视频网站,购买取得了热播电视剧独家网络播放权。但免费用户收看奇异果网站的热播电视剧,不可避免需要同时收看片头片尾广告,这是广告商看准奇异果网站热播剧的流量,花巨额广告费买的广告位。甲开发广告屏蔽软件,可屏蔽奇异果网站加载广告并又招商播第三方的广告。对此,下列说法正确的有?( )

A. 甲的行为构成不正当竞争

B. 甲开发屏蔽广告软件仅为一项技术手段,因技术无罪,所以不构成违法行为

C. 奇异果网站的实际损失难以计算的,可按照甲获取的利益确定赔偿金额

D. 奇异果网站调查甲行为所支付的所有费用应由甲赔偿

2. 甲从二手车平台"花生二手车"购买一辆电动汽车。该二手车平台承诺:所出售车辆均无质量问题。现甲在驾驶该电动汽车时电瓶发生爆炸,甲身受重伤导致残疾。现查明,该款电动汽车在全国已多次发生相同问题,但生产厂家并未停止生产和销售。就该案,下列哪些表述是正确的?( )

A. 汽车厂和"花生二手车"承担连带赔偿责任

B. 汽车厂和"花生二手车"承担按份赔偿责任

C. 甲可主张精神损害赔偿

D. 甲可主张所受损失2倍以下的惩罚性赔偿

三、不定项选择题

甲国人王小明与家人长期居住在中国,因海外多国的业务往返于世界各地。王小明在乙国有存款账户和托管账户,在丙国有房产,房产内有艺术品和珠宝。中国与甲乙丙国均已确认了共同申报准则(CRS)实施税务信息交换。根据CRS与我国税法的规定,下列选项正确的有?( )

A. 乙国应依中国的申请,方提供王小明的相关税务信息

B. 因王小明是甲国人,中国对王小明无税收管辖权

C. 王小明在乙国的存款账户和托管账户信息均需申报给中国

D. 王小明在丙国的房产及艺术品和珠宝信息无须申报给中国

2021 年客观题试题参考答案及解析

一、单项选择题

1.【参考答案】 B

【解析】 若乙公司仅提供公益服务,没有从事商品生产经营或者提供服务,其不符合《反不正当竞争法》所称的“经营者”。而该法的立法目的是维护市场竞争秩序,规范“经营者”在生产经营活动中的行为。所以乙公司的名称中虽然包含甲公司的简称,但不构成该法的“混淆行为”。A 选项正确,不当选。

若乙公司是经营者,擅自使用他人(甲公司)有一定影响的企业名称(包括简称、字号等),引人误认为是他人商品或者与他人存在特定联系,构成《反不正当竞争法》第 6 条规定的禁止从事的“混淆行为”。虽然甲公司是提供公益服务的社会组织,但这不影响对乙公司混淆行为的定性。B 选项错误,当选。

认定构成“混淆行为”的关键是“足以引人误认为是他人商品或者与他人存在特定联系”,既然 C 选项已经明确告知没有引人误认,当然不构成混淆行为。C 选项正确,不当选。

《反不正当竞争法》第 17 条第 4 款规定:权利人因被侵权所受到的实际损失、侵权人因侵权所获得的利益难以确定的,由人民法院根据侵权行为的情节判决给予权利人 500 万元以下的赔偿。D 选项正确,不当选。

2.【参考答案】 D

【解析】 甲属于被境内派出单位派往境外工作,且题意未告知甲移居境外并注销中国户籍。所以甲仍属于居民个人。

A 选项错误。虽然由大昌公司代扣代缴所得税,但毕竟甲才是纳税人,甲应当向扣缴义务人提供纳税人识别号。

B 选项错误。《个人所得税法》第 13 条第 5 款规定:“纳税人因移居境外注销中国户籍的,应当在注销中国户籍前办理税款清算。”甲定居 A 国,并未注销中国户籍,故清税措施是错误的。

C 选项错误。甲因外派至 A 国工作并在 A 国定居,通常依据 A 国税法,甲需要向 A 国缴纳个人所得税,依据我国税法甲是居民个人,他仍然要向中国申报纳税,就会出现双重纳税的情况。为解决这种情况,《个人所得税法》第 7 条规定:“居民个人从中国境外取得的所得,可以从其应纳税额中抵免已在境外缴纳的个人所得税税额,但抵免额不得超过该纳税人境外所得依照本法规定计算的应纳税额。”我国税法仅允许“税款抵免”,并非以薪金的一半 5000 元作为应纳税收入额的计算基数。

D 选项正确。因甲是居民个人且薪金属于综合所得项,依据《个人所得税法》第 11 条第 1 款的规定:居民个人取得综合所得,按年计算个人所得税;有扣缴义务人的,由扣缴义务人按月或者按次预扣预缴税款;需要办理汇算清缴的,应当在取得所得的次年 3 月 1 日至 6 月 30 日内办理汇算清缴。预扣预缴办法由国务院税务主管部门制定。

3.【参考答案】 C

【解析】 本案中,地下室和临时工棚均属于未经批准的临时建设,根据《城乡规划法》第 66 条的规定,应当由所在地城市、县人民政府城乡规划主管部门责令限期拆除,可以并处临时建设工程造价 1 倍以下的罚款。故 C 选项正确,A、B 选项补办规划许可证是错误的。

D 选项的正确表述是“建设工程所在地县级以上地方人民政府可以责成有关部门采取查封施工现场、强制拆除等措施”。城乡规划主管部门的职权是“作出责令停止建设或者限期拆除的决定”,但其无权强制拆除。另外,填埋地下室涉及建设工程安全问题,不是有效或安全的拆除手段。

二、多项选择题

1.【参考答案】 AC

【解析】 “不正当竞争行为”是指经营者在生产经营活动中,采取非法的或者有悖商业道德的手段和方式,与其他经营者相竞争的行为。甲开发广告屏蔽软件,破坏了网站“广告加免费视频”的完整商业模式,并自行招商播第三方的广告,违反诚信原则和商业道德,构成不正当竞争行为。故 A 选项正确。

《反不正当竞争法》第 12 条第 2 款规定:“经营者不得利用技术手段,通过影响用户选择或者其他方式,实施下列妨碍、破坏其他经营者合法提供的网络产品或者服务正常运行的行为:……(四)其他

妨碍、破坏其他经营者合法提供的网络产品或者服务正常运行的行为。”本题甲以无广告播放为宣传噱头，破坏奇异果网站合法提供的完整的服务正常运行。因此，不得以“技术手段”为名掩盖不正当竞争的事实。故B选项错误。

《反不正当竞争法》第17条第3款规定：“因不正当竞争行为受到损害的经营者的赔偿数额，按照其因被侵权所受到的实际损失确定；实际损失难以计算的，按照侵权人因侵权所获得的利益确定。……赔偿数额还应当包括经营者为制止侵权行为所支付的合理开支。”故C选项正确。

D项错在“所有费用”，应当是“合理费用”。

2.【参考答案】 ACD

【解析】 A、B选项考查产品侵权责任。汽车生产者和销售者“花生二手车”应当对受害人承担连带赔偿责任（不真正连带责任）。A选项正确，B选项错误。

C选项正确，甲身受重伤，已经造成精神损害，受害人可以要求精神损害赔偿。

D选项正确，经营者承担“惩罚性赔偿”责任，需要满足以下条件：①经营者故意侵权；②造成他人死亡或者健康严重损害后果。本题满足上述两项条件，受害人（甲）主张“所受损失2倍以下的惩罚性赔偿”表述正确。

三、不定项选择题

【参考答案】 CD

【解析】 根据CRS规定，交换税收情报是自动进行、无须申请的，A项错误。

根据中国《个人所得税法》规定，自然人纳税居民身份的确定适用住所和居住时间标准，王小明长期居住在中国，构成中国纳税居民，B项错误。

CRS下交换的仅为产生现金流的金融账户信息，而非所有财产信息，CD项正确。

2020年客观题试题

一、单项选择题

1. 飞快汽车生产公司与好迪4S店达成的下列协议中，哪一选项构成垄断协议？（　　）

A. 好迪4S店不得销售美好汽车公司生产的各型号汽车

B. 好迪4S店应向消费者提供汽车保养服务，各项服务价格固定为200元

C. 飞快公司委托好迪4S店代卖轮胎，每个轮胎的价格不得低于200元

D. 好迪4S店向消费者提供升级服务，每项服务价格不得高于200元

2. 李某违规在养殖海鲜的饲料里加农药，酒店购入海鲜，造成群体性中毒，下列选项正确的是：（　　）

A. 市疾病预防控制中心要向市市场监督管理局提交流行性病学报告

B. 市卫健委要向市市场监督管理局提交流行性病学报告

C. 卫健委应对有关因素进行流行病学调查

D. 卫健委应对事故现场的卫生进行处理

3. 根据县规划相关主管部门的要求，某镇划定蔬菜生产基地，关于该基地耕地保护，下列选项正确的是：（　　）

A. 经省政府批准，国家建设工程可占用该基地部分耕地

B. 基地内可挖塘养鱼

C. 该基地可在从事蔬菜生产的同时适当发展林果业

D. 镇政府应将该基地位置范围信息向社会公告

4. 某公司买了一辆车，却登记在法定代表人名下，购车款连同车辆保险费、购置税等一共支出100万元，下列选项正确的是：（　　）

A. 车辆购置税应当由公司缴纳

B. 法定代表人应当就这辆车购置款缴纳个人所得税

C. 法定代表人综合所得应当扣除这100万元支出

D. 公司应纳所得额应当扣除这100万元支出

二、多项选择题

1. 山河银行向金岭银行拆借一部分资金，金岭银行向山河银行拆借了这部分资金，请问下列哪些选项是错误的？（　　）

A. 山河银行交足存款准备金之后，可以借给金岭银行这笔资金

B. 山河银行可以用备付金拆借这笔资金

C. 金岭银行可将这笔资金用于发放个人住房贷款

D. 金岭银行可用这笔资金来购买国债

2. 某村办工厂因生产的拖拉机产能过剩，资金周转不灵，将其所有的一块集体经营性建设用地使用权出让给新兴公司。新兴公司拟在该土地上开

办养殖场,须申请变更城乡规划。对此,下列选项正确的是:(　　)

A. 村办工厂应经2/3以上村民代表的同意方能出让该地

B. 如新兴公司未经批准改变该地用途,经村委会决议可收回

C. 新兴公司可将该建设用地用于抵押

D. 新兴公司可向村委会提出变更城乡规划的申请

2020年客观题试题参考答案及解析

一、单项选择题

1.【参考答案】 C

【解析】 《反垄断法》第18条第1款规定:"禁止经营者与交易相对人达成下列垄断协议:(一)固定向第三人转售商品的价格;(二)限定向第三人转售商品的最低价格;(三)国务院反垄断执法机构认定的其他垄断协议。"纵向垄断协议是指在同一产业中处于不同经济阶段且有买卖关系的企业所签订的旨在排除、限制和其他竞争者的经营活动的协议,在《反垄断法》前述禁止性规定中主要是针对禁止价格上的垄断。根据题干所述,飞快汽车生产公司为经营者,好迪4S店为其交易相对人,双方即属于同一产业中不同经济阶段且存在买卖关系的企业,其行为应当符合《反垄断法》纵向垄断协议的有关规定。

根据题干信息,A选项飞快汽车禁止好迪4S店销售其他汽车公司生产的汽车,不属于纵向垄断协议的价格垄断条件,纵向垄断协议禁止的是要求交易相对方对产品价格的限定或固定,而非禁售产品;但是若飞快汽车具有市场支配者地位,则可能构成滥用市场支配者地位,故A选项不构成垄断协议。

B选项、D选项就提供汽车保养服务固定或限定最高价格,飞快汽车生产公司的主要产品为汽车而非汽车服务,其与好迪4S店之间的交易标的物也是汽车,商品或服务不同一,不满足上述规定中"转售商品"这一条件,故不构成垄断协议。

C选项,飞快汽车要求好迪4S店转售其轮胎限定最低价格,符合上述规定第2项纵向垄断协议类型的构成要件,故C选项构成垄断协议。

2.【参考答案】 A

【解析】 根据《食品安全法》第105条第3款的规定,发生食品安全事故,县级以上疾病预防控制机构应当对事故现场进行卫生处理,并对与事故有关的因素开展流行病学调查,有关部门应当予以协助。县级以上疾病预防控制机构应当向同级食品安全监督管理、卫生行政部门提交流行病学调查报告。故市疾病预防控制中心应当向市市场监督管理局提交流行病学调查报告,A选项正确、B选项错误。

根据上述规定,提交流行病学调查报告的主体为县级以上疾病预防控制机构,尽管卫健委下设疾病预防控制机构,但二者属不同的职责主体,因此C选项错误。

根据上述规定,处置食品安全事故的主体为县级以上疾病预防控制机构而非卫健委,故D选项错误。

3.【参考答案】 D

【解析】 《土地管理法》第33条规定:"国家实行永久基本农田保护制度。下列耕地应当根据土地利用总体规划划为永久基本农田,实行严格保护:……(三)蔬菜生产基地……"《土地管理法》第35条规定,永久基本农田经依法划定后,任何单位和个人不得擅自占用或者改变其用途。国家能源、交通、水利、军事设施等重点建设项目选址确实难以避让永久基本农田,涉及农用地转用或者土地征收的,必须经国务院批准。禁止通过擅自调整县级土地利用总体规划、乡(镇)土地利用总体规划等方式规避永久基本农田农用地转用或者土地征收的审批。根据上述规定,某镇划定的蔬菜生产基地受永久基本农田保护制度的保护,国家建设工程需占用的,必须经国务院批准,省政府没有审批权限,故A选项错误。

根据上述法律规定以及《土地管理法》第37条第3款"禁止占用永久基本农田发展林果业和挖塘养鱼"的规定,B、C选项错误。

《土地管理法》第34条第2款规定,乡(镇)人民政府应当将永久基本农田的位置、范围向社会公告,并设立保护标志,故D选项正确。

4.【参考答案】 B

【解析】 根据《车辆购置税法》第1条之规定,在中华人民共和国境内购置汽车、有轨电车、汽车挂车、排气量超过150毫升的摩托车(以下统称应税车辆)的单位和个人,为车辆购置税的纳税人,应当依照本法规定缴纳车辆购置税。根据《车辆购

置税法》第2条之规定,本法所称购置,是指以购买、进口、自产、受赠、获奖或者其他方式取得并自用应税车辆的行为。公司购买的车辆登记在法定代表人名下,实质是法定代表人受公司赠予,应由法定代表人缴纳,A选项错误。

根据财政部、国家税务总局《关于企业为个人购买房屋或其他财产征收个人所得税问题的批复》的规定,符合以下情形的房屋或其他财产,无论所有权人是否将财产无偿或有偿交付企业使用,其实质均为企业对个人进行了实物性质的分配,应依法计征个人所得税:(1)企业出资购买房屋及其他财产,将所有权登记为投资者个人、投资者家庭成员或企业其他人员的;(2)企业投资者个人、投资者家庭成员或企业其他人员向企业借款用于购买房屋及其他财产,将所有权登记为投资者、投资者家庭成员或企业其他人员,且借款年度终了后未归还借款的。题干所述情形为企业对法定代表人进行了实物性质分配,应依法缴纳个人所得税,故B选项正确。

《个人所得税法》第6条规定:"应纳税所得额的计算:(一)居民个人的综合所得,以每一纳税年度的收入额减除费用六万元以及专项扣除、专项附加扣除和依法确定的其他扣除后的余额,为应纳税所得额……本条第一款第一项规定的专项扣除,包括居民个人按照国家规定的范围和标准缴纳的基本养老保险、基本医疗保险、失业保险等社会保险费和住房公积金等;专项附加扣除,包括子女教育、继续教育、大病医疗、住房贷款利息或者住房租金、赡养老人等支出,具体范围、标准和实施步骤由国务院确定,并报全国人民代表大会常务委员会备案。"上述综合所得的专项扣除及专项附加扣除均无题干所述法定代表人受赠车辆之情形,故C选项错误。

《企业所得税法》第10条规定:"在计算应纳税所得额时,下列支出不得扣除:(一)向投资者支付的股息、红利等权益性投资收益款项;(二)企业所得税税款;(三)税收滞纳金;(四)罚金、罚款和被没收财物的损失;(五)本法第九条规定以外的捐赠支出;(六)赞助支出;(七)未经核定的准备金支出;(八)与取得收入无关的其他支出。"公司就为法定代表人购置的车辆,属于上述规定与取得收入无关的其他支出,根据规定不得扣除,故D选项错误。

二、多项选择题

1.【参考答案】 ABCD

【解析】《商业银行法》第46条规定,同业拆借,应当遵守中国人民银行的规定。禁止利用拆入资金发放固定资产贷款或者用于投资。拆出资金限于交足存款准备金、留足备付金和归还中国人民银行到期贷款之后的闲置资金。拆入资金用于弥补票据结算、联行汇差头寸的不足和解决临时性周转资金的需要。山河银行不仅需要交足存款准备金,还需留足备付金和归还中国人民银行到期贷款之后,剩余闲置资金方能用于拆出,故A、B选项错误。根据上述规定,禁止金岭银行将拆借的资金用于发放固定资产贷款,故C选项错误。根据上述规定,禁止金岭银行将拆借的资金用于投资,故D选项错误。

2.【参考答案】 AC

【解析】《土地管理法》第63条第1款、第2款规定:"土地利用总体规划、城乡规划确定为工业、商业等经营性用途,并经依法登记的集体经营性建设用地,土地所有权人可以通过出让、出租等方式交由单位或者个人使用,并应当签订书面合同,载明土地界址、面积、动工期限、使用期限、土地用途、规划条件和双方其他权利义务。前款规定的集体经营性建设用地出让、出租等,应当经本集体经济组织成员的村民会议三分之二以上成员或者三分之二以上村民代表的同意。"据此,某村办工厂拟转让其集体性建设用地使用权应当经过该集体经济组织成员村民会议2/3以上成员或2/3以上村民代表的同意,故A选项正确。

《土地管理法》第66条第1款规定:"有下列情形之一的,农村集体经济组织报经原批准用地的人民政府批准,可以收回土地使用权:(一)为乡(镇)村公共设施和公益事业建设,需要使用土地的;(二)不按照批准的用途使用土地的;(三)因撤销、迁移等原因而停止使用土地的。"若新兴公司未经批准改变该地用途,农村经济组织报经原批准用地的人民政府批准后可以收回土地使用权,而不能仅依据村委会决议,故B选项错误。

《土地管理法》第63条第4款规定:"集体经营性建设用地的出租,集体建设用地使用权的出让及其最高年限、转让、互换、出资、赠与、抵押等,参照同类用途的国有建设用地执行。具体办法由国务院制定。"据此,该建设用地可用于抵押,需根据国务院制定的具体办法参照同类国有建设用地执行,故C选项正确。

《城乡规划法》第47条规定:"有下列情形之一的,组织编制机关方可按照规定的权限和程序修改省域城镇体系规划、城市总体规划、镇总体规划:

(一)上级人民政府制定的城乡规划发生变更,提出修改规划要求的;(二)行政区划调整确需修改规划的;(三)因国务院批准重大建设工程确需修改规划的;(四)经评估确需修改规划的;(五)城乡规划的审批机关认为应当修改规划的其他情形。"据此,城乡规划修订的主体为组织编制机关,并非村民委员来决定,故D选项错误。

2019年客观题试题

一、单项选择题

1. 甲公司取得了规划许可证在某工业园建一仓库,当地城乡规划主管部门在巡查时发现,甲公司为了存放货物私自在仓库边挖一地下室,并在仓库楼顶搭设了工人居住的临时工棚。根据《城乡规划法》的规定,下列哪一说法是正确的?(　　)

A. 甲公司可补办该工棚的临时建设规划许可证

B. 甲公司可补办该地下室的规划许可证

C. 规划主管部门可以责令限期拆除临时工棚并处以不超过建造成本的罚款

D. 规划主管部门可以责令填埋地下室

2. 某单位准备建设一公共的垃圾填埋厂项目,欲申请划拨土地进行建设。下述步骤应以什么顺序推进?①报有关部门审核建设项目;②向规划部门提出建设用地规划许可申请;③规划部门核发选址意见书;④规划部门核发建设用地规划许可证;⑤自然资源部门划拨土地。(　　)

A. ①③②④⑤　　B. ②④⑤①③

C. ③①②④⑤　　D. ②④⑤③①

3. 某地区海鲜水产行业协会组织本地水产供应商压缩供货并控制出货节奏,导致下游供货量减少,海鲜的价格猛涨,众供应商收益颇丰,但对当地的海鲜市场造成很严重的负面影响。由于此次安排对大小供应商的返利政策不同,甲水产供应商主动向反垄断执法机构报告了这一情况,并提供了重要证据,下列说法正确的是:(　　)

A. 当地民政部门可以对该海鲜水产行业协会撤销登记

B. 海鲜水产行业协会出于行业自律,且维护了同业经营者的权益,不应被处罚

C. 水产供应商并无签署任何协议,故未构成协议行为

D. 反垄断执法机构应免除对甲的处罚

4. 奇能公司是电动车领域的巨头,使用"标准"牌电池。为了扩张产业链与下列企业签订了相关协议,且协议涉及的交易规模都达到了国务院规定的申报标准,以下哪一选项应当向反垄断执法机构申报?(　　)

A. 奇能公司跟某太阳能企业达成协议约定信息互通共享

B. 奇能公司收购某电子板公司30%的股权,成为其第二大股东,取得其控制权

C. 奇能公司收购旗下控股子公司的股份达到80%

D. 电霸公司享有奇能公司52%表决权的股份,享有天霸公司55%表决权的股份,奇能公司收购天霸公司的股份达到70%

5. 某文具公司在网络电商平台注册一店铺,公司设置专项资金派发给员工,要求员工用此专项资金在本公司店铺购买文具,公司的客服人员根据下单的地址,给员工邮寄空的包裹,通过这种方式来提高公司在网络销售平台的排名。下列有关该文具公司行为的说法正确的是:(　　)

A. 互联网不正当竞争　B. 虚假宣传行为

C. 商业贿赂行为　　D. 混淆行为

6. 甲公司从事食品生产业务,生产许可证到期后向当地市场监督管理部门申请续期成功。后甲公司在对所生产的饼干进行包装时未更换新的包装,旧包装上记载的生产许可证编号已经过期。李某在乙超市购买该饼干时通过查询得知该许可证编号已经过期的事实,依旧购买饼干若干,并向法院起诉主张饼干价款的10倍赔偿,下列说法正确的是:(　　)

A. 乙超市有合法的购货来源且支付了合理的对价,所以不承担责任

B. 甲公司如果能证明该饼干质量合格且不会使消费者构成误认,则不承担10倍价款的赔偿责任

C. 李某应当先向乙超市主张赔偿,如果乙超市不赔,才可以向甲公司主张赔偿

D. 因为李某知道此饼干的许可证过期,故不可主张赔偿

7. 甲公司拖欠乙银行贷款2000万元,到期无力清偿,现乙银行欲通过金融资产管理公司实现债转股来清理不良贷款,根据《商业银行法》及《银行业监督管理法》的规定,下列说法正确的是:(　　)

A. 乙银行应将其对甲公司的债权转移给金融资产管理公司,由金融资产管理公司对甲公司进行

债转股

B. 乙银行可直接对甲公司进行债转股

C. 应由金融资产管理公司购买甲公司的股权，甲公司用所得的股款偿还乙银行的欠款

D. 应由乙银行购买甲公司的股份，甲公司用所得的股款偿还乙银行的欠款

8. 某商业银行董事长张某授意该银行隐瞒亏损并提供虚假财务报告，该商业银行被吊销经营许可证后被撤销清算。在此之前，该商业银行曾因未遵守关于资产负债的比例违规发放贷款被国务院银保监会处以罚款，该罚款尚未缴纳。此外，该商业银行被撤销清算期间，发现未缴上一年度税款中还有一笔，因商业银行计算错误而未缴。下列相关说法正确的是：(　　)

A. 在清算时，清算组应优先清偿包含企业所得税在内的欠缴税款

B. 在该商业银行被清算期间，经国务院银保监会负责人批准，可申请司法机关禁止张某买卖商品房

C. 因计算错误未缴的税款，税务机关可要求该商业银行补缴但不能收取滞纳金

D. 在清算期间，该银行应先向国务院银保监会缴纳罚款

二、多项选择题

1. 某县甲企业生产代步车，相关市场份额达70%，现与下游经销商签署特许经销协议，约定某一畅销型号的代步车售价不得低于2000元。下列说法正确的是：(　　)

A. 甲企业与经销商签署的特许经销协议构成了纵向协议行为

B. 该协议意思表达真实，合法有效

C. 没有购买代步车的张某有权向反垄断执法机构举报

D. 当该协议付诸实施后，反垄断执法机构才可视情节对其处罚

2. 甲公司取得了热播电视剧《12小时》的独家网络直播权，张某嫌该剧片头广告时间过长，开发出屏蔽该片头广告的软件，在其社交主页上炫耀，并提供了专门的下载通道，受到网民追捧。随后张某用此软件招商播放乙公司的产品广告，收益颇丰。下列说法正确的是：(　　)

A. 张某的行为有利于消费者，是合法行为

B. 张某并非经营者，所以其不是不正当竞争行为的适格主体

C. 张某的行为构成不正当竞争行为

D. 甲公司的实际损失难以计算的，可按张某向乙公司收取的报酬确定赔偿金额

3. 甲在一网上商城看到一款液晶电视，产品说明页中明确标记为“7天无理由退货”，甲在1月1日收到货并安装使用，1月3日发现电视四角漏光，甲检查时还发现有漏电现象，甲以此为由向店家主张退货。店家说需要甲先对电视机质量进行检验，甲于1月13日收到检验报告表明电视机质量合格。店家主张不符合退货条件故不能退货，下列说法正确的是：(　　)

A. 因超过7天，所以甲不能主张退货

B. 对于电视的质量瑕疵，店家应承担举证责任

C. 甲可主张无理由退货，并自行承担运费

D. 甲可主张无理由退货，并要求店家承担不少于2倍损失的赔偿

三、不定项选择题

1. 王某开的饭店做促销活动，建立了一个叫“再来一份”的微信群，张某在微信群买了一份炒饭后送了一瓶酸梅汤，酸梅汤包装上写明“常温放置，请三天内饮用”。张某当天到甲商场购买了一台乙公司生产的康明冰箱，将酸梅汤放入冰箱存放。不料，第二天冰箱突然断电，停止制冷，张某担心酸梅汤会变质，故将酸梅汤喝完，引发了严重腹泻，花去医疗费若干。有关张某的救济措施，下列说法正确的是：(　　)

A. 因为酸梅汤是赠品，张某不可向饭店主张赔偿

B. 张某和饭店虽无明确约定，仍可向饭店主张赔偿

C. 张某可向甲商场请求赔偿，商场需就冰箱产品质量瑕疵承担证明责任

D. 张某可向甲商场要求退货，并请求所受损失2倍以内的惩罚性赔偿

2. 玩具协会举办玩具展销会，斗星公司借了护卫舰公司的营业执照，租赁云团公司的柜台，卖火牛公司生产的拼图玩具，大牛在该会展上购买了拼图玩具后，发现少了一片，在展销会结束之前大牛可以向哪一主体主张权利？(　　)

A. 玩具协会　　　　B. 护卫舰公司

C. 云团公司　　　　D. 火牛公司

2019年客观题试题
参考答案及解析

一、单项选择题

1.【参考答案】 C

【解析】 A、B项,做错了就应该改正,而不是将错就错。临时工棚和地下室属于超出规划许可证的违章建筑,既然已经违法就应该拆除,恢复原状。“补办”许可证,相当于建设单位“绑架”审批机关给违章建筑“转正”,自然是不可能的,A、B两项错误。

C项,仓库上的临时工棚属于未经批准的临时建筑,应由规划部门责令限期拆除并处以工程造价1倍以下的罚款,C项正确。

D项,填埋地下室属于强制拆除的性质,应该在当事人逾期不拆除的前提下由县级以上政府责令有关部门进行,城乡规划部门并无此职权,D项错误。

综上所述,本题答案为C。

2.【参考答案】 C

【解析】 申请划拨地进行项目建设,该项目能否顺利进行,首先应该判断是否符合规划,应先由规划部门核发选址意见书,之后再报经项目的审批机关进行项目审批,最后由自然资源主管部门划拨土地进行开发建设。所以“向城乡规划主管部门申请核发选址意见书”应该是流程的最开端,所以先③后①,且位于流程的前端。用排除方法可以得到答案为C项。

以划拨方式取得土地使用权进行开发建设的建设项目的规划许可步骤为:①申请规划部门核发选址意见书→②有关部门批准、备案、核准建设项目→③提出建设用地规划许可申请→④规划部门核发建设用地规划许可证→⑤向自然资源主管部门申请用地→⑥县级以上政府审批,自然资源主管部门划拨土地。

综上所述,本题答案为C。

3.【参考答案】 A

【解析】 A、B项,本案中,海鲜水产行业协会组织本行业的水产供应商压缩供货控制出货节奏,对竞争造成了排除、限制的影响,构成了横向垄断协议行为,且情节严重。所以行业协会的行为已构成违法,不能以行业自律或片面地维护了同业经营者的权益来抗辩,情节严重的,民政部门可对其撤销登记,A项正确、B项错误。

C项,协议行为强调的形式要件是协同行为,实质要件是会对竞争产生排除、限制的负面影响,不要求书面形式的协议,更不能以未签署书面协议来抗辩,C项错误。

D项,经营者主动向反垄断执法机构报告达成垄断协议的有关情况并提供重要证据的,反垄断执法机构可以酌情减轻或者免除对该经营者的处罚,并非法定免除处罚,D项错误。

综上所述,本题答案为A。

4.【参考答案】 B

【解析】 A项,经营者集中行为的本质特征是经营者通过合并、收购等行为产生对目标公司的控制权。而电动车厂商奇能公司与太阳能企业达成的是信息共享的协议,奇能公司没有因此取得太阳能企业的经营控制权,不属于经营者集中行为,无须申报,A项错误。

B项,奇能公司收购某电子板公司的股权,取得其控制权,属于经营者集中行为,因其交易规模达到申报标准,所以需要向国务院反垄断执法机构事先申报,B项正确。

C项,奇能公司对其控股子公司本来就拥有控制权,即使收购其股权增持至80%,也仍由奇能公司享有该子公司的控制权,所以此收购股权的行为并没有发生经营控制权的变化,无须申报,C项错误。

D项,电霸公司同时拥有奇能公司和天霸公司的经营控制权,所以兄弟公司奇能公司对天霸公司的收购行为并没有发生经营控制权的变化,无须申报,D项错误。

综上所述,本题答案为B。

5.【参考答案】 B

【解析】 A项,互联网不正当竞争行为的特征是,经营者利用技术手段,通过影响用户选择或者其他方式,实施了妨碍、破坏其他经营者合法提供的网络产品或者服务正常运行的行为。本案中文具公司只是通过互联网实施交易行为,并没有实施妨碍、破坏其他经营者合法提供的网络产品或者服务正常运行的行为,不属于互联网不正当竞争行为。A项错误。

B项,文具公司通过自己员工下单、邮寄空包裹等行为实际构成了对销售状况的虚假宣传,欺骗误导消费者,属于虚假宣传行为,B项正确。

C项,商业贿赂强调经营者为了谋取交易机会或者竞争优势,而采用财物或者其他手段贿赂相关单位或个人,本案中文具公司并未实施此类行为,C

项错误。

D 项，混淆行为强调经营者擅自使用他人有一定影响的名称、包装、装潢、名称、域名、网站、网址等，足以引人误以为是他人商品或者与他人存在特定联系，本案中文具公司并未擅自使用他人的任何元素，没有混淆行为，D 项错误。

综上所述，本题答案为 B。

6.【参考答案】 B

【解析】 A 项，食品经营者履行了《食品安全法》规定的进货查验等义务，有充分证据证明其不知道所采购的食品不符合食品安全标准，并能如实说明其进货来源的，可以免予处罚，但应当依法没收其不符合食品安全标准的食品；造成人身、财产或者其他损害的，依法承担赔偿责任。对于“善意”侵权者，只能免行政处罚，但不能免民事责任，A 项表达为“不承担责任”，错误。

B 项，惩罚性赔偿以必要为原则，通过提高处罚力度以达到惩治和预防“大恶”的立法目的。如果仅仅是食品包装、说明书等有瑕疵，但不影响食品的安全且不会对消费者造成误导的，经营者不承担 10 倍价款的罚则，B 项正确。

C 项，消费者因不符合食品安全标准的食品受到损害的，可以向经营者要求赔偿损失，也可以向生产者要求赔偿损失。接到消费者赔偿要求的生产经营者，应当实行首负责任制，先行赔付，不得推诿；属于生产者责任的，经营者赔偿后有权向生产者追偿；属于经营者责任的，生产者赔偿后有权向经营者追偿。C 项限制了食品消费者的选择权，排除了食品生产经营者的“首负责任”，错误。

D 项，食品、药品关乎消费者生命健康，即使消费者“知假买假”，生产经营者也应承担相应责任，不得以消费者明知为由进行抗辩，D 项错误。

综上所述，本题答案为 B。

7.【参考答案】 A

【解析】 B、D 项，为了确保银行资金的安全，银行不得向非银行的金融机构或企业投资，本案中，乙银行不能直接向甲公司投资成为甲公司的股东。而债转股本质上是以债权作为出资，所以乙银行不得直接对甲公司债转股，B 项错误。乙银行也不能直接购买甲公司的股份，否则相当于乙银行直接对甲公司投资，D 项错误。

A 项，银行清理不良贷款的方式往往是设立资产管理公司，将银行的不良贷款转移给金融资产管理公司，金融资产管理公司再用此债权出资至债务人的公司中，转为股权，所以 A 项正确。

C 项，债转股的过程并非通过金融资产管理公司购买债务人的股权来实现。如果这样操作，第一，金融资产管理公司需要支付大笔资金；第二，如果该笔资金进入债务人账户被挪作他用而没有归还给银行，会有诸多不可控的后果，所以 C 项错误。

综上所述，本题答案为 A。

8.【参考答案】 B

【解析】 A 项，商业银行破产清算时，在支付清算费用、所欠职工工资和劳动保险费用后，应当优先支付个人储蓄存款的本金和利息。在商业银行的破产清算中，清偿顺序应该是清算费用→职工债权→个人储蓄的存款本金和利息→其他社保和税款→普通债权。所以税款并不能被优先清偿，A 项错误。

D 项，企业破产时，资产不足以清偿全部债权，而罚款的意义是惩治违法行为。当企业破产时，已经没有未来，且仅有的财产应为债权人的可分配财产，如果支付罚款，相当于管理机关的管理措施落在了债权人头上，所以罚款并不属于债权，不能进行债权申报，在破产清算中，罚款无法得到清偿，D 项错误。

B 项，在接管、机构重组或者撤销清算期间，经国务院银行保险业监督管理机构负责人批准，对直接负责的董事、高级管理人员和其他直接责任人员，可以采取下列措施：(1)直接负责的董事、高级管理人员和其他直接责任人员出境将对国家利益造成重大损失的，通知出境管理机关依法阻止其出境；(2)申请司法机关禁止其转移、转让财产或者对其财产设定其他权利。所以，商业银行在撤销清算期间，董事长张某可被限制资产处分，但此措施需要申请司法机关采取，B 项正确。

C 项，因为纳税人、银行自身的计算错误未缴税款，一般情况税务机关 3 年内可以追征税款并加收滞纳金，C 项错在“不能收取滞纳金”。

综上所述，本题答案为 B。

二、多项选择题

1.【参考答案】 AC

【解析】 A、B 项，甲企业利用其优势地位，与具有交易关系的下游经销商签署协议，限定向第三人转售商品的最低价格，排除、限制了竞争，构成了纵向垄断协议。无论是否基于双方真实的意愿，均应受到《反垄断法》的规制，A 项正确，B 项错误。

C 项，对于违反《反垄断法》的行为，任何单位或个人均可举报，以便于执法机构及时掌握信息进行调查处理，举报者无须与垄断行为有交易或其他利害关系,C 项正确。

D 项,对协议行为的责任追究“以行为论,而非结果罚”,并不以实施为条件,即使未实施也可被罚款,D 项错误。

综上所述,本题答案为 AC。

2.**【参考答案】** CD

【解析】 A、C 项,经营者在生产经营活动中,应当遵循自愿、平等、公平、诚信的原则,遵守法律和商业道德。所以“公平、诚信、法律和商业道德”是区分不正当竞争和正当经营的关键。本案中张某的行为损害了甲公司产品的正常运营,且谋取了自身的经济利益,不能以“有利于消费者”来掩盖这一不诚信的行为,所以张某的行为已经构成了不正当竞争,而非合法行为,A 项错误,C 项正确。

B 项,自然人从事了商品的生产、经营或提供服务,也属于经营者的范畴,本案中张某利用其软件实施了播放广告取得收益的经营行为,属于经营者,B 项错误。

D 项,不正当竞争行为的民事赔偿数额确定的依据是被害者的实际损害→侵权人的侵权所得→法定赔偿。所以当甲公司的实际损失难以计算的时候,可按张某的侵权所得,即张某向乙公司收取的报酬确定赔偿金额,D 项正确。

综上所述,本题答案为 CD。

3.**【参考答案】** BC

【解析】 A 项,甲通过网络购物的方式购买电视机一台,无论电视机有无质量问题,均享有 7 天内无理由退货的权利。7 天的期限自收到货物之日起开始计算。甲 1 月 1 日收到货,1 月 3 日主张退货,符合 7 天内的期限要求,A 项错误。

B 项,大宗耐用商品的技术门槛较高,短期内发现瑕疵,说明产品本身质量有问题的可能性较大,但消费者很难提供证明。为了消费者更好地维权,《消费者权益保护法》规定了电视机等大宗耐用商品于消费者收货之日起 6 个月内发现瑕疵,引发争议的,举证责任倒置,由经营者承担有关瑕疵的举证责任,B 项正确。

C 项,本案中产品检验报告显示电视机质量合格,但使用时出现了漏光的现象,电视机是否存在质量瑕疵需要进一步确认,但消费者依旧可以主张无理由退货。消费者主张无理由退货时,在买卖双方没有约定的情形下,应由消费者承担运费,C 项正确。

D 项,为了更好地保护消费者的合法权益,法律规定了惩罚性赔偿的规则。只有当经营者有“明知”的过错,向消费者提供缺陷商品,且引发消费者或其他受害人“死、伤、残”等严重后果时,才会承担 2 倍损失的惩罚性赔偿,本案中并没有产品缺陷,也没有引发严重后果,不符合适用惩罚性赔偿的条件,D 项错误。

综上所述,本题答案为 BC。

三、不定项选择题

1.**【参考答案】** BC

【解析】 A、B 项,食品、药品关乎消费者的健康,经营者的安保职责更大,无论是赠品还是正品,无论有无约定,发生质量问题,经营者均应承担责任。食品、药品生产者、销售者提供给消费者的食品或者药品的赠品发生质量安全问题,造成消费者损害,消费者主张权利,生产者、销售者以消费者未对赠品支付对价为由进行免责抗辩的,人民法院不予支持,故 A 项错误,B 项正确。

C 项,大宗耐用商品的技术门槛较高,短期内发现质量瑕疵,说明产品本身质量有问题的可能性较大,但消费者很难提供证明,为了消费者更好地维权,《消费者权益保护法》规定了冰箱等大宗耐用商品于消费者接受商品或服务之日起 6 个月内发现瑕疵,引发争议的,举证责任倒置,由经营者承担有关瑕疵的举证责任,C 项正确。

D 项,只有当经营者有“明知”的过错,向消费者提供了缺陷商品,且引发消费者或其他受害人“死、伤、残”等严重后果时,才会承担 2 倍损失的惩罚性赔偿,本案中冰箱不制冷最多认定商品有质量瑕疵,不能认定缺陷,不符合适用惩罚性赔偿的条件,D 项错误。

综上所述,本题答案为 BC。

2.**【参考答案】** B

【解析】 A、C 项,消费者是在展销会上购买此瑕疵产品,展销会举办期间,经营者仍在展销会上开展经营活动,消费者容易向其主张责任,由经营者承担责任有利于消费者维权。展销会举办者和柜台出租者负有基本的审查和注意义务,确保其招募的经营者在展销会上或租赁柜台上销售的商品质量合格,并收集经营者的相关信息。如果在展销会上或出租柜台上售出的商品质量不合格,且展销会结束或柜台租赁期满后才发现产品质量问题,经营者不知所踪,消费者不容易向经营者主张责任。展销会的举办者和柜台出租者难逃失察之责。所以,展销会结束后,柜台租赁期满后,由展销会举办者和柜台出租者承担“期后连带”的责任,承担责任后再向经营者追偿。本案中发生纠纷时,展销会尚未结束,应该排除展销会的举办者和柜台的出租者的责任,排除A、C两项。

B项,销售者斗星公司借营业执照实施销售活动,营业执照的持有人和借用人承担连带责任,故护卫舰公司作为营业执照的持有人应承担责任,B项当选。

D项,本案中拼图玩具少了一片,应认定为产品瑕疵,瑕疵产品属于违约责任,消费者应向销售者主张责任,与生产者无直接法律关系,故应排除D项。

综上所述,本题答案为B。

环境资源法

2023年客观题试题

一、单项选择题

文某军、文某喜等五人日常从事绿化养护工作。2022年10月中旬,在完成当日的绿化养护和清理业务之后,为牟取非法利益,文某军提议砍伐非养护树林内的水杉树出售,所得利益由五人均分,其他四人均表示同意。经查,涉案被伐林木所在地为乔木林地,土地权属性质为国有土地,林木所有权归国家。经评估,被伐8棵水杉树的立木蓄积量为5.5立方米。对于上述情况,下列有关说法正确的是?(　　)

A. 如果文某军、文某喜等五人补办砍伐许可证,可免于承担刑事责任

B. 如果文某军、文某喜等五人主动赔偿生态环境损失,可免于承担行政责任

C. 林业主管部门责令文某军、文某喜等五人限期在原地补种水杉树

D. 文某军、文某喜等五人可要求林业主管部门代为补种水杉树

二、多项选择题

甲公司承建某小区的开发建设,环境影响报告书已经经过市生态环境主管部门审批,甲公司为了建设地下停车场,经批准临时占用林地搁置建设材料。甲公司的停车场在建设过程中因噪声过大被群众举报,经调查噪声超过了环评文件的要求。下列有关说法正确的有?(　　)

A. 甲公司可以就停车场单独进行环境影响评价并报送审批

B. 甲公司应当进行后评价

C. 甲公司占用的林地最迟应当在3年内恢复植被和林业生产条件

D. 甲公司的环评文件报省生态环境主管部门备案

2023年客观题试题
参考答案及解析

一、单项选择题

【参考答案】 C

【解析】 A项,盗伐森林或者其他林木,数量较大的,处3年以下有期徒刑、拘役或者管制,并处或者单处罚金。本案中,文某军、文某喜等五人盗伐水杉树,立木蓄积量为5.5立方米,达到了“数量较大”的标准,需依法定罪追责。A项表述错误,理由有二:首先,事先未取得砍伐许可证违法砍伐林木且数量较大,构成犯罪的行为,不可能通过事后“补办”而豁免责任;其次,以非法砍伐为目的的,也不可能成功办理林木砍伐许可证,A项错误。

B项,赔偿损失是违法者本应该承担的民事责任,并非其免于承担行政责任的理由,B项错误。

C项,对于盗伐行为,林业主管部门可以责令行为人限期在原地或者异地补种林木,并处以罚款,C项正确。

D项,违法者拒不补种树木,或者补种不符合国家有关规定的,才会由林业主管部门依法组织代为履行,代为履行所需费用由违法者承担。所以林业主管部门代为补种是有前提条件的,而不是其应提供的“服务”,违法者不能要求林业主管部门代为补种,D项错误。

综上,本题答案为C。

二、多项选择题

【参考答案】 BC

【解析】 A、B项:地下停车场是整个项目不可分割的组成部分。停车场施工导致噪声过大,不符合经过批准的环评文件,建设单位应“进行后评价+采取改进措施+报送原环评文件审批部门和建设项目审批部门备案”。A项错误,B项正确。

C项:临时使用林地的,使用期限最长不超过2年,并不得在临时使用的林地上修建永久性建筑物。临时使用林地期满后1年内,用地单位或者个人应当恢复植被和林业生产条件。甲公司临时占用的林地的最长使用期限是2年,加上期满恢复过

程的1年，C项表述为最迟3年内恢复植被和林业生产条件是正确的。

D项：甲公司进行后评价，采取改进措施后，应报原环评文件的审批机构备案，本案中原审批机关为市生态环境主管部门，D项描述的备案机构是省生态环境主管部门。D项错误。

综上，本题答案为BC。

2022年客观题试题

单项选择题

村民甲要将承包的集体林地里的枣树砍掉种樱桃树，申请林木采伐许可证。对此，下列说法正确的是哪一项？（　　）

A. 如果该县今年采伐限额已满，甲明年自动取得采伐许可证

B. 甲砍伐枣树无须申请林木采伐许可证

C. 乡镇政府可根据委托颁发采伐许可证

D. 如果同村乙有采伐许可证，甲能租用

2022年客观题试题参考答案及解析

单项选择题

【参考答案】 C

【解析】 关于采伐许可证，《森林法》第56条规定："采伐林地上的林木应当申请采伐许可证，并按照采伐许可证的规定进行采伐；采伐自然保护区以外的竹林，不需要申请采伐许可证，但应当符合林木采伐技术规程。农村居民采伐自留地和房前屋后个人所有的零星林木，不需要申请采伐许可证。非林地上的农田防护林、防风固沙林、护路林、护岸护堤林和城镇林木等的更新采伐，由有关主管部门按照有关规定管理。采挖移植林木按照采伐林木管理。具体办法由国务院林业主管部门制定。禁止伪造、变造、买卖、租借采伐许可证。"第57条规定："采伐许可证由县级以上人民政府林业主管部门核发。县级以上人民政府林业主管部门应当采取措施，方便申请人办理采伐许可证。农村居民采伐自留山和个人承包集体林地上的林木，由县级人民政府林业主管部门或者其委托的乡镇人民政府核发采伐许可证。"本题中，因采伐林木应当申请许可，并由相应机关颁发采伐许可证，不存在自动取得一说，故A项错误。

农村居民采伐自留地和房前屋后个人所有的零星林木，不需要申请采伐许可证，但甲砍伐其承包的集体林地的林木，应取得采伐许可证，B项错误。

农村居民采伐自留山和个人承包集体林地上的林木，由县级人民政府林业主管部门或者其委托的乡镇人民政府核发采伐许可证，故C项正确。

此外，《森林法》第77条规定："违反本法规定，伪造、变造、买卖、租借采伐许可证的，由县级以上人民政府林业主管部门没收证件和违法所得，并处违法所得一倍以上三倍以下的罚款；没有违法所得的，可以处二万元以下的罚款。"可见，租借采伐许可证是违法行为，D项错误。

2021年客观题试题

一、单项选择题

公立医院的承建商甲在项目开始建设前已完成了环境影响评价文件，但因为资金问题一直没有动工建设。6年后，甲开工建设，针对甲承建商开工建设，下列说法正确的是？（　　）

A. 重新做环境影响评价文件不影响原来环境影响评价文件的执行

B. 甲承建商只需要补充登记表

C. 环境影响评价文件重新报原部门审核

D. 甲承建商可先开工建设，后补充审批环境影响评价手续

二、多项选择题

翔宇化工厂违规排放污水，造成河流严重污染。甲环保组织提起公益诉讼，要求赔偿100万元。法官审查后发现100万元远远不够治理河流污染，建议甲环保组织将赔偿额修改为1000万元。后法院判决甲环保组织胜诉。关于本案的程序规则，下列说法错误的是？（　　）

A. 适用一审终审，不得上诉

B. 应由中级法院管辖

C. 法官建议增加赔偿额，违反处分原则

D. 甲环保组织起诉前应通知生态环境部门

三、不定项选择题

海鑫矿业公司经勘察发现了实行保护性开采的特定矿种晶矿，现又在1平方千米内发现了放射

性铀矿。海鑫矿业公司要想获得采矿许可证，关于其申请批准的程序，下列说法正确的有？（　　）

A. 晶矿应当由省级地质矿产主管部门备案并颁发采矿许可证

B. 晶矿应当由国务院地质矿产主管部门审批并颁发采矿许可证

C. 铀矿可由国务院授权的有关主管部门审批并颁发采矿许可证

D. 铀矿应当由省政府地质矿产主管部门汇总向国务院地质矿产主管部门备案

2021 年客观题试题
参考答案及解析

一、单项选择题

【参考答案】 C

【解析】 《环境影响评价法》第 24 条规定："建设项目的环境影响评价文件经批准后，建设项目的性质、规模、地点、采用的生产工艺或者防治污染、防止生态破坏的措施发生重大变动的，建设单位应当重新报批建设项目的环境影响评价文件。建设项目的环境影响评价文件自批准之日起超过五年，方决定该项目开工建设的，其环境影响评价文件应当报原审批部门重新审核；原审批部门应当自收到建设项目环境影响评价文件之日起十日内，将审核意见书面通知建设单位。"第 25 条规定："建设项目的环境影响评价文件未依法经审批部门审查或者审查后未予批准的，建设单位不得开工建设。"甲承建商超过 5 年未动工，应当重新报原审批部门审核后才能够动工，故 C 选项正确，B 选项、D 选项错误。无论甲是否重做环境影响评价文件，均应当报原审批部门重新审核通过后方能执行，A 选项错误。

综上所述，应当选 C 选项。

二、多项选择题

【参考答案】 ABCD

【解析】 民事公益诉讼程序如无特别规定，应适用普通民事诉讼规则审理。民事公益诉讼的程序规则未规定公益诉讼案件适用一审终审，因此民事公益诉讼案件仍适用两审终审制。A 错误，当选。

最高人民法院《关于审理环境民事公益诉讼案件适用法律若干问题的解释》（以下在本题中简称《环境民事公益诉讼解释》）第 6 条第 2 款规定，中级人民法院认为确有必要的，可以在报请高级人民法院批准后，裁定将本院管辖的第一审环境民事公益诉讼案件交由基层人民法院审理。据此，环境民事公益诉讼符合上述条件，可交由基层法院审理。B 错误，当选。

《环境民事公益诉讼解释》第 9 条规定，人民法院认为原告提出的诉讼请求不足以保护社会公共利益的，可以向其释明变更或者增加停止侵害、修复生态环境等诉讼请求。据此，为维护社会公共利益，法官建议增加赔偿数额，不违反处分原则。C 错误，当选。

《环境民事公益诉讼解释》第 12 条规定，人民法院受理环境民事公益诉讼后，应当在 10 日内告知对被告行为负有环境资源保护监督管理职责的部门。据此，法院受理案件后，才应当告知生态环境部门，原告起诉前无须通知。D 错误，当选。

三、不定项选择题

【参考答案】 BC

【解析】 根据《矿产资源法》第 16 条的规定，(1)对保护性开采的特定矿种，由国务院地质矿产主管部门审批，并颁发采矿许可证；(2)对开采石油、天然气、放射性矿产等特定矿种，可以由国务院授权的有关主管部门审批，并颁发采矿许可证。据此可知，本题 B、C 选项正确，当选。

2020 年客观题试题

单项选择题

根据《环境保护法》的规定，下列选项错误的是？（　　）

A. 国务院环境保护主管部门制定国家污染物排放标准

B. 天津市人民政府对国家污染物排放标准中未作规定的项目，可以制定地方污染物排放标准

C. 重庆市人民政府环境保护主管部门对国家污染物排放标准中已作规定的项目，可以制定严于国家污染物排放标准的地方污染物排放标准

D. 地方污染物排放标准应当报国务院环境保护主管部门备案

2020 年客观题试题参考答案及解析

单项选择题

【参考答案】 C

【解析】 《环境保护法》第 16 条第 1 款规定:“国务院环境保护主管部门根据国家环境质量标准和国家经济、技术条件,制定国家污染物排放标准。”A 正确。

《环境保护法》第 16 条第 2 款规定:“省、自治区、直辖市人民政府对国家污染物排放标准中未作规定的项目,可以制定地方污染物排放标准;对国家污染物排放标准中已作规定的项目,可以制定严于国家污染物排放标准的地方污染物排放标准。地方污染物排放标准应当报国务院环境保护主管部门备案。”因此 B、D 正确,C 错误。

2019 年客观题试题

单项选择题

甲乙两公司于 H 省省内修高速公路,已经通过环境影响评价的程序审批,但是现在因为业务需要,要将该高速公路修到 S 省,对此,下列说法正确的是?(　　)

A. 补充材料继续按原环境影响评价程序获得审批

B. 由 S 省负责审批环境影响评价文件

C. 需要有规划环境影响评价

D. 环境影响评价未经环保部门审查不得开工

2019 年客观题试题参考答案及解析

单项选择题

【参考答案】 D

【解析】 《环境影响评价法》第 23 条规定:“国务院生态环境主管部门负责审批下列建设项目的环境影响评价文件:(一)核设施、绝密工程等特殊性质的建设项目;(二)跨省、自治区、直辖市行政区域的建设项目;(三)由国务院审批的或者由国务院授权有关部门审批的建设项目。前款规定以外的建设项目的环境影响评价文件的审批权限,由省、自治区、直辖市人民政府规定。建设项目可能造成跨行政区域的不良环境影响,有关生态环境主管部门对该项目的环境影响评价结论有争议的,其环境影响评价文件由共同的上一级生态环境主管部门审批。”根据该规定,跨省建设项目应当由国务院生态环境部门负责审批,因此 B 项由 S 省审批错误。同时由于项目由原本省内高速公路修建变为跨省项目,审批主体发生变化,程序也不应当按照原有程序进行,因此 A 选项错误。

《环境影响评价法》第 18 条规定:“建设项目的环境影响评价,应当避免与规划的环境影响评价相重复。作为一项整体建设项目的规划,按照建设项目进行环境影响评价,不进行规划的环境影响评价。已经进行了环境影响评价的规划包含具体建设项目的,规划的环境影响评价结论应当作为建设项目环境影响评价的重要依据,建设项目环境影响评价的内容应当根据规划的环境影响评价审查意见予以简化。”因此,有了建设环境影响评价的应尽量避免与规划环境影响评价重复,C 选项重复出具环境影响评价错误,故不应选 C。

《环境影响评价法》第 25 条规定:“建设项目的环境影响评价文件未依法经审批部门审查或者审查后未予批准的,建设单位不得开工建设。”D 选项符合规定,因此 D 选项正确。

劳动与社会保障法

2023年客观题试题

一、单项选择题

2023年1月1日，方某入职甲公司担任网文编辑，与甲公司签订了一份2年期的劳动合同，约定试用期至6月30日(为期6个月)，试用期和转正后的工资均为5000元。4月1日，方某因先天性心脏病发作住院，治疗结束后甲公司认为方某不能从事原来的工作，5月1日，甲公司与方某解除合同。后因甲公司业务激增，人手欠缺，7月1日，甲公司决定回聘方某，并与方某签订无固定期限劳动合同。以下说法正确的是哪一项？(　　)

A. 甲公司与方某的第一份劳动合同约定的试用期是合法的

B. 甲公司第一次解除劳动合同是违法的

C. 甲公司以无固定期限劳动合同回聘方某后，仍可约定6个月的试用期

D. 甲公司解除劳动合同，无须将理由通知工会

二、多项选择题

王某入职甲公司工作3年，后甲公司倒闭，王某失业。失业后，王某积极找工作，一直忘记领取失业保险金，后来王某找到了保险销售的工作，工作8年后，保险公司因业务违规被保险监督管理机构吊销业务许可证，王某再次失业。王某在职期间，两家公司均给王某缴纳了“五险一金”。王某第二次失业后进行了失业登记。1年后，王某被确诊为乙肝，不久去世。下列说法正确的是？(　　)

A. 王某的治疗费用只能自费

B. 王某可以通过医保报销治疗费用

C. 王某的遗属可以同时领取失业保险金和丧葬补助金

D. 王某最长能领取24个月的失业保险金

三、不定项选择题

甲公司拖欠陈某劳动报酬，双方经人民调解委员会调解达成调解协议，甲公司应当在1个月内向陈某一次性支付劳动报酬5万元。双方在调解协议书上签字、盖章。1个月后，甲公司未支付陈某的劳动报酬。对此，以下说法正确的是？(　　)

A. 陈某可以以甲公司拖欠劳动报酬为由，申请劳动仲裁

B. 陈某可以以甲公司违约为由，向法院起诉

C. 陈某可持调解协议书向法院申请支付令

D. 陈某可持调解协议书向法院申请执行

2023年客观题试题
参考答案及解析

一、单项选择题

【参考答案】 B

【解析】《劳动合同法》第19条规定：“劳动合同期限三个月以上不满一年的，试用期不得超过一个月；劳动合同期限一年以上不满三年的，试用期不得超过二个月；三年以上固定期限和无固定期限的劳动合同，试用期不得超过六个月。同一用人单位与同一劳动者只能约定一次试用期。以完成一定工作任务为期限的劳动合同或者劳动合同期限不满三个月的，不得约定试用期。试用期包含在劳动合同期限内。劳动合同仅约定试用期的，试用期不成立，该期限为劳动合同期限。”第20条规定：“劳动者在试用期的工资不得低于本单位相同岗位最低档工资或者劳动合同约定工资的百分之八十，并不得低于用人单位所在地的最低工资标准。”甲公司与方某的第一份2年期的劳动合同的试用期不得超过2个月，实际约定的6个月试用期违法。试用期工资和转正后工资相同，在一般情况下也是违法的，除非试用期工资不低于本单位相同岗位最低工资的80%，故A项错误。且由于同一用人单位与同一劳动者只能约定一次试用期，故C项也是错误的。

用人单位单方解除劳动合同，必须具备合法的理由。本题可能涉及的理由是《劳动合同法》第40条：“有下列情形之一的，用人单位提前三十日以书面形式通知劳动者本人或者额外支付劳动者一个月工资后，可以解除劳动合同：(一)劳动者患病或者非因工负伤，在规定的医疗期满后不能从事原工作，也不能从事由用人单位另行安排的工作的；(二)劳动者不能胜任工作，经过培训或者调整工作岗位，仍不能胜任工作的；(三)劳动合同订立时所

依据的客观情况发生重大变化,致使劳动合同无法履行,经用人单位与劳动者协商,未能就变更劳动合同内容达成协议的。”该条第1项规定的是“在规定的医疗期满后不能从事原工作,也不能从事由用人单位另行安排的工作”,而本题中甲公司解除劳动合同的理由并不符合这项规定,因此为违法解除劳动合同的情形,B项正确。

《劳动合同法》第43条规定:“用人单位单方解除劳动合同,应当事先将理由通知工会。用人单位违反法律、行政法规规定或者劳动合同约定的,工会有权要求用人单位纠正。用人单位应当研究工会的意见,并将处理结果书面通知工会。”据此,D项说法错误。

二、多项选择题

【参考答案】 BD

【解析】 首先,关于失业人员的医疗保险问题。《社会保险法》第48条规定:“失业人员在领取失业保险金期间,参加职工基本医疗保险,享受基本医疗保险待遇。失业人员应当缴纳的基本医疗保险费从失业保险基金中支付,个人不缴纳基本医疗保险费。”据此,王某在失业期间也参加职工基本医疗保险并享受基本医疗保险待遇,所以A项错误、B项正确。

其次,根据《社会保险法》第49条的规定,如果领取失业保险金的失业人员死亡,则其失业保险金不再领取,但遗属可以领取一次性丧葬补助金和抚恤金,所需资金从失业保险基金中支付。个人死亡同时符合领取基本养老保险丧葬补助金、工伤保险丧葬补助金和失业保险丧葬补助金条件的,其遗属只能选择领取其中的一项,所以C项错误。

最后,关于领取失业保险金的期限。《社会保险法》第46条规定:“失业人员失业前用人单位和本人累计缴费满一年不足五年的,领取失业保险金的期限最长为十二个月;累计缴费满五年不足十年的,领取失业保险金的期限最长为十八个月;累计缴费十年以上的,领取失业保险金的期限最长为二十四个月。重新就业后,再次失业的,缴费时间重新计算,领取失业保险金的期限与前次失业应当领取而尚未领取的失业保险金的期限合并计算,最长不超过二十四个月。”本题中,王某失业后重新就业,第一次就业期间缴费年限为3年,对应的领取失业保险金的最长期限为12个月;第二次就业期间缴费年限为8年,对应的领取失业保险金的最长期限为18个月。由于第一次失业后应领取而未领取失业保险金,故再次失业后可将两次期限合并计算,为30个月,但是法律规定最长不得超过24个月,故D项正确。

三、不定项选择题

【参考答案】 AC

【解析】 调解是劳动争议解决方案之一,但它不是必经程序,也不是最终程序。尽管如此,经调解达成的调解协议,对双方当事人仍然具有约束力。《劳动争议调解仲裁法》第14条规定:“经调解达成协议的,应当制作调解协议书。调解协议书由双方当事人签名或者盖章,经调解员签名并加盖调解组织印章后生效,对双方当事人具有约束力,当事人应当履行。自劳动争议调解组织收到调解申请之日起十五日内未达成调解协议的,当事人可以依法申请仲裁。”第15条规定:“达成调解协议后,一方当事人在协议约定期限内不履行调解协议的,另一方当事人可以依法申请仲裁。”第16条规定:“因支付拖欠劳动报酬、工伤医疗费、经济补偿或者赔偿金事项达成调解协议,用人单位在协议约定期限内不履行的,劳动者可以持调解协议书依法向人民法院申请支付令。人民法院应当依法发出支付令。”从以上规定可知,陈某可以申请劳动仲裁,也可以向法院申请支付令,A、C项正确;但陈某不得越过劳动仲裁程序直接起诉,B项错误;调解协议书也不可作为强制执行的依据,D项错误。

2022年客观题试题

不定项选择题

张某应聘某快递公司的工作,约定试用期为3个月,工资为6000元。快递公司规定每天工作时间为9时至21时,每周工作6天,两个月后,张某以工作时间严重超过法律规定上限为由,拒绝超时加班安排,快递公司即以张某在试用期间被证明不符合录用条件为由与其解除了劳动合同,张某提请了仲裁,要求快递公司给付1个月工资作为赔偿金,下列说法正确的是:(　　)

A. 快递公司解除与张某的劳动合同违法

B. 快递公司关于工作时间的规定无效

C. 张某严重违反了快递公司的规章制度,快递公司有权解除与张某的劳动合同

D. 仲裁委应驳回张某的仲裁申请

2022年客观题试题参考答案及解析

不定项选择题

【参考答案】 AB

【解析】 A、B、C项,在快递公司的规章制度中,工作时间"996"的内容,严重违反了劳动法有关工作时间的规定,是无效的,快递公司因张某违反了此无效的规章制度而与之解除劳动合同是违法的,A、B项正确,C项错误。

D项,张某拒绝违法的超时加班的规定,系维护自己的合法权益,不能据此认定劳动者在试用期间不符合录用条件,快递公司与其解除劳动合同是违法的,劳动者有权要求快递公司支付经济赔偿金,赔偿金是补偿金的2倍。本案中,张某工作2个月,不足半年,经济补偿金为半个月工资,那么应该承担的经济赔偿金是补偿金的2倍即1个月工资,仲裁机构应支持张某的申请,D项错误。

综上所述,本题答案为AB。

2021年客观题试题

多项选择题

甲矿业集团因旧矿的采集量减少,故准备建设新的矿井。甲公司招聘井下作业人员进行新矿井的建设,李某夫妇决定去工作,公司让他们负责井下设备的管理。甲公司的下列做法符合《劳动法》规定的有?(　　)

A. 甲公司需要对该批职工配备防毒面具并可收取费用

B. 甲公司需要对李某定期进行健康检查

C. 甲公司可以聘用李某夫妇从事矿井下作业的工作

D. 甲公司应当在新建矿井同时安装瓦斯探测器设备

2021年客观题试题参考答案及解析

多项选择题

【参考答案】 BD

【解析】 A选项不当选,用人单位必须为劳动者提供符合国家规定的劳动安全卫生条件和必要的劳动防护用品,这是用人单位的义务,收取费用是违反法律规定的。

B选项当选,《劳动法》规定应当对两类劳动者定期进行健康检查:(1)未成年工;(2)从事有职业危害作业的劳动者。应当对劳动者进行体检。

C选项不当选,李某的妻子不能从事矿山、井下、国家规定的第四级劳动强度的劳动和其他禁忌从事的劳动。

D选项当选,瓦斯探测器设备属于劳动安全卫生设施,新建、改建、扩建工程的劳动安全卫生设施必须与主体工程同时设计、同时施工、同时投入生产和使用。

2020年客观题试题

一、单项选择题

1. 2018年1月5日,元某至妙姿公司工作,3个月后,公司要求签订劳动合同,元某以违约金过高为由拒绝签订。2019年1月2日,元某离职,申请劳动仲裁,要求公司支付未签合同的3倍工资差额以及经济补偿金。经查,公司多次找元某签订合同未果,但未书面通知元某解除劳动关系。则公司下列做法中正确的是?(　　)

A. 应赔付3倍工资,并支付经济补偿

B. 不应赔付3倍工资,但应支付经济补偿

C. 应赔付3倍工资,不应支付经济补偿

D. 应赔付2倍工资,并支付经济补偿

2. 甲在乙公司工作,2015年乙公司计划安排甲到美国分支机构工作,对此支付15万元专业英语培训费用,并和甲约定5年服务期。对此,下列说法正确的是?(　　)

A. 若甲于2016年主动辞职,应当向乙公司支付违约金15万元

B. 乙公司可以与甲约定,若甲在服务期内离职,违约金总额30万元

C. 2017年乙公司经营困难,无法发出工资,甲因此通知公司解除劳动合同,则无须支付违约金

D. 在服务期内,甲无法进行岗位调整

3. 山南公司与杨某签订劳动合同后,与海北公司签订劳务派遣协议,将杨某派遣至海北公司工作。对此,下列哪一说法是错误的?(　　)

A. 杨某有权在海北公司依法参加工会

B. 山南公司应当将劳务派遣协议的内容告知杨某

C. 杨某享有与海北公司的劳动者同工同酬的权利

D. 海北公司可将杨某派遣到其他公司

二、多项选择题

甲公司进入破产重整程序，裁员 30 人，下列哪些说法是正确的？（　　）

A. 杨某劳动合同因裁员而终止

B. 陆某在甲公司工作 3 年零 8 个月，甲公司应支付 4 个月工资的经济补偿

C. 马某工作 15 年，甲公司可对马某解除合同

D. 牛某 25 岁，离婚，抚育一位未成年子女，不得解除劳动合同

2020 年客观题试题参考答案及解析

一、单项选择题

1.【参考答案】　B

【解析】　《劳动合同法实施条例》第 6 条第 1 款规定：“用人单位自用工之日起超过一个月不满一年未与劳动者订立书面劳动合同的，应当依照劳动合同法第八十二条的规定向劳动者每月支付两倍的工资，并与劳动者补订书面劳动合同；劳动者不与用人单位订立书面劳动合同的，用人单位应当书面通知劳动者终止劳动关系，并依照劳动合同法第四十七条的规定支付经济补偿。”

根据题干信息，元某 2018 年 1 月 5 日进入妙姿公司工作，2019 年 1 月 2 日离职，用工时间超过 1 个月但不满 1 年。由于元某不与妙姿公司签订劳动合同，妙姿公司应当书面通知元某终止劳动关系，并按规定支付经济补偿。尽管妙姿公司未书面通知解除劳动关系，但在 1 年内劳动关系已经终止，符合上述法律规定，故妙姿公司需依据《劳动合同法》第 47 条规定支付经济补偿，但无须另行支付 2 倍工资。B 选项正确。

2.【参考答案】　C

【解析】　《劳动合同法》第 22 条规定：“用人单位为劳动者提供专项培训费用，对其进行专业技术培训的，可以与该劳动者订立协议，约定服务期。劳动者违反服务期约定的，应当按照约定向用人单位支付违约金。违约金的数额不得超过用人单位提供的培训费用。用人单位要求劳动者支付的违约金不得超过服务期尚未履行部分所应分摊的培训费用……”乙公司开支的培训费用为 15 万元，乙要求甲支付的违约金不得超过 15 万元，故 B 选项错误。

根据上述规定，若甲 2016 年辞职，15 万元培训费分摊 5 年，每年为 3 万元培训费，剩余 4 年服务期甲尚未履行，则乙公司要求甲支付的违约金不得超过 12 万元，故 A 选项错误。

《劳动合同法》第 35 条规定，用人单位与劳动者协商一致，可以变更劳动合同约定的内容。变更劳动合同，应当采用书面形式。变更后的劳动合同文本由用人单位和劳动者各执一份。因此，甲只要与乙公司达成一致约定即可以进行岗位调整，故 D 选项错误。

《劳动合同法》第 38 条规定：“用人单位有下列情形之一的，劳动者可以解除劳动合同：（一）未按照劳动合同约定提供劳动保护或者劳动条件的；（二）未及时足额支付劳动报酬的……”若乙公司未及时足额支付劳动报酬，甲享有法定解除权，其行使解除权的行为不属于违约，无须支付违约金，故 C 选项正确。

综上所述，本题正确答案为 C 选项。

3.【参考答案】　D

【解析】　根据《劳动合同法》第 64 条的规定，被派遣劳动者有权在劳务派遣单位或者用工单位依法参加或者组织工会，维护自身的合法权益。题干中，山南公司为劳务派遣单位，海北公司为用工单位，杨某有权在山南公司或海北公司依法参加工会。故 A 选项正确。

根据《劳动合同法》第 60 条的规定，劳务派遣单位应当将劳务派遣协议的内容告知被派遣劳动者，可知，山南公司应当将劳务派遣协议的内容告知杨某，故 B 选项正确。

根据《劳动合同法》第 63 条的规定，被派遣劳动者享有与用工单位的劳动者同工同酬的权利，故 C 选项正确。

根据《劳动合同法》第 62 条的规定，用工单位不得将被派遣劳动者再派遣到其他用人单位，据此，海北公司不得将杨某再派遣到其他单位，故 D 选项错误。

二、多项选择题

【参考答案】　ABC

【解析】　本题主要考查《劳动合同法》劳动合同解除的相关规定，具体分析如下：

《劳动合同法》第 41 条规定：“有下列情形之一，需要裁减人员二十人以上或者裁减不足二十人但占企业职工总数百分之十以上的，用人单位提前三十日向工会或者全体职工说明情况，听取工会或者职工的意见后，裁减人员方案经向劳动行政部门

报告,可以裁减人员:(一)依照企业破产法规定进行重整的;(二)生产经营发生严重困难的;(三)企业转产、重大技术革新或者经营方式调整,经变更劳动合同后,仍需裁减人员的;(四)其他因劳动合同订立时所依据的客观经济情况发生重大变化,致使劳动合同无法履行的。裁减人员时,应当优先留用下列人员:(一)与本单位订立较长期限的固定期限劳动合同的;(二)与本单位订立无固定期限劳动合同的;(三)家庭无其他就业人员,有需要扶养的老人或者未成年人的。用人单位依照本条第一款规定裁减人员,在六个月内重新招用人员的,应当通知被裁减的人员,并在同等条件下优先招用被裁减的人员。"根据上述法律规定,若杨某因甲公司破产重整而被裁员,则其劳动合同终止,故A选项正确。马某工作15年,甲公司在裁减人员时应当预先留用与甲单位订立较长期限的固定期限劳动合同的工作人员,但仅作为优先留用的次序排列,甲公司仍可解除与马某的劳动合同,故C选项正确。牛某属于家庭无其他就业人员且有需要抚养的未成年人的,应当优先留用,但甲公司仍可以解除劳动合同,故D选项错误。

根据《劳动合同法》第46条的规定,用人单位因裁员而解除劳动合同的,应当向劳动者支付经济补偿;第47条规定,"经济补偿按劳动者在本单位工作的年限,每满一年支付一个月工资的标准向劳动者支付。六个月以上不满一年的,按一年计算;不满六个月的,向劳动者支付半个月工资的经济补偿。劳动者月工资高于用人单位所在直辖市、设区的市级人民政府公布的本地区上年度职工月平均工资三倍的,向其支付经济补偿的标准按职工月平均工资三倍的数额支付,向其支付经济补偿的年限最高不超过十二年",选项B中,陆某在甲公司工作3年零8个月,由于满6个月以上的按1年计算,故甲公司应当以3年按3个月工资、8个月按1个月工资的标准计算经济补偿费用,向陆某支付4个月工资的经济补偿,故B选项正确。

2019年客观题试题

单项选择题

甲到乙公司应聘清洁工的职位,人力资源部开出如下聘用条件:甲需1周工作7天,每天3小时,试用期为1个月。甲对乙人力资源部反映丙公司开价1周工作6天,每天2小时,没有试用期。若乙公司意欲争取甲的留任,下述行为中哪项是合法的?(　　)

A. 允许甲在不影响工作的前提下同时于两家公司工作

B. 试用期由一个月改为3天

C. 将工资结算从为1月一结算改为20日一结算

D. 将工作时间改为4小时

2019年客观题试题
参考答案及解析

单项选择题

【参考答案】 A

【解析】 本题主要考查《劳动合同法》中对非全日制用工的相关规定。《劳动合同法》第69条规定:"非全日制用工双方当事人可以订立口头协议。从事非全日制用工的劳动者可以与一个或者一个以上用人单位订立劳动合同;但是,后订立的劳动合同不得影响先订立的劳动合同的履行。"由此可知,非全日制用工的劳动者可以与一个以上的用人单位订立劳动合同,因此甲作为非全日制用工的劳动者可以同时与乙、丙两家公司签订劳动合同,故A选项正确,当选。

《劳动合同法》第70条规定:"非全日制用工双方当事人不得约定试用期。"本题中根据甲劳动的性质可以推断甲是非全日制用工,根据上述规定不应对甲规定试用期,因此无论试用期为1个月还是3天均不合法,故B项错误,不当选。

《劳动合同法》第72条第2款规定:"非全日制用工劳动报酬结算支付周期最长不得超过十五日。"C选项20日一结算超过15日一结算的法定标准,因此C选项不合法,错误,不当选。

《劳动合同法》第68条规定:"非全日制用工,是指以小时计酬为主,劳动者在同一用人单位一般平均每日工作时间不超过四小时,每周工作时间累计不超过二十四小时的用工形式。"本题中原来的约定是甲一周工作7天、每天3小时,这是合法的。但是将工作时间改为4小时之后,虽然每天工作时间合法,但是每周累计达到28小时,超过24小时的上限,因此D选项错误,不当选。

2023 年客观题试题

一、单项选择题

1. 中国人甲和外国人乙在开曼群岛注册登记开设了丙公司，主要营业地在上海，后来召开股东会并作出了决议，甲认为该股东会决议侵犯了自己的权利，遂向我国法院起诉申请撤销该决议。下列说法正确的是？(　　)

A. 该案应当适用开曼群岛法

B. 该案当事人可以协议选择适用英国法

C. 该案的诉讼时效应当适用中国法

D. 该案可以适用中国法或开曼群岛法

2. 经常居住地在上海的中国人孙倩和德国人汉森结婚，收养了越南女童阮灵，3 年后汉森因病去世，留下 100 万元存款，未留遗嘱，就该案所涉的遗产继承及收养关系等方面的争议，孙倩在中国法院提起诉讼。下列说法中正确的是？(　　)

A. 如果孙倩诉请解除收养关系，则应适用中国法、德国法、越南法中最有利于保护阮灵利益的法律

B. 本案中汉森留下的存款之继承纠纷应当适用德国法

C. 本案中收养的效力问题应当适用中国法

D. 如果孙倩诉请解除收养关系，则应当适用中国法

二、多项选择题

甲公司是在上海注册的美国独资企业，乙公司是在我国香港特别行政区注册的企业，双方签订了买卖合同，约定该合同适用德国合同法，并约定该合同如有争议，则由总部位于巴黎的国际商事仲裁院在我国香港特别行政区仲裁。双方在合同履行过程中果然发生了争议，则下列说法中正确的是？(　　)

A. 如果甲公司提起仲裁，则认定仲裁协议是否有效可以适用法国法

B. 如果甲公司提起仲裁，则认定仲裁协议是否有效可以适用我国香港特别行政区的法律

C. 如果甲公司提起仲裁，则认定仲裁协议是否有效应适用该合同的准据法德国法

D. 如果甲公司提起仲裁，则认定仲裁协议是否有效应适用美国法

2023 年客观题试题参考答案及解析

一、单项选择题

1.【参考答案】 D

【解析】 A 项和 D 项考查法人及其分支机构的民事权利能力、民事行为能力、组织机构、股东权利义务的法律适用。

《涉外民事关系法律适用法》第 14 条规定："法人及其分支机构的民事权利能力、民事行为能力、组织机构、股东权利义务等事项，适用登记地法律。法人的主营业地与登记地不一致的，可以适用主营业地法律。法人的经常居所地，为其主营业地。"本题中，甲作为丙公司的股东主张自己的权利受到损害而起诉，而丙公司的登记地为开曼群岛，主营业地在中国，因此股东权利义务的争议可以适用中国法或开曼群岛法，故 A 项错误而 D 项正确。

B 项考查当事人在法律适用方面意思自治的限制。《法律适用法司法解释(一)》第 4 条规定："中华人民共和国法律没有明确规定当事人可以选择涉外民事关系适用的法律，当事人选择适用法律的，人民法院应认定该选择无效。"对于股东权利义务事项，《涉外民事关系法律适用法》第 14 条并未规定允许当事人选择适用的法律，故 B 项错误。

C 项考查诉讼时效的法律适用。《涉外民事关系法律适用法》第 7 条规定："诉讼时效，适用相关涉外民事关系应当适用的法律。"本案中相关涉外民事关系即股东权利义务事项有可能适用中国法，也有可能适用开曼群岛法，故 C 项的表述因过于绝对而错误。

2.【参考答案】 C

【解析】 A 项和 D 项考查解除涉外收养关系的法律适用。根据《涉外民事关系法律适用法》第 28 条的规定，收养关系的解除，适用收养时被收养人经常居所地法律或者法院地法律，故本案收养关系的解除适用越南法或中国法，A 项错误，D 项的

表述过于绝对，亦属错误。

B 项考查涉外动产继承的法律适用。根据《涉外民事关系法律适用法》第 31 条的规定，动产的法定继承，适用被继承人死亡时经常居所地法律，本案中应为中国法，故 B 项错误。

C 项考查涉外收养效力问题的法律适用。根据《涉外民事关系法律适用法》第 28 条的规定，收养的效力适用收养时收养人经常居所地法律，本案中应为中国法，故 C 项正确。

二、多项选择题

【参考答案】 AB

【解析】 ABD 项考查涉外仲裁协议的法律适用。《涉外民事关系法律适用法》第 18 条规定："当事人可以协议选择仲裁协议适用的法律。当事人没有选择的，适用仲裁机构所在地法律或者仲裁地法律。"本案中，当事人没有选择仲裁协议适用的法律，约定的仲裁机构所在地是巴黎，仲裁地为我国香港特别行政区，故本案的仲裁协议可以适用法国法或者我国香港特别行政区的法律，AB 项均正确，D 项关于仲裁协议适用美国法的说法缺乏法律依据，其表述错误。

C 项考查认定涉外仲裁协议效力的法律适用与合同本身的法律适用的区别。最高人民法院《关于审理仲裁司法审查案件若干问题的规定》第 13 条规定："当事人协议选择确认涉外仲裁协议效力适用的法律，应当作出明确的意思表示，仅约定合同适用的法律，不能作为确认合同中仲裁条款效力适用的法律。"因此，虽然本案中当事人约定了合同的准据法为德国法，但德国法并不能作为确认合同中仲裁条款效力适用的法律，故 C 项错误。

2022 年客观题试题

一、单项选择题

1. 中国甲公司想收购 M 国乙公司，与 M 国丙律所驻北京代表处签订代理协议，委托 M 国丙律所在当地核实乙公司信息，并依核实后的信息完成了对 M 国乙公司的收购。后甲公司发现 M 国丙律所提交的核实资料有问题，遂向中国某法院对 M 国丙律所提起诉讼，若各方当事人没有就法律适用达成协议，下列说法错误的是？（　　）

A. 甲公司和 M 国丙律所的民事关系应适用中国法

B. M 国丙律所代理甲公司核实乙公司信息的行为应适用 M 国法律

C. 中国法院应向 M 国丙律所驻北京代表处送达本案司法文书

D. 丙律所驻北京代表处是否有权利签订代理协议，适用中国法

2. 中国上海甲公司与南非公民约翰签订劳务合同，后甲公司与莫桑比克乙公司签订劳务派遣合同，将约翰从上海派遣到莫桑比克做非全日制工。后甲乙两公司因约翰的劳动合同发生纠纷诉至我国某法院，下列关于法律适用的哪项判断是正确的？（　　）

A. 因约翰工作地是莫桑比克，劳务派遣合同纠纷应当适用莫桑比克法

B. 因约翰是南非公民，劳务派遣合同纠纷应当适用南非法

C. 因中国上海是劳务派出地，劳务派遣合同纠纷可以适用中国法

D. 约翰有权委托某南非驻沪领事以领事身份担任诉讼代理人，但在诉讼中该领事不享有特权与豁免

3. 张某是我国在德国留学的一名留学生，王某是我国著名影视明星，定居在德国。张某多次跟踪王某并拍摄很多照片发布在我国某网站，王某在我国法院提起侵犯人格权的相关诉讼，根据我国法律的规定，关于本案所适用的法律，下列说法正确的是？（　　）

A. 张某和王某可以在一审法庭辩论终结前协议选择适用德国法

B. 如依德国冲突规范，该类案件应适用被侵权人的国籍国法，则本案应该适用中国法

C. 本案的诉讼时效应该适用中国法

D. 本案所适用的法律应该由法院负责查明

二、多项选择题

1. 中国甲公司和德国乙公司准备在中国设立中外合资丙公司，双方约定丙公司的合资协议适用德国法律。双方发生的纠纷可以提交北京仲裁委在新加坡仲裁，也可以向中国法院提起诉讼。后双方因合资合同发生纠纷。甲公司向我国法院起诉，乙公司则以双方存在有效仲裁协议为由认为法院不具有管辖权。根据我国相关法律，下列说法正确的有？（　　）

A. 如甲公司请求北京市某中级人民法院审查仲裁协议的效力，则该法院有管辖权

B. 由于该仲裁协议违反了我国法律关于专属

管辖的规定，所以该仲裁协议无效

C. 如中国法认为该仲裁协议无效，新加坡法认为该仲裁协议有效，法院应当适用新加坡法

D. 如相关法院认为仲裁协议有效，应逐级报核至最高人民法院，再根据最高人民法院的回复意见作出裁定

2. 德国甲公司在上海向越南乙公司出具汇票，汇票付款人为德国甲公司在上海的分支机构。越南乙公司在河内将汇票背书转让给了越南丙公司，丙公司财务将汇票丢失，被经常居所地在广州的李先生拾得。现中国某法院受理有关该汇票的纠纷，下列哪些判断是正确的？（　　）

A. 乙公司对该汇票的背书行为，应适用越南法

B. 丙公司对乙公司行使汇票追索权的期限，应适用中国法

C. 丙公司请求保全汇票权利的程序，应适用越南法

D. 李先生拾得汇票是否构成不当得利的问题，应适用越南法

2022 年客观题试题参考答案及解析

一、单项选择题

1.【参考答案】 C

【解析】 本题中，甲公司是本人，丙律所是代理人，乙公司是第三人。

A 项，甲公司和丙律所的民事关系属于代理的内部关系，首先适用当事人选择的法律，没有选择的，适用代理关系发生地法律。本题中明确表示“没有就法律适用达成协议”，所以不存在选择。那就要适用代理关系发生地，也就是委托发生地法律。本题中代理协议在北京签订，适用中国法。选项 A 正确，不应当选。

B 项，B 选项涉及的是代理的外部关系，也就是涉及第三人乙公司和本人甲公司之间的关系，适用代理行为地法律。大家注意，代理的外部关系指本人和第三人之间的关系，只不过这个关系通过代理人的行为进行。本题中明确说明由 M 国丙律所在“当地”调查乙公司，显然代理行为发生在 M 国，所以适用 M 国法律是正确的。选项 B 正确，不应当选。

C 项，根据我国法律的规定，涉外民事诉讼司法文书可以向代表机构、分支机构和业务代办人送达，其中业务代办人必须有专门授权接受送达。本题中的代表机构有权接受送达，但要注意是“可以”向其送达，而非应该。选项 C 错误，应当选。

D 项，这个选项考查的是法人及其分支机构的行为能力问题。根据我国法律的规定，法人及其分支机构的权利能力、行为能力、股东权利义务和组织结构适用登记地法律，登记地和主营业地不一致的，可以适用主营业地法律。本题中该中国分支机构的登记地在中国，也不存在登记地和主营业地不同的情形，所以适用中国法。选项 D 正确，不应当选。

综上所述，本题答案为 C。

2.【参考答案】 C

【解析】 选项 A 错误。根据我国相关法律的规定，劳动合同首先适用劳动者工作地法律，难以确定工作地的，适用用人单位主营业地法律。劳务派遣的，可以适用派出地法。本题中劳动者工作地在莫桑比克。存在劳务派遣并且派出地在中国。所以本案中的劳动合同应该适用莫桑比克法或者中国法。也就是既可以适用莫桑比克法，也可以适用中国法。A 项中“应当”适用莫桑比克法的说法是错误的。

选项 B 错误。参见 A 项解析。

选项 C 正确。参见 A 项解析。

选项 D 错误。大家注意，外国公民可以委托其本国领事或外交人员担任诉讼代理人。但有两个限制，一是以“个人身份”，二是没有特权与豁免。本题 D 项说以“领事身份”，是错误的。

综上所述，本题答案为 C。

3.【参考答案】 D

【解析】 选项 A 错误。根据我国法律的规定，侵犯人格权的，适用被侵权人经常居所地法。在本案中也就是应当适用德国法。该条规则并没有允许当事人选择所适用的法律，所以 A 项错误。大家注意，当事人选择法律的前提一定是法律规则允许选择，如果没有说可以选，那就是不能选。

选项 B 错误。B 项的考点在于反致，我国立法中不承认反致，也就是不能再依据德国的冲突规范适用外国法了。简单来说，不承认反致的结果就是只能根据我国冲突规范指向外国的实体法，不能再反回来。

选项 C 错误。诉讼时效本身没有自己的规则，跟着基础法律关系走，适用基础法律关系所适用的法律。本案中基础法律关系适用德国法，所以本案的诉讼时效也应该适用德国法。

选项 D 正确。当事人选择适用外国法的，由当事人负责查明。当事人没有选择，依据我国冲突规范应当适用外国法的，由法院、仲裁机构、行政机关负责查明，具体谁受案，谁查明。本案中不允许当事人选择法律，根据我国冲突规范应当适用德国法，且诉至法院。所以应该由法院负责查明所适用的法律。

综上所述，本题答案为 D。

二、多项选择题

1.【参考答案】 AC

【解析】 选项 A 正确。根据我国法律的规定，仲裁机构和法院都有权审查仲裁协议的效力。由法院确认仲裁协议效力的，仲裁的申请人、被申请人住所地、仲裁机构所在地和仲裁协议签订地的中级人民法院有权具体管辖。北京市某中级人民法院作为约定的仲裁机构所在地中级人民法院，有权管辖仲裁协议效力案件。

选项 B 错误。专属管辖是针对法院的专属，也就是说如果通过诉讼方式，由法院裁判解决争端，那就必须遵守专属管辖的规定，只能由专属法院管辖。但是本案可以通过选择仲裁的方式排除诉讼，不由法院解决争端，当然也就没有专属管辖制度了。所以说，专属管辖并不影响仲裁协议的效力。

选项 C 正确。仲裁协议首先适用双方当事人选择的法律，并且这种选择必须专门明示。本案中双方选择的是“合资协议”适用德国法，没有达到专门的要求，不能认定对仲裁协议所适用的法律作出了选择。当事人没有选择法律的，适用仲裁机构所在地或者仲裁地法律。这两个地方的法律对仲裁协议效力作出不同认定的，适用认定仲裁协议有效的法律。本选项中仲裁机构所在地在北京市，仲裁地在新加坡，并且中国法认为仲裁协议无效，新加坡法认为仲裁协议有效，所以应当适用新加坡法。注意，仲裁机构所在地和仲裁地可以不是一个地方，当事人有权在仲裁机构所在地之外选择仲裁地。

选项 D 错误。根据相关法律的规定，法院对涉外仲裁作出“否定性”评价的，需要逐级报核最高人民法院。大家一定注意，“否定性”评价才需要逐级报核。肯定性评价是不需要报核的。否定性评价包括：协议无效、不予认可或执行、撤销裁决等。本案中的裁决显然不属于需要报核的对象。

综上所述，本题答案为 AC。

2.【参考答案】 AB

【解析】 选项 A 正确。根据我国相关法律的规定，背书、担保等票据行为适用行为地法律。本题中的背书行为发生在“河内”，适用越南法律。

选项 B 正确。根据我国法律的规定，票据追索权的期限适用出票地法律，本题中在上海市出具汇票，适用中国法。

选项 C 错误。根据我国法律的相关规定，票据丢失的权利保全程序，适用付款地法。本题中由德国甲公司在上海市的分支机构付款，付款地在上海市，适用中国法。

选项 D 错误。根据我国法律的相关规定，不当得利首先适用双方当事人选择的法律。没有选择的，适用共同经常居所地法；既没有选择也没有共同经常居所地的，适用发生地法。D 项忽视了当事人的选择，是错误的。

综上所述，本题答案为 AB。

2021 年客观题试题

一、单项选择题

1. 经常居所地同在广州的越南公民阮某和莱索托公民祁某去中国西北无人区探险时失踪。数年后两人亲属在广州某法院申请宣告死亡。关于本案的法律适用，下列选项正确的是哪项？（　　）

A. 都适用中国法

B. 若莱索托国法律无法查明，则应适用中国法确定能否对祁某宣告死亡

C. 应分别适用越南法和莱索托法

D. 同时适用中国法和各自的国籍国法

2. 中国甲公司与英国乙公司签订了商事合同，约定合同适用英国法。现甲乙两公司因合同履行发生纠纷诉至中国某人民法院，根据我国法律和相关司法解释规定，下列说法正确的是哪项？（　　）

A. 若双方在一审法庭辩论时将合同适用的法律变更为苏格兰法，应准许

B. 若英国存在多个法域，该合同纠纷应适用伦敦所在的英格兰法

C. 若双方在一审法庭辩论时约定该纠纷的诉讼时效适用中国法，应从其约定

D. 该纠纷的诉讼时效应适用中国《民法典》

3. 荷兰甲公司将一批货物卖给中国乙公司，买卖合同订立时，该批货物载于由荷兰鹿特丹开往大连的韩国籍“靖远”号远洋货船上。乙公司就该批货物的所有权纠纷诉至中国某法院，下列关于法律适用的判断正确的是哪项？（　　）

A. 应适用中国法或荷兰法

B. 若双方约定适用瑞士法，应从其约定

C. 若双方没有约定，应适用韩国法

D. 可以在中国法或者荷兰法中择一适用

4. 甲公司在德国汉堡登记注册，主营业地在波兰华沙，在新加坡有一家分公司。新加坡分公司与中国乙公司签订授权在中国独家经销的合同。甲公司得知后诉至中国某法院，主张其新加坡分公司和中国乙公司签订的合同无效。关于本案，下列哪项判断是正确的？（　　）

A. 甲公司的经常居所地是波兰华沙

B. 甲公司是波兰籍公司

C. 若新加坡分公司和中国乙公司的合同未选择法律，该合同应适用新加坡法

D. 若新加坡分公司和中国乙公司的合同未选择法律，该合同应适用波兰法

5. 经常居所地在巴黎的法国人玛丽在广州工作，2020 年圣诞节玛丽回国后，其饲养的宠物猫从阳台跃入邻居李某家，被李某收留和饲养。玛丽回广州后，李某还猫并要求支付饲养费用，玛丽拒绝。李某向中国某法院起诉，下列关于法律适用的判断正确的是哪项？（　　）

A. 若李某和玛丽未选择法律，法院应在中国法和法国法中择一适用

B. 若李某和玛丽协议选择德国法，法院应支持

C. 应适用中国法

D. 李某和玛丽只能在中国法和法国法中选择其中之一适用

6. 埃及人甲与印度人乙的经常居所和主要财产都在上海，现二人在上海某人民法院起诉离婚并要求分割夫妻共同财产。根据中国相关法律规定，下列选项中正确的是哪项？（　　）

A. 甲乙之子在上海出生，其子出生时不具有中国国籍

B. 只要该诉讼尚未了结，甲乙二人就不得离境

C. 诉讼离婚及夫妻财产分割事项均应适用中国法

D. 甲乙可就夫妻财产分割事项协议选择新加坡法

二、多项选择题

1. 在甲乙两公司的涉外诉讼中，我国法院根据冲突规范认为应适用 Y 国法律，但对于具体规则不了解。甲公司申请法学专家段教授向法院提供 Y 国法律相关内容，乙公司对段教授的中立性保持质疑。根据我国相关法律规定，下列说法中正确的有哪些？（　　）

A. 甲公司应证明段教授的中立性

B. 段教授可书面提供 Y 国法律的报告，无须出庭

C. 法院可依职权另行委托其他专家查明 Y 国法

D. 段教授出庭所作陈述，可被视为甲公司的举证行为，具有证明力

2. 日本甲公司与中国乙公司将商事合同纠纷提交中国国际经济贸易仲裁委员会仲裁。根据我国法律和司法实践，下列哪些选项是正确的？（　　）

A. 两公司可约定仲裁地在新加坡

B. 如两公司未约定仲裁协议适用的法律，则应适用合同纠纷应适用的法律

C. 两公司可约定合同和仲裁协议分别适用瑞士法和中国法

D. 如仲裁庭在日本仲裁，应适用日本冲突规范确定应适用的实体法

3. 中国人张某在韩国首尔出差时在金达公司购买了一盒"野生高丽参"，回国后经鉴定该高丽参系人工养殖，遂引发纠纷。经查，金达公司在中国既无住所，也未从事过相关经营活动，但在大连有可供扣押的房产。根据我国相关的法律规定，下列说法正确的有哪些？（　　）

A. 本纠纷应在韩国法和中国法中适用对张某有利的法律

B. 如张某在大连起诉，我国法院有管辖权

C. 本纠纷应适用韩国法

D. 如张某在大连起诉，我国法院能否管辖取决于金达公司的意思表示

2021 年客观题试题参考答案及解析

一、单项选择题

1.【参考答案】 A

【解析】 "自然人用经常居所地法"，自然人宣告失踪、宣告死亡等均适用其经常居所地法。阮某和祁某经常居所地均在广州，故宣告死亡均应适用中国法，A 项正确、BCD 项错误。

2.【参考答案】 A

【解析】 商事合同纠纷在法律适用上允许意思自治优先，且意思自治的最晚时间为一审法庭辩论终结前，在此之前达成或变更意思自治均为有

效，A 项正确。

若应适用法律的目标国家存在区际法律冲突，应适用与民事关系有最密切联系区域的法律，B 项错误。

“时效基础法一致”，时效的准据法与时效所属的基础法律关系适用同一国家的法律，CD 项错误。

3.【参考答案】 B

【解析】 运输中动产物权的法律适用，首先尊重当事人意思自治优先，若没有意思自治，则应适用目的地的中国法。故 B 项正确，ACD 项错误。

4.【参考答案】 A

【解析】 法人的国籍对应注册登记地，住所对应主要办事机构所在地，经常居所地对应主营业地，故甲公司为德国籍公司，经常居所地在波兰华沙，A 项正确、B 项错误。

合同纠纷在法律适用上首先尊重意思自治优先，没有意思自治应适用最密切联系原则确定准据法。新加坡分公司和中国乙公司的合同内容是授权在中国独家经销，合同最密切联系地为中国，若合同没有选择法律应适用中国法，CD 项均错误。

5.【参考答案】 B

【解析】 无因管理的法律适用顺序是：协议优先，没有协议的适用无因管理之债发生地的法律。本题中当事人协议选择了德国法，故 B 项正确，ACD 项错误。

6.【参考答案】 A

【解析】 因出生在中国取得中国国籍的条件是父母均为无国籍或国籍不明且定居在中国，甲乙两人都有国籍，故其子不能因出生在中国取得中国国籍，A 项正确。

外国人在中国涉及民事诉讼，只有人民法院决定不准出境的，边检机关才能限制其出境，B 项错误。

诉讼离婚适用法院地的中国法，但夫妻财产关系允许有限制的意思自治优先，C 项错误。

夫妻财产关系允许意思自治优先，但意思自治必须与一方当事人的国籍、经常居所地或主要财产所在地有关，D 项错误。

二、多项选择题

1.【参考答案】 BC

【解析】 本题题干表述“法院根据冲突规范认为应适用 Y 国法律”说明本案应适用的 Y 国法并非当事人意思自治导致适用，故查明义务在法院。法院可以通过当事人获得 Y 国法，但这不是当事人的义务而是权利。甲公司通过法律专家获得 Y 国法并向法院提交后，无须对外国法的正确性、专家的中立性等承担法律义务，A 项错误。

提供外国法的专家并非案件的证人，其没有出庭的义务，提供的是法律也非证据，B 项正确，D 项错误。

若一方当事人对查明的外国法表示异议，法院承担审查认定确保无误的义务，当然也有权通过其他专家查明 Y 国法以印证段教授提供的法律是否正确，C 项正确。

2.【参考答案】 ACD

【解析】 涉外仲裁充分尊重当事人的意思自治，仲裁规则、仲裁地、仲裁协议的法律适用等均可由当事双方选择，AC 项正确。

最高人民法院《关于审理仲裁司法审查案件若干问题的规定》第 13 条规定：“当事人协议选择确认涉外仲裁协议效力适用的法律，应当作出明确的意思表示，仅约定合同适用的法律，不能作为确认合同中仲裁条款效力适用的法律。”B 项错误。

如仲裁庭在日本仲裁，说明仲裁地在日本，故仲裁庭应适用日本冲突规范确定准据法，D 项正确。

3.【参考答案】 BC

【解析】 根据《涉外民事关系法律适用法》关于消费者合同法律适用的规定，消费者张某有选择法律的权利，但只有选择商品提供地的韩国法才有效。若张某没有选择法律，由于金达公司在张某经常居所地中国没有相关经营活动，也只能适用商品提供地的韩国法。故无论张某是否选择法律，本案消费者合同纠纷均只能适用韩国法，A 项错误、C 项正确。

根据《民事诉讼法》第 276 条的规定，涉外民事纠纷，对在中国没有住所的被告提起除身份关系以外的诉讼，适用“沾边就管”原则。本案属于消费者合同纠纷，被告金达公司在中国没有住所，但在中国大连有可供扣押的房产，故大连法院有权管辖此合同纠纷，B 项正确、D 项错误。

2020 年客观题试题

一、单项选择题

1. 经常居所地在新加坡的日本人甲来中国旅游，发现长沙某公司微信公众号用其肖像，随即向长沙某法院起诉，请问该案审理应适用以下哪国法律？（ ）

A. 微信公众号是中国产品，应适用中国法

B. 甲经常居所地在新加坡,应适用新加坡法

C. 甲是日本人,应适用日本法

D. 甲可以与某公司协商适用中国法

2. 甲国马戏团带着动物明星欢欢来中国演出,因管理人员看管不力,欢欢逃脱,被中国公民王某捕获,王某将欢欢卖给甲国公民琳达。现甲国马戏团在中国某法院起诉,要求琳达归还欢欢。根据我国《涉外民事关系法律适用法》规定,我国法院应如何认定本案动产物权的法律适用?(　　)

A. 若当事双方协议选择乙国法,法院应适用乙国法

B. 应当适用双方共同国籍国的甲国法

C. 应当适用中国法或甲国法

D. 因为欢欢逃脱和买卖的行为都发生在中国,故应适用中国法

3. 德国英海公司与韩国致远公司协议将合同纠纷提交中国国际商事法庭管辖。依中国法律规定及司法实践,下列哪一选项是正确的?(　　)

A. 因为国际商事法庭是最高人民法院的内设机构,所以不能由当事人协议管辖

B. 国际商事法庭应当先委托商事专家委员会调解

C. 如果案件与中国无密切实际联系,则中国法院无管辖权

D. 为使判决书无异议,合议庭少数意见不应写入笔录

二、多项选择题

张某有甲、乙两个国籍,定居上海,和中国公民王某在上海发生侵权纠纷,张某向中国法院起诉。下列哪些说法是错误的?(　　)

A. 因为中国不承认双重国籍,为了方便审理,张某需放弃一个国籍

B. 法院审理只能适用中国法

C. 两人协商适用甲国法,法院应予同意

D. 两个人如果对甲国法的内容有争议,法院可视为甲国法无法查明

2020 年客观题试题参考答案及解析

一、单项选择题

1.【参考答案】　B

【解析】　我国《涉外民事关系法律适用法》第15条规定:“人格权的内容,适用权利人经常居所地法律。”本题中肖像权属于人格权,权利人甲的经常居所地在新加坡,应适用新加坡法,B项说法正确,其他选项说法错误。

2.【参考答案】　A

【解析】　本题考点为动产物权的法律适用。《涉外民事关系法律适用法》第37条规定:“当事人可以协议选择动产物权适用的法律。当事人没有选择的,适用法律事实发生时动产所在地法律。”本题中的争议应识别为动产物权纠纷,当事双方可以协议选择动产物权争议的法律适用。如果双方没有选择,则适用琳达购得欢欢的所在地法中国法。因此,只有A选项的表述正确,B、C、D选项的表述均过于绝对。

3.【参考答案】　C

【解析】　为依法公正及时审理国际商事案件,平等保护中外当事人合法权益,营造稳定、公平、透明、便捷的法治化国际营商环境,服务和保障“一带一路”建设,我国最高人民法院设立国际商事法庭,国际商事法庭是最高人民法院的常设审判机构。

AC项考查协议管辖。《最高人民法院关于设立国际商事法庭若干问题的规定》第2条规定:“国际商事法庭受理下列案件:(一)当事人依照民事诉讼法第二百七十七条的规定协议选择最高人民法院管辖且标的额为人民币3亿元以上的第一审国际商事案件;(二)高级人民法院对其所管辖的第一审国际商事案件,认为需要由最高人民法院审理并获准许的;(三)在全国有重大影响的第一审国际商事案件;(四)依照本规定第十四条申请仲裁保全、申请撤销或者执行国际商事仲裁裁决的;(五)最高人民法院认为应当由国际商事法庭审理的其他国际商事案件。”因此国际商事法庭可以由当事人协议管辖,A项说法错误。

B项考查国际商事专家委员会。最高人民法院组建国际商事专家委员会,并选定符合条件的国际商事调解机构、国际商事仲裁机构与国际商事法庭共同构建调解、仲裁、诉讼有机衔接的纠纷解决平台,形成“一站式”国际商事纠纷解决机制。最高人民法院《关于设立国际商事法庭若干问题的规定》第12条规定:“国际商事法庭在受理案件后七日内,经当事人同意,可以委托国际商事专家委员会成员或者国际商事调解机构调解。”商事专家委员会调解是可以选择的,而不是必经程序,B项说法错误。

而我国《民事诉讼法》第35条规定:“合同或者

其他财产权益纠纷的当事人可以书面协议选择被告住所地、合同履行地、合同签订地、原告住所地、标的物所在地等与争议有实际联系的地点的人民法院管辖,但不得违反本法对级别管辖和专属管辖的规定。”由以上规定可见,如果案件与中国无密切实际联系,中国法院无管辖权,C 项说法正确。

D 项考查合议庭。《关于设立国际商事法庭若干问题的规定》第 5 条规定:“国际商事法庭审理案件,由三名或者三名以上法官组成合议庭。合议庭评议案件,实行少数服从多数的原则。少数意见可以在裁判文书中载明。”因此,合议庭少数意见可写入裁判文书,D 项说法错误。

二、多项选择题

【参考答案】 ABD

【解析】 我国《涉外民事关系法律适用法》第 19 条规定:“依照本法适用国籍国法律,自然人具有两个以上国籍的,适用有经常居所的国籍国法律;在所有国籍国均无经常居所的,适用与其有最密切联系的国籍国法律。自然人无国籍或者国籍不明的,适用其经常居所地法律。”因此,对于自然人有两个以上国籍的,适用私法冲突规范解决,不涉及公法意义上的国籍放弃问题。A 项说法错误,当选。

我国《涉外民事关系法律适用法》第 44 条规定:“侵权责任,适用侵权行为地法律,但当事人有共同经常居所地的,适用共同经常居所地法律。侵权行为发生后,当事人协议选择适用法律的,按照其协议。”本题中,张某和中国公民王某在上海发生侵权纠纷,侵权行为地是中国,但是如果两人协商适用甲国法,可以按照其协议选择,C 项说法正确,不当选。法院并非仅能适用中国法,B 项说法错误,当选。

《涉外民事关系法律适用法解释(一)》第 16 条规定:“人民法院应当听取各方当事人对应当适用的外国法律的内容及其理解与适用的意见,当事人对该外国法律的内容及其理解与适用均无异议的,人民法院可以予以确认;当事人有异议的,由人民法院审查认定。”两个人如果对甲国法的内容有争议,由法院审查认定,而不是直接判定为无法查明,D 项说法错误,当选。

2019 年客观题试题

一、单项选择题

1. 墨西哥人甲某在我国法院涉诉,根据我国法律的规定该纠纷应该适用墨西哥法律,但根据墨西哥法律的规定则应该适用我国法律。根据我国《涉外民事关系法律适用法》的规定,下列说法正确的是?(　　)

A. 本案应适用墨西哥的实体法

B. 本案应依最密切联系原则选择实体法

C. 本案应适用我国实体法

D. 因中国法律和墨西哥法律规定冲突,法院应当驳回起诉

2. 法国人皮耶尔与主营业地在深圳的公司签订劳动合同,并根据劳动合同被派往尼日利亚分公司工作。随后,因皮耶尔被深圳公司开除而诉至深圳某法院。关于本案,法院应适用哪个国家的法律?(　　)

A. 适用法国法、中国法或尼日利亚法中有利于皮耶尔的法律

B. 适用法国法,因为皮耶尔是法国人

C. 适用中国法,因为深圳公司的主营业地在中国

D. 适用尼日利亚法,因为皮耶尔的工作地在尼日利亚

3. 挪威甲公司开发了一款计算机软件并根据我国法律享有相关权利。中国乙公司未经许可擅自使用了甲公司开发的软件。挪威甲公司向我国法院提起侵权之诉并明确表示不同意适用中国法。根据我国法律的规定,下列哪一说法是正确的?(　　)

A. 适用挪威法,因为甲公司作为原告不同意适用中国法

B. 适用中国法,因为法院地在中国

C. 适用挪威法,因为软件开发地在挪威

D. 适用中国法,因为中国为被请求保护地

二、多项选择题

日本甲公司与中国乙公司签订合同,授权中国乙公司在中国境内销售的手机上安装甲公司拥有专利权的某款应用软件,双方约定该协议适用日本法。乙公司随后在销往越南的手机上也安装了该款应用软件。甲公司发现上述情况后在我国法院起诉乙公司违约并侵犯了其在越南获得的专利,下

列说法正确的有？(　　)

A. 如乙公司的主营业地在中国，则违约和侵权纠纷都应该适用中国法

B. 违约纠纷应适用日本法

C. 双方可以在开庭前选择适用中国法

D. 侵权纠纷应适用日本法

2019年客观题试题参考答案及解析

一、单项选择题

1.【参考答案】 A

【解析】 选项A正确。我国《涉外民事关系法律适用法》第9条规定："涉外民事关系适用的外国法律，不包括该国的法律适用法。"可以理解为根据我国冲突规范所指向的外国法律只包括外国的实体法，我国是不承认反致的。所以A项的说法正确。选项B、C、D均错误。

综上所述，本题答案为A。

2.【参考答案】 D

【解析】 选项A错误。我国《涉外民事关系法律适用法》第43条规定："劳动合同，适用劳动者工作地法律；难以确定劳动者工作地的，适用用人单位主营业地法律。劳务派遣，可以适用劳务派出地法律。"本案中劳动者工作地在尼日利亚，且不存在劳务派遣，所以应该适用尼日利亚法律。A、B、C项的表述错误。

综上所述，本题答案为D。

3.【参考答案】 D

【解析】 选项A、B、C错误。根据我国《涉外民事关系法律适用法》的规定，知识产权的侵权责任，适用被请求保护地法律，当事人也可以在侵权行为发生后协议选择适用法院地法律。甲公司不同意适用中国法只代表双方当事人没有就选择问题达成一致意见。根据规定，在没有选择的情况下应该适用被请求保护地法(权利赋予地法)，即中国法。选项D正确。

综上所述，本题答案为D。

二、多项选择题

【参考答案】 BC

【解析】 选项A错误。根据《涉外民事关系法律适用法》的规定，当事人可以协议选择知识产权转让和许可使用适用的法律。当事人没有选择的，适用本法对合同的有关规定。知识产权的侵权责任，适用被请求保护地法律，当事人也可以在侵权行为发生后协议选择适用法院地法律。知识产权的合同和侵权责任与主营业地没有关系。A项是干扰项。

选项B正确。如A项解析所述，转让和许可合同允许当事人选择所适用的法律。再结合法律选择的规则：当事人可以选择与案件没有实质联系的法律。所以B项正确。

选项C正确。根据我国法律的规定，当事人可以在一审辩论终结前选择或变更所选择的法律。所以C项的表述正确。

选项D错误。如A项解释所述，知识产权侵权在没有选择的情况下应该适用被请求保护地法，即权利授予地法。题目中明确表述"其在越南获得的专利"，所以应该适用越南的法律，适用日本法的表述错误。

综上所述，本题答案为BC。

国际经济法

2023年客观题试题

一、单项选择题

1. 中国的前锋公司与甲国的科德公司签订了出售一批精密仪器(该种精密仪器属于中国出口管制清单内的物项)的合同,约定采用《国际贸易术语解释通则2020》的CIP术语,分两批发货。第一批货物交付后,前锋公司发现科德公司在其他交易中出现了资金链断裂的情况,遂在通知对方后中止了第二批货物的交付。中国和甲国均为《联合国国际货物销售合同公约》的缔约国。下列说法中正确的是?(　　)

A. 如科德公司提供充分保证,则前锋公司应继续履行第二批货物的交付义务

B. 因双方约定承运人装货后向前锋公司签发已装船提单,故前锋公司应在装运港完成交货

C. 前锋公司已为精密仪器申请了出口许可,科德公司收到货物后,可以自行决定转卖给第三国的企业而不受约束

D. 因双方采用的是CIP术语,故前锋公司应为所销售的货物投保平安险

2. 甲、乙两国的某产品在中国存在倾销行为,国内产业向中国商务部提出调查申请后,商务部公告宣布启动反倾销调查,甲、乙两国的该产品在中国国内市场的占有率为3%,商务部在作出初步裁定后向甲、乙两国的出口经营者提出价格承诺的建议。下列说法中正确的是?(　　)

A. 对于中国商务部提出的价格承诺的建议,如果甲、乙两国的出口经营者拒绝接受,则应接受不利的调查后果

B. 由于甲、乙两国的被调查产品在中国产业市场的占有率超过2%,因此,中国商务部应在调查时对被调查产品对国内产业造成的影响实施累积评估

C. 如果中国商务部经过调查后作出的终局裁定的反倾销税率高于初步裁定的税率,进口经营者应补缴差额

D. 如果中国商务部经过调查后作出的终局裁定的反倾销税率高于初步裁定的税率,进口经营者无须补缴差额

3. 2012年,甲国政府与中国基建公司签订特许权协议,引进该基建公司在甲国进行某项基建项目投资,预期2015年建成完工。中国乙银行就该项目的完工向甲国的工程发包方丙公司出具了独立保函。在项目实施过程中,甲国政府违反招商引资时所作的承诺,拒绝给予中国基建公司相关的政策支持和待遇,致使该项目直至2016年仍然无法顺利竣工。中国基建公司在甲国国内起诉,但该国法院拒绝受理。下列说法中正确的是?(　　)

A. ICSID受理投资者与东道国政府之间的争端,必须以投资者在东道国用尽当地救济为前提

B. 如果丙公司出具相关单据要求作为独立保函开立人的中国乙银行承担付款责任,则中国乙银行有权要求以丙公司证明中国基建公司存在违约行为作为支付的前提

C. 只有在投资者与东道国在争议发生后达成书面协议约定将争议提交ICSID仲裁的情况下,ICSID才对该案有管辖权

D. ICSID作出的裁决是终局的,具有法律拘束力,争端双方均不能提起上诉

二、多项选择题

甲公司和乙公司签订了销售一批货物的买卖合同,合同约定采用《国际贸易术语解释通则2020》中的CIF术语,甲公司与丙公司签订了运输合同(适用《海牙规则》),并为该批货物投保。货物装船后,由于丙公司船长的过失,该船与第三国的丁公司船舶碰撞并产生货损。下列选项正确的是?(　　)

A. 如果没有另行约定,则卖方有义务为该批货物投保平安险

B. 对于碰撞所导致的货损,乙公司有权向保险公司索赔

C. 货损是丙公司船长的过失导致的碰撞引起的,故应由承运人丙公司承担

D. 对于碰撞所导致的货损,应由乙公司自行承担

三、不定项选择题

中国甲公司和法国乙公司签订货物买卖合同,约定甲公司从乙公司购买一批农产品,并选择了

《国际贸易术语解释通则 2020》中的 CIF 术语，采用信用证的方式付款。法国乙公司投保了平安险，并签订运输合同将货物交由丙公司承运。乙公司在发货后向银行提交的相关单据中，有两项单据之间在表面上不完全一致，但并不导致相互之间产生歧义，开证行接受了单据并予以支付。货物在运输途中遭遇严重的自然灾害而推定全损。下列说法中正确的是？（　　）

A. 如果甲公司向保险公司提出委付，保险公司可以接受委付，也可以不接受委付

B. 本案中如果买卖双方选择了《国际贸易术语解释通则 2020》中的 FCA 术语，则乙公司无义务为所销售的货物投保

C. 在乙公司提交的单据中，虽然有两项单据之间在表面上不完全一致，但如果并不导致相互之间产生歧义，则不构成不符点

D. 由于该批货物已经推定全损，中国甲公司有权拒绝支付货款

2023 年客观题试题参考答案及解析

一、单项选择题

1.【参考答案】 A

【解析】 A 项考查《联合国国际货物销售合同公约》关于预期违约的规定。《联合国国际货物销售合同公约》第 71 条规定："（1）如果订立合同后，另一方当事人由于下列原因显然将不履行其大部分重要义务，一方当事人可以中止履行义务：（a）他履行义务的能力或他的信用有严重缺陷；或（b）他在准备履行合同或履行合同中的行为。（2）如果卖方在上一款所述的理由明显化以前已将货物发运，他可以阻止将货物交给买方，即使买方持有其有权获得货物的单据。本款规定只与买方和卖方间对货物的权利有关。（3）中止履行义务的一方当事人不论是在货物发运前还是发运后，都必须立即通知另一方当事人，如经另一方当事人对履行义务提供充分保证，则他必须继续履行义务。"本案中，科德公司在其他交易中出现资金链断裂的情况构成预期违约，因此，前锋公司有权在通知科德公司后中止交付第二批货物，但如果科德公司提供充分保证，则前锋公司应继续履行第二批货物的交付义务，故 A 项正确。

B 项考查《国际贸易术语解释通则 2020》CIP 术语项下卖方履行交货义务的地点。由于双方选择的是 CIP 术语，风险应在货交第一承运人时转移（货交第一承运人时完成交货），故 B 项错误。

C 项考查我国《出口管制法》中关于限制最终用户转卖管制物项的规定。本案中，双方交易的精密仪器属于中国对外出口的管制物项，我国《出口管制法》第 16 条第 1 款规定："管制物项的最终用户应当承诺，未经国家出口管制管理部门允许，不得擅自改变相关管制物项的最终用途或者向任何第三方转让。"故 C 项错误。

D 项考查《国际贸易术语解释通则 2020》CIP 术语项下卖方投保义务的规定。根据《国际贸易术语解释通则 2020》的规定，当事人如果未另行约定，则 CIP 术语之下默认卖方投保一切险，故 D 项表述错误。

2.【参考答案】 D

【解析】 A 项考查我国《反倾销条例》关于价格承诺的规定。根据《反倾销条例》第 31 条的规定，中国商务部可以向出口经营者提出价格承诺的建议，但不得强迫出口经营者作出价格承诺。第 32 条规定，"出口经营者不作出价格承诺或者不接受价格承诺的建议的，不妨碍对反倾销案件的调查和确定。出口经营者继续倾销进口产品的，商务部有权确定损害威胁更有可能出现"。因此，如果出口经营者未继续倾销进口产品，则仅以出口经营者拒绝接受价格承诺作为接受不利的调查后果的理由是不充分的，A 项错误。

B 项考查我国《反倾销条例》关于进行反倾销调查时对被调查产品进行累积评估的规定。《反倾销条例》第 9 条规定："倾销进口产品来自两个以上国家（地区），并且同时满足下列条件的，可以就倾销进口产品对国内产业造成的影响进行累积评估：（一）来自每一国家（地区）的倾销进口产品的倾销幅度不小于 2%，并且其进口量不属于可忽略不计的；（二）根据倾销进口产品之间以及倾销进口产品与国内同类产品之间的竞争条件，进行累积评估是适当的。可忽略不计，是指来自一个国家（地区）的倾销进口产品的数量占同类产品总进口量的比例低于 3%；但是，低于 3% 的若干国家（地区）的总进口量超过同类产品总进口量 7% 的除外。"应同时满足前述规定的条件才可以实施累积评估，B 项仅以被调查产品在中国产业市场的占有率超过 2% 作为实施累积评估的条件，是错误的。

C 项和 D 项考查我国《反倾销条例》追溯征收反倾销税时应遵循的规则——"多退少不补"规则。

《反倾销条例》第43条第3款规定："终裁决定确定的反倾销税,高于已付或者应付的临时反倾销税或者为担保目的而估计的金额的,差额部分不予收取;低于已付或者应付的临时反倾销税或者为担保目的而估计的金额的,差额部分应当根据具体情况予以退还或者重新计算税额。"因此,C项错误,D项正确。

3.【参考答案】 D

【解析】 A项考查《关于解决国家和他国国民之间投资争端公约》关于用尽当地救济的规定。根据公约,东道国有权要求将用尽当地救济作为提交ICSID仲裁的前提条件,但也可以不作此要求,故A项错误。

B项考查独立保函的独立性原则。根据最高人民法院《关于审理独立保函纠纷案件若干问题的规定》第6条的规定,除存在独立保函欺诈情形外,开立人以基础交易关系或独立保函申请关系对付款义务提出抗辩的,人民法院不予支持,故B项错误。

C项和D项考查ICSID行使仲裁管辖权的前提条件及裁决拘束力的规定。根据《关于解决国家和他国国民之间投资争端公约》,投资者与东道国政府在争端发生前或者发生后,均可达成将争端提交ICSID仲裁的书面协议,ICSID作出的仲裁是终局的,对双方均有拘束力,故C项错误,D项正确。

二、多项选择题

【参考答案】 AB

【解析】 A项考查《国际贸易术语解释通则2020》CIF术语项下卖方投保的义务。根据《国际贸易术语解释通则2020》的规定,CIF术语项下卖方有义务为该批货物投保平安险,故A项正确。

B项考查平安险之下保险人的承保范围。碰撞所导致的货损属于意外事故,属于平安险之下保险人的承保范围,乙公司就该损失可以向保险公司索赔,故B项正确。

C项和D项考查《海牙规则》关于承运人对航行过失引起的货损免责的规定。根据《海牙规则》的规定,承运人对航行过失造成的损失免责,故C项错误。乙公司作为买方可以就碰撞产生的货损向保险公司索赔,故D项错误。

三、不定项选择题

【参考答案】 ABC

【解析】 A项考查我国《海商法》关于委付的规定。我国《海商法》第249条规定："保险标的发生推定全损,被保险人要求保险人按照全部损失赔偿的,应当向保险人委付保险标的。保险人可以接受委付,也可以不接受委付,但是应当在合理的时间内将接受委付或者不接受委付的决定通知被保险人。委付不得附带任何条件。委付一经保险人接受,不得撤回。"因此,A项的表述正确。

B项考查《国际贸易术语解释通则2020》FCA术语项下卖方的义务。根据《国际贸易术语解释通则2020》的规定,FCA术语项下卖方无投保的义务,故B项正确。

C项考查信用证项下银行审单时对不符点进行认定的标准。根据最高人民法院《关于审理信用证纠纷案件若干问题的规定》第6条第2款的规定,信用证项下单据与信用证条款之间、单据与单据之间在表面上不完全一致,但并不导致相互之间产生歧义的,不应认定为不符点,故C项正确。

D项考查《国际贸易术语解释通则2020》CIF术语项下货物风险的转移。根据《国际贸易术语解释通则2020》的规定,CIF术语项下货物在装运港完成装船时风险发生转移,因此,即使货物在运输途中遭遇风险导致推定全损,买受人也仍有义务支付货款,故D项错误。

2022年客观题试题

一、单项选择题

1. 中国甲公司和美国乙公司签订绿色农产品进口合同,约定适用CIF 2020并通过信用证方式付款。信用证由丙银行开立并由丁银行通知和保兑。"众合"号货轮承运了该批货物并开立了载明"凭指示"字样的提单。货物运到中国后恰逢关税调整,甲公司最终额外支付了25%的关税后提取了该批货物。根据UCP 600和相关规则,下列说法正确的是?(　　)

A. 该提单通过交付即可转让

B. 如银行发现不符点,可以自行联系开证申请人以确定其是否接受不符点

C. 如果丙银行破产,丁银行可免除保兑义务

D. 甲公司可以就其多交付的关税向乙公司要求赔偿

2. A国甲公司与乙国政府签订书面投资协议,协议中明确规定双方直接因投资引发的争端提交国际投资争端解决中心(ICSID)解决。协议签订后乙国政府以国内经济环境发生变化为理由拒绝履行协议。经查明,A国和乙国都是《关于解决国家

与其他国家国民之间投资争端公约》缔约国，下列说法正确的是？（ ）

A. A国可以对乙国政府不履行投资协议的行为行使外交保护

B. 如乙国没有特别要求，本案中双方将争端提交ICSID解决不需要以用尽当地救济为条件

C. ICSID可因东道国对相关争端没有法律规定或者规定不明暂不作出裁定

D. 对ICSID裁决不服的，可以向国际法院上诉

3. 中国甲公司与A国乙公司买卖货物，约定采用CFR 2020，该货物系军民两用货物，并被列入出口管制清单。签订合同后，甲公司将货物放在仓库B231，中国与A国都是《联合国国际货物销售合同公约》缔约国，下列说法正确的是？（ ）

A. 该批货物在B231仓库进行交货

B. 乙公司可以自行将该批货物转让给第三方

C. 乙公司有义务为该批货物购买平安险

D. 对于该批货物的出口，甲公司应该申请许可

4. 相关中国企业向商务部申请发起反补贴调查，要求对来自甲乙丙三国的相关产品进行反补贴调查。商务部调查后决定征收反补贴税，并进行追溯征收。根据我国相关法律的规定，下列说法错误的是？（ ）

A. 如支持调查者的产量占国内同类产品总产量不足25%的，不得启动调查

B. 因产品来自甲乙丙三国不同的国家，可以对相关产品对我国造成的影响进行累进评估

C. 对我国商务部作出的决定不服的，甲乙丙三国的出口经营者可对商务部提起行政诉讼

D. 我国法院可以违反行政程序为由撤销商务部作出的追溯征收反补贴税的决定

二、多项选择题

我国国内相关产业认为甲乙两国进口到中国的产品构成倾销，遂申请商务部对其进行反倾销调查。商务部经过调查后最终认定倾销成立并决定征收反倾销税。中国和甲乙两国均是世界贸易组织成员。下列说法正确的有？（ ）

A. 商务部可以对两国的进口产品分别进行调查和评估

B. 应该按照同一标准对甲乙两国的出口经营者征收反倾销税

C. 相关主体对商务部的决定不服的，可以提起行政诉讼

D. 甲乙两国的相关企业对商务部的决定不服，可以在世界贸易组织提起争端解决程序

2022年客观题试题参考答案及解析

一、单项选择题

1.【参考答案】 B

【解析】 选项A错误。本题中的提单载明“凭指示”，应该被认定为指示提单，应该通过背书方式进行转让。

选项B正确。这是UCP 600相对于UCP 500的主要修改。银行发现不符点时，可以自行联系开证申请人以确定其是否接受（放弃）不符点，如果开证申请人接受不符点，则银行可以释放单据（给钱）。这里要注意，是“可以”自行联系，即使开证申请人接受不符点，也是“可以”付款。所以最终决定是否接受不符点的权利还是在银行一方。

选项C错误。保兑行独立地承担第一位的付款责任，哪怕开证行破产，也要继续履行保兑责任。简单理解，保兑行相当于另一个开证行。

选项D错误。CIF中，由买方承担进口手续和费用。甲公司作为买方应当承担进口手续和费用，无权要求乙公司赔偿。

综上所述，本题答案为B。

2.【参考答案】 B

【解析】 选项A错误。ICSID的管辖权排斥国家的外交保护和对相关争端的国内管辖。

选项B正确。大家注意，ICSID的管辖权以双方书面协议为核心条件，东道国可以要求投资者将争端提交ICSID解决前用尽当地救济。注意，是“可以要求”而不是必须。B项中特别说明，乙国没有特别要求，就不需要用尽当地救济。

选项C错误。根据规定，中心应该依据双方同意的规则作出裁判。如果没有达成协议，则可以适用争端当事国的国内法（包括冲突规则）以及相关的国籍法规则作出裁判。不得借口没有法律规则或者法律规则含义不清而暂停作出裁决。并且在双方同意时，可以依据公平和善良原则对争端作出裁决。

选项D错误。对中心作出裁决不服的，不能上诉，只能向中心秘书长申请撤销。只要投资者母国和东道国对公约的解释和适用发生争议，任何一国均可申请将该争议提交国际法院解决。注意，是在这种情况下提交国际法院解决，不是上诉。

综上所述，本题答案为B。

3.【参考答案】 D

【解析】 选项A错误。国际贸易术语可以和《联合国国际货物销售合同公约》一同适用，在术语规范事项范围内，优先用术语。本题选择CFR术语，A项涉及交货的时间和地点，也就是风险转移的时间和地点。在CFR术语下，该批货物应该在装运地"装上船"时转移风险。交货的地点和特殊要求可总结为口诀"D组在目的，其余装运地；水运均特殊（FAS船边，FOB/CIF/CFR装上船），包邮（DPU）兼承运（CIP/FCA/CPT）"。

选项B错误。由于该批货物为军民两用货物，涉及出口管制。货物的最终用户（一般就是买方）应当承诺，不经许可，不得擅自改变货物的用途或将其转让给第三方。

选项C错误。在CFR2020术语下，买卖双方均没有购买保险的义务。只有在CIF术语下，在没有约定的时候，卖方有义务购买平安险。关于是否有购买保险的义务，可以总结为口诀：带"I"的有义务（卖方出钱）。

选项D正确。根据我国相关法律的规定，在我国出口管制清单上的货物，必须申请出口许可证。

综上所述，本题答案为D。

4.【参考答案】 B

【解析】 选项A正确。在反补贴调查中有两个数字，大于50%的，可以发起调查；不足25%的，不能发起调查。具体内容如下：支持发起调查者的产量占支持调查者和反对调查者总量50%以上可以启动调查，占国内同类产品总产量25%以下的，不得启动调查。

选项B错误。这一个选项考查的是累进评估，其规则和反倾销中类似。以分别评估为一般规则，以累进评估为特殊例外。并且累进评估必须同时满足两个条件：第一，不同国家的补贴金额不属于微量，且进口数量不属于忽略不计；第二，根据相关产品的竞争关系，累进评估是适当的。通俗说也就是量不能太小，并且从竞争关系看适合累进。

选项C正确。根据我国相关法律规定，对反补贴决定不服的，相关主体可以提起行政复议或者行政诉讼。

选项D正确。行政行为违反法定程序的，法院判决撤销或者部分撤销行政行为，可以判决被告重新作出行政行为。

综上所述，本题答案为B。

二、多项选择题

【参考答案】 AC

【解析】 选项A正确。根据我国相关法律的规定，在反倾销调查中，分别评估是常态，累进评估是个例。必须同时满足下述两个条件才可以进行累进评估。第一，两个以上国家的倾销幅度均不小于2%，并且进口数量不属于忽略不计。第二，根据相关产品的竞争条件，进行累进评估是适当的。题目中没有提到这两个条件，所以可以进行分别评估。

选项B错误。这个选项有两点错误。第一点是应该按照倾销幅度进行分别征收，而不是同一标准。第二点是反倾销税的征税对象是进口经营者，也就是中国公司。

选项C正确。根据我国法律的规定，对商务部处罚决定不服的，既可以提起行政复议，也可以提起行政诉讼。

选项D错误。对反倾销和反补贴以及保障措施不服的，可以在世界贸易组织提起争端解决程序，但是提起的主体是国家或者单独关税区政府，而非企业。

综上所述，本题答案为AC。

2021年客观题试题

一、单项选择题

1. 甲国瑞尼尔公司从乙国绿地公司进口三批粮食，合同选用《国际贸易术语解释通则2020》的CIF术语。第一批粮食正常发货后，乙国遭遇台风，致使后两批粮食不能发运，存放在仓库。绿地公司认为其遭遇了不可抗力，可以免责。两国均为《联合国国际货物销售合同公约》的成员国，下列说法正确的是哪项？（　　）

A. 若后两批粮食无法交付，甲国瑞尼尔公司可宣告合同无效

B. 若后两批粮食无法交付，乙国绿地公司通知甲国瑞尼尔公司后，即可解除合同

C. 保险人应承担后两批粮食不能交付的赔偿责任

D.《联合国国际货物销售合同公约》规定了遭遇不可抗力一方的通知义务

2. 中国三泰公司与西班牙甲公司签订合同进口一批货物，合同选用了《国际贸易术语解释通则2020》中的CIF术语，同时约定甲公司应为该批货

物投保水渍险。甲公司将货物交承运人装船后，承运人签发了清洁提单（适用《海牙规则》）。后在海运途中货物因遭遇恶劣天气部分毁损，下列哪项判断是正确的？（　　）

A. 甲公司应为该批货物投保一切险

B. 承运人应赔偿货物损失

C. 保险公司应赔偿货物损失

D. 因货物部分毁损，中国三泰公司有权要求减价

二、多项选择题

1. 中国人杨某和甲公司都从事某种商品的出口，该种商品在国外颇受欢迎销量可观。后该种商品被列入我国出口管制清单，根据《对外贸易法》和《出口管制法》的相关规定，下列哪些判断是正确的？（　　）

A. 杨某作为自然人不能从事对外贸易活动

B. 甲公司只有经有关部门审批方能从事对外贸易活动

C. 该种商品出口应申领出口许可证

D. 外国进口商不能擅自改变该种进口商品的最终用途

2. 中国甲公司为牙膏生产公司，该公司为其"芳芳"牙膏向英国与俄罗斯申请"FANGFANG"商标，因英语"FANG"含有毒牙的意思，故英国不予注册，但俄罗斯却给予了注册。根据 WTO 的《与贸易有关的知识产权协定》（TRIPs 协定）的规定，下列说法中错误的有哪些？（　　）

A. 英俄两国的不同做法违反了平等原则

B. 英俄两国的不同做法违反了国民待遇原则

C. 英俄两国的不同做法违反了最惠国待遇原则

D. 知识产权独立性原则影响了甲公司商标在不同国家的注册

2021 年客观题试题参考答案及解析

一、单项选择题

1.【参考答案】 D

【解析】 根据《联合国国际货物销售合同公约》的规定，分期分批交货时单批根本违约对合同效力的影响取决于各批次货物的依存关系。本案中，如果第二批和第三批货物无法交付，也不应对第一批货物和合同效力产生影响，A 项错误。

本案台风确实构成不可抗力，但此不可抗力有可能只影响合同的如期履行，并不一定导致履行不能，B 项错误。

CIF 术语下卖方包运也包险，但除非另有约定，否则只需投保平安险。本案中，如果后两批粮食不能交运，根本不对应海上风险，任何险别下保险公司都无须赔偿，C 项错误。

买卖合同履行中，遭遇不可抗力的一方有义务将不可抗力的发生及时通知对方，D 项正确。

2.【参考答案】 C

【解析】 CIF 术语下卖方包运也包险，如果没有约定，卖方只有义务投保平安险，但本案属于有约定的情况，故对应的险别应为水渍险，A 项错误。

本案货物毁损是遭遇恶劣天气所致，承运人无过失可免责，B 项错误。

恶劣天气导致货物部分毁损，在保险关系中属于自然灾害导致的单损，属于平安险的承保范围，C 项正确。

CIF 术语下货物风险自装运港装运上船时转移，本案货损发生在风险转移之后，买方无权就货损向卖方索赔或要求减价，D 项错误。

二、多项选择题

1.【参考答案】 CD

【解析】 《对外贸易法》第 8 条规定："本法所称对外贸易经营者，是指依法办理工商登记或者其他执业手续，依照本法和其他有关法律、行政法规的规定从事对外贸易经营活动的法人、其他组织或者个人。"可见，个人可以成为外贸经营者，且外贸经营权的获得适用登记备案制而非审批制，AB 项错误。

《出口管制法》第 12 条第 1 款、第 2 款规定："国家对管制物项的出口实行许可制度。出口管制清单所列管制物项或者临时管制物项，出口经营者应当向国家出口管制管理部门申请许可。"C 项正确。

《出口管制法》第 16 条第 1 款规定："管制物项的最终用户应当承诺，未经国家出口管制管理部门允许，不得擅自改变相关管制物项的最终用途或者向任何第三方转让。"D 项正确。

2.【参考答案】 ABC

【解析】 根据《保护工业产权巴黎公约》（该公约已被 TRIPs 协定纳入）的商标、专利独立性原则，关于外国人的专利申请和商标注册，应由各成

员国依据本国法确定,而不应受原属国或任何其他国家就该申请作出的决定的影响,ABC 项判断错误,D 项判断正确。本题为选非题,答案应为 ABC。

2020 年客观题试题

一、单项选择题

中国 A 公司从甲国 B 公司处进口一批电子设备,合同中约定了设备规格,适用 DPU(《国际贸易术语解释通则 2020》),履行过程中 B 公司寄来样品,请 A 公司收到样品后确认依样品履行,A 公司确认样品收到并回复“请依合同履行”,设备到货后与样品相符,但与合同不符,A 公司要 B 公司承担违约责任。AB 两公司均为《国际货物销售合同公约》的缔约国,信用证付款。下列选项正确的是?(   )

A. 甲国 B 公司应承担违约责任,因其交付的设备不符合合同约定规格

B. 甲国 B 公司不应承担违约责任,因其交付的设备与其提供的样品相符

C. 本案货物风险自货交第一承运人时转移

D. 甲国 B 公司须在指定装运地的任何地点交货

二、多项选择题

1. 甲国某公司向中国出口一类商品,因价格过低涉及反倾销被商务部调查,该出口商向商务部作出价格承诺,以下选项正确的是?(   )

A. 若该公司违反价格承诺,则商务部可以立即恢复反倾销调查

B. 若商务部拒绝该公司的价格承诺,应当告知理由

C. 该出口经营者针对商务部的复审可以提起行政诉讼

D. 出口商不得就价格承诺复审提起行政诉讼

2. 甲国某公司为完成其在乙国的投资项目,签订了一系列的国际贷款协议,协议包括了违约事件及救济方法。下列哪些情况属于事件中的预期违约?(   )

A. 该公司因违反乙国的税法偷税漏税,导致被乙国的法院扣押财产

B. 该公司到期不如约支付贷款的本金、利息或有关费用

C. 该公司为其他债权人的利益而在自己的资产上设定了担保物权

D. 该公司的状况发生重大不利变化

三、不定项选择题

某外商在外商投资准入负面清单之外,以股权转让的方式设立了揽月公司,后原股权出让人达丽公司反悔,认为该股权转让的投资合同未经有关部门批准,是未生效的合同,现诉诸法院,依有关规定及司法解释,下列选项正确的是:(   )

A. 达丽公司以投资合同未经有关部门批准为由主张合同未生效的,人民法院不予支持

B. 如该投资合同签订于《外商投资法》施行前,并不适用负面清单的规定

C. 国家对负面清单之外的外商投资,给予最惠国待遇

D. 该外商进入的负面清单以外的领域,依内外资一致的原则实施管理,其项目不需要批准

2020 年客观题试题
参考答案及解析

一、单项选择题

【参考答案】 A

【解析】 A 项和 B 项考查国际货物买卖中的质量担保义务。根据《国际货物销售合同公约》规定,卖方对货物负有质量担保义务,即卖方交付的货物必须与合同约定的数量、质量、规格相符,并须按照合同规定的方式装箱或包装。若合同没有对货物质量、规格作出明确规定,则货物应能够用于通常使用目的。这种情况是指买方定货时,是依据一般规格定货,而没有向卖方指出货物的任何用途。双方可约定货物用于特定目的。如果买方对该特定用途所需要的货物的规格不是很了解,他可将购买该货物的特定用途告知卖方。当订立合同是以样品或样式为基础时,卖方应保证货物符合样品或样式的质量。本题中,双方约定了设备规格,且并非以样品为基础,设备到货后与样品相符,但与合同不符,B 公司应承担违约责任,B 项说法错误,A 项说法正确。

C 项和 D 项考查 DPU 术语。DPU 指目的地卸货后交货,是《国际贸易术语解释通则 2020》中唯一要求卖方在目的地卸货的术语。当货物已从抵达的运输工具上卸货,已交由买方处置时风险转移,因此 C 项和 D 项说法错误。

二、多项选择题

1.【参考答案】 ABC

【解析】 《反倾销条例》第36条规定："出口经营者违反其价格承诺的，商务部依照本条例的规定，可以立即决定恢复反倾销调查；根据可获得的最佳信息，可以决定采取临时反倾销措施，并可以对实施临时反倾销措施前90天内进口的产品追溯征收反倾销税，但违反价格承诺前进口的产品除外。"A项说法符合规定，正确。

《反倾销条例》第33条第2款规定："商务部不接受价格承诺的，应当向有关出口经营者说明理由。"因此，B项说法正确。

《反倾销条例》第53条规定："对依照本条例第二十五条作出的终裁决定不服的，对依照本条例第四章作出的是否征收反倾销税的决定以及追溯征收、退税、对新出口经营者征税的决定不服的，或者对依照本条例第五章作出的复审决定不服的，可以依法申请行政复议，也可以依法向人民法院提起诉讼。"因此出口经营者对商务部价格承诺复审可以提起行政诉讼，C项说法正确，D项说法错误。

2.【参考答案】 AD

【解析】 在国际融资贷款中，借款人的违约可分为实际违约和预期违约两类。

实际违约主要包括：(1)借款人到期不支付或不如数支付贷款的本金、利息或有关费用。(2)借款人违反在协议中所作的说明与保证，如其说明与保证与事实不符等。(3)借款人违反约定事项。(4)借款人没有履行借款协议为其规定的其他任何义务。

预期违约主要包括借款人的连锁违约(凡借款人不履行对其他人的债务，也视为对贷款人的违约)、丧失清偿能力、所有权或控制权变动、抵押品毁损或贬值、借款人资产被征用或国有化，以及借款人的状况发生重大不利变化等。

A项中公司因违反乙国的税法偷税漏税导致被法院扣押财产属于丧失清偿能力，D项中公司的状况发生重大不利变化，均构成预期违约，A项和D项说法正确。

B项中借款人到期不支付或不如数支付贷款的本金、利息或有关费用，已构成实际违约，而不是预期违约，B项说法错误。

C项属于消极担保条款，即贷款人在偿还全部贷款之前，不得在自己的资产及收益上，为其他债权人维护或设定任何担保物权。违反该条款构成实际违约，C项说法错误。

三、不定项选择题

【参考答案】 A

【解析】 A、B项考查投资合同的效力。最高人民法院《关于适用〈中华人民共和国外商投资法〉若干问题的解释》第2条规定："对外商投资法第四条所指的外商投资准入负面清单之外的领域形成的投资合同，当事人以合同未经有关行政主管部门批准、登记为由主张合同无效或者未生效的，人民法院不予支持。前款规定的投资合同签订于外商投资法施行前，但人民法院在外商投资法施行时尚未作出生效裁判的，适用前款规定认定合同的效力。"本题中，某外商在外商投资准入负面清单之外设立公司与达丽公司形成投资合同，达丽公司以投资合同未经有关部门批准为由主张合同未生效的，人民法院不予支持，A项说法正确。

如该投资合同签订于《外商投资法》施行前，如果在《外商投资法》施行时尚未作出生效裁判的，仍适用负面清单的规定，B项说法错误。

C项考查外商投资准入制度。我国《外商投资法》第4条规定："国家对外商投资实行准入前国民待遇加负面清单管理制度。前款所称准入前国民待遇，是指在投资准入阶段给予外国投资者及其投资不低于本国投资者及其投资的待遇；所称负面清单，是指国家规定在特定领域对外商投资实施的准入特别管理措施。国家对负面清单之外的外商投资，给予国民待遇。负面清单由国务院发布或者批准发布。中华人民共和国缔结或者参加的国际条约、协定对外国投资者准入待遇有更优惠规定的，可以按照相关规定执行。"因此，国家对负面清单之外的外商投资，给予国民待遇，而不是最惠国待遇，C项说法错误。

D项考查《外商投资法》第28条的规定，"外商投资准入负面清单规定禁止投资的领域，外国投资者不得投资。外商投资准入负面清单规定限制投资的领域，外国投资者进行投资应当符合负面清单规定的条件。外商投资准入负面清单以外的领域，按照内外资一致的原则实施管理"。因此，该外商进入的负面清单以外的领域，依内外资一致的原则实施管理，如果内资需要批准的项目，外资同样需要批准。D项说法错误。

2019年客观题试题

一、单项选择题

1. 甲乙丙三国企业均向我国进口钢材。我国相关企业认为上述三国进口钢材的价格过低，遂向商务部提出反倾销调查申请。根据我国《反倾销条例》的规定，下列说法正确的是？（　　）

A. 若申请人不提供真实信息，商务部应当终止调查

B. 商务部认为有必要出境调查时，必须通过司法协助途径进行

C. 商务部可以建议但不能命令出口经营者作出价格承诺

D. 最终裁决低于已经支付或应当支付的临时裁决的，差额不符不予退还

2. 甲国法律要求外国投资者必须购买东道国的原材料。乙国认为，该项措施违反了世界贸易组织《与贸易有关的投资措施协议》，从而诉诸世界贸易组织争端解决机构。下列说法正确的是？（　　）

A. 甲国的规定属于禁止使用外汇的数量限制

B.《与贸易有关的投资措施协议》适用于货物、服务和知识产权交易相关的投资措施

C. 磋商是成立专家组之前的必经程序

D. 争端解决机构的受案范围仅涉及货物贸易和服务贸易争端，不受理因投资措施协议等引起的争端

3. 中国甲公司和美国乙公司签订天然气买卖合同，双方在合同中约定通过仲裁解决争端。中国甲公司委托中国银行开设了独立保函。现乙公司和中国银行因保函履行产生纠纷。根据我国法律的规定，下列说法不正确的是？（　　）

A. 因天然气买卖合同明确约定通过仲裁解决纠纷，所以法院对该纠纷无权管辖

B. 中国银行住所地法院有权对该案进行管辖

C. 如我国法院受理该案，中国银行主张该独立保函属于一般保证的，法院不予支持

D. 如该独立保函存在欺诈，则中国住所地法院对该欺诈纠纷有管辖权

4. 中国和新加坡都接受了《金融账户信息自动交换标准》中的“共同申报准则（CRS）”。定居在中国的王某在新加坡银行和保险公司均开设有账户，同时还在新加坡拥有房产和收藏品。根据该准则，下列说法正确的是？（　　）

A. 王某可以持有巴拿马护照为理由要求新加坡拒绝向中国报送账户信息

B. 如中国未提供正当理由，新加坡无须向中国提供王某的金融账户信息

C. 新加坡有义务向中国提供王某在保险机构的账户信息

D. 新加坡不可以不提供王某在新加坡的房产和收藏品信息

二、多项选择题

中国甲公司和非洲乙公司签订了一批出口机械设备的合同。由于两国之间没有直达航线，需要转船运输。合同约定了信用证方式付款。关于乙公司申请设立的信用证，下列哪些描述属于“软条款”信用证？（　　）

A. 信用证要求保兑

B. 信用证要求提单为已装船提单

C. 信用证规定开证行必须在货物已经检验合格后付款

D. 信用证规定“禁止转船”

2019年客观题试题参考答案及解析

一、单项选择题

1.【参考答案】 C

【解析】 选项A错误。这个选项可以从两个角度进行判断。第一，根据我国《反倾销条例》的规定，在利害关系方不如实提交相关材料的情况下，商务部可以根据已经获得的事实和可获得的信息作出最佳裁定。根据上述内容，应当终止调查的说法是错误的。第二，关于应当终止调查的内容。《反倾销条例》中明确规定了应当终止调查的主要内容，包括：撤销申请、没有因果、损害忽略不计，倾销幅度低于2%，商务部认为不宜等情形，也不存在A项表述的内容。

选项B错误。《反倾销条例》没有规定“司法协助内容”。并且反倾销调查属于行政行为，也不可能适用“司法”协助。

选项C正确。《反倾销条例》规定商务部只能建议，不能强迫出口经营者作出价格承诺。

选项D错误。临时措施和最终措施的数额差可以总结为“多退少不补”。根据D项的表述，临时措施高于最终措施，属于多退的范畴，D项错误。

综上所述，本题答案为C。

2.【参考答案】 C

【解析】 选项A错误。根据《与贸易有关的投资措施协议》规定，甲国法律的规定属于违反国民待遇的规定，具体而言属于当地成分要求限制。

选项B错误。该协议只适用于与货物贸易相关的投资措施，不适用于服务贸易和知识产权贸易。

选项C正确。根据世贸组织的规定，为期60日的秘密磋商程序属于设立专家组的必经程序。

选项D错误。根据世贸组织的规定，争端解决机构受理因违反任何世贸组织协议而引起的争端，可以将其理解为一个统一的、综合性的争端解决机构。

综上所述，本题答案为C。

3.【参考答案】 A

【解析】 选项A错误。无论是独立保函纠纷案件还是独立保函欺诈案件，基础交易合同约定的争端解决条款对独立保函案件均没有约束力。本题中天然气买卖合同是基础交易合同，其中约定的争端解决方式对独立保函纠纷案件没有约束力。

选项B正确。我国《关于审理独立保函纠纷案件若干问题的规定》明确规定在当事人没有选择的情况下，被告人住所地法院和独立保函开立人住所地法院均对独立保函纠纷案件有管辖权。中国银行住所地法院属于开立人住所地法院，有管辖权。

选项C正确。根据我国《关于审理独立保函纠纷案件若干问题的规定》的规定，当事人以独立保函中记载基础交易为由认为独立保函应当适用《民法典》担保制度中关于一般保证和连带责任保证的，法院不予支持。注意，独立保函比连带责任保证更进一步：在连带责任保证中，担保人还能享有债务人享有的抗辩。而在独立保函中，担保人的义务是独立于基础交易的。

选项D正确。根据我国《关于审理独立保函纠纷案件若干问题的规定》的规定，在当事人没有选择的情况下，被告住所地法院和独立保函开立人住所地法院有权管辖独立保函欺诈案件。根据D项的假设条件，显然不存在选择，D项的解析正确。

综上所述，本题答案为A。

4.【参考答案】 C

【解析】 选项A错误。CRS是以税收居民身份为基础。根据我国法律的规定，只要在我国有住所或在一个纳税年度内居住累计满183天，即可视为我国的纳税居民。所以A项的表述错误。

选项B错误。CRS规定信息交换应当是无理由的，自动的，并且1年1次。

选项C正确，选项D错误。CRS中涉及的金融信息是广义的概念，银行、信托、保险均属于金融的范畴。投资海外房产、珠宝、艺术品、贵金属等不属于金融资产的品类，则不需要申报。

综上所述，本题答案为C。

二、多项选择题

【参考答案】 CD

【解析】 一般来说，单据方面的限制，属于合理约定。单据外的限制，往往属于“软条款”。

选项A错误。保兑是第三方为开证行进行担保，这种方式可以增强信用证的偿付效力，不属于“软条款”。

选项B错误。要求已装船提单属于对单据方面的限制，不属于“软条款”。

选项C正确。这属于单据外的限制，极大地弱化了信用证的偿付功能，可认定为“软条款”。

选项D正确。这属于单据之外的限制，可认定为“软条款”。

综上所述，本题答案为CD。

民事诉讼法与仲裁制度

2023年客观题试题

一、单项选择题

1. 甲因借给乙100万元，乙未偿还，而将乙诉至法院，现双方因是否支付了该笔借款产生争议。法院依法向甲送达传票。开庭之日甲以自己忙为由只让律师纪某出庭。法庭为此决定延期7日开庭，并再次向甲送达传票。7日后甲仍旧以自己忙为由只让纪某出庭，现法院应如何处理？（　　）

A. 视为撤诉

B. 拘传甲

C. 视为甲并没有向乙支付款项

D. 缺席审理，驳回甲的诉请

2. 甲和胜达公司发生纠纷，胜达公司提起诉讼。甲在诉讼中提出管辖权异议但被驳回，遂怀疑审理本案的张法官对己方有偏见，申请该法官回避，法院不予准许。后胜达公司更换法定代表人，更换后的法定代表人和张法官是同学，甲又申请回避。下列哪一说法是正确的？（　　）

A. 甲不能再申请回避，只能申请复议

B. 如果张法官被回避，则甲可提出管辖权异议

C. 张法官应当暂停工作

D. 法院应当裁定不予回避

3. 甲的房子位于临街的三楼。某日，甲邀请朋友乙来家中做客。乙打开窗户吸烟时，不慎碰落花盆，砸伤了丙，双方发生纠纷。关于本案的适格被告，下列说法正确的是？（　　）

A. 甲作为被告

B. 甲和乙作为必要共同诉讼的被告

C. 甲和乙作为普通共同诉讼的被告

D. 乙作为被告

4. 小区业主A某觉得业主大会选举存在程序违法，遂向法院请求撤销业主大会选举结果。关于本案，下列说法正确的是？（　　）

A. 原告不适格，裁定驳回起诉

B. 被告不适格，裁定驳回起诉

C. 不属于民事诉讼范围，裁定驳回起诉

D. 若原告权益未受损，则判决驳回诉讼请求

5. 甲男（28岁）诉乙女（22岁）离婚。法院查明，二人夫妻感情确已破裂，且乙结婚时不满20周岁。关于法院的做法，下列说法正确的是？（　　）

A. 判决驳回离婚的诉讼请求

B. 裁定驳回起诉

C. 判决婚姻关系无效

D. 判决二人离婚

6. 甲乙签订合同，约定定金20万元。后乙违约，甲起诉乙要求返还40万元。法院经审理认为乙无重大违约，判决乙返还甲20万元。后甲再次起诉要求乙返还定金产生的利息。法院应如何处理？（　　）

A. 判决既判力及于利息，法院应受理案件

B. 判决既判力及于利息，法院应裁定不予受理

C. 判决既判力不及于利息，法院应裁定不予受理

D. 判决既判力不及于利息，法院应受理案件

7. 甲公司与乙公司在合同中约定，因合同履行发生争议，由某基层人民法院管辖。后甲乙公司发生纠纷，诉至某基层人民法院。该基层人民法院一审用简易程序审理并作出判决，甲公司不服，提起上诉。二审法院指定张法官适用独任制审理，乙公司当庭提出异议。对此，下列说法正确的是？（　　）

A. 二审案件应一律组成合议庭审理

B. 简易程序一审终审，不得上诉

C. 二审法院有权直接指定法官适用独任制审理

D. 二审法院应裁定转由合议庭审理

8. 下列哪一主体可以提起环境污染公益诉讼？（　　）

A. 连续10年从事环保工作的企业

B. 在省民政部门登记设立的某环保联盟

C. 国外某环保协会

D. 在县民政部门登记设立的某环保协会

9. 甲在某网络平台购物后，因产品质量纠纷诉至杭州某互联网法院。甲同意线上开庭，但对方当事人主张自己的设备不支持，不同意线上开庭。法院应如何处理？（　　）

A. 一方线上开庭，一方线下开庭

B. 因一方不同意，只能双方都线下开庭

C. 延期审理

D. 法院可依职权决定线上审理

二、多项选择题

1. 住所地在B区的乙向住所地在A区的甲借款200万元，借款合同中约定因履行本合同发生纠纷的，应当由B区法院管辖。住所地在C区的丙为该笔债务提供担保，在担保合同中约定因履行本合同发生纠纷的，应当由C区法院管辖。关于本案表述正确的是？（　　）

A. 甲可以在B区法院起诉乙

B. 甲可以在B区法院起诉乙和丙

C. 甲可以在C区法院起诉

D. 甲可以在C区法院起诉乙和丙

2. 张某因为合同纠纷起诉胜达公司，在诉讼中张某突发脑梗，经抢救后张某丧失行为能力。张某的父亲希望撤回起诉，以专心为张某治疗。张某的妻子戴某表示希望继续诉讼。法院对本案的处理错误的有哪些？（　　）

A. 法院应当追加张某的妻子戴某为共同原告

B. 法院应当变更张某的妻子戴某为原告，诉讼继续进行

C. 法院应当追加张某的妻子戴某为法定代理人，诉讼继续进行

D. 根据张某父亲的请求，裁定准予撤回起诉

3. 在某借贷纠纷中，原告方提供的转账凭证的复印件属于何种证据分类？（　　）

A. 传来证据

B. 直接证据

C. 间接证据

D. 涉案还款事实的本证

4. 我国实行立案登记制，关于民事案件的受理条件，下列说法正确的有？（　　）

A. 原告是正当当事人

B. 被告具有诉讼权利能力

C. 原告须提供支持自己诉求的法律依据

D. 原告必须提交书面起诉状

5. 甲租赁乙的仓库，仓库位于A区，月租金为200元，约定纠纷由甲住所地法院管辖，甲后来累计欠付租金3000元。于是乙向甲住所地法院起诉，法院适用小额诉讼程序审理。甲认为应由仓库所在地法院管辖本案，提出管辖权异议，但是被法院驳回，法院判决甲败诉。甲在裁判生效后，认为管辖权错误，欲申请再审，下列说法正确的是？（　　）

A. 甲对管辖权异议裁定不服可以提起上诉

B. 甲应向甲住所地法院申请再审

C. 甲应向仓库所在地法院申请再审

D. 管辖权错误无法作为启动再审程序的事由

三、不定项选择题

1. 甲欠乙100万元货款，乙已经申请法院对甲进行诉前财产保全，3天后，乙申请法院对甲发出支付令。法院应当如何处理？（　　）

A. 本案属于金钱给付，法院应当受理乙的申请

B. 法院不应受理乙的申请，因为本案属于合同纠纷

C. 法院不应受理乙的申请，因为乙已经申请了诉前保全

D. 法院应当受理乙的申请，向甲发出支付令

2. 牛某驾车将行人任某撞倒，经查，牛某所驶车辆系刘某所有，某日被苏某盗窃，后苏某将车出借给牛某。现任某拟提起诉讼，关于本案的起诉，下列哪些选项是正确的？（　　）

A. 牛某、苏某为共同被告

B. 以牛某为被告向法院提起诉讼

C. 以苏某为被告向法院提起诉讼

D. 以刘某为被告向法院提起诉讼

2023年客观题试题参考答案及解析

一、单项选择题

1.【参考答案】　A

【解析】　根据民事诉讼法的规定，原告经传票传唤，无正当理由拒不到庭的，可以按撤诉处理。故A正确，C错误。

法院对必须到庭的被告，经两次传票传唤，无正当理由拒不到庭的，可以拘传。而甲是原告，所以B错误。

被告及其法定代理人，或者被告反诉的原告，经传票传唤无正当理由拒不到庭的，法院可以缺席判决。本题中甲是原告，也没有被反诉，不适用缺席审判，故D错误。

2.【参考答案】　C

【解析】　立法并未明确规定申请回避的次数，但根据法理，对于一个事由只能申请回避一次。因为只要法院对这一事由作出了判断，当事人就没必要也不应该请求法院对同一事由进行重复判断。但是，当事人对法院判断的结果不服，可以向本级法院申请复议一次。本案中，当事人两次申请回避

的事由不同，应当允许当事人前后两次申请回避，故A错误。

B项逻辑关系不成立。法官是否被回避，并不影响案件的管辖权，而甲是否可以提出管辖权异议和审判主体是否被回避也没有必然的关系，所以B错误。

当事人申请相关主体回避的，相关主体应暂停工作，所以C正确。

对于不予回避的结果，法院适用的文书应为决定书，所以D错误。

3.**【参考答案】** A

【解析】 《民法典》第1253条规定："建筑物、构筑物或者其他设施及其搁置物、悬挂物发生脱落、坠落造成他人损害，所有人、管理人或者使用人不能证明自己没有过错的，应当承担侵权责任。所有人、管理人或者使用人赔偿后，有其他责任人的，有权向其他责任人追偿。"本题的关键在于认定乙是否为使用人。根据法理，使用人必须对建筑物有控制、管理的权利和责任，如承租人、借用人等；而乙只是到甲家做客，不应被认定为使用人。所以本案中，甲是唯一的适格被告，A正确。

4.**【参考答案】** D

【解析】 《民法典》第280条第2款规定："业主大会或者业主委员会作出的决定侵害业主合法权益的，受侵害的业主可以请求人民法院予以撤销。"据此，A某认为自己权益受到侵害，可以作为适格原告起诉，业主大会或者业主委员会作为适格被告参与诉讼。故A、B错误。

对于业主大会违反法律、法规的强制性规定作出的决定，业主有权申请法院予以撤销。程序错误侵犯业主合法权益的，属于业主撤销权的行使范围。故C错误。

如果最后判决结果认为业主大会的决定并没有侵害到业主A某的合法权益，那么A某的诉求就无法得到支持，此时可以判决的形式驳回A某的诉讼请求。故D正确。

5.**【参考答案】** D

【解析】 《民法典》第1051条规定，有下列情形之一的，婚姻无效：(1)重婚；(2)有禁止结婚的亲属关系；(3)未到法定婚龄。但根据《婚姻家庭编解释(一)》第10条的规定，当事人依据《民法典》第1051条的规定向人民法院请求确认婚姻无效，法定的无效婚姻情形在提起诉讼时已经消失的，人民法院不予支持。

本案中，虽然二人结婚时不满足有效婚姻的要件，但离婚时此问题已得到修复，法院不能判决婚姻关系无效。本案当事人适格，有具体事实、理由，也没有其他可以驳回起诉的情形，既然感情已经破裂，就应判决离婚。所以，D正确。

6.**【参考答案】** D

【解析】 判决既判力，是指法院作出的判决一旦生效，当事人和法院都应当受该判决内容约束。当事人不得在以后的诉讼中主张与该判决相反的内容，法院也不得在以后的诉讼中作出与该判决冲突的判断。同时，禁止当事人重复起诉和法院重复裁判。

民法上，一般认为本金的请求权和利息的请求权不是同一种请求权。因此，本案法院第一次受理和审理的请求权无法覆盖当事人第二次起诉的请求权，两次救济的是当事人不同的利益。因此，第一次的判决既判力不应及于利息，当事人可以再次起诉，法院应受理案件，D当选。

7.**【参考答案】** D

【解析】 《民事诉讼法》第41条第1、2款规定："人民法院审理第二审民事案件，由审判员组成合议庭。合议庭的成员人数，必须是单数。中级人民法院对第一审适用简易程序审结或者不服裁定提起上诉的第二审民事案件，事实清楚、权利义务关系明确的，经双方当事人同意，可以由审判员一人独任审理。"

本题中，乙公司当庭提出异议，表明乙公司不同意二审由张法官一人独任审理，因此本案不适用独任审理。

《民事诉讼法》第43条规定："人民法院在审理过程中，发现案件不宜由审判员一人独任审理的，应当裁定转由合议庭审理。当事人认为案件由审判员一人独任审理违反法律规定的，可以向人民法院提出异议。人民法院对当事人提出的异议应当审查，异议成立的，裁定转由合议庭审理；异议不成立的，裁定驳回。"因此，D项正确。

8.**【参考答案】** B

【解析】 《环境保护法》第58条第1款规定，对污染环境、破坏生态，损害社会公共利益的行为，符合下列条件的社会组织可以向人民法院提起诉讼：(1)依法在设区的市级以上人民政府民政部门登记；(2)专门从事环境保护公益活动连续5年以上且无违法记录。据此，A项不当选，企业不能提起环境公益诉讼。C项不当选，国外的环保协会没有在中国登记，无权在中国提起环境公益诉讼。D项中的登记级别不够，不当选。B项中的登记级别足够,当选。

9.【参考答案】 D

【解析】 本案属于涉网纠纷,且当事人诉在互联网法院,那么就应该进行在线审理,即便一方同意在线审理,另一方不同意,法院也应决定线上审理。据此,D 正确,A、B、C 错误。

二、多项选择题

1.【参考答案】 ABC

【解析】 根据《担保制度解释》第 21 条第 2、3 款的规定,债权人一并起诉债务人和担保人的,应当根据主合同确定管辖法院;债权人依法可以单独起诉担保人且仅起诉担保人的,应当根据担保合同确定管辖法院。具体到本案中,甲是债权人,乙是债务人,借款合同约定发生纠纷由 B 区法院管辖;甲是债权人,丙是担保人,担保合同中约定由 C 区法院管辖。

本题中,如果甲起诉乙,应当由 B 区法院管辖;如果甲单独起诉丙,应当由 C 区法院管辖;如果甲起诉乙和丙,则应当根据主合同确定管辖,即应当由 B 区法院管辖。综上所述,本题答案为 ABC。

2.【参考答案】 ABD

【解析】 诉讼中的当事人丧失诉讼行为能力的,应当由其法定代理人代为诉讼。本案中张某丧失行为能力,应当由其法定代理人代为诉讼。

在民事诉讼中,无、限制民事行为能力人的监护人是其法定代理人。同时根据《民法典》第 28 条的规定,无、限制民事行为能力的成年人,由下列有监护能力的人按顺序担任监护人:(1)配偶;(2)父母、子女;(3)其他近亲属;(4)其他愿意担任监护人的个人或者组织,但是须经被监护人住所地的居民委员会、村民委员会或者民政部门同意。

故张某的妻子戴某是第一顺位监护人,应当由张某的妻子戴某担任法定代理人。本案应当追加张某的妻子戴某为法定代理人,诉讼继续进行,故 C 选项正确,D 选项错误。当然,张某的妻子戴某应当是原告张某的法定代理人,而不是当事人,不能追加其为共同原告或者变更为原告,故 A、B 选项错误。

3.【参考答案】 AC

【解析】 根据题目可知,该证据属于复印件,即在转账凭证产生后对其复印所得。由于该证据产生的时间晚于案件事实发生的时间,故属于传来证据。

由于该证据仅为原告提供的其向被告转账的凭证,只能证明原被告之间有一笔借款,故属于典型的间接证据。

该证据能证明本案存在借款事实,而不能证明存在还款事实,与还款事实之间不具备关联性,既非还款事实的本证也非还款事实的反证。

综上,AC 当选。

4.【参考答案】 ABC

【解析】 根据起诉条件中关于原告的要求,原告须为与本案有直接利害关系的公民、法人或其他组织,即为正当当事人。故 A 正确。

起诉条件仅要求被告明确,不要求被告适格,但是被告肯定要具有诉讼权利能力。故 B 正确。

起诉条件要求有具体的诉求和事实、理由。理由,首先是指原告证明案件事实并提供支持自己实体权利的证据材料,其次是指有关法律规定。故 C 正确。

《民事诉讼法》第 123 条规定:“起诉应当向人民法院递交起诉状,并按照被告人数提出副本。书写起诉状确有困难的,可以口头起诉,由人民法院记入笔录,并告知对方当事人。”故 D 错误。

5.【参考答案】 BD

【解析】 小额诉讼程序作出的裁判一律一审终审,不能上诉。故 A 错误。

管辖权错误不能作为申请再审的法定事由。故 D 正确。

小额诉讼程序作出的裁判,当事人欲申请再审,应向原作出生效裁判的法院申请再审,本案即应向甲住所地法院申请再审。故 B 正确,C 错误。

三、不定项选择题

1.【参考答案】 C

【解析】 根据《民诉解释》第 427 条的规定,债权人向法院申请支付令,法院发现债权人已经向法院申请诉前保全的,应当通知债权人不予受理。具体到本案,由于乙已经向法院申请了诉前保全,故乙向法院申请支付令,法院应当在 5 日内通知乙不予受理。本题 A、B、D 选项错误,C 选项正确。

2.【参考答案】 ABC

【解析】 《民法典》第 1215 条第 1 款规定:“盗窃、抢劫或者抢夺的机动车发生交通事故造成损害的,由盗窃人、抢劫人或者抢夺人承担赔偿责任。盗窃人、抢劫人或者抢夺人与机动车使用人不是同一人,发生交通事故造成损害,属于该机动车一方责任的,由盗窃人、抢劫人或者抢夺人与机动车使用人承担连带责任。”故本案应当由盗窃人苏某和使用人牛某承担连带责任。刘某是原所有人,在实体上不承担责任,不是适格被告,D 选项错误。

权利人任某主张牛某承担责任，则将牛某列为被告；权利人任某主张苏某承担责任，则苏某为被告；权利人任某主张牛某和苏某承担连带责任的，则将其列为共同被告。故A、B、C选项正确。

2022年客观题试题

一、单项选择题

1. 法院判决钟某偿还赵某借款100万元，赵某申请执行该判决，法院冻结了钟某名下持有的某公司股权，孙某向法院提出执行异议，主张自己才是实际出资人，钟某是代持有股份，法院驳回异议后，孙某向法院提起诉讼，依然以自己是实际股东为由，请求法院判令停止执行并解除冻结。对于孙某提起的诉讼进行诉的分类，下列选项中正确的是？(　　)

A. 积极确认之诉　　B. 给付之诉
C. 消极确认之诉　　D. 形成之诉

2. 黄某通过网络购物购买雅贝公司生产的保温壶，后因保温壶质量问题提起诉讼。法院受理后建议通过线上平台交换证据，雅贝公司同意在线交换，黄某不同意在线进行证据交换。法院仍然组织黄某和雅贝公司在线进行证据交换。法院的这一做法违反了下列哪一民事诉讼法规定的基本原则？(　　)

A. 平等原则　　B. 在线诉讼原则
C. 对等原则　　D. 同等原则

3. 甲公司诉赵某违约一案由鲍法官独任审理，赵某提出管辖权异议被驳回，赵某怀疑鲍法官有偏见，遂申请鲍法官回避，被驳回。甲公司被收购，法定代表人变更为薛某，赵某发现薛某和鲍法官是同学，再次提出回避申请。下列表述正确的是？(　　)

A. 赵某不能再次提出回避申请，只能申请复议
B. 鲍法官应当暂停本案的审理工作
C. 法院可以裁定驳回赵某的回避申请
D. 如果法院决定鲍法官回避，赵某可以再次提出管辖权异议

4. 张三与甲公司存在劳动合同关系，但是由于甲公司迟迟不发工资，张三向当地劳动仲裁委申请劳动仲裁。在仲裁过程中，张三以生活困难为由提出先予执行的申请，下列选项正确的是？(　　)

A. 由受理案件的仲裁庭裁决先予执行，并依法执行
B. 由受理案件的仲裁庭裁决先予执行，移交法院执行
C. 由受理案件的仲裁庭交由仲裁机构所在地法院审查后作出裁定
D. 仲裁庭对于先予执行的申请无权处理，应当不予受理

5. 庄某在乙超市购买了丙厂家生产的面包，后发现面包标签上没有成分标识，遂以违约为由起诉乙超市，法院判决乙超市赔偿。丙厂家认为自己与判决结果有法律上的利害关系，遂对该判决提起第三人撤销之诉。乙超市同意丙厂家的主张，关于本案当事人表述正确的是？(　　)

A. 乙超市应当作为第三人撤销之诉的共同原告
B. 乙超市应当作为第三人撤销之诉的被告
C. 乙超市应当作为第三人撤销之诉的第三人
D. 法院应当裁定驳回丙厂家的起诉

6. 甲公司因为合同纠纷起诉乙公司，某县人民法院适用简易程序审理后判决甲公司败诉。甲公司不服一审判决，提起上诉，二审法院指定吴法官对本案独任审理，乙公司当庭表示异议，关于本案，下列说法正确的是？(　　)

A. 二审程序应当组成合议庭审理，不得适用独任制
B. 简易程序一审终审，不得上诉
C. 二审法院有权直接指定法官适用独任制审理
D. 二审法院应裁定转为合议庭审理

7. 房某驾车将石某撞伤，石某将房某诉至法院，要求房某赔偿医疗费20万元。在法院主持下，双方当事人达成调解协议，约定房某一次性向石某支付10万元，双方就本案再无争议。法院根据上述调解协议制作调解书，双方当事人签收后履行完毕。1年后，石某主张调解协议是由于受到房某胁迫而签署的，且因为治疗车祸事故的后遗症又花费手术费4万元。关于本案表述正确的是？(　　)

A. 因为调解书显失公平，石某可以申请撤销调解书
B. 因为调解违反自愿原则，石某可以申请对该调解书再审
C. 调解协议未涉及后遗症的问题，石某可以就医疗费4万元再次起诉
D. 因为调解书违反法律规定，石某可以起诉请求确认调解书无效

8. 关于公示催告程序中法院作出的除权判决，

下列说法正确的是？（　　）

A. 因具有排除他人对票据享有权利的效果，属于形成判决

B. 因申请人可凭判决要求支付票据上记载的金钱数额，属于执行依据

C. 因不具有解决实质争议的效果，属于非诉程序的判决

D. 因具有推定票据权利归申请人所有的效果，属于确权判决

9. 汉江石油集团是一家上市企业，其位于乙省某县的子公司排放污染物致本地下游受到污染，环保组织提起以汉江石油集团和子公司为被告的公益诉讼，下列说法正确的是？（　　）

A. 连续3年从事环保公益活动且在乙省民政厅注册的环保组织可作为原告提起公益诉讼

B. 案件审理中，汉江石油集团以及其子公司若提起反诉，法院应当一并审理并作出判决

C. 环保组织应当在10日内书面告知相关行政主管部门

D. 如诉讼中双方当事人达成和解协议，法院应当将和解协议进行公告，公告期不少于30日

10. 洪某投资建厂，欠吕某工程款100万元，双方协商将洪某名下部分厂房转给吕某抵债，双方未办理过户手续。后洪某因拖欠周某借款500万元被起诉，周某获得生效胜诉判决后申请执行，法院欲拍卖洪某名下的全部厂房，吕某提出执行异议。洪某向吕某承诺履行还款义务，吕某撤回异议。后因洪某不履行承诺，吕某再次向执行法院提出异议，被以重复异议为由裁定驳回。关于对吕某的救济，下列哪一表述是正确的？（　　）

A. 向执行法院申请复议

B. 向上一级法院申请复议

C. 向执行法院提起执行异议之诉

D. 向上一级法院提起执行异议之诉

11. 朱某与葛某二人存在民间借贷纠纷，葛某向A市B区法院起诉。B区法院判决朱某向葛某支付本金10万元及利息1万元。朱某不服上诉，二审中，葛某表示一审判决正确应予维持，A市中级人民法院判决维持原判。判决生效后，葛某认为一审判决利息计算存在错误，向A市中级人民法院申请再审。关于A市中级人民法院对本案的处理，下列哪一说法是正确的？（　　）

A. 若一审判决利息计算确有错误，应裁定再审

B. 经法院院长同意，可以裁定再审

C. 经朱某同意，可以裁定再审

D. 葛某违反诚信原则，浪费司法资源，应裁定不予再审

二、多项选择题

1. 甲起诉乙归还借款200元，某区法院受理后适用小额诉讼的程序审理。关于本案，下列说法正确的有？（　　）

A. 法院可以采用短信方式传唤当事人

B. 法院可以采用短信方式送达裁判文书

C. 本案不得适用小额诉讼的程序审理

D. 本案法院所作判决一审终审

2. 某省上年度就业人员平均工资为8万元。张三诉李四归还借款6万元，该省某基层法院受理案件后，张三和李四均同意适用小额诉讼的程序审理。在审理过程中，李四对张三提出反诉，要求张三归还欠款8万元，法院应当如何处理？（　　）

A. 法院应当继续适用小额诉讼的程序审理

B. 如果张三、李四同意适用小额诉讼的程序审理，法院应当适用小额诉讼的程序审理

C. 当事人可以对法院适用小额诉讼的程序审理提出异议

D. 法院应当适用简易程序的其他规定审理或者裁定将案件转为普通程序

3. 张三向甲公司借款10万元，后张三逾期未归还借款和利息。甲公司起诉张三，法院判决张三向甲公司偿还借款10万元，张三拒不履行生效判决，甲公司向法院申请执行，执行中甲公司和张三达成执行和解协议后，法院裁定中止执行。后张三认为该和解协议系受胁迫达成，拒不履行和解协议，关于本案说法正确的有？（　　）

A. 甲公司可以申请恢复对原生效判决的执行

B. 甲公司可以就和解协议起诉张三

C. 张三可以起诉甲公司要求撤销和解协议

D. 甲公司可以重新就借款合同纠纷提起诉讼

4. 高中生小赵在校园中不小心伤害了小张（侵权时小张和小赵均未满18周岁），小赵的监护人老赵和小张的监护人老张协商未果。起诉时，小赵年满18周岁。下列选项正确的有？（　　）

A. 小赵和老赵为共同被告

B. 小赵为被告，老赵为小赵的法定代理人

C. 小张为原告，老张为小张的法定代理人

D. 小张和老张为共同原告

三、不定项选择题

1. A县甲公司与B县乙公司签订买卖合同，约定C县为合同履行地，协议合同发生纠纷，由守约方

所在地法院管辖。后双方因合同履行发生纠纷,甲公司向A县法院提起诉讼,乙公司提出管辖异议,认为自己为守约方,同时,甲公司主张自己为守约方,关于本案管辖法院,下列说法正确的是:(   )

A. 因甲公司与乙公司均有可能为守约方,根据管辖协议,A县法院和B县法院均有管辖权

B. B县法院有管辖权

C. A县法院有管辖权

D. C县法院有管辖权

2. 素文公司和宇威公司发生纠纷,诉至甲市乙区法院,宇威公司提出管辖权异议,乙区法院裁定驳回。宇威公司对此不服,遂不到庭,法院作出缺席判决。之后宇威公司上诉至甲市中级法院,经审查,两公司确实存在协议管辖,约定发生纠纷时应由丙市丁区法院管辖。关于本案,下列选项中说法正确的是:(   )

A. 裁定撤销一审判决,移送至丙市丁区法院审理

B. 裁定撤销一审判决,发回甲市乙区法院重审

C. 二审法院继续审理,依法裁判

D. 裁定撤销一审判决,移送丙市中级法院审理

3. 乙欠甲30万元,乙以45万元的价格从丙处购买一辆价值20万元的轿车。甲认为乙以明显不合理的高价从丙处购买财产,影响其债权的实现,遂向法院提起诉讼,请求法院判决撤销乙、丙之间的买卖合同,同时请求将乙支付给丙的款项返还给自己,以清偿乙对甲的债务。关于甲的诉讼请求,下列表述正确的是:(   )

A. 属于诉的主体合并

B. 属于诉的重叠合并

C. 属于诉的预备合并

D. 属于诉的客体合并

4. 韦某有一花瓶价值5万元,孙某借去观赏,称次日返还。但孙某拖延数日未还,韦某诉至法院请求孙某返还花瓶并胜诉。因孙某并未履行返还义务,韦某申请强制执行。执行中,法院发现该花瓶已被损毁,双方达成执行和解协议,约定由孙某交付其所有另一个花瓶给韦某。后孙某觉得吃亏,拒绝履行和解协议。关于本案,下列说法正确的是:(   )

A. 因花瓶已碎,韦某要求孙某折价赔偿的可以另行起诉

B. 韦某可申请法院执行和解协议

C. 韦某可起诉要求孙某履行和解协议

D. 法院可执行孙某5万元其他财产

2022年客观题试题参考答案及解析

一、单项选择题

1.【参考答案】 A

【解析】 法院裁定驳回案外人孙某的异议,应当由案外人孙某提起案外人异议之诉,请求判决不准许对该股权的执行,因为原告孙某对该股权享有足以排除执行的权利。故法院驳回孙某异议后,孙某提出的案外人异议之诉是积极的确认之诉——孙某的诉讼请求是确认自己对执行标的享有足以排除执行的权利,进而阻止继续对该执行标的的执行。法院经过审理确认孙某对该股权享有足以排除执行的权利的,判决不准许对该股权强制执行,此时法院作出的驳回异议的裁定失效,法院不得对该股权强制执行;法院经过审理认为孙某对该股权不享有足以排除执行的权利的,判决驳回诉讼请求,法院继续对该股权强制执行。

综上所述,本题答案为A。

2.【参考答案】 B

【解析】 根据《民事诉讼法》第16条的规定,经当事人同意,民事诉讼活动可以通过信息网络平台在线进行。民事诉讼活动通过信息网络平台在线进行的,与线下诉讼活动具有同等法律效力。根据“在线诉讼原则”,通过信息网络平台在线进行民事诉讼需要经过当事人同意,故本案中,在黄某不同意在线进行证据交换时法院依然组织当事人通过在线方式进行证据交换,直接违反在线诉讼原则,本题B选项正确。关于平等原则,其要求当事人在诉讼中权利义务相同或者相对应,本案中法院的做法并没有破坏当事人之间的平等地位,与平等原则无关,A选项错误。而同等、对等原则适用于外国人,同等原则是指外国人在中国进行民事诉讼和中国当事人的权利、义务相同;对等原则是指外国法院限制我国当事人诉讼权利,我国法院对该国公民进行同样限制。本案中没有外国人参加,故本案与同等、对等原则无关,C、D选项错误。

综上所述,本题答案为B。

3.【参考答案】 B

【解析】 赵某申请鲍法官回避被驳回后,由于甲公司法定代表人变更,变更后的法定代表人与鲍法官存在同学关系,故属于出现了新的事实和理由,赵某有权再次提出回避申请,A选项错误;赵某申请后,回避决定作出前,被申请回避的人应当暂

停本案的工作，故本案鲍法官应当暂停本案的工作，B 选项正确；同学关系属于其他利害关系，要足以影响公正审理才需要回避，但无论鲍法官与薛某的同学关系是否影响公正审理，C 选项均为错误——回避或者驳回回避申请应当用决定，而不是裁定。D 选项的考点在于回避的效力，在民事诉讼中审判人员回避后诉讼程序应当继续进行，这意味着原程序中所进行的诉讼行为继续有效，故在鲍法官回避前赵某已经提出管辖权异议，法院裁定驳回其异议，该裁定继续有效，赵某不能再次提出管辖权异议，D 选项错误。

综上所述，本题答案为 B。

4.【参考答案】 B

【解析】 根据《劳动争议调解仲裁法》第 44 条的规定，劳动仲裁庭对追索劳动报酬、工伤医疗费、经济补偿或者赔偿金的案件，同时符合下列条件的，可以根据当事人的申请裁决先予执行，移送法院执行：(1)当事人之间权利义务关系明确；(2)不先予执行将严重影响申请人生活。劳动仲裁中可以先予执行，劳动仲裁庭只有裁决权，没有执行权。故本案中对于张三提出的先予执行申请，应当由仲裁庭作出裁决后交法院执行，本题 B 选项正确。

综上所述，本题答案为 B。

5.【参考答案】 B

【解析】 在原审中，庄某为原告，乙超市为被告，由于庄某是以违约为由提起诉讼，故原告、被告之间的法律关系为买卖合同关系，如果丙厂家参加原审，丙厂家并非该买卖合同关系的一方当事人，故其诉讼地位应当为有独三或者无独三，当然，丙厂家对原告庄某和被告乙超市所争议的买卖合同关系没有独立请求权，只是与该案件的处理结果存在法律上的利害关系，故丙厂家如果参加原审，其诉讼地位为无独三。丙厂家本应作为原审无独三，但由于不能归责于本人事由没有参加诉讼，有证据证明原生效裁判侵犯自身合法权益的，有权提起第三人撤销之诉。

关于第三人撤销之诉中当事人的诉讼地位问题，第三人撤销之诉中以起诉第三人为原告，原审原告、被告、有独三为被告，原审无独三分情形讨论：原审承担责任的无独三作为被告，原审不承担责任的无独三作为第三人。本案丙厂家提起第三人撤销之诉，为第三人撤销之诉的原告；原审只有原告庄某和被告乙超市，故原审的原告庄某和被告乙超市应当作为被告，本题 B 选项正确。

综上所述，本题答案为 B。

6.【参考答案】 D

【解析】 二审原则上应当由审判员组成合议庭，但中级人民法院对第一审适用简易程序审结或者不服裁定提起上诉，且事实清楚、权利义务关系明确的第二审民事案件，经双方当事人同意，可以由审判员一人独任审理。首先，二审程序如果符合条件可以适用独任制，故 A 选项错误。其次，本案中乙公司当庭对二审法院适用独任制提出异议，即表明未取得双方当事人同意，故本案二审不得适用独任制。同时，法院在审理过程中，发现案件不宜由审判员一人独任审理的，应当裁定转由合议庭审理。当事人认为案件由审判员一人独任审理违反法律规定的，可以向法院提出异议。法院审查，认为异议成立的，裁定转由合议庭审理；异议不成立的，裁定驳回。故本案二审不能适用独任制审理，乙公司的异议成立，法院应当裁定将案件转为合议制，故 D 选项正确。最后，二审适用独任制需要经过双方当事人同意，故二审法院不能依职权适用独任制审理，C 选项错误。当然，从来没有简易程序一审终审的说法，故 B 选项错误。

综上所述，本题答案为 D。

7.【参考答案】 C

【解析】 本案中石某和房某侵权损害赔偿纠纷，经法院调解达成调解协议后法院据此制作了调解书。调解书生效后，石某主张两个问题：一是认为据以制作调解书的调解协议是因为受到胁迫而签署的；二是调解书生效后为治疗后遗症花费了 4 万元。逐一分析：石某主张调解协议是受到胁迫签署的，显然，石某认为调解违反了自愿原则，石某有权对调解书申请再审。但值得注意的是，申请再审的期限是裁判文书生效后 6 个月内，而此时距调解书生效之日已经超过 6 个月，石某不能申请再审，B 选项错误；石某主张因为治疗后遗症又花费手术费 4 万元，属于调解书生效后发生了新的事实，故此时石某可以另行起诉，法院应当依法受理，故 C 选项正确。当然，调解书作为法院制作的生效裁判文书，只能通过再审、第三人撤销之诉等法定程序予以纠正，不存在撤销或者确认无效的问题，A、D 选项错误。

综上所述，本题答案为 C。

8.【参考答案】 C

【解析】 确认之诉的判决为确认判决，给付之诉的判决为给付判决，形成之诉的判决为形成判决。公示催告程序作为非讼程序，根本就不是一个

"诉",故不可能是确认之诉、给付之诉、形成之诉,因此该程序中作出的除权判决不属于确认判决、给付判决和形成判决中的任意一种,排除A、D选项,C选项表述正确。B选项考查除权判决的效力,公示催告期间届满无人申报权利的,申请人应当在公示催告期届满之日起一个月内向法院申请作出除权判决,宣告票据无效。除权判决应当公告,自公告之日起生效,申请人有权向支付人请求支付,支付人拒绝支付的,申请人可以向法院起诉。可见除权判决不能直接成为执行根据,B选项错误。

综上所述,本题答案为C。

9.【参考答案】 D

【解析】 根据《环境保护法》第58条第1款的规定,对污染环境、破坏生态,损害社会公共利益的行为,符合下列条件的社会组织可以向人民法院提起诉讼:(1)依法在设区的市级以上人民政府民政部门登记;(2)专门从事环境保护公益活动连续5年以上且无违法记录。故从事环保公益活动只有连续3年的环保组织没有资格提起环境公益诉讼,A选项错误;根据《环境公益诉讼解释》第17条的规定,环境民事公益诉讼案件审理过程中,被告以反诉方式提出诉讼请求的,法院不予受理,故B项错误;人民法院受理公益诉讼案件后,应当在10日内书面告知相关行政主管部门,而非环保组织,因此C选项说法错误;根据《环境公益诉讼解释》第25条第1款的规定,环境民事公益诉讼当事人达成调解协议或者自行达成和解协议后,人民法院应当将协议内容公告,公告期间不少于30日,D选项说法正确。

综上所述,本题答案为D。

10.【参考答案】 C

【解析】 根据《民事诉讼法》第238条的规定,执行过程中,案外人对执行标的提出书面异议的,人民法院应当自收到书面异议之日起15日内审查,理由成立的,裁定中止对该标的的执行;理由不成立的,裁定驳回。案外人、当事人对裁定不服,认为原判决、裁定错误的,依照审判监督程序办理;与原判决、裁定无关的,可以自裁定送达之日起15日内向人民法院提起诉讼。据此,法院审查后认为案外人主张对执行标的享有足以排除强制执行的理由不成立,裁定驳回后,案外人可通过申请再审或提起执行异议之诉方式救济。本题中吕某因主张对作为执行标的的部分厂房享有所有权而提出异议,其性质属于执行标的异议。吕某由于重复提出异议被法院裁定驳回,为维护其合法权益,可参照适用《民事诉讼法》第238条的规定,以因异议理由不成立而被裁定驳回的方式予以救济。此时,由于据以执行的生效判决并未涉及厂房的权利归属,故属于与原生效判决无关,案外人吕某可向执行法院提起执行异议之诉。选项C正确,其余选项均错误。

综上所述,本题答案为C。

11.【参考答案】 D

【解析】 本题可用排除法作答,法院院长同意、对方当事人同意或利息计算错误并不符合启动再审的法定事由,不属于《民事诉讼法》第211条规定的人民法院应当再审的13种情形,排除选项A、B、C。

综上所述,本题答案为D。

二、多项选择题

1.【参考答案】 ABD

【解析】 首先,本案属于金钱给付案件,标的额200元,且不存在禁止适用小额诉讼程序的情形,故法院可以适用小额诉讼的程序审理,小额诉讼的程序一审终审,故本题C选项错误,D选项正确。其次,小额诉讼程序本身也是一种简易程序,故简易程序中的其他规定也适用于小额诉讼的程序。适用简易程序审理案件,法院可以采取捎口信、电话、短信、传真、电子邮件等简便方式传唤双方当事人、通知证人和送达诉讼文书。最后,以简便方式送达的开庭通知,未经当事人确认或者没有其他证据证明当事人已经收到的,不得缺席判决。故在简易程序中法院可以通过简便方式送达文书(包括裁判文书),唯一需要注意的是如果通过简便方式送达开庭通知,必须确保当事人收悉,否则不允许缺席判决。故本案中法院可以采用短信等简便方式传唤当事人,送达裁判文书,A、B选项表述正确。

综上所述,本题答案为ABD。

2.【参考答案】 CD

【解析】 张三起诉李四归还借款6万元,标的额超过了该省上年度就业人员平均工资的50%,但在2倍以下,当事人可以协议适用小额诉讼的程序,故在张三、李四同意适用小额诉讼的程序审理的情况下,法院可以适用小额诉讼的程序审理。但审理过程中李四对张三提出了反诉,根据《民事诉讼法》第166条的规定,当事人提出反诉的案件不得适用小额诉讼的程序审理,故本案不能继续适用小额诉讼的程序审理,应当适用简易程序的其他规定审理或者裁定将案件转为普通程序。当然,当事人也可以对法院适用小额诉讼的程序提出异议。

故本题C、D选项正确,A、B选项错误。

综上所述,本题答案为CD。

3.【参考答案】 ABC

【解析】 根据《执行和解规定》,当事人在执行中达成和解协议后法院应当裁定中止执行,如果和解协议履行完毕,法院裁定执行终结。当然,由于迟延履行或者瑕疵履行造成损失的可以另行起诉赔偿;如果义务人拒不履行和解协议,权利人可以申请恢复对原生效法律文书的执行,也可以选择就和解协议提起诉讼。可见,《执行和解规定》赋予了执行和解协议可诉性——当事人可以就执行和解协议起诉。一方面,当义务人拒不履行和解协议时,权利人可以起诉义务人要求履行和解协议(给付之诉);另一方面,当事人、利害关系人也可以起诉要求确认和解协议无效或者撤销和解协议。在本案中,权利人甲公司和义务人张三在执行中达成和解协议,义务人张三认为和解协议的达成是因为受到胁迫,而拒不履行和解协议。此时权利人甲公司要想实现权利,可以申请恢复对原生效判决的执行,也可以选择就和解协议起诉;同时义务人张三认为和解协议是因为受到胁迫而达成的,可以向法院起诉请求撤销和解协议。综上所述,本题A、B、C选项正确。当然,本案甲公司和张三之间的借款合同纠纷已经由法院依法审理并作出判决,该判决具有既判力,甲公司和张三就本案借款合同不能再次起诉,如果甲公司再次就借款纠纷起诉将构成重复起诉,法院不予受理,D选项错误。

综上所述,本题答案为ABC。

4.【参考答案】 AC

【解析】 首先,分析被告方。小赵侵权时为无、限制民事行为能力人,根据《民诉解释》第67条的规定,无、限制民事行为能力人造成他人损害的,无、限制民事行为能力人和其监护人为共同被告,故本案应当以小赵和老赵为共同被告,A选项正确。其次,分析原告方。小张有诉讼权利能力,且为侵权法律关系的被害人,故为适格原告;同时小张没有诉讼行为能力,故应当由其监护人老张作为法定代理人代为诉讼。因此本案C选项正确,D选项错误。最后,由于开庭时小赵已经年满18周岁,具有诉讼行为能力,应当亲自参加诉讼,不存在法定代理人的问题,故B选项错误。

综上所述,本题答案为AC。

三、不定项选择题

1.【参考答案】 BD

【解析】 根据《民诉解释》第30条第1款的规定,根据管辖协议,起诉时能够确定管辖法院的,从其约定;不能确定的,依照《民事诉讼法》的相关规定确定管辖。也就是要求管辖协议中约定的管辖法院应当在起诉时能够确定,如果在起诉时无法根据管辖协议确定管辖法院,该管辖协议无效,应当根据《民事诉讼法》的规定确定管辖法院。本案中,当事人在管辖协议中约定由"守约方所在地法院管辖",至于谁是守约方,只有待案件经过实体审理后才能确定,故在起诉时无法确定,应当认定该管辖协议无效,本题A选项错误。在管辖协议无效的情况下,根据《民事诉讼法》的规定,合同纠纷由被告住所地或者合同履行地法院管辖:首先确定被告乙公司住所地为B县,B县法院有管辖权;然后确定合同履行地,本案合同中约定履行地为C县,故以约定的履行地C县为合同履行地,C县法院有管辖权。综上所述,本案有管辖权的法院为B县(被告住所地)和C县(合同履行地)法院,选项B、D正确。至于选项C提及的A县法院为原告住所地法院,没有管辖权,C选项错误。

综上所述,本题答案为BD。

2.【参考答案】 C

【解析】 宇威公司在提交答辩状期间提出管辖权异议,乙区法院驳回其管辖权异议,对驳回管辖权异议的裁定当事人可以在收到裁定书之日起10日内上诉,而宇威公司并未上诉,故上诉期满,该管辖权异议裁定生效,据此,乙区法院依法取得对本案的管辖权,故一审管辖不存在错误,A、D选项错误。宇威公司拒不到庭,乙区法院依法对宇威公司缺席判决的做法正确,不存在程序违法问题,故二审法院无须发回重审,B选项错误。

综上所述,本题答案为C。

3.【参考答案】 CD

【解析】 本案中原告提起了两个请求,一是请求撤销乙和丙之间的买卖合同,二是判令将乙支付给丙的价款返还给自己。显然,本案第一个诉是第二个诉的先决条件,只有在法院判决撤销了乙和丙之间的买卖合同的基础上才存在货款的返还问题,故将两个诉合并审理属于诉的预备合并,本题C选项正确。同时,诉的预备合并本身属于一种客体的合并,本题D选项亦为正确。

综上所述,本题答案为CD。

4.【参考答案】 AC

【解析】 根据《民诉解释》第492条的规定,执行标的物为特定物的,应当执行原物。原物确已毁损或者灭失的,经双方当事人同意,可以折价赔偿。双方当事人对折价赔偿不能协商一致的，人民法院应当终结执行程序。申请执行人可以另行起诉。据此，本案原判决的执行标的物花瓶属于特定物，该花瓶已被打碎，双方可以协商折价赔偿；协商不成，法院应终结执行程序，韦某可就赔偿问题另行起诉，但法院不能直接执行孙某5万元的其他财产。故选项A正确，选项D错误。根据《执行和解规定》第9条的规定，被执行人一方不履行执行和解协议的，申请执行人可以申请恢复执行原生效法律文书，也可以就履行执行和解协议向执行法院提起诉讼。据此，双方达成执行和解协议后，孙某反悔不履行，首先申请执行人韦某可以就执行和解协议的履行起诉，但执行和解协议不能直接成为执行根据。选项C正确，选项B错误。

综上所述，本题答案为AC。

2021年客观题试题

一、单项选择题

1. A区的甲公司与B区的乙公司签订合同，约定合同履行地在C区。两公司随后又达成补充协议，约定发生纠纷由C区法院管辖。后经乙公司同意，甲公司将合同转让给D区的丙公司，丙公司对补充协议并不知情。后丙公司起诉乙公司要求履行合同，乙公司主张转让合同无效。关于本案，下列哪一法院有管辖权？（　　）

A. A区法院　　B. B区法院

C. C区法院　　D. D区法院

2. 张三与李四自愿登记结婚，李四的母亲却一直反对，遂以李四与张三结婚时未达到法定结婚年龄为由，向法院起诉请求确认婚姻无效。诉讼过程中，因李四态度坚决，李四的母亲无奈向法院申请撤诉。关于本案的处理，法院的下列哪一做法是正确的？（　　）

A. 裁定同意撤诉申请　　B. 调解结案

C. 判决结案　　D. 裁定驳回起诉

3. 马某以10万元价格购买张某的一套茶具，双方约定马某分期付款，张某拿到首付款后交付茶具，但在马某付清全部价款前茶具仍归张某所有。收到2万元首付款后，张某交付茶具。合同履行过程中，张某因拖欠李某借款被诉至法院，李某胜诉后申请法院强制执行，法院对茶具进行了扣押。关于对马某的救济措施，下列哪一表述是正确的？（　　）

A. 提出执行异议之诉，法院应予受理

B. 对扣押行为提出执行异议，法院应予支持

C. 要求继续履行合同，法院应予支持

D. 提供担保后申请解除扣押，法院应予支持

4. 红光公司因合同纠纷起诉绿源公司，甲市乙区法院一审判决红光公司胜诉。绿源公司不服一审判决，通过乙区法院提起上诉，乙区法院收到上诉状后发现，绿源公司的上诉已超过法定上诉期限。关于本案的处理，乙区法院的下列哪一做法是正确的？（　　）

A. 报请甲市中级法院裁定驳回绿源公司的上诉

B. 直接裁定驳回绿源公司的上诉

C. 不予接收绿源公司的上诉状

D. 向甲市中级法院移送案卷

5. 甲公司与乙公司订有买卖合同一份，之后甲公司通知乙公司，因商品不达标要求解除合同，乙公司收到后一直置之不理。甲公司向法院起诉请求确认合同解除，一审法院经过审理判决合同解除并向双方送达判决书。乙在上诉状中提出，即使合同解除，甲也应当返还商品，二审法院维持原判并向双方送达判决书。关于本案，下列哪一说法是错误的？（　　）

A. 甲的起诉是确认之诉

B. 甲的起诉是变更之诉

C. 买卖合同于乙收到解约书面通知时即解除

D. 乙提出返还商品的请求构成预备合并，法院应当一并审理

6. 甲因借款纠纷起诉乙，要求乙返还借款2万元，法院审理中查明借款金额应为20万元。法官询问甲，甲表示知晓总金额，但因乙背信弃义，要分10次起诉给他教训。关于本案，下列说法正确的是？（　　）

A. 对2万元作出判决，其既判力及于20万元

B. 对2万元作出判决，其既判力仅及于2万元

C. 法院对20万元作出判决不违反处分原则

D. 经过乙同意，法院可以将剩余18万元一并判决

7. 张三向李四借款10万元，借1年，双方约定利息1万元，到期不归还借款支付罚息2万元。后张三到期未偿还借款，李四起诉要求张三归还本金并支付利息和罚息。关于本案诉讼标的的数量，下列哪一表述是正确的？（　　）

A. 仅有一个诉讼标的

B. 本金和利息一个诉讼标的，罚息一个诉讼

标的

C. 本金一个诉讼标的，利息和罚息一个诉讼标的

D. 本金、利息、罚息共三个诉讼标的

8. 张三向李四借款50万元，由王五提供保证，保证合同中未约定保证方式。后因借款清偿发生纠纷，一审法院判决认定王五承担连带保证责任。王五不服提起上诉，二审法院判决王五承担一般保证责任。判决生效后，王五以签订保证合同时意思表示错误不应承担保证责任为由申请再审。关于对王五申请的处理，下列哪一做法是正确的？（　　）

A. 裁定再审后组织调解，调解不成，告知另行起诉

B. 裁定再审后组织调解，调解不成，裁定发回重审

C. 裁定不予受理再审申请

D. 裁定驳回再审申请

9. 张三与李四签订防疫物资买卖合同，双方约定合同履行发生纠纷时向甲仲裁委员会申请仲裁。因李四供应的货物质量不合格，张三就赔偿事宜向甲仲裁委员会申请仲裁。仲裁过程中，经仲裁庭调解，双方达成调解协议。关于仲裁调解，下列哪一表述是正确的？（　　）

A. 如李四不履行调解协议，张三可以向仲裁机构所在地法院申请执行

B. 如调解达成协议后李四即时向张三履行，仲裁庭无须制作调解书

C. 仲裁庭可根据调解协议制作仲裁裁决书

D. 仲裁庭应根据调解协议制作仲裁调解书

10. 甲因合同纠纷起诉星星公司，诉讼过程中甲突发急病，不幸变成植物人。其父老甲表示要撤回起诉，专心为甲治病；其妻乙不同意撤诉，想要继续进行诉讼。对此，法院的下列哪一做法是正确的？（　　）

A. 变更乙为原告，继续诉讼

B. 裁定诉讼中止

C. 裁定乙为法定代理人，继续诉讼

D. 裁定准许撤诉

11. 甲省规定不超过3000万元的财产纠纷由基层法院管辖。大昌公司在甲省乙市丙区法院起诉请求兴平公司支付工程款2500万元。法庭辩论终结后，合议庭评议一致决定支持大昌公司的诉讼请求。准备写判决书时，大昌公司变更诉讼请求要求兴平公司支付工程款3500万元。对此，法院的下列哪一做法是正确的？（　　）

A. 直接移送乙市中级法院审理

B. 直接就2500万元诉讼请求作出判决

C. 重新进行法庭调查

D. 兴平公司提出管辖权异议后移送管辖

12. 杨某和谢某办理结婚手续后，杨某向法院起诉确认婚姻无效。诉讼过程中谢某突发疾病死亡，其没有任何直系亲属。对此，法院的下列哪一做法是正确的？（　　）

A. 裁定诉讼终结

B. 裁定诉讼中止

C. 继续审理后作出判决

D. 追加民政部门为诉讼参加人

13. 甲公司与乙公司签订设备购销合同，双方约定发生纠纷向H仲裁委员会申请仲裁。后因设备质量发生争议，甲公司向H仲裁委员会申请仲裁。本案仲裁标的额为50万元，双方约定由3名仲裁员合议仲裁。但H仲裁委员会规定，100万元以下的案件只能由一名仲裁员独任仲裁。H仲裁委员会安排独任仲裁员裁决支持甲公司的请求后，乙公司申请法院撤销仲裁裁决。关于本案，下列说法正确的是？（　　）

A. 乙公司可以仲裁庭组成违法为由申请撤销仲裁裁决

B. 因仲裁员独任裁决，法院可安排法官独任审查

C. 法院可直接裁定撤销仲裁裁决

D. 法院可通知仲裁庭重新仲裁

14. 甲区张三是乙区李四的债权人，李四享有对丙区王五的到期债权不予主张，张三向丙区法院代位起诉王五。在一审开庭前，王五反诉张三，提出其与李四之间订立有仲裁协议，应按照仲裁协议申请仲裁。对此，丙区法院的下列哪一做法是正确的？（　　）

A. 继续审理本案　　　　B. 移交仲裁庭审理

C. 裁定驳回起诉　　　　D. 通知仲裁庭立案

15. 美国人汤姆在中国生活期间，花费500元向中国卖家网购一件衬衫，因衬衫质量问题产生纠纷，汤姆向互联网法院起诉。关于本案可适用的程序规则，下列哪一选项是不正确的？（　　）

A. 决定线下开庭审理

B. 电子送达判决书

C. 审判员独任审理

D. 适用小额诉讼程序审理

二、多项选择题

1. 张三起诉李四要求清偿借款，李四主张该笔

欠款已经偿还。为证明其主张，李四向法院提交了一张有张三签名的收条，张三提出其签名系伪造。关于本案收条的证明，下列哪些说法是正确的？（　　）

A. 张三对收条的真实性承担证明责任

B. 李四对收条的真实性承担证明责任

C. 张三对签名为假承担提供证据责任

D. 李四对签名为真承担提供证据责任

2. 夏某向甲银行贷款500万元，由夏某和杜某各自提供一套房屋设定抵押担保。抵押合同约定发生纠纷时向A市仲裁委员会申请仲裁。后因夏某无力归还贷款，甲银行向法院申请实现房屋抵押权。夏某对此无异议，杜某提出抵押合同因受欺诈而订立请求法院撤销。关于本案的处理，下列哪些选项是正确的？（　　）

A. 裁定准许拍卖夏某的房屋

B. 裁定准许拍卖杜某的房屋

C. 裁定驳回甲银行拍卖夏某房屋的申请，告知另行仲裁

D. 裁定驳回甲银行拍卖杜某房屋的申请，告知另行仲裁

3. 甲公司与乙公司因合同纠纷起诉至法院，二审审理过程中，甲公司和丙公司合并为丁公司。关于本案，下列说法正确的是？（　　）

A. 法院作出的一审判决对丁公司有实质的既判力

B. 乙公司可以向法院申请更换丁公司为诉讼当事人

C. 法院可依职权更换丁公司为诉讼当事人

D. 法院继续审理，作出的判决对丁公司有拘束力

4. 张三向李四借款60万元，期限两年，王五提供连带保证。张三只在第一年还款6万元，后李四持张三欠其60万元的借条起诉，称双方口头约定10%的利息，偿还的6万元乃第一年的利息，请求法院判令两被告归还60万元借款本金以及第二年的利息共66万元。第一次开庭时张三承认6万元是利息，第二次开庭时张三改口称双方未约定利息，第一年还款6万元属于本金，现只欠李四54万元。王五始终拒绝承认约定过利息。各方均无其他证据。关于本案，下列表述正确的是？（　　）

A. 张三第一次自认有效，应向李四归还66万元

B. 王五未承认约定利息的事实，张三的表述不构成自认，应归还54万元

C. 王五应承担60万元的担保责任

D. 王五应与张三一并向李四归还54万元

5. 张三向李四借款10万元，双方约定合同履行发生纠纷时由张三所在地的甲法院管辖，后李四又与王五就该笔借款签订保证合同，约定合同履行发生纠纷时由王五所在地的乙法院管辖。后因张三拖欠借款发生纠纷。关于李四的救济方式，下列哪些选项是正确的？（　　）

A. 向甲法院起诉张三和王五

B. 向乙法院起诉张三和王五

C. 向甲法院起诉张三

D. 向乙法院起诉王五

6. 张三和李四婚后育有一子。后因性格不合，张三向法院起诉离婚，法院判决两人离婚，儿子由张三抚养，李四每月可探望两次。李四因多次探望被拒，向法院申请强制执行。对此，法院可采取下列哪些强制措施？（　　）

A. 可对张三拘留

B. 可对张三罚款

C. 可将孩子带到指定场所探望

D. 可将李四带到张三住处探望

7. 甲向某银行贷款100万元，由乙提供担保。后甲又向该银行贷款80万元，由丙提供担保。两笔贷款现均已到期，甲无力还款，该银行就两笔贷款分别向法院起诉，法院决定将两个案件合并审理。关于本案，下列哪些说法是正确的？（　　）

A. 法院合并审理应当经乙、丙同意

B. 合并审理是诉的合并，应当经甲同意

C. 法院不应当合并审理

D. 本案是必要共同诉讼，应当合并审理

三、不定项选择题

1. 员工张某与甲汽修厂签订技术转让合同，在合同履行过程中发生了纠纷。依合同约定的仲裁条款，张某向A市仲裁委员会申请仲裁。裁决作出后，甲汽修厂以仲裁违反法定程序为由申请法院撤销该裁决。A市人民法院经审查，裁决撤销A市仲裁委员会的裁决。在此情况下，张某可以采取的救济措施有：（　　）

A. 可以要求A市仲裁委员会裁决此案的原仲裁庭纠正程序上的错误并再次对此案作出裁决

B. 可以根据原合同的仲裁条款再次申请仲裁

C. 可以与甲汽修厂重新达成仲裁协议申请仲裁

D. 可以就该合同纠纷向人民法院起诉

2. H国星辉公司和中国A市的益华公司订立

合同,约定合同纠纷由H国S市法院适用中国《民事诉讼法》解决。后双方达成补充协议,约定合同纠纷除可以向H国S市法院诉讼外,还可向中国A市仲裁委员会申请仲裁,但须适用H国国际仲裁中心规则。后双方发生合同纠纷,根据我国相关法律和司法解释,关于该纠纷解决方式,下列判断正确的是:(　　)

A. 可由H国S市法院适用中国《民事诉讼法》解决

B. 可由H国S市法院适用H国民事诉讼规则解决

C. 可由中国A市仲裁委员会适用H国国际仲裁中心仲裁规则解决

D. 可由中国A市仲裁委员会适用自己的仲裁规则解决

3. 某个体工商户依法领取执照并登记字号为"家家利商店",登记的经营者为张三,但是张三转让给李四经营。后因供货商未能按时供货,其欲起诉供货商。本案中,适格原告应是:(　　)

A. 张三　　B. 李四

C. 张三和李四　　D."家家利商店"

2021年客观题试题参考答案及解析

一、单项选择题

1.【参考答案】 B

【解析】《民诉解释》第33条规定,合同转让的,合同的管辖协议对合同受让人有效,但转让时受让人不知道有管辖协议,或者转让协议另有约定且原合同相对人同意的除外。据此,因丙公司不知道存在补充的管辖协议,因此管辖协议对丙公司无效。

《民诉解释》第18条第3款规定,合同没有实际履行,当事人双方住所地都不在合同约定的履行地的,由被告住所地人民法院管辖。据此,丙公司起诉要求乙公司履行合同,证明合同并未实际履行,双方当事人的住所地均不在约定履行地C区,本案应由被告乙公司住所地B区法院管辖。因此选项B当选,A、C、D均不正确,不当选。

2.【参考答案】 C

【解析】《婚姻家庭编解释(一)》第11条第1款规定,人民法院受理请求确认婚姻无效案件后,原告申请撤诉的,不予准许。据此,法院不应准许李四母亲提出的撤诉申请,A错误。

该条第2款规定,对婚姻效力的审理不适用调解,应当依法作出判决。故选项B错误,C正确。

裁定驳回起诉的适用情形是法院立案后发现起诉不符合法定条件。关于确认婚姻无效案件的原告,该解释第9条规定,向人民法院就已办理结婚登记的婚姻请求确认婚姻无效的主体,包括婚姻当事人及利害关系人。以未到法定婚龄为由请求确认婚姻无效,未到法定婚龄者的近亲属属于利害关系人。因此,李四的母亲作为利害关系人有权起诉确认婚姻无效,法院不应裁定驳回起诉,D错误。

3.【参考答案】 C

【解析】 最高人民法院《关于人民法院民事执行中查封、扣押、冻结财产的规定》第14条规定,被执行人将其财产出卖给第三人,第三人已经支付部分价款并实际占有该财产,但根据合同约定被执行人保留所有权的,人民法院可以查封、扣押、冻结;第三人要求继续履行合同的,向人民法院交付全部余款后,裁定解除查封、扣押、冻结。本案中,张某作为被执行人,法院可以扣押其保留所有权的茶具,马某可以要求继续履行合同。因此C正确,A、B、D均错误。

4.【参考答案】 D

【解析】 原审法院对当事人的上诉不进行审查,上诉的立案审查权为第二审法院所享有,原审法院仅仅是协助二审法院完成相应的诉状送达工作,并依法将案件移送第二审法院。第二审法院收到第一审法院移送的上诉材料及一审卷宗材料后,再对上诉人是否在法定上诉期内提交上诉状进行审查。因此,乙区法院应将案件卷宗移交甲市中级法院,由甲市中级法院对绿源公司的上诉是否超过法定上诉期进行审查。因此D正确,A、B、C均错误。

5.【参考答案】 B

【解析】 甲的诉讼请求为确认合同解除,此为确认之诉,且依据合同解除权的运行原理,合同应当于解除通知到达对方时解除,因此选项A和选项C的说法正确,选项B的说法错误。

诉的预备合并是指当事人向法院提出一个在先之诉,为预防在先之诉无理由而向法院提出一个在后之诉,当法院认为在先顺序的诉无理由时,由法院就后位之诉再进行审理,而当在先之诉有理由时,在后顺序的诉自然消灭的情况。主位诉讼与备位诉讼互相排斥,但又存在牵连关系,为了诉讼经济和避免矛盾裁判,在当事人提出备位请求时,法院应当将主位请求与备位请求一并审理。

本案中，乙在上诉状中提出，即使合同解除，甲也应当返还商品，乙的这一请求与反对合同解除为排斥关系，是为了预防反对合同解除请求不被支持而提出的后位请求，因此此项请求构成诉讼请求的预备合并，法院应当一并审理，因此选项 D 的说法正确。

6.【参考答案】 A

【解析】 从纠纷一次性化解角度，对部分请求应予限制。否则原告提出部分请求，既耗费司法资源，也增加了对方当事人不必要的诉累。因此除非原告有合理理由提起部分请求，否则部分请求的既判力客观范围应当及于全部请求。据此，甲欲将 20 万元争议标的额分为 10 次提起诉讼，仅为了给乙教训，这显然不属于提出部分请求的合理理由。因此，对 2 万元的判决的既判力客观范围应及于全部 20 万元。A 正确，B 错误。

处分原则是指民事诉讼当事人有权在法律规定的范围内，处分自己的民事权利和诉讼权利。违反处分原则的常见情形是法院裁判遗漏或超出诉讼请求范围。据此，甲仅起诉 2 万元，法院对全部 20 万元作出判决，超越诉讼请求范围，违反了处分原则。C 错误。

不管被告是否同意，法院都应以原告的请求范围为限作出判决。D 错误。

7.【参考答案】 A

【解析】 诉讼标的是指当事人之间发生争执并要求法院作出裁判的民事权利义务关系。据此，无论李四起诉要求张三支付的是本金、利息还是罚息，均依据双方发生争议要求法院裁判的民间借贷合同关系。因此，本案虽然有 3 项不同的诉讼请求，但诉讼标的仅有一个。A 正确。

8.【参考答案】 D

【解析】 《民诉解释》第 393 条第 2 款规定，当事人主张的再审事由不成立，或者当事人申请再审超过法定申请再审期限、超出法定再审事由范围等不符合《民事诉讼法》和本解释规定的申请再审条件的，人民法院应当裁定驳回再审申请。据此，王五的再审事由不符合《民事诉讼法》第 211 条规定的 13 项再审法定情形，法院应裁定驳回其再审申请。因此 D 正确。

9.【参考答案】 C

【解析】 《仲裁法解释》第 29 条规定，当事人申请执行仲裁裁决案件，由被执行人住所地或者被执行的财产所在地的中级人民法院管辖。据此，李四不履行依据调解协议制作的仲裁裁决书或仲裁调解书时，张三应向李四住所地或者被执行的财产所在地法院提出申请。选项 A 错误。

《仲裁法》第 51 条第 2 款规定，调解达成协议的，仲裁庭应当制作调解书或者根据协议的结果制作裁决书。调解书与裁决书具有同等法律效力。据此，仲裁调解达成协议，必须制作调解书或裁决书，B 错误。调解后既可制作仲裁调解书，又可制作仲裁裁决书。C 正确，D 错误。

10.【参考答案】 B

【解析】 《民事诉讼法》第 153 条第 1 款第 2 项规定，一方当事人丧失诉讼行为能力，尚未确定法定代理人的，中止诉讼。据此，原告甲在诉讼过程中突发急病变为植物人，属于丧失诉讼行为能力，因尚未确定法定代理人，法院应裁定中止诉讼。选项 B 正确，A、C、D 均错误。

11.【参考答案】 B

【解析】 《民诉解释》第 232 条规定，在案件受理后，法庭辩论结束前，原告增加诉讼请求，被告提出反诉，第三人提出与本案有关的诉讼请求，可以合并审理的，人民法院应当合并审理。

据此，原告增加诉讼请求应当在法庭辩论结束前提出，本案中大昌公司增加诉讼请求已经超过了法定期限，一审法院不应处理，应直接就原诉讼请求作出判决。B 正确，A、C、D 均错误。

12.【参考答案】 C

【解析】 《婚姻家庭编解释（一）》第 14 条规定，夫妻一方或者双方死亡后，生存一方或者利害关系人依据《民法典》第 1051 条的规定请求确认婚姻无效的，人民法院应当受理。据此，既然夫妻一方死亡，生存一方都可以请求确认婚姻无效，那么谢某在诉讼中死亡，法院也应对案件继续审理。C 正确，A、B、D 均错误。

13.【参考答案】 A

【解析】 仲裁庭由 3 名仲裁员组成还是 1 名仲裁员组成，应由双方当事人约定。而 H 仲裁委员会违背双方当事人的意愿，强行规定由独任仲裁员裁决违反了《仲裁法》第 31 条的规定。《仲裁法》第 58 条第 1 款第 3 项规定，仲裁庭的组成或者仲裁的程序违反法定程序的，当事人可以向仲裁委员会所在地的中级人民法院申请撤销裁决。据此，选项 A 正确。

《仲裁法解释》第 24 条规定，当事人申请撤销仲裁裁决的案件，人民法院应当组成合议庭审理，并询问当事人。据此，法院不应安排法官独任审查撤销仲裁裁决案件。选项 B 错误。

最高人民法院《关于仲裁司法审查案件报核问题的有关规定》第 2 条第 2 款规定，各中级人民法院或者专门人民法院办理非涉外涉港澳台仲裁司法审查案件，经审查拟认定仲裁协议无效，不予执行或者撤销我国内地仲裁机构的仲裁裁决，应当向本辖区所属高级人民法院报核；待高级人民法院审核后，方可依高级人民法院的审核意见作出裁定。据此，中级人民法院不能直接裁定撤销仲裁裁决，应履行报核手续。选项 C 错误。

《仲裁法解释》第 21 条第 1 款规定，当事人申请撤销国内仲裁裁决的案件属于下列情形之一的，人民法院可以依照《仲裁法》第 61 条的规定通知仲裁庭在一定期限内重新仲裁：(1)仲裁裁决所根据的证据是伪造的；(2)对方当事人隐瞒了足以影响公正裁决的证据的。据此，本题案情表述并未涉及证据问题，法院不能通知仲裁庭重新仲裁。选项 D 错误。

14.【参考答案】 A

【解析】 仲裁只对仲裁协议的双方当事人发生约束力，本案中仲裁协议由次债务人王五与债务人李四订立，该仲裁协议对债权人张三并无约束力。因此张三有权直接向丙区法院起诉次债务人王五，法院应继续审理本案。A 正确，B、C、D 均错误。

15.【参考答案】 D

【解析】 最高人民法院《关于互联网法院审理案件若干问题的规定》第 12 条规定，互联网法院采取在线视频方式开庭。存在确需当庭查明身份、核对原件、查验实物等特殊情形的，互联网法院可以决定在线下开庭，但其他诉讼环节仍应当在线完成。据此，互联网法院可决定线下开庭。A 正确。

该规定第 15 条第 3 款规定，经告知当事人权利义务，并征得其同意，互联网法院可以电子送达裁判文书。当事人提出需要纸质版裁判文书的，互联网法院应当提供。据此，若当事人同意，互联网法院可电子送达判决书。B 正确。

该规定第 18 条规定，对需要进行公告送达的事实清楚、权利义务关系明确的简单民事案件，互联网法院可以适用简易程序审理。据此，即便需要公告送达，互联网法院也可适用简易程序审理案件。本题案情简单，标的额小，完全可以适用简易程序审理。又根据《民事诉讼法》第 40 条第 2 款规定，适用简易程序审理的民事案件，由审判员一人独任审理。因此，本案可由法官独任审理。C 正确。

《民事诉讼法》第 166 条第 2 项规定，涉外案件不适用小额诉讼程序。据此，因当事人汤姆为美国人，本案为涉外案件，不适用小额诉讼程序审理。D 错误。

二、多项选择题

1.【参考答案】 BC

【解析】 《民诉证据规定》第 92 条第 1 款规定，私文书证的真实性，由主张以私文书证证明案件事实的当事人承担举证责任。据此，收条的真实性应由主张以收条证明欠款已归还事实的李四承担证明责任。选项 A 错误，B 正确。

该条第 2 款规定，私文书证由制作者或者其代理人签名、盖章或捺印的，推定为真实。据此，收条有张三的签名，推定为真实。张三若认为其签名是伪造的，应承担提供证据责任。选项 C 正确，D 错误。

2.【参考答案】 AD

【解析】 《民诉解释》第 370 条规定，人民法院审查后，按下列情形分别处理：(1)当事人对实现担保物权无实质性争议且实现担保物权条件成就的，裁定准许拍卖、变卖担保财产；(2)当事人对实现担保物权有部分实质性争议的，可以就无争议部分裁定准许拍卖、变卖担保财产；(3)当事人对实现担保物权有实质性争议的，裁定驳回申请，并告知申请人向人民法院提起诉讼。据此，夏某对实现担保物权无异议，法院可裁定准许拍卖夏某的房屋。故 A 正确，C 错误。

杜某对抵押合同效力提出异议，这属于实质性争议，法院应裁定驳回甲银行拍卖杜某房屋的申请。又因为双方就抵押合同约定了仲裁条款，合法有效的仲裁排斥诉讼，法院应告知甲银行另行申请仲裁。故 B 错误，D 正确。

3.【参考答案】 BC

【解析】 《民诉解释》第 334 条规定："在第二审程序中，作为当事人的法人或者其他组织分立的，人民法院可以直接将分立后的法人或者其他组织列为共同诉讼人；合并的，将合并后的法人或者其他组织列为当事人。"

当事人的"死亡、终止、分立、合并"都会导致原来的诉讼主体资格消灭，此时就是不得不更换当事人的情形。所以，当事人乙公司可以申请法院更换，法院也可以依职权更换丁公司作为新的当事人(甲公司已经不存在)，如果法院置之不理，直接以甲公司作为当事人进行判决，将违反程序规则。但若是判决作出后，甲公司和丙公司才合并成为丁公司，此时，才能认为法院以甲公司作为当事人作出的判决对于丁公司具备拘束力。故B、C项正确。一审判决尚未生效（二审审理过程中），对任何人都没有实质的既判力。故A、D错误。

4.【参考答案】 BD

【解析】《民诉证据规定》第6条第2款规定，必要共同诉讼中，共同诉讼人中一人或者数人作出自认而其他共同诉讼人予以否认的，不发生自认的效力。其他共同诉讼人既不承认也不否认，经审判人员说明并询问后仍然不明确表示意见的，视为全体共同诉讼人的自认。据此，因王五从始至终否认约定过利息，因此无论张三是否曾承认约定利息，对双方口头约定利息的事实均不发生自认的效力。是否约定有利息，应由李四承担证明责任，李四并无证据予以证明，法院只能认定张三还款6万元为本金，因此张三还应归还54万元本金，对此王五承担连带清偿责任。B、D正确，A、C错误。

5.【参考答案】 ACD

【解析】 无论王五提供的是一般保证还是连带保证，李四都可以将王五和张三作为共同被告提起诉讼。《担保制度解释》第21条第2款规定，债权人一并起诉债务人和担保人的，应当根据主合同确定管辖法院。据此，李四一并起诉张三和王五，应根据借款合同约定向甲法院起诉。A正确，B错误。

无论王五提供的是一般保证还是连带保证，李四都可以单独起诉债务人张三。此时，应依据借款合同约定向甲法院起诉。C正确。

若王五提供的是连带保证，李四可单独起诉王五；若王五提供的是一般保证，李四起诉张三未获执行后，亦可单独起诉王五。《担保制度解释》第21条第3款规定，债权人依法可以单独起诉担保人且仅起诉担保人的，应当根据担保合同确定管辖法院。据此，若李四单独起诉保证人王五，可根据保证合同约定向乙法院起诉。D正确。

6.【参考答案】 AB

【解析】《婚姻家庭编解释（一）》第68条规定，对于拒不协助另一方行使探望权的有关个人或者组织，可以由人民法院依法采取拘留、罚款等强制措施，但是不能对子女的人身、探望行为进行强制执行。据此，只能对张三采取拘留、罚款等强制措施，不能对探望行为和子女人身强制执行。因此A、B正确，C、D错误。

7.【参考答案】 AB

【解析】《民事诉讼法》第55条第1款规定，当事人一方或者双方为二人以上，其诉讼标的是共同的，或者诉讼标的是同一种类，人民法院认为可以合并审理并经当事人同意的，为共同诉讼。

本案中，甲向某银行先后贷款两次，银行起诉的两个案件的诉讼标的均为借贷合同关系，诉讼标的属于同一种类，经各方当事人同意，法院合并审理属于普通共同诉讼。选项A正确。

合并审理可以节约司法资源、实现诉讼经济，符合普通共同诉讼的构成要件，法院可以合并审理，选项C错误。

本案不属于必要共同诉讼，选项D错误。

诉的合并，是指将两个或两个以上彼此之间有牵连的诉合并到一个诉讼程序中审理和裁判。据此，银行起诉的两个案件存在牵连关系，合并审理属于诉的合并，选项B正确。

三、不定项选择题

1.【参考答案】 CD

【解析】 本题考查仲裁裁决被撤销的法律后果。仲裁裁决被撤销后，当事人既可以直接向法院起诉，也可以达成新的仲裁协议申请仲裁，但是不能根据原来的仲裁协议要求原仲裁机构重新仲裁或在没有新的仲裁协议的前提下再次申请仲裁。

2.【参考答案】 B

【解析】《民诉解释》第529条第1款规定："涉外合同或者其他财产权益纠纷的当事人，可以书面协议选择被告住所地、合同履行地、合同签订地、原告住所地、标的物所在地、侵权行为地等与争议有实际联系地点的外国法院管辖。"本案涉外合同纠纷选择H国S市法院管辖的约定是有效的，但H国S市法院管辖后只会适用H国民事诉讼规则解决纠纷，不会适用当事双方选择的中国民事诉讼法，A项错误、B项正确。

本案双方补充协议构成涉外仲裁协议，其效力在没有意思自治的情况下应适用仲裁机构所在地法或仲裁法，本案即为中国法。但我国《仲裁法解释》第7条规定："当事人约定争议可以向仲裁机构申请仲裁也可以向人民法院起诉的，仲裁协议无效……"若适用中国法，则可裁可诉的仲裁协议无效，故C、D项均错误。

3.【参考答案】 D

【解析】《民诉解释》第59条规定："在诉讼中，个体工商户以营业执照上登记的经营者为当事人。有字号的，以营业执照上登记的字号为当事人，但应同时注明该字号经营者的基本信息。营业执照上登记的经营者与实际经营者不一致的，以登记的经营者和实际经营者为共同诉讼人。”本题中，“家家利商店”属于个体工商户。该个体工商户有登记的字号，应当以登记的字号作为当事人，即本案原告为“家家利商店”。

2020年客观题试题

一、单项选择题

1. 杜某和表姐曹某自小青梅竹马、情投意合，便私下登记结婚，杜母知晓后不同意，以二人系近亲为由向法院起诉确认婚姻无效，但杜某坚持要和曹某在一起，杜母无奈向法院申请撤诉。法院应如何处理？(　　)

A. 裁定准许撤诉

B. 作出婚姻无效的判决

C. 可以调解结案

D. 判决驳回诉讼请求，防止再诉

2. 最高人民法院规定部分地区基层法院只能受理3000万元以下的案件，甲公司向该地区的基层法院起诉乙公司案件的诉讼标的额为2900万元，开庭后甲公司又增加了要求乙公司支付290万元违约金的诉讼请求。本案被告乙公司以案件标的额超过基层法院的管辖权限为由提出管辖权异议。下列本案基层法院做法正确的是？(　　)

A. 基层法院应当将案件移送中级法院

B. 案件已经开庭，不能增加诉讼请求，告知另诉

C. 基层法院已经受理案件，管辖恒定可以继续审理

D. 驳回被告提出的管辖权异议

3. 甲地的张三有块石头，价值10万元。张三把石头交给乙地的李四去参加展览，展览地在丙地。后来李四在丙地将该石头以20万元的价格卖给了王五，并告诉张三该石头卖了15万元。之后张三偶然得知真相，于是向法院起诉李四，要求其支付其余的5万元。本案管辖法院如何确定？(　　)

A. 甲地法院和乙地法院

B. 乙地法院

C. 丙地法院

D. 丙地法院和乙地法院

4. 刘某经工商登记注册了一家个体餐馆，命名为“刘大厨私房菜”，与张某协议由张某实际经营餐馆。张某在经营中因供货质量问题与供应商甲发生争执，拟提起诉讼，下列哪一主体为本案适格原告？(　　)

A. 刘某为原告

B. 张某为原告

C. “刘大厨私房菜”为原告

D. 刘某和张某为共同原告

5. 在一起有众多投资人和A公司的投资纠纷中，原告们选定甲作为代表人参加案件审理，审理过程中甲与被告A公司达成调解。对此调解协议，除投资人张某要求判决解决纠纷外，其他人一致同意。关于本案，下列选项正确的是？(　　)

A. 调解协议对全部人有效

B. 法院应作出判决

C. 调解协议对张某无效，张某应另行起诉

D. 法院应当制作调解书

6. 一对夫妻因车祸死亡，他们有四个孩子甲、乙、丙、丁，其中丁17周岁，夫妻的遗产由甲在实际使用。现因不满意遗产分配情况，乙、丙、丁对甲提起诉讼，但丁对他们的分配方案都不满意。本案应如何确定丁的监护人？(　　)

A. 法院指定甲、乙、丙以外的人做丁的监护人

B. 法院指定甲做丁的监护人，并且担任丁的法定代理人参与诉讼

C. 丁没有监护人，自己参与诉讼

D. 丁委托乙做自己的诉讼代理人

7. 王某与胜达公司订立了商品房购房合同，购买位于甲市的房屋。后胜达公司拒绝交付房屋，王某根据仲裁条款向设立在乙市的仲裁委员会申请仲裁，要求交付房屋。仲裁过程中，王某提出案件法律关系清楚，且自己结婚在即，申请先予执行。关于本案的先予执行，下列说法正确的是？(　　)

A. 王某无权申请先予执行

B. 应向乙市仲裁委申请，由仲裁委提交法院

C. 应向甲市基层法院提出先予执行

D. 王某应向乙市基层法院提出

8. 隆发公司和甲市乙区的兴盛公司签订纱线合同，兴盛公司到期未履约交货，隆发公司向法院起诉，要求兴盛公司履行合同。法院经审理查明，兴盛公司上游供货商因疫情原因无法供货。法院判决驳回诉讼请求。隆发公司未上诉。三个月后复工复产，兴盛公司仍未交货。隆发公司可采取下列哪项救济措施？(　　)

A. 向法院再次提起诉讼要求履约

B. 向甲市中级法院申请再审

C. 向乙区法院申请再审

D. 向甲市中级法院上诉

9. 杨某和吴某协议离婚不成,杨某遂诉至法院,要求法院判决离婚。一审法院经审理后,作出不予离婚的判决,后杨某上诉。二审法院审理后认为应判离婚,并对杨某和吴某之间的财产分割问题进行了调解,但最终没能达成调解协议。二审法院遂撤销原判,发回重审。原一审法院接到该发回重审的案件后,再次作出不予离婚的判决,杨某再次提起上诉。此时二审法院应当如何处理?(　　)

A. 再次发回重审

B. 对杨某、吴某的离婚和财产分割问题直接作出判决

C. 可以再次进行调解

D. 可以就离婚问题作出判决

10. 丁甲与王二之间的借款合同纠纷在A市B区人民法院审理并作出一审判决后,双方均未上诉。几个月后,丁甲与王二先后分别向A市B区人民法院和A市中级人民法院申请再审,下列选项正确的是?(　　)

A. 应由A市中级人民法院裁定由B区人民法院审核再审申请

B. 应当由先受理的法院审核再审申请

C. 应当由B区法院审核再审申请

D. 应当由A市中级人民法院审核再审申请

二、多项选择题

1. 甲起诉乙要求履行合同,乙主张合同已经解除。乙提出自己两个月之前已经因合同目的无法实现而通知甲解除合同,甲没有提出异议。以下说法正确的是?(　　)

A. 乙可以抗辩的方式提出合同解除

B. 如果乙以抗辩的方式提出合同解除,则法院的判决对合同解除没有既判力

C. 乙可以以反诉方式确认合同解除

D. 如果乙以反诉的方式提出合同解除,则法院的判决对合同解除有既判力

2. 在甲公司诉乙公司买卖合同之诉中,法院经审理判决合同无效。丙公司得知该判决后,认为该判决导致合同目的无法实现,损害其合法权益,遂向法院起诉。经审理,法院认为甲公司在合同无效之诉中提供的证据确系伪造,但丙公司未证明该判决损害其利益。关于法院对本案的处理,下列哪些选项是正确的?(　　)

A. 裁定驳回起诉

B. 判决驳回诉讼请求

C. 自行启动再审,裁定撤销原判,发回重审

D. 自行启动再审,判决撤销原判,依法改判

3. 甲向法院起诉乙归还325万元,向法院提供了借条。乙称借条系伪造,并向法院提交了转账凭证200万元,证明乙只借了200万元,其余的125万元是高利贷。以下说法正确的是?(　　)

A. 乙提供的转账凭证是反证

B. 甲向法院申请鉴定借条真伪,否则承担诉讼结果的不利结果

C. 乙向法院申请鉴定借条真伪,否则承担诉讼结果的不利后果

D. 甲提供的借条是本证

4. 温某在理财公司购买理财产品,后出现了大额亏损。温某便一纸诉状将理财公司起诉至法院,主张自己购买的产品是固定收益型,不应出现亏本现象,故请求撤销合同。庭审过程中理财公司工作人员提供合同原件,并展示合同上有温某亲笔书写的"本人已经知悉该产品存在本金损失风险",并有温某亲笔签名。温某主张理财公司人员明确告知其产品是固定收益型,而该句话是理财公司工作人员说为了完成工作任务让其书写的。关于本案表述正确的是?(　　)

A. 理财公司提供的合同原件是间接证据

B. 理财公司提供合同原件后,行为意义上的举证责任转移给温某

C. 温某应当将其主张的事实证明到排除合理怀疑的证明标准

D. 温某应当将其主张的事实证明到高度可能性标准

5. C法院是民事诉讼繁简分流改革试点法院。苏强向C法院起诉儿子苏明,要求其支付每月赡养费3000元。苏明称自己没有固定收入,无法支付。关于本案审理程序,下列选项正确的是?(　　)

A. 经双方同意,可以不开庭审理

B. 经双方同意,裁判文书可以不写裁判理由

C. 经双方同意,可以进行在线视频审理

D. 可以一审终审

6. 甲公司诉乙公司买卖合同纠纷一案,法院判决乙公司败诉,判决生效后,乙公司发现新证据申请再审。再审审理中,再审法院发现遗漏了必须参加诉讼的丙公司,遂裁定发回重审。在重审中乙公司提出反诉,后甲公司提出撤诉的申请。关于法院的处理,下列选项正确的是?(　　)

A. 法院准许乙公司提反诉

B. 法院应适用普通程序审理

C. 法院准许甲公司撤诉后,应裁定驳回乙公司

的再审申请

D. 法院准许甲公司撤诉后，法院应就乙公司的反诉进行审理

三、不定项选择题

1. 某外国博士被聘请到一家中国公司，约定年薪1000万元。该外国博士工作一年半后，该中国公司破产，其因此一直未收到工资。已知该地区的中级法院管辖标的额为1000万元以上的案件，那么该外国博士可以怎样追讨工资？（　　）

A. 申请劳动仲裁

B. 到人民调解委员会申请调解

C. 到中国公司住所地中级法院起诉

D. 到债务人住所地基层法院起诉

2. 程某把房子租给陆某，双方约定租赁期间产生的一切责任由陆某承担。陆某在阳台养花，由于程某的房子临街，小区物业多次提醒其花盆掉下容易砸伤楼下行人，不要在阳台放花盆，陆某置若罔闻。某日，狂风暴雨致使阳台花盆掉落，正巧砸中楼下的李某。李某欲请求赔偿，以下可以作为被告的是？（　　）

A. 程某和陆某为共同被告

B. 程某为被告

C. 小区物业为被告

D. 陆某为被告

3. 王某与易某有一子王晓，王某因车祸去世，易某在外地打工。王晓由王某的父亲王平抚养，易某每月支付1000元抚养费。为给王晓办理上学，王平向法院申请变更监护人。下列选项正确的是？（　　）

A. 审理过程中，王平与易某和解。王平撤诉，法院应当准许

B. 法院审判后，判决支持王平的请求

C. 法官李某、邓某和人民陪审员周某组成合议庭审理此案

D. 经法院调解，王平与易某达成调解协议，法院因此出具调解书，变更王平为王晓的监护人

4. A公司与B公司发生合同纠纷，A公司提起诉讼，请求法院判令解除合同，并判令B公司支付违约金。审理过程中，A公司增加诉讼请求，要求确认合同无效，如果法院没有判令合同无效，便请求法院解除合同并要求B公司支付违约金。下列选项正确的是？（　　）

A. 裁定不予受理，因为两个诉讼请求先后矛盾

B. 让另行起诉，因为是两个诉讼请求

C. 让原告明确诉讼请求

D. 按诉讼请求提交顺序处理

5. 周某设立了皓星一人有限责任公司，周某和吴某因为债务纠纷起诉到法院，法院判处周某还给吴某300万元。吴某向法院申请强制执行周某的财产，但不足以偿还，同时发现皓星公司账户有200万元，遂向法院申请追加皓星公司为被执行人，下列法院做法正确的是？（　　）

A. 当事人对执行异议裁定不服，相关人可以向法院申请复议

B. 法院应当裁定追加被执行人，皓星公司可以提出执行异议

C. 如果对执行异议裁定不服，可以提出执行异议之诉

D. 应当驳回申请，吴某可以申请执行异议

6. A区甲起诉B区乙，C区法院判决甲胜诉，甲申请C区法院强制执行。执行中甲与乙达成和解协议，法院中止执行，但和解协议部分履行后甲与乙产生争议。下列说法正确的是？（　　）

A. 甲可就和解协议向C区法院起诉

B. 甲可就和解协议向B区法院起诉

C. 甲可就原生效法律文书向C区法院申请恢复强制执行

D. 因和解协议已部分履行，因此甲不能申请恢复强制执行

2020年客观题试题
参考答案及解析

一、单项选择题

1.【参考答案】 B

【解析】 原告申请撤诉的，由人民法院视情况作出是否准许的裁定。确认婚姻无效的案件，依据《婚姻家庭编解释（一）》第11条的规定，人民法院受理请求确认婚姻无效案件后，原告申请撤诉的，不予准许。对婚姻效力的审理不适用调解，应当依法作出判决。涉及财产分割和子女抚养的，可以调解。调解达成协议的，另行制作调解书；未达成调解协议的，应当一并作出判决。

《婚姻家庭编解释（一）》第12条规定，人民法院受理离婚案件后，经审理确属无效婚姻的，应当将婚姻无效的情形告知当事人，并依法作出确认婚姻无效的判决。所以，B选项正确，A、D选项错误。确认婚姻无效的案件属于人身关系的确认之诉，不适用调解制度，C项错误。

2.【参考答案】 A

【解析】 本题考查了级别管辖异议的处理。最高人民法院《关于审理民事级别管辖异议案件若干问题的规定》第3条规定:“提交答辩状期间届满后,原告增加诉讼请求金额致使案件标的额超过受诉人民法院级别管辖标准,被告提出管辖权异议,请求由上级人民法院管辖的,人民法院应当按照本规定第一条审查并作出裁定。”该规定第1条规定,被告在提交答辩状期间提出管辖权异议,认为受诉人民法院违反级别管辖规定,案件应当由上级人民法院或者下级人民法院管辖的,受诉人民法院应当审查,并在受理异议之日起15日内作出裁定:(1)异议不成立的,裁定驳回;(2)异议成立的,裁定移送有管辖权的人民法院。

本题中,乙公司开庭后增加290万元违约金的诉讼请求导致本案的诉讼标的额超过了3000万元。最高人民法院规定该地区的基层法院只能受理3000万元以下的案件,而根据最高人民法院《关于审理民事级别管辖异议案件若干问题的规定》第9条的规定,经最高人民法院批准的第一审民事案件级别管辖标准的规定应当作为审理民事级别管辖异议案件的依据。因此,基层法院对乙公司的管辖权异议应当裁定异议成立,将案件移送有管辖权的法院,即中级人民法院,故A选项正确。

3.【参考答案】 A

【解析】 本题解题关键在于明确张三要求李四支付其余的5万元纠纷的诉讼标的类型。本题中,张三将石头交给李四去参加展览,双方之间本质上成立了委托关系。《民法典》第927条规定,受托人处理委托事务取得的财产,应当转交给委托人。因此,张三得知石头出售的真实价款后,有权基于委托合同关系依据前述规定向法院起诉,要求李四支付其余的5万元。

《民事诉讼法》第24条规定,因合同纠纷提起的诉讼,由被告住所地或者合同履行地人民法院管辖。因此,本题张三提起的委托合同纠纷可以由被告李四住所地,即乙地法院,或者合同履行地法院管辖。关于本题中“合同履行地”的确定,根据《民诉解释》第18条的规定,合同约定履行地点的,以约定的履行地点为合同履行地。合同对履行地点没有约定或者约定不明确,争议标的为给付货币的,接收货币一方所在地为合同履行地。本题中,张三要求李四支付其余的5万元,即本案争议标的为货币,且题干中未说明双方当事人在合同中约定了履行地点,因此应当以接收货币一方所在地为合同履行地,即张三所在的甲地。综上所述,本题案件的管辖法院为甲地和乙地法院,正确答案为A。

4.【参考答案】 D

【解析】 《民诉解释》第59条规定:“在诉讼中,个体工商户以营业执照上登记的经营者为当事人。有字号的,以营业执照上登记的字号为当事人,但应同时注明该字号经营者的基本信息。营业执照上登记的经营者与实际经营者不一致的,以登记的经营者和实际经营者为共同诉讼人。”本题中,刘某为登记的经营者,但实际经营者为张某,发生纠纷进行诉讼时,应当以登记的经营者刘某和实际经营者张某作为共同诉讼人。因此,本题正确答案为D。

5.【参考答案】 D

【解析】 本题考查普通共同诉讼的代表人诉讼。根据《民事诉讼法》第55条第1款的规定,普通共同诉讼是指当事人一方或者双方为二人以上,其诉讼标的是共同的,或者诉讼标的是同一种类,人民法院认为可以合并审理并经当事人同意的诉讼。普通共同诉讼的特点之一在于其是一种可分之诉,一方当事人对诉讼标的没有共同的权利义务,法院并非必须作出统一的判决。尤其是涉及对纠纷进行调解时,往往可能需要当事人对其权利义务作出一定的放弃或妥协。此种情况下,为了保障当事人的实体权利和程序权利,应当允许其拒绝代表人达成的调解方案。对于普通共同诉讼代表人诉讼调解的这一问题,现行法律及司法解释尚无明确的一般规定。但最高人民法院《关于证券纠纷代表人诉讼若干问题的规定》第21条第2款规定,人民法院准备制作调解书的,应当通知提出异议的原告,告知其可以在收到通知后10日内向人民法院提交退出调解的申请。未在上述期间内提交退出申请的原告,视为接受。第3款规定,申请退出的期间届满后,人民法院应当在10日内制作调解书。调解书经代表人和被告签收后,对被代表的原告发生效力。人民法院对申请退出原告的诉讼继续审理,并依法作出相应判决。前述规定对于一般普通共同诉讼的代表人诉讼的调解具有参考意义。因此,本题中,若张某不同意调解方案,法院应当就其他当事人的部分制作调解书,就张某的部分继续审理。综上所述,D选项正确。

6.【参考答案】 A

【解析】 A选项和B选项考查了指定监护的原则。《民法典》第27条规定:“父母是未成年子女的监护人。未成年人的父母已经死亡或者没有监护能力的，由下列有监护能力的人按顺序担任监护人：（一）祖父母、外祖父母；（二）兄、姐；（三）其他愿意担任监护人的个人或者组织，但是须经未成年人住所地的居民委员会、村民委员会或者民政部门同意。”根据《民法典》第31条第2款的规定，法院需要按照最有利于被监护人的原则在依法具有监护资格的人中指定监护人。本题中，在继承纠纷案件中，甲、乙、丙与丁之间均可能存在利益冲突，如果法院指定甲、乙、丙其中的一人担任丁的监护人，可能会导致丁的合法权益受到损害，不符合《民法典》规定的指定监护的原则，故A选项正确，B选项错误。

《民事诉讼法》第60条规定，无诉讼行为能力人由他的监护人作为法定代理人代为诉讼。丁尚未年满18周岁，无诉讼行为能力，必须由其监护人作为法定代表人参加诉讼，故C选项错误。

《民法典》第23条规定，无民事行为能力人、限制民事行为能力人的监护人是其法定代理人。丁作为限制民事行为能力人，不具有完全民事行为能力，因此也无权单独作出委托他人的民事法律行为，其应当适用法定代理制度，故D选项错误。

7.【参考答案】 A

【解析】 先予执行，是指人民法院在终审判决作出之前，为解决权利人生活或生产经营的急需，依法裁定义务人预先履行义务的制度。《民事诉讼法》第109条规定：“人民法院对下列案件，根据当事人的申请，可以裁定先予执行：（一）追索赡养费、扶养费、抚养费、抚恤金、医疗费用的；（二）追索劳动报酬的；（三）因情况紧急需要先予执行的。”根据《民诉解释》第170条的规定，情况紧急的案件主要包括：需要立即停止侵害、排除妨碍的；需要立即制止某项行为的；追索恢复生产、经营急需的保险理赔费的；需要立即返还社会保险金、社会救助资金的；不立即返还款项，将严重影响权利人生活和生产经营的。《民事诉讼法》第110条第1款规定：“人民法院裁定先予执行的，应当符合下列条件：（一）当事人之间权利义务关系明确，不先予执行将严重影响申请人的生活或者生产经营的；（二）被申请人有履行能力。”根据上述规定可以看出，先予执行制度的设立目的主要是解决当事人的生活、生产经营急需，若不符合该标准，当事人无权申请先予执行。

本题中，王某主张本案法律关系清楚，但其要求交付房屋的请求并不属于《民事诉讼法》及《民诉解释》规定的先予执行的适用范围，不符合“情况紧急”的标准，故王某无权申请先予执行，选项A正确。因王某无权申请先予执行，故选项B、C、D均不选。

8.【参考答案】 A

【解析】 《民诉解释》第248条规定：“裁判发生法律效力后，发生新的事实，当事人再次提起诉讼的，人民法院应当依法受理。”法院作出的判决仅对判决之前当事人之间的实体法律关系的状态进行判断，不可能对判决之后可能出现的新的事实作出预测，因此在判决生效后出现新的事实时，应当允许当事人再次起诉，法院应将其作为新的案件受理。

本题中，法院基于疫情期间供货商无法供货导致兴盛公司无法交货这一事实驳回隆发公司的诉讼请求。三个月后复工复产是判决生效后发生的新的事实，因此隆发公司可以将其作为新的事实重新起诉，法院应当受理，故A选项正确。根据《民事诉讼法》第210条的规定，对已经发生法律效力的判决、裁定，当事人认为有错误的，可以向上一级人民法院申请再审。本题中，法院基于判决前的事实作出的判决是正确的，并无错误，不符合再审的条件，因此B、C选项错误。D选项，上诉的对象是尚未生效的一审判决及部分裁定，本题中一审判决已生效，故不能上诉，因此D选项错误。

对于《民诉解释》第248条的理解：这一司法解释规定背后涉及的是既判力的时间效力这一理论问题。大陆法系通说认为：“发生既判力的判决只确认特定时刻的权利状态，而不是确认所有未来的权利状态。”因为法院判决是对特定时间点，即辩论终结时当事人之间的实体法律关系状态的判断，故法院判决仅对该特定时间点之前发生的事项具有既判力，对该特定时间点之后发生的事项没有既判力。故该特定时间点后发生的事实不受既判力的约束，当事人可以再次提起诉讼。

9.【参考答案】 D

【解析】 《民事诉讼法》第177条第2款规定：“原审人民法院对发回重审的案件作出判决后，当事人提起上诉的，第二审人民法院不得再次发回重审。”这一规定一方面是为了避免当事人的纠纷处于久处不决的状态，另一方面也能够有效避免司法资源的浪费。《民诉解释》第327条规定：“一审判决不准离婚的案件，上诉后，第二审人民法院认为应当判决离婚的，可以根据当事人自愿的原则，与子女抚养、财产问题一并调解；调解不成的，发回重审。双方当事人同意由第二审人民法院一并审理的，第二审人民法院可以一并裁判。”这一规定的原因在于，我国实行两审终审制，二审法院作出的裁判即为终审裁判。该规定体现了对当事人审级利益的保障，征询当事人同意的规定也是民事诉讼法处分原则的体现。

本题中，一审法院作出不予离婚的判决后，二审法院经调解未能达成调解协议，故根据《民诉解释》第327条的规定撤销原判、发回重审。原一审法院再次作出不予离婚的判决后，根据《民事诉讼法》第177条第2款的规定，二审法院不得再次发回重审，故A选项错误。根据《民诉解释》第327条的规定，二审法院对婚姻关系、子女抚养及财产问题一并审理的，需要经过当事人的同意，故B选项“直接作出判决”的表述错误。根据《民诉解释》第145条第2款的规定，人民法院审理离婚案件，应当进行调解，但不应久调不决。因此，二审法院就离婚问题进行审理时，应当进行调解，故C选项“可以调解”的表述错误。二审法院调解过程中，若双方调解达成一致，可以调解结案；若调解不成，本题中二审法院已发回重审一次，此时法院应当作出判决，即法院可以作出调解书，也可以作出判决。故D选项正确。

10.**【参考答案】** B

【解析】《民诉解释》第377条规定：“当事人一方人数众多或者当事人双方为公民的案件，当事人分别向原审人民法院和上一级人民法院申请再审且不能协商一致的，由原审人民法院受理。”对于本条的理解应当注意，当事人分别向原审人民法院和上一级人民法院申请再审，这里的“分别”指的应当是双方当事人同时向有管辖权的法院申请再审的情况。如果当事人分别同时向原审法院和上一级人民法院申请再审，两受理法院应及时征求双方当事人的意见，协商确定管辖。协商不成的，由原审人民法院受理。换言之，在一方当事人已经向有管辖权的法院之一申请再审，法院已经受理并向对方当事人发送再审申请书副本，对方当事人已经收到的情况下，当事人还向另一具有管辖权的法院申请再审，这种情况属于规避已经受理的法院管辖，不适用《民诉解释》第377条的规定。本题题干中表述为“丁甲与王二先后分别申请再审”，应理解为丁甲和王二并非同时向有管辖权的法院申请再审，因此不适用《民诉解释》第377条的规定，故正确答案为B选项，由先受理的法院审核再审申请。

二、多项选择题

1.**【参考答案】** ACD

【解析】 本题考查了抗辩和反诉的区别。抗辩是针对请求权提出的一种防御方法，是指当事人通过主张与对方主张事实不同的事实或法律关系，以排斥对方所主张的事实的行为。抗辩对本诉具有依附性，原告撤诉后，抗辩也就不复存在；抗辩也只能在本诉原告诉请范围内要求减轻或免除自己的责任。反诉，是指在已经提起的诉讼中，本诉的被告为了维护自己的权益，以本诉的原告为被告，向法院提出与本诉有牵连关系的独立的诉讼请求，以达到抵销、吞并本诉的目的，其是一种新的独立的诉讼请求。

A选项和C选项考查了抗辩和反诉的区别。《民法典》第565条规定，当事人一方依法主张解除合同的，应当通知对方。合同自通知到达对方时解除；通知载明债务人在一定期限内不履行债务则合同自动解除，债务人在该期限内未履行债务的，合同自通知载明的期限届满时解除。对方对解除合同有异议的，任何一方当事人均可以请求人民法院或者仲裁机构确认解除行为的效力。本题中，乙提出其两个月前已经通知甲因合同目的无法实现而解除合同，甲对此没有提出异议。这可以理解为，甲、乙之间的合同在乙的通知到达甲时已经解除，即乙此时向法院提出的合同解除实际上是提供了一个既有的事实，并意图通过该事实对抗甲要求乙履行合同的主张。这一解除合同的形成权的行使的主张可以理解为一种事实抗辩，A选项正确。

C选项还涉及确认之诉的问题。一般来说，确认之诉是指原告请求人民法院确认其主张的某种法律关系存在或不存在的诉讼，也就是要求确认权利关系或法律关系存在与否之诉。确认之诉可以分为效力的确认之诉和权利的确认之诉。本题中“合同已经解除”是一种事实状态，因此，乙如果以反诉的方式请求法院确认“合同已经解除”属于对事实状态的确认之诉。对于此类事实状态提起的确认之诉，《民法典》仅规定了在对方有异议时可以请求人民法院或者仲裁机构确认解除行为的效力，但实际上在对方无异议的情况下赋予合同的解除权人以该诉权也是确有必要的。由于现实中确实存在权利人一方面对自己的实体权利怠于用合法的诉讼方式积极加以解决，另一方面又对义务人提出诸多不合理或不合法的权利主张的情况，此时允许解除权人通过起诉确认合同已经解除既是其行使权利的一种方式，也使解除权人通过这种方式得以明确自身的责任性质或者范围。综上所述，本题中，虽然根据题干描述的情况可以判断出合同已经解除的事实，但乙也可以以反诉的方式要求法院确认合同已经解除,故 C 选项正确。

B 选项和 D 选项考查了既判力的范围。既判力,是指民事判决作出后即具有法律上的效力,不得任意撤销或者变更,当事人不得就同一诉讼标的再行起诉或者在其他诉讼中提出与确定判决相反的主张;法院在作出一个确定判决后,之后的任何裁判都不得与该确定判决的内容相抵触。既判力的范围包括主观范围和客观范围:主观范围主要是指既判力所约束的人的范围;客观范围主要是指既判力及于作为确定判决对象的诉讼标的,不及于没有作为判决标的的法律关系。因此,本题中,如果乙以反诉的形式提出合同解除,作为一个独立的诉讼,法院经审理后就解除合同作出的判决当然具有既判力,故 D 选项正确。关于 B 选项,通说认为,裁判文书的主文部分才具有既判力。本题中,如果乙以抗辩的方式提出合同解除,而题干中也说明甲对于乙主张的合同已经解除没有提出异议,则法院可以对"合同已经解除"的事实予以认可。由于该事实是关系该案件裁判的主要事实依据,因此该部分事实也可以认为具有既判力,故 B 选项错误。

2.**【参考答案】** AD

【解析】《民诉解释》第 290 条规定:"第三人对已经发生法律效力的判决、裁定、调解书提起撤销之诉的,应当自知道或者应当知道其民事权益受到损害之日起六个月内,向作出生效判决、裁定、调解书的人民法院提出,并应当提供存在下列情形的证据材料:(一)因不能归责于本人的事由未参加诉讼;(二)发生法律效力的判决、裁定、调解书的全部或者部分内容错误;(三)发生法律效力的判决、裁定、调解书内容错误损害其民事权益。"由此可知,第三人提起撤销之诉,需要对自己权益受到损害的事实进行举证证明,如果无法证明,说明原告不符合起诉条件,法院应当裁定驳回起诉。这里需要注意的是,驳回起诉是人民法院立案后经审查查明原告的起诉不符合法律规定,法院依法驳回原告的起诉权利;而驳回诉讼请求是人民法院立案审理后,认定诉讼主体的诉讼请求或主张证据不足或者超过诉讼时效又无中止、中断、延长事由,以及对于其他依法不予保护的诉讼请求或主张判决予以驳回。故 A 选项正确,B 选项错误。

《民事诉讼法》第 209 条第 1 款规定:"各级人民法院院长对本院已经发生法律效力的判决、裁定、调解书,发现确有错误,认为需要再审的,应当提交审判委员会讨论决定。"《民诉解释》第 405 条规定:"人民法院经再审审理认为,原判决、裁定认定事实清楚、适用法律正确的,应予维持;原判决、裁定认定事实、适用法律虽有瑕疵,但裁判结果正确的,应当在再审判决、裁定中纠正瑕疵后予以维持。原判决、裁定认定事实、适用法律错误,导致裁判结果错误的,应当依法改判、撤销或者变更。"由此可知,本题中,法院发现原审的证据是伪造的,应当自行启动再审。原判决事实不清,证据不足的,应当撤销原判,依法作出判决。故 C 选项错误,D 选项正确。

综上所述,本题答案为 AD。

3.**【参考答案】** BD

【解析】 A 选项和 D 选项考查了本证和反证的分类。本证是指对待证事实负有举证责任的一方当事人提出支持自己主张的证据;反证,是指对待证事实不负有举证责任的一方当事人提出反驳对方主张的证据,旨在推翻对方提出的事实。区分本证与反证的标准不在于证据的提出主体是原告还是被告,而是究竟谁对待证事实负有证明责任。因此,原告和被告均有可能提出本证和反证。本证与反证,可以通过以下方法进行判断:首先确定该证据的证明对象即待证事实是什么,其次确定该待证事实的法定责任主体,最后根据该证据实际是由谁提出来的进行判断——如果由法定承担证明责任的人提出,则是本证;若由不承担证明责任的人提出,则是反证。《民诉解释》第 91 条第 1 项规定,主张法律关系存在的当事人,应当对产生该法律关系的基本事实承担举证证明责任。本题中,甲提交借条是为了证明其与乙之间的借款关系,根据《民诉解释》第 91 条的规定,甲对该借款关系的成立承担举证责任,故其提交的借条就属于本证,D 选项正确。就乙其后提供的转账凭证而言,乙并未否认甲主张的借款关系,但是对甲主张的借款数额提出了反驳,同时提出了一个新的事实,即借款金额为 200 万元。从乙反驳甲主张的借款数额的角度来说,乙提供的转账凭证属于反证,但乙对其主张的借款数额为 200 万元的事实的成立应当承担举证责任,故此种情况下乙提交的转账凭证属于本证。综上所述,乙提供的转账凭证既是本证也是反证,A 选项错误。

B 选项和 C 选项考查了证明责任。证明责任是指当事人对自己提出的主张有提出证据并加以证明的责任,如果当事人未能尽到上述责任,则有可能承担对其主张不利的法律后果。《民诉证据规定》第 31 条第 2 款规定,对需要鉴定的待证事实负有举证责任的当事人,在人民法院指定期间内无正当理由不提出鉴定申请或者不预交鉴定费用,或者拒不提供相关材料,致使待证事实无法查明的,应当承担举证不能的法律后果。本题中,对待证事实借款关系成立负有举证责任的一方为甲,因此应当由甲向法院申请鉴定借条真伪,否则需要承担诉讼结果的不利结果。故B选项正确,C选项错误。

4.【参考答案】 BC

【解析】 本题考查证明责任分配。温某主张合同存在欺诈,并非其真实意思表示,请求撤销合同,而理财公司主张该合同系双方共同达成的合意,不存在影响温某真实意思表达的情形,不应予以撤销。首先,理财公司提供的合同能够完整直接证明双方当事人之间关于合同权利义务的约定,是直接证据,A选项错误。其次,温某主张理财公司欺诈,应由温某对存在欺诈的事实承担证明责任,对欺诈的构成要件先行举证。后理财公司向法院提交了合同原件。《民诉证据规定》第92条第1、2款规定:"私文书证的真实性,由主张以私文书证证明案件事实的当事人承担举证责任。私文书证由制作者或者其代理人签名、盖章或者捺印的,推定为真实。"合同属于私文书证,理财公司欲主张该合同合法有效,就应对合同的真实性承担证明责任。现银行已经提供了合同原件,合同原件中有温某签名,故该合同应当推定为真实。此时主张合同可撤销的行为意义上的证明责任转移给温某,应由温某继续举证该合同可撤销,故B选项正确。最后,既然温某要对存在欺诈的事实承担证明责任,接下来需要讨论的就是证明标准问题。民事诉讼中的证明标准分为三个层次:一是程序性事实适用较大可能性的证明标准;二是一般的实体性事实适用高度可能性的证明标准;三是欺诈、胁迫、恶意串通、口头遗嘱、赠与五个特殊的实体事实适用排除合理怀疑的证明标准。本案中温某主张的事实是欺诈,故应当适用排除合理怀疑的证明标准,故C选项正确,D选项错误。

综上所述,本题答案为BC。

5.【参考答案】 BCD

【解析】 《民事诉讼法》第165条第1款规定:"基层人民法院和它派出的法庭审理事实清楚、权利义务关系明确、争议不大的简单金钱给付民事案件,标的额为各省、自治区、直辖市上年度就业人员年平均工资百分之五十以下的,适用小额诉讼的程序审理,实行一审终审。"《民事诉讼法》第166条规定:"人民法院审理下列民事案件,不适用小额诉讼的程序:(一)人身关系、财产确权案件……"根据上述规定,人身关系的确权案件不能适用小额诉讼程序,但是身份关系无争议,只是金钱给付有争议的案件,可以适用小额诉讼程序审理。本题苏强与苏明的赡养费纠纷中,双方身份关系明确,仅对于赡养费的给付存在争议。因此,可以适用小额诉讼程序审理。

A选项,《民事诉讼法》第176条第1款规定:"第二审人民法院对上诉案件应当开庭审理。经过阅卷、调查和询问当事人,对没有提出新的事实、证据或者理由,人民法院认为不需要开庭审理的,可以不开庭审理。"由此可见,在二审程序中只有在没有新事实、新证据或理由的情况下才可以不开庭审理;就一审程序而言,当事人之间的争议事实及证据等均未经过任何法院的审理,本质上均为新事实、新证据,因此我国民事一审案件必须开庭审理,这是为了确保双方当事人的辩论权等诉讼权利得到充分保障,A选项错误。

B选项,《民诉解释》第280条规定:"小额诉讼案件的裁判文书可以简化,主要记载当事人基本信息、诉讼请求、裁判主文等内容。"根据上述规定,小额诉讼的裁判文书只能简化,不能不写裁判理由。但在2020年,根据最高人民法院发布的《民事诉讼程序繁简分流改革试点实施办法》的规定,小额诉讼的案件裁判文书可以不写裁判理由。因此,在本题中的案件适用小额诉讼程序的情况下,裁判文书可以不写裁判理由,B选项是正确的。

C选项,《民诉解释》第259条规定:"当事人双方可就开庭方式向人民法院提出申请,由人民法院决定是否准许。经当事人双方同意,可以采用视听传输技术等方式开庭。"因此,双方当事人同意的情况下可以进行在线视频审理,C选项正确。

D选项,《民诉解释》第271条规定,人民法院审理小额诉讼案件,适用《民事诉讼法》第165条的规定,实行一审终审。因此本题案件若适用小额诉讼程序,则为一审终审,D选项正确。

6.【参考答案】 ABD

【解析】 A选项考查了再审发回重审后提出反诉的处理。《民诉解释》第252条规定:"再审裁定撤销原判决、裁定发回重审的案件,当事人申请变更、增加诉讼请求或者提出反诉,符合下列情形之一的,人民法院应当准许:(一)原审未合法传唤缺席判决,影响当事人行使诉讼权利的;(二)追加新的诉讼当事人的;(三)诉讼标的物灭失或者发生变化致使原诉讼请求无法实现的;(四)当事人申请变更、增加的诉讼请求或者提出的反诉,无法通过另诉解决的。”本题中,乙公司在重审中提起反诉,基于再审发现遗漏了必须参加诉讼的丙公司,一审法院重审时应当追加其为诉讼当事人,即属于前述规定所列第 2 项的情形。因此,若乙公司提出反诉,法院应当准许,A 选项正确。

B 选项考查了发回重审适用的审判组织形式。《民事诉讼法》第 41 条第 3 款、第 4 款规定,发回重审的案件,原审人民法院应当按照第一审程序另行组成合议庭。审理再审案件,原来是第一审的,按照第一审程序另行组成合议庭;原来是第二审或者是上级人民法院提审的,按照第二审程序另行组成合议庭。本题中,原审法院应当另行组成合议庭,即应当适用普通程序审理。

C 选项和 D 选项考查了发回重审后本诉撤诉后的处理。《民事诉讼法》第 148 条第 1 款规定:“宣判前,原告申请撤诉的,是否准许,由人民法院裁定。”法院裁定准许甲公司撤诉后,无须再作出驳回乙公司再审申请的裁定,因为在乙公司申请再审时,法院已经裁定再审,发回重审,即其已经就乙公司的再审申请作出了处理。重审中甲公司申请撤诉的,无须再由裁定再审的法院作出处理,只需要再审法院作出是否准许的裁定即可,故选项 C“裁定驳回再审申请”的表述错误。《民诉解释》第 239 条规定:“人民法院准许本诉原告撤诉的,应当对反诉继续审理;被告申请撤回反诉的,人民法院应予准许。”故 D 选项正确,法院应当就乙公司的反诉进行审理。

三、不定项选择题

1.【参考答案】 C

【解析】 本题考查涉及破产程序时,涉外劳动争议的解决。《破产法》第48 条规定:“债权人应当在人民法院确定的债权申报期限内向管理人申报债权。债务人所欠职工的工资和医疗、伤残补助、抚恤费用,所欠的应当划入职工个人账户的基本养老保险、基本医疗保险费用,以及法律、行政法规规定应当支付给职工的补偿金,不必申报,由管理人调查后列出清单并予以公示。职工对清单记载有异议的,可以要求管理人更正;管理人不予更正的,职工可以向人民法院提起诉讼。”根据前述规定,《破产法》对破产期间的劳动争议处理程序作出了特别规定,不再适用普通劳动争议纠纷处理“一裁两审”的方式。本题中,该外国博士应当首先核查破产管理人提供的清单,如果对管理人列出的清单记载有异议,可以要求其更正;管理人不同意更正的,再向受理破产申请的法院提起诉讼。因此,A 选项和 B 选项错误。《破产法》第 3 条规定,破产案件由债务人住所地人民法院管辖。该条规定了破产案件的地域管辖规则。就级别管辖的规则来说,本题题干中已经说明,该地区的中级人民法院管辖标的额为 1000 万元以上的案件,且根据约定该外国博士工作一年半后的工资已经超过了 1000 万元,因此需要由中级人民法院管辖。综上所述,外国博士应当到中国公司住所地的中级人民法院起诉,C 选项正确。

2.【参考答案】 ABD

【解析】 本题考查的是高空坠物侵权诉讼中被告的确定,其本质在于确认侵权责任承担主体。《民法典》第 1253 条规定:“建筑物、构筑物或者其他设施及其搁置物、悬挂物发生脱落、坠落造成他人损害,所有人、管理人或者使用人不能证明自己没有过错的,应当承担侵权责任。所有人、管理人或者使用人赔偿后,有其他责任人的,有权向其他责任人追偿。”本条明确了三个可能的侵权责任主体,即所有人、管理人和使用人;归责原则为过错推定原则,即所有人、管理人或者使用人对自己没有过错承担举证责任,其不能证明自己没有过错的,应当承担侵权责任。

本题中,就承租人陆某而言,租赁合同中约定了其对房屋的管理、维护等承担责任,同时其作为房屋的实际使用人在阳台养花,经物业多次提醒也未采取措施避免损害的发生,因此其对花盆砸伤行人的侵权行为应当承担责任。李某若请求赔偿,可以承租人陆某作为被告,故 D 选项正确。就所有人程某而言,其与承租人陆某在合同中约定租赁期间产生的一切责任由陆某承担,即房屋的管理、维护等义务由陆某承担,程某对此不负有义务。但鉴于合同相对性的特点,程某和陆某在租赁合同中的约定并不能对抗第三人,因此受害人李某可以房屋所有权人程某为被告,也可以同时起诉程某和作为实际侵权人的承租人陆某,故 A 选项正确,B 选项正确。就物业而言,根据题干的表述,其已多次对陆某的花盆可能砸伤行人进行提醒,尽到了足够的提醒义务,不具有过错,故 C 项错误。

3.【参考答案】 C

【解析】 A 选项考查了一审撤诉的处理。《民事诉讼法》第 148 条第 1 款规定:“宣判前,原告申请撤诉的,是否准许,由人民法院裁定。”一审程序中申请撤诉的条件包括:(1)须是当事人自愿提出。(2)时间上须在法庭辩论结束前;法庭辩论结束后原告申请撤诉,被告不同意的,法院可以不予准许。

(3)须采用书面形式进行。(4)撤诉不得损害国家、集体和他人的利益。但需要注意,是否裁定准许当事人的撤诉申请,法院享有最终决定权。本题中,王平与易某和解后王平向法院申请撤诉,是否准许由法院审查后作出裁定,而不是"应当准许",故 A 选项错误。

B 选项考查了监护权的确定。《民法典》第 27 条规定:"父母是未成年子女的监护人。未成年人的父母已经死亡或者没有监护能力的,由下列有监护能力的人按顺序担任监护人:(一)祖父母、外祖父母;(二)兄、姐;(三)其他愿意担任监护人的个人或者组织,但是须经未成年人住所地的居民委员会、村民委员会或者民政部门同意。"据此,父母是未成年人的当然监护人,只有在父母死亡或者没有监护能力的情况下,才可以由其他个人或者有关组织担任监护人。本题中,如果仅是为了办理上学,在王晓的母亲易某仍具有监护能力的情况下,法院不应当支持王平的请求,故 B 选项"法院判决支持王平的请求"的表述错误。除不得判决变更外,法院也不得以调解书的形式变更王晓的监护人,D 选项法院出具调解书变更王平为监护人的做法也是错误的。

C 选项考查了一审的审判组织形式。《民事诉讼法》第 40 条第 1 款规定:"人民法院审理第一审民事案件,由审判员、陪审员共同组成合议庭或者由审判员组成合议庭。合议庭的成员人数,必须是单数。"本题申请变更监护人的一审案件,由法官李某、邓某和人民陪审员周某组成合议庭审理此案符合《民事诉讼法》的规定,故 C 选项正确。

4.**【参考答案】** D

【解析】 本题考查了预备合并之诉。所谓"预备合并之诉",是指当事人向法院提出一个在先之诉,为了预防在先之诉不被支持而向法院提出一个在后之诉。当法院认为在先顺序的诉不应获得支持时,由法院就后位之诉再进行审理;而当在先之诉获得支持时,在后顺序的诉自然消灭。我国现行有效的法律及司法解释尚未就预备合并之诉作出明确规定,但其在司法实践中已逐渐得到认可。最高人民法院在其作出的(2019)最高法民再 152 号民事裁定书中明确了对预备合并之诉效力的最新观点:"八一农场在提起股东会决议无效之诉的同时,又请求确认该股东会决议增资对应的股东权益归其所有,两个诉讼请求虽然是相互矛盾的,但八一农场提起的两个诉,诉讼要素齐全,均符合《中华人民共和国民事诉讼法》规定的立案标准,当事人可以在前一个诉的请求不被支持时,退一步选择主张后一个诉的诉讼请求,对当事人的两个诉,人民法院均应立案受理。"也就是说,当事人提起两个相互矛盾的诉讼请求时,如果两者诉讼要素均齐全,符合《民事诉讼法》规定的立案标准,法院均应受理。因此本题中,虽然 A 公司提出的确认合同无效的诉讼请求和要求法院解除合同的诉讼请求互相矛盾,但根据最高人民法院裁判所体现出的态度,法院应当按顺序进行审理,D 选项正确。

5.**【参考答案】** D

【解析】 本题本质上涉及公司法中"法人人格反向否认"的问题。

"法人人格反向否认",系由"法人人格否认制度"引申而来,指当股东滥用股东权利,恶意向公司转移资产,并因此损害股东债权人利益时,股东债权人可以请求将公司和股东视为一体,由公司对股东的债务承担连带责任。《公司法》第 23 条规定了"正向法人人格否认"制度,即公司股东滥用公司法人独立地位和股东有限责任,逃避债务,严重损害公司债权人利益的,应当对公司债务承担连带责任。我国现行法律尚无关于"法人人格反向否认"的规定。"法人人格反向否认"是对《公司法》"法人人格否认"相关条款的扩张解释和类推适用,司法实践中对此存在不同观点,根据目前已有的判例来看,总体态度倾向于保守和谨慎。

A 选项考查了执行行为异议的主体。《民事诉讼法》第 236 条规定:"当事人、利害关系人认为执行行为违反法律规定的,可以向负责执行的人民法院提出书面异议。当事人、利害关系人提出书面异议的,人民法院应当自收到书面异议之日起十五日内审查,理由成立的,裁定撤销或者改正;理由不成立的,裁定驳回。当事人、利害关系人对裁定不服的,可以自裁定送达之日起十日内向上一级人民法院申请复议。"故 A 选项中"相关人"的表述错误。

B 选项考查了执行程序中变更、追加执行当事人的处理。如前所述,我国现行立法及司法解释尚无关于股东作为被执行人的情况下追加其作为股东的有限责任公司为被执行人的规定,因此在无现行有效的法律依据支持的情况下,法院应当裁定驳回吴某的诉讼请求。故 B 选项"裁定追加被执行人"的表述错误。

C 选项考查了对执行异议裁定不服的救济程序。最高人民法院《关于民事执行中变更、追加当事人若干问题的规定》规定了一人有限责任公司作为被执行人时追加其股东为被执行人的处理及救济程序。但本题涉及自然人股东作为被执行人的情形下追加其作为独资股东的一人有限责任公司为被执行人的处理，现行立法及司法解释并未就此问题予以明确规定。因此，若皓星公司对法院追加其为被执行人的裁定不服，应当根据《民事诉讼法》第236条的规定，向负责执行的人民法院提出书面异议，如果对异议裁定不服，可以向上一级法院申请复议。因此，C选项“提出执行异议之诉”的表述错误。

D选项，如前所述，在现行立法及司法解释没有明确规定的情况下，法院应当依法驳回吴某关于追加皓星公司为被执行人的请求；吴某对法院裁定不服的，可以根据《民事诉讼法》第236条的规定，向负责执行的法院提出书面异议。因此D选项正确。

6.**【参考答案】** AC

【解析】 《执行和解规定》第9条规定：“被执行人一方不履行执行和解协议的，申请执行人可以申请恢复执行原生效法律文书，也可以就履行执行和解协议向执行法院提起诉讼。”《民诉解释》第465条规定：“一方当事人不履行或者不完全履行在执行中双方自愿达成的和解协议，对方当事人申请执行原生效法律文书的，人民法院应当恢复执行，但和解协议已履行的部分应当扣除。和解协议已经履行完毕的，人民法院不予恢复执行。”

本题中，甲、乙部分履行和解协议后发生争议，根据《执行和解规定》第9条的规定，甲可以向执行法院C区法院申请恢复执行原生效法律文书，也可以就履行执行和解协议向C区法院提起诉讼。因此，A选项和C选项正确，B选项错误。根据《民诉解释》第465条的规定，和解协议已经部分履行的，应当将已履行的部分予以扣除，但当事人仍有权申请恢复执行，故D选项错误。

2019年客观题试题

一、单项选择题

1. 郑某起诉林某，审理过程中林某提起反诉，后郑某撤回起诉，法院以原告撤回起诉为由裁定驳回了林某的反诉。林某对该裁定不服，提起上诉，二审法院应当如何处理？（　　）

A. 组织当事人调解，调解不成，告知另行起诉

B. 裁定驳回上诉，维持原裁定

C. 二审法院撤销驳回反诉的裁定，同时发回重审

D. 二审法院撤销原裁定，同时指定原审法院审理

2. 甲省M市A区的李某在位于乙省N市B区的张某的电商平台上购买了货物，购物条款约定发生争议由乙省N市B区法院管辖。发生纠纷后，李某向甲省M市A区法院起诉，张某以有管辖协议为由提出管辖异议，李某认为，因乙省N市已成立互联网法院，管辖协议无效。M市A区法院认为，管辖异议成立，将案件移送至N市B区法院，问N市B区法院如何处理？（　　）

A. 报N市中院指定管辖

B. 逐级报最高院指定管辖

C. 退回M市A区法院

D. 将案件移送N市互联网法院

3. A想在乙区买一个店铺，和甲县的B签订居间合同，和乙区的C签订店铺买卖合同。C不肯交房并办理过户。A将B、C起诉到甲县法院要求交付店铺并办理过户，甲县法院判决C交付店铺，办理过户，同时以B不是适格被告为由判决驳回A对B的诉讼请求。C不服上诉，认为既然B不是适格被告，那么B的住所地甲县法院就没有管辖权，故而在二审中提出管辖权异议。二审法院应当如何处理？（　　）

A. 二审法院应移送管辖

B. 二审法院应指定管辖

C. 二审法院对管辖权异议不予审查

D. 二审法院应当撤销原判，发回重审

4. 住所地位于东岭县的利民公司依约将长山县的仓库租借给住所地位于峻南县的青松公司使用，每年租金30万元。双方还约定，因该租赁合同发生的纠纷均应由合同签订地顺富县法院管辖。利民公司因经营不善申请破产，法院受理破产申请后，管理人为追索青松公司拖欠的租金向法院起诉。本案应当由哪个法院管辖？（　　）

A. 东岭县法院　　B. 长山县法院

C. 峻南县法院　　D. 顺富县法院

5. 张老头有一套房屋，张老头死后，张甲和张乙因遗产继承发生纠纷，张甲将张乙诉至法院，诉讼中，邻县张老头的女儿张丙向法院主张继承遗产，下列表述正确的是？（　　）

A. 张甲是原告，张乙是被告

B. 张甲、张丙是原告，张乙是被告

C. 张丙是原告，张甲、张乙是被告

D. 张甲是原告，张乙是被告，张丙是有独三

6. 夏某在回宿舍的楼道里，被季某堆放在楼梯过道的衣柜不小心绊倒受伤，夏某向法院起诉季某，要求损害赔偿。在诉讼中就本案被告季某是否存在过错产生争议，关于该争议事实的证明责任分配，下列表述正确的是？（　　）

A. 法院承担证明责任

B. 过错不是本案的证明对象

C. 由季某证明自己没有过错

D. 由夏某证明季某有过错

7. 巨星公司开发的软件屡遭盗版，遂派公司人员假扮消费者与盗版商磋商，请公证处人员用手机秘密拍摄磋商全过程，公证处制作公证书，巨星公司据此向法院起诉索赔，关于公证书的说法正确的是？（　　）

A. 假扮消费者有违公平原则，有损经济秩序，该公证书应当排除

B. 公证处只应当公证合法的法律行为，该公证书有瑕疵，应当排除

C. 该公证书是原始证据

D. 该公证书是书证

8. 甲乙因纠纷诉至法院，诉讼中甲乙达成调解协议并签收，后甲发现调解书的内容与调解协议不一致，下列说法正确的是？（　　）

A. 甲可以向法院申请再审

B. 甲可以申请法院裁定补正调解书的内容

C. 调解书因违反调解协议而无效

D. 甲应当重新提起诉讼

9. 李某起诉吉通公司，履行合同义务，A 市 B 区法院判决驳回，李某上诉，在上诉状提交后第三天，李某车祸身亡。下列说法正确的是？（　　）

A. A 市中级法院应裁定诉讼终结

B. B 区法院应裁定诉讼终结

C. B 区法院应裁定诉讼中止，通知李某继承人参与诉讼

D. A 市中级法院应裁定诉讼中止，通知李某继承人参与诉讼

10. 某市环保协会提起诉讼，起诉某厂因生产工作极大影响了周边居民的生活生产活动，对环境造成破坏。甲因该厂的污染行为受到损害，也想参与本案的诉讼。关于法院的做法，下列选项正确的是？（　　）

A. 将甲列为有独立请求权的第三人

B. 将甲列为无独立请求权的第三人

C. 通知甲另行起诉

D. 将甲列为共同原告

11. 甲对乙有 20 万元到期债权，乙对丙有 20 万元到期债权。甲对丙提起代位权诉讼，法院依法将乙列为第三人。诉讼中甲、丙达成调解协议，约定丙将一条价值 20 万元的手链交付给甲，用于清偿该笔债务，法院依法制作调解书送达当事人。丁主张手链是自己的，欲提出第三人撤销之诉，下列关于本案当事人的表述正确的是？（　　）

A. 甲、乙、丙为被告

B. 甲、丙为被告，乙是第三人

C. 甲、乙是被告，丙为第三人

D. 甲为被告，乙和丙是第三人

12. 甲乙故意伤害一案，甲向法院起诉，法院判决甲胜诉，乙支付甲费用。乙不服上诉，二审期间，甲乙达成和解协议向二审法院申请撤回起诉，二审法院经审查发现和解协议内容与原判决认定的事实不一致，请问二审法院应当如何处理？（　　）

A. 准许撤回起诉，一审判决生效

B. 不准许撤回起诉，二审法院根据审理结果作出判决

C. 不准许撤回起诉，二审法院应当撤销原判，发回重审

D. 准予撤回起诉，并且一并裁定撤销原判

二、多项选择题

1. 甲起诉乙要求归还借款 50 万元，向法院提交了一张银行转账的凭证，证明自己借给乙 50 万元。在诉讼中，乙主张甲向自己转账是为了偿还自己以前借给甲的 50 万元。下列说法正确的有？（　　）

A. 甲提交的银行转账凭证属于直接证据

B. 甲提交的银行转账凭证属于间接证据

C. 乙对甲曾经向自己借款的事实承担举证责任

D. 甲应对借款给乙的事实承担证明责任

2. 位于 A 省 B 县的甲公司和 A 省 C 县的乙公司订立水果买卖合同，甲公司付款后，乙公司迟迟不发货，甲公司担心乙公司的发货能力，于是向水果仓库所在地 D 县法院申请保全，法院采取相应保全措施后，甲公司向 C 县法院提起诉讼，下列选项正确的有？（　　）

A. 甲公司应当提供担保

B. D 县法院应当冻结这批水果

C. C 县法院受理案件后，D 县法院应当将保全的财产一并移送 C 县法院

D. C 县法院受理案件后应当将案件移送 D 县法院

3. 施某从事个体运输业务，在行车过程中，因

闯红灯将正常过马路的肖某撞伤住院治疗，在肖某住院期间，因施某拒不垫付医疗费，肖某起诉施某。关于肖某可向法院申请采取的措施，下列哪些说法正确？（　　）

A. 申请对施某采取强制措施

B. 申请公开审理

C. 申请先予执行

D. 申请财产保全

4. 朱某起诉刘某离婚，在诉讼中二人达成调解协议，法院据此制作调解书并通知朱某和刘某到法院领取，朱某到法院领取并签收了调解书，刘某一直未领取调解书，后朱某反悔，不愿意离婚，下列说法正确的有？（　　）

A. 朱某可以反悔，法院依调解协议制作判决书

B. 朱某可以反悔，法院应当根据案件审理情况制作判决书

C. 朱某不能反悔，因为其已经签收调解书

D. 朱某可以向法院申请撤回起诉

5. 甲公司欠乙公司货款，乙公司起诉，法院判决甲公司偿还乙公司货款300万元。乙公司发现甲公司对丙公司有200万元债权，且怠于行使，于是起诉丙公司。下列说法正确的有？（　　）

A. 乙公司的行为构成重复起诉

B. 乙公司不构成重复起诉

C. 乙公司可以提起代位权诉讼

D. 法院应不予受理，已经受理的，应当裁定驳回起诉

6. 甲和乙因为人身损害赔偿纠纷起诉到法院，一审法院作出判决，甲对赔偿标准有异议，提起上诉。原审法院也发现赔偿金及利息的适用标准有错误，原审法院将案件移交上级法院，甲没有按期交纳上诉费，法院应该如何处理？（　　）

A. 二审法院撤销原判，发回原审

B. 一审法院启动审判监督程序

C. 继续审理

D. 二审法院按照甲撤回上诉处理

三、不定项选择题

1. 2012年1月至2013年2月，JH公司等6家企业将生产过程中产生的危险废物、废盐酸、废硫酸总计2.5万余吨，以每吨20～100元不等的价格，交给无危险废物处理资质的相关公司偷排进T市如泰运河中，导致运河水体严重污染。T市环保联合会诉请T市中院判令6家被告企业赔偿环境修复费1.6亿余元、鉴定评估费用10万元。案件审理中，该运河下游的N市环保组织向N市中院就该河流污染问题提起诉讼。关于本案，下列说法正确的是？（　　）

A. N市中院受理后，中止诉讼，等待T市中院审理结果

B. N市中院受理后，移送给T市中院

C. N市中院不予受理，告知其向T市中院起诉

D. T市中院受理后，可以将N市环保组织列为共同原告

2. 原告、被告在一审判决生效后，进入执行程序，被告不服申请再审，法院裁定再审，中止执行。原告、被告在再审中达成了调解协议，并请求法院制作了调解书，后被告拒绝履行调解书的内容。关于本案，原告可以采取的救济方式是：（　　）

A. 向法院申请恢复执行原判决内容

B. 向法院申请执行调解书内容

C. 就调解协议向法院提起诉讼

D. 可以选择申请执行原判决或调解书内容

3. 张某借李某100万元到期未能清偿，王某对此笔债务提供担保。李某向法院申请对张某发出支付令，后又准备向法院起诉担保人王某。关于本案，下列选项正确的是：（　　）

A. 支付令仅对张某有效

B. 支付令对张某和王某均发生效力

C. 若李某向法院起诉，支付令即失效

D. 若李某向法院起诉，不影响支付令的效力

4. 吴某驾驶摩托车与陈某驾驶的小轿车发生碰撞，造成两车不同程度损坏、吴某受伤。事发后，经交警部门事故认定，陈某承担事故的主要责任。吴某住院期间，双方在人民调解委员会的调解下达成协议，陈某赔偿吴某医疗费等各项费用3万元，各自车损由各自负担，双方向法院确认了该协议。此后，吴某到县人民医院做内固定拆除手术，发现自己右膝不能弯曲。后经鉴定中心司法鉴定：吴某因交通事故致右股骨骨折，遗有右膝关节功能障碍，构成交通事故十级伤残。为此，吴某以重大误解为由要求撤销双方达成的调解协议。关于本案，法院应如何处理？（　　）

A. 告知其可以申请再审

B. 违反一事不再理，裁定不予受理

C. 告知其可以提起第三人撤销之诉

D. 适用特别程序审理

2019 年客观题试题
参考答案及解析

一、单项选择题

1.【参考答案】 D

【解析】 第一,基于反诉的独立性,反诉独立于本诉而存在,不会因为本诉的撤销而撤销,所以郑某撤回起诉后,对于林某提出的反诉法院应当继续审理,故一审法院驳回林某反诉的裁定是错误的。第二,对不予受理、驳回起诉、管辖权异议裁定可以上诉,故林某对一审法院驳回起诉的裁定(裁定驳回反诉其实是一审法院对反诉作出的驳回起诉裁定)可以提起上诉,此时一审驳回起诉裁定错误,即一审法院应当对案件继续审理,故二审法院应当裁定撤销原驳回起诉裁定,指定原审法院继续审理。

综上所述,本题答案为 D。

2.【参考答案】 A

【解析】 本题涉及互联网法院的集中管辖问题,根据最高人民法院《关于互联网法院审理案件若干问题的规定》,互联网法院集中管辖该市辖区内应当由基层法院管辖的发生在互联网上的合同纠纷、侵权纠纷等。本案中,当事人签订的管辖协议有效,故首先判断本案依法应当由 N 市 B 区法院管辖。本案属于发生在互联网上的合同纠纷,且 N 市设有互联网法院,故判断出本案应当由 N 市互联网法院管辖,M 市 A 区法院对案件没有管辖权,此时张某提出的管辖权异议成立,M 市 A 区法院应当依法将案件移送给 N 市互联网法院管辖。M 市 A 区法院将案件移送给 N 市 B 区法院的做法错误。但移送管辖只能移送一次,受移送的 N 市 B 区法院不能将案件退回,也不能再行移送,只能报自己的上级法院,即报 N 市中院指定管辖。

综上所述,本题答案为 A。

3.【参考答案】 C

【解析】 根据《民事诉讼法》第 130 条的规定,当事人对管辖权有异议的,应当在提交答辩状期间提出管辖权异议,被告在提交答辩状期间没有提出管辖权异议,并且应诉答辩的,视为受诉法院取得管辖权,但违反级别管辖和专属管辖的除外。本案中被告在提交答辩状期间没有提出管辖权异议,甲县法院取得应诉管辖权,故被告 C 在二审中不能再提出管辖权异议,所以二审法院对被告 C 提出的管辖权异议不予审查,应当判决驳回上诉,维持原判。

综上所述,本题答案为 C。

4.【参考答案】 A

【解析】 根据《破产法》第 21 条的规定,人民法院受理破产申请后,有关债务人的民事诉讼,只能向受理破产申请的人民法院提起。故利民公司进入破产程序后,所有与利民公司有关的民事诉讼均由受理利民公司破产申请的法院管辖。同时根据《破产法》第 3 条的规定,破产案件由债务人住所地人民法院管辖。故本案利民公司的破产案件应当由利民公司住所地即东岭县人民法院管辖,同时东岭县法院受理利民公司破产申请后,有关利民公司的诉讼均应当由东岭县人民法院管辖。

综上所述,本题答案为 A。

5.【参考答案】 B

【解析】 本案可以直接根据司法解释得出答案——遗产继承纠纷中,部分继承人起诉的,人民法院应当通知其他继承人作为共同原告参加诉讼,故张甲、张乙之外的其他继承人张丙应当作为共同原告参加诉讼。

综上所述,本题答案为 B。

6.【参考答案】 C

【解析】 堆放物致人损害并非无过错责任原则,原则上应当由原告证明侵权责任构成四要件(行为、结果、因果关系和过错),被告证明免责事由。同时,根据《民法典》的规定,堆放物致人损害属于过错推定,故在证明责任分配中应当将过错倒置给被告证明。综上所述,应当由原告证明行为、结果、因果关系,被告证明免责事由和无过错。本案争议事实是季某是否存在过错,应当由被告季某对自己无过错承担证明责任,故 C 选项正确,D 选项错误。证明责任应当由当事人承担,法院不承担证明责任,故 A 选项错误。本案堆放物致人损害,并非无过错责任原则,侵权人季某有过错是本案侵权构成要件,是本案的证明对象,所以 B 选项错误。

综上所述,本题答案为 C。

7.【参考答案】 D

【解析】 本题中巨星公司派出工作人员假扮消费者与盗版商磋商并秘密拍摄磋商过程的行为并未严重侵犯他人合法权益,并没有被法律所禁止,且未严重违反公序良俗,所以该秘密拍摄的录音录像不属于非法方式收集的证据。公证处制作的公证书是对该取证行为以及所取得的录音录像这一证据进行的监督和确认,属于传来证据,故 C 选项错误。根据前述分析,巨星公司假扮消费者与盗版商进行磋商、秘密录像等方式并不属于非法收集证据，故该公证书所公证的录音录像内容以及取证过程也并不属于非法证据，无须排除，故A、B选项错误。公证书通过其记载的内容和表达的思想证明案件事实，属于书证，故D选项正确。须注意根据《民事诉讼法》第72条的规定，经过法定程序公证证明的法律事实和文书，人民法院应当作为认定案件事实的根据，但有相反证据足以推翻公证证明的除外，即公证书所证明的事实为免证事实，但可以通过相反证据推翻。

综上所述，本题答案为D。

8.【参考答案】 B

【解析】 根据最高人民法院《关于人民法院民事调解工作若干问题的规定》第13条的规定，当事人以民事调解书与调解协议的原意不一致为由提出异议，人民法院审查后认为异议成立的，应当根据调解协议裁定补正民事调解书的相关内容。B项说法正确，A、C、D项错误。

综上所述，本题答案为B。

9.【参考答案】 D

【解析】 本案当事人提交上诉状，一审判决未生效，本案尚在诉讼中，属于诉讼中一方当事人死亡，需要等待继承人表明是否继续诉讼，故法院应当裁定诉讼中止，通知继承人参加诉讼。本案中当事人已经提出上诉，案件已经进入二审程序，应当由二审法院作出诉讼中止的裁定。

综上所述，本题答案为D。

10.【参考答案】 C

【解析】 公益诉讼的受理与裁判不影响同一侵权行为的受害人另行提起民事诉讼，故本案中某市环保协会提起公益诉讼不影响受害人甲另行起诉，甲不能参加公益诉讼审理，但其可以另行提起民事诉讼，本题A、B、D表述错误，C选项表述正确。

综上所述，本题答案为C。

11.【参考答案】 B

【解析】 丁提出第三人撤销之诉，丁为原告。原审中甲是原告，丙是被告，乙是无独三，故在第三人撤销之诉中应当以原审原告甲和原审被告丙作为被告，而原审无独三乙在第三人撤销之诉中的诉讼地位应当视其在生效裁判文书中是否承担义务而定。原生效调解书约定的内容是"丙将一条价值20万元的手链交付给甲"，显然，在该生效调解书中，无独三乙不承担责任，故在第三人撤销之诉中乙应当作为第三人，不能作为被告。

综上所述，本题答案为B。

12.【参考答案】 D

【解析】 二审中原审原告申请撤回起诉，经其他当事人同意，且不损害国家、社会、第三人合法权益的，人民法院可以准许，同时应当一并裁定撤销原判。题目中给出的二审法院发现和解协议与原判决认定的事实不一致为干扰信息。逐一分析选项，二审中可以撤回起诉，故B、C选项错误；裁定准予撤回起诉时应当一并撤销原一审判决，故A选项错误，D选项正确。

综上所述，本题答案为D。

二、多项选择题

1.【参考答案】 BD

【解析】 首先，甲向法院提供了银行的转账凭证，该证据的待证事实是自己借给乙50万元，该转账凭证只能证明甲向乙转款50万元，但并不能完整证明借款事实，是间接证据，故A选项错误，B选项正确。其次，关于证明责任，甲主张借款事实成立，故应当对借款事实的成立承担证明责任，D选项正确。最后，C选项为干扰选项，证明对象是证明责任的前提，甲是否曾经向乙借款与本案无关，不是本案证明对象，无须证据证明，故无须讨论证明责任，C选项错误。

综上所述，本题答案为BD。

2.【参考答案】 AC

【解析】 关于担保，诉前保全中，法院应当责令申请人提供担保，申请人拒不提供的，法院应当裁定驳回保全申请，故在诉前保全中，担保是必须的，所以A选项正确。B选项考查保全措施，被保全的财产是水果，属于季节性商品，鲜活、易腐烂变质以及其他不宜长期保存的物品，不能直接予以查封、扣押、冻结，应当对其进行变价处理后保存其价款，即责令当事人及时处理后由法院保存其价款，必要时也可以由法院变卖后保存价款，所以B选项错误。关于C、D选项，考查采取保全措施的法院和受理案件的法院不一致的处理，根据司法解释规定，诉前保全措施采取后，当事人向采取保全措施之外的其他有管辖权的法院起诉的，采取诉前保全措施的法院应当将保全手续移送受理案件的法院，诉前保全的裁定视为受移送法院作出的裁定，所以C选项正确，D选项错误。

综上所述，本题答案为AC。

3.【参考答案】 CD

【解析】 关于A选项，在民事诉讼中强制措施仅仅适用于妨碍诉讼和执行的行为，在本案中施某并未实施妨碍诉讼、执行的行为，不能对其采取强制措施；且针对妨碍诉讼和执行的行为适用强制措施应当由法院依职权采取，不存在当事人申请适用的问题，故A选项错误。关于B选项，关于公开审理原则，民事诉讼原则上应当公开审理，但涉及国家秘密、个人隐私和法律另有规定的其他案件法定不公开，涉及商业秘密和离婚的案件依申请不公开审理，本案不存在法定不公开以及依申请不公开的问题，应当依法公开审理，不存在申请公开的问题，B选项错误。关于C选项，对于追索赡养、扶养、抚养费，抚恤金，医疗费，追索劳动报酬，以及其他情况紧急需要先予执行的案件，当事人可以申请法院先予执行，本案属于追索医疗费，故权利人肖某可以申请法院先予执行，C选项正确。对于可能因为当事人一方的行为或者其他原因致使判决难以执行或者造成当事人其他损害的案件，对方当事人可以申请法院进行保全，包括财产保全和行为保全，故肖某可以申请法院对施某进行财产保全，D选项正确。

综上所述，本题答案为CD。

4.【参考答案】 CD

【解析】 关于朱某能否反悔的问题，根据《民事诉讼法》第102条的规定，调解未达成调解协议或者调解书送达前一方反悔的，人民法院应当及时判决，即当事人在签收调解书之前可以通过拒绝签收调解书等方式反悔，表达对调解协议以及调解书内容的不认可，但本案朱某已经签收调解书，应当受其签收调解书这一行为的约束，不能反悔，故A、B选项错误，C选项正确。同时关于调解书的生效问题，调解书经双方当事人签收后生效。本案刘某一直没有领取、签收调解书，调解书尚未生效，本案尚在诉讼中，故原告可以申请撤诉，本题D选项原告朱某可以向法院申请撤回起诉的表述正确。

综上所述，本题答案为CD。

5.【参考答案】 BC

【解析】 根据《民诉解释》的规定，当事人就已经提起诉讼的事项在诉讼过程中或者裁判生效后再次起诉，同时符合下列条件的，构成重复起诉，法院不予受理，已经受理的裁定驳回起诉，但法律、司法解释另有规定的除外：(1)后诉与前诉的当事人相同；(2)后诉与前诉的诉讼标的相同；(3)后诉与前诉的诉讼请求相同或者后诉的诉讼请求在实质上否定前诉裁判结果。本案中前诉为乙公司基于买卖合同关系起诉甲公司偿还货款，裁判生效后，乙公司基于代位权法律关系起诉丙公司要求丙公司代位清偿200万元。后诉与前诉的当事人不相同，诉讼标的不同，后诉的诉讼请求与前诉的诉讼请求不同，亦不存在后诉诉讼请求否定前诉裁判结果的问题。因此不构成重复起诉，法院应当依法受理。故本题A选项错误，B选项正确，C选项正确，D选项错误。

综上所述，本题答案为BC。

6.【参考答案】 BD

【解析】 首先，甲提起上诉，但未交纳上诉费，二审法院应当按照甲撤回上诉处理，故D选项正确。同时撤回上诉的效果是一审判决生效。其次，一审法院将一审判决书送达当事人后发现裁判文书错误应当分情形讨论：如果是瑕疵（文字错误、计算错误、笔误等），应当下达裁定书补正。如果是实质内容错误则应当视当事人是否上诉而分别处理，当事人上诉的，报二审法院由二审法院在二审中纠正；当事人不上诉的，则在判决生效后启动审判监督程序纠正。本案赔偿金及利息的适用标准错误属于实质内容错误，不能通过裁定书补正。当事人上诉后，没有按期交纳上诉费，二审法院应当按照上诉人撤回上诉处理，撤回上诉的法律效果是一审判决生效，生效判决适用法律错误，应当启动审判监督程序予以纠正。最后，关于再审的启动，可以由作出生效判决的法院决定再审，也可以由其上级法院决定再审。故本案可以由一审法院（作出生效判决的法院）或者二审法院（上级法院）启动再审，本题B选项正确。因甲未交上诉费，按照撤回上诉处理，故二审法院不应当对案件继续审理，也不应当对本案作出相应的判决、裁定，A、C选项错误。

综上所述，本题答案为BD。

三、不定项选择题

1.【参考答案】 CD

【解析】 根据《环境公益诉讼解释》第6条的规定，第一审环境民事公益诉讼案件由污染环境、破坏生态行为发生地、损害结果地或者被告住所地的中级以上人民法院管辖。中级人民法院认为确有必要的，可以在报请高级人民法院批准后，裁定将本院管辖的第一审环境民事公益诉讼案件交由基层人民法院审理。同一原告或者不同原告对同一污染环境、破坏生态行为分别向两个以上有管辖权的人民法院提起环境民事公益诉讼的，由最先立案的人民法院管辖，必要时由共同上级人民法院指定管辖。本案中，T市中院已经受理该河流污染公益诉讼案件，故N市中院对该案无管辖权，可以告知其向有管辖权的T市中院起诉，T市中院根据具体情形，可以将 N 市环保组织列为共同原告。故 C、D 项正确。

综上所述，本题答案为 CD。

2.【参考答案】 B

【解析】 根据最高人民法院《关于适用〈中华人民共和国民事诉讼法〉审判监督程序若干问题的解释》第 25 条的规定，当事人在再审审理中经调解达成协议的，人民法院应当制作调解书。调解书经各方当事人签收后，即具有法律效力，原判决、裁定视为被撤销。本题中，双方在再审中达成了调解协议，制作了调解书，原判决即视为撤销，也就不可能再执行原判决内容，A 项错误，D 项错误。

调解书作为生效的法律文书，具有强制执行力，如果对方不履行，可以直接向法院申请强制执行，不需要再另行起诉，故 B 项正确，C 项错误。

综上所述，本题答案为 B。

3.【参考答案】 AC

【解析】 根据《民诉解释》第 434 条第 1 款的规定，对设有担保的债务的主债务人发出的支付令，对担保人没有拘束力。故此时支付令只对债务人张某有效，A 项正确，B 项错误。

根据《民诉解释》第 434 条第 2 款的规定，债权人就担保关系单独提起诉讼的，支付令自人民法院受理案件之日起失效。李某如果起诉王某，则会导致支付令失效。故 C 项正确，D 项错误。

综上所述，本题答案为 AC。

4.【参考答案】 D

【解析】 根据《民诉解释》第 372 条第 2 款的规定，对人民法院作出的确认调解协议、准许实现担保物权的裁定，当事人有异议的，应当自收到裁定之日起 15 日内提出；利害关系人有异议的，自知道或者应当知道其民事权益受到侵害之日起 6 个月内提出。故本案中的情形，应当提出异议，通过特别程序解决。答案为 D。